PORT-ROYAL

PAR

C.- A. SAINTE-BEUVE

TROISIÈME ÉDITION

TOME DEUXIÈME

PARIS
LIBRAIRIE DE L. HACHETTE ET Cie
BOULEVARD SAINT-GERMAIN, N° 77

1867
Tous droits réservés

PORT-ROYAL

IMPRIMERIE GÉNÉRALE DE CH. LAHURE
Rue de Fleurus, 9, à Paris

> Le tome deuxième,
> publié deux ans après le premier, en 1842,
> portait cette préface dans sa première édition.

L'indulgence extrême, avec laquelle on a bien voulu accueillir mon premier volume, m'a imposé de plus grands devoirs pour les suivants. Je ne comptais, je l'avoue, en publiant séparément le premier, que prendre date en cas de survenants et poursuivre ma rédaction première, tout entier à mon sujet demi-obscur. L'attention si flatteuse, qu'on y a tout d'un coup portée de bien des endroits, m'a obligé de penser plus souvent au public nouveau qui intervenait, et qui avait aussi ses délicatesses particulières. On ne s'étonnera donc pas du retard involontaire que cette combinaison de soins m'a causé. Et puis dans tout sujet, même dans celui dont la base est le plus arrêtée, il est des détails imprévus qui se lèvent et qui prolongent; il est comme des *plis de terrain* que de loin on n'apercevait pas, et qu'on met bien du temps à franchir. On m'excusera, j'espère, en voyant tout ce que j'ai dû parcourir en replis de cette sorte, et la richesse, la fertilité réelle du sujet n'en ressortira que mieux. Le récit du premier volume allait jusqu'à l'année 1638 ; celui du second entame à peine l'année 1656 : c'est un espace de dix-huit ans seulement, mais sans compter les allées et venues, les digressions fréquentes. Nous n'atteignons après tout cela qu'au moment célèbre, à celui à partir duquel notre sujet s'éclaire, à proprement parler, et entre dans la gloire : ces deux volumes presque entièrement y sont antérieurs. J'ai eu plaisir, on le voit, à m'étendre sur cet espace d'obscurité relative, sur cette grandeur première et un peu éclipsée. Quoi qu'il arrive, j'ai achevé aujourd'hui de parcourir une première moitié, et celle qui, promettant le moins, m'a permis peut-être de tenir le mieux. Mon zèle du moins et mes efforts ne feront pas défaut pour m'aider à poursuivre convenablement sur cette autre pente tout en vue désormais, et réputée plus belle.

1er février 1842.

LIVRE DEUXIÈME

LE PORT-ROYAL

DE

M. DE SAINT-CYRAN

(SUITE)

VII

Le prisonnier directeur. — Antoine Arnauld disciple de Saint-Cyran ; ses débuts. — Passion et vocation doctorales. — Délivrance de M. de Saint-Cyran. — Sa visite à Port-Royal de Paris, — à Port-Royal des Champs. — Entretien avec M. Le Maître sur les livres, sur la science, sur les enfants. — Théorie littéraire janséniste. — Balzac et les *Académistes*.

Du fond de sa prison, et après les premiers mois de gêne entière, M. de Saint-Cyran, mieux établi, ne cessa de suivre ses anciennes directions ou d'en entreprendre de nouvelles. Il suffirait, pour s'en faire idée, de parcourir les volumes des Lettres écrites durant sa captivité, en y joignant les noms des personnes auxquelles il les adresse [1]. Je ne nomme plus qu'en passant madame de Guemené, celle *que nous avons vue la plus belle femme de la Cour*, nous dit madame de Motteville, et qui l'était bien encore un peu. Il dirigeait plus sûrement M. Guillebert, prêtre, régent de philosophie au Collège des Grassins, et qui, nommé curé à Rouville en Normandie, avait ajourné sa cure pour postuler

1. On trouve cette *Clé* des noms à la page 150 du *Recueil de plusieurs pièces pour servir à l'Histoire de Port-Royal*, Utrecht, 1740.

le bonnet de docteur : M. de Saint-Cyran lui en fit reproche dans de belles Lettres sur le Sacerdoce, et M. Guillebert, aussitôt reçu docteur, se hâta d'aller prendre possession de Rouville, en 1642. Il y fit, comme on dirait aujourd'hui, un *réveil religieux*, qui se répandit dans tout le pays ; on y appelait ces chrétiens régénérés les *Rouvillistes*. En 1646, M. Pascal, intendant de Rouen, étant touché de Dieu avec tous les siens, se mit sous la conduite du docte et saint curé de Rouville. Voilà donc Pascal qui, au bout de cette allée, s'achemine de loin vers Port-Royal, comme déjà nous savons que Racine naissant grandit pour y être élevé. — De sa prison, M. de Saint-Cyran dirigeait, discernait encore M. de Rebours, qui allait devenir un des confesseurs de Port-Royal de Paris et le plus fidèle auxiliaire de M. Singlin. Il conseillait et guidait le jeune M. de Luzanci, fils de M. d'Andilly, alors âgé seulement de dix-huit ans, et qui, d'abord page du cardinal de Richelieu, puis enseigne dans la garnison du Havre, s'était senti saisi, durant une maladie grave, du saint désir d'imiter son cousin M. de Séricourt. M. de Luzanci se retira dans le premier moment à Saint-Ange en Gâtinais, terre de la baronne de Saint-Ange, une des meilleures amies de M. d'Andilly et de M. de Saint-Cyran, femme du premier maître d'hôtel d'Anne d'Autriche, et qui, devenue veuve, sera religieuse un jour à Port-Royal sous le nom de sœur Anne-Eugénie. Dans ce commencement de retraite, le jeune militaire obtenait de M. de Saint-Cyran de se livrer aux fatigues de la chasse pour tromper toute feinte de l'oisiveté : « David, lui écrivait l'excellent guide, David jeune comme vous êtes, et déjà touché de Dieu, poursuivoit les lions et les ours, et, en les tuant, il se représentoit les victoires des Justes sur les Démons. » En même temps qu'il répondait par ses conseils à M. de Luzanci, M. de Saint-Cyran s'adressait aussi au jeune baron de Saint-Ange l'aîné, qui en profita moins, succéda à la charge de son père et eut, par la suite, toutes sortes de dérangements[1] : « Comme j'ai une grande joie, leur écrivait-il, d'entendre dire que quelqu'un a dévotion pour Dieu, j'ai aussitôt une crainte,... à cause de l'expérience que j'ai qu'en plusieurs, je ne dis pas des jeunes gens, mais des hommes même, cette dévotion est semblable aux fleurs qu'on voit paroître au printemps sur les arbres et disparoître bientôt après, sans y laisser aucun fruit. » Et au jeune Saint-Ange en particulier, il écrivait comme dans un touchant pressentiment : « Je vous aime tellement que je sens bien que je commence à vous plaindre en vous voyant croître, parce que je connois à peu près toutes les aventures bonnes et mauvaises qui vous peuvent arriver. » M. de Luzanci persévéra. Un plus jeune Saint-Ange, frère cadet du précédent, et confié dès lors, par la sollicitude du saint captif, aux soins de Lancelot et de M. Le Maître, s'en montra digne jusqu'au bout. Voici en quels termes tout à fait tendres M. de Saint-Cyran écrivait à Lancelot pour achever de lui recommander cet enfant et un autre tout jeune fils de M. d'Andilly encore[2] : « Si Dieu vous fait la grâce de m'accorder ce plaisir sans beaucoup de peine (car pour rien au monde je ne voudrois vous en faire), je prendrai, si je suis jamais en liberté, quelque petit enfant de vos

---

1. Ce doit être lui dont il est question chez Tallemant, tome V, p. 286, et qui avait une femme si faite pour le déranger.

2. Ce tout jeune fils de M. d'Andilly, appelé aussi le *Petit Jules* ou M. de Villeneuve, bien qu'élevé si tendrement dans la solitude, rentra dans le monde, mais n'y vécut que très-peu et mourut à Calais au moment de commencer sa première campagne sous Fabert. Besoigne, dans son arbre généalogique des Arnauld (*Histoire de Port-Royal*, tome I), le confond avec l'abbé Arnauld, l'aîné de la famille, dont on a les *Mémoires*.

parents pour reconnoître la charité que vous ferez à ceux-ci à ma prière; outre que je vous aiderai d'ici à la leur rendre comme il faut, et serai, si vous voulez, leur *sous-maître*, pourvu que vous me disiez de point en point tout ce qui se passera. » M. de Saint-Cyran *sous-maître*, du fond de sa tour, à travers ses barreaux, quel plus adorable déguisement de la charité! Vers le même temps, ayant l'œil à tout, il envoyait au monastère des Champs le neveu d'un de ses gardes, un simple garçon cordonnier, que l'esprit de piété avait touché, et qui se nommait Charles de La Croix. Ce fut le premier domestique des ermites, et ermite lui-même. Il y eut ainsi par la suite, à Port-Royal, toute une série de domestiques solitaires et pénitents, dont ce Charles de La Croix est le premier; il faut citer encore Innocent Fai, garçon charretier aux Granges. Ils ont tous place au Nécrologe à côté des plus illustres noms, des de Luines, des Longueville et des Pascal; et pour eux, sur leur dalle funéraire, M. Hamon semble sculpter avec un redoublement d'amour ses pieuses Épitaphes d'un latin si fleuri.

M. de Saint-Cyran convertit ou du moins édifia, consola plusieurs de ses compagnons de captivité, des étrangers prisonniers de guerre à Vincennes. On cite les généraux allemands Ekenfort et Jean de Wert. Le premier était détenu au château depuis mai 1638, lorsqu'on agita de l'échanger contre M. de Feuquières fait prisonnier à Thionville et allié des Arnauld[1]. M. d'Andilly ne s'y ménagea point; il avait rencontré plus d'une fois M. d'Ekenfort près de M. de Saint-Cyran, à qui le guerrier malheureux venait demander des consolations spirituelles. M. Arnauld (*de Philisbourg*),

---

1. Madame de Feuquières était la sœur de M. Arnauld (*de Philisbourg*) et la cousine-germaine de M. d'Andilly.

ayant reçu toutes les commissions nécessaires à cet échange, avait déjà, par ordre du roi, tiré M. d'Ekenfort de Vincennes et l'avait mené coucher chez M. d'Andilly, le 16 mars 1640. Le lendemain matin, les chevaux étaient sellés dans la cour et l'on avait le pied à l'étrier pour le joyeux départ, quand deux fils de M. de Feuquières, arrivés en toute hâte, apportèrent la consternante nouvelle de la mort de leur père. « Nous demeurâmes, dit l'abbé Arnauld [1], qui était d'épée encore et devait faire le voyage, nous demeurâmes sans parole et sans mouvement, comme des gens qui auroient été frappés de la foudre. M. d'Ekenfort lui-même en parut étonné comme nous; quoiqu'il vît en ce cruel contre-temps la ruine de ses espérances et un grand éloignement à sa liberté dont il avoit commencé à goûter la douceur, il surmonta par grandeur d'âme sa propre douleur pour soulager celle de ses amis et s'employa à notre consolation, comme s'il n'en eût pas eu besoin pour lui-même. » On le ramena le soir à Vincennes ; c'est alors surtout qu'il dut réclamer près de M. de Saint-Cyran les seuls remèdes solides, dont il paraît que, même après sa délivrance et à la tête des armées de l'Empereur, il se ressouvint toujours [2].

L'hiver de 1640-1641 fut célèbre à la Cour par les magnificences du Palais-Cardinal. On y donna la grande comédie de *Mirame*, « qui fut représentée devant le Roi et la Reine, avec des machines qui faisoient lever le soleil et la lune, et paroître la mer dans l'éloignement, chargée de vaisseaux [3]. » Quelque temps après, au même

---

1. Dans ses *Mémoires*.
2. On lit dans une lettre de M. de Saint-Cyran : « Je dis à ce seigneur (M. d'Ekenfort), à son retour au Bois de Vincennes, que l'Empereur le vouloit mettre en liberté, et que le premier roi du monde le vouloit aussi. — Qui l'a donc empêché ? ajoutai-je : le seul Roi qui est par-dessus eux dans le Ciel et dans le monde. »
3. *Mémoires* de l'abbé de Marolles. — Ce que le curieux et naïf

lieu, on dansa le Ballet de la prospérité des Armes de France, où les mêmes machines de la comédie furent employées, avec de nouvelles inventions, pour faire paraître tantôt les campagnes d'Arras et la plaine de Casal, et tantôt les Alpes couvertes de neiges, puis la mer agitée, le gouffre des Enfers, et enfin le Ciel ouvert, *d'où Jupiter, ayant paru dans son trône, descendit sur la terre.* L'abbé de Marolles, le Dangeau de la chose, qui nous raconte cela de point en point, n'a garde d'oublier certaine civilité que lui fit le Cardinal; « de sorte, ajoute-t-il, que je vis encore ce Ballet commodément, où il y avoit des places pour les Évêques, pour les Abbés, et même pour les Confesseurs et pour les Aumôniers de M. le Cardinal. Les nôtres se trouvèrent à deux loges de celles qui furent occupées par Jean de Wert et Ekenfort que l'on avoit fait venir exprès du Bois de Vincennes, où ils étoient prisonniers.» Le Cardinal les voulait éblouir; on s'inquiétait surtout de l'effet produit sur Jean de Wert, ce général fameux par ses succès d'avant-garde, par sa pointe redoutable à Corbie quatre ans auparavant, et dont le nom, souvent chansonné des Parisiens, était devenu populaire comme une espèce de Marlborough du temps. Il était à la veille d'un échange et, plus heureux que d'Ekenfort, il n'avait en effet que quelques jours à rester. Interrogé sur la beauté du spec-

---

abbé de Marolles ne dit pas et peut-être ne vit pas, c'est ce que l'abbé Arnauld en ses *Mémoires* nous apprend : « J'eus ma part de ce spectacle et m'étonnai, comme beaucoup d'autres, qu'on eût eu l'audace d'inviter Sa Majesté (la Reine) à être spectatrice d'une intrigue qui ne devoit pas lui plaire et que par respect je n'expliquerai pas. (*C'étaient des allusions sur Buckingham et autres applications politiques.*) Mais il lui fallut souffrir cette injure qu'on dit qu'elle s'étoit attirée par le mépris qu'elle avoit fait des recherches du Cardinal. » Richelieu narguant la Reine à *Mirame*, c'est l'exact vis-à-vis de Saint-Cyran en oraison à Vincennes. (Voir à l'*Appendice*.)

tacle, Jean de Wert répondit qu'il trouvait tout cela très-beau, mais que ce qu'il trouvait le plus étonnant, c'était, *dans le royaume très-chrétien, de voir les Évêques à la Comédie, et les Saints en prison.* Le mot courut. Le Cardinal fit semblant de ne pas entendre.

Comme si tout ne devait être que contraste, l'auteur du Ballet représenté était ce Des Marestz qui, plus tard converti, se mit à la chasse des solitaires et des confesseurs de Port-Royal, et, par ses pamphlets comme par ses espions, ne cessa de les relancer.

Mais le plus grand coup de la direction de M. de Saint-Cyran durant sa prison, celui qui tira le plus à conséquence et à éclat presque aussitôt, ce fut la conversion d'Antoine Arnauld, qui dès lors postulait le bonnet en Sorbonne. — Antoine Arnauld, né le 8 février 1612, était le plus jeune des dix enfants survivants de M. Arnauld l'avocat : il est resté le plus illustre. Maintenant que, par lui, nous tenons la famille au complet, récapitulons un peu. C'est le cas d'ailleurs de dénombrer, comme quand le chef arrive, à la veille d'un combat.

Il avait six sœurs religieuses :

L'aînée, madame Le Maître, née en 1590 ;

La mère Angélique, née en 1591 ;

La mère Agnès, née en 1593 ;

La sœur Anne-Eugénie, née en 1594 ;

La sœur Marie-Claire, née en 1600 ;

La sœur Madeleine Sainte-Christine, née en 1607.

Il avait trois frères :

M. d'Andilly, l'aîné de toute la famille, né en 1588, c'est-à-dire de vingt-quatre ans plus âgé qu'Antoine ;

M. l'abbé de Saint-Nicolas, qui devint évêque d'Angers, né en 1597 ;

Simon Arnauld, né en 1603.

Ce dernier, le seul qui n'eut pas le temps de se dégager du monde, était lieutenant de la mestre-de-camp des Carabins sous son cousin M. Arnauld; « né avec beaucoup de bonnes qualités, sans aucun vice considérable, bien fait de sa personne, d'une humeur douce et complaisante, agréable parmi les dames, fier quand il le falloit parmi les hommes[1], » il eut plus d'un secret chagrin, fut toujours poursuivi d'une sorte de fâcheuse étoile qui empêcha son avancement, et périt finalement d'un coup de feu au siége de Verdun dans une sortie, en 1639. Cette mort subite avait été une grande douleur pour sa sainte mère, madame Arnauld, qui le chérissait extrêmement ; elle s'y résigna pourtant et en tira même sujet de remerciement à Dieu de ce qu'au moins il avait préservé ce cher fils de mourir en duel ; car c'était sa perpétuelle crainte, en un temps où les duels étaient si fréquents et où la misérable coutume des seconds pouvait y engager les moins querelleurs. La conversion du jeune Antoine vint à point pour la consoler.

On appelle *conversion* à Port-Royal (nous y sommes accoutumés déjà) ce qui semblerait un surcroît presque sans motif dans un christianisme moins intérieur. Le jeune Arnauld n'avait jamais mené une vie autre que régulière. Il avait été élevé d'abord avec ses neveux Le Maître et Saci, dont le premier était son aîné. Ayant terminé sa philosophie au Collége de Lisieux, il s'appliqua quelque temps au Droit et y prenait goût ; mais, sa mère l'en détournant, il commença la théologie en Sorbonne sous M. Lescot. Celui-ci, le même qui interrogea M. de Saint-Cyran à Vincennes, était confesseur du cardinal de Richelieu, par conséquent peu rigoriste à l'endroit de la pénitence, assez bon scolastique dans sa chaire, mais en tout très-peu augustinien. M. de Saint-Cyran, encore libre, consulté par madame Arnauld, mit entre les mains du jeune homme, comme

---

1. *Mémoires* de l'abbé Arnauld.

préservatif de précaution, les opuscules de saint Augustin concernant la Grâce ; il n'exerçait d'ailleurs, à cette époque, aucune direction habituelle sur lui. La thèse appelée *Tentative*, que soutint Arnauld pour être bachelier en novembre 1635, et qui eut de l'éclat, se ressentit de cette lecture de saint Augustin et put faire sourciller M. Lescot. Le nouveau bachelier se disposa, par un redoublement d'étude, à gagner les grades supérieurs ; il fut admis à loger en Sorbonne (*hospes Sorbonicus*) et entra en licence à Pâques 1638. Pourtant il menait, quant au reste, une vie *relativement* mondaine : il était recherché de mise ; il faisait rouler le carrosse à Paris, nous dit Fontaine ; il avait des bénéfices considérables et des dignités dans les églises cathédrales. Ses graves amis enfin gémissaient tout bas de ses faiblesses ; ses neveux *les Ermites* l'appelaient dans leurs prières, le demandaient sans cesse à Dieu[1].

---

1. Quand le bon Fontaine parle des bénéfices et des dignités dans les églises cathédrales dont aurait joui irrégulièrement le jeune Arnauld, il est pourtant un peu inexact, comme cela lui arrive quelquefois, écrivant de mémoire. Il veut parler d'une Chantrerie et d'un Canonicat à Verdun, que lui fit offrir son cousin M. de Feuquières, gouverneur de la place. Mais on voit, par deux lettres d'Arnauld à madame de Feuquières, qu'il refusa d'abord sans hésiter cette Chantrerie, étant déjà sous la direction de M. de Saint-Cyran ; et la mère Angélique, écrivant à M. d'Andilly, les 11 et 13 octobre 1639 : « Le petit frère est bien fâché contre vous, dit-elle, de ce que vous ne l'avez pas averti de ce qu'on fesoit pour cette Chantrerie. Le pauvre enfant est bien embarrassé, car il n'en veut pas, et il a raison.... Ç'a toujours été son intention de refuser. Il avoit seulement peine de fâcher M. de Feuquières. » Il n'accepta ensuite que sur l'insistance du Chapitre, et d'après l'avis formel de M. de Saint-Cyran. C'était, au reste, alors une grande dignité que celle de *Chantre*. Le *Prélat* du *Lutrin* n'est que le supérieur d'un degré et le rival du *Chantre*. On voit cette importance dans une phrase d'Arnauld à sa cousine : « .... Et je vous supplie très-humblement de croire que, comme pour n'être pas

Le cours de sa Licence dura deux années, depuis Pâques 1638 jusqu'au Carême de 1640. Ceux qui s'engageaient dans cette lice étaient obligés de soutenir trois actes publics, d'assister à ceux des autres et même aux Tentatives des bacheliers, d'y prendre part et de disputer à leur tour selon l'ordre marqué : « Et comme ordinairement, nous dit le Père Quesnel en son *Histoire de M. Arnauld*, il se trouve un fort grand nombre de bacheliers dans la Licence, le travail y est grand, et on y est toujours en haleine, soit pour attaquer, soit pour défendre. Tout s'y fait avec vigueur et avec éclat; tout y est animé par la présence des Docteurs qui y président et y assistent, par le concours des premières personnes de l'Église et de l'État et des savants de toutes conditions.... L'on peut dire en effet qu'une Licence de Théologie de Paris est, dans le genre des exercices de littérature, un des plus beaux spectacles qui se trouvent dans le monde. » C'est bien ainsi que le conçut premièrement le jeune Arnauld, qui abondait de toute l'effusion de son cœur dans cette gloire de Sorbonne, autant que M. Le Maître dans celle du Barreau. Nous l'y verrons incliner toujours, et même converti, même plus tard exclu et tout à fait caché, caresser cet idéal de dispute triomphante et ces formes solennelles de combat. A la différence de M. de Saint-Cyran si intérieur, il n'aima rien tant tout d'abord que le gouvernement parlementaire de la théologie.

En même temps qu'il poursuivait sa Licence, il professait un Cours de philosophie au Collége du Mans. Un jour, y présidant à la thèse d'un de ses élèves, Walon de Beaupuis, qui fut plus tard maître à Port-

---

Monsieur le Chantre, je n'en serai pas moins heureux quoique moins riche; je n'en serai pas aussi avec moins de passion, votre, etc.... »

Royal, et le voyant pressé vivement par M. de La Barde, chanoine de Notre-Dame, qui attaquait cette proposition : « *Ens synonyme convenit Deo et creaturæ*, le mot *Être* est un terme également applicable à Dieu et à la créature, » il vint au secours du soutenant ; mais se voyant pressé lui-même par de solides raisons, au lieu de se tirer d'embarras par une réponse telle quelle, il s'avoua tout d'un coup vaincu et promit publiquement de renoncer à son sentiment. Et en effet, *six ans après*, dans les thèses du même M. Walon de Beaupuis pour la *Tentative*, thèses composées ou conseillées par M. Arnauld, celui-ci ne manqua pas d'insérer la proposition contraire. C'est là ce que nos bons historiens appellent *l'action héroïque* de M. Arnauld[1]. Nous voyons déjà sa

1. Le vénérable M. Walon de Beaupuis, dans sa vieillesse et après un demi-siècle écoulé, se plaisait encore à raconter cette belle action scolastique de M. Arnauld. Je trouve l'écho fidèle d'une de ses conversations dans une lettre de M. Vuillart qu'il allait visiter chaque année et qui disait de lui, parlant à un ami : « C'est un ancien disciple de M. Arnauld qu'il eut professeur de philosophie et sous lequel il en soutint un acte où son maître, qui l'avoit engagé à le soutenir, voulut (par une humilité et une simplicité, dès ce temps-là profondément enracinée dans son cœur et qu'il a toujours tenue jointe à la sublimité si extraordinaire de son génie), voulut, dis-je, que son disciple mît la morale de M. Guillebert, son ami, parce qu'il la trouvoit mieux digérée et plus rangée que la sienne, qu'il avoit été forcé de faire à la hâte et de dicter comme malgré lui, au lieu que son ami avoit avec loisir travaillé à la sienne et l'avoit extrêmement finie. Ce ne fut pas le seul grand exemple d'humilité que M. Arnauld donna dans cette célèbre occasion ; car comme M. de La Barde, ce savantissime chanoine de Notre-Dame, frère de l'évêque de Saint-Brieuc, eut disputé contre le soutenant sur une question tenue pour fort problématique dans l'école, après que l'écolier eut répondu de son mieux, appuyé de son maître qui avoit encore de grandes ressources pour des réponses subtiles et spécieuses, cet humble maître y renonça hautement pour rendre gloire à la vérité et pour déclarer que l'opinion de M. de La Barde étoit plus solide que la sienne, et que par cette raison il l'embrassoit avec le répondant pour n'en avoir jamais d'autre sur ce sujet. Ceux qui savent combien les professeurs sont d'ordinaire jaloux de

chaude candeur : telle, à quatre-vingts ans, il l'aura encore.

Il soutint magnifiquement les quatre thèses voulues : la première appelée *Sorbonnique*, le 12 novembre 1638; la seconde dite *Mineure ordinaire*, 21 novembre 1639; la troisième, *Majeure ordinaire*, 13 janvier 1640; et la quatrième et dernière, appelée l'acte de *Vesperies*, 18 décembre 1641; tous ceux qui en furent témoins demeurèrent frappés d'étonnement, est-il dit, *usque ad stuporem!* Au début de sa Licence, M. Arnauld n'était encore que tonsuré; le temps pressait pour les Ordres, car les lois de la Faculté voulaient qu'on fût sous-diacre dans la première année, et diacre dans la seconde. Sur le conseil d'un savant et pieux docteur de ses amis, M. Le Féron, il prit un peu vite le sous-diaconat, puis en eut scrupule et s'adressa, pour s'en éclaircir, à M. de Saint-Cyran alors prisonnier; M. d'Andilly se chargea de sa lettre, datée de la veille de Noël, 1638 :

« Mon Père,

« Permettez-moi de vous appeler de ce nom, puisque Dieu me donne la volonté d'être votre Fils. Je reconnois assez devant lui combien je me suis rendu indigne de cette qualité, et que, votre charité m'ayant tant de fois tendu les bras pour me recevoir, je mériterois, par un juste jugement, d'être privé, à cette heure, d'un secours que je n'ai pas assez recherché lorsqu'il s'offroit à moi de lui-même.... Je suis demeuré tant d'années dans une perpétuelle léthargie, voyant le bien et ne le faisant pas,... m'étant contenté d'avoir les pensées des enfants de Dieu, en faisant les ac-

---

leurs opinions et avec quelle subtilité ils poussent et forment leurs écoliers à les soutenir, admirèrent en cette rencontre l'équité, l'humilité, la générosité autant que la solidité de M. Arnauld. Quoique l'histoire soit ancienne, j'ai cru, monsieur, qu'elle auroit pour vous la grâce et le prix de la nouveauté. Je la sais d'original, comme vous voyez. » (Lettre de M. Vuillart à M. de Préfontaine, du 27 juin 1697.)

tions des enfants du monde,... et j'ai reconnu par une misérable expérience la vérité de cette parole : *Fascinatio nugacitatis obscurat bona* (le bien en nous est obscurci par l'enchantement de la bagatelle). Enfin, mon Père, depuis environ trois semaines, Dieu a crié à mon cœur, et m'a donné en même temps les oreilles pour l'écouter.... »

M. de Saint-Cyran, lorsqu'il reçut cette lettre, venait à peine d'être retiré du grand Donjon pour habiter une chambre moins insalubre ; très-souffrant, très-surveillé encore, il ne put que dicter *cum multo timore et tremore*, dit-il : « Je n'ai ni la force ni la commodité de vous faire savoir ce que j'ai dans l'esprit sur votre sujet. Vous êtes trop heureux d'en être venu là où vous êtes, et je me sens heureux avec vous, s'il est vrai que Dieu vous ait adressé à moi pour vous conduire dans la voie où il vous a mis.... Vous êtes devenu maître de ma vie aussitôt que vous êtes devenu serviteur de Dieu. » Et avec ce tact qui lui était propre, il portait à l'instant le doigt sur le faible secret : « *La dignité doctorale vous a déçu comme la beauté déçut les deux vieillards*[1]. »

Arnauld fut un peu étonné et effrayé d'abord ; il se soumit à tout ; mais que devait-il faire ? lui fallait-il renoncer au diaconat et, partant, à la Licence, quitter incontinent son logement de Sorbonne, et, par l'éclat qui en résulterait, exposer sans doute M. de Saint-Cyran à de nouvelles rigueurs : « Je vous supplie, mon Père, de ne prendre pas ce que je vous dis pour des prétextes.... Je vois fort bien par votre lettre que vous vous sacrifieriez volontiers pourvu que vous me gagniez à Jésus-Christ.... Vous m'obligerez donc de me mander si vous

---

[1]. « Le bonnet doctoral était la Suzanne et la Vénus de M. Arnauld. » C'est ce que dirait Bayle. Chacun ainsi a sa Vénus : *Trahit sua quemque...*; et comme l'a dit le vieil Homère :

Ἄλλος γάρ τ'ἀλλοίοισιν ἀνὴρ ἐπιτέρπεται ἔργοις.

trouvez à propos que *je me retire* présentement[1]. » M. de Saint-Cyran, une fois maître du cœur, n'insista pas outre mesure; il lui répondit de rester comme il était, sans changer même de demeure, et d'aller jusqu'au bout dans sa Licence : « La prière et le jeûne deux fois la semaine vous serviront d'étincelles pour allumer le désir que vous avez d'être à Dieu. » Et il ajoutait comme fond la lecture de l'Écriture sainte, selon son précepte d'en peser les paroles, *toutes* les paroles, *comme si l'on pesait une pièce d'or :* « Car il faut vous bâtir une bibliothèque intérieure et faire passer dans votre cœur toute la science que vous avez dans la tête, pour la faire remonter ensuite et répandre lorsqu'il plaira à Dieu. Il n'y a rien de si dangereux que de savoir; et la sentence du Fils de Dieu est effroyable : *Abscondisti hæc a sapientibus* (vous avez dérobé ceci aux prétendus sages). » Et il lui offre *trois pauvres*, dont il lui indiquera les noms, *pour leur faire l'aumône le long de cette année; car l'aumône est l'asyle du jeûne, et tous les deux de l'oraison, et les trois ensemble de la pénitence.* C'est ainsi que ce grand médecin corrigeait et rectifiait à sa source la science d'Arnauld. Il lui fit faire une donation intérieure de son bien à Port-Royal avant sa première messe; les mesures à prendre pour exécuter ce dépouillement furent remises à un temps postérieur. M. d'Andilly se prêta par avance à tout et, s'il le fallait, à la vente de l'hôtel patrimonial qu'ils avaient en commun[2].

1. Lettre du 14 janvier 1639. — *Se retirer*, pris d'une façon absolue, c'est l'expression consacrée dans ce style de pénitence.
2. Une grande obscurité couvre en général les mesures selon lesquelles les solitaires de Port-Royal donnèrent et assurèrent leur fortune à la Communauté. Il vint un moment où, de peur de confiscation, ils durent placer leurs fonds à l'étranger, en Hollande, à Nordstrand, etc., etc. Cette partie financière dut se compliquer en avançant, et s'organiser à mesure que le Jansénisme passa à l'état de parti. Ce serait un curieux chapitre économique que celui des

Arnauld donc ne reçut la prêtrise et ne prit le bonnet qu'au terme permis par le saint directeur. Dans le serment que font les docteurs, à leur réception, ils s'engagent à défendre la Vérité en toute rencontre, *usque ad effusionem sanguinis*, jusqu'à l'effusion de leur sang. Cette parole, qui, pour tant d'autres, n'était qu'une formule, eut tout son sens et son poids redoutable dans la bouche du jeune militant : ce sang qu'il brûlait de répandre pour la Vérité colora tout d'un coup son front.

L'*Augustinus* de Jansénius venait de paraître en 1640 et commençait à faire bruit. Arnauld, poursuivant ses études au sein de la pénitence, s'essayait dès lors par divers écrits particuliers à sa grande guerre prochaine contre les Jésuites et à la défense du livre qui allait supporter tant d'assauts. Mais le plus grand résultat, très-éclatant et très-prompt, de son étude dirigée dans les voies de Saint-Cyran, ce fut le livre de *la Fréquente Communion* qui parut en 1643, et qui vint, en un sens pratique, indirectement et plus efficacement que tout, aider aux rudes doctrines relevées par Jansénius. Nous ne parlons pas de l'ouvrage encore ; nous en saisissons seulement l'inspiration dans l'âme d'Arnauld. On voit, par les lettres de Saint-Cyran, de quelle ardeur le prisonnier lui-même était dévoré à la suite de la publication de Jansénius, et quel zèle de feu il dut souffler au jeune et vaillant docteur. Le grand serviteur de Dieu, convenons-en, avait eu un instant de faiblesse : en mai 1640, à la sollicitation de M. d'Andilly, de M. de Liancourt, de M. de Chavigny particulièrement[1], il s'était laissé aller

---

finances de Port-Royal et du Jansénisme depuis la donation du grand Arnauld jusqu'à la *boîte à Perrette*. Je crains que les éléments positifs du travail ne manquent ; car le secret absolu était précisément un ressort nécessaire de cette gestion.

1. Léon Le Bouthillier, comte de Chavigny, était neveu de cet évêque d'Aire (Sébastien Le Bouthillier) avec qui M. de Saint-

à écrire une lettre à celui-ci, qui la devait montrer au Cardinal, — une lettre explicative, très-équivoquée, sur la *contrition* et l'*attrition*, accordant à cette dernière d'être *suffisante avec le sacrement*. Mais, la lettre à peine partie, il sentit sa faute ; il en eut un amer regret, une humiliation secrète, aussitôt suivie d'un surcroît de *bouillonnement* qui le mit comme hors de lui ; c'est dans ces termes qu'il en écrit à M. d'Andilly peu de jours après : « Je vous avoue que vos langages et vos tempéraments que vous donnez aux paroles, je dis les Académistes, ne s'accordent point bien avec l'éloquence des pensées, des actions et des mouvements que donne la Vérité divine à celui qui la connoît et qui l'aime[1]. » C'est dans une

---

Cyran avait eu une si étroite liaison, et qui était oncle également de l'abbé de Rancé. Ministre, secrétaire d'État, gouverneur de Vincennes, Chavigny fit pour le prisonnier ce qu'il pouvait sans déplaire à Richelieu, dont il était le confidentissime, dit Retz, et quelques-uns ajoutaient, le fils. Il paya cher cette faveur de position à la mort du Cardinal. Haï de la reine-mère, il devint *la bête du Mazarin*; dépouillé en grande partie du pouvoir qu'il avait espéré posséder en chef, il dissimula durant cinq ans, entra dans la Fronde, se rattacha à l'amitié de M. le Prince, fut mis à Vincennes, dans le propre château qu'il commandait, et en sortit pour intriguer de plus belle : génie habile, hardi, violent, léger, d'une ambition sans mesure, incapable de cette sagesse, dit La Rochefoucauld, qui consiste à savoir parfois s'ennuyer. Malgré son intimité près de M. de Saint-Cyran et ses visites à Port-Royal, où nous le retrouverons en pèlerinage avec M. d'Andilly pendant quelqu'une de ses disgrâces d'ambition, il ne fut jamais qu'un converti, dans son genre, à faire le juste pendant de la princesse de Guemené. A l'article de la mort (octobre 1652), il fit appeler un peu tard M. Singlin, et lui remit en main, à lui et à M. Du Gué de Bagnols, des effets montant à *neuf cent soixante et treize mille sept cent trente-quatre livres*, pour être restitués comme peu sûrement acquis : il y avait toutes sortes de *pots-de-vin* là-dedans. M. Singlin, par délicatesse, fit prévenir du dépôt et des intentions la veuve, qui, comme on peut croire, éleva chicane : ce fut une grave affaire sur laquelle nous trouvons de curieux détails manuscrits. Il y sera revenu en temps et lieu.

1. A part cette concession légère et sitôt rachetée, le captif ne se

saillie de cette ferveur retrouvée; de ce bouillonnement qui ne le quitta plus, que fut écrite à M. Arnauld une lettre décisive dont il faut citer les principaux passages; on y voit bien à nu M. de Saint-Cyran, relevé d'un moment de faiblesse, aiguillonnant et déchaînant, pour ainsi dire, le génie polémique du grand Arnauld :

« *Tempus tacendi et tempus loquendi.* Le temps de parler est arrivé; ce seroit un crime de se taire, et je ne doute nullement que Dieu ne le punit en notre personne par quelque peine visible et très-sensible. Je vous ai dit souvent que je suis très-lent dans les grandes et importantes affaires; mais, quand le temps est arrivé, il m'est impossible de changer ou de perdre un moment pour agir sans cesse *dans toute l'étendue de ma lumière et de mon pouvoir.*

« ... Il n'y a point lieu de douter et d'hésiter dans cette affaire : quand nous devrions tous périr et faire le plus grand vacarme qui ait jamais été, nous ne devons plus laisser ses sermons (*les sermons que M. Habert, théologal de Paris, prêchait à Notre-Dame contre les doctrines de la Grâce*) sans répondre à tous les chefs en particulier; nous ferions une grande faute, au jugement de tous les hommes sensés, si nous ne répondions pas.

« Il est certain que le silence et la modestie que nous avons gardée jusqu'à présent nous a fait tort; mais c'est ma

---

laissa plus surprendre à aucun moment. Il n'eut jamais surtout le moindre relâchement à l'égard de la personne même du Cardinal : à tous les compliments et aux protestations que celui-ci ne manquait pas de lui faire adresser de temps en temps, il ne répondait guère que par un respect d'absolu silence. S'il eût seulement dit qu'il était son serviteur ou quelque autre parole d'engagement, il eût cru *se perdre et se briser devant Dieu* : ce sont ses termes. Et comme M. Le Maître, à qui il disait cela, répliquait : « Mais, Monsieur, que faire donc? encore faut-il bien répondre quelque chose? » il répondit : « *Baisser les yeux, et adorer Dieu.* »

Illa solo fixos oculos aversa tenebat.
(Virgile, *Énéid.* VI, 469.)

Mais il faut ajouter pour lui :

Ille solo fixos oculos *mentemque Tonanti*....

coutume d'avoir longtemps grande patience en semblables affaires qui regardent Dieu et l'Église, où l'on n'a pas d'autre partie que des Docteurs catholiques. Nous en serons plus forts et plus assistés de Dieu en ce temps que nous devons nécessairement nous défendre....

« Il ne faut plus user de silence ni de dissimulation de peur de nuire à ma liberté. Je me sens avoir un tel feu, en ce jour que je viens de célébrer la fête de saint Ignace (*non pas Ignace de Loyola, on le pense bien*), que, si j'étois libre, je ne sais ce que je ne ferois point.

« Cela me fait voir combien je condamne tous les silences et toutes les omissions qu'on feroit en cette affaire.

« Il y faut une vigilance et une action continuelle, puisque le temps de le faire est venu.

« Ce qu'on dit contre moi maintenant plus que jamais est un effet de la cabale qui craint ma sortie.... Je ne puis que je ne prenne ces remuements qu'on fait contre moi à mon avantage, et que je ne m'en flatte un peu. Je vous dis encore une fois que, quand je croirois rentrer dans le grand Donjon où j'ai été six mois et où j'ai pensé mourir, je penserois faire un crime de garder le silence en cette affaire, dans laquelle je vous prie d'agir avec toute l'étendue de votre esprit et de votre pouvoir....

« Quand j'aurois fait tous les crimes du monde, j'aurois une grande confiance de mon salut, si Dieu m'avoit fait la grâce de défendre la Grâce, non pas seulement contre les Hérétiques, mais contre les Catholiques mêmes, qui la décrient d'autant plus dangereusement qu'ils ont droit de parler dans l'Église, et qu'ils tâchent par leurs paroles de pervertir tous les particuliers de l'Église.

« Je salue tous mes amis, et les supplie de prendre part à cette lettre, et de n'avoir non plus d'égard à ma prison que si j'étois en pleine liberté [1]. »

Il écrivait ceci le 1ᵉʳ février 1643, après cinq années

---

1. *Lettres chrétiennes et spirituelles de messire Jean du Verger....* (1744) pages 501 et suiv. La date est à rectifier, et elle a paru telle à l'éditeur des *Mémoires* de Lancelot, tome II, page 126.

presque accomplies de captivité, encore moins maté que le premier jour.

S'étonnera-t-on maintenant de la réponse du Cardinal de Richelieu à M. le Prince, qui s'intéressait près de lui pour procurer la liberté de M. de Saint-Cyran : « Savez-vous bien, lui dit le Cardinal, de quel homme vous me parlez ? *il est plus dangereux que six armées*[1]. »

M. Arnauld n'était pas encore prêtre et docteur lorsque, le 28 février 1641, il perdit sa sainte mère que sa réforme intérieure avait comblée d'une consolation suprême. La nuit qu'on lui donna l'Extrême-Onction (4 février), il vint, de la Sorbonne où il demeurait, coucher à Port-Royal où elle était religieuse depuis douze ans sous le nom de sœur Catherine de Sainte-Félicité. « Il pria M. Singlin de lui permettre de servir de clerc en surplis pour assister à la cérémonie ; mais M. Singlin (c'est Lancelot qui parle) ne le jugea pas à

---

[1]. On a parlé aussi du peu de bonne volonté du Cardinal pour Antoine Arnauld, et de l'espèce de pressentiment qui lui fit repousser ce jeune docteur. Les biographes ont tous insisté sur ce qu'Arnauld, qui jouissait de l'hospitalité de Sorbonne (*hospes Sorbonicus*), n'aurait pu, malgré l'éclat de ses thèses, devenir *associé* de la maison (*socius Sorbonicus*) du vivant de Richelieu. Et en effet, Arnauld, reçu docteur en décembre 1641, ne put être admis comme membre de la Société de Sorbonne qu'à la Toussaint de 1643. Lorsqu'il voulut l'être en même temps que docteur, en 1641, on souleva un article du Règlement contre lui : il avait fait son Cours de philosophie *pendant* et non *avant* la Licence, comme l'exigeaient les Statuts. La plupart des docteurs de cette maison étaient d'avis qu'on passât outre en sa faveur ; deux voix résistèrent. On en référa au Cardinal mourant, au retour d'un de ses derniers voyages. Il connaissait déjà Arnauld, et, la dernière fois qu'il avait fait visite en Sorbonne, il avait eu, dit-on, la curiosité de l'aller surprendre dans son cabinet pour le féliciter sur ses études. Mais ici il se prononça, d'un air de regret, pour l'observation stricte du Règlement. C'était peut-être un prétexte bien trouvé contre le disciple encore caché de Saint-Cyran ; c'était peut-être simplement pédantisme ; car il y avait aussi dans le Cardinal-ministre le *Proviseur de Sorbonne*.

propos, croyant que, puisque c'étoit assez d'un clerc, il auroit été contre l'ordre d'en faire entrer deux et que *ce seroit trop donner à la nature*. Ainsi il n'y eut que M. de Saci qui entra pour assister M. Singlin. Mais M. Arnauld le pria au moins de savoir de Madame sa mère ce qu'elle lui vouloit dire pour dernière parole, afin qu'il le considérât toute sa vie comme un dernier testament et comme exprimant l'ordre de Dieu sur lui. » M. Singlin revint en apportant cette réponse : « Je vous « prie de dire à mon dernier fils que, Dieu l'ayant en-« gagé dans la défense de la Vérité, je l'exhorte et le « conjure de sa part de ne s'en relâcher jamais, et de la « soutenir sans aucune crainte, quand il iroit de la perte « de mille vies ; et que je prie Dieu qu'il le maintienne « dans l'humilité, afin qu'il ne s'élève point par la con-« noissance de la Vérité, qui ne lui appartient pas, mais « à Dieu seul. » Et quinze jours après, comme elle s'affaiblissait de plus en plus, M. Singlin lui demandant si elle n'avait rien à dire à son fils le futur docteur, elle répondit qu'elle n'avait rien autre chose à lui recommander que ce qu'elle avait dit déjà, à savoir *qu'il ne se relâchât jamais dans la défense de la Vérité*. Ainsi, toute cette guerre infatigable que M. Arnauld va poursuivre jusqu'à l'âge de plus de quatre-vingts ans, cette guerre d'Annibal et de Mithridate chrétien qu'il entretiendra et ranimera à travers tous les exils,

Errant, pauvre, banni, proscrit, persécuté [1],

on la voit bénie au point de départ, et dans ses premières armes, par une mère mourante, par M. de Saint-Cyran captif.

Sa mère lui dit presque comme celles de Sparte, en

---

1. Boileau, *Épitaphe du grand Arnauld*.

lui remettant le bouclier : *Avec ou dessus!* vraie mère des Machabées.

Et M. de Saint-Cyran, dans l'embrassement qu'Arnauld et lui eurent enfin à Vincennes, le 8 mai 1642, pendant qu'au bout de la France Perpignan occupait la Cour, — M. de Saint-Cyran répétait encore : « Il faut aller où Dieu mène et ne rien faire lâchement[1]. »

Et pourtant, malgré cet aiguillon enfoncé si avant, malgré cet éperon chaussé à la veille des armes par des mains vénérées, malgré l'entière et pieuse loyauté de cœur avec laquelle il y répondit, je crois que le grand Arnauld, docteur plus qu'autre chose, outre-passa dans le fait l'intention de ses parrains en chrétienne chevalerie, qu'il alla trop loin, combattit trop, et qu'à force d'avoir raison et de pousser ses raisons, il mena Port-Royal et les siens hors des voies premières dont les limites sont atteintes en ce moment. Je répète cela bien des fois avant d'en venir à lui en détail, afin de pouvoir alors, nos réserves bien posées, l'admirer tout à fait à l'aise.

Cependant quelques changements avaient lieu à l'intérieur du monastère de Port-Royal. La sœur Marie-Claire, dont il a été au long parlé[2], suivait de près sa

---

1. « Je suis bien aise, lui écrivait Arnauld, que vous m'ayez confirmé dans le sentiment que j'ai des dernières paroles de ma mère, et, dans le moment où je vous écris ceci, il me vient une pensée de l'invoquer si je me trouve jamais dans la persécution effective.... Elle nous a, ce me semble, laissé d'assez grandes marques de son bonheur pour la tenir au rang des Élus de Dieu; et, pour des miracles, je n'en recherche point de plus grands que ceux que je ressens dans mon cœur..., n'étant pas moins le fils de ses larmes que saint Augustin de celles de sainte Monique. » — Mais ne sentez-vous pas comme l'amour-propre se glisse sous air de famille et comme l'orgueil se déguise en sainteté ?

2. Au chapitre I de ce livre II, tome I, p. 346.

sainte mère et mourait le jour de la Trinité (15 juin) 1642. Son enterrement se fit le soir même, et elle fut la première pour laquelle on commença de rétablir, à Port-Royal de Paris, l'ancien ordre d'enterrer les mortes dans la simplicité religieuse ; car on avait rapporté de Tard, à l'époque de M. Zamet, la coutume de les parer de fleurs et de beau linge, et de prodiguer le luminaire. On revint au monastique rigoureux. La sœur Marie-Claire, est-il dit, avait trop aimé la pénitence durant sa vie pour n'en conserver pas les marques après sa mort. — La mère Agnès, au même moment qu'on enterrait sa sœur, était en danger de mourir ; mais elle en revint. Elle cessa d'être abbesse à la fin de cette année 1642 ; elle gouvernait depuis six ans, ayant été réélue après le premier triennat. La mère Angélique, élue à son tour, lui succéda : il lui fallut, sur le commandement de M. Singlin, reprendre cette charge qu'elle avait tout fait pour quitter. Il n'est pas croyable, disent nos Relations, comme elle en eut de douleur ; ses paroles ne trahissaient rien, mais son visage faisait compassion. Au moment de la *reconnaissance*, la voyant si triste, plusieurs des religieuses, malgré leur joie, ne purent s'empêcher de s'attendrir. Pour nous, nous sommes simplement heureux de la retrouver ainsi à la tête de son monastère, où tout est réparé.

M. de Saint-Cyran lui-même sortit de Vincennes le 6 février 1643. Richelieu était mort le 4 décembre précédent ; mais on avait accordé deux mois aux bienséances. Il était mort, remarquèrent les Jansénistes, *le jour même de la fête de saint Cyran*. Ils remarquèrent de plus que l'Épître qu'on chantait ce jour-là à la messe dans le diocèse de Paris, pour la fête des Saintes-Reliques, et qui était tirée de la fin du dixième chapitre des Proverbes et du commencement du onzième, renfermait une étrange application et, pour parler leur langage, qu'*elle était une terrible conjoncture :* « La crainte

LIVRE DEUXIÈME.   27

de l'Éternel prolonge les jours, mais les ans des méchants seront retranchés[1]. » Quoi qu'il en soit de ces rencontres assez singulières, Richelieu mort, M.. de Saint-Cyran redevenait libre. M. Molé en parla le premier au roi et obtint la grâce : M. de Chavigny pressa le moment[2]. M. d'Andilly, *l'ami par excel-*

---

1. J'emprunte ceci en particulier au chapitre XVI, livre II, du tome I, d'une *Histoire du Jansénisme*, manuscrite (Bibliothèque du Roi, 911 Saint-Germain), que j'ai eu précédemment l'occasion de citer au chapitre IX, livre I (tome I, p. 220) du présent ouvrage. J'ai indiqué déjà que cette Histoire manuscrite est de M. Hermant, chanoine de Beauvais, docteur en Sorbonne, ami de M. Arnauld, et auteur, avec M. de Tillemont, des Vies de saint Athanase, de saint Ambroise, etc., etc. Ce savant docteur, que nous aurons encore à nommer à la rencontre, est une figure peu particulière, qui dit assez peu, et qui rentre surtout dans les coins contentieux de notre sujet. Il fait preuve en cet endroit d'un esprit moins éclairé, ce semble, qu'on ne le voudrait chez nos pieux amis. Ces sortes d'interprétations, au reste, sont généralement très-prodiguées à Port-Royal, aussi bien que les prédictions et les miracles, dont celui de *la Sainte-Épine* est le plus connu.

2. On a publié dans ces derniers temps (au tome III, p. 39, des Mémoires de Matthieu Molé, 1856) la lettre que M. Molé écrivit à ce sujet à l'un des secrétaires d'État, qui paraît être M. de Chavigny :

« Monsieur, les vœux publics qui se font pour notre Prince, pour la liberté qu'il lui a plu d'accorder aux prisonniers qui étoient en la Bastille, m'obligent, ce me semble, de conjurer Sa Majesté de passer un peu plus avant et d'envoyer jusques au Bois de Vincennes, afin que M. l'abbé de Saint-Cyran puisse jouir du même bonheur. Je le connois, il y a plus de quinze ans, et (il) prenoit soin de venir souvent au logis durant ce temps, et n'ai jamais rien reconnu en lui, soit pour sa doctrine, soit pour ses mœurs, qui puisse seulement porter ombre. J'en avois parlé par trois fois à feu M. le Cardinal et lui avois offert d'être sa caution ; enfin, il m'avoit promis à la première vue de Sa Majesté de lui en parler ; mais Dieu ne l'a pas permis. Il y a longtemps que l'auteur de sa prison (*Quel est cet auteur? le Père Joseph probablement*) est mort. Je m'ose promettre que si cette grâce lui est accordée, il achèvera l'ouvrage qu'il avoit entrepris, je peux dire à ma prière, et auquel il avoit travaillé près de deux ans, qui est une réponse à un livre du ministre Le Faucheur contre le Saint-Sacrement ; un mois devant que d'être arrêté, il m'étoit venu donner assurance que toutes les matières qu'il devoit traiter étoient prêtes, et puisque les pierres étoient toutes taillées, que le bâtiment seroit bientôt achevé. Aussi a-t-on trouvé au nombre de ses manuscrits, qui furent dès lors pris, portés on sait bien où, et depuis examinés par toutes sortes de personnes

lence (comme l'appelait M. de Saint-Cyran), le voulut aller quérir lui-même dans son carrosse. Tout Vincennes était dans le transport; les chanoines du lieu le vinrent féliciter; les gardes pleuraient de joie et de tristesse de le voir partir, et ils firent haie au passage avec mousquetades, fifres et tambours. Les premières visites, avant de rentrer chez lui, furent à M. de Chavigny qu'on ne trouva pas (madame de Chavigny se montra un peu grande dame, et M. de Saint-Cyran se promit de n'y retourner jamais), puis à M. le Premier Président (Molé), qui le reçut d'un parfait accueil, puis à Port-Royal de Paris, l'asyle du cœur. On l'y attendait; le matin même, au réfectoire, la mère Agnès, qui venait d'apprendre la délivrance, était entrée, et, sans faire infraction au silence, avait délié sa ceinture devant la Communauté, pour donner à entendre que Dieu avait rompu les liens de son serviteur. Comme on était déjà prévenu d'une grande espérance de cette liberté, chacune à l'instant avait compris : la joie se répandit du cœur sur les visages sans paroles et sans dissipation. La première entrevue fut moins solennelle pourtant qu'on n'aurait pu s'y attendre; toute la Communauté s'était réunie au parloir de Saint-Jean, vers cinq ou six heures du soir, pour recevoir le Père tant désiré; mais lorsqu'il entra, M. de Rebours, qui avait la vue fort basse, prit une lunette pour lorgner, ce qui fit rire une religieuse, et celle-ci en fit rire une autre, et toutes, ayant le cœur plein de joie, éclatèrent. M. de Saint-Cyran dut ajourner les paroles

---

amies et ennemies, et auxquels on n'a su rien trouver à redire, un Traité de l'Église avec plusieurs autres. Dieu sera donc loué par cette action de justice, l'Église en sera servie, et le particulier (*ou M. Molé lui-même, ou M. de Saint-Cyran, car ce n'est pas clair*) tiendra cette faveur pour un singulier bienfait, qui l'obligera toute sa vie, etc.

« S'il restoit quelque doute en l'esprit du roi de la doctrine de M. de Saint-Cyran, Sa Majesté peut envoyer vers lui M. l'évêque de Lisieux (M. Cospéan), qui a parlé de lui à feu M. le Cardinal. »

plus graves : « J'avois bien quelque chose à vous dire, mais il y faut une autre préparation que cela; ce sera pour une autre fois. » Et l'on se retira un peu confus de cet éclat d'allégresse innocente.

Il semblait, ajoute Lancelot, que, même en ce moment de dispense si naturelle, M. de Saint-Cyran se fût dit tout bas dans sa discrète révérence, selon cette parole du Sage : « *Filiæ tibi sunt, non ostendas hilarem faciem tuam ad illas;* avez-vous des filles, évitez de vous montrer à elles avec un visage trop riant [1]. »

Mais le jour de l'Octave de sa sortie, on lui proposa de célébrer à Port-Royal une messe solennelle en action de grâces. Il était trop faible pour la dire lui-même, et il se contenta d'y communier avec l'étole [2]. Ce fut M. Singlin qui officia. M. Arnauld, en termes d'église, y faisait diacre, et M. de Rebours sous-diacre ; M. de Saci et Lancelot servaient d'acolytes. A la fin de la messe, les religieuses chantèrent le *Te Deum*. « Mais ce qui me parut plus remarquable que tout le reste, écrit Lancelot, fut ce que je vais dire. » Et je prie qu'on insiste sur chaque ligne de ce passage ; nous assistons d'un bout à l'autre à tous les actes de ces pieuses vies : qu'elles se peignent trait pour trait dans notre mémoire !

« Après le *Te Deum*, M. de Saint-Cyran envoya son domestique dans la sacristie, dire qu'il prioit tous les officiants et le Célébrant de s'assembler, et de lui tirer un Psaume tel qu'il plairoit à Dieu de nous l'envoyer, qui lui pût servir de cantique de joie et d'action de grâces pour dire à pareil jour, c'est-à-dire, tous les vendredis et tout le reste de sa vie.

---

1. *Ecclésiastique*, chap. VII, 26.
2. Ce qu'il faisait volontiers, surtout dans cette dernière année qui suivit sa sortie de prison. Il communia même de la sorte le jour de Pâques à sa paroisse de Saint-Jacques-du-Haut-Pas, à la grand'messe, parmi le peuple ; et cette étole sur le manteau est un des griefs du Père Rapin contre lui. (*Hist. du Jans.*)

Nous nous unîmes tous ensemble, et après avoir invoqué Dieu, le Diacre tenant un psautier, le Prêtre ficha une épingle dedans, afin de prendre ce que Dieu nous envoyeroit pour consoler son serviteur. C'est ici, ce me semble, où l'on a tout sujet d'admirer sa providence et sa bonté, et d'attendre avec patience le jugement qu'il prépare aux ennemis de la Vérité et de ses défenseurs; car le Psaume qui nous échut fut le XXXIVᵉ : *Judica, Domine,* etc. (Éternel, plaide contre ceux qui plaident contre moi, fais la guerre à ceux qui me font la guerre), que l'on peut lire. On verra que c'est un Psaume tout de consolation pour le Serviteur de Dieu, et en même temps tout de feu et de colère pour ceux qui persécutent les justes : il seroit capable de faire trembler tous les plus emportés de leurs ennemis, s'ils prenoient la peine d'y faire quelque réflexion.... Quant à M. de Saint-Cyran, comme il avoit une extrême attention à suivre Dieu dans la pureté de son cœur et à le regarder jusques dans les moindres choses, il fut d'autant plus surpris de la rencontre de ce Psaume qu'il n'y en a point de plus formel pour la conjoncture où l'on étoit, et qu'il avoit sujet de croire que Dieu le lui envoyoit par l'entremise des Ministres de l'autel, sans qu'il y eût aucune part. Il voulut le chanter à l'heure même, avant que de sortir de sa place. Il pria pour cela que l'on fît retirer tout le monde de la Chapelle, afin qu'il pût se répandre avec plus de liberté en la présence de Dieu, lorsqu'il croyoit n'avoir plus d'autre témoin de son effusion que Dieu même.

« Néanmoins, nous fûmes bien aises de le considérer, M. Singlin et moi, d'un lieu où il ne nous pouvoit pas voir, pour nous édifier de sa dévotion. M. de Saint-Cyran étoit dans une effusion de larmes en chantant ce Psaume, à la fin duquel, ne pouvant plus se tenir, il se jeta la face contre terre, et demeura là longtemps à gémir et à soupirer devant l'autel. Les voies de Dieu sont si inconcevables qu'il n'y a que les Saints qui les puissent pénétrer; et lorsqu'ils voient son doigt marqué quelque part, sa grandeur les ravit tellement, qu'ils sont comme hors d'eux-mêmes et ne considèrent plus ce qui est sur la terre. Il me semble que c'est l'état où entra alors M. de Saint-Cyran, en repassant dans son esprit les merveilles du Seigneur, et la conduite qu'il avoit tenue sur lui dans sa délivrance. Mais je m'imagine qu'il demandoit aussi à Dieu par ce long prosternement, qu'il lui plût de changer en bénédictions toutes les vengeances que ce Psaume lui avoit fait prononcer contre ses ennemis, afin que leur mort ne fût qu'une destruction de ce qu'il y avoit de mauvais en eux, qui en fît des hommes tout nouveaux, comme le dit si souvent saint Augustin. »

Que vous semble de cette interprétation de la charité qui, devant un tel ravissement d'une âme, et au plus fort de son extase de prière, n'imagine rien de plus probablement présent à sa pensée que le pardon des persécuteurs? C'est quelque chose de cette inspiration commune à tout vrai chrétien, qui a depuis poussé l'abbé Grégoire, cet homme de bien et de colère, et souvent si loin du pardon, à ne pas terminer ses *Ruines de Port-Royal* sans un vœu de clémence pour les destructeurs mêmes; il y prie, du fond de l'âme, pour les Jésuites[1].

1. L'accent du passage est profond, sincère, et, quand je le lis haut, il m'arrache une larme. L'auteur n'y arrive que par degrés dans ce dernier chapitre plus éloquent vraiment qu'il n'appartient d'ordinaire à un érudit aussi saccadé et aussi peu écrivain; mais ici le cœur l'a inspiré. « La méditation, s'écrie-t-il, semble habiter
« cette contrée où retentissaient jadis des voix mélodieuses et le
« chant céleste des vierges. Aujourd'hui le silence y règne; à peine
« est-il quelquefois interrompu par le claquet du moulin et les
« gémissements du ramier solitaire qui habite les forêts.... Sur
« cette terrasse de la maison des *Granges* où tant de savants
« livrés au travail, à l'étude, méditaient les jours éternels, que de
« fois j'ai visité ces arbres antiques plantés par la main de d'An-
« dilly!... Que de fois du haut des rochers suspendus sur la route
« de Chevreuse, au coucher du soleil, réfléchissant sur le soir de
« la vie, je me livrai aux impressions qu'inspire l'aspect de ces
« lieux, en pensant que pour la dernière fois peut-être mes yeux
« contemplaient cette solitude!... Dans les lieux où la mort exerce
« plus fréquemment ses ravages, au milieu des cités, on l'oublie;
« ici, je retrouve son image : l'espérance lui ôte son appareil
« lugubre; elle n'est plus que le passage des ténèbres à la lumière,
« de la crainte à la certitude, du désir à la réalité, de l'exil à la
« terre promise. Dans cette grotte, Saci, toujours valétudi-

Une autre visite qui ne nous touche pas moins et qui n'était pas moins chère à M. de Saint-Cyran que celle qu'il fit à Port-Royal de Paris, c'est sa visite aux solitaires des Champs. Il connaissait à peine ce monastère des Champs ; il n'y était allé qu'autrefois, voilà déjà bien des années, en visite près de madame Arnauld ; et, depuis l'abandon du lieu, il n'avait pas eu occasion d'y retourner. C'était donc tout ensemble en ce moment comme son premier et son dernier voyage, une apparition nouvelle et suprême au sortir et à la veille d'un tombeau. M. Le Maître surtout l'y appelait ; le saint disciple l'avait vu une seule fois durant sa prison, en mai 1642 ; mais ce n'avait été qu'un rapide embrassement. Ici, ils auront au moins une journée entière d'une intime et spacieuse solitude. Je suppose que ce fut en mars, à quelque premier rayon de printemps, que M. de Saint-Cyran, un peu remis, put faire le petit voyage. Fontaine nous a raconté, dans le plus présent et le plus vivant détail, cette visite et les utiles discours qui la remplirent ; je lui emprunterai, selon ma coutume, abondamment. C'est d'ailleurs le dernier entretien de M. de Saint-Cyran auquel nous assisterons, et cet entretien touche à tout, va au fond de tout, éducation des enfants, littérature sacrée, genre de goût et de talent permis dans Port-Royal : ce sont autant de chapitres essentiels et, pour nous, fertiles à méditer.

« Je ne dis donc rien, écrit Fontaine, de la joie de M. Le Maître, ni de celle des autres solitaires de ce désert : c'étoit

« naire, etc... Sur ces chemins, je rencontre Hamon, etc... Ici Nicole,
« fatigué de disputes,... » Et il continue d'énumérer ; c'est en achevant qu'il dit comme Lancelot, mais en marquant davantage l'effort du pardon : « Les sacrificateurs de Port-Royal léguèrent leur fureur
« au siècle suivant ; les victimes, en tombant sous le glaive de
« l'iniquité, léguèrent leur douceur inaltérable. Les hommes qui
« continuent d'outrager la Vérité et ses défenseurs doivent être
« l'objet spécial de votre tendresse et de vos prières. »

une joie où les sens n'avoient point de part. L'état des personnes pouvoit bien changer; mais rien ne changeoit dans le cœur. La pénitence ne se relâchoit pas dans ces âmes ferventes qui en avoient été touchées, lorsqu'elles revirent de leurs yeux celui dont Dieu s'étoit servi pour allumer en elles ce désir. Cette vue, bien loin de les affoiblir, les fortifioit de nouveau. S'il y eut jamais rien qui pût faire quelque suspension à leurs saintes sévérités, c'étoit sans doute cette conjoncture : il sembloit qu'en voyant celui qu'on avoit tant désiré, on ne devoit plus penser qu'à la joie. Cependant les paroles, les regards, le silence, et tout l'air de ce saint homme, ne prêchoient que la pénitence; et on croyoit voir un nouveau Jean-Baptiste dans le désert. On rougissoit, en le regardant et en l'écoutant, du peu qu'on étoit et du peu que l'on faisoit; on ne pouvoit soutenir je ne sais quels rayons de sainteté, qui brilloient en lui de toute part. Quand on le voyoit, comme un juge qui avoit en main la balance, reprocher aux plus saints que leurs œuvres n'étoient pas pleines, appliquer partout une règle d'or, une règle inflexible, pour faire remarquer à chacun ce qu'il y avoit de moins réglé en sa vie;... quand on le voyoit comme dans un tremblement continuel, de peur que le relâchement n'entrât insensiblement dans les âmes que Dieu lui avoit données, la joie sans doute qu'on avoit de revoir un tel homme, quoique incroyable en soi et presque infinie, ne laissoit pas d'être tempérée par une frayeur secrète, qui faisoit rentrer tout le monde dans le fond de son cœur.

« Mais qui dira le transport que M. Le Maître et ce saint homme sentoient l'un l'autre en se revoyant? Avec quel feu M. Le Maître se jeta-t-il à ses pieds! Avec quelle tendresse M. de Saint-Cyran l'embrassa-t-il, comme celui qu'il disoit être le seul qu'il connoissoit être bien revenu à Dieu par la pénitence! »

Et ils se parlent du passé : M. de Saint-Cyran, le voyant dans un désert si propre à la solitude, lui touche quelque chose de la crainte qu'il avait eue en le sachant forcé d'en sortir pour aller habiter une ville, *où le Diable se promène toujours plus que dans les champs.* Durant le séjour à la Ferté-Milon, M. Le Maître était logé dans une maison où il y avait des femmes, « sous un toit, comme dit M. de Saint-Cyran, où il y avoit diverses matières aux illusions dont s'accuse David dans ses Psaumes de la pénitence. » Ces femmes pieuses avaient parlé de se convertir et de suivre M. Le Maître au désert ; M. de Saint-Cyran avait tremblé :

« Car pour moi, dit-il, je connois un peu le Diable, que
« Tertullien dit n'être connu que des seuls Chrétiens, et
« beaucoup plus des uns que des autres, selon les expé-
« riences et les connoissances de chacun. Je puis dire, comme
« l'Apôtre : *Non ignoramus cogitationes ejus.* Je sais qu'il
« n'a pas besoin de grande familiarité ni de longues conver-
« sations pour blesser les âmes, et qu'une seule vue lui
« suffit, n'ayant pris David que par là. Il faut être vieux
« dans les métiers pour en savoir les ruses.... Les moindres
« nuages sont à craindre. »

On se rappelle que M. Le Maître, à qui dans le temps on avait fait part de la crainte de M. de Saint-Cyran, s'était brusquement résolu à ne plus bouger de sa cellule et à ne parler à personne. Il revient, en causant, sur cette résolution, et M. de Saint-Cyran, de nouveau, l'en blâme comme d'une sensibilité trop vive :

« Je vous supplie donc de ne plus faire à l'avenir, à l'oc-
« casion de ces avis et d'autres événements désagréables,
« ces sortes de résolutions, où quelquefois votre mouvement
« vous porte, de ne bouger de votre chambre. Permettez-
« moi de vous dire que, si homme du monde avoit sujet de
« faire ces résolutions, ce seroit moi qui ai éprouvé depuis
« mon emprisonnement jusqu'où va le dérèglement des
« hommes ; je ne dis pas de ceux du monde, mais de ceux
« que le monde estime en être dehors et n'avoir leur con-
« versation que dans le Ciel. Si j'avois pu être maître de
« mon temps depuis ma liberté, pour employer en repos une
« ou deux heures, j'aurois mis sur le papier, par chefs et
« articles, la variété des jugements et humeurs des hommes,
« et de mes amis, et des gens de bien, qui ont parlé pour

« moi[1]. Tout cela ne m'a pas porté plus avant, par la grâce
« de Dieu, qu'à des admirations intérieures ; et je suis prêt
« à rentrer dans les mêmes combats avec les hommes, sans
« me soucier des événements qui en pourroient naître. Vous
« jugez avec quelle ouverture je vous parle, et que je prends
« plaisir à répandre mon cœur dans le vôtre ; je crois parler
« à moi-même en parlant à mon singulier ami.... S'humilier,
« souffrir et dépendre de Dieu, est toute la vie chrétienne,
« si on fait ces trois choses continuellement et tous les jours
« avec joie et tranquillité au fond de l'âme. »

M. de Saint-Cyran cessant de parler sur ce sujet, M. Le Maître lui met en main la traduction des *Offices* de Cicéron qu'il avait entreprise sur son conseil. M. de Saint-Cyran s'excuse de l'y avoir engagé : il lui est toujours resté, dit-il, un scrupule sur cela. Pourtant, parmi les raisons qui l'ont déterminé, il allègue la plus considérable : Dieu, selon lui, s'est autant *figuré*, avec toutes les vérités de l'ordre de la Grâce, dans l'ordre de la nature et dans l'ordre civil que dans la loi de Moïse. Or, il a remarqué, en lisant autrefois les *Offices*, une vérité concernant la puissance des Prêtres, qui lui frappa l'esprit et lui montra clairement que la raison d'un Païen avait mieux vu un principe fondamental de toutes les puissances civiles et ecclésiastiques émanées de Dieu aux hommes, qu'on ne l'avait fait depuis dans les Écoles : « Car, ajoute-t-il, il faut avouer que Dieu a
« voulu que la raison humaine fît ses plus grands efforts
« avant la loi de Grâce, et *il ne se trouvera plus de Ci-*
« *cérons ni de Virgiles.* » Vue ingénieuse, perspective inaccoutumée, qui tendrait à partager l'histoire littéraire en deux et qui la subordonne, comme le reste, à la venue de Jésus-Christ : le *beau* surtout d'un côté, le *vrai* de l'autre. C'est dans ce sens qu'un penseur chrétien a pu dire : « Dieu, ne pouvant départir la vérité

---

1. Toujours les trois amis de Job, et les *bons amis de Cour.*

aux Grecs, leur donna la poésie[1]. » Dans la querelle des Anciens et des Modernes, les défenseurs tout littéraires des premiers se sont peu avisés d'un argument religieux si transcendant. Mais cette vue, qui devait sembler très-justifiable à M. de Saint-Cyran lorsqu'il comparait le traité des *Offices* de saint Ambroise à celui de Cicéron, cette vue d'un tel divorce presque légitime entre le règne du libre génie naturel et le chemin du Calvaire, qui pouvait être encore très-spécieuse en France à la date de 1643, chez un théologien pour qui le *Polyeucte* du théâtre n'existait pas, allait devenir sujette à bien des amendements quelques années après, lorsque tomberaient coup sur coup, et de tout leur poids, dans la balance chrétienne, l'Oraison funèbre de la reine d'Angleterre, les *Pensées* de Pascal et *Athalie*.

M. de Saint-Cyran, une fois sur ce sujet, en vient à parler de la composition des ouvrages et des dispositions qu'on y doit apporter :

« Il faut, dit-il à M. Le Maître, se considérer comme
« l'instrument et la plume de Dieu, ne s'élevant point si on
« avance, ne se décourageant point si on ne réussit pas ;
« car il ne faut pas moins de grâce pour éviter l'abattement
« que l'élèvement, puisque l'un et l'autre est un effet de
« notre orgueil.... Vous avez vu dans saint Bernard qu'il
« compare Dieu, au regard des hommes, à un écrivain ou à
« un peintre qui conduit la main d'un petit enfant, et ne
« demande au petit enfant autre chose, sinon qu'il ne remue
« point sa main, mais qu'il la laisse conduire : ce que fait
« souvent l'homme qui résiste au mouvement de Dieu. C'est
« donc, dit ce saint homme, l'écrivain et non l'enfant qui
« écrit ; et il seroit ridicule que l'enfant eût vanité de ce
« qu'il auroit fait, puisque, pour écrire toujours de même,
« il auroit besoin d'avoir toujours le même maître, et que
« sans lui il écriroit ridiculement. Il en est ainsi de Dieu et
« des hommes. C'est pourquoi il n'y a rien de si raisonnable

1. *Pensées* de M Joubert.

« que l'humilité dans les travaux pour Dieu, de même que
« dans les dons naturels. Et se tenant dans ces sentiments,
« on croit tout ensemble en vertu et en lumière; on acquiert
« une force merveilleuse, et il se répand une odeur de piété
« dans l'ouvrage, qui frappe premièrement l'auteur et en-
« suite tous ceux qui le lisent.

« C'est pourquoi j'ai dit depuis peu à un de mes amis,
« que les ouvrages qui se sont faits avec l'esprit de Dieu et
« avec une entière pureté de cœur, se font ressentir en les
« lisant, et *qu'ils produisent des effets de Grâce dans les âmes*
« *de ceux qui les lisent dans tous les siècles de l'Église*, à pro-
« *portion comme les saintes Écritures.* Car il y a trois sortes
« de livres qui édifient l'Église et les fidèles : les premiers
« sont ceux des Écritures saintes ; les seconds sont ceux des
« Conciles et des Pères; les troisièmes, *ceux des hommes de*
« *Dieu qui ont répandu leur cœur devant lui en faisant leurs*
« *ouvrages. Tous les autres, quelque saints que soient leur*
« *sujet et leur matière, sont livres qui, par la matière et par*
« *le corps, tiennent du Judaïsme, et, par l'esprit, du Paga-*
« *nisme.* »

(Et il remercie Dieu de ne lui avoir pas permis d'exécuter
jusque-là les ouvrages projetés qu'il n'était pas assez pur
pour mener à bonne fin. Il espère que la prison l'aura puri-
fié, et qu'il en sort peut-être moins indigne de servir de
canal à l'Esprit. Ce qu'il redoute surtout, c'est l'orgueil spirituel qui souffle en nous par *de certains airs invisibles :*)
« Car, après qu'on a ruiné la cupidité des richesses, des
« honneurs et des plaisirs du monde, il s'élève dans l'âme,
« de cette ruine, d'autres honneurs, d'autres richesses, et
« d'autres plaisirs qui ne sont pas du monde visible, mais
« de l'invisible. Cela est épouvantable, qu'après avoir ruiné
« en nous le monde visible avec toutes ses appartenances
« autant qu'il peut être ruiné ici-bas, il en naisse à l'instant
« un autre invisible, plus difficile à ruiner que le premier.
« La plus grande difficulté est à le connoître et à le bien
« discerner ; ce que peu de gens font, parce que c'est là où
« les Esprits de malice font leur jeu, et je ne vous en ai
« parlé que par l'expérience que j'en ai dans moi. » (Et il
ajoute, plus humblement sans doute d'intention que d'image,
mais au moins très-ingénieusement :) « Un tel avis est au-
« tant pour moi que pour vous. Je fais presque toujours

« comme le bon cavalier, qui se remue et s'excite lui-même
« au combat en remuant et excitant le cheval sur lequel il
« est monté. »

Suivent d'excellents préceptes sur la manière de régler la science, la lecture et l'étude ; il donne jusqu'à six règles consécutives, mais nulle part rien qui ressemble au précepte de Despréaux : *Vingt fois sur le métier*.... M. de Saint-Cyran, bien loin de là, vous dirait : *Une seule fois, sous l'œil de la Grâce !*

J'ai omis une admirable page, c'est lorsque, jetant les yeux à un moment sur la bibliothèque de M. Le Maître, il se met à juger, en quelques mots, chaque auteur qu'il voit, chaque Père ; classement supérieur et véritablement souverain de toute la littérature ecclésiastique, saint Augustin et saint Chrysostome en tête, et les autres à la suite, chacun à son rang et selon son degré d'importance, jusqu'à saint Bernard, à saint Thomas et aux Scolastiques. « Saint Bernard, y dit-il magnifiquement, est le dernier des Pères ; c'est un esprit de feu, un vrai gentilhomme chrétien, et comme un philosophe de la Grâce. » Pour saint Thomas, il le trouve certes un Saint extraordinaire et grand théologien, mais par manière de correctif il ajoute : « Nul Saint n'a tant *raisonné* sur les choses de Dieu. » De saint Thomas surtout date l'habitude humaine qui a prévalu, dans les siècles suivants, de *traiter la Théologie par méthode.* La tradition insensiblement s'y perdit : elle n'eut plus que des restes qui surnageaient çà et là dans l'usage, et qu'il importait grandement de ressaisir d'ensemble, de rejoindre par des lectures directes et de revivifier : *il faut toujours aller à notre source* [1].

Pendant que MM. de Saint-Cyran et Le Maître sont à causer ainsi dans la chambre de ce dernier, Lancelot

---

1. Fontaine, *Mémoires* (1738), tome I, page 176.

étant présent, ils se trouvent interrompus par les cris d'un pauvre paysan qui vient demander secours pour sa femme en couche : le nouveau-né était mort *sans baptême*. Cela met ces Messieurs sur le chapitre des enfants, et M. de Saint-Cyran s'y développe à loisir. Il y a d'abord des choses dures et, pour nous, un peu révoltantes ; mais il y a aussi des choses bien justes et tendres jusque dans leur sévérité, et je me hâte de les dire ; c'est le vrai père des Écoles de Port-Royal qui va parler :

« Je vous avoue, disoit-il à M. Le Maître, que ce seroit
« ma dévotion de pouvoir servir les enfants. Étant au Bois
« de Vincennes, je m'occupois avec le petit neveu de M. le
« Chantre ; je lui montrois les rudiments, les genres et la
« syntaxe. Quoiqu'il fût neveu du Chantre, il étoit fils d'une
« jeune veuve fort pauvre, ayant d'ailleurs d'autres enfants.
« Après l'avoir nourri quelque temps, je l'envoyai à M. le
« Chambrier, à Saint-Cyran ; je le lui recommandai comme
« un enfant de Dieu, et que j'aimois autant que s'il eût été
« le mien propre. J'aurois pu le garder comme une espèce
« de jouet dans ma prison, mais j'aimai mieux m'en priver
« pour le tirer de bonne heure d'un lieu où il ne pouvoit
« avancer dans la vertu.... J'ai aussi élevé un petit menui-
« sier qui est encore à Saint-Cyran. Je donne ordre qu'on
« lui parle de Dieu de bonne heure, et qu'on le fasse prier ;
« car sans cela on ne fait rien. J'aime extrêmement toute
« sorte d'enfants. J'envoie aussi le petit V. à mon abbaye,
« pour éprouver pendant six mois s'il voudroit tendre à la
« religion ou à l'étude ; et, suivant qu'on en jugera, je me
« résoudrai à le mettre dans quelque travail ou occupation
« qui ne soit pas périlleuse, s'il ne veut se donner à Dieu....
« Je vous fais tout ce détail pour vous montrer combien
« j'aime les enfants ; et, comme la Charité dit qu'il les faut
« aimer et prendre à la mamelle, ma dévotion, au Bois de
« Vincennes, étoit de me charger d'enfants à cet âge-là, de
« payer les nourrices, de leur faire acheter des chemises et
« autres linges. J'avois même envie d'envoyer vers les fron-
« tières recueillir quelques petits enfants orphelins, qui

« n'eussent ni père ni mère, pour les nourrir en mon abbaye :
« *Ad ubera portabimini, et super genua blandientur vobis* [1].
« On me parla d'un autre petit encore, lorsque j'étois près
« de sortir du Bois de Vincennes, et je l'ai envoyé là-bas.
« J'ai voulu qu'il sût que c'étoit un Abbé nommé tel qui le
« faisoit nourrir, pour lequel on le devoit faire prier Dieu
« tous les jours, parce que, son père et sa mère étant morts,
« c'est maintenant comme son père. Quand ils seront grands,
« je leur ferai apprendre un métier, ou je les ferai élever
« selon le don de la grâce que je remarquerai en eux ; car
« je tâche toujours d'avoir soin d'eux, quand j'ai une fois
« commencé, afin que mon aumône soit semblable à l'au-
« mône et à la grâce que Dieu nous fait ; et c'est une aumône
« propre aux réprouvés si elle n'est jusqu'au bout. »

Nous saisissons ici, dans toute la simplicité et l'activité de sa source, l'inspiration charitable par laquelle les Écoles de Port-Royal se fertiliseront : elle est sortie tout entière, et comme d'un seul jet, du cœur de M. de Saint-Cyran. L'âpreté des doctrines (notez-le) ne nuit en rien à la tendresse et presque à la maternité des soins ; cette espèce de fatalité de la prédestination n'ôte rien à la sollicitude des efforts. M. de Saint-Cyran ne regardait pas l'enfance avec ce sourire aimable et confiant qu'on a trop légèrement peut-être ; je laisse bien loin pour le moment ces peines du *feu* auxquelles il les croyait voués, les misérables petits êtres, s'ils mouraient sans baptême : mais, sur la terre, l'enfance pour lui, et non sans quelque raison, était chose *terrible* comme le reste : l'innocence du baptême, chez eux, lui paraissait vite perdue et aussi difficile à recouvrer (une fois perdue) qu'à aucun âge : « Les esprits des méchants, pensait-il avec profondeur, se corrompent en naissant, et un grand fourbe est quelquefois fourbe à dix ans comme à quarante. » Il disait encore, en une très-juste et presque

---

1. Isaïe, LXVI, 12.

gracieuse image : « ... Quand le plus sage homme du monde auroit entrepris l'instruction d'un enfant que l'on voudroit élever pour Dieu, il n'y réussiroit pas, si Dieu même ne préparoit auparavant le fond de son cœur. Les peintres choisissent le fond pour faire leurs plus belles peintures et le préparent auparavant : c'est à Dieu, et non à nous, de former le fond des âmes et de faire cette première préparation[1]. » Mais, cela étant, il ne croyait pas permis de sonder le mystère de Dieu sur les âmes, et il travaillait comme si tout restait à faire, sachant bien que ce qui nous est demandé, ce n'est pas le succès, mais le travail même[2]. Et il disait ainsi à M. Le Maître en achevant :

« Il faut toujours prier pour les âmes des enfants, et tou-
« jours veiller, faisant garde comme en une ville de guerre.
« Le Diable fait la ronde par dehors ; il attaque de bonne
« heure les baptisés ; il vient reconnoître la place : si le
« Saint-Esprit ne la remplit, il la remplira. Il attaque les
« enfants, et ils ne le combattent pas : il faut le combattre
« pour eux. Une ivraie, jetée d'abord lorsqu'on s'endort, lui
« suffit. Il ne cherche que de petites ouvertures dans les
« âmes tendres, *rimulas*, dit saint Grégoire. »

L'entretien était à sa fin ; M. de Saint-Cyran demanda qu'on fît venir M. de Séricourt, qui n'avait point paru encore. Tandis que M. Le Maître et ces Messieurs l'accompagnaient au départ jusqu'au carrosse,

---

1. Lettre LIII, à madame de Guemené.
2. Et qui donc pouvait mieux apprécier les effets du travail, du perpétuel travail chrétien, que M. de Saint-Cyran ? Il y a de ces arbres, comme disent les jardiniers, *qui se décident tard*. M. de Saint-Cyran le devait sentir en lui-même : il était un de ces arbres. Ce fut le Christianisme seul, un rejet de l'arbre de la vraie Croix, qui, greffé au cœur de cette nature un peu sauvageonne, l'adoucit à la longue, l'humanisa, la mûrit, et lui fit porter finalement ces fruits acquis, tardifs, mais d'une si savoureuse fermeté.

M. de Saint-Cyran, qui voyait déjà dans leurs regards les larmes des adieux, leur répétait combien il trouvait beau ce désert, et qu'il en fallait surtout respecter les bois, n'y rien laisser dépérir, et qu'il allait faire bien des reproches à la mère Angélique d'avoir pu quitter une si belle solitude. Elle-même, depuis longtemps, la regrettait tout bas, et cela nous prépare à y voir revenir un jour tous nos personnages, et les religieuses aussi.

Mais, puisque nous sommes à étudier les idées à leur source, il y a à s'arrêter sur un des points du précédent entretien. Tout ce qu'on vient d'entendre dire à M. de Saint-Cyran de la science permise et des livres que l'on compose en vue de Dieu, s'applique trop à l'ensemble des ouvrages sortis de Port-Royal durant cette période et même durant les suivantes, et en constitue trop essentiellement, si l'on peut ainsi parler, la théorie, pour que je ne la fixe pas dès à présent dans sa généralité, et pour que surtout je ne la mette pas naturellement en contraste avec la théorie purement littéraire et académique, dont nous trouvons la critique expresse dans la bouche même de Saint-Cyran. Celui-ci en effet, par les soins empressés de d'Andilly, connut Balzac, l'*académiste* par excellence, et le jugement profond et piquant qu'il porta du personnage concourt à l'éclairer singulièrement; c'est un à-propos imprévu qui vient en aide aux jugements les plus vifs partis d'un tout autre côté. M. de Saint-Cyran, en un mot, donne à peu près entièrement raison sur Balzac, à ce qu'en dit Tallemant : le chrétien et le satirique s'entendent à percer à jour cette vanité littéraire transcendante, dont il offre le plus magnifique exemplaire. C'est que rien n'est plus pénétrant, bien que rien ne soit moins satirique, que le génie chrétien.

Cet examen de Balzac, où nous allons nous engager

avec les lunettes de Saint-Cyran, a d'autant plus d'intérêt pour nous, qu'à part les *Provinciales* et les *Pensées* de Pascal, et à part Racine, la théorie littéraire chrétienne de Saint-Cyran a dominé, inspiré et comme affecté la littérature entière de Port-Royal et toute cette manière d'écrire saine, judicieuse, essentielle, allant au fond, mais, il faut le dire, médiocrement élégante et précise, très-volontiers prolixe au contraire, se répétant sans cesse, ne se châtiant pas sur le détail, et tournée surtout à l'effet salutaire[1]. On remarquera très-sensiblement cette façon dans Nicole, qui aurait pu certes en avoir une autre, s'il y avait pris garde[2]. M. Hamon et Du Guet, si capables de précision naturelle, d'imagination nette ou d'analyse vive, n'ont pas soigné en eux ces qualités et ne les ont pas amenées sous leur plume à l'état de talent littéraire[3]. Racine, qui s'était

1. M. de Saci, écrivant à M. Hamon, lui disait : « Vous ne parlez que de choses édifiantes, ne craignez point d'être trop long ; vous savez d'ailleurs la parole d'un ancien : *Loquacitas in ædificando nunquam est malum, si quando mala.* » Les Port-Royalistes ont trop suivi le précepte.

2. Nicole répondait à M. Singlin qui aurait voulu de la brièveté dans les écrits contre M. de Barcos avec qui l'on était en dissidence : « Ce n'est pas assez aimer la vérité que de ne la pouvoir souffrir *quand elle est étendue dans toute sa force.* » Il aurait pu dire avec plus de justesse : *Quand elle est étendue et noyée dans toute sa redondance.*

3. Condillac, en son traité *De l'Art d'écrire* (livre III, chapitre 4), en a fait le reproche à Du Guet et l'a pris sur le fait de prolixité par trop rebutante : « Il y a des écrivains, dit-il, qui ont de la peine à quitter une pensée, et qui font un volume de ce dont un autre ferait à peine quelques feuillets : c'est le style de l'abbé Du Guet. » Et il le montre, dans son *Institution d'un Prince*, répétant à satiété quelques pensées justes, les allongeant à perte de vue sans y ajouter ni lumière ni image ; sur quoi il fait observer qu'on a peine à donner son attention à des discours écrits de la sorte : la clarté, qu'on veut trop étendre, s'efface et s'éteint ; l'auteur noie son idée et son lecteur avec lui. De là, une véritable distraction, et l'*ennui*, cette chose mortelle.

formé au goût difficile en dehors et sous Boileau, rapporta ce talent dans Port-Royal et l'y eut seul comme pour tout le monde. Mais l'exemple le plus merveilleux, c'est Pascal, qui l'a d'emblée, cet art, sans paraître le chercher et s'en préoccuper, qui, par la méthode purement intérieure et chrétienne, sans viser à aucun effet, arrive à l'austère beauté de précision, à la beauté nue et grande, exempte de tout ornement vain et la plus conforme à l'idée même; tellement qu'on peut dire de lui, dans une image géométrique, qu'il est juste *au point d'intersection* de la méthode purement chrétienne et de la méthode littéraire.

Or, ce qu'on dira maintenant de Balzac et de sa manière tout extérieure, toute rhétoricienne, de sa phraséologie partout ostensible et affichée; ce qu'on sait déjà de la manière tout intérieure, substantielle, à la fois ramassée et diffuse, de M. de Saint-Cyran, dont les quarante *in-folio* manuscrits, si l'on s'en souvient, apportés en masse, épouvantèrent M. le Chancelier[1]; — tout ce qu'on tirera de ce parfait contraste rejaillira directement sur l'intelligence qu'on aura de Pascal, sur l'admiration raisonnée que nous causera ce style où la forme et le fond, indissolublement unis et non plus distincts, ne font qu'un seul vrai, un seul beau. Dussions-nous paraître obéir insensiblement à l'allure de Port-Royal et être nous-même un peu long, on nous excusera: rien ne vit que par les détails; celui qui a l'ambition de peindre doit les chercher.

---

1. Il s'écria qu'il ne savait pas comment un homme pouvait tant écrire. C'est que cet homme n'*écrivait* pas.

VIII

Application à ce temps-ci. — Balzac et M. de Saint-Cyran. — Lettre emphatique. — Scène du miroir. — Balzac et Richelieu. — Existence littéraire de Balzac. — Succès, querelles. — Hyperbole. — Relation de Balzac avec la famille Arnauld et avec Port-Royal. — Sa conversion et sa mort.

S'occuper de Balzac aujourd'hui n'est pas une pure curiosité à nos yeux. Nous n'étudions pas en lui une maladie pédantesque qui s'est perdue : la forme de rhétorique a changé, nous avons de la rhétorique encore. La maladie littéraire et d'*art*, comme on dit, est fort courante de nos jours. Dans cette variété particulière, le mal de Balzac y demeure plus répandu qu'on ne croit. Jamais même, je l'ose dire, jamais peut-être à aucun temps, la phrase et la couleur, le mensonge de la parole littéraire, n'ont autant prédominé sur le fond et sur le vrai que dans ces dernières années. Le règne de la plume a succédé, à la lettre, au règne de l'épée. Le talent est de mode comme la valeur l'était sous l'Empire, mais avec plus de charlatanisme possible, et souvent avec autant de jactance. Il y a des Murat du style et de la métaphore, c'est-à-dire sous un costume un peu changé, des Balzac d'autrefois. La phrase pour la phrase, l'éclat pour l'éclat, comme sous l'Empire la bravoure pour la bravoure, indépendamment du but et de la cause. On va à la conquête de la métaphore dans tous les champs d'idées, comme on allait à la conquête des drapeaux à travers tous les royaumes. Mais, à force de nous complaire à décrire le défaut, prenons garde d'y tomber, et, parlant du mal contagieux, de nous trahir.

M. de Saint-Cyran connaissait donc Balzac; il l'avait dû voir, plus d'une fois, du temps de son séjour à Poitiers, dans quelque voyage à Angoulême. « M. de Balzac, dit Lancelot[1], lui écrivoit même quelquefois; mais, comme M. de Saint-Cyran savoit qu'il étoit tout du monde, il s'en défaisoit autant qu'il pouvoit. Un jour, M. de Balzac lui écrivit une lettre qu'il avoit été plus de trois mois à enfanter et à polir. Comme M. de Saint-Cyran reconnut sa vanité, il ne lui fit point d'abord de réponse. » Cette lettre de Balzac, qu'il avait dû mettre une couple de mois à composer, est sans doute la suivante, l'un des graves chefs-d'œuvre du grand *Epistolier*, mais qui prend un caractère tout à fait comique, si l'on songe à la grimace de M. de Saint-Cyran qui la lit :

« Monsieur, comme ce porteur est témoin des obligations que je vous ai, il le sera aussi du ressentiment qui m'en demeure, et vous dira que, quand je serois né votre fils ou votre sujet, vous n'auriez sur moi que la même puissance que vous avez. Encore crois-je devoir à votre vertu quelque chose de plus qu'au droit des gens et à celui de la Nature; et, si c'est la force qui a fait les Rois, et le hasard qui donne les pères, la raison mérite bien une autre sorte d'obéissance. C'est elle qui m'a vaincu dès la première conférence que j'ai eue avec vous, et qui me fit mettre toute ma présomption à vos pieds, après m'avoir montré qu'il est impossible de s'estimer et de vous connoître.

---

1. *Mémoires*, tome II, page 97 et suiv.

« Je sais bien que ce langage ne vous plaira pas, et que vous ferez mauvaise mine à ma Lettre : mais, quoi que vous fassiez, je suis plus ami de la vérité que de votre humeur ; et j'ai l'esprit si plein de ce que j'ai vu et de ce que j'ai ouï, que je ne saurois plus retenir ce que j'en pense.

« Il faut avouer, Monsieur, que vous êtes le plus grand Tyran qui soit aujourd'hui au monde ; que votre autorité s'en va être redoutable à toutes les âmes, et que, quand vous parlez, il n'y a point moyen de conserver son opinion, si elle n'est pas conforme à la vôtre. Je le dis sérieusement, et du meilleur sens que j'aie. Vous m'avez souvent réduit à une telle extrémité, que, me séparant de vous sans savoir que vous répondre, j'ai été sur le point de m'écrier, dans le ravissement où j'étois : *Rendez-moi mon avis que vous m'emportez par force, et ne nous ôtez pas la liberté de conscience que le Roi nous a donnée*[1]. Mais certes il y a du plaisir de se laisser contraindre d'être heureux, et de tomber entre les mains d'un homme qui n'exerce point de violence qui ne soit au profit de ceux qui la souffrent.

« Pour moi, je suis toujours parti d'auprès de vous entièrement persuadé de ce qu'il étoit nécessaire que je crusse. Je ne vous ai point rendu de visite qui ne m'ait guéri de quelque passion. Je n'ai jamais entré en votre chambre si homme de bien que j'en suis sorti[2]. Combien de fois, avec un petit mot, m'avez-vous élevé au dessus de moi-même, et dépouillé de tout ce que j'avois d'humain et de profane !

---

1. C'est tout simplement le ridicule de style des *Précieuses :*
MASCARILLE.
« Mais au moins y a-t-il sûreté ici pour moi ?
CATHOS.
« Que craignez-vous ?
MASCARILLE.
« Quelque vol de mon cœur, quelque assassinat de ma franchise.... Quoi ! toutes deux contre mon cœur en même temps ! m'attaquer à droite et à gauche ! ah ! c'est contre le droit des gens : la partie n'est pas égale ; et je m'en vais crier au meurtre. » — Balzac, près de M. de Saint-Cyran, a trouvé d'avance une variante du fameux impromptu galant :
Au voleur ! au voleur ! au voleur ! au voleur !
2. Notez le procédé continuel : il pousse à bout l'idée, afin d'avoir à redoubler les mots.

Combien de fois, vous entendant parler de l'autre monde et de la félicité, ai-je soupiré après elle et voulu l'acheter de ma propre vie! Combien de fois, si j'eusse pu vous suivre, m'eussiez-vous mené plus avant que n'a été toute l'ancienne Philosophie! Tant y a que c'est vous seul qui m'avez donné de l'amour pour les choses invisibles, et m'avez dégoûté de mes premières et de mes plus violentes affections. Je serois encore enseveli dans la matière, si vous ne m'en aviez tiré; et mon esprit ne seroit qu'une partie de mon corps, si vous n'aviez pris la peine de le détacher des objets sensibles, et de démêler l'immortel d'avec le périssable. Vous êtes cause que d'abord je suis devenu suspect aux méchants, et que j'ai favorisé le bon parti auparavant que d'en être. Vous m'avez fait trouver agréables les remèdes dont tous les autres me faisoient peur, et, au milieu du vice, j'ai été contraint de vous avouer que la vertu est la plus belle chose du monde.

« Ne vous imaginez donc pas que ni la pourpre de la Cour de Rome, ni le clinquant de celle de France, puissent éblouir des yeux à qui vous avez montré tant de merveilles. Ce sont les rayons et les éclairs de ces grandes vérités que vous m'avez découvertes, qui me donnent dans la vue, et qui font, quoique j'aie résolu de mépriser tout, que j'admire encore quelque chose. Mais pour le moins, Monsieur, assurez-vous que ce n'est pas le monde que j'admire; au contraire, je ne le regarde plus que comme celui qui m'a trompé depuis *vingt-huit ans* que j'y suis [1], et dans lequel je n'ai presque rien vu faire que du mal et contrefaire le bien. En quelque part de la terre que la curiosité m'ait porté, delà la mer et delà les Alpes, dans les États libres et aux Pays de conquête, je n'ai remarqué parmi les hommes qu'un commerce de pipeurs et de niais, des vieillards corrompus par leurs pères, qui corrompent leurs enfants; des esclaves qui ne se peuvent passer de maîtres; de la pauvreté en la condition des gens vertueux, et de l'avarice en l'âme des Princes. Maintenant que vous avez rompu les charmes, au travers desquels je ne

---

1. Si Balzac est né en 1594, il avait *trente et un* ans, et non *vingt-huit*, à la date de cette lettre qui paraît être de 1626 ou, au plus tôt, de 1625. Malgré ce qu'a d'incroyable l'idée de se rajeunir devant M. de Saint-Cyran, il faut admettre qu'il se rajeunissait.

pouvois recevoir qu'une légère impression de la vérité, je vois distinctement cette générale corruption, et reconnois quelle injure je faisois à Dieu, quand je faisois mes dieux de ses créatures, et quelle gloire je dérobois à la, etc. *Le 12 janvier 1626.* »

Vers le même temps, M. de Saint-Cyran écrivait à M. d'Andilly une lettre dans laquelle on lit ces mots : « ... Je ne sais qui est ce monsieur de Vaugelas qui « vous a écrit. Il me semble qu'il est de l'humeur de « M. de Balzac, duquel je fais plus de cas que de sa « lettre, que *j'ai dessein de lire dans trois jours,* pour ce « que j'ai d'autres occupations et que je désire que, par « mon exemple, vous apportiez quelque modération à « cette passion que vous avez aux paroles, dont la belle « tissure est moins estimable que vous ne pensez. » Et il continue dans sa première manière, non débrouillée encore, à raisonner sur la légèreté de cette *tissure;* je traduis sa pensée de la sorte : Si *la Parole* est ce qu'il y a de plus grand, les paroles sont ce qu'il y a de moindre.

Cependant la lettre de Balzac (je suppose que c'est celle-là même dont M. de Saint-Cyran vient de parler), après qu'il l'eut gardée trois jours entiers sur sa cheminée sans la lire, demeurait toujours, de sa part, sans réponse. Un long mois après, Balzac qui, en retour de ses frais d'éloquence, attendait en affamé sa ration et comme sa pitance d'éloges, dépêcha un gentilhomme de ses amis près de M. de Saint-Cyran, pour savoir de lui s'il n'avait pas reçu une lettre qu'il s'était donné l'honneur de lui écrire. M. de Saint-Cyran répondit qu'oui, et s'excusant sur quelques affaires qui l'avaient retardé dans sa réponse, il pria le gentilhomme d'attendre un moment, et qu'il l'allait faire en sa présence. Il la fit, dit Lancelot, et la lettre fut trouvée incomparablement plus belle et plus pleine d'esprit que celle que M. de Balzac avait pris tant de peine à composer; de sorte que celui-ci fut extrêmement surpris quand son ami lui dit qu'elle avait été faite à la hâte en sa présence. M. de Saint-Cyran raconta ensuite cette histoire à M. Le Maître, qui n'avait pas été tout-à-fait exempt du même mal, et lui dit : « On ne pouvoit mieux confondre la va-« nité de M. de Balzac et le temps qu'il perd à faire ses « lettres, qu'en lui en faisant une tout en courant et en « présence de son ami, qui pouvoit le lui témoigner. »

Mais voici qui est mieux et qui saisit le personnage littéraire plus au vif, ce me semble, que n'a fait jusqu'ici aucune anecdote connue. Un jour, comme, en présence de Balzac, M. de Saint-Cyran vint à toucher certaines vérités et à les développer avec force, Balzac, attentif à tirer de là quelque belle pensée pour l'enchâsser plus tard dans ses pages, ne put s'empêcher de s'écrier : *Cela est merveilleux!* se contentant d'admirer sans se rien appliquer. M. de Saint-Cyran, un peu impatienté, lui dit très-ingénieusement : « M. de Balzac « est comme un homme qui seroit devant un beau mi-« roir d'où il verroit une tache sur son visage, et qui se « contenteroit d'admirer la beauté du miroir sans ôter « la tache qu'il lui auroit fait voir. » Mais là-dessus, Balzac, plus émerveillé que jamais, et oubliant derechef la leçon pour ne voir que la façon, s'écria encore plus fort : *Ah! voilà qui est plus merveilleux que tout le reste!* sur quoi M. de Saint-Cyran, malgré lui, se prit à rire; il vit bien qu'il avait affaire à un incurable bel-esprit, à un pécheur *laps et relaps* en matière de trope et de métaphore : il en désespéra.

Nous voici tout d'un coup entrés avec M. de Saint-Cyran, au cœur ou, si l'on aime mieux, au creux du talent de Balzac, et par le défaut de la cuirasse; il n'y a plus qu'à profiter de cette ouverture[1]..

---

1. Un des rédacteurs de la *Revue chrétienne* que dirige M. de

Jean-Louis Guez de Balzac, né en 1594, à Angoulême, d'un père gentilhomme de Languedoc et attaché au duc d'Épernon, fut d'abord lui-même attaché à ce seigneur fastueux et à son fils le cardinal de La Valette, pour lequel il fit le voyage de Rome (1621). Dix ans auparavant, il avait fait, pour son propre compte et en tout jeune homme, le voyage de Hollande avec le poëte Théophile Viaud, qui, sous les verrous, plus tard en jasa. A son retour de Rome, il écrivait à l'évêque d'Aire Le Bouthillier, qu'il y avait laissé : « Monseigneur, si d'abord vous ne connoissez pas ma lettre, et si vous voulez savoir qui vous écrit, c'est un homme qui est plus vieux que son père, qui est aussi usé qu'un vaisseau qui auroit fait trois fois le voyage des Indes, et qui n'est plus que les restes de celui que vous avez vu à Rome. » Balzac, à cette date (1622), avait à peine vingt-huit ans; le voilà qui, pour plus de commodité, se constitue solennellement malade, un peu à la Voltaire; il se confine aux bords de la Charente, dans sa terre de Balzac, qui provenait de sa mère, et il n'en sort plus qu'à de rares intervalles, pour aller à Paris, où l'attirent faiblement quelques lueurs de fortune sous le ministère de Richelieu. Il avait en effet, ainsi que M. de Saint-Cyran, connu le prélat avant sa plus haute élévation. Au moment du séjour de l'évêque de Luçon près de la Reine-mère, à Angoulême, je crois distinguer non loin de lui, dans un petit groupe, les trois figures assez agissantes de Le Bouthillier, de Saint-Cyran et de Balzac[1].

Pressensé, M. Eugène Bersier a cherché à s'armer contre moi de ce passage même qu'il m'empruntait au sujet de Balzac (décembre 1857), et s'est cru en droit de me ranger aussi parmi les rhéteurs amoureux de l'image; il est possible qu'il se soit mépris. (Voir l'*Appendice* à ia fin de ce volume.)

1. L'historien de Louis XIII, M. Bazin, dans une Notice sur Balzac, a fort bien esquissé le léger rôle politique du littérateur à ce moment.

Ce dernier pourtant ne tira jamais que peu du ministre ; ce n'était pas le désir qui lui manquait ; mais le Cardinal, tout en le complimentant publiquement par lettre, l'avait jugé phraseur, et un phraseur dont on ne faisait pas ce qu'on voulait, bien qu'il louât à outrance. Il y eut quelques lignes maladroites de Balzac sur la Reine-mère et le Cardinal, qui déplurent à celui-ci [1], et il dit

1. C'est dans une longue lettre adressée au Cardinal en lui envoyant *le Prince*, 1631 (la cinquantième du livre VII) ; au moment où Balzac se félicite de *ne s'être point piqué en marchant sur des épines*, il s'y fourvoie et s'y enfonce bien lourdement : « La crédulité de la meilleure Reine du monde, écrit-il, a servi d'instrument innocent à la malice de nos ennemis, et la prière qu'elle fit au Roi de vous éloigner de ses affaires ne fut pas tant un effet de son indignation contre vous que le premier coup de la conjuration qui s'étoit formée contre la France, et qu'on lui avoit déguisée sous un voile de dévotion, afin qu'elle crût mériter en vous ruinant. Le Roi lui a voulu donner là-dessus toute la satisfaction raisonnable.... Il a été plusieurs fois votre avocat et votre intercesseur envers elle ; il a voulu être votre caution et lui répondre de votre fidélité. De votre part, Monseigneur, vous n'avez rien oublié pour tâcher d'adoucir son esprit. Elle vous a vu à ses pieds lui demander grâce, quoique vous lui puissiez demander justice ; elle vous a vu faire le coupable et offenser votre propre innocence, afin de lui donner lieu de vous pardonner.... Le Roi, qui lui accorda autrefois le pardon de plus de quarante mille coupables, n'a pu obtenir d'elle la grâce d'un Innocent.... » C'est ainsi que Balzac traduit *la Journée des Dupes* ; il y trouva la sienne, et dans cette seule page il se perdit. On conçoit la colère du Cardinal contre le rhéteur lourdaud, en lisant cette longue bévue ; mais il dut faire comme M. de Saint-Cyran, et, malgré tout, éclater de rire, quand il en vint au passage que voici : « Ce désordre que vous n'avez point fait vous afflige infiniment, et je sais que vous voudriez de bon cœur que toutes choses fussent en leur place. Je ne doute point que vous ne pleuriez l'infortune d'une Maîtresse que vous aviez conduite par vos services au dernier degré de félicité, et qu'ayant si longtemps et si efficacement travaillé à la parfaite union de leurs Majestés, ce ne vous soit un sensible déplaisir de voir aujourd'hui vos travaux ruinés et votre ouvrage par terre. *Vous voudriez, je m'en assure, être mort à La Rochelle, puisque jusque-là vous avez vécu dans la bienveillance de la Reine.* » Mais, si risible que ce fût, une telle lettre imprimée ne laissait pas de faire assez sotte

un jour à Bois-Robert : « Votre ami est un étourdi. Qui lui a dit que je suis mal avec la Reine-mère? Je croyois qu'il eût du sens; mais ce n'est qu'un fat. » Disgrâce pour disgrâce, il vaut mieux être jugé par Richelieu, dangereux comme Saint-Cyran, qu'étourdi et indiscret comme Balzac : cela, comme pronostic, est de meilleur augure.

Le célèbre écrivain passa donc à peu près une trentaine d'années sans interruption dans sa terre, tout en contemplation de lui-même et de son œuvre littéraire qui avait été précoce et brillante, mais qui ne mûrit plus. Ses ennemis l'appelaient *Narcisse;* il se mirait tout le jour, en effet, dans le canal de sa Charente, ou dans ce *Miroir* de la rhétorique qui lui semblait si beau. Il ne renouvela jamais son esprit par le monde et par la pratique des hommes. Il acheva de se boursoufler dans le vide. La solitude lui gâta l'esprit, comme le monde fait à d'autres, comme il fit à Voiture. Au reste, il fallait que Balzac eût l'esprit ainsi tout prêt à se gâter; car la même solitude aiguisa plutôt Montaigne.

Nul ne représente plus naïvement que lui *l'Homme de Lettres* pris comme espèce, dans sa solennité primitive, dans son état de conservation pure et de gentilhommerie provinciale, dans son respect absolu pour tout ce qui est toilette et pompe de langage, dans son inaptitude parfaite à toute le reste. M. de Saint-Cyran, en le blâmant, ne le distinguait pas des gens du monde; mais ceux-ci, les vrais gens du monde de ce temps-là, n'avaient garde de s'y méprendre, et les spirituels, comme Bautru, le raillaient très-joliment[1].

---

mine, et assez ennuyeuse au Cardinal, devant la Reine-mère exilée et qui s'en allait mourir à Cologne.

1. « Comment voulez-vous qu'il se porte bien ? répondait un jour Bautru au cardinal de Richelieu, il ne parle que de lui-même, et à chaque fois il se découvre; tout cela l'enrhume. »

Le premier volume de ses *Lettres* parut en 1624; ce sont les plus extraordinaires et les plus hyperboliques; dans les volumes suivants, il tâcha d'être plus *régulier*; mais les premières restèrent les mieux venues. Elles firent une révolution parmi les beaux-esprits et le portèrent du premier coup (c'est le mot) sur *le trône de l'Éloquence*. Ses *Lettres* en 1624, son *Prince* en 1631, par la quantité d'admirateurs qu'ils lui valurent, le rendirent un *Chef de parti*, dit Sorel.

Le succès littéraire de Balzac, dès son apparition, fut complet, c'est-à-dire qu'ils ne se composa pas moins de colères que d'applaudissements. Les auteurs à la mode, qui se croyaient les *maîtres-jurés* du métier, s'émurent de voir un nouveau-venu leur passer d'emblée sur la tête. Il se fit tout un enchaînement de querelles[1], dans lesquelles je n'entrerai pas, dans lesquelles Balzac lui-même (on lui doit cette justice) entra aussi peu que possible. Cette vivacité de querelles parut se ranimer à plus de vingt ans de distance, lors de la publication des *Lettres* de Voiture, données après la mort de celui-ci par son neveu Pinchesne. On se tuait de comparer et de préférer. Balzac restait le devancier et le maître, mais le disciple avait pris un chemin si différent! « Il n'est pas impossible, remarquait gravement l'abbé Cassagne, qu'un pilote n'ait enseigné l'art de la navigation à un autre pilote, quoique l'un ait fait tous ses voyages dans les Indes orientales, et l'autre dans celles de l'Occident. » On balançait, par ces grandes images, les deux gloires épistolaires rivales, au sortir de la lutte des deux fameux Sonnets, de même qu'on opposa parallèlement, dans la suite, Bossuet et Fénelon, Voltaire et Jean-Jacques. Faste et néant de l'éloge! tous ces termes magnifiques ont déjà servi.

1. *Bibliothèque françoise* de Sorel, au chapitre intitulé : *Des Lettres de M. de Balzac.*

Dès l'origine, on louait surtout Balzac, et avec raison, d'avoir le premier donné à la prose française *les nombres*. M. Du Vair, qui obtenait tant d'estime, semblait, en ce qui regarde cette partie de l'élocution, en avoir eu plutôt *un foible soupçon qu'une véritable connoissance*[1]. Le cardinal Du Perron, si admiré comme génie, avait un peu manqué, on l'avouait, de grâce pour l'*art*, et M. Coëffeteau, si pur de langage, ne se faisait pas remarquer avant tout par l'harmonie. En un mot, ce que Malherbe avait exécuté pour la poésie, pour l'ode, restait à accomplir dans la prose, et on reconnaissait que, quand ce poëte si harmonieux s'était exercé hors des vers, il n'avait rien eu que de *discordant* et de *dissipé*, par exemple dans ses traductions. L'ordre donc, la justesse des accords, la mesure, *le pouvoir d'un mot mis en sa place, cette sage économie du discours qui permet d'en continuer toujours la magnificence*, ce furent là les mérites littéraires incontestables du style de Balzac. Malherbe, témoin du succès, en parlait un peu légèrement; il disait un jour à Gomberville, à propos des premières Lettres : « Pardieu ! pardieu ! toutes ces badine-

---

[1]. J'emprunte, autant qu'il m'est possible, les expressions mêmes de la Préface qu'on lit en tête de la grande édition de Balzac (2 vol. in-folio, 1665). Ce morceau fort estimable est de ce pauvre abbé Cassagne qui mourut, dit-on, de douleur du vers de Boileau. Sa tête du moins se dérangea. Il fut enfermé à Saint-Lazare, où il voyait Brienne, autre fou plus gai et moins innocent, dont nous parlerons à la rencontre. Ils s'engagent à écrire de concert l'Histoire secrète du Jansénisme, mais Brienne seul donna suite à ce projet. Un jour ils eurent dispute sur Port-Royal : l'abbé Cassagne était contre ; Brienne qui quelquefois, dans l'espérance de gagner sa liberté, parlait de mettre le Jansénisme en poudre, avait pourtant des retours de tendresse vers ce parti. Le retour fut vif ce jour-là; choqué des déclamations de Cassagne, il prit une pincette et l'en frappa : le pauvre abbé mourut des suites de cette scène. Sa Préface des Œuvres de Balzac ne décelait en beaucoup d'endroits qu'un écrivain judicieux et un admirateur éclairé des Anciens.

ries-là me sont venues à l'esprit, mais je les ai rebutées. »
Malherbe avait le dédain de tout premier occupant et
régnant à l'égard de son successeur immédiat. Il se
moquait volontiers, avec l'aristocratie du poëte, de ceux
qui disaient que *la prose avait ses nombres;* il ne concevait pas des périodes cadencées qui ne fussent pas des
vers, et n'y voyait qu'un genre faux de *prose poétique.*
Balzac a bien pourtant l'honneur d'avoir achevé l'œuvre
de Malherbe en l'appliquant à la prose, d'avoir introduit
là un ton, un procédé qui n'est pas poétique, mais plutôt oratoire, une forme de développement, auparavant
inconnue dans cette rigueur, et qu'il n'a plus été possible d'oublier : on la retrouve presque semblable,
avec la pensée en sus et le génie du fond, dans Jean-Jacques.

Si l'on pouvait noter le mouvement, le nombre, les
coupes, les articulations et comme les membrures de la
phrase indépendamment du sens, il y aurait bien du
rapport entre Balzac et Jean-Jacques.

Balzac, je l'ai dit ailleurs, c'est la prose française qui
fait en public, et avec beaucoup d'éclat, sa rhétorique,
une double et triple année de rhétorique.

Tous les grands prosateurs qui viennent après sont
bien loin de reprendre nécessairement le moule de
Balzac. Bossuet est bien autrement libre et irrégulier
dans sa majesté oratoire ; on a madame de Sévigné et
sa plume agréablement capricieuse ; on a Montesquieu
qui aiguise et qui brusque son trait, Voltaire qui
court vite et pique en courant; mais chez tous ces
styles, même les plus dégagés, on sent qu'il y a eu autrefois une rhétorique très-forte, et c'est Balzac qui l'a
faite.

Aujourd'hui, quand on lit Balzac, on est frappé, avant
tout, de l'uniformité du procédé : le vide des idées laisse
voir à nu et sans distraction ce redoublement continuel

de la phrase qui va du simple au figuré, du figuré au transfiguré; partout, dès le premier ou le second pas, l'hyperbole avec métaphore.

J'en recueillerai quelques exemples en ne choisissant même pas et en ne faisant que me baisser pour les prendre. On se souvient de ce mot, précédemment cité, par lequel, au retour de Rome, écrivant à l'évêque d'Aire, il se dit *plus vieux que son père* et aussi usé qu'un vaisseau qui aurait fait trois fois le voyage des Indes. A Racan qui, dans une ode, l'avait comparé aux Dieux[1], il écrit (1625) : « Il semble que la Divinité ne vous coûte rien, et qu'à cause que vos prédécesseurs ont rempli le Ciel de toutes sortes de gens et que les astrologues y ont mis des monstres, il vous soit permis à tout le moins d'y faire entrer quelques-uns de vos amis. » A Vaugelas (1625) : « Les Reines viendront des extrémités du monde pour essayer le plaisir qu'il y a en votre conversation, et vous serez le troisième après Salomon et Alexandre, qui les aurez fait venir au bruit de votre vertu.... » Et ailleurs : « C'est moi qui trouble votre repos, qui usurpe votre liberté.... Je vous dresse des embûches à Paris, à Fontainebleau, à Saint-Germain, et si, pour fuir mon importunité, vous pensiez vous sauver au bout du monde, elle feroit le voyage de Magellan pour vous y aller chercher. » La nature, l'histoire, la géographie, l'univers, n'existent que pour lui fournir son butin unique et favori, la métaphore. Sondons-nous bien, rentrons dans notre conscience littéraire : je soup-

---

1.   Divin Balzac, qui par tes veilles
    Acquiers tout l'honneur de nos jours;
    Grand Démon, de qui les discours
    Ont moins de mots que de merveilles....

    . . . .
    Quoi qu'espère la vanité,
    Il n'est point d'autre éternité
    Que de vivre dans tes ouvrages.

çonne plus d'un illustre moderne de n'être pas si loin de Balzac qu'il le croit.

A M. Conrart, qui était de la Religion réformée, Balzac écrivait : « Vous ne penseriez pas que le nombre de vos vertus fût complet, si vous n'y ajoutiez l'humilité, et vous me voulez montrer qu'il y a des Capucins huguenots. » Des *Capucins*, parce qu'ils font vœu d'humilité : nous saisissons le procédé, une métaphore hyperbolique associant des images imprévues qui étonnent, et qui veulent plaire encore plus qu'elles n'y réussissent.

Il remercie M. Godeau (1632) de lui avoir envoyé sa Paraphrase des Épîtres de saint Paul : « Il n'y a plus de mérite à être dévot. La dévotion est une chose si agréable dans votre livre que les profanes mêmes y prennent du goût, et vous avez trouvé l'invention de sauver les âmes par la volupté. Je n'en reçus jamais tant que depuis huit jours que vous me nourrissez des délices de l'ancienne Église, et que je fais festin dans les Agapes de votre saint Paul. C'étoit un homme qui ne m'étoit pas inconnu : mais je vous avoue que je ne le connoissois que de vue. (*Il prend le ton cavalier*).... Votre Paraphrase m'a mis dans sa confidence et m'a donné part en ses secrets. J'étois de la basse-cour, je suis à cette heure du cabinet.... Vous êtes, à dire le vrai, un admirable déchiffreur de lettres. » Tout est dans ce ton ; il se prenait lui-même au sérieux dans ces badinages ; mais les esprits vraiment sérieux ne s'y trompaient pas.

Toutes les critiques qu'on peut faire à Balzac, celles en particulier que je lui adresse, ne lui ont pas manqué dans le temps. Mais, des renommées littéraires, il ne parvient à la postérité et il ne ressort finalement que la résultante ; les protestations qui y entraient dès l'abord sont oubliées. Dans le cas présent, celles qui, ayant été imprimées à l'état de pamphlets, ont laissé quelque trace, sont pleines d'ailleurs d'emportements, de fatras ou d'à-peu-près. Notons ceci : les critiques contemporains, fussent-ils fins et habiles, se donnent bien de la peine pour envelopper et développer, en fait de jugements littéraires, ce que le premier venu, dans la postérité, conclura en deux mots. Sorel, qui a tenu registre de ces querelles, nous dit des adversaires de Balzac : « La plupart de ces gens-ci, se trouvant comme forcenés pour la passion qu'ils avoient à médire de M. de Balzac, ressembloient à des malades de fièvre chaude qui, dans leur rêverie, ne se représentoient que chimères et spectacles affreux. Les beautés du style de notre auteur ne se montroient point à eux ; ils n'en considéroient que ce qu'il y avoit d'irrégulier. En tout ce qu'ils lisoient de ses écrits, ils ne croyoient voir que des *Métaphores impropres*, des *Hyperboles exorbitantes*, des *Cacozèles* ou des *Catachrèses*, et autres figures épouvantables du nom desquelles ils remplissoient leurs écrits, et que les hommes non lettrés prenoient pour des monstres de l'Afrique. » Il y avait du vrai pourtant sous ces grands reproches pédantesques. Balzac, bien averti de son défaut, commence ainsi une de ses lettres à Chapelain : « J'ai renoncé solennellement à l'Hyperbole. C'est un écueil que je ne regarde qu'en tremblant et que je crains plus que Scylle et Charybde.... » On voit qu'il en est pour lui de son défaut chéri, précisément comme dans la chanson :

> *L'image adorée et jolie*
>   Toujours revient ;
> En pensant qu'il faut qu'on l'oublie,
>   On s'en souvient.

L'hyperbole le mena un jour jusqu'à dire à mademoiselle de Gournay en manière de compliment: « Depuis le temps qu'on vous loue, la Chrétienté a changé dix fois de face. » Un tel trait de galanterie renferme tout. C'est au reste, avec mademoiselle de Gournay, la même façon qu'on lui a vue précédemment avec Richelieu : il ne pense qu'à la grandeur de la louange, nullement à la finesse, et ne se doute pas des circonstances désagréables qu'il y fait entrer.

Je pourrais dénombrer tous les noms célèbres du temps, Gomberville, Coëffeteau, d'Ablancourt, Bois-Robert, à qui il écrit sur ce ton de largesse; car il était de cette vanité littéraire si pleine et surabondante que, commençant par elle-même, elle se répand volontiers sur les autres. Sa propre satisfaction, étant immense, noyait dans son cœur l'envie et ne laissait pas aliment à la longue colère. Après cette grande guerre, à laquelle donna lieu un mot de sa part imprudemment lâché contre les moines[1], il se réconcilia avec ceux qui lui avaient le plus vivement riposté, et en particulier avec Dom André de Saint-Denys; il se réconcilia fort tendrement, au lit de mort, avec un M. de Javersac qu'il avait fait bâtonner autrefois, dit-on, pour l'avoir critiqué : car encore, parmi ses prétentions au gentilhomme, Balzac avait cela, tout bon prince qu'on l'a vu, d'être un peu prompt au bâton et à la houssine, mais par la main des autres.

Hors ses phrases auxquelles il tenait fort, il n'était d'aucun parti en son temps; il correspond tour à tour avec M. de Saint-Cyran et avec le Père Garasse; à Gomberville il parlait *Polexandre* et Jansénisme, à Costar il écrivait des espèces de badineries sur la *Grâce*, puis,

---

1. « Que si quelques petits moines qui sont dans les maisons religieuses, comme les rats et les autres animaux imparfaits étoient dedans l'Arche, veulent déchirer ma réputation, etc. » (Lettre 30e, du Livre IV, à monsieur le Prieur de Chives, octobre 1624.) Les Feuillants prirent la chose pour eux et relevèrent l'injure, un jeune moine d'abord, Dom André de Saint-Denys, puis le Général de l'Ordre en personne, le Père Goulu, qui intervint sous le pseudonyme de *Phyllarque*. Ce fut bientôt une mêlée générale.

tout à côté, c'étaient des merveilles sur le livre d'Arnauld. Que lui importaient le sujet et le sens, pourvu qu'il vît jour à l'image et qu'il y plantât ce cher drapeau! Pour ou contre le Mazarin selon le succès; exemple, avec une certaine honnêteté d'ailleurs, de cette platitude si compatible avec l'enflure[1].

Il était fort lié (c'est tout simple) avec la famille Arnauld, *l'éloquente famille* comme il l'appelle, avec M. d'Andilly d'abord, l'un des chefs de cette littérature Louis XIII grandiose et laudative, et vrai disciple de Balzac dans le tour sinon dans l'image. Un jour, à propos du livre de la *Fréquente Communion*, on s'étonnait, devant M. d'Andilly, qu'un jeune homme comme le docteur, qui ne faisait qu'à peine de sortir des écoles et sans aucun usage du monde, eût pu écrire si bien et si poliment; M. d'Andilly répondit qu'il n'y avait point lieu de s'en étonner, et *qu'il parlait simplement la langue de sa*

---

1. Comme preuve non contestable, on peut voir dans l'*Histoire de l'Académie françoise* (édition de 1743, tome I, page 151) toutes les vicissitudes de son *Aristippe*, entrepris d'abord pour le cardinal de Richelieu sous le titre de *Ministre d'État*, puis offert au cardinal Mazarin, et finalement dédié à la reine Christine : cet *Aristippe* cherchait maître. L'auteur écrivait, en janvier 1644, à Chapelain : « Je vous supplie de savoir en quelle disposition est pour moi le cardinal Mazarin. S'il est galant homme et qu'il me veuille obliger, j'ai de quoi n'être pas ingrat : je lui adresserois mon *Aristippe*;... mais je ne veux point faire d'avances sans être assuré du succès de ma dévotion. » Et tout le reste de la lettre qui n'est pas moins curieux. Voiture, qu'il mit en jeu pour la même négociation, lui répondit avec empressement, mais lui soumit sans doute quelques observations sur la difficulté de réussir en ces termes, ou peut-être il lui signifia d'emblée le refus tout prononcé du Cardinal. Là-dessus Balzac semble étonné et a l'air de reculer devant ses propres paroles : « *Fi donc !* ai-je voulu faire un si sale marché que celui qu'il me reproche? Savoir d'un homme s'il a agréable qu'on parle de lui, est-ce lui dire en langage suisse : *Point d'argent, point de louanges?* » Voilà le personnage pris sur le fait et dans son comique naturel : plat et glorieux. (Voir encore au livre XXVII des *Lettres*, la 3e, vraiment fabuleuse, à Mazarin.)

maison. Balzac, certes, n'aurait pas mieux dit. Il s'honorait donc, à bon titre, d'une relation suivie avec les divers membres de cette excellente maison, — excellente par-dessus tout en fait de langage : il correspondait avec l'abbé de Saint-Nicolas qui lui servait de truchement auprès du cardinal Bentivoglio et transmettait, de l'un à l'autre, envois et compliments littéraires; il s'ouvrait de ses écrits à M. Le Maître et le remerciait fort au long des *fruits de Pomponne*, de quelque harangue probablement et même d'un sonnet. Ceci nous touche; M. Le Maître n'est pas désagréable à retrouver dans le miroir de Balzac : « Monsieur, lui écrivait celui-ci (février 1633), je ne tiens point secrète notre amitié : elle est trop honnête pour être cachée, et j'en suis si glorieux que je ne me fais plus valoir que par là. M. Jamin (*quelque jeune recommandé*) sait ma bonne fortune et a grande passion de vous connoître. Il a cru que je ne serois pas le plus mauvais introducteur qu'il choisiroit pour cela, et que par mes adresses il pourroit parvenir jusqu'à votre cabinet.... Ceux qui avoient vu tonner et éclairer Périclès dans les assemblées, étoient bien aises de le considérer dans un état plus tranquille, et de savoir si son calme étoit aussi agréable que sa tempête.... » Et à la fin : « Je baise les mains à toute l'éloquente famille. »

La conversion de M. Le Maître ne prit personne plus au dépourvu que Balzac : qu'en put-il dire? C'est le cas pour nous de le pénétrer à coup sûr, dans une circonstance tout à fait connue. Il écrit à Chapelain qui lui avait annoncé la grande nouvelle [1] :

---

1. La lettre de Chapelain, dont j'ai précédemment cité le passage qui nous intéresse, est du 20 décembre 1637; la réponse qu'y fit Balzac et qu'on va lire ne saurait donc être de *septembre* 1638, elle doit être de janvier. Ces Lettres imprimées de Balzac sont souvent mal datées.

« Monsieur,

« Je ne m'étonne de rien ; mais véritablement je ne m'attendois pas à la subite retraite de monsieur Le Maître. Je ne vous fais point de question là-dessus, ni ne vous demande pas s'il a été inspiré immédiatement du Saint-Esprit. Les causes secondes n'ont aucune part en cette conversion ; comme vous diriez un mauvais succès en amour, un rebut des supérieurs, ou quelque autre disgrâce de cette nature. Sa piété n'est point un dégoût ni une lassitude d'esprit, un abattement de courage ou faute de force. (*On voit qu'il s'amuse à pousser son développement*).... Mais ici il n'y a rien eu de semblable.... Celui-ci étoit confirmé dans sa belle réputation et avoit au delà de ce qu'il faut pour répondre à ces grandes actions[1] qui avoient étonné tout le Barreau. Une si étrange résolution pourra être diversement interprétée : pour moi je n'en saurois juger que favorablement. Je veux croire qu'il n'a pu résister à la violence de la Grâce qui l'a enlevé du monde, et que Dieu a été le vainqueur dans le combat qui s'est fait entre lui et l'homme. Mais pourquoi parle-t-il tant de ses infidélités et de ses crimes, dans la lettre qu'il a écrite à Monsieur le Chancelier ? Je sais bien que c'étoit le style de saint François ; mais ce style (*toujours le style*) ne peut être tiré en exemple, et nous savons, vous et moi, qu'il n'a jamais fait d'excès qu'à étudier, et que toutes ses débauches ont été honnêtes et vertueuses. »

On voit que Balzac ne comprend pas ce que c'est que *péché* au sens chrétien, infidélité et crime de cœur au spirituel ; la grandeur de cette lettre au Chancelier lui échappe. *Vir ingenio compto,* a-t-on dit de lui, *et eloquentiæ laude clarus, sed in religionis negotio plus quam infans*[2].

1. *Actions*, plaidoiries, et, plus généralement, discours publics ; il y entre une idée d'animation, de déploiement de forces, de véhémence.

2. Il est douteux qu'il eût compris davantage la grandeur de la lettre de M. Le Maître à son père, lui qui ne trouvait à écrire sur la mort du sien que cette incroyable lettre à Conrart (octobre 1650) :
« Depuis la dernière lettre que je vous ai écrite, j'ai perdu mon

Vers ce temps-là, je ne sais quel plaisant avait fait courir le bruit que Balzac aussi, de son côté, se béatifiait, se prenait d'adoration pour les choses spirituelles; celui-ci l'apprend, il s'en fâche, il écrit au mois de novembre même année (1638) à Chapelain, pour le rassurer : « Je suis tout matière, tout terre et tout corps.... L'action de M. Le Maître est un mouvement héroïque qui ne doit point être tiré en exemple et qui est au-dessus de ma portée : je n'ai garde de viser si haut ni d'entreprendre une si difficile imitation. Mais aussi, comme je ne suis pas de ces parfaits qui n'ont pour objet de leurs pensées que les félicités du Ciel, je vous prie de croire que je suis encore moins de ces hypocrites qui veulent trafiquer sur la terre de leurs mines et de leurs grimaces.... » Et il finit par dire que, s'il eût été capable de cette dévote *lâcheté* (il emploie un mot plus *cardinal* que celui-là), on le traiterait aujourd'hui de Monseigneur; mais il préfère son repos et sa liberté à tout. Oh! qu'on en verrait une belle preuve, si on se ravisait pour lui à la Cour, et si on offrait à son silence ce que tant de docteurs briguent tous les jours par leurs sermons! « Ce seroit ce jour-là, s'écrie-t-il, que le monde connoîtroit que je ne fais point le fanfaron de philosophie, et que vous auriez le plaisir d'avoir un ami qui refuseroit tout de bon les Évêchés. » Y eut-il jamais manière plus fanfaronne de dire qu'on refuseroit ? — On lit en effet chez Tallemant, comme par une réflexion fort naturelle, que le Cardinal se serait fait honneur en donnant à Balzac un évêché. C'eût été un évêque littéraire

bonhomme de père. Quoiqu'il eût près de cent ans et que la vie lui fût à charge, ne vivant plus qu'avec peine et douleur, cette perte ne laisse pas de m'être sensible. C'étoit une Antique, digne de vénération et de culte, qui portoit bonheur à sa famille, et que les étrangers venoient voir par rareté.... » La nature si combattue à Port-Royal par la religion y trouvait d'autres accents.

comme M. de Grasse, comme l'évêque de Dardanie, M. Coëffeteau.

Dans les lettres à Chapelain, j'en trouve une entière sur M. de Saint-Cyran qu'on venait d'arrêter[1], et qui n'a jamais été relevée ; elle est remarquable pour nous après le jugement que nous tenons de la bouche même de M. de Saint-Cyran sur Balzac : c'en est la contrepartie. Enregistrons le témoignage :

« Ma curiosité est satisfaite, et vous m'avez fait grand plaisir de me mander ce que vous saviez de l'affaire des prisonniers. On a eu peur, à mon avis, que l'Abbé voulût faire secte et qu'il pût devenir hérésiarque. Je ne parle pas de ces hérésies charnelles et débauchées, comme celles de Luther et de Calvin[2], mais de ces hérésies spirituelles et sévères comme celles d'Origène et de Montanus. J'aurois à vous dire beaucoup de choses sur ce sujet si nos lettres se pouvoient changer en conversation ;... je ne laisserai pas pourtant de vous dire quelque chose. Cet homme est véritablement une personne extraordinaire ; grand théologien, grand philosophe, et aussi abondant en belles pensées que j'en vis jamais[3].

---

1. Elle est datée inexactement et doit être, non de *Janvier* 1638, mais sans doute de *Juillet*, M. de Saint-Cyran ayant été arrêté en mai. Chapelain, par une lettre du 18 mai, en avait annoncé la nouvelle à Balzac en ces termes :

« Vendredi dernier, ensuite de la prise du Père Seguenot dans l'assemblée de Saumur pour être renfermé dans le château de la même ville, M. de Saint-Cyran, l'un de vos héros, a été arrêté et mis dans le Bois de Vincennes, vraisemblablement pour le soupçon des mêmes opinions que l'on a désapprouvées dans le livre de l'autre. Tous ses manuscrits et travaux de quarante ans sur tous les Pères ont été enlevés et portés, comme je crois, chez M. le Chancelier. J'apprends qu'il a reçu l'ordre du Roi avec grande modestie, et qu'il se comporte dans la prison de la même sorte que s'il étoit en liberté. Les partisans du Père Sirmond disent que c'est le châtiment que méritoit *Petrus Aurelius*. »

2. Balzac est perpétuellement odieux quand il parle des Protestants ; mais il faut lui pardonner comme ignorant le fond et ne voulant que paraître sujet fidèle.

3. Ceci se rapporte assez exactement à un passage de Lancelot sur Balzac (*Mémoires*, tome II, page 102) : « On trouvera, si on y

Il dit souvent des choses qui semblent lui avoir été inspirées et venir immédiatement du Ciel. Entre autres, il m'assura un jour qu'il voyoit les Mystères de l'autre vie plus sensiblement que je ne voyois les affaires de celle-ci. (*Nous croirions que c'est ici l'hyperbole de Balzac, si nous ne savions d'ailleurs à quoi nous en tenir.*) Il est vrai que la démonstration qu'il m'en voulut faire ne me satisfit pas ; mais je crus que c'étoit ma faute, et non pas la sienne. Si cet homme-là est trompé, je vous avoue que je le suis bien aussi ; et c'est une grande pitié de nous autres pauvres mortels, qui devrions nous humilier toujours devant le trône de Dieu. Je ne saurois me persuader qu'il prétende à la qualité de chef de parti, ni qu'il ait jamais eu dessein de dogmatiser. Car homme du monde ne parut jamais plus respectueux envers le Saint-Siége ni plus persuadé que lui de la toute-puissance de Rome. (*Nous savons encore à quoi nous en tenir sur ce point, et il y faut rabattre de ce que dit Balzac, aussi bien que de ce qui suit.*) Il est, au reste, grand admirateur des écrits de feu monsieur le cardinal de Bérulle, et je ne trouve point ce qui l'a pu obliger de peu estimer ceux du Père Seguenot, son compagnon de fortune. (*Il se trompait en le croyant mêlé au livre du Père Seguenot.*) Pour moi, je vous avoue que son style (*le style du Père Seguenot, encore le style!*) m'a ravi, et laisse sa doctrine à examiner à qui il appartiendra d'en juger¹. »

prend garde, quelques pensées de M. de Saint-Cyran dans ses Lettres, parce que, comme il n'avoit pas toute la fécondité du monde, il admiroit particulièrement celle de M. de Saint-Cyran, et étoit ravi d'emprunter quelque chose de son abondance. » Balzac ne profitait pas seulement des pensées, mais il retenait aussi les mots, comme on le voit dans une lettre bien postérieure (mai 1652) à Conrart ; on y lit : « Quatre ou cinq grandes dépêches que je vous ai faites se seroient-elles perdues par les chemins ?... Je serois au désespoir d'avoir perdu tant de secrets et tant de paroles passionnées que le bon M. de Saint-Cyran appeloit autrefois *effusions de cœur* et *débordements d'amitié.* » On surprend là l'espèce de placement que réservait Balzac aux expressions spirituelles de M. de Saint-Cyran et leur traduction en littérature ; il en faisait ce qu'on appelle en rhétorique *lumina orationis*.

1. J'ai sous les yeux la réponse de Chapelain à cette lettre de Balzac (25 juillet 1638) ; on y trouvera un ou deux traits qui

Le docteur Arnauld eut part, à son tour, à l'admiration de notre grand *Epistolier*. On trouve, à la fin d'un recueil de pièces sur le livre de *la Fréquente Communion* par le Père Quesnel [1], des extraits de quelques lettres de Balzac à Chapelain. Le Père Quesnel a paru les prendre au sérieux en les insérant à la suite des témoignages ecclésiastiques les plus honorables à ce livre. Il faut en donner quelque chose ici. Qu'on ne croie pas du tout que ce soit une guerre à l'auteur : mais on a parlé de lui souvent à première vue et sans l'avoir étudié de très-près; on a indiqué comme un simple trait de son talent ce qui en est le fond même. Puisqu'il s'est rencontré pour nous des occasions, que je puis dire intimes, de mettre cette nature à jour, ce serait duperie

complètent la physionomie de Saint-Cyran, et qui le montrent tel qu'il était devant ceux dont il prisait médiocrement l'estime :

« Vous m'avez donné un portrait en petit de *l'Abbé* qui a fait peur à nos zélateurs. Je ne l'ai vu que deux fois en ma vie chez notre ami de Pomponne (M. d'Andilly) qui était malade à la mort. Il me sembla homme de bonne intention, et s'il n'est pas dans le bon chemin, je suis trompé s'il ne croit y être. Du reste, *son discours entrecoupé et sautelant, et quelques raisonnements informes et à demi exprimés*, ne me laissèrent pas persuader qu'il fût si grand personnage que l'on me l'avoit représenté, et je vous avoue qu'en ces occasions je respectai plus sa réputation que sa personne. *Toutefois il ne conversoit pas pour me plaire, et sans doute ne se soucioit pas de me donner bonne opinion de lui.* Il peut être aussi aisément que sa santé ou l'état de son malade ne lui eût pas laissé tout l'usage de son esprit, et, en ces matières de juger d'autrui, ma maxime est de croire que les vertus sont journalières, et qu'il n'y a qu'une longue pratique qui en puisse faire porter un jugement assuré. Je m'en rapporte au vôtre entièrement, puisqu'il est fondé sur votre expérience, et je penche d'autant plus volontiers à croire qu'il y a du creux dans son affaire, que je ne doute plus qu'il n'ait le plus contribué à faire passer carrière à M. Le Maitre, c'est-à-dire à me donner un des plus sensibles déplaisirs que j'aie jamais reçu. »

On ne voit pas nettement dans la lettre de Balzac ce qui se rapporte au *creux* dont parle Chapelain; et elle semble plutôt toute laudative. Y aurait-on retranché à l'impression, et par égard pour les amis, quelque trait moins favorable à M. de Saint-Cyran ? — Au reste, ce *creux* n'est pas très-clair dans la lettre de Chapelain.

1. *Très-humble Remontrance à messire Humbert de Precipiano, archevêque de Malines*, 1695.

de n'en pas user. Un seul homme, un seul écrivain bien connu en révèle beaucoup d'autres.

« Que le livre de M. Arnauld, écrivait donc Balzac (novembre 1643), est un savant, sage et éloquent livre! il me paroît si solide et si fort de tous côtés que je ne pense pas que tout ce qu'il y a de machines dans l'arsenal de la Société (*les Jésuites*) en puisse égratigner une ligne. Je dis davantage : il donneroit de la jalousie au cardinal Du Perron ressuscité, si la gloire de l'Église ne lui étoit plus chère que la sienne propre. J'en parle de cette sorte à mes bons amis les Révérends Pères, et, quoique j'aie plus besoin qu'homme du monde de douceur et d'indulgence, en cette occasion je suis pour celui qui me menace de la foudre contre ceux qui ne me promettent que de la rosée. » (O Antithèse, ô Trope, *que me veux-tu?*)

Mais voici qui est plus fort :

« (Du 2 mai 1644.) Je suis à la moitié du livre de M. Arnauld (*de la Tradition de l'Église*). En conscience je n'ai jamais rien lu de plus éloquent ni de plus docte. Je l'ai lu avec une continuelle émotion, avec un transport qui ne m'a point encore quitté ; et j'accuse notre langue de disette, je me plains d'elle de ce qu'elle ne me fournit point des termes assez puissants pour vous exprimer l'état où m'a mis cette incomparable composition. O le grand personnage que ce cher ami (*M. Arnauld*)! O que je suis glorieux de son amitié! O que l'Église recevra de services de cette plume [1]! Ce sera le bâton de sa vieillesse [2], ce sera peut-être son dernier appui, et, s'il y a encore quelque hérésie à venir, qu'elle se hâte de naître, et que tous les monstres se déclarent, afin

---

1. Il trépigne de joie, il pleure de tendresse.
(BOILEAU.)

2. S'il est vrai que les phrases d'un homme font juger de son esprit, il est encore plus vrai que l'esprit d'un écrivain, une fois connu, *juge* ses phrases. Il y a chez Balzac telle phrase, telle métaphore sans valeur, et qui en aurait chez un autre : ainsi ce mot sur le rôle d'Arnauld dans l'Église : *Ce sera le bâton de sa vieillesse !* ce mot-là serait beau et touchant ailleurs, chez un écrivain qui mettrait discrétion et sens aux figures.

que cette fatale plume les extermine. Tout cela ne me satisfait point ; j'en pense bien davantage que je n'en écris : je suis plein, je suis possédé de ce livre, il me tourmente l'esprit... :

> . . . . . Magnum nec pectore possum
> Excussisse Deum. . . . . »

Or, presque à la même date (mars 1645), s'adressant à Costar, assez ignoble personnage, gras bénéficier du Mans et rusé épicurien d'église, il ne trouvait, sur ces mêmes questions où triomphait Arnauld, que pointes et jeux d'esprit : « Vous m'écrivez des merveilles sur le sujet du docteur *disgracié* pour avoir trop parlé de la *Grâce*. Ils sont étranges, vos docteurs, de parler des affaires du Ciel, comme s'ils étoient Conseillers d'État en ce pays-là, et de débiter les secrets de Jésus-Christ, comme s'ils étoient ses confidents. Ils en pensent dire des nouvelles aussi assurées et les disent aussi affirmativement que s'ils avoient dormi dans son sein avec saint Jean.... A votre avis, ne se moque-t-on point là-haut de leur empressement et de leur procès? » En raillant ainsi, il n'était pas plus philosophe que tout à l'heure il n'était chrétien ; il servait chacun selon son goût, moyennant la même hyperbole, n'étant précisément ni de mauvaise foi avec lui-même ni sincère, fidèle seulement au son qu'il tirait de sa cymbale et aux beaux yeux que faisait au soleil sa plume de paon.

Les lettres de Balzac à Conrart sont semées de questions empressées sur Port-Royal comme sur l'hôtel Rambouillet, de retours de curiosité vers M. Le Maître, dont Conrart était parent, et de qui Balzac espérait toujours tirer *ces grands, ces riches, ces magnifiques Plaidoyers, comme un régal pour son esprit languissant*. Il envoie aussi force remerciements à M. d'Andilly, alors solitaire, pour les ouvrages qu'il reçoit de lui : « Ils me feront homme de bien. Et quel plaisir d'être mené à la vertu par un chemin si net et si beau! j'appelle ainsi la pureté de son style et les ornements de ses paroles! » S'il se rattrape par un bout et se raccroche à Port-Royal, c'est par cet unique soin littéraire. A propos de la guerre de 1652, qui intercepte tout : « Quel malheur, s'écrie-t-il, d'être privé si longtemps de la consolation de nos livres, de nos chastes et innocentes voluptés! de ne plus rien voir du Port-Royal ni de la boutique des Elzevirs! de ne pouvoir lire ni la Remontrance de M. Salmonnet, ni les vers de M. Ménage, ni les sermons de M. Ogier! » On possède, en ce peu de mots, l'assortiment complet de ses désirs.

Balzac eut pourtant aussi sa conversion quelques années avant sa mort; mais elle offre des traits particuliers au caractère de l'homme; elle resta bien différente de celle de son ami M. Le Maître, et de toutes celles que nous avons vues selon M. de Saint-Cyran. Il avait pensé à se retirer au monastère de son ami et ancien adversaire, Dom André de Saint-Denys, aux Feuillants de Saint-Mesmin près Orléans. Dans une de ses Dissertations chrétiennes et morales qu'il lui adresse (la XVIIIe), on lit ce premier projet de retraite très-peu janséniste, et qui n'est guère qu'une variante compassée de l'*hoc erat in votis* d'Horace :

« Je pense l'avoir autrefois écrit, et il n'y aura point de mal aujourd'hui de le copier : la solitude est certainement une belle chose; mais il y a plaisir d'avoir quelqu'un qui sache répondre, à qui on puisse dire de temps en temps que c'est une belle chose.... Vous voyez bien où j'en veux venir; mon esprit vous cherche, mon Révérend Père; ma Solitude a besoin de vous.... Mais entendons-nous bien, je vous en supplie. Je vous avertis que tant que je serai entre la Loire et le Loiret, je prétends d'y être *incognito*[1]. Je ne m'appel-

---

1. L'introduction de ce mot était alors de fraîche date, et cela semblait un trait d'esprit de le placer.

lerai, s'il vous plaît, en ce pays-là, ni Balzac, ni Narcisse, ni Aminte ; je ne prendrai ni ne recevrai aucun autre nom de guerre qui puisse me découvrir. Mon dessein n'est pas de donner réputation à ma retraite : ce seroit vouloir être obscur avec éclat.... Il faut qu'étant auprès de vous, je sois un Secret entre vous et moi, et un Énigme pour tous les autres. »

La peur, le désir, la prétention continuelle de Balzac, c'était d'être poursuivi de lettres et de ne pouvoir se dérober aux charges de la célébrité ; il y revient dans la Dissertation XXIe, avec une naïveté incomparable et qui met en son plus beau jour ce genre de fatuité, encore aujourd'hui assez commun :

« Que ce bruit et cette réputation sont incommodes à un homme qui cherche le calme et le repos ! il est la butte (*il fait semblant, pour se mieux caresser à la troisième personne, de traduire une pièce latine, et ajoute entre parenthèses qu'il traduit fidèlement*), il est la butte de tous les mauvais compliments de la Chrétienté, pour ne rien dire des bons, qui lui donnent encore plus de peine. Il est persécuté, il est assassiné de civilités qui lui viennent des quatre parties du monde : et il y avoit hier au soir, sur la table de sa chambre, cinquante lettres qui lui demandoient des réponses, mais des réponses éloquentes, des réponses à être montrées, à être copiées, à être imprimées.... »

Tel continuait d'être l'homme qui se croyait en train de se convertir. Et il se convertissait peut-être en effet, autant que cela était en lui. Cette Dissertation à Dom André laisse percer, vers la fin, des accents élevés, quelque chose de sérieux à sa manière, et qui paraît senti :

« Quand j'ai du peuple et des auditeurs, je crie de toute ma force : Sortons des villes, allons habiter la campagne, non-seulement pour l'établissement de notre repos, mais aussi pour l'assurance de notre salut. Cherchons Jésus-Christ où il se trouve plus facilement, selon l'adresse que lui-même nous en a donnée : il n'a pas dit qu'il étoit *l'or des palais et la pourpre de la Cour;* il a dit qu'il étoit *la fleur des champs et le lys des vallées* [1].

« Bien heureux sont ceux qui cueillent cette divine fleur dans les champs de Saint-Mesmin, qui en font des bouquets et des guirlandes, qui se couronnent de Jésus-Christ !... Je voudrois bien être de ceux-là, et travailler à la fin, après tant de paroles et d'écritures, *à la seule chose nécessaire.* »

Balzac exécuta son dessein, non pas en allant au couvent de Dom André près Orléans, ses proches s'y opposèrent; mais il se fit bâtir, aux Pères Capucins d'Angoulême, deux chambres dans une situation *parfaitement belle,* d'où la vue s'étendait sur toute la campagne, et il allait souvent s'y recueillir durant les dernières années, *en compagnie,* est-il dit, *de ses Muses devenues tout à fait chrétiennes.* Il ne songeait pas à s'appliquer ce mot de Saint-Cyran que « rien n'est si dangereux, quand on se retire du monde, que de s'en faire un petit. » Son *Socrate chrétien* date de ce temps. On a une relation très-détaillée de ses dernières occupations par un avocat, M. Morisset [2]. La littérature et l'Éternité se disputaient ses pensées. Il faisait des aumônes aux églises, donnait ici une lampe d'argent à l'autel, là une cassolette de vermeil avec un revenu annuel pour entretenir des parfums, et fondait un prix à l'Académie française pour ceux qui enverraient les meilleurs sermons. Ce prix de Balzac, après différentes transformations et adjonctions, est devenu le prix d'Élo-

---

1. Balzac semble montrer en quelques endroits, comme ici, le sentiment de la nature, de la campagne ; son début du *Prince* a de la fraîcheur et du pittoresque. Je citerai encore sa lettre à Chapelain (mai 1638), vraie lettre du mois de mai, et où l'on ne voudrait effacer que ce nom de Chapelain qu'il met parmi les rossignols !

2. A la fin du tome II des Œuvres in-folio.

quence : une cassolette encore avec perpétuel encens. Il se vit mourir, durant six mois, tous les jours, se confessant et communiant avec édification, et pourtant jusqu'à la fin, comme il disait, très-*accoquiné à la vie*. Trois jours avant sa mort, il retouchait encore ses papiers ; il les faisait mettre au net pour l'impression, car il tenait à ses détails et aux moindres culs de lampe de ses éditions autant qu'à tout. Il mourut de la sorte, le 18 février 1654[1], pensant pêle-mêle à ses jeux floraux et à sa conscience, sincère sans doute; converti avec componction, mais converti selon son défaut et son faible qui reparaissaient toujours.

Quand M. de La Harpe, cet autre grand littérateur, se convertit, il fut également sincère ; mais son ton tranchant, sa vanité littéraire ne mourut pas, ou du moins ce fut la dernière chose à mourir en lui.

1. Deux ans avant les *Provinciales* : il était temps.

IX

Suite de Balzac. — Le *Socrate chrétien*. — Retz et Balzac. — Espèce de grandeur de celui-ci. — Jugements et témoignages. — De la rhétorique et de la poétique à Port-Royal. — De l'art et du goût dans l'ordre chrétien.

J'ai parlé de l'homme chez Balzac, de sa vie, de ses lettres. Cette clé donnée, ses autres écrits s'ouvrent d'eux-mêmes. Et, par exemple, rien de plus simple que de s'expliquer le *Socrate chrétien*, qu'une critique trop confiante et qui n'y serait pas arrivée, pour ainsi dire, *à revers* par ces hauteurs de Port-Royal, pourrait être tentée de prendre à la lettre et d'estimer plus profond qu'il ne l'est réellement.

Le *Socrate chrétien* est une suite de douze discours ou conférences supposées tenues en un cabinet par un personnage de sagesse et de piété, qui vient passer quelque temps dans le voisinage de l'auteur. Le cabinet où l'on se réunit a pour décoration un tableau de la Nativité, qui fournit un premier texte à ce Socrate, ou plutôt à cet *Isocrate* chrétien. Ce sont de pures déclamations où le rhéteur dit à chaque instant qu'il ne faut plus être rhéteur, et le dit avec redoublement de rhétorique : je fais grâce des preuves. Il y a certes, dans ces discours, maint passage ingénieux et même spécieux de gravité ; mais, au point d'initiation où nous sommes, cela ne nous saurait faire illusion. Dans le VII° discours, à propos d'une paraphrase de psaume qui venait d'arriver de Languedoc, il s'agit de critiquer les paraphrases en général, celles du moins qui ne respectent pas la simplicité et la majesté du texte divin, celles *qui frisent et parfument les Prophètes ;* « Il falloit, dit tout d'abord le Socrate, il falloit suivre M. l'évêque de Grasse et ne pas faire effort pour passer devant. En matière de paraphrases, il a porté les choses où elles doivent s'arrêter. » Ce *nec plus ultra* de M. de Grasse, ainsi posé au début, sert d'ouverture à une longue tirade contre les paraphrastes à la mode : Balzac n'y est autre que le paraphraste très-complaisant de sa propre idée. Ce VII° discours a nom *la Journée des Paraphrases,* comme nous disons *la Journée du Guichet :* sans flatterie, j'aime mieux la nôtre.

Un seul trait du *Socrate chrétien* peut en donner la mesure. C'est, au discours XI°, l'éloge qu'un des interlocuteurs, tout frais arrivé de la Cour, se met à faire de *monsieur l'abbé de Rais* (Retz), et le parallèle qu'il établit de ce dernier à saint Jean Chrysostome [1]. On sait, en effet, que Retz, encore abbé, s'avisa de vouloir réussir dans les sermons et y fit éclat. On ne savait pas généralement alors (ce dont il s'est vanté depuis) que c'était une pure gageure de vanité, et que madame de Guemené avait son compte sous tous ces Carêmes et ces Avents. Mais, divination à part, il est de ces panneaux où les gens fins ne donnent jamais. Avec Retz, tout comme précédemment avec Richelieu, Balzac y donna.

1. Au livre XI des Lettres de Balzac, il en est une (la XVI°) adressée au Coadjuteur, et où il est salué pour son éloquence dans l'Église comme *un autre Fils du Tonnerre.*

Dans le discours X^e du *Socrate* se trouve un portrait de Malherbe souvent cité et qui semble une caricature : « Vous vous souvenez du vieux pédagogue de la Cour.... » Cela d'abord étonne sous la plume de Balzac et a pu être taxé d'irrévérence. En y regardant de près, rien de bien grave. C'est un portrait tout de situation, et qui ne tire pas à conséquence hors de là. Balzac, se faisant parfait chrétien et ennemi (pour un moment) de la rhétorique et de la grammaire, pousse sa pointe en ce sens par la bouche du Socrate, absolument comme un avocat qui décrie tout d'un coup sa partie adverse dont il faisait grand cas jusqu'alors. Ailleurs, il parle de Malherbe tout autrement. Dans une lettre qu'il lui écrivait autrefois, pour se mettre au ton du vieux poëte, qui était, comme on sait, un vert galant, Balzac avait même hasardé la gaillardise[1].

Pas plus qu'il n'est un chrétien profond dans son *Socrate*, Balzac n'est un politique passable dans son *Prince* et dans son *Aristippe*. Gabriel Naudé, à le voir ainsi trancher du petit Machiavel, devait penser de lui, en matière d'État, ce qu'en pensait déjà chrétiennement Saint-Cyran, ce qu'en pensait Retz, le *Chrysostome*, dans sa malice.

Assez de critique des ouvrages; venons au résultat. Malgré tout, Balzac a joué un grand rôle et a gardé un rang éminent dans notre prose : il en a été le Malherbe. Cette louange, qui lui avait été décernée de son temps, a été renouvelée et confirmée depuis à diverses reprises : loin de nous l'idée de la lui contester ! Il a régularisé la langue et, autant que cela se peut, certaines formes du beau qui ont prévalu. « Ç'a été, dit Bayle, qui ne badine point avec lui, ç'a été la plus belle plume de France, et on ne sauroit assez admirer, vu l'état où il trouva la

[1]. Lettre 19e du Livre IV.

langue françoise, qu'il ait pu tracer un si beau chemin à la netteté du style. » Il sut vouloir ce grand chemin qui devait conduire à Louis XIV; il avait le sentiment de l'unité dans les choses de l'esprit. Dans une lettre qu'on a de lui à Malherbe, il disait, à propos d'une émeute de critiques : « Il ne faut pas laisser faire de ces mauvais exemples, ni permettre à un particulier de quitter la foi du peuple pour s'arrêter à son propre sens, et, si ce désordre continue, les artisans et les villageois voudront à la fin réformer l'État. » Balzac est volontiers pour le pouvoir absolu en littérature comme dans le reste : cela sent le contemporain de Richelieu. Il aida sur sa ligne à la même œuvre. Il n'était, non plus que Malherbe, pour la littérature libre telle qu'elle fleurit au seizième siècle, pour la littérature anarchique telle qu'elle s'enhardit un moment avec Théophile, mais bien pour la souveraineté de la Cour et de l'Académie, dont il se supposait (cela va sans dire) le premier ministre.

Cette idée même, qui formait peut-être sa seule conviction sérieuse, lui donne, au milieu de ses ridicules, quelque chose d'assez digne et d'imposant par la tenue constante du rôle. L'élévation et la grandeur, dit encore Bayle, étaient son principal caractère. Il a, comme Malherbe, du gentilhomme en lui; c'est un gentilhomme de l'éloquence : il en avait occupé de bonne heure le trône; il est plein de la majesté du genre et n'y voudrait pour rien déroger, comme un roi ou une reine de théâtre qui reste dans son personnage jusqu'au bout, comme mademoiselle Clairon, qui portait jusque dans la misère, jusque dans sa chambre à coucher sans feu, un front haut et à diadème. Il avait cette foi naïve aux Lettres qu'ont eue également Cicéron et Pline le Jeune, et qui ne les a pas trompés. C'est là le beau côté de Balzac, et ce qui le maintient debout à l'entrée de notre littérature classique, tout près de Malherbe qui, dans la vie, avait bien plus d'esprit que lui [1].

Comme écrivain, Balzac se trouve ainsi venir en comparaison avec plusieurs esprits de valeur, qu'à ce dernier titre il est à mille lieues d'approcher. Il parle assez bien de Montaigne ; il le sentait néanmoins fort peu à l'endroit principal : en lui, au rebours de Montaigne, on a toujours *l'auteur* et jamais *l'homme* [2]. En croyant le discoureur des *Essais arte rudem* (c'est son mot), bien qu'il le saluât *ingenio maximum*, il n'appréciait pas cet art libre, non aligné ni rangé en bataille, cet art intérieur et divers, qui est le plus vrai. Montaigne aurait ri dans sa fraise de cette éloquence de tous les jours en habit de pourpre. Et c'est pourtant cette pourpre qu'a portée Balzac, qui le sauve, le consacre à cette distance et le fait encore respecter.

Voiture, avec son mauvais goût qui était celui de son monde, avait bien plus d'esprit, à proprement parler, que Balzac, bien plus de tact et de savoir-vivre, de sentiment enfin du ridicule. Il était de ces honnêtes gens (au sens de Pascal), c'est-à-dire de ceux qui savaient

---

[1] Malherbe avait de ce qu'on appelle esprit, et du plus mordant. On retrouverait, j'ose dire, du philosophe Duclos, brusque et fin, dans Malherbe. Cela se voit par tous les mots qu'on cite de lui, et même par ses Lettres qui sont tellement l'opposé de celles de Balzac. Autrefois il m'est arrivé de juger bien sévèrement un recueil de ces Lettres de Malherbe, qui venait d'être retrouvé et publié (1822), je n'y cherchais que le style et l'imagination ; il est vrai qu'il n'y en a guère. C'est une gazette assez sèche, adressée à Peiresc, des événements de chaque jour durant les premières années de Louis XIII, mais une gazette écrite par un homme de sens et assaisonnée par-ci par-là d'observations bien narquoises. L'histoire en a fait son profit. On y reconnaît un esprit capable de tout entendre, et, pour appliquer une charmante expression de Gabriel Naudé, *un homme tout à fait déniaisé et guéri du sot, et qui savait bien la vérité.*

[2] Expression de Pascal.

mieux que les livres. Et ceux-là, plus ou moins, se raillaient presque tous de Balzac. J'ai cité Bautru ; je pourrais ajouter Patru, qui parla si vivement dans l'Académie contre cette fondation d'un prix pour le meilleur sermon[1]. Voiture, lui, en son temps, échappait au ridicule ; bien loin de le rembourser pour lui, il le distribuait finement aux autres. En matière de raillerie comme de louange, il était la délicatesse même. Il diffère de son rival à chaque pas, de toute la distance du gentil et du sémillant au solennel. Mais cette différence même et cette absence de grandeur dans Voiture l'ont fait mourir presque tout entier, tandis que Balzac est resté, et que de temps à autre, lorsqu'à travers les vicissitudes du goût on revient aux origines de la prose oratoire et qu'on remanie la rhétorique de la langue, son autorité s'y introduit. A chaque tournant de siècle, sa statue de loin reparaît.

C'est une espèce de destinée que la sienne. Le premier soin de Pascal fut de couper court à cette rhétorique prolongée et même de réagir en sens contraire, non toutefois sans en tenir compte. A qui pensait-il, je vous en prie, lorsqu'il parle de ceux qui ont *enseigne d'éloquence ?* Il s'en sépare en toute rencontre ; il semble jouir d'être simple, il s'écrie avec bonheur : « Quand on voit le style naturel, on est tout étonné et ravi. »

Boileau sentit de même. On sait son spirituel pastiche de Balzac : c'en est la meilleure censure[2]. Les

1. Il donnait des raisons fort judicieuses ; la fondation n'a paru supportable qu'en devenant simplement un prix d'Éloquence. Encore y devrait-on mettre pour épigraphe permanente ce mot de Pascal : *La vraie éloquence se moque de l'éloquence.*

2. Lettre au duc de Vivonne, datée des Champs-Élysées : « Monseigneur, le bruit de vos actions ressuscite les morts. Il réveille des gens endormis depuis trente années et condamnés à un sommeil éternel. Il fait parler le silence même.... » Je connais d'autres pastiches de Balzac, et non moins bien *réussis* ; j'en possède un

écrivains chez qui tout s'engendre par un procédé unique et selon une figure dominante, donnent aisément envie et moyen de les contrefaire. On a vu chez l'aimable saint François de Sales le style produire perpétuellement une métaphore fleurie et ne plus paraître qu'une guirlande : du moins l'esprit du fond, la fertilité de l'idée, la liberté des tours et la variété de la fleur même, y corrigeaient la monotonie. Rien ne la corrige chez Balzac, et sa pointe mirobolante est l'idée fixe; il brûle ses vaisseaux à chaque métaphore et ne laisse aucun retour à la pensée. Cette manière d'écrire, ainsi réduite à un trait et comme à un tic, pourrait presque s'apprendre à un automate perfectionné : on ferait une machine à rhétorique, comme Pascal a fait une machine arithmétique [1].

La Bruyère, pour qui Balzac était déjà loin dans le passé, s'en est occupé en disant : « Ronsard et Balzac ont eu chacun dans leur genre assez de bon et de mauvais pour former après eux de très-grands hommes en vers et en prose. » Balzac a sans doute servi plus directement, plus immédiatement que Ronsard, mais il ne me semble pas comparable à lui comme fond et valeur réelle. De l'un on peut extraire un poëte éminent, et même charmant; de l'autre, rien que des phrases, ou des moules de phrases.

Fléchier, à tous égards plus voisin de Balzac que La Bruyère, avait, assure-t-on, grande estime pour lui; il en évitait l'enflure et les pensées fausses, mais il s'attachait

tout récent, d'un vieux connaisseur (M. Châtelain, de Rolle) qui en a fait de plus d'une sorte, en sa riante et studieuse *fabrique* au bord du lac de Genève.

1. Un de mes amis qui s'entend à analyser les styles, quand il a une fois saisi le procédé et la manière d'un de ces écrivains de parti-pris, a coutume de dire en posant le livre : « Oh ! toi, je connais maintenant ton *gaufrier*. »

à lui emprunter la noblesse du mouvement et l'harmonie. On conçoit cela de Fléchier, qui ne fut comparable à Bossuet qu'un jour, et qui reste bien plus ordinairement le rival en style et le pareil de Pellisson, de Bussy, — surtout du premier. A voir pourtant cet hommage direct à Balzac de la part d'un écrivain si ingénieux et si poli, et le profit avoué qu'il en tire, on reconnaît vraie une partie de l'éloge donné par La Bruyère [1].

Daguesseau, dans la IVe Instruction à son fils, après avoir signalé les défauts de Balzac, ajoute : « Mais, en récompense, on y remarque un tissu parfait dans la suite et dans la liaison des pensées, un art singulier dans les transitions, un choix exquis dans les termes, une justesse rare et une précision très-digne d'être imitée dans le tour et dans la mesure des phrases, enfin un nombre et une harmonie qui semble avoir péri avec Balzac, ou du moins avec M. Fléchier, son disciple et son imitateur, et qui ne seroit peut-être pas moins utile à notre Avocat du Roi que celle des cantates de Corelli ou de Vivaldi. » Daguesseau lui-même, dans sa diction, est une sorte de mélange affaibli de Bourdaloue pour le solide, et de Fléchier pour le fin.

Au commencement du dix-huitième siècle, l'abbé Trublet s'est mêlé de réhabiliter Balzac; mais cela compte peu. Plus tard Thomas l'a sensiblement pratiqué. Indirectement, Buffon et Jean-Jacques lui ont fait plus d'honneur en montrant le magnifique usage que le génie sait tirer des formes régulières et nombreuses [2].

---

1. « Balzac dans Fléchier, a-t-on dit encore, c'est Balzac châtié, raffiné, dégraissé, *detersus*. »

2. Même chez les plus complets, certaines qualités s'excluent. On a remarqué dans le chant que les voix qui y sont faites, mais qui n'y sont pourtant pas trop exercées, ont souvent une douceur, une légèreté de nuance en certains endroits, que les voix de théâtre les plus belles n'ont pas, et qui est tout à fait charmante. De même, dans les écrivains qui ne sont pas de métier, il y a des

On suivrait, à tous les moments, une lignée d'écrivains dans le genre noble et solennel, qui ne savent pas à quel point ils relèvent de Balzac comme de leur chef en notre littérature ; c'est d'eux que Pascal a dit : « Il y en a qui masquent toute la nature. Il n'y a point de roi parmi eux, mais un auguste monarque ; point de Paris, mais une capitale du royaume. » On retrouve de ces esprits même aux époques qui s'en moquent le plus, et parmi ceux qui s'en moquent le plus fort.

Mais au moral principalement, Balzac a laissé ou du moins il représente tout à fait une postérité considérable d'écrivains plus ou moins ouvertement infatués et glorieux, qui pensent et vont parfois jusqu'à dire qu'écrire est tout, et que parmi ceux qui écrivent ils sont tout eux-mêmes. On peut (et nous venons de le faire) étudier cette affection particulière d'auteur chez Balzac en qui elle sort par la peau, comme on étudie une maladie dans un amphithéâtre public sur un sujet exposé[1].

hasards, des bonheurs et comme des douceurs d'expression, qui ne se retrouvent pas dans les autres. Balzac et les écrivains de cette forme, même Buffon, même Jean-Jacques, n'ont guère jamais de ces douceurs.

1. Ce jugement était porté quand un autre, tout contraire, d'un critique éminent (M. Joubert) est venu me jeter dans une sorte de doute. Comme ce que je fais ici avant tout n'est point du Jansénisme, ni même de la littérature, mais de la morale, et que je tâche en tous sens de saisir le vrai, je donnerai ce jugement qui me contredit et peut-être me juge. M. Joubert s'était fort occupé de Balzac dès 1808. L'espèce de renaissance littéraire d'alors en fut une pour Balzac en effet ; ses *Pensées*, publiées par Mersan, le remirent sur le tapis. On s'en entretenait en un monde d'élite ; M. Molé, jeune, dans une matinée de Champlâtreux, le commentait, livre en main, aux personnes de la société ; vers ce temps, M. Joubert, de cette *plume d'or* qui ne le quittait pas, écrivait :

— « Balzac, un de nos plus grands écrivains, et le premier entre
« les bons si on consulte l'ordre des temps, est utile à lire, à mé-
« diter, et excellent à admirer ; il est également propre à instruire
« et à former par ses défauts et par ses qualités.

« Quelquefois il outre-passe le but, mais il y conduit : il ne

Au sortir de cet examen et pour le clore du côté de Port-Royal, c'est le cas de replacer, en quelques points, l'opinion de M. de Saint-Cyran, qui en devient piquante, sur les ouvrages de l'esprit, sur l'étude et sur le style.

Ce qu'on en sait déjà et ce que nous allons en citer va plus loin que Balzac, et atteint les Poétiques même d'Horace et de Boileau. La solitude du cabinet si chère aux poëtes, aux rêveurs et aux écrivains, n'était pas la sienne : « Il savoit, nous dit Lancelot[1], qu'il y a dans l'âme de l'homme une certaine niaiserie qui l'ensorcelle, *fascinatio nugacitatis*, comme dit l'Écriture (ce qu'Horace appelle *desipere in loco*), qui fait que, quelque séparé qu'il soit, il s'occupe de lui-même, se multiplie et se divise, et que souvent il est moins seul que s'il

« tient qu'au lecteur de s'y arrêter, quoique l'auteur aille au delà. »

— « Balzac ne sait pas rire, mais il est beau quand il est sérieux. »

— « Les beaux mots ont une forme, un son, une couleur et une « transparence, qui en font le lieu convenable où il faut placer les « belles pensées pour les rendre visibles aux hommes. Ainsi leur « existence est un grand bien, et leur multitude un trésor. Or « Balzac en est plein : lisez donc Balzac. »

— « Ce qui a manqué à Balzac, c'est de savoir mêler les petits « mots avec les grands. Tout dans son style est construit en blocs; « mais tout y est de marbre, et d'un marbre lié, poli, éclatant. »

— « L'emphase de Balzac n'est qu'un jeu, car il n'en est jamais « la dupe.

« Ceux qui le censurent avec amertume et gravité sont des « gens qui n'entendent pas la plaisanterie sérieuse, et qui ne « savent pas distinguer l'hyperbole de l'exagération, l'emphase de « l'enflure, et la rhétorique d'un homme de la sincérité de son « personnage. »

Mais n'est-il pas possible aussi qu'avec son esprit bienveillant et subtil, M. Joubert ait porté quelque atticisme en Béotie ? — Avec les années, et en le relisant, je suis devenu plus complet sur le chapitre de Balzac, ce qui revient à dire que j'ai été plus juste envers lui : j'ai dû l'étudier derechef pour mon Cours de l'École normale en 1858; j'ai dû le considérer d'un nouveau point de vue. On peut voir ce complément ou ce correctif de jugement à l'*Appendice*.

1. *Mémoires*, tome II, page 106.

était au milieu d'une multitude. Or, c'est cet état qui est le plus contraire à la solitude que Dieu demande de nous, et dans laquelle il dit qu'il veut mener l'âme pour lui parler au cœur : *Ducam eam in solitudinem et loquar ad cor ejus.* » Voilà donc la solitude du poëte fort compromise et même décidément interdite ; il ne s'agit plus de s'écrier avec Horace, l'aimable poëte paresseux :

> . . . . Nunc somno et inertibus horis
> Ducere sollicitæ jucunda oblivia vitæ ;

ni avec Virgile, le poëte rêveur : .... *O ubi campi!* et ce qui suit ; ni avec Boileau, le poëte auteur :

> Je trouve au coin d'un bois le mot qui m'avait fui ;

et ces beaux vers encore sur le tourment poétique dans l'Épître à son jardinier :

> .... C'est en vain qu'aux poëtes
> Les neuf trompeuses Sœurs dans leurs douces retraites
> Promettent du repos sous leurs ombrages frais :
> Dans ces tranquilles bois pour eux plantés exprès,
> La cadence aussitôt, la rime, la césure,
> La riche expression, la nombreuse mesure,
> Sorcières dont l'amour sait d'abord les charmer[1],
> De fatigues sans fin viennent les consumer.
> Sans cesse poursuivant ces fugitives Fées,
> On voit sous les lauriers haleter les Orphées....

Saint-Cyran (chez Lancelot) s'y oppose précisément : « Il ne vouloit pas qu'on s'amusât tant à épiloguer sur les paroles, et à être plus longtemps à peser les mots qu'un avaricieux ne seroit à peser l'or à son trébuchet, parce que rien ne ralentit plus le mouvement de l'Esprit Saint que nous devons suivre. Il disoit que cette grande justesse de paroles étoit plus propre aux Aca-

---

1. *Sorcières*, c'est le mot même de Saint-Cyran : une niaiserie qui *ensorcelle*.

démiciens qu'aux défenseurs de la vérité; qu'il suffisoit presque qu'il n'y eût rien de choquant dans notre style[1].... » Et Port-Royal, en somme, a suivi cette méthode d'écrire suffisante et saine plus que travaillée et châtiée. M. Le Maître, dans les commencements, cherchait à donner aux ouvrages ou aux passages qu'il traduisait des Pères le plus de pompe et de majesté qu'il pouvait : plusieurs personnes accoutumées aux vieilles traductions gauloises ayant paru craindre que ce soin n'ôtât à la fidélité, il y eut conseil, et la décision de M. de Saci fut qu'il ne fallait pas se montrer si scrupuleux et si délicat sur certains mots. M. de Saci pourtant était un des écrivains élégants relativement aux autres. Nicole, qui l'était aussi, pensait de même; j'ai déjà dit comment il ne haïssait pas la prolixité. En un mot, l'utilité morale fut la règle du style de Port-Royal; le style suffisant les contentait mieux que la grâce suffisante : tout leur soin, leur continuel scrupule s'usait à celle-ci, et à ne pas la prendre pour l'efficace.

Ils allèrent directement contre ce qu'a dit depuis La Bruyère : « L'on n'a guère vu jusqu'à présent un chef-d'œuvre d'esprit qui soit l'ouvrage de plusieurs. » Ils se mirent plusieurs pour composer de grands ouvrages qui, tout louables qu'ils sont, ont pu fournir à La Bruyère l'idée même que nous venons de citer, ou du moins qui ne la démentent pas[2].

La règle de l'anonyme, telle qu'ils la suivirent (Pascal à part), et que la prescrivait M. de Saint-Cyran, était

1. *Mémoires*, t. II, page 130.
2. La Bruyère a certainement pensé à eux, et il avait en idée les écrits jansénistes, quand il a dit en son chapitre *Des Ouvrages de l'esprit* : « L'on a cette incommodité à essuyer dans la lecture des livres faits par des gens de parti et de cabale, que l'on n'y voit pas toujours la vérité. Les faits y sont déguisés...; et ce qui use la plus longue patience, il faut lire un grand nombre de termes durs et injurieux que se disent des hommes graves.... » Mais il me

peu propice à l'émulation littéraire; celui-ci écrivait à Arnauld : « Quand le temps même de produire quelque ouvrage sera arrivé, il faudra toujours que cela se fasse en observant les règles du silence et en mettant en peine le monde d'en savoir les auteurs. » Ce genre d'anonyme, non pas celui qui est piquant et coquet, qui se dérobe pour être mieux vu, mais celui qui fait obscurité sérieuse, profonde et définitive, devient mortel à la passion d'auteur dont le vœu secret est toujours *monstrari digito et dicier hic est*. Ce qui est *fleur* littéraire proprement dite, pour s'épanouir, a tant besoin du rayon, au moins détourné, qui tombe sur elle, de la brise du dehors qui l'excite et la rafraîchit !

Quant au fond, au *fruit* du style et de la parole écrite, quant à la qualité salubre et bienfaisante qui en sera le principal mérite chez ses disciples, M. de Saint-Cyran y avait d'ailleurs grandement réfléchi, et il nous le prouve dans ses recommandations en disant : « Il se fait une certaine transfusion, sur le papier, de l'esprit et du cœur de celui qui écrit, qui est cause qu'on aperçoit, pour ainsi dire, son image dans le tableau de la chose qu'il représente.... Le moindre nuage qui se trouve dans notre cœur se répandra sur notre papier, comme une mauvaise haleine qui ternit toute la glace d'un miroir, et la moindre indisposition que nous aurons sera comme un ver qui passera dans cet écrit, et qui rongera le cœur de ceux qui le liront jusqu'à la fin du monde. » N'est-ce pas là d'avance une assez belle tra-

---

semble avoir eu principalement en vue Arnauld et quelques-uns de ses factums théologiques célèbres, lorsqu'il ajoute : « Ces ouvrages ont cela de particulier, qu'ils ne méritent ni le cours prodigieux qu'ils ont pendant un certain temps, ni le profond oubli où ils tombent lorsque, le feu et la division venant à s'éteindre, ils deviennent des *almanachs* de l'autre année. » La Bruyère était très-mondain et très-moderne.

duction et paraphrase morale du mot de Buffon : « Le style est l'homme même[1] ? »

Ce qu'il jugeait de l'emploi de la raillerie dans les écrits contre l'erreur n'est pas moins à noter. Lancelot, qui traite le point général en un petit chapitre où il parle en son propre nom[2], ne fait que prolonger, en quelque sorte, la pensée de son maître à cet endroit et l'appliquer à ce qui était plus récent dans le parti. Jamais, à sa connaissance, assure-t-il, M. de Saint-Cyran n'employa la raillerie; et, si on l'emploie, ce doit être court, et toujours accompagné d'une certaine gravité et modération. Si l'on perce et si l'on pique, ce ne doit être que vite et *pour vider l'enflure :* car croit-on, ajoute Lancelot dans le sens de M. de Saint-Cyran, et en s'armant d'une parole de saint Ambroise, qu'un cœur véritablement touché de l'égarement de ses frères, ou de la profanation des choses saintes, ou du renversement des vérités, puisse s'appliquer à apprêter à rire aux autres, et souvent à en rire lui-même par avance? Arnauld a fait un petit écrit, *Réponse à la Lettre d'une Personne de condition*, pour justifier M. de Saci des *Enluminures de l'Almanach des Jésuites*, qui ne sont que de la très-grosse plaisanterie; mais la plus fine, celle des *Provinciales*, n'est pas hors de cause dans ce débat : à coup sûr Lancelot y songeait.

Il était conséquent; Port-Royal le fut moins : s'il n'y eut qu'une seule infraction bien éclatante, il s'en découvre de près beaucoup d'autres moins plaisantes et moins gracieuses. On peut toutefois maintenir que dans l'ensemble la théorie de M. de Saint-Cyran sur les ou-

---

1. Le mot, lu à sa place dans Buffon, n'a pas, je le sais, toute la signification qu'on lui donne quand on le cite isolément. Il a moins de généralité qu'on ne lui en prête. Il s'est fait apophthegme en circulant. Je le prends ici dans le sens absolu où il a cours et où il est beau.
2. Chap. XVII de la IIIe partie.

vrages de l'esprit y prévalut : ce qu'on appelle le *style*, la *forme*, l'*art*, le *sel*, le *goût*, ne vint qu'en second ordre et très-souvent n'y vint pas. C'est ainsi qu'on doit s'expliquer comment, dans l'innombrable quantité d'écrits de mérite sortis de cette école, il en est infiniment peu qui soient entrés dans ce qui constitue, mondainement et communément parlant, la littérature. Un fait extérieur traduit assez bien cela : aucun (Racine à part, et alors très-mondain), aucun de tous ces écrivains de Port-Royal ne fut de l'Académie [1].

Faut-il regretter cette rigueur de direction, faut-il en tirer louange pour Port-Royal ? Y a-t-il à le féliciter de cette abnégation et de cette négligence, ou à la qualifier de fâcheuse ? Ceci tient à une question grave : Quel est le rapport de la littérature au Christianisme, et du goût à la morale ? Le goût et la littérature, bien que souvent d'accord avec la morale et la pensée chrétienne, ne s'en écartent-ils pas tout aussi souvent ? ne sont-ce pas des choses dont le domaine est de ce monde, dont le triomphe naturel est d'y régner, comme la beauté du visage, comme la puissance politique ; de ces choses qui peuvent se rencontrer certainement avec la vertu chrétienne, mais qui peuvent tout aussi aisément s'en passer, comme elle-même se passe d'elles ? Dante, je le sais, et Milton sont de grands poëtes tout à fait chrétiens ; mais Shakspeare est grand poëte aussi, et songe peu au Christianisme, et y fait peu songer ; Molière de même. Et si l'on descend de ces hauteurs de la pensée créatrice à la qualité de l'expression, au style et au goût à proprement parler, combien il est vrai de dire que l'esprit chrétien peut, très-indifféremment, ou s'y trouver à quelque degré, ou ne pas s'y trouver du tout !

1. Je ne compte ni l'abbé de Bourzeis, ni M. Du Bois, ni Barbier d'Aucourt. Je ne dis pas qu'il n'y ait pas eu des Jansénistes à l'Académie, je dis qu'il n'y a pas eu de Port-Royalistes.

Il est mieux toujours de ne se point faire illusion, même dans les matières les plus délicates et les plus chères. Le goût sans doute tient par bien des racines à l'âme ; Vauvenargues a dit : « Le goût est une aptitude à juger des objets de sentiment; il faut donc avoir de l'âme pour avoir du goût. » Mais Vauvenargues, nous le savons, accorde beaucoup à la nature humaine, et dans sa propre générosité il lui prête un peu. Il serait trop triste que son mot sur le goût fût tout à fait faux; mais on doit reconnaître qu'il n'est pas entièrement vrai. Malgré ce qu'on aimerait à croire, il faut se résigner à dire : Le goût est un don, comme tous les dons, comme ceux de l'art particulièrement; c'est un sens singulier que l'exercice cultive, que la pratique aiguise. Il ne paraît jamais plus noble, plus complet, plus véritablement délicat et élevé, qu'au sein d'une nature saintement morale ; mais il se voit souvent très-développé chez des natures bien différentes. Une certaine corruption agréable (est-il permis de le confesser ?) n'y messied pas, et en raffine même extrêmement plusieurs parties rares. Pour prendre des noms consacrés et d'un type reconnu de tous, qui donc a plus de goût que M. de Talleyrand ou que César?

Comme la peinture, comme la musique, comme tous les arts qui se rapportent aux plus délicats de nos sens et dont lui-même il juge, le goût s'applique particulièrement à ce qui plaît, à ce qui sied selon les conditions mortelles. A la mort, quand tous les miroirs se briseront, il se perdra; il n'y aura plus de goût, et tout ce qu'il avait de bon et de vrai (s'il y a quelque chose d'absolu) rentrera simplement dans l'idée du Beau et du Vrai éternel [1].

En attendant, ici-bas, il peut, comme tous les dons et

---

1. « Videmus nunc per speculum in ænigmate : tunc autem facie ad faciem. » (Saint Paul aux Corinthiens, I, chap. 13, vers. 12.)

tous les talents, se greffer sur le bon et sur le mauvais, et n'être pas moins brillant pour cela ni moins flatteur. La langue même accuse cette confusion par les termes dont elle le nomme : le *fin*, qui marque le *beau* (*fine* en anglais), touche de près au *fin* dans le sens de *malin*, au *mal*; or *le goût, l'agréable et le fin*, littérairement parlant, c'est la même chose.

Dans le ménagement de tout talent de poëte, d'écrivain ou d'artiste sous les diverses formes, un péril particulier se reproduit. Michel-Ange, vieillard, se reproche, se repent dans un éloquent sonnet d'avoir adoré l'art et de s'en être fait une idole. Dante, je l'espère, et Milton ont échappé à ce genre d'idolâtrie [1]. Pourtant c'est là l'écueil des plus grands et des moindres en cette carrière, l'écueil de Michel-Ange comme de Balzac, comme de Racine, de ce Goëthe que j'ai appelé le Talleyrand de l'art, comme de ceux que j'en appellerai les Roland, de ceux qui en ont le talisman mystérieux comme de ceux qui en font sonner l'épée magique et le cor d'ivoire. Si à chaque instant l'on n'y prend pas garde, il y a là, quelles que soient les belles choses qu'on dit, et même plus on dit de belles choses, une déviation morale très-prochaine, une tentation qui fait aisément qu'on s'occupe bien moins de les penser et de les pratiquer que de les dire, que d'y inscrire et d'y enchâsser éternellement son nom comme Phidias dans le bouclier de sa Minerve. Balzac nous a offert la faute jusqu'au ridicule, à l'état de fétichisme,

---

1. Une belle âme, et des plus hautement chrétiennes, a écrit ces paroles mémorables sur l'espèce de conflit entre l'art et Dieu : « Croyez-moi, il faut choisir entre Dieu et le monde, entre la beauté éternelle et la vaine apparence. *Advienne que pourra* de la littérature ! Je suis persuadée que la poésie n'y perdrait rien, si le monde était chrétien; car Dieu est le plus grand des poëtes après tout. Mais enfin, quand elle y perdrait, qu'importe? *C'est quelque chose de vrai et de sérieux qu'il nous faut pour vivre et mourir.* » (La duchesse de Broglie.)

pour ainsi dire, grossier, à l'état flagrant de rhétorique ; mais, sous de plus beaux noms et de plus spécieux, la maladie de l'art n'est pas différente en principe. Virgile ne dit autre chose de ses abeilles :

Tantus amor florum et generandi gloria mellis!

Dans cette émulation de gloire ou simplement de secret plaisir, la sincérité, la vérité de l'idée est presque inévitablement atteinte. Je l'ai bien souvent pensé : si l'on pouvait discerner et ôter ce qui est du pur écrivain en verve, de la plume engagée qui s'amuse, combien n'aurait-on pas à rabattre peut-être du scepticisme de Montaigne, de l'absolutisme de De Maistre, du séraphisme de saint François de Sales, et du jansénisme de saint Augustin !

Mais nous aurons encore occasion d'ajouter quelques mots sur la théorie littéraire et l'*esthétique* (comme on dit) de Port-Royal à propos du livre de Jansénius, du formidable *Augustinus*, qui semble pourtant ne devoir guère prêter à ces points de vue-là.

X

L'*Augustinus* de Jansénius. — Premier effet produit ; fortune du livre. — Les cinq Propositions : y sont-elles ? — Le chevalier de Grammont et mademoiselle Hamilton. — Examen de l'*Augustinus*. — Première partie sur les Pélagiens, — sur les Semi-Pélagiens. — Questions éternelles. — Descartes et Jansénius. — Méthode de celui-ci : ses prolégomènes sur la *raison* et l'*autorité*. — *Essai sur l'Indifférence*. — Méthode de charité.

Il nous faut passer un peu brusquement des in-folio si vides de Balzac à l'in-folio substantiel de Jansénius. C'est le moment juste d'en parler ; car il parut au jour durant la prison de Saint-Cyran, il commença à faire éclat peu avant sa mort.

Jansénius, qui avait dû à son pamphlet du *Mars Gallicus*, en faveur de l'Espagne, l'évêché d'Ypres (1636)[1], ne le posséda pas longtemps. Dans les dix-huit mois qu'il y vécut, il se montra plein de zèle et de charité, vaquant en secret à la confection de son *Augustinus* sans que cela le détournât en réalité des devoirs de sa charge. Quand le docte Huet fut devenu évêque d'Avranches, si quelques-uns de ses diocésains accouraient vers lui pour

---

1. Voir tome I, liv. I, chap. XI, p. 301.

le consulter, ils trouvaient toujours porte close : *Monseigneur étudie,* leur répondait-on ; ce qui faisait dire à ces bonnes gens : « Quand donc nous donnera-t-on un évêque qui ait fini ses études ? » Jansénius n'était pas ainsi ; il voulut suffire à tout, et tant de soins le consumèrent. Depuis quelques jours ses domestiques remarquaient sur son visage, d'ordinaire si mortifié, je ne sais quel éclair d'une joie inconnue : il venait de terminer son grand ouvrage, l'œuvre de sa vie. Son sang s'alluma ; il fut atteint subitement du charbon ou de la peste dans les premiers jours de mai 1638. Aucune épidémie ne régnait pourtant dans la ville ni dans le pays ; lui seul fut frappé, — à la suite d'un accès de colère et par malédiction divine, dirent les ennemis, — ou bien, à ce que d'autres racontaient, pour avoir touché dans des archives à d'anciens papiers infectés. En cet état désespéré, on lui amena deux sœurs grises pour le soigner, et ce qui achève de peindre sa rude nature, il eut de la peine d'abord à y consentir, *se récriant que, depuis l'âge de quinze ans, il n'avait été en état de souffrir aucun service de femme.* Il dut pourtant céder, mais toute assistance fut vaine ; il reçut les sacrements avec componction, et mourut le 6 mai 1638, à l'âge de cinquante-trois ans, huit jours seulement avant l'arrestation de M. de Saint-Cyran à Paris. Celui-ci ne fut pas informé aussitôt de cette mort, et on resta quelque temps sans oser la lui apprendre. On ne la lui dit même que lorsqu'on sut avec certitude que Jansénius du moins, avant de mourir, avait pu terminer entièrement l'ouvrage prédestiné et concerté entre eux pour le salut du monde. M. de Saint-Cyran apprit donc à la fois le malheur et la seule consolation qui le lui pût adoucir. L'*Augustinus* sortit des presses de Louvain en 1640, malgré les efforts des Jésuites pour en arrêter l'impression. La première pensée de l'auteur, dès qu'il avait vu son livre fini, avait été, assure-t-on, de le dédier au pape Urbain VIII, sans doute pour aller au-devant de ses objections, et absolument comme, pour éviter le canon d'une place, on passerait en se rangeant tout contre les murs : il avait songé à se mettre sous le canon du Vatican pour ne pas l'avoir contre soi. Mais il mourut avant d'avoir envoyé sa lettre très-respectueuse au Saint-Siége. N'ayant plus qu'une demi-heure à vivre, il dicta un testament par lequel il déclarait donner son manuscrit à son chapelain, et à ses deux amis Fromond et Calenus, pour qu'ils en publiassent une édition aussi fidèle que possible : « Car je crois, ajoutait-il, qu'on y pourroit difficilement changer quelque chose. Que si pourtant le Saint-Siége y vouloit quelque changement, je lui suis un fils obéissant et soumis, ainsi que de cette Église au sein de laquelle j'ai toujours vécu jusqu'à ce lit de mort. » Ses exécuteurs testamentaires firent imprimer en secret et à la hâte, sans rien soumettre préalablement. Les Jésuites trouvèrent moyen, durant l'impression, de se procurer des feuilles, et ils pressèrent l'internonce à Bruxelles de s'opposer à la publication. Celui-ci en écrivit à Rome, et le Cardinal-Neveu (Barberin) lui manda de s'y opposer en effet, se fondant sur le Bref de Paul V, renouvelé par Urbain VIII lui-même, qui interdisait toute reprise de controverse sur la Grâce. Mais, dans cet intervalle, le gros in-folio, mené à terme, revêtu des priviléges d'usage et dédié au Cardinal-Infant, s'échappait de toutes parts, se débitait à la foire de Francfort (septembre 1640), allait réjouir les Calvinistes de Hollande qui en réclamaient force exemplaires [1], et arrivait à Paris, où on le réimprimait dès le commencement de 1641 avec approbation de cinq docteurs. Il y fut reçu avec un intérêt extraordinaire, dans

---

1. On trouva, par une façon d'aménité scolastique, que l'anagramme du nom de *Cornelius Jansenius* était exactement *Calvini sensus in ore.*

le monde purement théologique d'abord, puis au delà. Tout ce public des doctes et des Gallicans, ennemis naturels des Jésuites, se redit bientôt le nom de Jansénius, *lequel triomphe parmi les honnêtes gens,* écrivait sans tant de façon Gui Patin. M. de Saint-Cyran dans sa prison fut un des premiers à lire l'ouvrage, car il ne le connaissait pas sous sa forme dernière. Les paroles recueillies de sa bouche à ce sujet sont souveraines : il dit qu'après saint Paul et saint Augustin, on le pouvait mettre le *troisième* qui eût parlé le plus divinement de la Grâce. Il disait encore que ce devait être *le livre de dévotion des derniers temps,* c'est-à-dire des temps de chute et de misère, où l'on ne peut rentrer dans la véritable piété qu'à force d'humilité et de sentiment de cette misère même. Comme on lui rapportait, un jour, que le cardinal de Richelieu, qui gardait rancune à Jansénius pour le *Mars Gallicus,* pensait à susciter quelque censure en Sorbonne contre l'*Augustinus,* il ne put s'empêcher de s'écrier : « *S'il fait cela, nous lui ferons voir autre chose.* » Un autre jour, à M. de Caumartin, évêque d'Amiens, qui lui annonçait qu'on tramait quelque chose contre le livre, il répondit avec feu que *c'était un livre qui durerait autant que l'Église;* et il ajouta que, « quand le Roi et le Pape se joindroient ensemble pour le ruiner, il étoit fait de telle sorte qu'ils n'en viendroient jamais à bout[1]. » En même temps toutefois, il paraît bien qu'il y voyait quelques expressions un peu fortes, lesquelles il eût mieux aimées autrement, et qui pouvaient donner prise aux méchantes interprétations, surtout en ce qui est devenu la première Proposition condamnée[2]. Il reconnaissait aussi, dans une lettre à Ar-

---

1. *Mémoires* de Lancelot, t. I, p. 107.
2. « Quelques commandements sont impossibles aux Justes à de certains moments; ils ont beau vouloir et s'efforcer : la Grâce leur

nauld (août 1641), que M. d'Ypres avait laissé *beaucoup de difficultés indécises* dans son livre, *qui est imparfait de ce côté-là*, mais qu'il l'avait ainsi voulu pour ne pas se départir de la méthode de tradition, et pour ne rien ajouter de raisonné, d'imaginé ni *d'artificiel* à ce qu'il avait trouvé dans les écrits des Pères et de saint Augustin sur la Grâce; et il l'en louait. Somme toute, il jugeait l'ensemble de l'œuvre tout à fait solide et comme un vaisseau fermement doublé qui doit braver les orages.

L'édition de Paris (1641) ne tarda pas à être suivie d'une autre à Rouen en 1643. Rome dans ses lenteurs se taisait encore [1]. Le combat s'était engagé dès le premier jour à Louvain; il éclata publiquement à Paris par les trois sermons que M. Habert, théologal de Notre-Dame et docteur jusque-là estimé, prononça en pleine chaire de la cathédrale, le premier et le dernier dimanche de l'Avent de 1642, et le jour de la septuagésime de 1643 : ce furent trois coups de canon d'alarme. Les sermons avaient alors un retentissement immense. Durant tout le Moyen-Age, au temps de la Ligue et à cette époque du dix-septième siècle encore, avant la publicité des journaux, les sermons en tenaient lieu et étaient l'organe populaire le plus actif, un coup de tocsin à l'instant compris et obéi. Le résumé de toute cette dénonciation dont aussitôt une foule de chaires se firent les échos, c'est que Jansénius (je demande pardon du gros mot qui sent la chaudière) n'était qu'*un Calvin rebouilli*. M. de Saint-Cyran irrité, et libre enfin,

---

manque. » Voilà le sens net. On put en effet accuser Jansénius d'avoir dit cela.

1. La Bulle d'Urbain VIII, datée du 6 mars 1641 (style romain), ce qui revient à 1642 (car, selon le style des Bulles, l'année commence *ab incarnatione Domini*, c'est-à-dire au 25 mars), ne fut publiée qu'en juin 1643.

lançait Arnauld à la défense; les jeunes bacheliers de Sorbonne et de Navarre allaient prendre rang et faire renfort. Bref, jamais ouvrage ne trouva, en naissant, plus de patrons et aussi plus de persécuteurs tout éveillés que ce gros volume orphelin, dont la fortune est demeurée si singulière. *Habent sua fata libelli;* il n'est qu'heur et malheur pour les *in-folio* comme pour les brochures.

Ce qu'on appelle ailleurs *talent,* et qu'on ne sait trop comment nommer en matière si sombre, entrait-il ici pour quelque chose? Dans la Vie de Jansénius par Libert Fromond, il est dit que plusieurs personnes avaient animé jusqu'au bout l'auteur à son travail, craignant que la production qu'elles comparaient à la *Vénus d'Apelles* ne restât imparfaite. Cette *Vénus* est un peu forte, et nos doctes Flamands ne sembleront sans doute pas juges très-compétents en ce genre de grâce. Pourtant une sorte de beauté théologique, une beauté de pensée profonde, subtile, et que j'oserai dire, sinon dantesque, du moins *miltonienne,* reluit en bien des endroits de l'œuvre et mériterait déjà, seule, qu'on s'y arrêtât. Les adversaires eux-mêmes se sentaient obligés d'y reconnaître par places, dans le style, un vif et un brillant qu'ils n'auraient pas attendu de cette plume, jusque-là inélégante et impolie, de Jansénius; on a pu supposer que Fromond, son ami, n'y était pas étranger pour la façon. Mais de plus (et c'est là l'intérêt principal), le livre de Jansénius a été l'occasion et le théâtre de tant de querelles, le lieu commun et le rendez-vous de tant de plaisanteries bonnes ou mauvaises, qu'il devient piquant autant que nécessaire d'en parler, après l'avoir, sinon étudié tout entier d'un bout à l'autre (je craindrais de me vanter), mais du moins pratiqué beaucoup, et labouré en bien des sens, en bien des pages.

L'*Augustinus* a eu cela de particulier d'être le dernier monument de théologie en latin qui ait suscité, chez nous, un long et interminable combat, à la veille du siècle de la légèreté et de l'incrédulité ; il s'y est même trouvé mêlé tout derechef et de plus belle, la Bulle *Unigenitus* (1713) l'ayant comme renouvelé et remis en vue, dans son lointain, pour tout le dix-huitième siècle. Sans cesser d'être à la mode et dans l'intervalle de ses *Contes moraux*, Marmontel a pu en parler assez en détail ; chaque philosophe en a dit son mot à la rencontre. Depuis le chevalier de Grammont jusqu'au chevalier de Bouflers, pendant plus de cent ans, le gros *in-folio* debout, comme le dernier rocher en vue, a essuyé la bordée et la risée du flot.

Nul livre de ce calibre ne se trouva si fameux en restant aussi peu lu. Il est vrai que les *Provinciales*, qui se jouaient devant, en furent à la fois l'illustration et la dispense.

Tous les débats compris sous le nom de Jansénisme se livrèrent (et cette vue les simplifie) autour de deux ouvrages principaux. La première et la plus haute partie de ces contentions dépend de l'*Augustinus* de Jansénius, comme la seconde dépendra des *Réflexions morales* du Père Quesnel *sur le Nouveau-Testament*. Dans la Bulle d'Innocent X contre Jansénius (1653), il n'y a que *cinq* Propositions condamnées ; dans la Bulle de Clément XI contre Quesnel, il y en aura *cent et une*. On dirait d'une chute d'eau qui se brise et s'épand à la seconde cascade : c'est bien comme dans les cascades où le volume se multiplie en tombant. Nous ne nous embarquerons pas dans ce second bassin du Jansénisme ; le livre du Père Quesnel sera notre limite. Raison de plus pour mieux embrasser le cercle où nous nous tenons.

Tout livre de théologie qu'il est, celui de Jansénius ne rentre pas dans la méthode dite théologique au sens de l'école. A voir les choses superficiellement et du dehors, on peut appeler du nom de subtilité scolastique tout ce qui est raisonnement sur les matières de métaphysique divine; mais le livre de Jansénius est relativement pur d'excès pédantesque. Lui et M. de Saint-Cyran, on le sait, avaient pour principe de remonter aux sources, soit à celles des Pères et de l'Écriture, soit à l'observation immédiate de la nature humaine sous l'illumination de l'amour de Dieu et sous le rayon de la prière. On a entendu M. de Saint-Cyran, dans son bel entretien suprême avec M. Le Maître, s'expliquer assez nettement sur la Scolastique, à commencer par saint Thomas. Jansénius pensait ainsi; il a évité la méthode sèche de division et de subdivision des Thomistes; il a fait véritablement un livre de première main, où tout est de souche, un livre où la vie et la sève théologique percent à chaque rameau, bien que ce soit et que ce doive être une étude toujours assez difficile que de se diriger à travers cette ramure.

L'ouvrage n'est qu'un tissu des textes de saint Augustin mis en ordre et en évidence, et formant un système complet. Saint Augustin lui ayant paru posséder l'entière vérité sur ces matières, il s'attache à bien retrouver et à démontrer la doctrine du saint docteur; il la développe en toute abondance et sans jamais perdre de vue les preuves, tournant contre les Semi-Pélagiens modernes et les Molinistes ce que ce Père avait dirigé contre ceux d'autrefois. En un mot Jansénius ne suit jamais la méthode scolastique, mais bien la méthode *historique*, qu'il accompagne et cherche à éclairer par la méthode psychologique et métaphysique chrétienne [1].

Le fondement du système de Jansénius, ou de saint

---

1. La méthode psychologique chrétienne diffère essentiellement de la méthode psychologique des philosophes en ce que celle-ci

Augustin selon Jansénius[1], est qu'il y a deux sortes d'états de l'homme, et deux sortes de Grâces, chacune par rapport à chaque état ; que, dans le règne primitif et d'innocence, l'homme était entièrement libre, et que la Grâce qu'il avait alors restait soumise à sa liberté ; qu'il ne pouvait, il est vrai, faire le bien sans cette Grâce, mais qu'elle ne le déterminait pas du coup à le faire, et qu'il avait la faculté d'en user ou de n'en pas user. C'était à peu près pour lui comme pour les Anges, avant que quelques-uns, par révolte, fussent précipités. En un mot ce que, sinon les Pélagiens, du moins les Semi-Pélagiens disent de l'homme déchu, Jansénius le reporte à l'homme primitif et l'admet pour celui-ci, mais en déclarant tout aussitôt que la Chute a tout changé. Depuis la Chute en effet, il considère que tout l'homme est infecté et tombé par lui-même dans une habitude incurable et constante de péché ; que toutes les actions, en cet état, se trouvent autant de péchés, même les plus spécieuses, le principe et la source commune étant empoisonnés ; qu'il n'y a, dans une telle misère, de ressource et de remède que moyennant une Grâce souveraine, infaillible, qui descende en nous et se fasse victorieuse ; qu'elle seule peut relever et déterminer au bien la volonté malade et désormais incapable par elle seule de rien autre que du mal ; que tous n'ont pas cette Grâce ; que Dieu la donne à qui il veut, dans la profondeur redoutable de ses mystères ; qu'il ne la doit à personne, tous en masse étant tombés, et qu'il ne fait que justice en les y laissant et n'opérant rien ;

---

s'étudie à suivre les opérations de l'âme même, au sein du *silence* où elle se replie, tandis que l'autre s'attache à saisir l'impression directe du soleil de la vérité dans le miroir de notre âme au sein de la *prière*.

1. Ellies Du Pin, *Histoire ecclésiastique du dix-septième Siècle*, tome II, pag. 23 et suiv.

que la réprobation n'est que cette stricte justice, et ce *laisser-faire*, ce *statu quo* d'une chose accomplie par le fait de l'homme ; que la prédestination, l'élection, au contraire, est le décret éternel et insondable par lequel Dieu a résolu d'excepter et de retirer qui il lui plaît, et de donner au gracié secours pour persévérer ; qu'enfin, sans ce continuel et renaissant secours toujours gratuit et toujours victorieux, on sera nécessairement dans l'insuffisance de remplir le commandement. C'est de là qu'on a tiré la première Proposition parmi les cinq, si fameuses, qu'on a dénoncées et condamnées en ce livre ; la voici :

« Quelques commandements de Dieu sont impossibles aux Justes, à raison de leurs forces présentes, quelque volonté qu'ils aient et quelques efforts qu'ils fassent ; et la Grâce par laquelle ces commandements leur seraient possibles leur manque [1]. »

Jansénius a-t-il bien dit cela ? a-t-il soutenu que saint Augustin l'avait dit ? Il est trop certain qu'il l'a affirmé dans un certain sens. C'est même la seule des cinq Propositions condamnées qui, selon la remarque de Du Pin, se trouve dans le livre en termes formels, *in terminis*. L'abbé Racine, dans son très-partial et infidèle Abrégé d'histoire ecclésiastique, avoue qu'elle *semble* y être. Je me suis moi-même assuré du lieu précis [2]. Pour les quatre autres Propositions, elles sont induites, inférées, et comme disent les Jansénistes, fabriquées.

---

1. « Aliqua Dei præcepta hominibus justis volentibus et conantibus, secundum præsentes quas habent vires, sunt impossibilia ; deest quoque iis Gratia qua possibilia fiant. »
2. Il suffit, pour se convaincre, d'ouvrir l'*Augustinus* au chapitre XIII, livre III, de la troisième partie (*De Gratia Christi Salvatoris*), et d'y lire les premières lignes du paragraphe qui commence ainsi : *Hæc igitur omnia*, etc...; mais il ne serait pas juste de ne pas joindre à cet endroit un aperçu de lecture du

Nous ne pouvions, dans aucun cas, échapper aux cinq Propositions de Jansénius; il faut donc les exposer de suite et nous exécuter de bonne grâce et une bonne fois.

Il suit de ce qui vient d'être dit, que la Grâce efficace, étant invincible, a toujours infailliblement son effet et l'emporte nécessairement sur la concupiscence. Il y a bien de ces grâces moindres que les Thomistes appellent *suffisantes*, et que lui, Jansénius, appelle *excitantes*; mais, si elles ne triomphent pas efficacement, c'est qu'elles ne voulaient pas triompher et qu'elles ne devaient pas avoir plus d'effet que celui qu'elles ont atteint. On a tiré de là et composé la seconde Proposition condamnée : « Que dans l'état de la nature déchue, on ne résiste jamais à la Grâce intérieure[1]. »

Jansénius admet encore que l'essence de la liberté en général ne consiste pas dans la balance intérieure, dans une certaine indifférence qui permet de se porter ici ou là, mais dans l'exemption de contrainte et dans le pouvoir de vouloir. Adam, il est vrai, était indifférent dans Éden, et incomparablement plus libre que nous; mais on peut être dit libre encore sans être indifférent : il suffit qu'on ne soit pas absolument et comme matériellement contraint. En un mot, volonté et liberté deviennent pour lui une seule et même chose. Tout être vo-

---

chapitre XV où l'objection naturelle est discutée, particulièrement dans le paragraphe qui commence ainsi : *Ad argumentum igitur....*

1. Pour se convaincre que Jansénius pensait quelque chose de très-approchant, on peut lire chez lui le chapitre XXVII, livre II, de la troisième partie (*De Gratia Christi Salvatoris*). On a essayé (vainement selon moi) de trouver un correctif à cette doctrine, au chapitre II, livre VIII, de la même partie, dans le paragraphe qui commence ainsi : *Tertio prædeterminatio physica...*; où il dit que la Grâce du Christ ne surmonte pas toujours toute résistance. Ce qui importe, c'est le fond de l'idée : or, il croit que cette Grâce surmonte toujours plus ou moins et effectivement, à proportion juste de ce qu'elle est et de ce qu'elle veut.

lontaire est libre, même lorsqu'en fait il n'y a pas lieu chez lui à une autre volonté que celle qui s'effectue. Les Bienheureux, par exemple, méritent dans le Ciel, par l'amour de Dieu volontaire, bien qu'il n'y ait point en eux d'indifférence et que leur volonté penche tout entière à cet amour. Ainsi, dans l'état de Chute, l'homme n'a guère d'indifférence réelle, à aucun moment, pour faire le bien ou le mal; sa volonté est toujours fléchie et déterminée à l'un ou à l'autre; ceux qui n'ont pas la Grâce sont dans la nécessité de pécher, quoiqu'ils ne soient pas nécessités à un péché particulier; ceux qui ont la Grâce sont nécessairement inclinés au bien. Pour tout dire, quoique l'humaine volonté *en elle-même* puisse se porter au bien ou au mal, elle se trouve toujours déterminée, *en fait*, à l'un ou à l'autre. De là on a tiré la troisième Proposition condamnée : « Que pour mériter et démériter dans l'état de la nature déchue, il n'est pas nécessaire que l'homme ait la liberté opposée à la nécessité (de vouloir), mais qu'il suffit qu'il ait la liberté opposée à la contrainte. »

Pardon et patience! nous voici plus d'à moitié chemin. Cette troisième Proposition est une des plus subtiles et celle qui, dans l'Écrit à trois colonnes[1], a été le plus obscurément expliquée. Il résulterait de l'explication, que la volonté humaine dans l'état déchu, bien qu'elle soit toujours déterminée nécessairement à chaque moment donné, reste libre en ce sens qu'elle peut être déterminée autrement dans le moment prochain,

---

1. On appelle *Écrit à trois colonnes* un mémoire qui fut présenté au pape Innocent X (en mai 1653) par les défenseurs de Jansénius, et dans lequel les cinq Propositions incriminées étaient retraduites et rédigées, chacune selon trois sens exposés en regard, 1° le sens hérétique et calviniste qu'on répudiait, 2° le sens augustinien et janséniste qu'on soutenait, 3° le sens moliniste qui était l'inverse du second et qu'on ne répudiait pas moins que le premier : les Jansénistes se piquaient de suivre le vrai juste milieu.

dans la seconde qui va suivre : il suffit que cette nécessité ne soit qu'actuelle, et sans cesse renouvelée, pour ne plus être absolue. La Motte, dans une lettre à Fénelon (janvier 1714), a dit très-spirituellement, pour railler cette prétendue explication qui retire à l'instant tout ce qu'elle a l'air d'accorder : « Nous sommes, selon eux, comme une bille sur un billard, indifférente à se mouvoir à droite et à gauche ; mais, dans le temps même qu'elle se meut à droite, on la soutient comme indifférente à s'y mouvoir, par la raison qu'on l'auroit pu pousser à gauche : voilà ce qu'on ose appeler en nous *liberté*, une liberté purement passive, qui signifie seulement l'usage différent que le Créateur peut faire de nos volontés, et non pas l'usage que nous en pouvons faire nous-mêmes avec son secours. Quel langage bizarre et frauduleux[1] ! »

En comparant et assimilant les doctrines des Semi-Pélagiens d'autrefois et des Molinistes modernes, Jansénius met au nombre des erreurs des Semi-Pélagiens celle-ci, — qu'ils admettaient, tant pour la foi et pour le commencement des bonnes œuvres que pour la per-

---

1. Si l'on voulait se donner le spectacle de tout l'embarras d'un esprit subtil pris dans un détroit de contradictions, on pourrait essayer de lire la réponse de Jansénius aux objections sur ce point, chapitre XXXIV du livre VI de sa troisième partie (*De Gratia Christi Salvatoris*). Ses défenseurs ont beau dire, il ne se tire pas de la difficulté. Il donne raison à Bayle, qui compare ces questions de Grâce et de Liberté au détroit de Messine, où l'on est toujours en danger de Charybde ou de Scylla : tous les efforts d'explication ne servent qu'à faire mieux mesurer les deux *incompréhensibilités* qu'on veut joindre. C'est en songeant surtout à cette annulation de la liberté morale de l'homme, qu'un moraliste a pu dire : « Le Jansénisme (si, par une abstraction soudaine, on en ôte le Christianisme) n'est en idéologie que le système de Hobbes, et en morale que le système de La Rochefoucauld. On croit ces questions infinies et l'esprit humain à cent lieues dans les solutions diverses où il se place : tirez le rideau, ce n'est qu'une même chambre. »

sévérance, une grâce telle qu'elle était entièrement soumise au libre arbitre qui la rejetait ou en usait à son gré. De là on a tiré la quatrième Proposition condamnée : « Que les Semi-Pélagiens admettaient la nécessité de la Grâce intérieure prévenante pour toutes les actions, même pour le commencement de la foi, mais qu'ils étaient hérétiques en ce qu'ils voulaient que cette Grâce fût telle que la volonté de l'homme pouvait lui résister ou lui obéir. »

Enfin, sur ce mot de l'Écriture que *Jésus-Christ est mort pour tous les hommes*, Jansénius, qui n'admet pas que la Grâce, la volonté divine n'ait pas toujours son plein effet, et qui voit cependant que tous les hommes sont loin de vérifier cet effet de salut universel, se trouve conduit à donner diverses explications de ce mot *tous les hommes*; il suppose, par exemple, que l'Apôtre a voulu dire que le Sauveur est mort, non point pour chaque homme en particulier, mais bien seulement pour certains hommes élus de tous états indistinctement, de toute nation et condition, Juifs et Gentils, esclaves et maîtres.... D'où l'on a inféré la cinquième Proposition condamnée, la plus odieuse au premier regard; on lui impute d'avoir avancé « que c'est une erreur semi-pélagienne de dire que Jésus-Christ est mort, a répandu son sang généralement pour tous les hommes[1]. »

Il y avait eu encore dans le principe une autre proposition dénoncée; mais on se réduisit aux cinq, et

---

1. On se fera une idée directe du sentiment de Jansénius sur ce point irritant, en lisant le chapitre XXI du livre III de sa troisième partie (*De Gratia Christi Salvatoris*). Également, au chapitre XXI du livre VIII de la même partie, on pourra voir, dans le paragraphe qui commence ainsi : *Secundum est quod Calvinus...*, avec quelle peine il s'efforce de se séparer de Calvin à l'article de la liberté. Il ne serait pas mal, pour se former sans trop de frais une théologie suffisante et une base de comparaison, d'y ajouter la lecture des chapitres XXI, XXII et XXIII du livre III de l'*Institu-*

c'est de celles-là qu'il a été tant et si diversement disputé pour savoir si elles étaient en effet dans Jansénius. Les indifférents et les railleurs qui ne manquent jamais en France en firent dès l'abord un sujet de plaisanterie interminable : y sont-elles ? ou n'y sont-elles pas ?

Nous connaissons de tout temps le chevalier de Grammont dont les galanteries, le jeu, le bel air et les prouesses brillantes ont été si agréablement racontées par son beau-frère Hamilton, celui dont Voltaire, dans *le Temple du Goût*, a dit, en le mêlant au groupe des aimables épicuriens :

> Auprès d'eux le vif Hamilton,
> Toujours armé d'un trait qui blesse,

tion chrétienne, par Calvin, dans lesquels l'auteur traite spécialement de la Prédestination, de l'Élection éternelle. La difficulté, pour y être abordée de front et avec audace, ne l'est pas moins avec une adresse, une précaution infinie. L'autorité de saint Augustin y revient sans cesse : « Si je voulois, écrit l'apôtre de Genève, composer un volume des sentences de saint Augustin, elles me suffiroient pour traiter cet argument, mais je ne veux point charger les lecteurs de si grande prolixité. » Jansénius, à sa manière, n'a fait, dans l'*Augustinus*, que remplir le *desideratum* du réformateur. « Jansénius a lu saint Augustin avec les lunettes de Calvin. » C'est un mot du Père Michel Le Vassor, quand il était prêtre de l'Oratoire. — Sur ce point de conjonction et ce *nœud* des doctrines luthérienne, calviniste et janséniste, je recommanderai encore, au tome XIV de la *Bibliothèque universelle* de Jean Le Clerc, un très-net et très-judicieux exposé qui achèverait de compléter. — Gibbon, dans son *Histoire de la Décadence et de la Chute de l'Empire romain*, à l'endroit de la mort de saint Augustin, a glissé une note où il s'est plu à renfermer toutes les contradictions et les ironies : « L'Église de Rome a canonisé saint Augustin et foudroyé Calvin : cependant comme la différence de leurs opinions est imperceptible, même à l'aide d'un microscope théologique, les Molinistes sont écrasés par l'autorité du saint, et les Jansénistes sont déshonorés par leur ressemblance avec un hérétique : tandis que les Arminiens protestants (semi-pélagiens) se tiennent à l'écart, en riant de la perplexité mutuelle des disputants. Peut-être un philosophe encore plus impartial rirait-il à son tour en lisant un commentaire arminien sur l'Épître aux Romains. »

Médisait de l'humaine espèce,
Et même d'un peu mieux, dit-on.

Nous voici, ce semble, bien loin de Port-Royal ; — pas si loin que l'on croit. Milord Muskry (ou Muskerry), l'un des plus grands seigneurs catholiques d'Irlande, et milord Hamilton, durant la révolution d'Angleterre, avaient passé en France pour conserver leur foi ; les épouses de ces seigneurs les avaient précédés avec leurs enfants. Mesdemoiselles Hamilton et Muskry furent mises à Port-Royal ; elles durent y être dès avant 1655. Mademoiselle Hamilton, qui devint la comtesse de Grammont, celle même que l'on voit faire si charmante, si noble, et pourtant si espiègle figure à la Cour de Charles II, était donc une élève de Port-Royal, et une élève fidèle et chérie. M. Callaghan, prêtre irlandais, de ses parents, a pris place parmi les solitaires, les amis et les théologiens de Port-Royal. Au moment où le chevalier de Grammont se trouva si ébloui d'un coup d'œil, à ce bal de la reine où il la vit de près pour la première fois, elle n'avait guère quitté notre monastère que depuis deux années. L'éducation qu'elle y avait reçue, sans lui donner précisément de ces grâces, mais aussi sans les lui ôter, avait contribué sans doute à les nourrir de sérieux et à consolider son esprit délicat. Les profanes *Mémoires* disent d'elle en effet (je saute les détails par trop touchants sur le physique de sa beauté) : «... Son esprit étoit à peu près comme sa figure ; ce n'étoit point par ces vivacités importunes dont les saillies ne font qu'étourdir, qu'elle cherchoit à briller dans la conversation. Elle évitoit encore plus cette lenteur affectée dans le discours, dont la pesanteur assoupit ; mais, sans se presser de parler, elle disoit ce qu'il falloit, et pas davantage. Elle avoit tout le discernement imaginable pour le solide et le faux brillant ; et, sans se parer à tout propos des lumières de son esprit, elle étoit réservée, mais très-juste dans ses décisions[1]. Ses sentiments étoient pleins de noblesse ; fiers à outrance, quand il en étoit question. Cependant elle étoit moins prévenue sur son mérite qu'on ne l'est d'ordinaire quand on en a tant. Faite comme on vient de le dire, elle ne pouvoit manquer de se faire aimer ; mais, loin de le chercher, elle étoit difficile sur le mérite de ceux qui pouvoient y prétendre. » Le chevalier de Grammont y réussit.

Mademoiselle Hamilton, malgré les élégances, les gaietés et les malicieuses espiégleries d'alors, malgré les *pièces* qu'elle fait aux personnes ridicules de la Cour, à mademoiselle Blague et à sa propre cousine madame de Muskry[2]; mademoiselle Hamilton, bien qu'elle eût pu paraître en de si affreux dangers à la mère Angélique, et que, comtesse de Grammont, elle n'ait peut-être pas évité ces dangers près de Louis XIV, sauva toutefois et garda finalement, à travers quelques naufrages, la religion dans son cœur. On la voit, bien des années après, allant aux Eaux de Forges et y recherchant Du Fossé qui demeure près de là : « Nous trouvâmes, dit celui-ci, qu'il y avoit plus à gagner qu'à perdre dans la conversation de cette dame. Elle avoit été autrefois élevée à Port-Royal, et elle n'a jamais rougi, au milieu de la Cour même, de parler dans les occasions pour justifier cette maison dont elle connoissoit par elle-même la solide piété aussi bien que nous. » On retrouvera une de

---

1. N'est-ce pas là, trait pour trait, les qualités d'esprit voulues par Port-Royal, bien qu'ici d'un usage un peu transposé ?

2. Femme de son cousin-germain et belle-sœur probablement d'Hélène de Muskry qu'on trouve dans la liste du noviciat de Port-Royal en 1661. C'est de madame de Muskry, laide, boiteuse et à prétentions, qu'Hamilton dit si plaisamment : « Un visage assortissant mettoit la dernière main au désagrément de sa figure. » Mademoiselle Hamilton lui joua le tour de la faire déguiser en *Babylonienne* pour le bal de la reine.

ses filles, une jeune enfant, pensionnaire au monastère des Champs, lors de l'expulsion de 1679. Le franc-parler généreux de la comtesse pour tous ses amis en disgrâce, que ce fussent Port-Royal ou Fénelon, peut lui faire pardonner les qualités moins chrétiennes que madame de Caylus et d'autres lui ont reprochées. Quand le comte de Grammont, à la fin, se convertit[1], l'exemple qu'il avait reçu d'elle y dut être pour beaucoup ; de sorte que, jusque dans cette conversion si lointaine du héros d'Hamilton, nous retrouvons avec un peu de bonne volonté le petit doigt de Port-Royal.

Des élèves comme mademoiselle Hamilton d'une part, comme MM. Bignon de l'autre, n'assortissent pas mal, ce semble, dans leur diversité de nuance, la couronne (ne fût-ce qu'humaine et mondaine) de la maison d'où ils sortirent.

Mais tout ceci est pour dire que Louis XIV, un jour, se ressouvenant sans doute que la comtesse de Grammont avait été élevée à Port-Royal, ou peut-être le prenant sur ce que le comte, avant d'être chevalier, avait été abbé un instant dans sa jeunesse, le chargea, lui l'homme aimable et léger, pour le lutiner en qualité de favori, de lire le livre de Jansénius et de s'assurer s'il n'y trouverait pas les cinq Propositions tant disputées. Quand le comte de Grammont lui rendit compte de sa lecture qu'on croira, si l'on veut, qu'il avait faite, ce fut en disant « que, si les cinq Propositions étoient dans Jansénius, il falloit qu'elles y fussent bien *incognito*. » Ce mot d'*incognito* étant encore assez neuf alors[2], cela parut un excellent bon mot qui courut et qu'on a transmis.

---

1. « J'ai appris avec beaucoup de plaisir que M. le comte de Grammont a recouvré sa première santé et acquis une nouvelle dévotion.... » (Lettre de Saint-Évremond à Ninon de Lenclos, 1696.)
2. On l'a rencontré déjà dans une lettre de Balzac, à la page 70 de ce volume.

Le pape Alexandre VII fut plus heureux que le comte de Grammont : il affirma un jour au Père Lupus, docteur de Louvain, qu'il avait lu *de ses propres yeux* les Propositions dans Jansénius. Là-dessus nos bons historiens vont jusqu'à insinuer que, pour le convaincre, les Jésuites firent imprimer un exemplaire exprès, falsifié, qu'ils donnèrent à lire au pontife. Conjecture bien naïve dans son raffinement ! comme si, avec un peu de prédisposition et de certaines lunettes, on ne pouvait pas lire dans le même livre ce qu'avec des verres seulement changés d'autres n'y lisent pas [1].

C'est du moins avoir assez montré que les esprits badins et libertins, comme l'étaient alors le comte de Grammont, Hamilton et Saint-Évremond, n'attendirent pas Voltaire et le dix-huitième siècle pour trouver toutes les plaisanteries légères au sujet de la bombe théologique qui éclatait.

Mais il nous convient d'entamer le sujet autrement que par des pointes, désormais fort émoussées, et autrement aussi que par les cinq Propositions extraites, qui peuvent bien y être en un certain sens, mais qui, pour être jugées impartialement, doivent être vues en place et dans l'ensemble de la doctrine.

Dès sa préface Jansénius marque bien toute la portée qu'il aperçoit à cette idée de Pélage qu'il va combattre ; rien n'égale l'énergie de son langage ; « Il y a un tel accord secret, dit-il, entre ces dogmes orgueilleux et la raison qu'a corrompue l'orgueil, il y a un tel attrait perfide vers ces Sirènes pour les âmes chatouillées à la louange et à l'admiration d'elles-mêmes, que, si cette Grâce céleste qu'ils attaquent de front, de flanc et par

---

[1]. Cette anecdote du Père Lupus, répétée par l'abbé Racine et *tutti quanti* se trouve pour la première fois dans l'*Histoire du Jansénisme* (tome II, p. 317) de Gerberon, qui se complaît et croit à tous les gros propos. Gerberon est le Dulaure du Jansénisme.

derrière, ne nous bouche les oreilles sur cette mer orageuse de confuses doctrines où nous naviguons, et ne nous lie par la pensée à l'immobile autorité de saint Augustin, comme au mât du vaisseau, à peine pouvons-nous, ou même à coup sûr nous ne pouvons pas ne pas être en partie séduits de cette funeste douceur. » — «On a remarqué, dit-il encore (et c'est là le caractère singulier et propre de cette hérésie), qu'il existe une telle connexion entre toutes les erreurs du Pélagianisme, que, si on épargne même une seule des plus minces fibres et des plus extrêmes, et perceptible à peine à des yeux de lynx, une seule petite racine d'un seul dogme semi-pélagien, bientôt toute la masse de cette erreur superbe, toute la souche, avec sa forêt de rameaux empestés, reparaît et s'élance…. De sorte que (voyez l'enchaînement), si vous donnez un brin à Pélage, il faut tout donner ; que si, trompé par le fard de l'erreur, par le prestige des mots, vous réchauffez dans votre sein ce serpent mort et lui rendez une seule palpitation, à l'instant, bon gré mal gré, et enlacé que vous êtes, il vous en faut venir à éteindre toute la vraie Grâce, à tuer la vraie piété, à supprimer le péché originel, à évincer le scandale de la Croix, à rejeter Christ lui-même, à dresser enfin dans toute sa hauteur le trône diabolique de la superbe humaine ; bon gré, mal gré, il le faut[1]. »

En même temps Jansénius reconnaît toute la difficulté de cette extirpation radicale et de ce discernement extrême : « Cette question où il s'agit du libre arbitre et de la Grâce est (il l'avoue) si délicate que, lorsqu'on défend le libre arbitre, on a l'air de nier la Grâce de Dieu, et qu'au contraire au moment où l'on maintient la Grâce de

---

1. Et il redit (ailleurs) le mot foudroyant de saint Augustin sur Pélage : « Savez-vous où tend toute cette dispute? à faire penser qu'il a été dit en vain : *Tu le nommeras du nom de Jésus et il sera le Sauveur.* »

Dieu on est suspect d'enlever le libre arbitre. » Mais, dans la poursuite qu'il fait de l'erreur pélagienne, il lui semble que c'est encore moins aux mots qu'au sens connu et à l'intention une fois atteinte et pénétrée qu'il s'agit de se prendre, et que c'est là qu'il faut viser à travers tout le réseau et le voile des expressions. — Ainsi Satan, chez Milton, Satan, c'est-à-dire l'orgueil déchu, quand il veut s'introduire dans Éden pour corrompre l'homme, revêt la forme d'un ange adolescent, d'un chérubin du second ordre; il joue la modestie et semble orné d'une grâce convenable : une petite couronne se pose sur ses cheveux bouclés, et ses pas pleins de décence vont comme réglés au mouvement de sa baguette d'argent. Mais, à un sentiment d'envie, de désespoir et de haine qui a traversé son cœur et qui a percé sur son visage, Uriel l'a reconnu[1]. C'est dans cette idée exactement, sinon sous cette image, que Jansénius, qui semble être par endroits le théologien dont Milton est le poëte[2], nous dit : « Quand il s'agit de cette erreur, ce n'est pas comme des autres : il ne faut pas mesurer le sens par les paroles, mais bien plutôt juger des paroles par le sens ; car ce mot de saint Augustin a plus de portée qu'on ne croit : *Nous qui savons ce que vous pensez, nous ne pouvons ignorer comment et en quel sens vous dites ces choses.* »

Il n'est pas possible de mieux entendre, et plus en philosophe chrétien, toute la gravité de la doctrine de Pélage, de cet homme précurseur, sorti de la patrie, je ne dis pas de Wiclef, car il allait au delà de Wiclef[3], mais de celle de Bacon et de Locke.

---

1. *Paradis perdu*, liv. III et IV, traduction de Chateaubriand.
2. Bien que Milton soit peut-être au fond quelque peu arien et pélagien, mais je ne veux parler que d'un certain rapport d'élévation et de beauté théologique sombre. On en donnera des échantillons encore.
3. Au delà et même au rebours sur ces points de Grâce.

Le premier traité de Jansénius, partagé en huit livres, est consacré en entier à l'historique de cette hérésie : Pélage d'abord, et ses disciples déclarés, Célestius, Julien; puis cette seconde génération de disciples (s'il faut leur donner ce nom) bien plus mitigés et spécieux, les Semi-Pélagiens de Marseille et de Lérins. Ces livres, tant comme récit et rassemblement des faits que comme exposition et discussion de doctrine, me paraissent constituer un grand et assez beau morceau d'histoire ecclésiastique qui n'a pas encore été mis à sa place.

La sagacité active et ennemie avec laquelle Jansénius poursuit et démêle jusqu'au bout les ruses, les arrière-pensées, les modérations affectées de ses adversaires, m'a tout à fait rappelé la façon par laquelle, en son traité ou plutôt son pamphlet contre Bacon, le grand De Maistre le perce à jour, l'interprète en le serrant et en le tordant, et le pousse, l'assiége comme à outrance en tout recoin de pensée. Il y a quelque rapport en effet, et, sauf les longueurs, le style du gros in-folio n'est pas non plus sans flamme et sans éloquence, ni surtout sans de ces coups bien à fond et qui pénètrent : « La méthode de Pélage et de ses disciples, écrit Jansénius, afin de plus sûrement tenter les esprits des hommes et de les ébranler sourdement jusqu'à la ruine, ç'a été de produire les difficultés contre la foi sous forme de questions et d'insérer dans leurs ouvrages ce qui étoit soulevé là-dessus, non point par eux, mais par d'autres. » On ne saurait mieux caractériser la méthode prudente et cauteleuse dont Bacon lui-même, et surtout Bayle, firent tant d'usage, cette méthode d'attaque et de *sape* qui va son train sous air d'érudition. Saint Augustin en main, et s'armant de sa parole, qu'il possède et manie en tout sens comme un glaive, Jansénius démasque et perce cette marche rusée, ces circuits du serpent, et il se plaît à montrer Pélage à son début, se mettant involontairement en colère et se trahissant si un évêque, à Rome, lui allègue ce mot d'Augustin qui enferme toute la vraie doctrine, ce mot qui est comme la pointe même du glaive : « *Da quod jubes, et jube quod vis :* O mon Dieu, donne-moi ce que tu m'ordonnes, et ordonne-moi ce que tu veux ! »

Jansénius (moyennant toujours son Augustin) poursuit donc le Pélagianisme dans tous ses états et ses déguisements successifs, à travers ses métamorphoses, en l'insultant, en l'exorcisant, en lui disant : *Toi, encore toi !* Il le montre, d'une part, dégradant autant que possible l'homme primitif, l'Adam de l'Éden, et lui imputant déjà certains mouvements, certains plaisirs, certaine pudeur, une espèce de mort, enfin le propre déjà de la nature déchue ; et, d'autre part, relevant et colorant cette nature actuelle de l'homme, comme si elle n'était pas tout à fait perdue et misérable. On conçoit, en effet, ce double travail du Pélagianisme, qui, voulant combler l'abîme de l'intervalle, diminuait la hauteur de l'Éden et relevait autant qu'il se pouvait la profondeur de la terre. Quand Jansénius parle des misères de ce monde que les Pélagiens déguisent, il est éloquent ; il l'est, ainsi qu'Augustin, à la manière de Pline l'ancien, qui nous fait voir l'homme nu, jeté, en naissant, sur la terre nue. Mais Pline en concluait contre Dieu ; Augustin et Jansénius en concluent pour l'immensité de la Chute et la nécessité du Rédempteur[1]. Parlant de ces

---

1. Livre III (*De Hæresi Pelagiana*), chapitre XV, et livre II (*De Statu Naturæ lapsæ*), chapitre I, dans lequel est cité un passage de Cicéron favorable à l'idée de Chute. — M. Joubert, dans ses *Pensées*, a merveilleusement touché et fait saillir ce point central du Jansénisme : « Les Jansénistes, dit-il, ont trop ôté au bienfait de la Création, pour donner davantage au bienfait de la Rédemption.... Ils ôtent au *Père* pour donner au *Fils*. » Les Pélagiens, au contraire, et tous les Déistes rendent d'autant plus au

maux qui affligent et *écrasent (conterere)*, dès le ventre de nos mères, la pauvre humanité, cette vie humaine, *s'il faut l'appeler vie*, et reprochant aux Pélagiens de les déguiser, Jansénius dit : « Ils nient obstinément ces calamités évidentes, comme si, quand la nature entière gémit sous le poids, ils pouvoient, en niant bien haut, supprimer ce cri qui monte comme le mugissement de la mer, ou le couvrir de l'audace de leur voix.... *Vel negando tollere, vel clamando superare.* » — Que ceux même qui répugnent aux remèdes proposés par ces croyants trop lugubres, les respectent au moins et les plaignent comme semblables, pour avoir si profondément senti en eux, à de certains jours, le néant et la misère de la nature humaine, cet océan de vices et de douleurs, et son murmure, sa rage, sa plainte éternelle !

Quand il en vient aux Semi-Pélagiens (*Massiliénses*), à ces hommes que Prosper lui-même, leur dénonciateur, reconnaît illustres et éminents de science et de vertu, Jansénius redouble de soin. Saint Augustin, durant près de vingt ans de combat contre les Pélagiens, était loin encore d'avoir épuisé et même embrassé dans leur plus secrète difficulté ces dogmes délicats, le mystère de la Prédestination et de la vocation des Élus ; il

---

Père qu'ils tiennent à se passer du *Fils*. Il arrive donc, dans ces évolutions singulières et cette tactique, après tout limitée, de la pensée humaine, que les Jansénistes, à un certain moment, se trouvent contre les Déistes du côté des Athées, en tant qu'ils ôtent comme eux le plus qu'ils peuvent au *Père*; Jansénius et Pascal, quand ils jugent la nature, ne sont pas très-loin de Pline et de Boulanger. Ils n'en sont séparés que par la Croix, c'est beaucoup ; mais il semble que sans elle ils ne croiraient à rien, et que, sans le *Fils* en un mot, ils auraient peine à remonter jusqu'au *Père*. La croyance en Jésus-Christ devient ainsi pour eux, s'il est permis de le dire, encore plus essentielle que pour d'autres, et plus *unique*.

n'y avait touché qu'en passant, par nécessité et avec prudence. Les arguments tout naturels et très-directs de Pélage avaient provoqué de sa part des réponses directes aussi et contradictoires. Cependant ces réponses de saint Augustin n'étaient pas toujours bien comprises de ses amis même. Quelques-uns les outraient et en abusaient; d'autres, qui en étaient moins satisfaits, se réservaient de les adoucir. Des moines d'Adrumète, en Afrique, crurent, d'après lui, qu'il fallait entendre la toute-puissance de la Grâce, sans plus du tout de libre arbitre : cela alla-t-il jusqu'à constituer l'hérésie contestée des *Prédestinatiens*, qu'on a présentée comme un excès de la doctrine de saint Augustin [1] ? Quoi qu'il en soit, le grand docteur se hâta de maintenir le droit du libre arbitre, qu'en fait il avait eu l'air de nier. Mais presque aussitôt, effrayés sans doute de ces conséquences trop prochaines, les prêtres pieux et savants de Marseille et de Lérins jugèrent que décidément, la doctrine de saint Augustin étant excessive, il y avait quelque biais possible, et une voie moyenne à suivre, une part de mérite à introduire dans la sanctification des Justes. Ces objections, bien autrement considérables et plus intérieures qu'aucune de celles qu'on avait élevées jusque-là, forcèrent saint Augustin vieillissant à entrer en lice plus avant que jamais, à se lancer dans le détail et comme le détroit de ces périlleuses questions. Gardien vigilant, et espèce d'Empereur pour lors de la Chrétienté, il avait à en défendre, pour ainsi dire, toutes les frontières. Plus jeune, on l'avait vu passer de la guerre contre les Manichéens qui intronisaient le principe du mal, à la lutte tout inverse contre les Pélagiens qui le pal-

1. Jansénius et les Jansénistes n'admettent pas cette hérésie à l'état formel et distinct, et ils soutiennent de leur mieux que ce n'est qu'un nom donné et une exagération prêtée par les Marseillais à de fidèles disciples de saint Augustin.

liaient; et voilà qu'ici, déjà vieux, il a presque aussitôt à répondre, et en sens inverse, aux moines d'Afrique d'une part, et de l'autre aux prêtres de la Gaule : Charlemagne, comme nous l'a peint Montesquieu, allait mettant la main à chaque limite menacée de l'Empire. J'ai regret de ne pouvoir le suivre ici, l'infatigable et l'ingénieux, dans ce démêlé si subtil et si intéressant avec les Semi-Pélagiens ; Jansénius ne fait, avec lui, que combattre dans Fauste et Cassien, — dans Molina auquel il pense, — les moindres retours de la volonté et de la préoccupation humaines[1]. Rien ne donne plus à réfléchir sur les lois de notre nature, sur l'origine et la filiation de ce qu'on appelle progrès philosophique, et ne fait mieux entendre historiquement ce qui est chrétien et ce qui ne l'est pas. Du haut de cette tour d'Hippone relevée, on a un champ d'horizon immense. Deux ou trois grands traits généraux me suffiront.

Le point de départ des Semi-Pélagiens est uniquement dans la peur et le scandale que leur causa le dogme déclaré de la Prédestination : « Cet homme profondément sage, Augustin, nous dit Jansénius, avoit prévu (en différant de traiter la question) combien peu de Chrétiens pourroient ou atteindre par l'intelligence à l'élévation du divin décret, ou le supporter par l'humilité : de telle sorte que, pour eux, tous chaînons et toute

---

1. Récidives inévitables ! Partout où la doctrine de la Prédestination et de la Grâce s'est relevée dans sa rigueur, bientôt il y a eu le palliatif tenté, et de la part même des plus éclairés et des plus fidèles. Ainsi firent les prêtres de Marseille tout à côté de saint Augustin. Au début même de la Réforme, et tout à côté de Luther, Mélanchthon ne tarda pas à reculer sur ce point et à se séparer des opinions de son maître qui lui parurent *une fureur stoïcienne*. Au sein du Jansénisme aussi, on verra Nicole essayer, vers la fin, de négocier une certaine Grâce générale et conciliante :

Naturam expellas furca, tamen usque recurret.

anse étant rompus, par lesquels on se figure que la nature offre prise et fait avance à la Grâce[1], — tous degrés étant mis bas, par où l'orgueil humain s'efforce toujours de gravir par lui-même pour la mériter, — le commencement, le milieu et la fin du salut, et le pivot même de séparation entre telle et telle âme en cette vie et en l'autre, allassent sans détour, en paroles claires et formelles, se fixer au très-libre, très-pur, très-miséricordieux et très-secret bon plaisir de la Volonté divine, et tout entiers s'y suspendre. » Saint Augustin sentait d'autant mieux la difficulté de croire si aveuglément, qu'il avait partagé lui-même, avant d'être évêque, l'opinion qui fut ensuite la semi-pélagienne : « Les Semi-Pélagiens donc trouvoient très-dure une doctrine qui, anéantissant en quelque sorte l'efficace de tous les efforts humains, remettoit l'homme aux obscurs et inconnus décrets de Dieu, et *exposoit, pour ainsi dire, le vaisseau dénué de rames et de voiles sur le plein Océan de la divine Volonté.* » Aussi (et c'est toujours l'expression de Jansénius que je traduis et que j'emploie), « pour obvier à cette apparente absurdité trop lourde à porter à des âmes trop charnelles et qu'aveugloit légèrement la fumée de l'orgueil, ils imaginèrent à grand artifice des espèces d'échelles par où l'on pût monter aisément de la nature à la Grâce ; et, pour qu'on ne dît pas que ces échelles tout entières pendantes du Ciel étoient tout à fait hors de notre pouvoir, ils imaginèrent d'en placer le dernier, le plus bas et aussi bas qu'on le peut concevoir, mais enfin un certain échelon dans la puissance de l'homme : de telle sorte, au moins le pre-

---

[1]. *Ruptis omnibus catenæ illius ansulis...;* on se rappelle cette *anse* restée après la Chute, dont parle saint François de Sales, plus commode que saint Augustin (voir au tome I, livre I, chapitre IX, p. 224). Nous aurons plus loin encore, par contraste, à nous en ressouvenir.

mier pas de son salut ou de sa perdition dépendoit de lui[1]. »

En me gardant bien de m'engager avec Jansénius dans le tissu ingénieux de ces *échelles de l'âme*, j'en ai dit assez pour faire entendre quelle vie et quelle vigueur colorée animent par places cette discussion qui s'agite à la fois dans le fond de la doctrine chrétienne et de la psychologie humaine, selon qu'on voudra l'appeler.

Rien de plus capable, je le répète, de faire réfléchir profondément un esprit sérieux et de l'établir au sommet et à l'origine de toute question sur la foi, sur la liberté, sur la condition même où l'on est ici-bas, que l'exposition et la discussion si ferme et si déliée, si plongeante (qu'on me passe le mot), de cette doctrine semi-pélagienne, de l'expédient imaginé par ces hommes de Marseille et de Lérins si modérés dans leur embarras, lesquels, tout en voulant sauver et maintenir la Grâce, la Rédemption et l'entier Christianisme, voulaient cependant avoir pied par quelque endroit, avoir au moins *le bout du pied* sur la volonté humaine, pour garder l'unique mérite de se jeter de là eux-mêmes dans l'abîme absolu de la Volonté divine. Quelque jugement qu'on en porte, il y a, de ce point de vue admirablement démêlé et hardiment contredit par Jansénius, une féconde perspective de pensées sur notre nature morale, sur le Christianisme intérieur et véritable, et sur tous les degrés où l'on peut l'admettre : la philosophie et la religion s'y rencontrent et s'y traversent à chaque instant.

Concurrence remarquable ! vers le moment où s'achevait l'*Augustinus*, une autre œuvre vouée à un succès bien différent allait éclater. Les *Méditations* de Descartes parurent en 1641 ; le *Discours de la Méthode* avait paru

---

1. Livre VII, *De Hæresi pelagiana*, chap. I.

dès 1637. Jansénius, mort en 1638, et qui très-probablement ne fut pas informé de la première de ces nouveautés presque mondaines, par un pressentiment toutefois des entreprises croissantes de la raison, redoublait de Christianisme rigide, de recours véhément à la Croix, d'appel infatigable à la méthode de tradition et d'autorité. Une sorte de frissonnement à travers l'air l'avertissait du danger. Aussi peu scolastique à sa manière que Descartes, il sentait le besoin de rajeunir et de régénérer la méthode chrétienne ; mais, par sa forme latine, par son échafaudage d'arguments et de textes, par les controverses qu'il souleva, il ne réussit qu'à l'obstruer. Et puis l'heure avait sonné. Un penseur d'alors l'a remarqué finement[1] : le monde semble aller par de certains trains et de grands courants d'idées ; un de ces trains, une de ces vogues subsiste jusqu'à ce que vienne un individu rebelle qui, d'accord avec bien des instincts secrets, *donne puissamment du coude* à ce qui traîne et installe autre chose à la place. Une de ces phases des méthodes humaines expirait alors : Descartes vint et donna ce coup de coude imprévu, désiré : il fit table rase et jeta à la mer le vieux bagage : il fut neuf, clair, lumineux, et l'on suivit. Le livre de Jansénius, comme une machine de guerre trop chargée, au lieu de porter au dehors, éclata plutôt au dedans et blessa surtout ses amis. Ceux-ci suivirent bientôt Descartes lui-même, sans trop se douter de la fin.

Jansénius ne fit qu'une émeute au sein du Christianisme, Descartes fit révolution partout.

Mais continuons encore d'étudier au fond le livre substantiel, et indépendamment des destinées ; parcourons-le d'autant mieux, qu'il est certain qu'on ne le lira plus. Je n'ai parlé jusqu'ici que du premier traité qui comprend

---

[1]. Gabriel Naudé, *Avis pour dresser une Bibliothèque*.

l'histoire et la discussion directe de l'Hérésie pélagienne et semi-pélagienne. Le second traité et le troisième (l'ouvrage entier est divisé en trois *tomes* ou *traités*) sont tout dogmatiques : le second porte sur l'état de l'homme avant la Chute, le règne d'Adam au sein du Paradis, et ensuite sur la Chute et l'état actuel de l'homme ; le troisième porte au long sur la guérison possible et la Grâce administrée par le Christ Sauveur.

Le second traité s'ouvre par un livre à part et préliminaire (*liber prooemialis*) qui roule sur la méthode à employer en matière de théologie. Jansénius repousse à la fois la méthode *scolastique* et la méthode *philosophique*, et même il ne les distingue pas, il les repousse comme un seul et même danger qui est celui du raisonnement humain et de la curiosité qui cherche le *comment* des mystères. Il cite dans l'antiquité le grand exemple d'Origène comme s'étant perdu par-là.

On est frappé tout d'abord de l'inconvénient qu'il y a pour lui d'avoir ignoré son voisin Descartes. Il parle contre la philosophie, et la philosophie changeait de lieu et de tactique au même moment. Il s'attaque à la Scolastique, à la forme d'Aristote, et le péril est déjà ailleurs. Il attaque le camp vide aux feux allumés encore, mais l'ennemi vient de déloger. Ce livre *sur la raison et l'autorité* naissait ainsi tout arriéré et suranné à côté du *Discours de la Méthode*, de même qu'en fait de style ces Plaidoyers de M. Le Maître, qui eurent le malheur de paraître dans l'année juste des *Provinciales*. Si Jansénius avait connu Descartes, il lui eût fallu renouveler ses arguments et anticiper quelques-uns de ceux que l'éloquent auteur de l'*Essai sur l'Indifférence* a si hardiment maniés. Nul doute que Jansénius n'en eût pu découvrir plus d'un et des meilleurs. Je n'en voudrais pour preuve que le chapitre VII, où il expose et met en présence les deux méthodes de pénétrer les mystères de

Dieu : l'une des philosophes et par la seule raison, voie très-trompeuse, l'autre des Chrétiens, très-sûre, et dans laquelle intervient, que dis-je? à laquelle préside la charité ; car il ne distingue pas la méthode dite *d'autorité*, de cette méthode *de charité*. Il me paraît bien admirable là-dessus, je traduis textuellement :

« L'autre méthode part de la charité enflammée par laquelle le cœur de l'homme se purifie, s'illumine, de manière à pénétrer les secrets de Dieu qui sont contenus dans l'écorce des Écritures sacrées et dans les principes mêmes révélés. Ce mode de comprendre est très-familier aux vrais Chrétiens ; c'est par là que dans les personnes spirituelles, hommes ou femmes, à mesure que la charité s'accroît, la sagesse croît d'autant, jusqu'à ce qu'elle arrive à son jour de maturité parfaite. Car de même que l'arbre naît de la semence, et que la semence à son tour naît de l'arbre, et qu'ainsi l'un et l'autre, par cette production réciproque, vont se multipliant à l'infini, de même la connoissance de la foi chrétienne suscite l'amour de la charité et opère par elle ; laquelle charité aussitôt excite une nouvelle lumière de connoissance, et cette lumière provoque une flamme d'amour qui de nouveau engendre une lumière ; et ainsi, par une émulation et un redoublement continuel, flamme et lumière s'excitant et s'engendrant mènent l'âme chrétienne à la plénitude de la ferveur et de la lumière, c'est-à-dire à la plénitude de la Charité et de la Vérité, c'est-à-dire à la plénitude de la Sagesse. »

Est-il plus vivante et plus persuasive manière de fonder et d'attendrir la méthode d'autorité que celle que Jansénius tire de saint Augustin sans doute, mais qu'il développe ici avec un génie propre? Pascal a résumé le tout en deux mots : « La foi parfaite, c'est Dieu sensible au cœur. » De sorte qu'aux philosophes spéculatifs, et qui n'étudient que pour étudier, à ces Chrétiens d'opinion si communs de nos jours et qui, selon le mot de Saint-Cyran, ne veulent que découvrir des terres nouvelles, à ceux-là, pour les rabattre et les humilier dans leur science même et sur le trône si creux de leur intelligence où ils se complaisent, il suffit de dire avec saint Augustin, avec Jansénius, avec ceux qui parlent des *Enfants de Dieu*, étant eux-mêmes de ces enfants :

On ne comprend (absolument, à la limite et dans la plénitude), on ne comprend que ce qu'on croit.

On ne comprend que ce qu'on aime.

Ce qui revient encore à dire : on ne comprend que ce qu'on pratique[1].

---

1. J'emprunte ces pensées à un auteur vraiment digne de les exprimer (*Les Enfants de Dieu*, discours, par M. Vinet, Bâle, 1837); on y peut lire à la page 25 : « Lui-même, ce Chrétien d'opinion dont je viens de parler, lui-même ne les comprend pas. Une vallée le sépare des incrédules, un abîme le sépare des Enfants de Dieu.... »

XI

Suite de l'*Augustinus*. — Saint Augustin au lieu d'Aristote. — Est-il infaillible sur la Grâce? — A-t-il innové en son temps? — Témoignages catholiques en divers sens. — Livre de l'*Augustinus* sur Adam et les Anges avant la Chute. — L'Adam de Jansénius et celui de Milton. — Liberté dans Éden. — Chute, volonté viciée, racine de concupiscence. — Jansénius et La Rochefoucauld. — Jansénius et les décrets des Papes. — L'*Augustinus* dénoncé en Sorbonne. — Le docteur Cornet et Bossuet. — Bourdaloue. — Fleury et les Gallicans. — Un mot encore, par l'*Augustinus*, sur le goût littéraire; si ce goût tient à la concupiscence? — Le Père Bouhours dit que non.

Je continuerai l'examen du gros livre. S'il nous arrive de nous délecter parfois aux environs et comme aux maisons de plaisance de notre sujet, achetons-en la permission en ne reculant sur aucun point sérieux, quand nous sommes au centre même.

Après avoir bien caractérisé la méthode chrétienne, Jansénius raconte au naturel comment il a été amené à interroger saint Augustin sur ces questions de Grâce et de volonté. La doctrine pélagienne et semi-pélagienne lui semblant dès lors (et par une sorte d'instinct et de divination) toute formée directement des purs principes de la philosophie d'Aristote, il jugea peu à propos, pour s'éclairer là-dessus, de s'adresser ou de s'en tenir à des théologiens tout préoccupés eux-mêmes d'Aristote et de ses règles ; il remonta donc plus haut. Mais une fois qu'il se fut pris, dit-il, à saint Augustin, qu'il eut embrassé son œuvre vénérable et que, ne plaignant pas la fatigue, il s'y fut plongé et replongé sans relâche depuis le premier jour jusqu'au dernier durant vingt-deux années, alors son étonnement fut grand ; ce que nous l'avons vu exprimer ailleurs dans ses lettres à Saint-Cyran[1], il le consigne de nouveau ici, mais avec une solennité et dans un retentissement de termes que notre traduction ne peut qu'affaiblir :

« Je fus épouvanté, je l'avoue, plus qu'il ne se peut dire, quand je vis bien clairement avec quel manque d'intelligence les plus graves chefs de sa doctrine avoient été tirés et comme tordus (*obtorto collo*) par les modernes en des sens tout l'opposé du véritable ; avec quel aveuglement, plus d'une fois, ce qu'il combattoit avoit été pris pour ce qu'il alléguoit, et des erreurs pélagiennes, plus de dix fois proscrites par lui, avoient paru des vérités augustiniennes ; comment, enfin, les objections que lui avoient faites les errants étoient acceptées et avoient cours comme étant ses propres réponses, ses solutions mêmes[2]. »

Suit alors un magnifique éloge de saint Augustin, que Jansénius représente comme ayant fondé et établi plus qu'aucun autre Père ce qu'il appelle les *quatre* dogmes capitaux du Christianisme, à savoir : 1° la divinité du Fils contre les Ariens ; 2° la vérité de l'Église catholique, ses marques, sa puissance, ses prérogatives ; 3° la vérité, l'unité, la nécessité et l'énergie du baptême contre les Donatistes ; et enfin, 4° l'intelligence

---

1. Tome I de cette histoire, livre I, chapitre XI, p. 291 et suiv.
2. *Liber proœmialis*, cap. X.

de la Grâce. Ainsi, pour reprendre encore et plus sensiblement : 1° unité du Chef de l'Église ; 2° unité du corps de l'Église ; 3° unité du sacrement qui nous y incorpore ; 4° unité de la Grâce qui nous y fait vivre et nous y maintient. Sur ce dernier point surtout, Jansénius trouve des paroles magnifiques. Ce que saint Jean l'Évangéliste a été pour la prédication et la mise en lumière de la divinité du Verbe, saint Augustin l'est pour l'explication et la mise en lumière de la Grâce. Ce n'est pas seulement le Père des Pères, le Docteur des Docteurs, mais un cinquième Évangéliste, ou du moins un sixième après saint Paul. A qui convenait-il mieux en effet qu'à saint Paul et à saint Augustin, ces deux grandes lumières de la Grâce, d'en rendre le sens dans la plénitude, tous les deux ayant été plus agités et plus malades que personne du mal de l'infirmité humaine ? Qui pouvait mieux parler, et avec plus de compétence, des abîmes de la Chute et de ceux de la Grâce, que ces deux hommes qui savaient et qui portaient gravé au fond de leur cœur par une si longue expérience ce que c'est qu'être esclave de sa passion, lutter avec elle sans issue, manquer du divin secours, se tordre impuissant à terre en l'implorant, et puis tout d'un coup triompher dès qu'il arrive et librement respirer [1]. — Aussi Augustin, ce très-sacré docteur, a-t-il cela de commun avec les saintes Écritures qu'il s'était si intimement assimilées, qu'on le doit lire, pour le bien entendre, avec l'humilité d'un disciple plus qu'avec la superbe d'un censeur, si l'on ne veut s'égarer sur son vrai sens et n'en saisir que de vains lambeaux [2].

1. *Liber prœmialis*, cap. XXI.
2. L'infaillibilité plus que chrétienne, l'infaillibilité *aristotélique* de saint Augustin à Port-Royal est telle que les écrivains de cette école n'ont pas craint de prétendre que le saint évêque, bien qu'il n'eût aucune connaissance de la langue hébraïque, avait cepen-

Et reprenant cette expression étonnante et étonnée de l'abîme qu'il trouve entre le Christianisme selon saint Augustin et celui des modernes théologiens, il va jusqu'à s'écrier :

« Cette théologie moderne diffère si fort de saint Augustin qu'il faut, ou qu'Augustin lui-même se soit trompé en mille sens autant qu'on se peut tromper en si grave matière, ou bien que, s'il a enseigné selon le sens de l'Église catholique la vérité tant sur les autres articles que sur ceux en particulier de la Grâce et de la Prédestination contre les Pélagiens, les théologiens modernes à leur tour se soient à coup sûr écartés du seuil de la véritable théologie (et je le dis sans inculper leur foi), — mais écartés de telle sorte qu'ils paroissent ne plus comprendre ni cette foi chrétienne qu'ils gardent pourtant en leur cœur comme Catholiques, ni l'espérance, ni la concupiscence, ni la charité, ni la nature, ni la Grâce, — la Grâce à aucun degré et sous aucune forme, ni celle des Anges, ni celle des hommes, — ni avant la Chute, ni depuis, — ni la grâce suffisante, ni l'efficace, ni l'opérante, ni la coopérante, ni la prévenante, ni la subséquente, ni l'excitante, ni l'adjuvante ; ni le vice, ni la vertu ; ni la bonne œuvre, ni le péché, soit originel, soit actuel ; ni le mérite et sa récompense ; ni le prix et le supplice de la créature raisonnable, ni sa béatitude, ni sa misère ; ni le

---

dant mieux entendu le véritable sens de l'hébreu dans les Écritures que les Hébreux eux-mêmes. On lit dans la préface qui est en tête des *Heures* de Port-Royal : « Quoique la science de la langue hébraïque soit nécessaire pour bien prendre le sens des paroles originales, cela néanmoins est fort peu de chose au prix de cette lumière qui doit être prise de l'intelligence et du fond de l'Écriture, et de son esprit inconnu à la plupart des Hébreux, qui n'ont presque tous connu que la lettre, et dans lequel saint Augustin a pénétré plus avant qu'aucun des Pères, quoique l'obscurité de la version dont il se servoit lui ait souvent donné beaucoup de peine. Et c'est de cette lumière qu'on a besoin pour pouvoir déterminer la langue hébraïque qui d'elle-même est assez suspendue.... » Le docte et positif Richard Simon, qui cite ce passage (*Bibliothèque critique*, tome III, page 469), se rit beaucoup de cette *lumière* infuse en matière de traduction, et ne paraît pas disposé à croire que la méthode de *charité* supplée jamais à la grammaire.

libre arbitre et son esclavage, ni la prédestination et son effet; ni la crainte, ni l'amour de Dieu, ni sa justice, ni sa miséricorde; enfin, *ni l'Ancien ni le Nouveau Testament;* — qu'ils semblent, dis-je, ne plus rien comprendre à toutes ces choses, mais bien plutôt, à force de raisonnements, avoir fait de la théologie morale une Babel pour la confusion, et pour l'obscurité une région cimmérienne. » — (Et il ajoute aussitôt) : « Tout lecteur modéré pensera que je jette ces paroles témérairement ou par hyperbole; mais on le verra successivement et par le détail, à mesure que, Dieu aidant, je développerai les principes de saint Augustin, je n'en ai peut-être pas assez dit. »

Après de telles paroles, on fait plus qu'entrevoir toute l'étendue de la réforme, de la révolution que le Jansénisme primitif médita et voulut. Il nous sera plus aisé dès lors d'apprécier la façon secondaire et moindre selon laquelle on défendit par la suite et on pallia les mêmes questions dans Port-Royal depuis la mort de M. de Saint-Cyran. Lancelot, qui est de la génération la plus directe des fondateurs, et de qui l'on a déjà entendu de modestes plaintes[1], a écrit, au sujet des contestations soulevées par le livre de Jansénius, cette page de mémorable aveu :

« Peut-être aussi que la manière dont on a agi pour défendre la Vérité n'a pas été assez pure, et que les moyens qu'on y a employés ont été ou trop précipités, ou trop peu concertés, ou même trop humains.... L'on gâte quelquefois plus les affaires de Dieu en se remuant trop qu'en demeurant en un humble repos.... L'on peut aussi ajouter que l'on n'est pas même demeuré dans les termes marqués par M. de Saint-Cyran en se contentant (comme il le vouloit) de faire voir que la doctrine que l'on suivoit n'étoit pas de M. d'Ypres, mais de saint Augustin : on a cru qu'il étoit plus sûr de se jeter dans la distinction du *droit* et du *fait* pour laquelle on

---

1. Au tome I de cette histoire, livre II, chapitre IV, p. 436.

a combattu durant dix ou douze ans [1], y mêlant en même temps les chimères des Thomistes que M. d'Ypres avoit voulu éviter ; ce que M. de Barcos n'a jamais pu approuver, se croyant trop bien informé des intentions de M. d'Ypres et de son oncle pour les abandonner dans un point de cette importance.... »

En ce qui est des Thomistes, il nous est bien clair, d'après les citations précédentes de Jansénius, que tout ce qui était de leur méthode lui semblait à répudier. Et c'est ce que ne firent ni Arnauld dès qu'il fut livré à lui-même, ni Pascal en ses *Provinciales*, où il reçut le mot d'ordre théologique d'Arnauld. Ils songeaient avant tout à grossir leur groupe, et tour à tour, selon le jeu du moment, à gagner comme alliés ou à piquer comme faux-frères cette portion de théologiens thomistes, ces estimables Dominicains surtout, qui inclinaient au fond pour eux contre les Jésuites, mais qui n'osaient se prononcer [2].

---

1. La tactique du second Jansénisme consistait à dire à l'autorité romaine : « Vous condamnez les cinq Propositions dogmatiquement, et nous aussi ; nous nous soumettons au *droit ;* mais sont-elles en *fait* dans Jansénius ? Vous le dites, et jusqu'à plus ample informé nous en doutons. » Lancelot, dans l'idée de Saint-Cyran, eût voulu qu'on dît : « Que les Propositions soient ou non dans Jansénius, c'est secondaire ; l'essentiel est qu'elles sont dans saint Augustin ; nous le prouvons, et c'est ce saint docteur (sachez-le bien) que vous condamnez en les condamnant. »

2. Pascal d'ailleurs varia sur ce point pendant la durée même des *Provinciales*. Plus tard, lorsqu'il eut davantage approfondi la question, je crois qu'il en revint à quelque chose de très-approchant de la conviction de Jansénius, de Saint-Cyran et de M. de Barcos, contrairement aux expédients polémiques. Arnauld n'en sortit jamais. Dans une lettre qu'il adressait à M. Denis de La Barde, évêque de Saint-Brieuc (15 décembre 1655), on peut voir combien il répugnait peu, au besoin, à faire profession de Thomisme, à accepter les distinctions subtiles des deux grâces des justes, et même la grâce *suffisante* qui ne suffit pas : « Je reconnois avec ce saint (*saint Thomas*) que le juste a toujours le pouvoir d'observer les commandements de Dieu, qui lui est donné par la

Dans les termes où se posait le Jansénisme, il y avait de quoi hésiter en effet. On peut juger par le peu d'extraits qui précèdent, combien une telle doctrine dut tomber formidable au sein de la théologie du temps. Cet étonnement, au reste, cette sorte d'épouvante que Jansénius éprouve et confesse en découvrant la contradiction essentielle de l'opinion approfondie de saint Augustin avec le Christianisme généralement régnant, je crois que quiconque (hors du Jansénisme et du Calvinisme) lira saint Augustin l'éprouvera de même ; et je me souviens qu'un jour un des plus éloquents orateurs catholiques de notre âge[1], que je trouvais méditant sur

première sorte de grâce ; mais qu'il n'a pas toujours cette seconde sorte de grâce, qui est le secours qui meut l'âme, sans lequel néanmoins ce saint enseigne que l'homme, quelque juste qu'il soit, ne sauroit faire le bien. » Comprenez, si vous pouvez. Et à la fin de la lettre, il s'enveloppe d'obscurité sur Jansénius. C'était là une manière de concession par tactique, comme d'autres fois, par tactique aussi, il outrepassait le fond. Il explique lui-même assez naïvement cette rhétorique dialectique dans la lettre à madame..., du 20 août 1660 : « Comme les hommes, quelque intéressés qu'ils soient, ont de la peine à passer pour extravagants et déraisonnables, nous avons cru que ce n'étoit pas assez de faire passer les raisons des Jésuites.... pour fausses, mais qu'il falloit de plus les traiter de folles et d'extravagantes, comme elles le sont en effet, afin d'emporter de hauteur ce qu'on seroit en danger de ne point emporter, si on en parloit plus foiblement. Car enfin, Madame, il ne faut pas s'y tromper : il y a très-peu de personnes qui entrent dans la Vérité par la nue et la simple exposition de la Vérité ; la plupart des esprits communs ont besoin d'être remués et agités ; et un certain ton de confiance avec lequel on propose les choses est ce qui fait souvent plus de la moitié de la persuasion.... » Qu'on rapproche ce curieux passage d'Arnauld de la page tout à l'heure citée de Lancelot, et l'on comprendra la plainte de ce dernier. Arnauld, avec toute sa candeur, faisait souvent office d'avocat, à l'instar de son très-digne père, employant des raisons de côté, des moyens préjudiciels. Nous savons le cas si célèbre, quand au lieu de défendre le maréchal Ney pour le fond, on alla argumenter sur ce qu'il n'était pas Français : eh bien ! il y a de cette manière chez Arnauld plaidant pour Jansénius.

1. L'abbé Lacordaire.

le saint docteur, m'avoua son étonnement aussi, ajoutant, il est vrai, qu'il ne pouvait s'empêcher de croire que sur tout un ensemble de points, le grand Docteur, tout grand qu'il était, avait poussé à l'extrême et avait sans doute erré.

Et en effet, je le veux dire en tout respect et comme simple considération de l'état des choses, ce que Jansénius démêlait et dénonçait, moyennant saint Augustin, sous le nom de Semi-Pélagianisme, n'est autre, si vous en exceptez le Jansénisme d'une part, et de l'autre le Calvinisme, avec tout ce qu'on entend aujourd'hui sous le nom de *Méthodisme*, — n'est autre que l'ensemble du Christianisme général et vulgaire, tel qu'il s'est autorisé à travers les siècles, et particulièrement dans toute l'Église catholique, par une transaction insensible. Cette généralité d'application historique donne même au point de vue de Jansénius une portée singulière et qui dépasse la secte. Si saint Jérôme a pu dire qu'à un certain moment du quatrième siècle l'univers catholique se réveilla presque Arien, il ne serait pas moins exact de dire avec Calvin, avec Jansénius, en résumant ainsi leur pensée, que l'univers catholique aux seizième et dix-septième siècles se réveilla Semi-Pélagien.

Et dans leur pensée encore nous dirions : C'est que le doux, le flatteur, l'orgueilleux et éternel Serpent avait, durant le sommeil, insinué derechef ce mot de *volonté* toujours cher à l'oreille d'Ève[1].

---

1. Je crois saisir ici la clef d'une contradiction qui a été relevée souvent. On a remarqué que ceux qui, à de certains temps, viennent, au sein du Christianisme, provoquer la liberté d'examen, ceux-là même contestent et ravalent volontiers la liberté morale : ainsi Luther, Calvin, Jansénius. Y a-t-il raison profonde et connexité en cette contradiction singulière? L'expliquera-t-on vaguement en disant que, quand l'homme a tout entier penché d'un côté, par une suite même de sa faiblesse il se reprend tout d'un coup à l'autre

Y a-t-il pourtant là décidément, dans cette espèce de compromis entre la liberté et la Grâce, une corruption absolue de doctrine, une erreur? et faut-il en revenir de toute force à la rigidité augustinienne? Hâtons-nous d'ajouter que bien des théologiens, et des plus autorisés, ne le pensent pas. Plusieurs estiment au contraire que saint Augustin, en renchérissant sur saint Paul et en le faisant passer à l'état de système, fut en partie novateur en son temps. Jansénius ne s'est pas dissimulé l'objection, qui était celle des savants prêtres de Marseille[1]. Le docteur Launoi, Ellies Du Pin, parmi les neutres, en admettant que Jansénius a fort bien pris les sentiments de son auteur sur la Grâce, croient que le saint avait changé en effet la tradition à cet égard, et s'était écarté des Pères grecs plus conci-

côté et se reporte à l'autre extrême? Le fait me paraît se résoudre plus simplement. Et d'abord il n'y a pas à s'étonner que ceux qui se séparent à quelque degré de la doctrine régnante fassent appel à la *liberté d'examen;* ils n'ont pas le choix, il n'y a pas d'autre moyen pour eux que celui-là. Et quant à nier ou à diminuer l'autre liberté, la *liberté morale* (ce qui fait ici la contradiction), il est assez simple, s'ils se piquent d'être Chrétiens rigoristes, qu'ils y arrivent. En effet, si on laisse aller le Christianisme sans l'approfondir et le régénérer de temps en temps, il s'y fait comme une infiltration croissante de bon sens humain, de tolérance philosophique, de *Semi-Pélagianisme* à quelque degré que ce soit : la *folie de la Croix* s'atténue. Or, dès qu'on prétend, à tort ou à raison, régénérer le Christianisme et redresser la Croix dans toute sa hauteur, il est presque impossible de ne pas revenir à renfoncer dans les esprits l'idée de Chute, la corruption originelle, l'abîme du péché, et par conséquent de ne pas attaquer et humilier la soi-disant liberté morale de l'homme naturel; ce point, comme but d'attaque, revient toujours. Ainsi il ne faut pas tant s'étonner ni chercher de liaison profonde pour deux circonstances qui sont des conditions séparément essentielles ou à peu près, chez tous les Chrétiens réformateurs, qu'ils se nomment Luthériens, Calvinistes, Jansénistes ou Méthodistes.

1. *De Hæresi Pelagiana*, lib. VII, cap. XVII : *Quotquot enim*, etc., etc.

liants, plus humains, qui admettaient le salut par les bonnes œuvres, et la Grâce soumise à la liberté. Des personnages éminents dans l'Église ont été plus ou moins de cet avis aux divers temps : ainsi les cardinaux Contarin, Sadolet, le docteur Génebrard de la Faculté de Paris[1]. Parmi les adversaires survenants de Jansénius, je trouve le Père Daniel qui a écrit *la Défense de saint Augustin* pour prouver qu'il n'a rien d'outré ; mais je peux lui opposer son confrère le Père Rapin, qui, dans son Histoire manuscrite (publiée depuis) du Jansénisme, n'a pas craint de raconter au long les vicissitudes et ce qu'il appelle les *aventures* de la doctrine de ce grand saint[2].

[1]. Au tome III de la *Bibliothèque critique* de Richard Simon, on peut lire les chapitres XIII, XIV, XV et XXXIX, où ce point est discuté.

[2]. C'est à la page 459 et suiv. du livre imprimé. Le passage est curieux. Selon le récit de Rapin, dans un voyage et séjour qu'il fit à l'abbaye de Fontevrault en 1671, près de la docte abbesse, il eut occasion de connaître un ecclésiastique du voisinage nommé Balthazar Pavillon, qui employait tous ses loisirs à approfondir par l'étude et sans passion la question, si en vogue alors, de la Grâce. Dans les conversations qu'il eut avec le Père Rapin, il lui fit part de ses résultats qui renversèrent bien des idées du spirituel Jésuite ; celui-ci en convient et n'a pas l'air du tout d'en être fâché. Ce Balthazar Pavillon me fait l'effet, par moments, d'un interlocuteur responsable assez commode. Rapin a grand soin de déclarer d'abord que ce n'est pas son propre avis qu'il expose, mais celui du solitaire Balthazar ; moyennant cette précaution, il pousse sa pointe sur saint Augustin, exposant comme quoi le grand docteur avait *le génie trop vaste pour être fort exact,* qu'il a raffiné sur les dogmes de l'Église de son temps, qu'il a innové, que sa doctrine sur la Prédestination, *dans son dernier développement,* n'a jamais été admise sans protestation, qu'elle a bien plutôt été condamnée à diverses reprises dans la personne de Gotescalc, de Wiclef, de Baïus.... Mais je laisse Rapin en vis-à-vis du Père Daniel (*Opuscules*, tome II, page 214) : qu'ils vident la contradiction entre eux. — J'ajouterai cependant encore une anecdote de source très sûre. Le duc d'Anjou, petit-fils de Louis XIV, le futur roi d'Espagne Philippe V, avait été fort bien élevé et par un sous-précepteur et par un lecteur (M. Vittement) qui avaient eu soin de lui faire lire divers endroits essentiels de saint Augustin. On avait de plus accoutumé le prince à

En vain le Père Quesnel, dans une lettre au Père du Breuil, met-il en avant pour cette doctrine *une approbation de douze siècles* et de tout ce qu'il y a eu de plus grands hommes et de plus grands Papes dans l'Église : les auteurs jansénistes répètent tous les uns après les autres la même phrase ; mais cette approbation continue est très-contestable, et cela ressort de Jansénius lui-même, qui semble assez hautement découvrir la Vérité comme perdue et la tirer d'un tombeau.

Ce qui me paraît certain, c'est qu'une portion des doctrines expressément déduites et assemblées de saint Augustin, après avoir été la vérité œcuménique de son temps, non sans quelque peine, il est vrai, non sans quelque tergiversation du pape Zozime, mais enfin après avoir été reconnues décidément et proclamées par les Conciles d'Afrique, plus tard par le second Concile d'Orange, ont été depuis lors plus ou moins omises, mitigées, amollies, au point que les mêmes doctrines expresses, reproduites dans leur première rigueur, se sont trouvées condamnées et atteintes par des Bulles également expresses, par celles de Pie V et de Gré-

---

écrire en latin de petits billets d'un style naturel et facile, adressés tantôt à ses frères, le duc de Bourgogne et le duc de Berry, tantôt à ses maîtres eux-mêmes. Un jour, le Père de La Chaise étant venu visiter le jeune prince lut quelque chose de sa composition, et comme on lui parlait de ces petits billets en latin familier, il témoigna le désir d'en voir. Il y en avait un précisément tout prêt, dont le lecteur du prince, M. Vittement, ne savait pas encore le sujet. On le donna à lire au Père de La Chaise. Or, il se trouva que le sujet du billet était justement un petit éloge de saint Augustin, dont le prince avait eu l'idée à la suite d'une lecture de quelques beaux passages du saint. Le Père de La Chaise se mit à lire ; mais, quand il vit de quoi il s'agissait, il rougit, pâlit, parut embarrassé et finit par dire : « Cela est bien tourné, Monseigneur ; mais il faut convenir que saint Augustin doit être lu avec précaution. » — Ce mot échappé au Père de La Chaise est la pensée de tout bon jésuite.

goire XIII au seizième siècle contre Baïus, par les diverses Bulles contre le Jansénisme durant le dix-septième siècle, et par celle d'*Unigenitus* en dernier lieu.

Sans prétendre analyser et extraire au long et en stricte division théologique le gros livre d'achoppement, j'ai encore, après ces *Prolégomènes* de Jansénius sur la méthode chrétienne et sur l'autorité singulière de saint Augustin, à donner idée des deux traités qui suivent, à en tirer de larges et, j'ose dire, de brillants lambeaux.

Le premier traité surtout me semble d'un haut intérêt et d'une véritable grandeur théologique. Il s'agit d'abord de représenter l'homme avant sa chute, l'âme humaine, la volonté et la liberté d'Adam dans l'Éden avant le péché : c'est, on le voit, le même sujet que chez Milton, mais ici analysé, décrit par le théologien, au lieu d'être peint par le poëte. Ces deux graves contemporains, Milton et Jansénius, et celui-ci antérieurement à l'autre, s'occupaient, chacun à leur manière, de ce sujet dominant. Je suis persuadé que, si Milton avait lu l'*Augustinus*, il en aurait pris occasion d'ajouter à la théologie de son Éden, à l'âme de son Adam et de son Ève, de nouvelles, sérieuses et spirituelles beautés.

Jansénius admet, d'après Augustin, qu'Adam, ainsi que les Anges, a été créé libre avec indifférence parfaite au bien et au mal, entièrement libre, quoiqu'il ne pût faire le bien et persévérer qu'à l'aide de la Grâce, mais cette Grâce était alors entièrement subordonnée à sa liberté. En d'autres termes, Adam pouvait tomber par son plein arbitre, et il ne pouvait faire le bien dès lors qu'avec l'aide de la Grâce ; mais cette Grâce, lui le voulant, ne lui manquait pas. Figurez-vous l'œil en plein jour, un œil sain comme alors la nature d'Adam était saine, un œil qu'on peut fermer, si on le veut, et condamner aux ténèbres à toute force, mais qu'on peut laisser ouvert aussi et qui voit moyennant la lumière ; et cette lumière, il l'a dès qu'il s'ouvre, il en est environné. Voilà l'image de l'âme d'Adam dans sa liberté première. Les Thomistes admettaient au contraire que même pour les Anges, et pour Adam, avant leur chute, il y avait grâce efficace, prédestination gratuite et prédétermination suprême, toutes choses embarrassantes qui redoublent le mystère et font obscurcissement autour de la justice et de la miséricorde de Dieu. Jansénius, à la suite d'Augustin, diffère tout-à-fait des Thomistes là-dessus. Concevons bien sa pensée : tout ce que les Pélagiens et Semi-Pélagiens, les champions optimistes de la nature humaine actuelle disent volontiers en l'honneur de l'homme d'aujourd'hui, Jansénius le réservait et le transportait, en quelque sorte, à l'homme d'avant la Chute, à l'Adam primitif, mais en y mettant bien autrement de pureté, de chasteté, d'idéal, et aussi de précision théologique. La méthode de Pélage, je l'ai assez dit, avait été, en relevant l'homme actuel déchu, de déprimer l'Adam de la Création, de supposer qu'il n'y a pas entre eux si grande différence, en un mot de baisser la haie du Paradis et de réduire l'abîme d'intervalle à n'être qu'un fossé. Il imputait à l'Adam primitif le germe de nos cupidités, de nos passions, de nos désirs, de nos plaisirs, même une sorte de mort ; son Éden était grossier. Chez Jansénius rien de cela. La majesté, la gloire, la chasteté de l'Adam primitif, tel qu'il le déduit de saint Augustin, sont grandes ; l'Adam de Milton lui-même y reste inférieur.. Chez Milton, Ève s'endort ; Satan, déguisé en crapaud, lui parle à l'oreille en songe : elle croit voir une figure d'Ange qui, près de l'arbre de la Science, cueille la pomme et, l'ayant goûtée, s'écrie : « O fruit divin, doux par toi-même, mais beaucoup plus doux ainsi cueilli, défendu ici, ce semble, comme ne convenant qu'à des Dieux.... »

Et cette figure d'Ange fait l'effet à Ève de s'approcher et de lui porter à la bouche, à elle-même, une portion du fruit : « L'odeur agréable et savoureuse éveilla si fort l'appétit qu'il me parut impossible de ne pas goûter. » A son réveil, toute troublée, elle raconte le songe à Adam, qui, entre autres paroles rassurantes, lui dit : « ... Cependant ne sois pas triste ; le mal peut aller et venir dans l'esprit de Dieu ou de l'homme sans leur aveu, et n'y laisser ni tache ni blâme [1]. » Ici je crois entendre Jansénius, armé de l'oracle, qui s'écrie *Non*, et qui ne voit dans cette explication portée au sein de l'Éden qu'une vapeur grossière de la terre. Saint-Martin, à la fin du *Ministère de l'Homme-Esprit*, reproche à Milton, tout en l'admirant, de *n'avoir trempé tout au plus qu'à moitié son pinceau dans la vérité*. J'ai mieux compris cette critique de l'aimable et grand théosophe et j'y ai attaché seulement une idée nette, depuis que j'ai considéré l'Adam de Jansénius, celui d'Augustin rassemblé et restauré. Adam avant le péché n'avait, selon eux, aucune concupiscence, aucun de ces désirs mauvais qui traversent l'esprit et y font combat. Le calme, la sérénité continue emplissait sa vie. Avoir à combattre, c'eût été déjà être faible et malade : tel n'a point commencé Adam dans son entière santé du corps et de l'âme, n'ayant qu'à persévérer aisément, encore tout conforme à l'idée de Dieu. Mais il est tombé ; l'a-t-il donc pu faire sans combat ? Oui, il est tombé sans combat, par le choix libre de sa propre volonté dans la sphère rationnelle ; il est tombé dans la plénitude calme et souveraine de sa volonté raisonnable. Étant libre autant qu'on peut l'être, il a péché aussi intérieurement et aussi uniquement qu'il a pu en vertu de cette haute liberté, et sans aucune surprise ni lutte obscure au dedans de lui. En

---

1. *Le Paradis perdu*, livre V ; traduction de Chateaubriand.

présence du *fruit* défendu (pour prendre la figure sacrée), son choix s'est fait, non provoqué aucunement par la saveur et le désir, mais par sa volonté la plus idéale, par sa conception propre qui a décidé de désobéir et de se préférer à Dieu. Le désir en lui, loin de tenter et de corrompre la volonté, a été plutôt commandé et dépravé par elle, et, quoiqu'à l'instant tout en lui soit devenu également mauvais, on peut dire que la volonté a mené le désir, et non le désir la volonté. Qu'on y réfléchisse, et on trouvera dans cette manière d'entendre la Chute une profondeur de spiritualisme et une portée interne qu'il serait peu juste de demander sans doute aux couleurs d'un poëte et qui n'aurait pu se traduire, je le crois bien, en tableaux, mais qui ne saurait être dépassée dans l'ordre théologique[1].

Si Jansénius écrase et ravale si fort l'homme d'aujourd'hui, on le conçoit, ce n'est donc que parce qu'il croit savoir à fond la responsabilité entière de l'Adam primitif, ce père de tous, et l'énormité de son crime, si aisément évitable, si librement et souverainement voulu. S'il rend Dieu si terrible de nos jours, c'est parce qu'il l'a fait miséricordieusement et magnifiquement juste dans la création de l'être libre, ordonné à l'origine par rapport à la beauté de tout l'ouvrage.

---

1. Bossuet, en ses *Élévations*, a une manière analogue de considérer la Chute; il dit du libre arbitre des Anges : « Dans un parfait équilibre, la volonté des saints Anges donnoit seule, pour ainsi dire, le coup de l'élection : et leur choix que la Grâce aidoit, mais qu'elle ne déterminoit pas, sortoit comme de lui-même par sa propre et seule détermination. » (IVe Semaine, IIIe Élévation.) Ce qui est ici commun avec la doctrine de Jansénius, c'est ce *coup de l'élection* que frappait dans sa libre sphère sereine la volonté des saints Anges. Or l'homme, selon Bossuet qui se fonde au Psalmiste, n'avait été créé qu'*un peu au-dessous*; quoiqu'il eût un corps, la concupiscence alors n'y était pas, et son libre arbitre devait agir à peu près comme celui des Anges.

Et pourquoi Dieu n'a-t-il pas créé l'homme tellement libre qu'il ne pût pécher? « C'est, répond Jansénius avec Augustin et avec la plupart de ceux qui tiennent à répondre, parce que l'ordre ne devoit pas être rompu dans son enchaînement, et que Dieu vouloit montrer combien étoit bon l'animal raisonnable qui pût pécher, quoique certes moindre que s'il n'avoit pu pécher. » Ceci suppose qu'il y a deux sortes ou deux degrés de liberté : celle qui ne peut faillir, comme qui dirait celle des Anges, puis, au-dessous, celle qui a la double chance, comme l'entendent les hommes [1].

Adam avait donc reçu cette dernière seulement, la liberté *mobile*, afin qu'il y eût lieu à son mérite; l'autre liberté, l'infaillible et *l'immobile*, lui était réservée plus tard et proposée en récompense. Mais Adam ne se tint pas à l'obéissance de l'amour, à cette divine et vraiment

1. Jansénius et ses disciples ont été accusés de ne pas entendre la liberté; au chapitre VI du traité *De Gratia primi Hominis et Angelorum*, je trouve une définition de la liberté dans toute sa gloire. C'est une grande page de métaphysique chrétienne que j'aurais voulu traduire au long; il y est dit en substance « qu'être libre, c'est ne relever que de soi, avoir en soi sa cause; que la liberté n'a que soi pour fin; que dès lors la plus grande liberté est celle de la suprême Fin, c'est-à-dire de Dieu, à qui tout sert et qui n'est sujet à personne, et qui se trouve ainsi la liberté par excellence (*ipsissima libertas*); que partant, plus une chose créée s'approche de cette Fin suprême par la condition de la substance et de l'amour, plus elle se rapproche aussi de la liberté par essence, et atteint le sommet de sa propre liberté véritable; que c'est le cas des âmes; que l'amour de la suprême Fin confère à l'âme aimante quelque chose de l'indépendance illimitée dont jouit cette Fin à l'égard des autres créatures, et l'affranchit de la sujétion directe envers toutes choses secondaires, à commencer par elle-même; d'où il suit que cet amour devient exactement sa liberté, et que sa liberté n'est autre que cette libérale et ingénue servitude. » De telles pages, si on les isolait, feraient dire que ce livre de l'*Augustinus* est encore moins un commentaire qu'un autel de saint Augustin, — un autel construit avec des pierres mêmes de saint Augustin.

libre servitude, et, trompé par l'image d'une fausse liberté, se retournant vers soi, il se préféra par orgueil à Dieu ; et il devint esclave de qui l'avait vaincu, c'est-à-dire de lui-même : « Car que pouvoit-il aimer après Dieu d'où il tomboit, lui si sublime esprit, que pouvoit-il aimer sinon ce qui s'offroit à lui de plus sublime après Dieu, c'est-à-dire son propre esprit même ? » Et dans tout ce qu'il a paru aimer depuis, l'or ou quoi que ce soit, c'est toujours lui au fond, toujours son esprit qu'il aime (je ne fais que traduire en abrégeant) ; car cet amour unique a pris mille formes : « Cet amour, par lequel il sembloit vouloir jouir en quelque sorte de lui-même à défaut de Dieu, n'a pas tenu en soi (*non stetit in se*), mais à l'instant a senti son indigence et qu'il ne pouvoit se donner le bonheur. Et alors, comme le retour étoit fermé vers Dieu, cette source de vraie félicité dont il s'étoit retranché, il fut poussé à chercher en bas, à se précipiter vers les créatures, pour voir s'il n'acquerroit point par elles ce qui lui manquoit. De là toute cette légion bouillonnante de désirs, ces étroites et dures chaînes que lui font les créatures aimées, et cet esclavage où il est, non-seulement de lui-même, mais de tout ce qu'il enserre par amour de lui. Car, encore une fois, dans son amour de toutes choses, c'est toujours lui avant tout qu'il chérit ; dans ces jouissances réitérées, c'est toujours de lui-même, et avec un reste de noblesse, qu'il prétend jouir[1]. »

Il m'est arrivé déjà de nommer M. de La Rochefoucauld en rapprochement avec nos Jansénistes ; pour le coup, voilà, ce me semble, du La Rochefoucauld complet, non pas en maximes détachées, ironiques, sans racine et sans lien, mais sous forme de vérités rattachées à

---

1. Au chapitre VI du traité *De Gratia primi Hominis et Angelorum*.

l'arbre, et dans lesquelles on peut tout suivre, depuis la première racine fatale jusqu'au dernier fruit empoisonné au bout du rameau.

Dans ce pays de l'amour-propre, où, malgré tant de découvertes, *il reste encore bien des terres inconnues*, Jansénius n'avait point touché, ni débarqué sans doute aux points les plus brillants ; mais, comme pilote, il en avait fait le tour.

Chez Milton, au chant second du *Paradis*, quand les Anges rebelles, précipités dans la vaste plaine informe et déserte, dans les régions de malheur, s'y reconnaissent pourtant et commencent à s'y faire une patrie, chacun d'eux reprend une image et comme une ombre de ses goûts et de ses fonctions dans le Ciel. Les uns se jouent dans l'air sur l'aile des vents, les autres gouvernent et agitent des chars de feu. D'autres Esprits plus tranquilles, retirés dans une vallée silencieuse, chantent sur des harpes, avec des sons angéliques, leurs propres hauts faits et le malheur de leur chute par la sentence des batailles. Mais d'autres, nous dit Milton par la bouche de M. de Chateaubriand, d'autres en discours plus doux encore (car, si la musique charme les sens, l'éloquence s'adresse à l'âme même), « d'autres, assis à l'écart sur une montagne solitaire, s'entretiennent de pensées plus élevées, raisonnent hautement sur la Providence, la Prescience, la Volonté et le Destin ; Destin fixé, Volonté libre, Prescience absolue ; ils ne trouvent point d'issue, perdus qu'ils sont dans ces tortueux labyrinthes. Ils argumentent beaucoup du mal et du bien, de la félicité et de la misère, de la gloire et de la honte : vaine sagesse ! fausse philosophie, laquelle cependant peut, par un agréable prestige, charmer un moment leur douleur ou leur angoisse, exciter leur fallacieuse espérance, ou armer leur cœur endurci d'une patience opiniâtre comme d'un triple acier ! »

Eh bien! quelque chose de cette beauté philosophique, de cette toute spirituelle éloquence d'une théologie insondable et sublime, dont le sentiment émane et plane dans le passage de Milton, — quelque ombre, quelque souffle de cela m'est rendu par Jansénius en tout ce qu'il dit de la volonté libre et de la servitude régnante d'Adam dans l'Éden, de sa sérénité et de son calme, de son absolue indifférence, de sa persévérance aisée, et pourtant de sa chute.

Le péché une fois commis, Jansénius, à la suite d'Augustin, en définit la nature, en touche la racine même et en poursuit toutes les ramifications ; c'est de la psychologie profonde, de la très-fine anatomie, et, selon moi, assez irrécusable en ce qui est du fait (explication à part) et du résultat décrit. En quoi consiste cet état formel de péché, que tantôt on appelle *la mort de l'âme,* tantôt *l'aversion de Dieu,* et auquel on inflige toutes sortes de noms ? Il consiste en un seul point essentiel, si l'on touche sa racine, la concupiscence, c'est-à-dire la perversion de la charité et de la bonne volonté, de la volonté primitivement animée d'amour divin. Pour cette perversion décisive, pour ce renversement fondamental, il a suffi d'un seul choix libre en vertu duquel, une fois, l'homme préféra la créature à Dieu ; et, pour recouvrer ce qu'il a été si facile de perdre, un autre choix libre est impuissant : « Car la volonté, notez-le bien, cette volonté mauvaise est tombée à l'instant, comme du lieu le plus haut, avec une telle impétuosité sur elle-même, qu'elle a imprimé dans l'âme trop préférée un vestige profond, une marque semblable à elle, et l'y a laissée gravée ; » de sorte que ce qui avait été au premier moment un choix libre s'est aussitôt fixé dans l'organisation, comme on dirait aujourd'hui, et a tourné en nature[1]. Je

---

1. Au chapitre III du livre premier du traité *De Statu Naturæ*

supprime d'énergiques développements. A partir de cette heure, la volonté de l'homme s'est trouvée intimement liée et *emmêlée* avec l'objet qui lui avait plu, c'est-à-dire avec elle-même, comme dans une glu inextricable, ne pouvant plus rien faire obéir (tant elle est empêchée de partout!), ni faire obéir son corps, ni faire obéir son âme : punition et talion de la désobéissance !

Cette cime, cette tête de la volonté (*apex voluntatis*), qui auparavant montait vers Dieu et s'y rattachait avec une chaîne d'or, la chaîne une fois coupée, est donc tombée de haut en bas, et elle demeure assujettie et comme tirée par un poids qui y pend, et que nul que Dieu dans sa Grâce ne peut relever de nouveau et suspendre ; ou plutôt elle est elle-même ce poids qui va tirant après soi le reste [1].

Quant à la transmission du mal originel, ceci posé, elle est simple ; elle s'opère selon les lois de la filiation même qui veulent que le fils représente et *exprime* les parents : « Chez Adam, dit Jansénius, le péché a commencé par le sommet de l'âme qui désertoit son Dieu, et de là, pénétrant en lui jusqu'aux dernières et infimes régions du corps les plus éloignées de leur principe, il les a d'autant plus troublées ; mais, au contraire, dans la postérité d'Adam, il commence par le corps même,

---

lapsæ. — On voit par là bien nettement qu'à l'endroit juste où saint François de Sales a cru découvrir dans l'âme naturelle une certaine bonne inclination restante et comme une *anse* qui donne prise, Jansénius prétend indiquer une dépression et un *creux*. Les images chez tous deux sont précisément contraires, tant elles sortent de l'idée ; et je ne les fais pas, je les trouve.

1. Il y aurait à lire avec intérêt sur tout cela le traité *de la Concupiscence* de Bossuet, qui a merveilleusement reproduit et souvent traduit toutes ces idées de saint Augustin sans doute, mais aussi de Jansénius, et dans l'ordre de Jansénius, et à faire croire qu'il avait un Jansénius ouvert devant lui. C'est qu'en effet tous deux s'abreuvaient directement à la même source.

par ces régions basses transmises dans le péché, et remonte de là à la cime de l'âme; de sorte que, dans le péché d'Adam, c'est la volonté qui a déterminé le désir, et que, dans celui de ses descendants, c'est le désir qui détermine la volonté. »

On conçoit maintenant comment Jansénius, Saint-Cyran et les leurs, attachaient, avec saint Augustin, tant d'importance à cette question de *la peine* des enfants morts sans baptême, question malencontreuse dans sa forme, capitale quant au fond, qui comprenait en effet toute la théorie du mal originel et en dépendait. On conçoit comment ils soutenaient d'autres propositions très-scandaleuses au sens commun et à l'optimisme modéré des Chrétiens ordinaires; celle-ci, par exemple, que *toutes les œuvres des Infidèles sont des péchés, et* que *les prétendues vertus des philosophes sont des vices.* Au seizième siècle, dans les Bulles des papes Pie V et Grégoire XIII contre les opinions que Baïus prétendait dès lors renouveler de saint Augustin, plusieurs de ces propositions avaient été condamnées, et notamment celle-là même sur les œuvres des Infidèles et des philosophes païens. Elle est pourtant expressément de saint Augustin et tient à toute la racine de sa théologie. Aussi, lorsque Jansénius en vient à la discuter et à rappeler qu'elle est la vingt-cinquième proposition condamnée dans la Bulle, il avoue qu'il est dans l'embarras : « Quapropter ingenue fateor mihi hîc aquam hærere, nec aliud impræsentiarum occurrere quod respondeam, nisi id, etc.... » Et il cherche à montrer que le Saint-Siége n'a pu blâmer cette proposition que comme *intempestive* et *offensive* pour quelques-uns, et non pas comme hérétique et fausse : « Car qui voudroit croire, s'écrie-t-il, que le Siége Apostolique, qui a tant de fois approuvé et qui s'est approprié la doctrine de saint Augustin, soit venu à condamner comme hérétiques, erronées et fausses, des sentences de ce même Augustin, et des sentences qui ne sont pas des opinions accessoires et jetées en passant dans le feu du discours, mais des plus inhérentes à l'ensemble même de ses écrits, et les bases de sa doctrine du libre arbitre et de la Grâce?— Personne, ajoute-t-il, ne voudra croire cela, hormis le téméraire qui voudroit croire en même temps que le Siége Apostolique s'est trompé ou autrefois ou maintenant, et qu'il est en contradiction avec lui-même [1]. »

Jansénius, en d'autres endroits, réitère ce dilemme incommode, et on peut conjecturer qu'il s'en embarrassait moins au fond, qu'il n'en voulait embarrasser les autres, et Rome tout d'abord.

A le bien prendre pourtant, il n'était peut-être pas si heureux pour les Jansénistes de réussir à contrarier Rome sur un point de détail, où Rome ne faisait que céder à une pensée conciliante, à une sorte de progrès d'opinion conciliable avec la foi, et où elle ne se départait, après tout, de saint Augustin que pour retrouver le docte et vertueux Clément d'Alexandrie et d'autres Pères plus exorables. Jansénius, à ces coins anguleux de doctrine, trouvait moyen de tourner à la fois le dos à Rome et à Érasme, à la prudence catholique et à la tolérance humaine. Personne ne lui en sut gré. A force d'être logique, il oubliait trop tout ensemble d'être habile et charitable.

Dans trois livres consécutifs, Jansénius traite de l'état *de pure nature*. On donne ce nom à un état où l'on suppose que Dieu aurait pu créer l'homme sans péché, mais sans foi, sans grâce, sans charité surnaturelle, sujet à la mort, aux passions; c'est en un mot la condition même

---

1. Au chapitre XXVII du livre IV du traité *De Statu Naturæ lapsæ*.

où les Pélagiens et Jean-Jacques supposent que l'homme se trouve actuellement ou essentiellement. Les théologiens scolastiques ont seulement soutenu que cette condition était possible, si Dieu l'avait voulu : Jansénius, au contraire, s'efforce de réfuter profondément la possibilité d'un tel état sans la Chute, et à le montrer incompatible avec la bonté et la justice du Créateur. Il s'attache à faire ressortir toutes les misères inhérentes à un tel homme, et l'incapacité où il serait d'atteindre à aucun bonheur véritable ; par conséquent il ne peut voir dans un pareil état, peu différent du nôtre, qu'une peine aussi et la suite du péché. Tout ce qu'on peut alléguer contre l'état de nature, tant préconisé depuis par Rousseau, se trouve avec surabondance dans cette portion de l'*Augustinus*. Mais, chose singulière ! Jansénius, qui nous semble en cet endroit avoir déjà Rousseau (sous le nom de Pélage) pour adversaire, se rencontre tout d'un coup face à face en opposition formelle avec les mêmes pontifes Pie V et Grégoire XIII, qui ont jugé condamnable chez Baïus l'assertion que voici : « Dieu n'auroit pas pu (*conformément à sa bonté, à sa justice*) créer, dès le commencement, l'homme tel qu'il est aujourd'hui, » c'est-à-dire tellement dénué de bonheur et des moyens d'y atteindre. Ici Jansénius exprime de nouveau, et très-au long, son étonnement, son embarras de cette rencontre : *Hæreo, fateor...* [1] : « Que si, en soutenant, dit-il, la doctrine de saint Augustin formelle sur ce point, on doit craindre d'aller contre le Décret de *deux* Pontifes, on ne doit pas moins redouter, en la reniant, de blesser bien plus fort le Siége Apostolique dans la personne de *sept* Pontifes et

---

1. Au chapitre XXII du livre III *De Statu puræ Naturæ*. Les ennemis ne manquèrent pas, on peut le croire, de tirer bon parti à Rome de tous ces *Hæreo, fateor ;* et les avocats jansénistes ne savaient qu'en faire.

plus (Innocent, Zozime, Boniface, Sixte, Célestin, Léon, Gélase, Hormisdas, Jean II), qui tous ont déclaré catholique cette doctrine[1]. » Enfin, après avoir bien exposé et comme étalé l'embarras, il ne trouve d'autre explication, comme tout à l'heure, que d'admettre que la censure de Baïus, sur ces points-là, a été une pure censure de précaution et de prudence, ce qui aurait sa justesse ; mais il ajoute malicieusement : « Que ceux à qui cette solution ne suffit pas en cherchent une autre, en se souvenant bien toutefois que l'autorité des plus récents Pontifes ne doit se couvrir et se défendre qu'à condition de ne pas blesser, ce qui seroit pire, celle des Pontifes anciens et plus nombreux. » Il aime, on le sent, à retourner le glaive. On pourrait, au reste, appeler cela de l'emportement aussi bien que du calcul, et n'y voir pas moins de maladresse que de ruse.

Le dernier grand traité ou *tome* de l'*Augustinus* roule *sur la Grâce du Christ Sauveur*; après la description de la maladie, c'est tout le détail du remède. Cette troisième partie, la plus grosse des trois qui composent l'ouvrage, contient elle-même dix livres ; toutes les espèces de grâce y sont discutées ; les subtilités des Thomistes y sont réfutées ou réduites à leur sens ; mais, pour cela Jansénius doit les aborder en détail, les épuiser jusqu'à satiété, y tremper, à vrai dire, par tous les pores. Nous nous garderons de le suivre d'un seul pas à travers ces classifications et ces analyses de la matière

---

1. Le Père Du Chesne, jésuite, dans son *Histoire du Baïanisme* (livre IV), dit de Jansénius à ce propos : « Il oppose le Saint-Siége au Saint-Siége, celui du cinquième et du sixième siècle à celui du seizième, neuf souverains Pontifes à Pie V et à Grégoire XIII; *quoique ces neuf n'aient pas dit un mot sur cette proposition, ni rien avancé qui puisse lui être favorable*, il ne laisse pas de faire parade de leurs noms; il y a bien de l'insolence, pour ne rien dire de plus, dans cette réponse. » Ce qu'il y a de part et d'autre, je laisse aux érudits en histoire ecclésiastique l'honneur de le régler.

médicale spirituelle, et dans cette véritable pharmacopée de la Grâce[1].

C'en est bien assez pour prouver, non pas du tout que Jansénius eut raison, mais combien, avec ses duretés et ses pesanteurs, il était un grand et subtil esprit, et perçant la profondeur des questions, se posant toutes les difficultés et les enserrant. Son livre est terminé ou plutôt suivi par un parallèle qu'il dresse entre la doctrine des Semi-Pélagiens de Marseille et celle des théologiens modernes, Lessius, Molina, Vasquez. Cet appendice final fut comme la pointe de l'édifice, qui, plus que tout, attira l'orage.

Avant cet appendice et après le traité même *de la Grâce du Christ Sauveur*, se trouve un *Épilogue* dans lequel il déclare soumettre son ouvrage à Rome. Les termes pourtant sont assez embrouillés : « Je suis homme et sujet à l'erreur..., j'ai pu me tromper. Que si je me suis trompé en quelque endroit, je sais bien sûrement du moins que cela ne m'est pas arrivé en prétendant définir la vérité catholique, mais simplement en voulant produire l'opinion de saint Augustin ; car je n'ai pas enseigné ce qui est vrai ou faux et ce qu'on doit tenir ou rejeter selon la doctrine de l'Église catholique, mais ce qu'Augustin a soutenu qu'on devoit croire. » C'est ainsi qu'il se range et s'efface tout entier, en finissant, derrière saint Augustin ; mais, après ce qu'il a dit autre part de ce Docteur des Docteurs, de ce cinquième ou sixième Évangéliste avec saint Paul, on ne peut voir là-dedans qu'un peu de subterfuge ; et j'avoue que ce *finale* équivoque me paraîtrait plus digne d'un Gassendi ou d'un Bayle, et de tout rusé qui élude, que de l'altier et croyant Jansénius.

On se figure sans peine, malgré cette précaution et

---

[1] Voir à l'*Appendice* un résumé et un abrégé de la doctrine.

cette formalité extérieure, l'effet de révolte que produisit le livre parmi la plupart des théologiens blessés, chez les Dominicains, les Jésuites, et à Rome. On ne comprend pas moins l'embarras qu'il dut causer à beaucoup de Chrétiens moins piqués au jeu, plus indifférents personnellement à la querelle même, mais qui le virent tomber et éclater comme une bombe de discorde. Ils le considéraient comme tout à fait *compromettant*, en présence du monde déjà si éveillé, si façonné aux objections et si près de trouver le Christianisme impraticable. Il nous faut incontinent entendre là-dessus en peu de mots quelques grandes voix, Bossuet, Bourdaloue; même des hommes qui passent volontiers pour voisins des Jansénistes et qui ne sont que Gallicans, tel que l'abbé Fleury. Sans nous astreindre pour le moment à l'historique suivi des querelles, quatre ou cinq traits choisis feront lumière et achèveront, en la repoussant, de concentrer la doctrine.

La Bulle d'Urbain VIII, promulguée en 1643, n'avait pourvu qu'à renouveler et à confirmer, contre l'*Augustinus*, les Constitutions de Pie V et de Grégoire XIII, sans rien spécifier. La première dénonciation indicative, le premier extrait qui se fit des Propositions dites de Jansénius, partit du sein de la Faculté de Théologie de Paris et vint du docteur Nicolas Cornet, alors syndic de cette Faculté. Ce fut dans l'assemblée du 1ᵉʳ juillet 1649 que le coup s'essaya. *Le sieur* Cornet, comme l'appellent dédaigneusement les Jansénistes[1], dénonça d'abord sept Propositions. Le docteur de Sainte-Beuve, pour neutra-

1. Il était d'Amiens, où sa famille a laissé de la descendance, M. Cornet-d'Incourt, par exemple. Ce dernier, fidèle aux traditions et à la race, soutenait les Jésuites à la Chambre sous la Restauration; il se prit un jour notamment à les défendre contre son collègue d'alors, M. Du Vergier de Hauranne; toute la Chambre partit d'un éclat de rire, et l'écho répéta l'oracle : *Pugnent ipsique nepotes.*

liser un peu l'effet, demanda et obtint qu'on substituât
à l'une des sept Propositions une autre tirée des Molinistes. Ce docteur de Sainte-Beuve dont le nom reviendra
souvent, grande autorité ecclésiastique d'alors, inclinait
fort aux Jansénistes et adhérait à saint Augustin, en se
réservant toutefois une certaine ligne moyenne de conduite et une sorte de tiers-parti. Des commissaires furent
nommés pour examiner les sept Propositions, ainsi mo-
difiées. Après bien des lenteurs, bien des conciliabules
et des factums contradictoires, un Arrêt du Parlement
mit le holà, et il ne sortit aucune condamnation publique jusqu'en juin 1653, où le pape Innocent X publia
sa Bulle décisive qui frappait les cinq Propositions[1].
Or, Bossuet, encore simple abbé, ayant à prononcer en
1663 l'Oraison funèbre de *Messire* Nicolas Cornet, à qui
il avait de grandes obligations comme à l'un de ses
maîtres, et qui l'avait voulu faire son successeur en la
Maison de Navarre, s'exprimait ainsi et illuminait, rien
qu'en y passant, toutes ces sèches matières :

« Deux maladies dangereuses, disait-il, ont affligé en nos
jours le Corps de l'Église : il a pris à quelques docteurs
une malheureuse et inhumaine complaisance, une pitié
meurtrière qui leur a fait porter des coussins sous les coudes
des pécheurs, chercher des couvertures à leurs passions[2]....

---

1. Au tome XIX des *Œuvres* d'Arnauld (Lausanne, 1778, in-4°),
on trouve une préface historique et un factum qui épuisent l'affaire
au point de vue janséniste : *Considérations sur l'Entreprise de
Maître Nicolas Cornet*. Celui-ci y est donné pour un organe rusé
de cabale et de zizanie; on l'y accuse de s'être préparé une majorité en introduisant dans l'assemblée une fournée de religieux
mendiants, plus de moines qu'il n'était permis par les règlements ;
méthode qui se renouvela depuis, surtout dans la censure contre
Arnauld.

2. Ne semble-t-il pas, dès l'entrée, entendre l'accent de l'homme,
ressaisir son geste et toute l'allure ? Le neveu de Cornet ayant fait
imprimer en Hollande, vers 1698, cette Oraison funèbre qui n'avait
pas été publiée jusque-là, Bossuet parut la désavouer, et ne souf-

Quelques autres, non moins extrêmes, ont tenu les consciences captives sous des rigueurs très-injustes : ils ne peuvent supporter aucune foiblesse…, (ils) détruisent par un autre excès l'esprit de la piété, trouvent partout des crimes nouveaux, et accablent la foiblesse humaine en ajoutant au joug que Dieu nous impose. Qui ne voit que cette rigueur enfle la présomption, nourrit le dédain, *entretient un chagrin superbe et un esprit de fastueuse singularité*, fait paroître la vertu trop pesante, l'Évangile excessif, le Christianisme impossible ? »

Petitot, qui cite ce passage, remarque (et je suis de son avis en cela) que sous ces traits si définis, au fond de la pensée de Bossuet, on sent passer M. de Saint-Cyran.

Et Bossuet nous montre *le sage Nicolas Cornet* qui ne se laisse pas surprendre à cette rigueur affectée, et dont la prudence hardie se signale dans ces malheureuses dissensions sur le libre arbitre et la Grâce :

« Comme presque le plus grand effort de cette nouvelle tempête tomba dans le temps qu'il étoit Syndic de la Faculté de Théologie ; voyant les vents s'élever, les nues s'épaissir, les flots s'enfler de plus en plus ; sage, tranquille et posé qu'il étoit[1], il se mit à considérer attentivement quelle étoit cette nouvelle doctrine, et quelles étoient les personnes qui la soutenoient. Il vit donc (*tout ce qui suit, M. Cornet à part, est la balance même*) que saint Augustin, qu'il tenoit le plus

frit pas qu'elle fût réunie à ses autres Oraisons funèbres qu'on réimprimait dans le même temps. Il ne voulait point sans doute choquer les hommes de Port-Royal avec qui il s'était lié d'estime depuis 1669 et parmi lesquels il comptait beaucoup d'amis ; il ne voulait point, dans sa haute délicatesse, ratifier comme une offense aux mânes réconciliés du grand Arnauld. Mais l'Oraison, dans ce que nous avons à en citer, est évidemment toute de lui.

1. Tout cela est admirable à dire, à entendre, mais j'y vois la phrase plus que le vrai et ne puis croire tout à fait au *grand Nicolas Cornet* comme au Neptune de cette tempête. — Bossuet a la parole grande, et pour qu'elle ne soit pas disproportionnée, il a besoin que les sujets soient grands.

éclairé et le plus profond de tous les docteurs, avoit exposé à l'Église une doctrine toute sainte et apostolique touchant la Grâce chrétienne; mais que, ou par la foiblesse naturelle de l'esprit humain, ou à cause de la profondeur ou de la délicatesse des questions, ou plutôt par la condition nécessaire et inséparable de notre foi, durant cette nuit d'énigmes et d'obscurités, cette doctrine céleste s'est trouvée enveloppée parmi des difficultés impénétrables; si bien qu'il y avoit à craindre qu'on ne fût jeté insensiblement dans des conséquences ruineuses à la liberté de l'homme. Ensuite il considéra avec combien de raison toute l'École et toute l'Église s'étoient appliquées à défendre les conséquences; et il vit que (d'un autre côté) la Faculté des nouveaux docteurs en étoit si prévenue qu'au lieu de les rejeter, ils en avoient fait une doctrine propre; si bien que la plupart de ces conséquences, que tous les théologiens avoient toujours regardées comme des inconvénients fâcheux, au-devant desquels il falloit aller pour bien entendre la doctrine de saint Augustin et de l'Église, ceux-ci les regardoient au contraire comme des fruits nécessaires qu'il en falloit recueillir; et que *ce qui avoit paru à tous les autres comme des écueils contre lesquels il falloit craindre d'échouer le vaisseau, ceux-ci ne craignoient point de nous le montrer comme le port salutaire auquel devoit aboutir la navigation.* »

Faire de l'écueil le port, c'est bien là en effet la prétention et l'originalité un peu téméraire de la doctrine janséniste. Et quant aux personnes, à leur naturel et à leur génie, Bossuet, empruntant à Grégoire de Naziance une parole sur ceux qui causent des mouvements et des tumultes dans l'Église, rappelle que ce ne sont pas d'ordinaire des âmes communes et faibles ; il les qualifie *grands esprits, mais ardents et chauds*, excessifs, insatiables et plus emportés qu'il ne faut aux choses de la religion :

« Notre sage et avisé Syndic, continue-t-il, jugea que ceux desquels nous parlons étoient à peu près de ce caractère ; grands hommes, éloquents, hardis, décisifs, esprits forts et lumineux (*tout ceci s'applique sensiblement à Arnauld*), mais plus capables de pousser les choses à l'extrémité que de tenir le raisonnement sur le penchant, et *plus propres à commettre ensemble les vérités chrétiennes qu'à les réduire à leur unité naturelle* [1].... Cependant les esprits s'émeuvent et les choses se mêlent de plus en plus. Ce parti, zélé et puissant, charmoit du moins agréablement, s'il n'emportoit tout à fait la fleur de l'École et de la jeunesse. »

Comme cela encore est bien dit et embellit en courant, embaume presque d'une fleur sobre et rapide ces sombres bancs sorboniques ! Poursuivant le fond, Bossuet préconise l'extrait donné des cinq Propositions, et nous le présente en termes pondérés comme une vraie quintessence :

« ... Aucun n'étoit mieux instruit (*que le docteur Cornet toujours*) du point décisif de la question. Il connoissoit très-parfaitement et les confins et les bornes de toutes les opinions de l'École, jusqu'où elles couroient et où elles commençoient à se séparer.... C'est de cette expérience, *de cette connoissance exquise, et du concert des meilleurs cerveaux de Sorbonne, que nous est né l'extrait de ces cinq Propositions* [2], qui sont comme les justes limites par lesquelles la vérité est séparée de l'erreur ; et qui, étant, pour ainsi parler, le caractère propre et singulier des nouvelles opinions, ont donné le moyen à tous les autres de courir unanimement contre leurs nouveautés inouïes.... »

Bossuet, sauf les mesures de langage, pensa toujours de même sur les cinq Propositions. Plus tard, dans sa Lettre au maréchal de Bellefonds, il déclare qu'elles se

---

1. On comprend pourquoi je cite au long Bossuet : il est de telles expressions qui résument si pleinement, qu'elles ne sauraient se suppléer ; dites une fois, il faut en passer par elles.
2. Et tout au contraire : « Nous voici arrivés enfin à *l'enfantement monstrueux* de l'esprit de M. Cornet..., » écrivait le docteur Hermant en commençant le chap. I, liv. V, de son *Histoire* (manuscrite) *du Jansénisme*. Chaque chose ici-bas a deux noms : le troisième, qui est le vrai, s'il existe quelque part, n'est qu'en Dieu. Le chercher et parfois le deviner est le plaisir du sage.

trouvent bien véritablement dans Jansénius, en ce sens qu'elles sont *l'âme du livre.* Dans cette Oraison funèbre où il appelle si souvent Cornet *grand homme*, et où il cède en ce qui est du personnage à tout l'entrain du genre, on saisit bien à nu sa pensée sur les choses, avant les engagements de relations et les prudences commandées. D'une part, Bossuet, aussi bien que Bourdaloue et les autres vrais Chrétiens de la seconde moitié du siècle, profitait de cette réforme dans la pénitence qui valut tant d'injures et de persécutions au grand Arnauld, et qui, tout en triomphant jusqu'à un certain point, laissait au premier qui l'avait prêchée le vernis d'un novateur. En morale chrétienne, Bossuet adhérait donc volontiers à un côté du Jansénisme ; mais, d'autre part, sur la dogmatique, il s'en séparait profondément. Il jugeait tout à fait inopportune et malencontreuse, dans l'œuvre difficile de ramener le monde et la Cour au Christianisme, cette intervention tranchante d'une doctrine tout armée du premier glaive de l'Archange. Génie sensé, clairvoyant, mais pratique avant tout, il se préoccupait des difficultés présentes ; avec une haute prudence pour le temps, il avait peut-être une moins perçante prévoyance (je l'ai dit) et moins soucieuse de l'avenir. Je ne parle pas d'Arnauld très-inférieur de portée en ceci ; mais Jansénius, Saint-Cyran et Pascal, dans leurs éclairs parfois visionnaires, devançaient et rapprochaient les horizons. Du haut de leur tour d'Hippone, comme je l'appelle, ils plongeaient déjà au loin et par-delà le dix-septième siècle ; ils voyaient arriver confusément et grossir la grande invasion, si l'on n'y prenait garde, et ils poussaient comme des cris de terreur et de formidable défense, des cris, il est vrai, qui, en proclamant trop fortement l'ennemi, avaient pour danger de l'exciter et de le hâter peut-être.

Jansénius surtout (puisqu'il s'agit de lui en ce moment), du haut de cette tour qu'il avait gravie jusqu'au dernier degré, voyait venir cette nouvelle et plus menaçante invasion de l'orgueil humain, ce qu'avec Saint-Cyran il appelait *l'Ante-Christ*, et il s'écriait : « Rompez tous les ponts avec l'orgueil, avec la volonté humaine et propre ; rompez tous les ponts, même les moindres ; qu'il n'y ait rien, pas une simple planche de passage entre l'ennemi et vous ; que ceux qui veulent venir à la sainte Cité de Grâce se jettent dans l'abîme du fossé, dans l'abîme de la Providence ; le pont de Dieu se formera sous leurs pas et ira de lui-même les chercher. Mais ne leur laissez pas croire qu'ils peuvent commencer d'eux-mêmes ce pont, qu'ils peuvent en jeter par leur effort le premier câble ou la première planche ; car ce commencement fera *planche* en effet à tout le reste, et tout l'orgueil humain à la suite y défilera. » Voilà ce que criait Jansénius, si on le condense en quelques mots. Bossuet trouvait que c'était là une crainte exagérée, que c'était, plus que de raison, être des Chrétiens de malheur, des alarmistes du salut, et qu'en vociférant de la sorte, on ne réussissait qu'à effaroucher davantage ceux qui n'avaient déjà que trop d'aversion par nature.

Je ne sais si je rends avec l'impartialité que je voudrais et si j'efface, comme il me sied, tout jugement absolu et toute préférence ; car je ne tiens qu'à bien marquer les situations et les vues diverses[1].

Bourdaloue aussi, l'un de ceux qui, dans la pratique, usèrent le plus des maximes de la pénitence restaurée par

---

1. Bossuet eut bien d'autres relations avec Port-Royal ; on y reviendra à fond et avec suite. M. de Bausset (*Histoire de Bossuet*, liv. II, XVIII) a donné un bon chapitre là-dessus. Le comte de Maistre a parlé aussi de Bossuet par rapport au Jansénisme (*De l'Église gallicane*, p. 266) ; les reproches qu'il lui adresse sont en sens contraire de nos remarques et rentrent pourtant dans la même idée de son caractère : Bossuet est un homme de juste milieu.

Port-Royal et professée d'abord dans le livre de *la Fréquente Communion*, Bourdaloue qui, en prêchant, satisfaisait si bien les amis des solitaires et les lecteurs de Nicole, se crut obligé en plus d'un endroit, de noter le Jansénisme et de s'élever contre le dogme restrictif de la Prédestination, contre le Christ *aux bras étroits*. Ainsi, dans cette *Exhortation* éloquente sur le Crucifiement :

« Ce n'est pas sans mystère qu'un Dieu mourant ou qu'un Dieu mort y paroit les bras étendus et le côté percé d'une lance. Il veut, en nous tendant les bras, nous embrasser tous ; et dans la plaie de son sacré côté, il veut, comme dans un asyle certain, nous recueillir tous : je dis tous, et c'est ce que je ne puis trop vous redire afin que nul ne l'ignore ; car malheur à moi si par une erreur insoutenable, et contre tous les témoignages des Saintes Écritures, j'entreprenois de prescrire des bornes aux mérites et à la miséricorde de mon Sauveur !... »

Fleury lui-même que nous voyons si voisin de Tillemont, Fleury si scrupuleux, si en garde contre les envahissements de Rome, mais porté sans doute par sa modération même à ne pas dépasser la situation posée et à ne pas franchir l'horizon, a pu dire, dans un Portrait qu'il trace du duc de Bourgogne, à quel point on avait prémuni ce jeune prince contre des disputes et une doctrine qu'il qualifie de *pernicieuses*. Ailleurs, dans un Éloge de M. de Gaumont, conseiller au Parlement, il reproduit sur ce point les aversions on ne saurait plus amères de ce magistrat : « *Le Jansénisme est l'hérésie la plus subtile que le Diable ait jamais tissue....* » Et notez qu'il les rend sans les infirmer en rien. Enfin, dans une lettre à M. Pelletier, chanoine de Reims, il a écrit formellement :

« Permettez-moi de vous communiquer une réflexion dont je suis frappé depuis quelque temps. Toute la morale se rapporte à la pratique : on ne devroit donc y traiter que les questions qui tendent à nous apprendre ce que nous devons faire ou ne pas faire. Or quelle conclusion pratique tirera-t-on de ces propositions : « Que toute grâce est efficace et a toujours infailliblement son effet, et que toutes les actions des Infidèles et des autres pécheurs sont des péchés? » En conclura-t-on qu'il faut attendre que la Grâce nous fasse agir, sans faire de notre part aucun effort, même pour la demander, et qu'il faut désespérer de la conversion des pécheurs? Aucun Janséniste n'osera l'avouer. Qu'est-ce donc que ces questions, sinon des spéculations vaines, comme tant d'autres dont les écoles sont occupées depuis cinq cents ans? et non-seulement vaines, mais pernicieuses par leurs effets, disputes, contestations, injures, calomnies, haines mortelles¹?»

1. *Nouveaux Opuscules* de l'abbé Fleury (Paris, 1807, in-12). — Fleury, dans sa restriction, va un peu loin ; la morale n'est pas tellement séparable de l'idée, et celle-ci ne reste pas toute spéculative : à la seconde génération une idée semi-pélagienne engendre une morale philosophique. Mais, en même temps, il a raison selon le sens commun et dans les termes d'alentour. Chez Fleury, les contradictions sont, pour ainsi dire, *juxta*-posées; pour peu qu'on les remue, elles s'entre-choquent ; mais il ne les remuait pas. Fleury me représente tout à fait l'inconséquence prudente des Gallicans, dans sa vue nette, fine, douce, mais peu longue et faible à un certain point. Dès l'origine jusqu'à la fin, le Jansénisme fut ainsi côtoyé par le Gallicanisme, le traversant quelquefois, mais sans s'y confondre. Dès le temps du *Petrus Aurelius*, François Hallier soutenait la même cause, celle des évêques, la défense de la Faculté de Théologie de Paris contre les Jésuites et contre toute prétention monastique ultramontaine. Et pourtant François Hallier, syndic de la Faculté après Nicolas Cornet, conspira autant que lui à la condamnation des cinq Propositions, qu'il alla même poursuivre à Rome au nom d'une portion des évêques. Il en revint avec toutes sortes de promesses et mourut évêque de Cavaillon. Fleury, vers la fin du siècle, plus désintéressé, très-vif pour les libertés gallicanes, et dont le Discours sur ces libertés fut mis à l'index à Rome, Fleury, on le voit, n'était pas plus janséniste que Hallier. Toute la théorie gallicane porte sur deux maximes, selon MM. Du Puy frères (*Traité des Libertés de l'Église gallicane*) : la première est « que les Papes ne peuvent rien commander ni ordonner, soit en général ou en particulier, de ce qui concerne les choses temporelles ès pays et terres de l'obéissance et souveraineté du Roi très-chrétien, et, s'ils y commandent ou statuent quelque chose, les sujets du Roi, encore qu'ils fussent clercs, ne sont tenus leur obéir pour ce regard. » La seconde maxime est « qu'en-

Fleury, il est juste de le remarquer, écrivait ces choses en 1717, c'est-à-dire quand déjà presque toutes les mauvaises conséquences du Jansénisme étaient sorties et que les bonnes étaient épuisées.

Je pourrais multiplier les citations et montrer, dès la fin du dix-septième siècle ou même auparavant, la révolution, la réforme augustinienne, tentée par Jansénius et Saint-Cyran, comme à jamais perdue en principe, et un préjugé universel élevé contre elle de la part des plus illustres défenseurs de l'Église, de la part de ceux même qui avaient pris de cette réforme la morale sévère et bien des prescriptions pratiques. Irai-je jusqu'à dire que la théologie régnante était alors devenue, par une sorte de réaction, formellement ou insensiblement Semi-Pélagienne? Je trouve, dans un Éloge de l'aimable et ingénieux Fléchier par l'abbé Du Jarry, un mot qui me paraît le naïf du genre, et qui a pu être écrit d'un prélat par un prêtre sans choquer personne. Il s'agit des qualités toutes tempérées et de la nature bénigne de Fléchier : « Il reçut du Ciel, avec un esprit incomparable, dit le panégyriste, *ce naturel heureux* que le sage met au rang des plus grands biens, et *qui tient peu du funeste héritage de notre premier père*[1]. » Qu'aurait dit, je vous le demande, saint Augustin en lisant cet éloge d'un évêque? comme si le

core que le Pape soit reconnu pour le supérieur dans les choses spirituelles, néanmoins en France la puissance absolue et infinie n'a point de lieu, mais est retenue et bornée par les Canons et règles des anciens Conciles de l'Église reçus en ce royaume. » Le Jansénisme est tout autre chose. Les docteurs de Launoi, de Sainte-Beuve (surtout ce dernier), voilà, au dix-septième siècle, les vrais canonistes et sorbonistes qui, tout en étant plutôt favorables aux Jansénistes qu'à leurs adversaires, se tinrent encore dans la pleine voie gallicane. Les Jansénistes les tirent de leur côté, mais l'exemple de Hallier et de Fleury avertit de ne pas se laisser prendre au voisinage et de ne pas les confondre.

1. *Nemo de suo habet nisi mendacium et peccatum*, personne n'a de soi-même que mensonge et péché, a dit le deuxième Concile d'Orange.

plus ou moins de tempérament dans le naturel et dans les passions faisait quelque chose, quand le principe même n'est pas régénéré? comme si Fontenelle, par exemple, dans sa froide finesse et sa tiède indifférence, était plus près d'être Chrétien que les natures impétueuses et bouillantes d'un M. Le Maître ou d'un Rancé! Quand on en est venu à écrire ce mot de l'abbé Du Jarry, on a oublié le dogme fondamental du Christianisme. Eh bien! cela ne choquait pas, tandis que saint Augustin, rendu dans sa substance pure, aurait choqué [1].

Le train du temps, les doctrines excessives imputées à Jansénius et la pente où l'on glissait en les fuyant, menaient là; en repoussant la secte, on se jetait dans le siècle, et on y dérivait. On arriva ainsi en 89 avec un Clergé en partie dissous, en partie réfractaire. Jansénius, au dix-huitième siècle, était remplacé par Quesnel, et même parmi les combattants on ne le lisait guère plus. Mais le préjugé contre lui régnait et dominait les secondes disputes. Et si on l'avait lu, l'aurait-on mieux jugé? serait-on revenu sur son compte? J'en doute. Car, si j'ai tâché de dégager ici ce que j'ai presque appelé (Dieu me le pardonne!) ses beautés, je n'ai certainement pas assez dit combien, forme et fond, et le siècle de Louis XIV ayant passé dessus, il était nécessairement devenu illisible, combien il s'était assombri, et à quel point il eût dû, en somme, paraître à tous prolixe, d'un latin ardu, insatiable et lourd de preuves, les offrant souvent blessantes, encore plus massives, en tout le contraire de Pascal et de ce goût dominant comme créé par Pascal contre le Jansénisme même.

Et à ce propos, pour clore la matière en la variant, pour montrer aussi, de la part des nôtres, un dernier choc à l'idée courante, je n'ai plus qu'un trait à fournir;

---

1. *Œuvres complètes* de Fléchier, tome I, p. xciv.

c'est du *goût* en particulier qu'il s'agit. On devine assez, d'après ce qui a été exposé de l'opinion de M. de Saint-Cyran sur ce point [1], quelle théorie et quelle *esthétique* de rigueur découlent, à plus forte raison, de Jansénius ; mais il n'est pas mal de tirer à nu ces extrêmes conséquences, car c'est leur extrémité même qui en fait le caractère.

Parmi les effets de la Chute, Jansénius avec saint Augustin marquait surtout la *concupiscence*, le mauvais désir, la mauvaise passion, comme la source de tous les autres vices ; il la divise en trois principales espèces : 1° passion des sens ; 2° passion de la science pure ou de la curiosité ; 3° passion de l'excellence ou de la prédominance : *libido sentiendi, libido sciendi, libido excellendi* [2]. La première, la passion sensuelle, se définit d'elle-même. Il décrit et pénètre merveilleusement la seconde, cet amour de savoir pour savoir, sans autre but, sans autre utilité et agrément (*libido oculorum*, l'appelle-t-il encore, parce que les yeux sont l'organe essentiel de la curiosité) ; il y ramène tous les savants, les investigateurs de la nature, ceux que l'insatiable passion de *Faust* entraîne et qui ne rapportent pas leurs acquisitions et leurs efforts à l'unique et suprême but capable de les rectifier [3]. Par la troisième passion, la plus spirituelle de toutes et la plus dangereuse aux grandes âmes puisqu'elle est précisément celle qui perdit Adam dans sa gloire, il entend l'amour ambitieux d'exceller, d'être le premier et comme Dieu (*eritis sicut Dii*), ce que l'Apôtre appelle l'orgueil de la vie (*superbia vitæ*), et qui se loge non plus

---

1. Précédemment, chap. IX, p. 83 et suiv.
2. Au chapitre VIII, liv. II, du traité *De Statu Naturæ lapsæ*.
3. Les Sirènes, dans Homère, n'offrent pas autre chose à Ulysse (l'homme de l'esprit), pour l'engager à venir, que ce que le Serpent promettait à Ève, de *tout savoir :* « Nous savons tout ce qu'il y a et tout ce qui se fait sur la terre nourricière. » (Odyssée, XII, 191.)

dans les alentours et comme dans les faubourgs plus ou moins épars de l'âme, mais au cœur même de la place, et d'autant plus haut et en lieu plus inexpugnable que cette âme est naturellement plus élevée. Or, si nous nous demandons dans laquelle de ces trois passions rentre celle de l'art ou du goût, nous voyons que c'est un composé du premier et du second genre (du *libido sentiendi* et du *libido sciendi*), passion d'exprimer et passion de percevoir ; c'est en effet une combinaison de la perception purement idéale et de l'expression sensible, et à laquelle se joint vite la troisième passion, le désir d'exceller ou dans la création ou dans la perception. Jansénius, au reste, sait très-bien tirer lui-même la conséquence, et, au chapitre suivant[1], il montre qu'il ne faut céder à aucune concupiscence, pas plus aux spirituelles et aux délicates qu'aux grossières. On sait qu'Augustin se reprochait les larmes qu'il avait versées sur Didon ; il allait plus loin encore et jusqu'à se reprocher le plaisir qu'il prenait aux saints cantiques, lorsqu'en les écoutant il se laissait conduire, par mégarde, au son plutôt qu'au sens : « Je pèche d'abord sans le sentir, disait-il, mais ensuite je m'aperçois que j'ai péché ; *in his* PECCO *non sentiens, sed postea sentio*[2]. » On s'y perd, on est dans les derniers raffinements du bien. Ce dévot qui croyait pouvoir assister à l'Opéra, moyennant qu'il tînt les yeux fermés tout le temps, était bien loin du compte. On reconnaît combien cette théorie de Jansénius et d'Augustin s'accorde (sauf ce qu'il y a de charmant dans les aveux d'Augustin) avec tout ce que nous avons entendu là-dessus de la bouche de M. de Saint-Cyran. On ne reconnaît pas moins combien, sur ce point comme sur d'autres plus essentiels, on tourne le dos à Rome, à

1. Au chap. IX.
2. Voir, au livre X des *Confessions*, l'adorable et subtil chapitre 33.

la religion romaine[1]. Or maintenant, si nous ouvrons un auteur aussi peu janséniste que possible et très-distingué littérateur en son temps, le Père Bouhours qui, avec Pellisson, Fléchier et Bussy-Rabutin, rendit des services à notre prose dans l'intervalle de Pascal à La Bruyère, si nous feuilletons sa *Manière de bien penser dans les Ouvrages de l'Esprit*, qui a eu de la vogue, nous y lisons précisément la critique de cette théorie. L'auteur suppose qu'Eudoxe, l'un des deux interlocuteurs qu'il met en scène, a fait un recueil de quelques fausses pensées.

« Dès qu'ils furent dans le cabinet, Eudoxe prit un cahier et y lut ce qui suit : « Toutes les manières d'écrire ne nous « plaisent qu'à cause de la corruption secrète de notre cœur : « si nous aimons dans une pièce bien écrite le genre sublime, « l'air noble et libre de certains auteurs, c'est que nous « avons de la vanité, et que nous aimons la grandeur et « l'indépendance.. » — Vous avez donc remarqué cela, dit Philanthe, comme une fausse pensée ? — Oui, repartit Eudoxe ; car qu'y a-t-il de plus faux que d'attribuer à la corruption du cœur ce qui est l'effet d'un discernement exquis, et la marque de notre bon goût ? Les ouvrages bien écrits plaisent aux personnes raisonnables, parce que dans les règles les belles choses doivent plaire, et que tout ce qui est parfait en son genre contente l'esprit ordinairement. La vanité n'a pas plus de part au plaisir que donne la lecture de Virgile et de Cicéron, qu'elle en a au plaisir qu'on prend à voir d'excellents tableaux, ou à entendre une excellente

---

1. Le pape Urbain VIII, alors régnant, et qui le premier censura Jansénius, aimait les arts, cultivait la poésie latine ; on a ses vers ; il avait fait pour la *Daphné* du cavalier Bernin cette jolie épigramme, d'ailleurs très-morale :

> Quisquis amans sequitur fugitivæ gaudia formæ
> Fronde manus implet, baccas seu carpit amaras.

Ce qui revient à peu près à dire :

> Tout amant qui poursuit la beauté passagère,
> Il n'atteint que feuillage, ou mord la grappe amère.

musique. L'homme du monde le plus humble est touché de ces beautés comme un autre, pourvu qu'il ait de l'intelligence et du goût. Quand je lis l'Écriture Sainte qui, avec sa simplicité, a tant de sublime, pensez-vous que ce soit l'amour de mon élévation, ou la corruption de mon cœur, qui me fasse goûter ce que je lis? N'est-ce pas plutôt le caractère simple et majestueux de la parole divine qui fait impression sur moi? Et n'en peut-on pas dire autant du langage des grands maîtres en poésie et en éloquence? Quelle vision de s'imaginer que nous n'aimons en eux la noblesse et la facilité de leur style que par un esprit de hauteur et d'indépendance! — Je suis là-dessus de votre avis, dit Philanthe, et je ne sais pourquoi on va chercher de fausses raisons, lorsque les vraies se présentent d'elles-mêmes [1]. »

Cela s'appelle une page de bon sens, d'un bon sens net et vif, un peu menu et superficiel toutefois. Non que je prétende que le Père Bouhours ait tort en conclusion,

---

1. *La Manière de bien penser dans les Ouvrages de l'Esprit*, premier dialogue. — L'auteur critiqué que Bouhours ne nomme pas, mais qu'il désigne comme *le copiste de Pascal*, n'est autre que Malebranche (voir *Recherche de la Vérité*, liv. II, partie III, chapitre 5); ce pourrait être aussi bien Nicole, Le Tourneux, ou tout autre Janséniste : sur ce point la doctrine se trouve la même. C'est dans *la Manière de bien penser* encore, au dialogue quatrième, que Bouhours s'égaye si lestement au sujet de Saint-Cyran, et qu'il lui emprunte un exemple de *galimatias tout pur*, en citant un fragment défiguré d'une ancienne lettre qui ne laisse pas d'être fort singulière : « La merveille est, continua Eudoxe, que celui qui écrivoit de la sorte passoit pour un oracle et pour un prophète parmi quelques gens. — Je crois, répondit Philanthe, qu'un esprit de ce caractère n'avoit rien d'oracle ni de prophète que l'obscurité.... — Après tout, repartit Eudoxe, on ne doit pas s'étonner qu'un homme qui faisoit le procès à Aristote et à saint Thomas, fût un peu brouillé avec le bon sens. Il en déclare lui-même la vraie cause dans une autre lettre où il dit franchement : *J'ai le cœur meilleur que le cerveau....* » Et voilà comment un homme d'esprit, de goût, un honnête homme, le Père Bouhours, osait juger cet autre personnage que nous révérons; la robe de Jésuite et son tour d'esprit agréable ne lui laissaient pas un doute. Et c'est l'ensemble de tous ces jugements humains entre-choqués qui compose une gloire!

et que le plaisir qu'on prend aux belles choses soit une preuve de corruption. Pourtant la théorie qu'il raille si à l'aise, et dans un exemple commode, a de la profondeur ; c'est celle d'Augustin, de bien des grands Chrétiens. Il y faudrait opposer des raisons puisées dans le Christianisme même, quand on est Chrétien, ou du moins dans la nature humaine, si l'on tranche du philosophe. Mais point ; c'est déjà ici, chez l'auteur jésuite, la manière de Voltaire, la raillerie badine et qui court, un faux air du même goût libre et dégagé. Quelques Jésuites, gens du monde, et le Père Bouhours en particulier, bien qu'il fût un peu trop bel-esprit et trop amoureux de devises, avaient assez, dès le dix-septième siècle, cette fleur agréable et prompte, cette pointe fine et légère que Voltaire, élève du Père Porée, posséda si bien et marqua de son nom : *inscripti nomina regum*.

Fénelon, en cela comme en bien des points, opposé au goût plus inexorable de Bossuet dont la Poétique diffère moins de celle de Saint-Cyran, Fénelon, dans son admirable Lettre à l'Académie française, a trouvé moyen, sans approfondir aucune de ces questions, et en ne suivant aussi que le goût courant de sa plume heureuse et de son souvenir ému, de tracer une sorte de Poétique charmante, toute remplie et comme pétrie du miel des Anciens, et d'y citer même Catulle pour sa *simplicité passionnée*. De tels ménagements ne sont qu'à lui. Mais nous voilà, ce semble, bien loin de Jansénius, et en effet, pour cette fois, nous en avons très-réellement fini.

XII

Du livre de *la Fréquente Communion.* — Son origine. — Effet produit. — Arnauld réformateur en style théologique. — Incomplet comme écrivain; excès logique. — Pourquoi on ne le lit plus. — De la doctrine de *la Fréquente Communion.* — Parallèle de saint Charles Borromée et de saint François de Sales. — Sermons du Père Nouet. — Amende honorable. — Le Père Petau; Raconis; M. le Prince. — Ordre de départ d'Arnauld pour Rome. — Sa retraite. — M. Bourgeois, député près le Saint-Office. — Absolution de *la Fréquente Communion.* — Triomphe des doctrines; Bourdaloue sur *le petit nombre des Élus.*

Avant de revenir pourtant au fil de notre récit, de reprendre l'histoire même de Port-Royal, tant du monastère que des solitaires, et le détail des derniers mois que vécut M. de Saint-Cyran, j'ai encore à considérer un ouvrage qui suivit de près et appuya celui de Jansénius, qui en fut comme le manifeste pratique et d'application en France, — le livre de *la Fréquente Communion* que M. de Saint-Cyran prisonnier suscita de la plume d'Arnauld, et qui, paraissant peu après sa délivrance (en août 1643), lui fut comme une consolation puissante dans ses derniers moments.

Ce livre, en effet, détermina comme une révolution

dans la manière d'entendre et de pratiquer la piété, dans la manière aussi d'écrire la théologie. Sans dire rien de bien nouveau pour les hommes mêmes de Port-Royal, lesquels d'ailleurs, à cette époque, étaient encore très-peu nombreux, sans embrasser non plus toute l'étendue et la profondeur vive des principes de Jansénius et de Saint-Cyran, il proclama et divulgua en un instant au dehors cette doctrine restaurée de la pénitence, et le fit dans un style clair, ferme, méthodique, nourri et comme tissu de citations décisives des Pères et de l'Écriture ; il en informa le public, les gens du monde, les étonna, les fit réfléchir, les édifia. Ce fut, à vrai dire, le premier manifeste de ce Port-Royal de Saint-Cyran, qui jusque-là était demeuré assez dans l'ombre, dans une sorte de mystère conforme au genre d'esprit du grand Directeur et à sa manière peu transparente tant d'agir que de parler. Sa prison sans doute et la retraite de M. Le Maître avaient fait grand éclat ; mais c'était un éclat ou un éclair dans le nuage, et le nuage s'était reformé. Arnauld vint rompre ces voiles, et nettement, à haute voix, expliquer à tous en quoi consistait cette doctrine nouvelle de piété et de pénitence, qui n'était autre que l'antique et unique esprit chrétien.

L'origine même du livre et l'occasion qui le fit naître recélaient les orages qu'il excita. La princesse de Guemené, on l'a vu, se conduisait ou tâchait de se conduire d'après les conseils de M. de Saint-Cyran prisonnier. La marquise de Sablé la pressa d'aller au bal un jour qu'elle avait communié ; madame de Guemené s'en excusa sur la défense de son directeur. Le Père de Sesmaisons, jésuite, qui conduisait alors madame de Sablé, n'était pas si difficile. De là explication entre ces deux dames. Le Règlement de conduite que madame de Guemené tenait de M. de Saint-Cyran ou de M. Singlin fut remis à madame de Sablé, et par elle au Père de

Sesmaisons, lequel, aidé des Pères Bauni et Rabardeau ses confrères, s'appliqua à le réfuter. Cet Écrit du Père de Sesmaisons, à son tour, revint par madame de Guemené aux mains de M. Arnauld qui en fut scandalisé. Il y avait, entre autres énormités de complaisance, *que plus on est dénué de Grâce, plus on doit hardiment s'approcher de Jésus-Christ dans l'Eucharistie.* Le Père de Sesmaisons était, en un mot, de cette *dévotion aisée*, dont Pascal a fait justice; il était de ceux qui *mettent des coussins sous les coudes des pécheurs*, pour parler avec Bossuet et avec l'Écriture, et il eût donné envie de dire comme dans la Ballade de La Fontaine :

> C'est à bon droit que l'on condamne à Rome
> L'Évêque d'Ypre, auteur de vains débats;
> Ses sectateurs nous défendent en somme
> Tous les plaisirs que l'on goûte ici-bas.
> En Paradis allant au petit pas,
> On y parvient, quoi qu'Arnauld nous en die.
> La volupté, sans cause, il a bannie.
> Veut-on monter sur les célestes tours,
> Chemin pierreux est grande rêverie :
> Escobar fait un chemin de velours.

C'est contre ce *chemin de velours* si bien indiqué par le Père de Sesmaisons à ses nobles pénitentes, qu'Arnauld lança le livre de *la Fréquente Communion*, où il évita d'ailleurs, en mentionnant l'Écrit, de nommer et même de désigner le Jésuite réfuté : discrétion qui fut en pure perte et ne lui servit en rien auprès de la Compagnie[1].

---

1. On avait pensé à entrer directement en matière, sans mentionner même l'Écrit en question ; mais M. de Saint-Cyran avait craint, et non sans fondement, qu'on ne s'imaginât alors que M. Arnauld combattait en l'air. — Du côté des Jésuites, il fut reproché à M. Arnauld d'avoir eu un tort grave de procédé, en divulguant, contre toutes les lois de la société civile, un Écrit qui n'était qu'une lettre particulière et confidentielle, et qu'une indiscrétion ou un

Depuis l'*Introduction à la Vie dévote* de saint François de Sales, publiée au commencement du siècle, aucun livre de dévotion n'avait fait autant d'effet et n'eut plus de suites ; ce fut toutefois en un sens, on peut le dire, différent, le livre de François de Sales étant plutôt pour réconcilier les gens du monde par l'onction et l'amabilité de la religion, et celui d'Arnauld pour leur en rappeler le sévère et le terrible. Mais l'un et l'autre vinrent à point et remplirent leur effet.

artifice seul avait pu faire passer en ses mains. On a discuté aussi sur le rôle et la part des deux dames dans cette indiscrétion. M. de La Rochefoucauld, qui n'y voyait que matière à plaisanterie, les appelait depuis ce temps-là l'une et l'autre « les fondatrices du Jansénisme, » de même qu'il baptisa plus tard madame de Longueville et mademoiselle de Vertus « les Mères de l'Église. » Ce grand homme d'esprit qui ne lisait que le français faisait dater le Jansénisme du livre de *la Fréquente Communion*, et les deux illustres consultantes en avaient fourni l'occasion, quoi qu'on pût dire. Je laisse les chicaneries insignifiantes : le fait constant et bien naturel, c'est que madame de Sablé et madame de Guemené s'étonnèrent un jour, dans quelque circonstance marquante, d'être en désaccord ouvert sur la règle de conduite à observer. — « *Mon confesseur me le permet.* — *Mon directeur me le défend.* » — Elles en référèrent alors de leur différend à leurs directeurs eux-mêmes, et elles n'eurent rien de plus pressé que de se communiquer les réponses; celle du Père de Sesmaisons alla ainsi, par madame de Sablé et madame de Guemené, aux mains des Jansénistes. Arnauld y vit le prétexte d'un livre à faire, d'un livre à effet et à éclat; il n'y résista point, et il écrivit *la Fréquente Communion*. Je ne veux pas faire mes amis plus parfaits ni plus saints qu'ils ne sont. — Je veux même, puisque nous commençons à parler d'Arnauld théologien, présenter un Portrait de lui, peu à son avantage, en laid, mais ressemblant, tracé de main de maître par Bourdaloue dans un sermon *sur la Sévérité chrétienne* ; les sermons de Bourdaloue étaient, on le sait, animés et comme égayés de portraits pour les auditeurs contemporains; j'y distingue et j'en détache celui-ci, dans lequel la description, d'abord assez générale, se particularise peu à peu et finit par accuser, à ne pouvoir s'y méprendre, la figure d'Arnauld :

« On est sévère, mais en même temps on porte dans le fond de l'âme une aigreur que rien ne peut adoucir, on y conserve un poison mortel, des haines implacables, des inimitiés dont on ne revient jamais; on est sévère, mais en même temps on entretient

Après cela, le livre d'Arnauld, à distance, reste bien moins aimable à lire, et moins *de vive source* que celui de l'évêque de Genève ; et d'abord il se présente comme autant dogmatique de forme que l'autre l'est peu.

Arnauld a pour méthode ordinaire, quand il réfute, de mettre en tête du chapitre la *proposition* de l'auteur à réfuter ; au bas il écrit *réponse*, et il procède à cette réponse comme à une démonstration de géométrie. Tout est clair, solide, bien distribué ; les autorités viennent

des partis contre ceux qu'on ne se croit pas favorables, on leur suscite des affaires, on les poursuit avec chaleur, on ne leur passe rien, et *tout ce qui vient de leur part, on le rend odieux par les fausses interprétations;* on est sévère, mais en même temps on ne manque pas une occasion de déchirer le prochain et de déclamer contre lui. La loi de Dieu nous défend d'attaquer même la réputation d'un particulier ; mais, par un secret que l'Évangile ne nous a point appris, on prétend, sans se départir de l'étroite morale qu'on professe, *avoir droit de s'élever contre des Corps entiers, de leur imputer des intentions, des vues, des sentiments qu'ils n'ont jamais eus; de les faire passer pour ce qu'ils ne sont point, et de ne vouloir jamais les connoître pour ce qu'ils sont; de recueillir de toutes parts tout ce qu'il peut y avoir de mémoires scandaleux qui les déshonorent, et de les mettre sous les yeux du public avec des altérations, des explications, des exagérations qui changent tous les faits et les présentent sous d'affreuses images.* (Cela rejaillissait à la fois sur Arnauld et sur Pascal, mais ce qui suit s'applique au seul Arnauld :) On est sévère, mais en même temps *on est délicat sur le point d'honneur jusqu'à l'excès;* on cherche l'éclat et l'ostentation dans les plus saintes œuvres, et l'on y affecte une singularité qui distingue ; on est possédé d'une ambition qui vise à tout, et qui n'oublie rien pour y parvenir ; on est bizarre dans ses volontés, *chagrin dans ses humeurs,* piquant dans ses paroles, *impitoyable dans ses arrêts, impérieux dans ses ordres, emporté dans ses colères, fâcheux et importun dans toute sa conduite.* Ce qu'il y a de plus déplorable, c'est qu'en cela souvent on croit rendre service à Dieu et à son Église, *comme si l'on étoit expressément envoyé dans ces derniers siècles pour faire revivre les premiers, pour corriger des abus imaginaires qui se sont glissés dans la direction des consciences,* et pour séparer l'ivraie du bon grain. » — Si, un jour, nous entendons Arnauld s'exprimer à son tour sur le compte de Bourdaloue avec une vivacité injuste, nous ne nous en étonnerons pas.

une à une, au long, à leur rang ; et la conclusion se tire après entière évidence. Les phrases, bien que longues et pleines de *que*, et sentant encore un peu leur seizième siècle, sont pourtant soumises à une grammaire rigoureuse, et n'offrent jamais ni un membre réfractaire, ni une expression louche, ni une image hasardée. Voilà le grand Arnauld dès son premier ouvrage, et tel qu'il demeurera jusqu'au bout ; seulement sa phrase, avec le temps, se coupera peut-être, se pressera un peu davantage. Au milieu du *farrago* scolastique, de la fadeur ou de la subtilité alambiquée qui corrompait la théologie d'alors, on conçoit les mérites si réels de cette manière nouvelle qui parut excellente à tous les bons esprits.

Par le livre de *la Fréquente Communion*, Arnauld donc, on est en droit de le dire, fit réforme en style et en méthode de théologie française, comme firent Malherbe et ensuite Boileau pour les vers, Corneille pour la tragédie, Descartes pour la métaphysique, Pascal pour le génie même et la perfection de la prose, madame de La Fayette pour les romans, Domat pour la jurisprudence. Quand Boileau admirait tant Arnauld, il lui devait cela en effet comme à un puissant devancier et auxiliaire dans l'assainissement du goût.

Bien des réserves ou du moins des observations sont à faire à côté et au sein de l'éloge. L'appareil logique, chez lui, est et reste toujours en avant ; la forme géométrique s'applique perpétuellement aux questions morales[1]. Ce n'est pas l'ordre et le mouvement intérieur qui le guide et qui engendre, pour ainsi parler, la

1. Il poussait cette affectation de géométrie jusqu'au travers. On a de lui une *Dissertation selon la Méthode des Géomètres pour la justification de ceux qui emploient, en écrivant, dans de certaines rencontres, des termes que le monde estime durs* ; Dissertation qui a formé bien des géomètres dans le parti, remarque spirituellement le Père Sauvage. On y démontre par *A plus B* qu'on a le droit, au besoin, de vous dire des injures.

composition de son discours. Son ordre polémique et logique, dans les pensées et dans le style, est opposé à l'ordre naturel et insensible, autant qu'à celui de l'art véritable, et manque de vie. L'horreur de l'équivoque le jette dans les redites, l'enferme dans des compartiments sans cesse définis. On sent une volonté active qui meut une intelligence vigoureuse, mais rien d'autre ne transpire du dedans; il n'y a, pour parler avec les anciens rhéteurs, que les tendons, les cordes et les nerfs de la pensée, jamais la couleur, jamais le suc et le sang. Nul timbre, nul souffle ému[1], seulement une durable et impétueuse haleine qui ne se lasse pas, mais qui lasse, une sorte de véhémence *dynamique* à remuer toutes ces propositions, à enchaîner tous ces textes, à gouverner toute cette trame. Et lorsqu'on vient à y distinguer, dans cette trame, quelque place particulièrement brillante ou vivante, c'est à une citation des Pères qu'elle est due; car sa propre expression, à lui, n'est jamais que celle qui résulte des lois générales de la grammaire, de la logique, et en ce sens saine, juste, excellente, mais comme *impersonnelle*, et ne s'imprégnant d'aucun reflet intérieur, d'aucune nuance. Tel nous semble le caractère, telle en même temps l'infériorité du grand Arnauld écrivain. Pascal, Bossuet, Bourdaloue, surent être également clairs, logiques, solides, et à la fois être *eux-mêmes*, vivre sensiblement dans les vérités qu'ils enseignaient et les faire vivre pour tous autrement que d'une exposition abstraite et géométrique. La vérité, si haute qu'elle soit, a besoin de se faire *homme* pour toucher les hommes.

Arnauld remua, ébranla, agita en son temps; il con-

1. Hormis dans un ou deux cas que nous indiquerons à l'occasion. Je parle de ses ouvrages proprement dits, car dans sa Correspondance il a quantité de belles paroles et qui viennent du cœur.

vainquit, il ne toucha pas, ou du moins, depuis que le feu particulier à ces querelles s'est éteint, il a cessé complétement de toucher, tandis que Pascal, Bossuet, Bourdaloue encore, sont restés vivants, et qu'ils continuent de parler à ceux-là même qui ne croient pas à leurs doctrines comme absolues vérités. De tout ce qu'a enseigné et proclamé Arnauld, il s'est fait deux parts : 1° les vérités logiques et de grammaire qu'il a contribué à fonder, à éclaircir, ont passé dans l'héritage commun, et, n'étant marquées à son effigie par aucun cachet individuel, ne lui sont pas rapportées ; 2° les autres vérités ou propositions plus particulièrement théologiques, sur lesquelles l'intérêt a cessé, sont restées chez lui classées, ensevelies dans ses quarante-deux tomes, et on ne va pas les lui redemander, puisque rien d'essentiel à l'écrivain ne les entoure d'un jour immortel : de sorte qu'on se passe très-aisément de lui et de son souvenir, tant pour ce qu'on lui doit directement que pour ce qu'on a répudié.

Et cependant, tout l'atteste, Arnauld a été l'une des personnes les plus actives, les plus originales, les plus caractérisées de son temps, un symbole d'ardeur et de candeur : comment rien, à peu près rien de cela ne s'est-il peint en ses écrits ?

Comme les grands avocats et les grands acteurs, Arnauld a eu toute une part importante et la plus grande, j'ose le croire, de son génie et de ses qualités, qui n'a point passé dans ses ouvrages, qui s'y est figée plutôt que fixée. C'était un grand avocat de Sorbonne ; son vrai cadre ne sort point de cette lice ; il l'y fallait voir, héroïque jouteur, courir et lutter. *Il avait du lion*, comme l'a dit de lui l'évêque de Montpellier, Colbert, lequel tenait aussi de cette race *léonine*, pugnace et généreuse [1].

---

1. Troisième Lettre à l'Évêque de Marseille (1730). — Dans ses

Lorsque Arnauld parlait, le feu, la couleur, la vie, étaient dans ses paroles, respiraient dans ses arguments; pour le peindre avec Bossuet, *il charmait agréablement, il emportait presque la fleur de l'École;* il était beau de cette beauté dont la dignité doctorale reluisait alors. Quand il écrivait, caché, n'osant paraître, et qu'il était lu tout vif par un public passionné pour ces questions, par des lecteurs pour ou contre enflammés, il semblait encore le même; c'était de la parole toujours. Et pourtant, la matière se refroidissant, on allait trop tôt s'en apercevoir, à part la doctrine, à part un certain mouvement vigoureux, mais abstrait et décoloré, à part la lucidité, la fermeté, l'ordre, la méthode, qualités chez lui insatiables, il n'y avait pas dans ces pièces écrites de quoi représenter longtemps le grand Arnauld en personne. Pour clore d'un mot, il n'était pas surtout un *écrivain*.

Non, chose singulière! jamais peut-être une seule fois dans ses quarante-deux volumes in-quarto, jamais une expression qui attire et qui fixe, qui reluise ou se détache, qui fasse qu'on y regarde et qu'on s'en souvienne, une expression qui puisse s'appeler *de talent!* S'il est lumineux, c'est d'une lumière uniforme et qui ne va pas au rayon. Il n'a pas, que je sache, rencontré un de ces hasards de plume qui n'arrivent qu'à un seul [1].

Considérations sur l'entreprise de Maître Nicolas Cornet, Arnauld fait éclater un beau mépris pour ces docteurs qui ont voulu combattre saint Augustin *en renards et non en lions.*

[1]. Je ne citerai, à l'appui de mon dire, qu'une petite preuve singulière. Dans la persécution de 1656 et lors de son élimination de la Sorbonne, les pensionnaires de Port-Royal, même les *petites,* écrivirent une lettre de condoléance à M. Arnauld qui leur répondit. On soupçonne aisément ce qu'aurait été une telle réponse sous la plume de François de Sales et de Fénelon, sous celle de Bossuet se faisant petit avec les petits; l'imagination sourit à l'idée de l'austère docteur persécuté, qui répond tendrement à cette gracieuse charité des jeunes filles. Qu'on se rappelle M. de Saint-Cy-

Nous avons de nos jours (et pourquoi nous le refuser?) un exemple plus brillant à certains égards, moindre assurément à certains autres, un analogue du grand Arnauld écrivain, dans la personne de M. de La Mennais. Supposez ce dernier, en effet, sans cette imagination à la Jean-Jacques qui colore son style, qui sillonne et revêt sa dialectique, et y donne parfois physionomie : réduisez-le à sa vigueur d'escrime, à sa lucidité logique, à la pure invective déclamatoire, à ce qu'il est déjà si sensiblement pour nous dans bien des pages de ses anciens écrits; figurez-vous enfin M. de La Mennais moins la faculté de métaphore et sans l'éclair du glaive : vous aurez, pour la manière, quelque chose comme le grand Arnauld. Or, M. de La Mennais, ainsi réduit, serait déjà très-peu lu et rentrerait presque dans la condition d'Arnauld[1].

Je ne fais que brusquer ici le grand portrait déjà ébauché ailleurs[2] et que la suite achèvera. Nous avons plus de cinquante ans encore à vivre avec Arnauld militant. Nous serons aidé, pour le saisir dans son entière portée et constance, par tout ce qui se ramassera en chemin sur lui et les siens. Goethe a remarqué que souvent, à la fin d'une nation, d'une famille, un individu surgit, résumant toutes les qualités des aïeux. Ainsi le docteur Arnauld : dernier né, il concentre en lui, dans son petit corps, il redouble tout l'esprit et le

ran écrivant de Vincennes à sa petite nièce. On a la lettre d'Arnauld 17 juin (1656); elle est bien; mais je n'y trouve pas un seul mot à retenir et à détacher.

1. Car qui est-ce qui lit maintenant les second et troisième volumes, par exemple, de l'*Essai sur l'Indifférence?* — Il n'est pas jusqu'à l'écriture de M. de La Mennais si nette et si nerveuse, si décidée et si dessinée; qui n'ait grand rapport avec celle d'Arnauld.

2. Précédemment, au chap. VII de ce livre deuxième, pages 11-25.

feu de la race. Voilà une bonne clef, ce semble, pour entrer chez lui quand il nous plaira. Nous aurons aussi à emprunter sur son compte d'admirables traits de crayon de Du Fossé et de Boileau.

Gui Patin peu flatteur, même quand il loue, nous l'a posé au physique avec une brusquerie piquante : « M. Arnauld est un petit homme noir et laid [1].... » Il est vrai qu'il ajoute comme pour réparer : « C'est un des beaux esprits qui soient aujourd'hui dans le monde. » *Bel esprit*, non ; ce terme, je le sais, est relatif ; dans ce qu'il signifie pourtant d'essentiel, c'est-à-dire de brillant ou de léger, il ne va point à Arnauld. Gardons-le pour Pascal, même pour M. Hamon.

Il n'a été question jusqu'ici que de la forme et du style de *la Fréquente Communion*; le fond du livre nous est assez connu d'avance par ce que nous savons de la doctrine de Saint-Cyran. Il s'agissait d'établir, par l'autorité des Pères et de la tradition, la nécessité de la conversion intérieure avant l'extérieure et préalablement aux sacrements, la véritable repentance exigible du pécheur avant la confession, la contrition du cœur (avec amour de Dieu) avant l'absolution [2], la pénitence

---

1. *Nouvelles Lettres*, à Spon, 22 février 1656.
2. Revenant, quarante-cinq ans plus tard, sur ce premier de ses ouvrages, Arnauld écrivait : « Il n'y avoit presque personne, en France, qui fût éclairé sur le délai de l'absolution, avant le livre de *la Fréquente Communion*. Et c'est ce qui fut cause qu'il fit tant de bruit, les uns condamnant ce qui y étoit dit sur ce sujet, comme une nouveauté blâmable, et les autres en étant ravis, et y donnant une approbation extraordinaire. Il ne paroît point que l'utilité de ce délai ait été connue à saint Philippe de Néri ; et je pense qu'on doit dire la même chose du cardinal de Bérulle et du Père de Condren. Tout ce qu'ils faisoient au plus, est qu'ils refusoient l'absolution à ceux qui témoignoient ne vouloir pas quitter leurs péchés ; mais pour ceux qui témoignoient les vouloir quitter, je doute fort qu'ils ne leur donnassent pas l'absolution. » (Lettre à M. Du Vaucel, du 30 septembre 1689.)

contrite pratiquée et accomplie avant la communion. En maintenant les sacrements, et précisément parce qu'on les maintenait plus parfaits et plus saints, il s'agissait de montrer combien il faut être renouvelé intérieurement déjà pour oser les aborder, et combien il est sacrilége d'y venir chercher un remède superstitieux, cérémoniel et comme mécanique, sans être déjà plus ou moins avancé dans la voie de guérison spirituelle[1]. L'autorité sur laquelle Arnauld se fondait le plus, dans les temps récents, était celle de saint Charles Borromée qui avait restauré la pénitence. Il fait de saint Charles et de saint François de Sales un beau parallèle, montrant qu'ils ont eu chacun la spécialité de don qui convenait à leurs rôles divers, saint François ayant été revêtu de douceur, d'attrait et comme d'angéliques rayons, pour ramener à la Mère-Église des enfants rebelles, et saint Charles au contraire ayant été plutôt armé au dehors de qualités incisives, souveraines, d'autorité sensible et comme de la verge de pénitence, pour convertir et contraindre à l'esprit intérieur des Catholiques semi-idolâtres et dissipés. Je veux citer un coin de

---

[1]. Je voudrais faire bien comprendre la différence des doctrines et des pratiques, par une comparaison matérielle très-exacte, et sans manquer au respect. Les directeurs faciles, qui conseillaient la communion tous les mois aux personnes mêmes qui suivaient les bals et vivaient de la vie du monde, agissaient tout à fait comme ces médecins d'alors qui permettaient à leurs clients de manger beaucoup, sauf à prendre médecine tous les mois. Le Père de Sesmaisons procédait comme M. Purgon, comme plus tard ce spirituel collègue du Père de La Chaise, M. Fagon. Arnauld et les Jansénistes avaient du sacrement une idée plus haute; ils y voyaient autre chose qu'un remède courant, un expédient médicinal périodique, pour entretenir vaille que vaille une âme; ils y voyaient une nourriture intègre, qu'il fallait déjà être assez sain pour supporter, *le Corps et le Sang* tout divins à l'usage des vivants. Je ne voudrais pas nier pourtant qu'il n'y eût de l'excès aussi dans leur point de vue et leur pratique : c'est là, je le sais, l'opinion mûrie de plusieurs Catholiques très-éclairés.

ce parallèle, qui dément presque, par la largeur, la fermeté et la propriété des termes, ce que je viens d'alléguer du style et de la manière d'Arnauld :

« Dieu donna de grands appuis à saint Charles pour soutenir son grand dessein de la réforme de son diocèse, et du rétablissement de la pénitence, qui devoit l'engager dans de grands combats[1]. Il l'autorisa, par ses parents et par ses alliés, dans l'Italie; par ses amis, dans la Cour de Rome; par son illustre naissance, parmi les honnêtes gens du monde; par sa dignité de Cardinal, de neveu d'un Pape, et de légat du Saint-Siége, parmi les ecclésiastiques et les princes; par ses grandes richesses, instruments de ses grandes charités, parmi les pauvres; par sa haute piété, parmi les bons; par ses humiliations et ses austérités merveilleuses, parmi les pécheurs. Il lui donna pour cela un visage vénérable, plein de respect et de majesté; une sagesse et une conduite capables de gouverner toute l'Église comme il avoit fait sous le pontificat de son oncle[2]; une magnanimité de grand seigneur et de grand Saint, pour ne point craindre les menaces des gouverneurs violents, les assassinats des moines désespérés, les calomnies des ecclésiastiques rebelles, le refroidissement du Pape et des Cardinaux trompés et surpris; une force d'esprit extraordinaire pour entreprendre de grandes choses; une constance immobile pour les exécuter et les achever; une charité ardente et généreuse, pour marcher sans crainte parmi la peste, parmi les torrents; une vigueur de corps infatigable pour visiter incessamment son diocèse et supporter ses mortifications; une humilité de Pénitent public pour confondre l'impénitence publique[3]...; et enfin toutes les qualités divines et héroïques nécessaires à un Évêque pour réformer les désordres d'une Église, et pour abolir cet abus si déplorable des confessions imparfaites, des absolutions précipitées, des satisfactions vaines et des communions sacriléges. »

1. Notons pourtant ce mot *grand* répété trois fois sans nécessité et sans beauté.
2. Pie IV (Ange de Médicis).
3. Arnauld épuise un développement quand il le tient; la variété du tour lui manque; il n'en sent pas le besoin.

Par tout ce qu'il dit là des qualités héroïques et infatigables de saint Charles et de cette magnanimité intrépide, Arnauld abonde magnifiquement dans son sens et confesse son propre idéal ; sans le savoir, il se peint lui-même. Mais laissons-le ajouter, à propos de saint François, quelques traits plus adoucis, presque délicats, qui vont presque, une ou deux fois, à la nuance :

« Et parce que Dieu destinoit M. de Genève à la conversion des Hérétiques, ainsi que M. le cardinal Du Perron le reconnoissoit avec tout le monde, en disant souvent qu'il pouvoit bien convaincre les Hérétiques, mais que c'étoit à M. de Genève à les persuader et à les convertir, Dieu lui donna une douceur incomparable, absolument nécessaire pour adoucir l'aigreur de l'Hérésie et pour vaincre l'esprit en touchant le cœur ; une adresse non commune pour détruire leurs fausses opinions ; une science plus de la Grâce que de l'étude, pour parler hautement des mystères de la foi ; un discours plein d'attraits et d'une éloquence sainte ; un air de piété et de dévotion dans ses gestes, dans ses paroles, dans ses écrits ; un visage agréable, *capable de donner de l'amour aux plus barbares ; une pureté angélique, qui jetoit comme des rayons de son âme sur son corps, une humilité profonde, opposée à l'orgueil de l'Hérésie, et une humilité grave, opposée à ses mépris ;* et enfin une tendresse amoureuse et patiente, et des entrailles vraiment paternelles, pour embrasser avec des mouvements de piété ceux qui ont sucé l'Hérésie avec le lait, et dont les pères ont été les parricides, pour surmonter peu à peu l'opiniâtreté de leur erreur, et pour attendre du Ciel le fruit, quelquefois lent et tardif, des semences divines qu'il avoit jetées. »

Il n'y avait certainement, à cette date de 1643, que très-peu de pages de ce ton et de ce nombre en prose française, je veux dire dans le français moderne d'après Balzac et Vaugelas, qui allait devenir celui du siècle.

Ce genre d'agrément s'en mêlant, le coup porta aussitôt ; le vœu de M. de Saint-Cyran fut vérifié : Arnauld, selon l'institution du maître, se trouva d'emblée reconnu le premier défenseur de la vérité et son avocat-général contre tous venants. Ce n'était plus comme pour l'*Aurelius*, dix années auparavant, un pur succès de théologien ; nous approchons des *Provinciales :* les gens du monde, les gens d'épée, les femmes spécialement (le Père Petau s'en plaint), lisaient le livre et étaient touchées. L'accroissement des solitaires de Port-Royal date de là[1].

De leur côté, les Jésuites, atteints et blessés dans leur doctrine autant que dans la personne du Père de Sesmaisons, ne furent pas en retard d'emportement et de vengeance. Un Père Nouet, dès le dernier dimanche d'août, dans la chapelle de la maison professe de Saint-Louis (rue Saint-Antoine), se mit à dénoncer en chaire l'ouvrage qui était à peine en circulation, et à signaler les soi-disant réformateurs : « Ce sont, s'écriait-il, des personnes particulières, gens inconnus, qui font comme Calvin, lequel, avant que de répandre ouvertement son venin, demeura quelque temps caché dans des grottes *qui sont auprès de*

---

1. La contradiction pourtant qu'excita le livre contribua fort à le faire rechercher et goûter ; le bon abbé de Marolles l'a remarqué avec bon sens ; cet abbé était alors, et pendant que le livre achevait de s'imprimer (juin-juillet 1643), aux Eaux de Forges, où il avait accompagné la princesse Marie de Gonzague : « Pendant le séjour que nous fîmes en ce lieu-là, dit-il, on nous y montra quelques feuilles du livre de *la Fréquente Communion* de M. Arnauld, lesquelles nous semblèrent bien écrites. Mais comme il traite amplement cette matière, de sorte que cela fait un volume d'une assez juste grosseur, dont le sujet n'est pas le plus agréable du monde, je crois que, si ses adversaires ne s'en fussent pas émus si fort qu'ils ont fait, cet ouvrage auroit eu beaucoup moins de débit qu'il n'a eu, parce qu'outre son propre mérite, il faut avouer que la contradiction a bien aidé à le faire connoître et à le faire estimer. » On aura remarqué ces *quelques feuilles* qui furent communiquées à la princesse Marie avant la publication : c'était une primeur dont on favorisait les amis du beau monde et ceux qu'on voulait s'acquérir. La princesse Marie fut une des conquêtes de *la Fréquente Communion.*

Bourges, où j'ai été. » Et les qualifications de *phantastique, mélancholique, lunatique,* de *scorpion et serpent ayant une langue à trois pointes*, aiguisaient le tout. Ce Père avait professé la rhétorique précédemment, et son éloquence s'en ressentait. Le fond du reproche était qu'on voulait rendre les autels déserts et la sainte table inaccessible, sous prétexte de les honorer, et qu'il y avait partie liée (le mot est peu élégant) *de couper les vivres aux fidèles*[1].

Ces sermons du Père Nouet, partis du centre même et du quartier général de la Société, firent vacarme : ils remplirent tout septembre et octobre, huit dimanches consécutifs : tant de violence et de précipitation ne s'expliquait pas. Le maréchal de Vitri, qui y assistait au début, dit tout haut en sortant, « qu'il falloit qu'il y eût anguille sous roche, et que les bons Pères ne s'échauffoient pas d'ordinaire si fort pour le pur service de Dieu. » L'archevêque de Tours, Victor Le Bouthillier (oncle de M. de Chavigny et de l'abbé de Rancé), présent à l'un de ces sermons, et l'un des approbateurs du livre d'Arnauld, eut tout lieu d'être encore plus surpris ; car c'était, assure-t-on, le Père Nouet en personne qui, quelques

1. On lit dans le *Journal* de M. d'Ormesson (12 octobre 1643) : « M. Talon dit que chacun trouvoit mauvais que les Jésuites prissent « à tâche de réfuter ce livre (le livre de *la Fréquente Communion*) dans « leur chaire, par la bouche du Père Nouet, *qui lui imputoit quan-* « *tité de fausses opinions, dont il ne parloit point du tout;* qu'ils « se faisoient grand tort, et que, si le roi n'imposoit silence à cha- « cun et ne défendoit d'écrire, cela diviseroit toute l'Église ; que le « nonce en avoit fait instance auprès de la reine et qu'il étoit pour « M. Arnauld. J'avois acheté et lu ce livre, *et n'y avois rien vu* « *que de très-bon.* » La prétention des Jésuites, en effet, c'est qu'il y avait dans ce livre d'Arnauld « un dessein général et découvert » et un autre dessein « particulier et caché. » Ils y voyaient et y dénonçaient des arrière-pensées abominables. Nous qui lirons jusqu'au bout dans l'âme et dans les arrière-pensées d'Arnauld, nous saurons à quoi nous en tenir. Le calvinisme secret d'Arnauld est une chimère et une imposture.

mois auparavant, avait rédigé l'Approbation en latin signée du prélat[1]. Il y avait en tête de la première édition des Approbations imprimées de seize évêques ou archevêques, et de vingt docteurs de Sorbonne ; ces personnages avaient leur part dans l'injure. Assemblés alors pour d'autres affaires auprès du Cardinal Mazarin, les

---

[1]. Le Père Rapin (dans ses *Mémoires*, tome I, p. 32), dit que cet archevêque de Tours lui avoua qu'il avait donné son Approbation au livre sans l'avoir lu. Tant pis pour le prélat! Il en résulterait une preuve de plus que ce n'était pas lui qui avait écrit l'Approbation, mais qu'on la lui avait faite. L'annotateur des *Mémoires* de Rapin révoque en doute que ce soit le Père Nouet qui ait rédigé cette Approbation. Il reste prouvé pour moi que le Père Nouet, parlant à l'archevêque, avait dans le principe loué le livre et opiné dans le sens de l'Approbation. Lancelot le dit positivement, et il déclare le tenir de la bouche même de l'archevêque, dont tout le monde cite des mots et qui, à ce qu'il semble, parlait beaucoup. Hermant, dans son Histoire manuscrite, va plus loin; il nous dit : « Ils (les Jé-
« suites) commencèrent par faire monter en chaire dans la chapelle
« de leur maison professe de Saint-Louis le Père Nouet qui avoit en-
« seigné la rhétorique trois ou quatre ans auparavant et qui ne pou-
« voit se déclarer contre cet ouvrage que par une étrange prévarica-
« tion : car on a su que, M. l'archevêque de Tours le lui ayant donné
« à lire avant que de l'approuver, il en avoit rendu un témoignage
« avantageux et n'y avoit rien trouvé à redire ; et on assuroit même
« que c'étoit lui qui avoit composé l'Approbation latine de ce prélat. »
L'annotateur du Père Rapin prétend là-dessus que je suis crédule à toute assertion janséniste (« M. S.-B. aux yeux de qui toute parole janséniste fait foi prend la chose pour établie.... »). J'ai trouvé les faits que j'ai redits, dans les *Mémoires* de Lancelot (tome I, p. 241). Je n'ai vu aucune raison d'en mettre en doute la vérité ; non que je sois disposé à croire à toute parole janséniste : tout ce livre que j'écris témoigne à chaque page du contraire ; je sais les Jansénistes très-capables de prévention : mais quand c'est un Lancelot qui parle, quand c'est un Tillemont, quand c'est un Saci, j'ai en effet une extrême confiance en eux, et je ne fais aucune comparaison du degré de créance que méritent ces langues sincères et ces plumes véridiques, à ce qui est dû raisonnablement à leurs adversaires. Ceux-ci, par habitude, par éducation et discipline, sont essentiellement sujets à manquer de bonne foi et de droiture. Pascal le savait bien, et moi-même (si j'en puis parler par mon humble expérience) je le sais aussi.

évêques se plaignirent du scandale et demandèrent satisfaction. Le 28 novembre, le pauvre Père Nouet, tête nue et à genoux, assisté de quatre Pères de son Ordre, dut signer un acte de désaveu, et ne put s'empêcher de répandre quelques larmes : « humiliation involontaire, qui étoit *infiniment au-dessous* des excès de ce Jésuite, » nous dit le docteur Hermant qui aurait voulu je ne sais quoi de plus [1].

Le savant et respectable Père Petau qui, pour réparer l'incartade du Père Nouet, se mit aussitôt à écrire un gros livre [2] contre celui d'Arnauld, commence lui-même son premier chapitre en rappelant cette coutume d'une ancienne cité d'Italie, selon laquelle tout particulier qui voulait proposer une nouveauté devait paraître en public *la corde au col, attachée d'un nœud coulant*, de telle sorte que, si sa nouveauté n'agréait, *il fût incontinent étranglé* : « Cette façon, ajoute l'excellent Denys Petau qui pense à Arnauld, pourra sembler un peu trop rigoureuse, mais l'intention en étoit louable, voire elle est nécessaire.... » Prenons garde ! sommes-nous

---

1. *Histoire* (manuscrite) *du Jansénisme*, liv. III, chap. IV.— On lit à ce propos, dans le *Journal* de M. d'Ormesson : « Le lundi, « 16 novembre (1643), mon père me dit comme les évêques s'é- « toient assemblés chez le cardinal de La Rochefoucauld pour voir « ce qu'ils feroient contre les Jésuites qui les avoient taxés d'igno- « rance sur l'approbation du livre de M. Arnauld. Les Jésuites, à « leur seconde assemblée, offrirent toutes sortes de soumissions, « désavouèrent le Père Nouet qui avoit prêché, même plusieurs « livres qu'ils avoient faits, comme n'étant jamais sortis de chez « eux; et néanmoins il paroissoit un nouveau livre fait par un des « leurs qui nommoit ces livres et les auteurs qui étoient de leur « congrégation. La facilité qu'ils ont à souffrir que leurs Pères « écrivent est pareille à celle de les désavouer, s'ils ne sont pas « bien reçus. Cette affaire les a fort décriés, comme ayant ou mau- « vaise conduite ou mauvais dessein. » C'était là l'opinion assez générale des honnêtes gens du temps, surtout dans le monde parlementaire.

2. *De la Pénitence publique* (1644).

donc devenus dans nos querelles beaucoup plus cléments que ces dignes hommes d'autrefois? Je vois surtout en eux plus de mauvais goût.

Le Père Petau, ce profond auteur de *la Doctrine des Temps* et des *Dogmes théologiques*, était peu habitué à se produire en français ; il ne s'y aventurait qu'à son corps défendant, et cela saute aux yeux ; on se retrouve avec lui d'un bon quart de siècle en arrière du français d'Arnauld. « Il seroit *marri*, dit-il tout d'abord, de le blâmer d'autre faute que d'*un* erreur d'entendement. » Il montre toutefois que *ledit sieur* Arnauld use de finesse et *baille le change*. Puis viennent des comparaisons empruntées à l'alchimie, à la sorcellerie[1]. Ce qui frappe dans cette discussion poudreuse autour de *la Fréquente Communion*, c'est combien ce livre gagne à la confrontation de tous ces autres styles malsains ou surannés, combien il se détache par sa clarté, par sa rectitude de parole : on comprend véritablement alors le succès[2]. Les *Lettres d'Eusèbe à Polémarque*, attribuées au Père Lombard, et qui avaient précédé de peu le volume du Père Petau, lettres écrites par un soi-disant évêque à un soi-

---

1. « Comme il se *treuve* des corps qui ont quelque malignité cachée, et qui poussent au dehors des qualités nuisibles : et dit-on qu'il est des yeux à double prunelle, dont les regards sont dommageables et ensorcellent ceux qu'ils ont envisagés. Or, qu'il en soit de mesme de ce livre, nous en avons de fortes preuves.... » (Liv. I, chap. I.)

2. Par exemple, pour citer quelques chiffres, quatre éditions furent enlevées en moins de six mois, et suivies, d'année en année, d'une multitude d'autres. La première notamment s'était écoulée en moins de quinze jours, et l'on avait pu commencer par la dernière feuille, dont la forme n'était pas encore rompue, le tirage d'une seconde édition ; celle-ci même fut en vente et affichée à la porte des Jésuites avant que le Père Nouet eût fini ses sermons : *ce qui l'étonna*, ajoute malicieusement le doux Lancelot, à qui l'on doit ce détail. Lancelot était très-assidu à ces sermons du Père Nouet, et il y prenait des notes.

disant haut personnage, homme de guerre et capitaine, affectaient des airs cavaliers et sentaient le collége à pleine gorge. Ainsi de tous. Le prédicateur Hersent eut l'idée de se présenter comme médiateur entre les disputants : que va-t-il dire dans sa Dédicace au cardinal Mazarin ? « Il est quelquefois nécessaire en ces rencontres qu'il intervienne *un Mercure*, je veux dire un esprit ouvert, tranquille, facile et désintéressé.... » *Mercure* à propos de l'Eucharistie ! — Ce fut bien pis quand l'évêque de Lavaur, Abra Raconis, s'en mêla, personnage un peu follet, mystifié autrefois et mitré par Richelieu, étrillé d'importance alors par les Jansénistes : il alla même en mourir, dit-on, sous le coup, en son château de Raconis (1646). Boileau, depuis, l'a niché dans un vers[1]. Une accusation piquait surtout le prélat de Cour, dans les réponses qu'il s'attira : on lui reprochait d'avoir *le style de la classe*, et non celui du grand monde. Raconis

---

1. Alain tousse et se lève, Alain, ce savant homme,
Qui de Bauny vingt fois a lu toute la Somme,
Qui possède Abelly, *qui sait tout Raconis*... (*Le Lutrin*, chant IV.)

Voir aussi, au tome IV de Tallemant, l'historiette : *l'Esprit de Montmartre et Raconis*. — Raconis, né de parents calvinistes, s'était converti de bonne heure ; prêchant un jour, à ses débuts, dans l'église paroissiale de Saint-Jacques à Paris, il lui échappa de dire qu'*il bénissait Dieu de ce qu'il espérait d'être sauvé, bien que son père et son grand-père fussent damnés* ; ce qui tira du cardinal Du Perron ce mot pour tout horoscope : « C'est un jeune étourneau qui a mangé de la ciguë, la tête lui tourne. » — On peut voir dans le *Journal* de d'Ormesson, à la date du 1ᵉʳ janvier 1645, l'analyse d'un sermon prêché ce jour-là en l'église des Jésuites devant la reine par ledit Raconis, et dans lequel Arnauld, clairement désigné sans être nommé, était traité plus que jamais de calviniste : « Le prédicateur dit deux paroles que l'on remarqua, qui pouvoient être tournées en mauvais sens, l'une qu'il ne s'amusoit aux périodes et à l'éloquence, ayant à parler devant une reine qui ne se contentoit de paroles, mais vouloit des choses ; et l'autre, *Dilectus meus candidus et rubicundus* (mon bien-aimé est blanc et rouge).... » Une allusion au Mazarin ! C'était le bon goût de Raconis.

dédia sa réplique, intitulée : *Brève Anatomie du libelle...*, au prince de Condé, comme au généralissime du parti. Ce prince, en effet, avait lancé en 1644 des *Remarques chrétiennes et catholiques*, sur le livre de *la Fréquente Communion*; à la vérité son nom ne se trouvait pas en tête, mais il était dit dans le titre que l'écrit était imprimé *par commandement*. On devina ; personne de Port-Royal ne répondit à l'adversaire Sérénissime. Ses illustres enfants, madame de Longueville et le prince de Conti, se chargeront bientôt des excuses et de la rançon[1].

Il nous faut sortir de cette mêlée. Les Jésuites, battus dans la forme, avaient ressaisi sous main leurs avantages. Au plus fort de la controverse qu'excitait le livre d'Arnauld (mars 1644), ils parvinrent à circonvenir assez la Reine-Régente et le cardinal Mazarin, pour que l'ordre fût donné à l'auteur d'aller à Rome défendre son ouvrage devant le tribunal de l'Inquisition. Mazarin, en cédant là-dessus, n'avait pour but que de donner gage à la Société et d'en tirer des services au début de son ministère ; le chancelier Seguier y mettait plus d'animosité[2].

---

1. Le Père Rapin prétend que, dès ce temps-là, madame de Longueville fut des premières à faire des railleries de l'écrit du prince son père, et qu'elle alla jusqu'à dire, dans son admiration pour le livre d'Arnauld, que si jamais elle devenait un jour dévote, elle le voulait être de cette façon. Dès lors, et du plus loin, le Jansénisme aurait été pour elle son *en cas* de retour.

2. On lit dans le *Journal* de M. d'Ormesson, qui nous rend l'opinion de la haute bourgeoisie et du monde gallican : « Le ven- « dredi 11 mars (1644), M. le chancelier dit que la reine envoyoit « M. Arnauld à Rome pour rendre raison de sa doctrine au pape, « qui étoit le principe de la doctrine, et qu'il ne lui seroit méfait, « étant mis en la protection du cardinal de Lyon. » — « Le ven- « dredi, 18 mars, M. de Machault me dit que l'on s'étoit assemblé « au Parlement sur le fait de M. Arnauld pour empêcher son « voyage à Rome, comme contraire aux libertés de l'Église galli- « cane. La Sorbonne s'étoit assemblée pour cela ; mais on avoit reçu « défense de rien délibérer ; même ils avoient été trouver la reine

Ce procès soudain, auquel on eût voulu soumettre et comme déporter Arnauld, avait surtout pour prétexte théologique une phrase que M. de Barcos avait assez maladroitement jetée dans la Préface du livre, en la revoyant, et où il était dit de saint Pierre et de saint Paul qu'ils étaient *deux Chefs de l'Église qui n'en font qu'un.* Il s'agissait d'expliquer cette proposition, qui a fini, en effet, par être isolément censurée. L'Université et la Sorbonne en particulier, le Parlement aussi, toutes les puissances gallicanes, s'émurent à cette idée d'expédier Arnauld à Rome, et y élevèrent obstacle. Le Cardinal-Ministre, au bruit qu'on en fit, s'excusa sur ce qu'étant étranger, il ne pouvait savoir encore tous les usages du royaume, et il renvoya au Chancelier[1]. A ne consulter que le jeune docteur lui-même, naïf, ardent autant que véridique, il serait allé droit sur l'écueil volontiers : il se voyait déjà en lice devant ces juges de l'Inquisition (le mot à Rome était plus terrible que la chose), foudroyant ou éclairant ses adversaires, et reconquérant les alentours du Saint-Siége à l'esprit d'antique vérité. Ce rôle généreux et théologiquement chevaleresque lui souriait ainsi qu'à quelques-uns de ses amis ; plusieurs personnes du monde, qui, sur cette nouvelle, accoururent le com-

« pour lui faire entendre la conséquence de sa résolution. La reine
« leur dit qu'elle verroit ce qu'elle feroit. Cette affaire faisoit grand
« bruit et partageoit les esprits. »

1. Dans les Mémoires d'Omer Talon, à l'année 1644, on peut lire le narré très-circonstancié de cette affaire, qui fit division dans le Parlement, mit aux prises Messieurs de la Grand'Chambre et Messieurs des Enquêtes, et entrava l'exercice de la justice durant un mois. On y voit à quel point les prédicateurs s'étaient diversement échauffés au sujet du livre d'Arnauld, *dedans et dehors Paris,* dans les sermons de Carême de cette année 1644; qu'à Toulouse et à Amiens ils avaient partagé *l'esprit des peuples;* que dans Amiens en particulier, *l'on avait pensé en venir aux mains et se cantonner sur la diversité de ces opinions.* Un vieux levain restait encore partout des sermons séditieux de la Ligue.

plimenter à Port-Royal, madame de Longueville, qui y parut comme les autres, bien que séparée encore de sa conversion par toute la Fronde, M. de Chavigny, M. Bignon, M. d'Andilly lui-même, les uns par idée de déférence, les autres par idée d'éclat, y penchaient et conseillaient l'entreprise : « Oui, il fallait, s'écriait-on, il fallait aller à Rome défendre hautement la vérité ; *on en reviendrait glorieux*, et après cela les ennemis n'auraient plus rien à dire. » Nous avons eu de nos jours comme un écho de ces paroles ; nous avons vu se tenter une pareille expédition pour Rome : on sait à quel bruyant naufrage elle a abouti. — L'ordre de départ accordait une semaine pour se préparer ; Arnauld, malgré tout, allait se mettre en route, avec un cortége de docteurs ; mais M. de Barcos, qui, à titre d'auteur de la phrase malencontreuse, se trouvait son coaccusé et devait être du voyage, M. de Barcos, plus avisé à la fois et moins curieux de l'éclat, averti d'ailleurs, assure positivement Lancelot, de desseins très-suspects contre eux, lui fit dire au dernier moment qu'il le priait d'agir, ainsi que les amis et auxiliaires, à leur convenance ; que pour lui, il avait pris d'autres mesures, et là-dessus il s'absenta[1]. Arnauld crut alors prudent de l'imiter ; il se déroba aussi par la retraite, non sans avoir écrit une belle lettre d'excuses à la Reine, et il trouva successivement refuge chez plusieurs amis, *à couvert*, disait-il, *sous l'ombre des ailes de Dieu*[2].

Ainsi commença pour lui cette vie de labeur et de combat dans la fuite, dans la persécution, cette guerre

---

1. C'est chez la princesse de Guemené que se cacha M. de Barcos.
2. C'est particulièrement chez M. Hamelin, contrôleur des Ponts et Chaussées, qu'il demeura durant ces années. Ce digne hôte quitta exprès son quartier trop en vue et prit maison au faubourg Saint-Marceau, *afin d'y garder plus sûrement son trésor.*

de plume du fond des asiles. Depuis ce mois de mars 1644, il va éviter de se montrer durant plusieurs années. On le retrouve dans un demi-jour au monastère des Champs, en 1648. Il s'éclipse de nouveau en 1656, pour ne reparaître qu'à la Paix de l'Église en 1668. Après un lumineux intervalle, il s'évanouit encore en 1679, pour rester invisible jusqu'à l'heure de sa mort en 1694; et sa tombe elle-même fuit les regards. Voilà, de compte fait, trente et un ans cachés sur cinquante, durant lesquels pourtant il n'est bruit que de lui. Il grandissait singulièrement dans les imaginations par ce mélange d'éclat et de mystère.

Au moment de s'ensevelir dans la retraite, il lançait contre la nuée d'*in-quarto* soulevés à son sujet, le livre de *la Tradition de l'Église* sur la Pénitence et la Communion, lequel n'est guère qu'un tissu des textes des Pères, traduits par M. Le Maître, mais dont la Préface, de sa façon, qui forme tout un ouvrage, ripostait avec force au Père Petau et arrachait, si l'on s'en souvient, de si grandes admirations à Balzac[1].

Une censure restait à craindre du côté de l'Inquisition romaine, si personne n'y appuyait l'ouvrage déféré et inculpé par les Jésuites. Les Évêques approbateurs y avisèrent; leur nombre s'était encore accru depuis la première édition, et allait jusqu'à vingt : ils députèrent à Rome en 1645, comme leur procureur en titre et comme avocat officiel du livre, M. Bourgeois, docteur de Sorbonne, et celui-ci réussit à le faire absoudre par le Saint-Office, sans pouvoir rapporter toutefois de témoignage écrit, ce qui eût été contre les formes du tribunal. Il a laissé de son voyage une modeste et judicieuse Relation. Parmi les appuis et protecteurs qu'il trouva dans le monde romain, c'est justice à nous de mention-

---

1. Au chapitre VIII de ce livre, p. 68.

ner le cardinal de Lugo, qui, bien que jésuite et l'un des Censeurs de l'Augustin d'Ypres, se prononça hautement pour l'ouvrage d'Arnauld, et qui même avait appris le français tout exprès pour être en état de le lire.

Ainsi, chose remarquable ! nous aboutissons, pour ce livre de *la Fréquente Communion*, à un résultat à peu près inverse de celui que nous avons obtenu pour le livre de Jansénius. Dans l'affaire spéculative de la Grâce, le Jansénisme fut battu et condamné : dans l'affaire pratique de la Pénitence, qui concernait la discipline et touchait la morale, il s'en tira avec plus d'honneur et de fruit. Quant au fond même, les doctrines exprimées dans *la Fréquente Communion* s'accréditèrent en peu de temps chez tous ceux qui prenaient le Christianisme au sérieux, et qui souvent, d'ailleurs, ne gardaient pas moins leurs préventions contre le Jansénisme ; elles devinrent, dans la belle moitié du siècle, la règle générale et appliquée. L'Assemblée du Clergé de 1657 faisait réimprimer à ses frais et répandre partout dans les diocèses les Instructions de saint Charles. « Ce qui est certain, écrivait Arnauld en 1686, c'est que les plus célèbres prédicateurs, même Jésuites, se font honneur maintenant de louer en chaire le délai de l'absolution pour les péchés mortels d'habitude, ... et plusieurs autres cas, et qu'il n'y en a plus qui osent parler contre. » Bourdaloue en particulier, le plus solide, le plus scrupuleux, le plus *janséniste* des Jésuites, et de qui l'on a pu dire que c'était *Nicole éloquent*[1] ; lui que Boileau associait et subordonnait à la fois si délicatement à son amitié pour le grand Arnauld en ces nobles vers :

> Enfin, après Arnauld, ce fut l'illustre en France
> Que j'admirai le plus et qui m'aima le mieux ;

---

1. Madame Cornuel disait, il est vrai : « Le Père Bourdaloue surfait dans la chaire, mais dans le confessionnal il donne à bon compte. » Ce sont là de ces mots spirituels qui ne prouvent rien.

et qui traçait pourtant d'Arnauld le portrait reconnaissable que nous avons vu ; Bourdaloue, dans un endroit même de ses Pensées où il croit devoir se séparer de la doctrine réputée janséniste en la forçant un peu et la grossissant pour la mieux réfuter, — dans le célèbre chapitre sur *le petit nombre des Élus*, — s'écrie :

« Non, certes, il ne s'agit point seulement de les recevoir, ces sacrements si saints en eux-mêmes et si salutaires, mais il faut les recevoir saintement, c'est-à-dire qu'il faut les recevoir avec une véritable conversion de cœur ; et voilà le point de la difficulté. Je n'entreprendrois pas d'approfondir ce terrible mystère, et j'en laisserois à Dieu le jugement ; mais, du reste, n'ignorant pas à quoi se réduisent la plupart de ces conversions de la mort, de ces conversions précipitées, de ces conversions commencées, exécutées, consommées dans l'espace de quelques moments où l'on ne connoît plus guère ce que l'on fait ; de ces conversions qui seroient autant de miracles, si c'étoient de bonnes et de vraies conversions ; et sachant combien il y entre souvent de politique, de sagesse mondaine, de cérémonie, de respect humain, de complaisance pour des amis ou des parents, de crainte servile et toute naturelle, de *demi-christianisme*, je m'en tiendrois au sentiment de saint Augustin, ou plutôt à celui de tous les Pères, et je dirois en général *qu'il est bien à craindre que la pénitence d'un mourant, qui n'est pénitent qu'à la mort, ne meure avec lui, et que ce ne soit une pénitence réprouvée.* »

Or, je le demande, que disait autre chose M. de Saint-Cyran à saint Vincent de Paul, qui pourtant, à ce qu'il paraît, s'en choquait comme d'un échec porté à l'efficace des sacrements ? que sentait autre chose M. Le Maître, en entendant M. de Saint-Cyran en prière près du lit de mort de madame d'Andilly ? que faisait Arnauld enfin, dans le livre de *la Fréquente Communion*, sinon de ruiner la suffisance de ce *demi-christianisme* de bien des confrères de Bourdaloue ? Bourdaloue, Bossuet, Massillon, sont donc, sur l'article de la Pénitence, des disciples, certainement de saint Paul et des Pères, mais aussi du grand Arnauld, qui le premier en rouvrit le canal dans le siècle, et en remit en circulation les maximes.

Mais il arriva alors ce qui se voit le plus souvent : tout en gagnant par le fond, Arnauld ne triompha point également par l'apparence ; ses maximes, ses prescriptions prévalurent, mais l'idée qu'il les avait lui-même poussées à outrance, demeura[1].

1. Le succès non plus seulement littéraire ou théorique et doctrinal, mais positif et pratique, du livre de *la Fréquente Communion*, est attesté par un témoin considérable, par saint Vincent de Paul, qui le prenait, il est vrai, en mauvaise part et qui le déplorait. Dans une lettre adressée à l'un des prêtres de la Mission, à l'abbé d'Orgni (ou d'Horgni), M. Vincent, supérieur général, disait (25 juin 1648) : « Il est vrai, Monsieur, qu'il n'y a que trop de
« gens qui abusent de ce divin Sacrement, et moi, misérable, plus
« que tous les hommes du monde, et je vous prie de m'aider à en
« demander pardon à Dieu ; mais la lecture de ce livre, au lieu
« d'affectionner les hommes à la fréquente Communion, elle en
« retire plutôt. L'on ne voit plus cette hantise des Sacrements
« qu'on voyoit autrefois, non pas même à Pâques. Plusieurs curés
« se plaignent de ce qu'ils ont beaucoup moins de communiants
« que les années passées : Saint-Sulpice en a trois mille de moins ;
« M. le curé de Saint-Nicolas-du-Chardonnet, ayant visité les fa-
« milles après Pâques, en personne et par d'autres, nous dit der-
« nièrement qu'il a trouvé quinze cents de ses paroissiens qui
« n'ont point communié ; et ainsi des autres. L'on ne voit quasi
« personne qui s'en approche les premiers dimanches des mois et
« les bonnes fêtes, ou très-peu, et guère plus aux religions (mai-
« sons religieuses), si ce n'est encore un peu aux Jésuites. » Dans une autre lettre en date du 10 septembre de la même année, il s'exprimait ainsi : « Je vous dirai, Monsieur, qu'il peut être ce
« que vous dites, que quelques personnes ont pu profiter de ce
« livre en France et en Italie ; mais que d'une centaine qu'il y en
« a peut-être qui en ont profité à Paris, en les rendant plus res-
« pectueux en l'usage des Sacrements, il y en a pour le moins dix
« mille à qui il a nui en les en retirant tout à fait. » Et il ne craint pas d'accuser le nouveau réformateur du dessein de *ruiner la Messe et la Communion*. Le fait est qu'il dut y avoir alors et depuis des gens du monde qui ne se piquèrent d'être Jansénistes qu'en un point : la sobriété ou l'abstinence des Sacrements. — Il convient aussi, pour peu que l'on s'intéresse au fond des questions,

de prendre connaissance des autres reproches que faisait Vincent de Paul au livre de *la Fréquente Communion*. Arnauld est accusé d'avoir tiré à lui, moyennant des suppressions arbitraires ou des interprétations forcées, quelques-uns des principaux textes qu'il cite et dont il s'appuie. (Voir dans *l'Ami de la Religion* du mois de mai 1855 les articles signés *Truchet*, et qui sont de bonne source.) Mais ceci sort de ma compétence.

XIII

Dernier temps de M. de Saint-Cyran. — Son ouvrage contre le Calvinisme. — Port-Royal en face des Protestants. — Mort de Louis XIII. — Port-Royal à l'égard des rois. — *Théologie familière* de M. de Saint-Cyran; dernières tracasseries. — Sa sentence sur les faibles. — Sa mort. — Son enterrement. — Madame Marie de Gonzague. — Madame de Sablé. — M. de Barcos, abbé de Saint-Cyran; héritier et disciple direct. — Son portrait.

Nous avons quelque peu anticipé sur l'endroit du récit qui nous reporte à la sortie de prison de M. de Saint-Cyran : il s'agit d'assister aux derniers mois de ce grand homme, et de reprendre l'histoire de son œuvre dans la personne des religieuses et des solitaires.

A peine rendu à la libre action, et les premières effusions passées, M. de Saint-Cyran s'était remis à sa vie enfermée et saintement studieuse. Son soin le plus pressé fut d'implorer, d'interroger la volonté de Dieu sur le genre de travail auquel il aurait à s'appliquer d'abord. Il fit dire des prières pour cela à Port-Royal et en demanda près de toutes les personnes amies dont il savait la piété. Il envoya même à ce dessein Lancelot chez le *bonhomme* et saint homme Charpentier (le supérieur des Prêtres du mont Valérien), afin d'entendre si cette bouche pure et simple n'aurait pas quelque pensée particulière à lui indiquer. M. Charpentier, l'étant venu voir avant sa détention, lui avait fait un touchant récit de l'état de la religion à Angers, à Saumur, et lui avait dès lors donné l'idée d'écrire contre le Calvinisme, dont les ministres gagnaient de plus en plus en cette partie du royaume. Il renouvela cette même pensée à Lancelot : M. de Saint-Cyran se résolut à la suivre et à pousser vigoureusement l'ouvrage ébauché, que la prison seule avait interrompu ; il ne demandait que deux ans pour le mener à fin : « Après quoi nous devions, dit Lancelot, aller tous à son abbaye, où il avoit dessein de se faire simple religieux avec nous, en se démettant de sa charge d'abbé entre les mains de son neveu. »

M. Molé, de tout temps, avait aussi témoigné un intérêt très-vif pour l'entreprise et la confection de cet ouvrage : il n'avait pas eu d'abord autant de crédit que le *bonhomme* Charpentier pour y décider son ami ; mais, dès qu'il avait su la résolution, il s'en était réjoui, et, comme pour prendre acte, il avait aussitôt fourni de sa bourse mille écus destinés aux frais soit de recherches, soit de transcription et d'impression[1].

1. Cette avance généreuse eut des suites moins bonnes qu'elle n'aurait dû avoir. Quand M. de Saint-Cyran mourut, comme l'ouvrage ne se faisait pas et qu'on entra dans une tout autre voie de polémique, M. le Premier Président laissa échapper, à ce qu'il paraît, quelques mots de plainte. Ils revinrent à M. de Barcos, qui renvoya aussitôt la somme prêtée, avec toutes sortes d'expressions de *charité*, est-il dit, mais qui ne firent point passer la démarche. M. Molé en fut choqué, ainsi que de l'insistance particulière de M. Singlin, porteur de la somme, lequel retourna jusqu'à trois fois pour la faire reprendre. L'altération des bons rapports de M. Molé et de Port-Royal date de là. On est tout surpris de voir l'ami de M. de Saint-Cyran maltraité dorénavant dans les écrits des Jansénistes. M. de Saint-Gilles, en son Journal manuscrit, n'hésite pas à dire de lui : « M. Molé, garde-des-sceaux, *grand et violent en-*

Un tel projet, s'il avait pu s'exécuter, aurait eu effectivement de grandes conséquences; on le verra repris dans la suite par d'autres, par Arnauld et Nicole, lors de la Paix de l'Église en 1669. On en conçoit tout le sens, toute la portée. Port-Royal, tant accusé de Calvinisme par ses adversaires, n'était réellement pas calviniste d'intention le moins du monde; il avait horreur de l'hérésie en toute sincérité d'âme. M. de Saint-Cyran poussait cela au point (qu'on ne sourie pas!) de n'ouvrir jamais un livre hérétique sans l'*exorciser* préalablement d'un signe de croix, *ne doutant point*, est-il dit, *que le Démon n'y résidât actuellement;* il aurait craint, sans cette précaution, d'être malignement séduit par les raisons des adversaires en les lisant. Il y avait affinité secrète, en effet, en même temps qu'horreur naïve. Port-Royal approchait du Calvinisme sur les points de la Grâce : il en différait autant que possible sur l'article des trois sacrements de Pénitence, d'Eucharistie et d'Ordre; et plus il s'en rapprochait et paraissait y toucher par un point, plus il lui importait de s'en séparer manifestement dans l'ensemble, afin de ne laisser aucune équivoque. L'instinct donc, une certaine tactique spirituelle, autant que le zèle de conviction, firent qu'à chaque fois que Port-Royal fut libre, respira un peu à l'aise et eut quelque espace pour se développer à sa convenance, alors aussi on le revit tenter toujours cette guerre contre les Protestants, par laquelle il se définissait et se circonscrivait, pour ainsi dire, lui-même au

nemi de cette maison ! » Gerberon le traite tout uniment de *pélagien*, ce qui est la plus grosse injure. Port-Royal, à cette date, était devenu bien exigeant, et M. Molé, choqué sur un point, avait pu changer en effet, en voyant l'héritage spirituel de son ami transformé en un centre d'activité qui ne semblait plus exempt d'intrigue. Ce M. de Saint-Gilles, par exemple, qui a écrit cette phrase contre lui, était un véritable agent, très-habile, de diplomatie janséniste secrète.

sein de l'Église, plus sensiblement que par toutes les réfutations directes. Port-Royal, en un mot, voulait faire comme ces généraux fidèles, ces valeureux Bélisaires, qui, calomniés au-dedans à l'oreille du maître, ne se vengeaient qu'en allant aux frontières gagner des batailles pour lui. Mais nos dévoués *quand même* avaient affaire à un Sénat de Venise ou à un Comité de Salut public, comme on voudra l'appeler, qui ne leur tint guère compte de leurs services et les mit le plus tôt possible hors d'état d'en rendre de trop prolongés. Quoi qu'il en soit, M. de Saint-Cyran, par cet ouvrage entrepris ou repris dès sa délivrance, traçait d'avance le chemin sur ce point comme sur tant d'autres, et marquait ce qu'il importait à Port-Royal de suivre à chaque période de paix, d'intervalle et de libre haleine [1].

1. Certains éloges, certaines adoptions obstinées qu'on faisait d'eux, ne devaient pas être d'un moindre embarras pour les Jansénistes que les accusations les plus acharnées. Les Protestants même, qu'ils combattaient, ne les croyaient adversaires qu'à demi. Dans un *Voyage de Suisse* par les sieurs Reboulet et Labrune (La Haye, 1686), on lit ce singulier passage (5ᵉ lettre, p. 137) : « Vous
« me demandez des nouvelles du prêtre que les dragons ont con-
« verti. Il a passé par ces quartiers.... Assurez-vous, Monsieur, que
« ce n'est pas le seul qui est dégoûté du Papisme en France. Nous
« pourrions compter des prélats, des personnes d'un rang distin-
« gué, des sociétés tout entières qui gémissent dans leur religion,
« qui écrivent secrètement, mais qui n'ont pas assez d'onction
« pour suivre leur Sauveur sur le Calvaire. Ce ne sont pas des
« imaginations; leurs ouvrages sont connus dans le monde, et
« bien des gens en ont murmuré. Un fort habile homme que nous
« voyons quelquefois, et qui sait très-bien l'histoire ecclésiastique
« de ce siècle, nous disoit, il y a quelques jours, qu'il y avoit plus
« d'un abbé de Saint-Cyran en France; qu'il y avoit plus d'un
« M. Pascal. Il avoit raison : ces messieurs étoient réformés, et si
« Dieu eût béni leurs desseins, nous ne serions pas dans l'état où
« nous sommes. Pour le premier, personne n'en doute : il ne faut
« que savoir l'histoire de son procès, et avoir lu les articles de foi
« qu'il avoit dressés et qu'on trouva dans ses mémoires, et tout le

Comme conduite parallèle à celle-là, et dans laquelle pourtant on peut croire qu'il entrait un peu plus de tactique humaine, je relève un trait qui m'indique avec précision l'aspect que Port-Royal aurait voulu se donner et garder à l'égard des rois. On l'accusait déjà de leur être au fond médiocrement fidèle ; on s'armait du *Mars gallicus* de Jansénius, de ce pamphlet tout espagnol, et dirigé contre la prérogative française à propos de la politique de Richelieu. Très au fait du reproche et allant au-devant, Lancelot rend compte en cette façon, à dessein minutieuse, des sentiments ou des témoignages de M. de Saint-Cyran à la mort de Louis XIII :

« monde a vu ces pièces. » — L'honnête réfugié, auteur de la lettre, s'en tient, on le voit, aux *Reliques* de Saint-Cyran, publiées par les Jésuites ; l'esprit de parti est crédule sur ce qui le flatte. — « M. Pascal, continue notre voyageur, s'étoit mieux caché. Mais, « si vous prenez garde aux preuves dont il se sert pour convaincre « les athées, et à ce silence affecté sur les principaux points de la « religion romaine, vous conclurez fort aisément *qu'il n'étoit pas « loin du Royaume de Dieu*. Mais voulez-vous savoir quelque chose « de particulier sur M. Pascal ?... » Et ici commence une incroyable histoire d'un jeune homme qui devint protestant dans le Languedoc, après avoir été, disait-il, employé par M. Pascal, et qui assura « que c'étoit M. Pascal qui avoit pris le soin de l'instruire, que « c'étoit de lui que M. Pascal s'étoit servi pour faire tenir à ses « amis les *Lettres provinciales* ; » que M. Pascal était réformé, *que tous les Jansénistes étaient dans les mêmes sentiments*. Il y a dans cette histoire, d'ailleurs absurde, un ressouvenir confus de celle du fameux Labadie, lequel, après avoir été employé à Port-Royal de Paris en 1643, puis à Amiens, et ensuite à Bazas, fit abjuration dans le Midi et passa depuis de croyance en croyance. Ces fables grossières, colportées par les honnêtes réfugiés Reboulet et Labrune, trahissent du moins l'espèce de rumeur publique, le préjugé qui se formait de loin sur le Jansénisme, et que la calomnie artificieuse des uns accréditait près de la bienveillance peu éclairée des autres. Le pendant de cette histoire est celle de Théodore de Bèze dans la Vie de saint François de Sales par Marsollier ; on y veut montrer, en effet, l'ami et le successeur de Calvin comme un catholique *in petto*, mais qui n'ose le redevenir. Qui croit l'un de ces contes devra croire l'autre.

« Durant cet entre-temps arriva la mort du feu Roi, qui, après avoir longtemps langui, mourut le 14 mai, jour de l'Ascension, vers le midi, en l'an 1643. Nous en eûmes incontinent la nouvelle à Port-Royal de Paris par un billet de madame la princesse de Guemené, et je fus aussitôt envoyé pour en faire part à M. de Saint-Cyran, que je trouvai encore dans la salle avec quelques autres Messieurs qui demeuroient chez lui, ne faisant que sortir de dîner. M. de Saint-Cyran levant les yeux au ciel adora Dieu. Ensuite, au lieu de s'amuser à causer sur cette nouvelle ou à s'entretenir des choses passées, et des vues que l'on pouvoit avoir de l'avenir, comme on fait d'ordinaire en de semblables rencontres, il nous fit prier Dieu pour lui (le feu Roi) et il ne se contenta pas d'un seul *De Profundis*, mais il nous fit dire les Vêpres des Morts, les Vigiles à neuf leçons et les Laudes, sans bouger de la place. »

Port-Royal, se sentant malicieusement provoqué à cet endroit, redoublait donc de soumission respectueuse et d'agenouillement. Sous la Fronde et après la Fronde, le soupçon et l'accusation ayant pris plus de consistance, on s'efforça d'y mettre encore plus de scrupule. Madame Perier, dans la Vie de son frère Pascal, aura grand soin de noter les sentiments royalistes qui ne le quittèrent pas, et combien il était intraitable sur ce chapitre des troubles civils, n'en souffrant l'excuse sous aucun prétexte, et n'y voyant pas moins qu'un sacrilége. M. d'Andilly, en ses Mémoires, parlant de sa liaison étroite avec madame Du Plessis-Guenegaud, a également soin de dire : « Notre amitié d'elle et de moi commença lors des guerres de Paris, où, nous trouvant ensemble à Port-Royal aux sermons de M. Singlin, nous parlions aussi hautement pour le service du Roi que l'on pourroit faire aujourd'hui[1]. » C'est en vertu des mêmes

---

1. Je trouve, dans un projet (manuscrit) de justification de Messieurs de Port-Royal près de Colbert (1663), qu'on les avait accusés d'écrire pour Fouquet : « Leur malheur est si grand qu'encore qu'ils
« ne se mêlent d'aucune chose hors de leurs obligations, on les a

principes qu'Arnauld, fugitif dans les Pays-Bas, écrivait son *Apologie* pour les Catholiques d'Angleterre accusés par Oates d'avoir conspiré contre leur roi (1678), et qu'encore, plusieurs années après, lors du détrônement de Jacques, il lançait contre l'usurpateur Guillaume son virulent pamphlet tout royaliste, qui lui apportait de nouvelles entraves dans l'exil. De même le Père Quesnel, héritier de l'esprit d'Arnauld, défendait *la souveraineté des Rois*, contre Leydecker. Au dix-huitième siècle, dans les Mémoires sur Port-Royal par le bon Guilbert, nous voyons l'historien à un certain moment, et lorsqu'il apprend l'attentat de Damiens, s'interrompre tout d'un coup durant des pages, pour faire profession d'obéissance au roi et d'exécration contre les sacrilèges [1]. Enfin de nos jours, l'un des derniers Jansénistes, le respectable M. Silvy, s'est attaché, dans ses brochures, à justifier de cette obéissance de Port-Royal aux puissan-

« toujours accusés d'intrigues et de factions ; sur quoi, s'il plaisoit
« à M. Colbert de considérer que, pendant les dernières guerres
« civiles, ils étoient quasi les seuls qui refusoient l'absolution à
« ceux qui étoient contre le parti du Roi, il jugeroit aisément, etc.,
« etc.... » Mazarin, bien tolérant d'ailleurs, n'était pas si persuadé de leur entière innocence aux environs de la Fronde. Un des curés de Paris qui fut le plus accusé, à cette époque, d'avoir pactisé avec la Fronde était M. Du Hamel, curé de Saint-Merry ; il était du moins tout à fait dévoué au Coadjuteur. Or je trouve dans les *Mémoires* de M. Feydeau, qui avait été son vicaire et qui était resté l'un de ses actifs collaborateurs dans sa cure, cette particularité sur laquelle, d'ailleurs, il n'appuie pas : « Nous avions fait vœu, M. Dorat et moi, pendant la guerre de Paris, d'aller à pied à Saint-Michel, protecteur de la France, s'il plaisoit à Dieu de ramener le roi dans la ville de Paris. Nous l'exécutâmes cette année 1653. Nous partîmes sept de Paris. Nous avions deux chevaux qui portoient nos hardes. Ce fut le jour de saint Louis que nous partîmes. » C'est ainsi qu'à Port-Royal et pour ceux qui en partageaient l'esprit, à côté d'une velléité d'indépendance, il y a toujours un correctif et une démonstration dans un sens de fidélité et de royalisme.

1. Tome VIII, p. 236.

ces; de ce royalisme *quand même* (vrai pendant du catholicisme *quand même*), et à se bien trancher et séparer d'avec l'abbé Grégoire qu'on lui opposait[1]. Malgré tout, malgré ces preuves positives et ces dénégations sincères, comme si la situation était plus forte que les hommes, une certaine veine secrète, sinon de rébellion, au moins d'indépendance au temporel, n'a cessé de courir dès l'origine et de se gonfler peu à peu dans la postérité de Port-Royal.

L'intervalle de paix et d'étude pieuse, sur lequel M. de Saint-Cyran comptait à sa sortie de prison, ne fut que de courte durée. Il avait paru de lui, un mois environ avant sa sortie, un petit Catéchisme sous le titre de *Théologie familière*, composé à la prière de M. Bignon pour l'instruction de ses fils. Les Jésuites cabalèrent assez auprès du Conseil de l'archevêque de Paris pour obtenir de ce prélat faible et peu éclairé un Mandement où il y avait une phrase contre le petit livre. Ce Mandement était déjà envoyé par les paroisses, lorsqu'on fut averti à temps; et M. Arnauld auprès des docteurs du Conseil, et madame de Guemené auprès de M. de Paris lui-même, firent tant d'instance et de diligence qu'un autre Mandement, survenant le dimanche matin (1er février 1643), un peu avant l'heure où l'on devait lire le premier au prône, le put révoquer et remplacer. Mais, le roi mort, les ennemis ne se tinrent pas pour battus et recommencèrent leurs trames autour du Conseil de l'archevêque. Ils voulaient obtenir du moins d'y faire comparaître M. de Saint-Cyran pour qu'il eût à s'expliquer, se réservant toujours de traduire ensuite le procès à leur manière et d'y donner tournure, quelle que fût l'issue. Ils se prenaient surtout à un endroit du livret,

---

1. *Première Lettre à l'Auteur des Mémoires pour servir à l'Histoire ecclésiastique...* Paris, 1815.

où M. de Saint-Cyran (dans l'explication de la Messe) avait marqué le Père comme le principe, non-seulement des créatures, mais de toutes les personnes divines, de toute la Trinité et de toute la divinité [1]. On comprend en effet combien cette face la plus majestueuse et la plus terrible du mystère était aussi la plus conforme à la vue de M. de Saint-Cyran. Ses amis et M. Singlin lui-même lui conseillaient de modifier l'explication. Mais il tint ferme, se fondant sur les Pères, sur les Conciles, et soutenant que pour rien, dût-on en mourir, il ne fallait affaiblir la Vérité ni en déserter le langage. On lui conseillait encore de se présenter au moins devant le Conseil de l'archevêque par déférence, et la mère Angélique se permit de l'y exhorter comme les autres, disant qu'il était toujours bon de s'humilier. — « Pour vous, lui répondit-il, qui êtes dans cette disposition, et *qui n'engageriez en rien l'honneur de la Vérité*, vous le pourriez faire ; mais, pour moi, *je me briserois devant Dieu* (c'était son terme habituel), si je le faisois. »

Cependant l'orage renaissant grossissait au point de laisser craindre que le monastère, pour le coup, n'y fût enveloppé, et qu'on ne lui donnât d'autorité d'autres confesseurs. On s'attendait à une visite par ordre de l'archevêque, et M. de Saint-Cyran en dut faire retirer tout un restant de papiers qui y étaient en dépôt. C'est à ce sujet du renouvellement de persécution, qu'il écrivit à la mère Angélique une belle lettre qui nous est comme son rude chant du cygne et son dernier oracle. On y lisait :

« Ma Mère, tout ce que vous m'avez écrit est très-sage et très-raisonnable, et vous ferez bien de le suivre en cette

---

1. Il fallait cependant prêter un peu à la lettre, pour accorder tant de valeur au passage, si j'en juge par la page 159 de cette *Théologie familière* dans l'édition que j'ai sous les yeux, et qui n'est pas moins que la *treizième* (1693).

rencontre, puisque c'est votre disposition. Pour moi, quand je vous ai parlé de la sorte, j'ai suivi la mienne, obéissant aux mouvements que j'ai cru venir de Dieu, et je ne saurois m'en repentir. M. Bignon, *que l'on accuse d'être un peu craintif*[1], ne laissa pas de me dire hier chez lui, qu'il admiroit cette persécution, et qu'il en sentoit une nouvelle passion contre ceux qui l'excitent, et contre le siècle même qui fait voir en cela sa corruption.... Il n'y a qu'une seule chose où je ne suis pas de votre avis, qui est que *je crois que les foibles sont plus à craindre quelquefois que les méchants.* Dans la persécution que ceux qui sont morts m'ont faite, j'ai trouvé quelque lieu à raisonner, car ils avoient quelque connoissance des matières, ce que je n'espère pas trouver dans les vivants. Dieu leur fasse miséricorde !... Je ne vous verrai point que cette tempête ne soit passée.... Si en telles occasions votre monastère pouvoit être renversé de fond en comble, et que vous fussiez transportées ailleurs, ce seroit pour moi une moindre affliction que le renversement de votre discipline, qui est le plus grand mal qu'ils vous puissent faire en vous donnant d'autres directeurs. Je sais bien ce que je pense, et, quoique je sois indisposé et que je dorme fort peu, je me sens avoir quelque secrète vigueur pour l'empêcher avec force, si j'étois aussi bien autorisé par la loi, comme je le suis, si je ne me trompe, par la justice et la disposition de mon cœur. »

Ce que M. de Saint-Cyran dit là des *faibles pires quelquefois que les méchants* s'éclaire à merveille de ce qu'écrit Retz en ses Mémoires sur le caractère du prélat dont il fut le coadjuteur : « Je trouvai l'archevêché de Paris dégradé à l'égard du monde par les bassesses de mon oncle, et désolé à l'égard de Dieu par sa négligence et son incapacité.... Je n'ignorois pas de quelle né-

---

[1]. M. Bignon *un peu craintif!* Notons le trait, on ne s'y attendait pas. Rappelons-nous M. Molé *homme tout d'une pièce*, qui pourtant faiblit et tourne vers la fin. Joignons-y plus tard Daguesseau, et tant d'autres honorables amis de Port-Royal dans le monde, dans les charges, mais que les inimitiés redoutables, qui leur en venaient bientôt, faisaient à deux fois réfléchir.

cessité est la règle des mœurs à un Évêque : je sentois que le désordre scandaleux de celles de mon oncle me l'imposoit encore plus étroite et plus indispensable qu'aux autres, et je sentois en même temps que je n'en étois pas capable... » Et encore : « M. l'archevêque de Paris, qui étoit le plus foible de tous les hommes, étoit, par une suite assez commune, le plus glorieux. Il s'étoit laissé précéder partout par les moindres officiers de la Couronne, et il ne donnoit pas la main dans sa propre maison aux gens de qualité qui avoient affaire à lui... [1]. » Ce sont de tels archevêques pourtant, dont celui-là était encore un des meilleurs, des archevêques comme le bonhomme Péréfixe, et ensuite comme l'habile, mais impur et scandaleux De Harlay, qui ont amené contre Port-Royal les choses, de proche en proche, au degré de ruine qu'un prélat honnête et ami, mais faible, le cardinal de Noailles, se prêta à laisser consommer.

Les soutiens ordinaires de M. de Saint-Cyran à la Cour, M. Molé et M. de Chavigny, le tirèrent d'affaire cette fois encore, et détournèrent à temps la menace qui, du reste, n'aurait pu manquer de se renouveler, puisque le livre de *la Fréquente Communion* allait paraître. De ce livre, après la publication, M. de Saint-Cyran ne vit que le premier effet de triomphe, et il l'envisagea comme une justification éclatante qui lui était suscitée de la part de Dieu, dans un point de doctrine sur lequel il avait été particulièrement calomnié. Les sermons du Père Nouet, qui faisaient tapage, n'avaient rien d'inquiétant d'abord, et rejaillissaient plutôt contre la Société même, par leur excès. M. de Saint-Cyran, ainsi consolé, mais au terme et qui ne s'était jamais relévé de sa faiblesse depuis sa prison, se trouva plus épuisé le jeudi 8 octobre de cette année 1643 ses pa-

---

1. Au livre II, année 1643.

roles à Lancelot, qui le visitait, furent celles d'un homme qui se sent finir. Il travaillait pourtant toujours et dictait encore le samedi soir des *Pensées chrétiennes*, des *Points sur la mort*, afin de n'en point détacher sa vue ; car sa maxime était : *Stantem mori oportet*, il faut qu'un Chrétien meure à l'œuvre. Le dimanche matin 11, après une nuit mauvaise, vers cinq ou six heures, il tomba en apoplexie. Il revint assez à lui, durant une ou deux heures, pour recevoir en toute connaissance les sacrements que put lui administrer, quoi qu'on en ait dit, le curé de Saint-Jacques-du-Haut-Pas [1]. Puis une nouvelle attaque l'emporta sur les onze heures. Lancelot nous a laissé les plus précis, les plus religieux détails. M. de Bascle, ce gentilhomme du Querci, ce nouveau solitaire qui était pour lors à Port-Royal de Paris, tout perclus et douloureux, apprenant le dernier soupir de M. de Saint-Cyran, vint à pied de cette maison au logis mortuaire, aidé de ses béquilles, ce qui était déjà surprenant ; mais, quand il eut baisé les pieds du défunt, il se sentit tout d'un coup si fortifié par cet attouchement qu'il jeta les béquilles mêmes, et lui, qui ne se remuait qu'à grand'peine une demi-heure auparavant, il put descendre de la chambre haute sans aucune aide ; ce mieux se soutint et dura plusieurs années. Lancelot

---

1. C'était sa paroisse : il demeurait proche les Chartreux, aux environs de ce qui est aujourd'hui la rue d'Enfer. L'acharnement avec lequel les ennemis ont nié qu'il ait reçu les sacrements est curieux. Le Père Rapin (*Histoire du Jansénisme*) va jusqu'à prétendre, et ceux de sa robe qui se sont copiés répètent que, pour sauver l'honneur du défunt, on trompa le public par la Gazette, et qu'on gagna le gazetier en lui faisant mettre la petite note qu'on lit en effet dans le numéro du samedi suivant (n. 131). Ils y opposent, comme pièce contradictoire, une espèce d'attestation du curé même de Saint-Jacques. Malgré tout, entre le Père Rapin et les siens, écrivant par ordre, qui nient ce qu'ils n'ont pas vu, et Lancelot témoin, qui affirme, je n'hésite pas. (Voir l'*Appendice*.)

et les témoins y virent une espèce de miracle : merveilleux effet, à coup sûr, de la vénération fortement éprouvée ! — Et parlant pour son propre compte, le pieux chroniqueur de cette scène ajoute : « Jetant la vue sur le corps qui étoit encore en la même posture où la mort l'avoit laissé, je le trouvai si plein de majesté, et dans une mine si grave, que je ne pouvois me lasser de l'admirer, et je m'imaginois qu'il auroit encore été capable en cet état de donner de la crainte aux plus passionnés de ses ennemis, s'ils l'eussent vu[1]. »

On fit l'ouverture du corps. Le cœur fut réservé pour M. d'Andilly, à qui M. de Saint-Cyran l'avait donné par son testament, à condition qu'il se retirerait du monde. Les entrailles furent aussi mises à part, pour être enterrées à Port-Royal de Paris, selon la dévotion de la mère Angélique. Lancelot coupa lui-même les mains sur l'instance de M. Le Maître, lequel, arrivé de Port-Royal des Champs le lundi soir, lendemain de la mort, ne se trouva pas satisfait des autres *petites richesses* qu'on lui avait ménagées, et qui en sus voulut absolument ces mains, « ces mains, disait-il, toutes pures et toutes saintes, que le défunt avoit si souvent levées vers Dieu, qui avoient écrit tant de vérités, et qui combattoient encore pour l'Église lorsque Dieu l'avoit appelé à lui[2]. » Le reste du corps fut enterré à l'église Saint-Jacques-du-Haut-Pas, dans l'enceinte du sanctuaire. M. Hamon se sentira un jour tout consolé dans cette église, proche de ce tombeau.

La mère Angélique avait toujours paru tellement au-

---

1. Lancelot, *Mémoires*, tome I, p. 252.
2. Le médecin et le chirurgien, d'autre part (car rien n'est oublié), admirèrent, on nous le certifie, la capacité de son cerveau et dirent qu'ils n'en avaient jamais vu un si grand pour la quantité ni de plus blanc pour la substance. (Lancelot *Mémoires*, tome I, p. 255).

dessus des affections humaines et de famille, qu'on avait pu douter par moments si elle les ressentait ; mais, à cette heure de la mort de M. de Saint-Cyran, on vit bien que c'était chez elle vertu, puisqu'elle ne marqua pas plus d'émotion que pour ses proches, et qu'elle n'eut dans ce malheur que deux paroles : *Dominus in Cœlo!* Dans le Ciel est le Seigneur !

L'enterrement se fit le mardi à Saint-Jacques-du-Haut-Pas, avec concours d'évêques et d'archevêques qui témoignaient en cela de leur déférence persistante pour l'auteur présumé du *Petrus Aurelius*. Tout ce qu'il y avait de prélats alors présents à Paris se firent un devoir d'y assister. « Cette vie pleine d'honneur, a dit le président Molé, méritoit bien ce tombeau honorable. » On voit l'effet de la cérémonie attesté par des témoins et écrivains, du reste très-peu jansénistes, tels que l'abbé de Marolles en ses *Mémoires*[1]. Une *Altesse* même y assista, sans avoir été invitée : c'était madame Marie de Gonzague, future reine de Pologne, et qui était depuis peu en liaison étroite avec la mère Angélique. Elle devait voir M. de Saint-Cyran et était venue en conférer le mercredi même avec la Mère ; mais M. de Saint-Cyran mourut le dimanche. Princesse douce, sensible, d'imagination tendre et naturellement superstitieuse, elle fut induite sans doute à ce retour religieux, à la suite des pensées que la mort de M. de Cinq-Mars, et l'éclat qui s'ensuivit pour elle, durent lui suggérer. Elle prit un

---

1. Ce bon abbé de Marolles avait vu cinq ou six fois M. de Saint-Cyran, qui avait même pensé à lui dans une circonstance pour un évêché. Petitot (*Notice sur Port-Royal*, p. 53) en fait un grief sérieux. Mais, en lisant le détail même dans les *Mémoires* du bon abbé (à l'année 1632), on trouve que M. de Saint-Cyran le dissuada plutôt par la description qu'il lui fit du péril et de la grandeur de la charge. C'est ce que Petitot, par passion, a dissimulé. Le convaincre ainsi d'altération sur quelques points dispense de le réfuter sur beaucoup d'autres.

petit logement à Port-Royal ; elle y passait des journées entières, ainsi que la princesse de Guemené et la marquise de Sablé, autre conquête mondaine qui se fit dans le même temps. Ce trio de grandes dames donnait assez de peine à la mère Angélique : « Il faut que je m'en aille séparer nos Dames, disait-elle quelquefois les sachant ensemble, car elles se gâtent les unes les autres. » En restant toujours amies de la maison, elles n'y changèrent pas leur nature. Nous le savons assez pour ce qui est de madame de Guemené, celle des trois qui *persévéra* le moins. Madame de Sablé, ingénieuse, friande et peureuse, amie de M. de La Rochefoucauld et devant un jour avoir quelque part dans les *Maximes*, madame de Sablé, une des patronnes actives du second Port-Royal, lors même qu'elle y eut pris son logement à demeure, ne resta pas moins remplie d'agitations et de susceptibilités, de ces exigences qu'on porte dans les amitiés mondaines : elle en tourmentait souvent la bonne mère Agnès, comme l'attestent nombre de lettres manuscrites. Pas plus qu'autrefois, depuis ce qu'on appelait sa *conversion*, elle ne dissimulait d'extrêmes frayeurs de la mort qui allaient à la fable et au ridicule, multipliant et raffinant, du monde au cloître, ces sortes de manies incroyables, dont l'ancienne société a gardé jusqu'au bout plus d'un exemple, et qui supposent beaucoup d'esprit, de luxe et de loisir[1]. Elle était

---

1. Tallemant des Réaux (tome II, p. 323) n'a rien exagéré sur elle. L'écho du cloître est exactement d'accord là-dessus avec les propos du malin. Dans une petite *Consultation* manuscrite du docteur de Sainte-Beuve à madame de Sablé, après des réponses en forme à ses tentations contre la foi, à des difficultés qu'elle trouvait à la prophétie de Jacob touchant le Messie, le grave casuiste lui dit : « Vous jugerez de nos conférences par vos besoins, je tâcherai de prendre mon temps pour cela ; » et aussitôt comme article essentiel de précaution, il se croit obligé d'ajouter : « Je vois assez peu de malades ; je ne sors, hors la messe, que rarement ;

d'ailleurs l'amabilité, la politesse même. Son goût joignait le solide au délicat. Les *Provinciales* sembleront faites pour elle. Arnauld lui envoyait en manuscrit le Discours préliminaire de la *Logique*, pour la *divertir* une demi-heure et pour la consulter.

Quoi qu'il en soit, une telle *pénitente* ne pouvait convenablement venir à Port-Royal que le lendemain de la mort de M. de Saint-Cyran.

Quant à la princesse Marie, qui nous apparaît pour la première fois à l'enterrement du grand directeur, elle était certainement moindre pour l'esprit que ces deux autres dames de Sablé et de Guemené, moindre surtout que sa sœur la célèbre Anne de Gonzague, glorifiée par Bossuet. Romanesque, sensible à l'éclat et facile à éblouir, elle ne put résister à l'offre de la couronne de Pologne

---

quand j'aurai vu quelque malade de maladie dangereuse, je vous le ferai savoir, *étant fort informé de votre humeur excessivement appréhensive.* » C'était une idée fixe chez madame de Sablé que cette peur de gagner du mal par contagion ; aucun suspect n'arrivait jusqu'à elle qu'après quarantaine. Les scrupules pour le moral se mêlaient bizarrement à ces chimères de maladie, et le tout se croisait en mille sortes de variétés des plus compliquées, des plus vaporeuses. Elle avait perdu vers la fin, ou s'imaginait avoir perdu l'odorat, et en faisait des rêves affreux qui l'humiliaient. Dans une lettre d'elle à la mère Agnès (7 septembre 1669), je lis : « Ce que vous me faites l'honneur de me mander de la perte de votre odorat est bien capable de me donner de la consolation ; mais hélas ! ma très-chère Mère, je suis trop éloignée de votre vertu pour qu'elle me puisse être un exemple. Vous dites parfaitement bien que la privation que je sens peut me servir de pénitence sur le plaisir que j'ai pris aux bonnes odeurs ; j'en suis tout à fait persuadée ; ma raison et ma volonté s'y soumettent ; mais je vous avoue que mon imagination est si peinée de me voir, toute vivante, porter une espèce de mort dans une partie de moi-même, qu'en dormant il m'en prend des tressaillements qui me réveillent. Je voudrois bien savoir, quand vous aurez du loisir, si ces peines qui viennent de mon amour-propre peuvent entrer dans la pénitence.... » Mais c'est assez d'échantillons pour le moment.

qui lui fut faite en 1645, et, comme on lui demandait si elle désirait voir d'avance le portrait du roi, elle répondit naïvement qu'il n'en était pas besoin, car elle épousait sa Couronne. Ce nom de Pologne, toujours émouvant, avait quelque chose alors de singulièrement grandiose et d'inconnu, un mélange d'Asie et de Scythie. L'ambassade des Polonais, avec son faste un peu barbare, paraît représenter à madame de Motteville *cette ancienne magnificence qui passa des Mèdes aux Perses*, et de ceux-ci, en droite ligne apparemment, aux descendants des Sarmates. La princesse qui faisait l'objet de cette ambassade me figure assez bien elle-même, par son tour d'esprit et par ses fortunes, une héroïne comme dans *le grand Cyrus*, à la Scudéry. Ce fut un bel instant, dit madame de Motteville encore, et sans doute le plus agréable et le plus glorieux pour la reine Marie, que celui du mariage, lorsque dans la chapelle du Palais-Royal elle se trouva placée au-dessus du duc d'Orléans, cet infidèle prince qu'elle avait dû épouser autrefois, et au-dessus même de la reine de France dont elle était sujette avant que son père fût devenu souverain et duc de Mantoue. La réalité, comme on dirait aujourd'hui, rabattit vite de ces scènes flatteuses. A peine arrivée en Pologne et montée sur ce trône si loin cherché, les désappointements pour elle commencèrent. Elle entretint de là des commerces fidèles avec ses amis d'ici, et notamment une Correspondance très-suivie avec la mère Angélique, à laquelle elle écrivait *quasi tous les ordinaires*, et qui lui répondait avec grande force et liberté comme elle aurait fait à l'une des sœurs[1]. On a,

---

1. Les lettres de la mère Angélique ont été conservées malgré elle. On en tirait copie avant de les faire partir, ou même on en envoyait des copies de Pologne. Elle finit par s'en apercevoir et s'en plaignit. La mère Agnès était du complot pour qu'on n'en laissât perdre aucune : « Il ne nous est point échappé de lettres à la reine

outre ces réponses, des conversations où la Mère s'explique au sujet de cette reine; l'expression peut sembler dure quelquefois. Par exemple, la reine de Pologne avait répondu d'une manière charmante à des amis qui lui conseillaient de modérer ses libéralités et ses aumônes, et de mettre quelque chose en réserve pour l'avenir : « Non, je ne veux rien amasser, car, quelque peu que j'aie de bien, si je devenois veuve, j'en aurois toujours assez pour être reçue par la mère Angélique à Port-Royal des Champs[1]. » Et comme M. Le Maître commentait avec une sorte de joie et d'orgueil cette parole devant sa tante, celle-ci répliqua : « Je ne sais si nous
« devons désirer qu'elle soit religieuse céans ; car, à
« moins qu'une Reine soit toute sainte, il est difficile
« qu'elle ne cause de l'affoiblissement et du relâchement
« dans une maison religieuse. Leur délicatesse est ex-
« trême, et de plus je ne vois pas grand lieu d'espérer
« ce miracle en elle ; car les Rois et les Reines sont des
« néants devant Dieu, et la vanité de la condition attire
« plutôt son aversion sur eux que son amour. Ils nais-
« sent doublement enfants de sa colère, n'y ayant pres-
« que aucune princesse en qui l'esprit et la grâce de

(de Pologne) pendant que notre Mère étoit à Port-Royal des Champs); je crains que nous ne puissions faire *notre coup* si aisément à présent, parce qu'elle écrit tard. Il y a plusieurs surveillantes établies pour cela. » (Lettre de la mère Agnès à la sœur Dorothée de l'Incarnation Le Conte, du 1er août 1653.)

1. Elle avait fait, non au monastère des Champs, mais à celui de Paris, depuis qu'elle était reine, un temps de retraite assez notable. On lit dans les *Mémoires* de Marolles, ce fidèle historiographe et caudataire de la princesse tant qu'elle fut en France : « Au bout de quelques jours (après la cérémonie de son mariage), afin de se reposer un peu de toutes ses grandeurs et vaquer à sa piété ordinaire, elle se retira au monastère du Port-Royal, où elle acheva de faire sa maison et de donner ordre pour l'équipage de son voyage, à quoi elle avoit déjà travaillé. »

« Dieu se fasse paroître [1]. » Nous reconnaissons bien, à ce ton de maître et à ce vigoureux esprit de spiritualité, la coopératrice dans l'œuvre, et l'égale, à sa manière, de M. de Saint-Cyran. C'est ainsi encore qu'ayant à écrire à la reine de Pologne et à une madame Allen, bonne et pauvre veuve de Paris, et ne pouvant trouver le temps de le faire à toutes deux, elle donnait la préférence à sa pauvre veuve. La mère Angélique appréciait pourtant en cette reine affectionnée beaucoup de bonté, d'aimable douceur, d'amour de la vérité, et une vie chaste, ajoutait-elle, conservée en tout temps, et intacte avant le mariage, elle en était certaine, malgré tous les méchants bruits de Cour. Elle ne cessa donc jamais de communiquer, d'octroyer, si l'on veut, à cette Majesté gracieuse et intéressante dans son faible, de sages et vrais conseils. Mais, dans ce commerce, c'était bien elle, évidemment, qui était *la Reine,* une *Christine de Suède* au cloître et contrite. L'autre, exilée en sa Pologne, n'était au plus qu'une espèce de *reine Hortense* de son temps.

Le tombeau de M. de Saint-Cyran, auquel cette Altesse et plusieurs prélats avaient rendu honneur dès le premier jour, devint bientôt très-fréquenté et l'objet d'un culte que grossirent naturellement les amis, — que les ennemis, tant qu'ils purent, dénigrèrent. Tous les samedis, on envoyait, à ce qu'il paraît, des prêtres de Port-Royal qui venaient dire la messe à l'autel le plus proche de ce tombeau ; et ce n'était point la messe des Morts avec du noir qu'ils disaient, c'était une messe de Confesseur *avec du blanc,* ce qui semblait présumer étrangement pour le défunt, et trancher, comme en son nom, du Bienheureux. On envoyait, dès la veille, laver

---

1. *Mémoires pour servir à l'Histoire de Port-Royal* (Utrecht, 1742), tome II, p. 385 et 333.

et nettoyer la tombe avec un grand soin pour que l'éloge contenu dans l'Épitaphe se lût mieux. Les personnes de qualité y arrivaient en foule, et l'on se succédait dans les prières qu'on y faisait, comme devant le Saint-Sacrement là où il est exposé à l'adoration. M. d'Andilly avait fait graver l'image du saint abbé : on la distribuait dans le faubourg ; on y ajoutait des aumônes. Ce concours de personnes de condition, ces carrosses à la porte, ces dames en prière sur la dalle funèbre, tout cet appareil dut promptement agir sur les esprits et donner dans les yeux du peuple, qui commença à se mêler en effet et à entrer à son tour dans cette dévotion. Quoique ce soient des ennemis qui racontent cela[1], j'ai peine ici à ne pas les croire ; il est trop naturel que de la part des vivants, dans la ferveur du regret et du zèle, les choses se soient passées ainsi. Toute mémoire s'altère si vite chez les plus fidèles ! Les morts sérieux sont si peu honorés comme ils l'auraient entendu ! M. de Saint-Cyran, s'il avait pu revenir, aurait-il donc voulu de ces honneurs ? les aurait-il soufferts ?

Ainsi disparut, à l'âge de soixante-deux ans, le chef suprême, le modèle de tous ces grands caractères, moindres pourtant que le sien, et auxquels, dès le lendemain, il manqua. Nous quittons le fondateur et le restaurateur original de cette doctrine spirituelle qui ne put jamais s'établir ni se développer comme il le désirait, et comme il le demandait à Dieu. La veille de sa mort, il dit à son médecin, M. Guérin, qui était en même temps celui du Collége des Jésuites : « Monsieur, dites à vos Pères que, quand je serai mort, ils n'en triomphent point, et que j'en laisse *douze* après moi plus forts que moi. » Erreur ! ces douze-là ne furent qu'une monnaie mieux cou-

---

1. Le Père Rapin, *Histoire du Jansénisme*.

rante et mieux sonnante; eurent-ils en masse le même poids? Pour parler sans figure, il y en eut à Port-Royal de plus célèbres depuis, de plus brillants, de plus en dehors par les résultats obtenus; il n'y en eut aucun de plus fort, de plus essentiel que M. de Saint-Cyran. Je n'ai fait, en insistant sur lui si à fond, que le placer, par rapport à l'œuvre et aux hommes que nous étudions, dans ses proportions véritables. Et je l'ai dû faire d'autant plus que l'opinion, même de sa postérité et des siens, s'est obscurcie sur son compte; que, tout en le proclamant grand homme, les historiens de Port-Royal ne l'ont pas assez détaché de ses successeurs ni démontré dans sa grandeur propre et spéciale qu'aucun autre n'a remplie; qu'enfin, avec le temps, les simples lecteurs et amateurs des doctrines et des vertus jansénistes ont volontiers incliné à le considérer comme un esprit profond, mais un peu bizarre, imbu de doctrines particulières, et à lui imputer des difficultés dont on se serait bien passé sans lui. On a vu combien, certes, il n'en est rien, et on a pressenti au contraire que, si Port-Royal avait eu à être sauvé plus tard des inextricables chicanes où on l'enveloppa, ce n'aurait pu être probablement que selon sa méthode et son conseil, en le supposant vivant et présent, lui souverain, tout appliqué qu'il était à prendre les choses par le dedans et par l'ensemble[1].

1. Comme il n'eut rien de *littéraire* pour le talent, on ne trouve guère de jugements à recueillir sur lui hors du cercle théologique. Dans une lettre de madame de Sévigné (9 août 1671), on voit que M. d'Andilly avait donné à lire à cette grande liseuse le recueil des Lettres de M. de Saint-Cyran : « C'est, dit-elle, une des plus belles choses du monde; ce sont proprement des maximes et des sentences chrétiennes, mais si bien tournées qu'on les retient par cœur comme celles de M. de La Rochefoucauld. » Bossuet en jugeait moins favorablement. La sœur Cornuau, religieuse à Jouarre, voyant ces dames de Luines, religieuses au même couvent, lire les

Son neveu, M. de Barcos, qui lui succéda dans l'abbaye et dans le nom de Saint-Cyran, contribua sans doute à faire rejeter sur la mémoire de son oncle quelque soupçon de particularité de doctrine ; car avec toutes sortes de vertus et une vaste science, il n'écrivit presque rien qui ne soulevât des difficultés sans nombre et qui ne fît achoppement.

Nous avons pour méthode d'étudier volontiers les qualités, les tendances du maître grossies jusqu'au défaut, forcées ou affaiblies dans le disciple ; de regarder Corneille à travers Rotrou, de suivre M. de Genève jusque

---

Lettres de Saint-Cyran, avait écrit à plusieurs reprises à l'illustre prélat qui la conseillait, pour avoir la permission de cette lecture. Bossuet en est un peu impatienté, on le sent ; il répond : « J'oublierois toujours, ma fille, de vous répondre sur les Lettres de M. de Saint-Cyran, si je ne commençois par là. *Elles sont d'une spiritualité sèche et alambiquée* ; je n'en attends aucun profit pour la personne que vous savez. *Je ne les défends pas*, mais je ne les ai jamais *ni conseillées, ni permises.* » Quel biais étroit entre *ne pas défendre* et *ne pas permettre!* Bossuet avait ainsi, sur bien des points, de ces biais singuliers pour un aussi puissant et absolu génie. — Les *Lettres* de M. de Saint-Cyran commencèrent à paraître moins de deux ans après sa mort : M. d'Andilly, qui en *procura* la publication, les offrit à *Messeigneurs les Archevêques et Évêques de France* par une Épître dédicatoire, datée du 10 mars 1645. Le second volume parut en 1647 ; le premier avait déjà été réimprimé deux ou trois fois dans l'intervalle. — Un recueil de nouvelles et dernières Lettres de M. de Saint-Cyran, qui ne sont pas les moins importantes et dont j'ai fait un continuel usage, ne parut que près d'un siècle après (1744). — Au moment où les premières furent mises en lumière, elles furent beaucoup lues et on essaya même d'en introduire la lecture dans les établissements ecclésiastiques avec plus de zèle que de discrétion. M. Feydeau raconte que, dans un voyage qu'il fit à Beauvais, étant allé de bonne heure visiter le séminaire, il fut surpris d'entendre lire dès six heures du matin aux séminaristes des *Lettres de M. de Saint-Cyran à des religieuses;* consulté à ce sujet, il ne put s'empêcher d'en marquer son étonnement et de dire qu'un Traité de quelque Père de l'Église, une Épître de saint Jérôme à Népotien serait plus utile à des clercs que des lettres destinées à des religieuses. Le directeur tint compte, à l'avenir, de son observation.

dans M. de Belley : il ne sera pas inutile de rattacher à M. de Saint-Cyran, comme une conséquence tout immédiate, la personne de son neveu, et de vérifier rapidement dans ce dernier la pensée et la manière de l'autre poussée à ses limites et dans ses aspérités mêmes.

Martin de Barcos, neveu de M. de Saint-Cyran par sa mère, et né également à Bayonne, avait, jeune, étudié à Louvain sous Jansénius, et on entrevoit dans les Lettres de celui-ci que, tout en faisant cas de son élève, il le jugeait un peu pénible et lent à se débrouiller. Une étude opiniâtre avait triomphé de cette difficulté première qui n'était pas de la stérilité ; la terre pourtant, même dans sa culture, garda ses ronces. Revenu de Louvain, il ne quitta plus son oncle jusqu'à l'heure de la captivité : il travailla sous lui, devint aussi savant que lui [1], rédigea probablement sous sa direction le *Petrus Aurelius* ; en un mot, il fut initié à toute sa vie intérieure et à toutes ses pensées, comme il l'avait été à celles de Jansénius. M. de Saint-Cyran mort, l'abbaye fut demandée de mille côtés ; les adversaires redoutaient que le nom ne restât attaché à une personne du même esprit : M. de Chavigny l'emporta pour M. de Barcos. Lorsqu'il alla pour remercier la reine : « Eh ! qu'auroit dit M. d'Andilly, répondit-elle, si je l'avois donnée à un autre ? »

M. de Barcos fut tout aussitôt impliqué dans l'affaire du livre de *la Fréquente Communion*, pour la phrase, si l'on s'en souvient, qu'il avait ajoutée à la Préface, sur saint Pierre et saint Paul, les deux Chefs *qui n'en font*

---

1. « Mon neveu de Barcos est aussi savant que moi, » répétait souvent M. de Saint-Cyran ; il ajoutait même quelquefois : « Mon neveu mériteroit un Évêché. » Éloge suprême selon les idées qu'on lui connaît sur l'Épiscopat. M. de Barcos cependant ne fut fait *prêtre* qu'en 1647, étant déjà abbé.

qu'un[1]. J'ai dit, au précédent chapitre, comment il ne donna pas dans l'idée d'Arnauld d'aller à Rome et d'entrer en lice bruyante. Cette phrase mal trouvée, qui accrocha le livre de *la Fréquente Communion*, porta aussi le premier échec à l'autorité de M. de Barcos au sein de Port-Royal. Il en avait une grande à la mort de son oncle : M. Singlin ne consentit à rester confesseur et directeur que sur sa décision. Mais M. Arnauld et d'autres lui en voulurent un peu de l'incident dont il avait été cause, et des écrits aggravants qu'il composa pour éclaircir sa phrase et la justifier. Nicole, à son tour, en survenant, conçut de lui une idée peu souriante, comme d'un auxiliaire suranné dans la forme, assez fâcheux sur le dogme, et cette idée dans son esprit put rejaillir jusqu'à l'oncle. Bien que M. de Barcos rendît encore des services directs à Port-Royal, comme lorsqu'il contesta et ruina, au gré des Jansénistes, l'interprétation donnée par le docte Sirmond au manuscrit intitulé *Prædestinatus*, d'où l'on voulait conclure à une hérésie des *Prédestinatiens*; bien qu'il se retrouve utilement, à titre de collaborateur, dans plusieurs écrits polémiques, et qu'il ait réfuté avec avantage Abelly sur saint Vincent de Paul, pourtant il ne lui arriva guère, depuis la mort de son oncle, de produire aucun sentiment essentiel ni d'ouvrir aucun conseil de circonstance, sans qu'à l'instant la plupart de ses amis de Port-Royal y vissent à redire. Il ne se pliait pas à la nouvelle tactique de défense et rompait presque à tout coup les mesures. Cela devint sur-

---

1. On fut frappé de cette proposition à Rome, surtout en raison du dessein qu'on avait prêté au cardinal de Richelieu de songer à établir un Patriarcat en France. On paraissait craindre qu'à la faveur de cette doctrine, un Patriarche des Gaules, par exemple, ne se pût dire un jour successeur de saint Paul, comme à Rome on se disait successeur de saint Pierre. Le commissaire de l'Inquisition allégua du moins ce genre de raisons à M. Bourgeois.

tout très-prononcé, quand il fut, sur l'affaire de la Signature, d'un autre avis qu'Arnauld et Nicole. Plusieurs lettres d'Arnauld attestent et déroulent très au long, aux divers temps, les points de dissidence : « Pardonnez-moi, Monsieur, écrivait celui-ci à M. Guillebert, si je vous dis que, comme je reconnois que M. de Saint-Cyran a de très-grandes lumières, je ne puis aussi m'empêcher de croire qu'il ne les exprime pas toujours de la manière la plus favorable et qui les pourroit mieux faire recevoir dans le monde. » M. de Barcos semblait même se contredire parfois, comme quand il était d'avis, pour la Bulle, que les religieuses signassent, et pas les ecclésiastiques. Il demandait à la fois plus de vigueur pour la vérité et moins de disputes. Sa pensée était plus vraie, à mon sens, qu'elle ne paraissait lucide à Arnauld. Ce dernier faisait toujours son rôle d'admirable avocat, mais d'avocat. M. de Barcos le sentait, mais, en homme tout intérieur, il ne répondait pas avec assez de netteté. On lui a fort reproché, dans la jeune génération de Port-Royal, d'avoir, lui si inflexible d'abord, été du parti de céder ensuite; sans entrer dans un détail trop fastidieux, je rendrai en gros mon impression. M. de Barcos ne trouva bon dans aucun temps, ni d'aller lui-même à Rome pour son propre compte, ni d'y envoyer plus tard ces docteurs un peu bruyants et matamores, Saint-Amour et autres, pour y soutenir et y *plaider* les cinq Propositions. Il pensait qu'après tout la cause générale se serait vue en meilleur état, si on l'avait laissée *stagnante*, sans vouloir *se signaler* par elle (c'était son terme) à Rome *et ailleurs*[1]. Il n'approuvait donc en rien toutes ces discus-

---

1. Un jour direct nous est ouvert sur la pensée de M. de Barcos par l'extrait suivant d'une lettre de madame de Liancourt, rapportant une conversation qu'elle avait eue avec lui. Voici exactement comment il jugeait de la procédure de Port-Royal en juillet 1654 :

« Pour la doctrine, il proteste qu'il n'en faut pas parler et que l'impru-

sions publiques, ces *ferrailleries* sorboniques, qui déplacèrent si vite la question et déroutèrent les esprits. Mais, le mal une fois fait, après des années d'une tactique, selon lui, fausse et fâcheuse, je conçois très-bien que M. de Barcos ait pensé qu'il en fallait finir absolument, s'il y avait moyen, et qu'il ait conseillé, à cette seconde époque, une démarche dans ce sens-là, toute ouverture, tout accommodement possible, c'est-à-dire encore le silence. Ce n'était pas là être en contradiction avec soi-même ; car il se dirigeait bien moins en tout ceci en vertu d'une teneur constante de raisonnement comme Arnauld, que par un certain esprit méditatif et intérieur. Le malheur est que la forme et l'expression trahissaient souvent sa pensée si droite ; il expliquait, je n'en doute pas, beaucoup de ces bonnes raisons, dans les *cinq cents Re-*

---

dence de ceux qui en ont trop parlé a mis l'Église dans le trouble où elle est ; que c'est une chose si mal conçue que d'avoir envoyé à Rome, qu'il n'a jamais pu être de cet avis. — Je lui dis : « Mais comment est-il possible qu'on ait fait une chose de cette importance contre votre avis, vous qui savez si à fond toutes ces matières, et qui êtes si fort considéré par ceux qui tiennent la doctrine de saint Augustin? » — Il me dit : « Il est véritabel que, quand on m'a consulté là-dessus, j'ai toujours dit que l'on gâteroit tout d'envoyer à Rome et que le temps n'étoit pas propre pour découvrir les vérités si peu connues et qui attirent des conséquences si ruineuses pour ceux qui les ont ignorées ; qu'il en falloit user comme les ministres d'État doivent faire des choses qui se délibèrent dans le Conseil, c'est-à-dire les taire, parce que le peuple n'est pas capable de comprendre les secrets du prince ; que les matières présentes sont les grands secrets de Dieu, et quiconque les prodigue est coupable. » Et en particulier il me blâma fort ceux qui parlent et en font des conférences. Fort de ces messieurs qui paroissent les défenseurs furent nommés et fort rebutés de lui, et il désapprouva le procédé de NN... disant qu'il savoit bien qu'on parloit plus de ces choses chez eux qu'en quelque lieu que ce fût, et qu'il m'assuroit que tant qu'ils agiroient ainsi, ils n'avanceroient point dans la vertu. Je lui dis ce que c'étoit que de leur vie et de leurs intentions. Il me répondit que c'est dommage qu'ils s'occupassent ainsi de choses qui ne pouvoient que leur être nuisibles en leur particulier et à toute l'Église. Sa conclusion est qu'il faut être en silence ; que le mal qui est présentement en l'Église est causé par ceux qui se sont trop avancés ; que pour lui qui sait fort ces vérités, il est persuadé que Dieu ne veut point que l'on donne ces secrets dans le temps où nous sommes. » (A la suite des *Journaux* de Des Lions, Bibliothèque du Roi, Sorbonne, 1258).

marques qu'il adressait à Arnauld ; mais *cinq cents Remarques* en vue du silence, c'est un peu trop.

Et M. de Barcos ne différa pas seulement avec les chefs du second Port-Royal sur la ligne de conduite à tenir, il y eut dissidence plus d'une fois sur des points de doctrine. Il avait écrit pour une religieuse ses sentiments sur l'Oraison dominicale[1] : Nicole ne les trouva pas de son goût et y répondit en détail ; mais il tint sa réponse secrète et ne publia ses idées *sur l'Oraison* qu'après la mort du docte abbé. On retrouve toujours Nicole ainsi parmi les adversaires-amis de M. de Barcos. Le modeste Nicole fut très-agissant sous main, dès qu'il s'en mêla, et il contribua autant que personne à modifier l'esprit du second Jansénisme. On attribuait surtout à son influence sur Arnauld l'opposition habituelle que celui-ci marquait au second M. de Saint-Cyran.

M. de Barcos était tellement prédestiné aux contradictions qu'un dernier ouvrage posthume, de lui, ressuscita à son endroit les orages. Il avait, sur la demande de l'évêque d'Aleth, Pavillon, composé une *Exposition de la Doctrine de l'Église sur la Grâce et la Prédestination*, espèce de gros Catéchisme où était reprise de source la pensée première de Louvain et d'Ypres. L'écrit ne fut imprimé qu'en 1696. Il en résulta à l'instant une Censure du digne archevêque, M. de Noailles, une Ordonnance assez ambiguë, en deux points presque contradictoires, et, autour de cette Ordonnance, une controverse du sage Du Guet, de Quesnel plus vif, de quelques autres plus violents, en un mot tout un combat.

Sans aller plus loin pour le moment, sans prétendre trancher à l'avance dans les situations et les caractères, je me borne à tirer cette remarque générale et qui me

---

1. *Sentiments de l'abbé Philérème touchant l'Oraison dominicale*, publié seulement en 1696.

semble assez ressortir : M. de Barcos, précisément parce qu'il était l'héritier le plus direct et le plus intime de l'esprit de M. d'Ypres et de M. de Saint-Cyran, et en même temps, si l'on veut, parce qu'il avait la plume un peu fâcheuse, c'est-à-dire qui allait tout au travers aux endroits délicats, en était venu à ne plus pouvoir composer un seul écrit sans donner prise par mille saillies de doctrine; la pure doctrine janséniste, par son propre développement en lui, touchait sur tous les points aux limites de l'hérésie, ou du moins du schisme, même entre amis : à la moindre explication, cela perçait.

Ces guerres civiles de Port-Royal, hâtons-nous de le dire, entre M. de Barcos et les purs intérieurs d'une part, et MM. Arnauld, Nicole, Hermant, de l'autre, ces guerres qui ne se découvrent à nous que si nous y prêtons de très-près l'oreille, furent toutes réglées et tempérées de charité. On pourrait citer à ce sujet de belles lettres d'Arnauld à M. Guillebert sur la mort de M. Singlin, et à M. de Barcos sur la mort de M. Guillebert au temps même de cette plus grande dissidence. Quelques années auparavant, une lettre d'Arnauld à M. de Barcos sur la grande affaire de Sorbonne (décembre 1655), montre quel fonds il faisait sur l'érudition de ce saint abbé; et on voit, à la réponse de celui-ci sur la condamnation (26 avril 1656), comment le personnage de sainteté et de disgrâce entendait le profit spirituel à tirer pour le Chrétien des injustices du monde. Il dit et redit volontiers du monde au pied du Calvaire : *Son fiel m'est savoureux*[1] !

---

1. Cette lettre, toute de conseil *saint-cyranien*, est d'un contraste, où l'on pourrait croire qu'il entrait quelque intention, avec les *Provinciales* qui faisaient feu à cette même époque. Arnauld s'occupait un peu trop alors, en effet, de ce qu'on avait donné *les douze Lettres* à la Reine de Suède, *qui les avait reçues avec joie :* « Mais, écrivait-il à son frère l'évêque d'Angers, nous ne savons pas

Dès qu'il avait pu se rendre à son abbaye, aussitôt après les suites apaisées du livre de *la Fréquente Communion*, vers 1650, M. de Barcos s'y était appliqué à établir la réforme selon les vues de son oncle, et là subordonnant étude et science à la pratique pénitente, il avait vécu, avec M. Des Touches, avec M. Guillebert (Lancelot n'y vint que plus tard), comme un véritable cénobite des anciens déserts. Au lieu d'assembler et d'achever le livre de son oncle contre le Calvinisme, il crut plus sûrement édifier l'Église en ravivant la règle de saint Benoît, et, comme dit Lancelot, il aima mieux faire que parler. Les détails qu'on a de cette vie austère seraient à discuter peut-être s'ils pouvaient devenir contagieux : ils ne sont plus aujourd'hui que touchants. Ce pays de la Brenne, sauvage et pauvre, semblait en tout conforme à la pensée du terrestre exil. Une multitude d'étangs, qu'y avaient établis, selon quelques-uns, les anciens moines de Méobec et de Saint-Cyran pour y pêcher plus de poisson, en faisaient à leurs successeurs un lieu monotone et bien désolé; mais c'est nous qui voyons le miroir et le cadre : ces yeux baissés ou levés n'y regardaient pas. Cette petite émigration silencieuse renchérissait sur Port-Royal même. Elle eut ses traverses : des partisans, qui infestaient la contrée durant la Fronde, s'emparèrent un jour de l'abbaye, et voulurent contraindre par menaces et violences M. de Barcos à des transactions qu'il refusa avec la même constance de martyr qu'il mettait à toute vérité. La persécution au sujet du Formulaire l'ayant forcé de fuir, la Paix de l'Église lui permit le retour en cette pauvre abbaye tant aimée; il y mourut en 1678, âgé de soixante-

---

encore le jugement qu'elle en a fait : car ce ne fut qu'avant-hier au soir qu'on les lui présenta, et elle partit hier pour la Cour. »
Voilà tout un souci, convenons-en, qui est très-peu *saint-cyranien*.

dix-huit ans environ, à la veille de persécutions nouvelles. Toute la réforme qu'il avait accomplie fut, après lui, dissipée, et l'abbaye finalement détruite, comme Port-Royal aussi.—Aucun homme, est-il dit, ne se démentit moins que M. de Barcos, ne fut plus mort à tout en cette vie, plus patient dans les souffrances, plus persévérant au bien, plus insensible à la louange comme à l'outrage, plus exact en pureté et en pudeur dans l'usage des créatures, plus absolument pénitent, et d'une pénitence d'autant plus admirable qu'elle était élevée et comme entée sur une grande innocence. « Il étoit de moyenne taille, nous dit-on encore, la physionomie spirituelle, *une gravité et un sérieux propres à effrayer les Démons....* » Nous aurions cru manquer en quelque chose au premier abbé de Saint-Cyran si nous ne l'avions comme suivi ainsi jusqu'au bout dans le second, dans celui qui est son œuvre encore, et une œuvre si fidèle [1].

[1]. M. de Barcos n'était point moine, quoique abbé : il n'était qu'abbé commendataire, comme M. Le Roi l'était de Haute-Fontaine. M. Treuvé ayant un jour consulté Arnauld sur ce qu'il fallait croire de la condition des abbés commendataires, et ayant allégué l'exemple de M. Le Roi et de M. de Barcos qui étaient morts dans cet état sans en avoir de scrupules, Arnauld répondit : « Je suis persuadé qu'absolument parlant, on peut être abbé commendataire en sûreté de conscience : mais en même temps, je crois qu'il y en a très-peu qui ne se damnent; parce que mon sentiment est que les Commendes sont du nombre des choses que saint Thomas dit n'être pas essentiellement mauvaises, mais qui contiennent plusieurs difformités qui les rendent mauvaises, à moins qu'elles ne soient corrigées *per circumstantias honestantes*. Or, c'est ce qui manque à presque tous les abbés commendataires. Mais, s'il y en a jamais eu un à qui elles n'aient pas manqué, c'est M. de Saint-Cyran, le dernier mort, qui, hors le froc, a mené la vie d'un véritable moine, et a fait, par ses instructions et par son exemple, que la règle de saint Benoît est plus parfaitement observée dans ce monastère, que dans aucun autre de l'Église. » L'abbaye de Saint-Cyran, à la date où Arnauld écrivait cela (1684), n'était pas encore détruite. — (Voir à l'*Appendice* un extrait du Père Rapin sur M. de Barcos.)

Mais d'autres vies également et diversement belles nous réclament : il est temps d'assister à la multiplication merveilleuse des solitaires de Port-Royal, qui eut lieu, dès le lendemain de la mort de M. de Saint-Cyran, par l'effet du livre de *la Fréquente Communion*.

XIV

Recrue de solitaires.. — M. Victor Pallu. — La famille Du Fossé. — Haute bourgeoisie de Port-Royal. — M. de La Rivière. — M. de La Petitière. — *Déclaration* de M. Le Maître. — L'évêque de Bazas. — M. Manguelen, directeur préposé par M. Singlin. — Belle scène de nuit. — Fontaine et ses *Mémoires*. — Le jeune Lindo. — Retraite de M. d'Andilly.

Un des premiers touchés, le premier même que cette lecture de l'ouvrage d'Arnauld conduisit à Port-Royal, fut M. Victor Pallu, seigneur de Buau en Touraine, docteur en médecine de la Faculté de Paris. D'abord attaché comme médecin au Comte de Soissons et présent à ses côtés lorsqu'il périt à la journée de La Marfée près Sédan en 1641, M. Pallu, depuis la mort de son maître, avait résolu de réformer sa vie, qui avait été assez légère, dissipée, et se ressentant du voisinage des Grands; il était revenu demeurer à Tours sa patrie. Un ou deux ans il vécut ainsi, comme lui-même le raconte dans une lettre particulière [1], *coulant* le temps et menant son inquiétude le mieux qu'il pouvait, sans grand avancement.

---

1. A la page 242, parmi les pièces du *Supplément au Nécrologe de Port-Royal*, in-4°, 1735.

Il s'en ouvrit pourtant quelque peu à son cousin le saint évêque de Marseille, M. Gault, qui remit de sonder l'âme du malade à une prochaine visite qu'il l'invita de lui venir faire en son évêché ; mais la mort du prélat rompit ce projet. C'est alors que dans un voyage à Paris, M. Pallu, par l'entremise d'un ami de M. Gault, connut M. de Saint-Cyran. Vers le même temps d'autres amis le voulaient réengager dans une place à la Cour. Il y résista ; il commençait à concevoir clairement, disait-il, que, dans le naufrage où il était, il n'y avait pour lui de planche de salut que l'exacte pénitence. Pendant un voyage aux Eaux de Forges, où il accompagnait quelques dames de Touraine, il lut le livre de *la Fréquente Communion* dans sa première nouveauté : M. Hillerin, curé de Saint-Merry, qui était à ces Eaux, le lui prêta [1]. La mort de M. de Saint-Cyran qui arriva peu après, et dont M. Pallu eut le bonheur d'être témoin, acheva de le décider. Il vint d'abord pour essayer de la solitude de Port-Royal des Champs, et dit en arrivant à M. Le Maître qu'il y voulait passer *cinq ou six jours :* à quoi M. Le Maître répondit, en souriant, que, « si ce n'étoit pas Dieu qui l'y amenoit, il n'y resteroit pas ce court temps qui lui sembleroit trop long, et que, si c'étoit Dieu, il y resteroit davantage ; » ce qui se vérifia en effet : M. Pallu désormais n'en sortit plus. Il n'avait guère que trente-sept ans [2]. J'ai déjà pris quelque chose dans une lettre

---

1. On a déjà vu (page 179), que la princesse Marie et l'abbé de Marolles qui l'accompagnait lurent le livre de *la Fréquente Communion*, en feuilles, dans l'été de 1643, aux Eaux de Forges. Voici M. Pallu qui, justement dans ce même été et au même lieu, a occasion d'y lire ce même ouvrage qu'il tient de M. Hillerin. Tout cela concorde, et sert aussi à montrer combien véritablement le livre d'Arnauld eut de vogue dès le premier instant, et à quel point il fit éclat au milieu de ce beau monde des Eaux, comme ferait de nos jours quelque roman à la mode.

2. On pourrait objecter à cet âge ce qu'il dit lui-même de ses

touchante adressée par lui à l'un de ses amis et datée du jour de la Toussaint 1643; il y explique et y justifie sa résolution : « Quoi que l'on m'objecte, je maintiens devant Dieu qu'il m'étoit impossible de penser sérieusement à une affaire si importante, demeurant dans l'embarras de ma vie ordinaire, au milieu de mes connoissances et de mille occasions dont j'ai trop éprouvé le péril; quiconque l'a entrepris de la sorte n'y a point réussi.... » Parlant de cette vie de demi-désir où les bonnes pensées étaient insuffisantes, il ajoute : « Néanmoins, la facilité commune l'emportoit, et je disois à peu près comme ce malheureux : Fasse *le mieux* qui pourra, pour moi je me contente de faire *le bien!* Du depuis je me suis défié de cette maxime, et ai cru que nous ne pouvions trop faire pour nous sauver, ni négliger les conseils que Dieu nous donnoit pour cela : ce qu'il m'a, peu à peu, si fort imprimé dans l'esprit, qu'enfin ma dernière *touche* est venue. » Agréable et très-juste image! — Et encore : « Je vous déclare que rien ne m'a rendu ma vie ordinaire plus suspecte que la douceur avec laquelle je la passois; il n'y a que les innocents qui en puissent goûter une semblable sans crainte ; mais un pécheur tel que je suis doit extrêmement appréhender *ce silence de Dieu*.... Comme j'ai abusé des choses légitimes, il faut aussi que j'en souffre la privation volontaire.... Ceux qui doivent beaucoup sont obligés de s'incommoder pour s'acquitter. » Il témoigne, en finissant, sa douleur d'être réduit à se priver de la compagnie de ses amis si chers : « Oui, l'affection que je dois à de si bons parents et amis redouble ma haine contre le péché, qui me fait cacher. Ce n'est point par exagération que je vous parle....; la considéra-

---

débauches de trente années; mais, à prendre le mot dans le sens mystique et pénitent, il n'y aurait pas contradiction : il se considère comme en état de péché depuis trente ans, c'est-à-dire depuis l'âge de sept ans, qui est réputé l'âge de raison commençante.

tion, entre autres, de mon frère de Sainte-Marguerite est la tentation la plus forte que je souffre : sans cela, j'aurois trop bon marché de la pénitence. »

M. Pallu, une fois à Port-Royal, devint naturellement le médecin des solitaires, des pauvres des environs, et aussi des religieuses lorsque, par la suite (après Pâques de 1648), elles furent revenues en partie aux Champs : toute son ambition dernière s'étendait à les servir. Fontaine nous l'a peint sous d'aimables et vivantes couleurs : « Il y fit bâtir (dans le jardin du monastère) un petit logis, mais bien troussé, qui a depuis été appelé *le petit Pallu*, et à cause de la petitesse bien juste et bien ramassée de ses appartements, et à cause de la taille de son maître, qui avoit tout petit, excepté l'esprit : petit corps, petit logis, petit cheval, mais tout bien pris, tout bien proportionné et bien agréable. Mon Dieu! qui n'eût pas aimé ce bon solitaire? On avoit presque de la joie de tomber malade afin d'avoir le plaisir de jouir de ses entretiens.... » On reconnaît que M. Pallu n'avait pas tout laissé de la Cour et du commerce des Grands en les quittant, et que chez lui, l'aimable vivacité, la gentillesse gardait son étincelle dans la pénitence. Étant médecin, le jour même de sa réception, bonnet en tête, et plus tard en y revenant à loisir dans son jardin de Tours, il avait traité la question du *rire*, l'avait montré utile et salutaire, et en avait écrit en latin d'assez jolies choses[1]. Rieur par nature, il avait pris, j'imagine, quelque chose de son sujet en lui. La conversion ne lui avait pas tout ôté. Une pièce de vers latins qu'il composa sur sa retraite, sous le titre de *Vale Mundo* (Adieu au Monde), attesterait encore cette heureuse facilité d'un esprit qui avait su

---

1. « Salibus ut sale utendum est, qui, nisi cum temperamento adhibeatur, male sapit atque amaricat. » (*Quæstiones medicæ tres*, auctore M. Victore Pallu, Turonibus, 1642.)

dérider l'étude et qui chantait le désert. Ce pourrait être, à la rigueur, de saint Paulin ou de quelque autre de cet âge. A propos des obstacles qui entravent les premières résolutions austères, on y lit :

> . . . . Intus et extra
> Insurgunt hostes varii; phantasia nugax
> Distrahit; illectans patriæ vox verberat aures;
> Succensent chari, famam minitantur iniquam ;
> Indomitus latrat contra jejunia venter;
> Sæpe favent oculi somno, lacrymasque recusant
> Optatas precibus; nescit quoque lingua silere [1].
> . . . .

Lorsque M. Pallu s'en vint loger à Port-Royal, sur la fin d'octobre 1643, il ne trouva d'abord pour compagnons que MM. Le Maître et de Séricourt, M. de Bascle et M. de Luzanci, ce fils de M. d'Andilly, que l'exemple de ses cousins avait pris au cœur et qui devançait son père dans cette solitude. M. Pallu fit le cinquième ermite, et fut le premier des médecins-solitaires de Port-Royal; il y eut depuis un M. Moreau chirurgien, surtout M. Hamon, et plus tard, parmi les médecins-amis, MM. Dodart et Hecquet. M. Pallu mourut après six ans et demi de retraite, en mai 1650.

Vers le temps de cette conversion, ou même un peu auparavant, avait eu lieu celle de la famille Du Fossé, toute une conquête très-considérable. M. Gentien *Tho-*

---

1. On trouve dans le *Supplément* (in-4°) *au Nécrologe* une imitation en vers français du *Vale Mundo* de Pallu; mais je ne m'en servirai pas dans ce court passage :

> Ce ne sont qu'ennemis au dedans, au dehors :
> La fantaisie échappe et se rit des efforts;
> La patrie est là-bas, qui se plaint qu'on l'oublie;
> Les proches courroucés vous notent de folie.
> Le jeûne a réveillé l'estomac furieux :
> Il crie. Un lourd sommeil appesantit les yeux;
> Nulle source de pleurs, en priant, ne s'élance;
> Et la langue, à son tour, ne veut pas du silence.

mas (c'était le vrai nom de famille), maître des Comptes à Rouen, vivait en homme de probité, mêlé au monde. Le curé de Sainte-Croix-Saint-Ouen, sa paroisse, le Père Maignart de l'Oratoire, ayant connu M. de Saint-Cyran, et l'étant venu consulter secrètement à Paris, résolut de se démettre de sa cure pour s'appliquer sans partage à la pénitence. M. Thomas, à cette brusque nouvelle, outré de perdre son curé, en homme vif et bouillant qu'il était, part sur l'heure pour l'aller chercher à Paris et tombe chez M. de Saint-Cyran, qui, sorti tout récemment de Vincennes, se trouvait en visite à Port-Royal des Champs. M. Thomas veut y courir et l'y relancer dans le désert; on a grand' peine à le modérer. M. de Saint-Cyran prévenu revient; M. Thomas l'aborde à haute voix et lui parle avec un grand échauffement de l'affaire qui le touche, et de cette perte d'un curé précieux qu'il lui imputait. M. de Saint-Cyran lui laissa jeter son feu; puis, reprenant, il se mit à discourir à son tour des devoirs redoutables qui concernaient et les pasteurs et aussi les fidèles; les grandes vérités, les tonnerres et l'onction se mêlèrent si bien dans sa bouche, que M. Thomas, tout retourné et désarmé, finit par lui dire : « Je croyois être venu, Monsieur, pour mon curé, mais je vois bien que c'est pour moi-même et pour mon propre salut que je suis accouru à vous. »

Il le quitta donc, bienheureusement blessé, emportant le trait de la Grâce. De retour chez lui, sans marchander sur les moyens, *homme franc et d'un cœur ouvert*, nous dit son fils, il dressa un inventaire de son bien pour se dépouiller, avant toutes choses, de ce qu'il jugerait moins légitimement acquis. Profitant de l'offre du saint abbé, il envoya trois de ses filles pour être élevées au monastère de Port-Royal de Paris (deux y prirent le voile), et trois de ses fils pour être élevés à Port-

Royal des Champs : le plus jeune, Pierre Thomas Du Fossé, alors âgé de neuf ans, est devenu un des illustres de cette maison et nous a laissé d'intéressants Mémoires. Quand les trois frères arrivèrent à l'école des Champs dès l'été de 1643, ils y trouvèrent pour compagnons le petit Saint-Ange, fils de cette dame amie de M. d'Andilly, et un jeune fils de celui-ci, appelé M. de Villeneuve; les Bignon avaient déjà terminé. M. de Bascle s'occupa de donner aux enfants l'instruction religieuse, et dans les études ils avaient pour maître un M. de Selles (ou M. Celles) qui était fort habile.

De son côté madame Thomas, leur mère, jeune et belle encore, mais touchée elle-même de l'exemple de son mari, vint à Paris pour voir cet homme de Dieu qui opérait si irrésistiblement. Elle resta durant six semaines logée dans les dehors du monastère, occupant l'appartement destiné à la princesse Marie, et c'était surtout par le canal de la mère Angélique qu'elle communiquait avec M. de Saint-Cyran : car elle avait peine naturellement, nous dit-on, à entendre cet abbé *dont le discours était fort concis.* Elle retourna bientôt à Rouen, émule de son mari dans la voie nouvelle, et tous deux se résolurent à oser réformer publiquement leur genre de vie : il leur fallait un vrai courage pour cela et une force tout extraordinaire, considérés comme ils étaient dans la ville, et liés si étroitement avec les personnes les plus distinguées. Ils vendirent leur vaisselle d'argent, se retirèrent des compagnies, ne sortirent plus que pour leurs devoirs de paroissiens : M. Thomas s'apprêta en même temps à se défaire de sa charge.

« Cependant, nous dit leur fils, toute la ville fut fort étonnée d'un tel changement, et chacun l'interpréta en sa manière. Les uns en parlèrent comme d'une chaleur de dévotion qui ne dureroit pas longtemps. D'autres s'en moquoient, comme de l'effet d'un scrupule mal fondé et d'une foiblesse d'esprit. Quelques-uns connoissant la solidité de l'esprit de celui dont un changement de vie si peu attendu les étonnoit, se disoient les uns aux autres : Attendons pour voir ce que tout cela deviendra. Quelques autres, admirant la grâce et la miséricorde de Dieu envers ses Élus, étoient dans la joie de voir un exemple qui pouvoit beaucoup contribuer, dans la suite, à retirer de la corruption du siècle ceux qui y étoient les plus engagés. Enfin, après avoir essuyé d'abord tout ce qu'ils eurent à souffrir de la part de leurs amis et de leurs ennemis, ils eurent enfin la consolation de *se voir au large*, et de pouvoir dire comme le Prophète : *Viam mandatorum tuorum cucurri cum dilatasti cor meum* (J'ai couru la carrière de vos commandements lorsque vous avez élargi mon cœur)[1]. »

Cette famille, cette tribu des Thomas Du Fossé, que nous voyons se convertir ainsi en masse et *gagner le large* à toutes rames, qui fournira deux religieuses à la Communauté et un illustre solitaire, appartenait, comme nous le verrons bientôt des Pascal, comme nous l'avons vu des Arnauld, à cette haute lignée bourgeoise qui constitue le principal fonds où s'est appuyé et recruté Port-Royal. Gentien Thomas, aïeul de l'auteur des *Mémoires* et maître des Comptes en son temps, s'était signalé par sa fidélité à son souverain au milieu des fureurs de la Ligue, par son intégrité reçue et transmise : il faisait un digne contemporain des Marion et des Arnauld. Port-Royal sans doute (et nous en avons, nous allons en avoir d'éclatants exemples) gagna beaucoup et fit nombre de prosélytes parmi les grands seigneurs même, parmi les personnes de la Cour, les Luines, les Liancourt, les Guemené, les Sablé, les Gonzague, les Longueville, les Roannès ; mais ce ne fut pas là son vrai centre d'opérations. La plupart de ces noms illustres ne se rattachèrent à Port-Royal qu'un temps et ne s'y

---

1. Psaume CXVIII, 32. — *Mémoires* de Du Fossé, liv. I, chap. 3.

ancrèrent pas. Le vrai fonds solide, le support quotidien, nous le touchons ici : les Arnauld comme noyau et comme souche, les Bignon comme alliance et embranchement dans le monde, et au dedans encore, à l'entour, par acquisition étroite et successive, les Briquet, les Sainte-Marthe, les Le Nain, les Thomas Du Fossé, les Pascal.

Un mot littéral exprime ce fait du *tiers-état supérieur*, comme je l'ai appelé, qui compose le fonds de Port-Royal : cette société libre est le lieu par excellence où l'on se donne le *Monsieur*[1].

Pendant que le jeune Du Fossé, avec ses frères et deux ou trois autres compagnons, étudiaient ainsi en toute innocence et simplicité, n'ayant pour Catéchisme que celui de M. de Saint-Cyran qui avait paru sous le titre de *Théologie familière*, n'y apprenant que la crainte et l'amour de Dieu, et tout à fait étrangers à ces questions et querelles dont, plus tard et déjà, les ennemis et calomniateurs de Port-Royal supposaient qu'on les nourrissait à plaisir, l'orage du livre de *la Fréquente Communion* éclata, et les coups dirigés contre Arnauld frappèrent partout avec fureur autour de lui. Ces enfants même qu'on élevait aux Champs eurent leur part de la secousse, et on jugea prudent de les envoyer au Chesnai, près Versailles, dans une terre de M. Des Touches, qui les recueillit quelque temps, jusqu'à ce que la première menace fût apaisée.

Au retour à l'abbaye des Champs, le jeune du Fossé fut témoin du mouvement singulier, et comme de la ma-

---

1. On y disait *Monsieur* à un ami de toute la vie, à un condisciple, comme à un *duc et pair*. M. de Saci, peu avant de mourir, voyant entrer Fontaine, son secrétaire, son ancien compagnon de Bastille, à qui, les jours précédents, on avait refusé la porte, lui disait en l'embrassant : « Eh bien ! *Monsieur*, on vous a donc traité comme les autres ! »

rée montante et du flux de Grâce produit par ce livre de *la Fréquente Communion :* « Nous y vîmes arriver, dit-il, de diverses provinces des gens de diverses professions, qui, semblables à des mariniers qui avaient fait naufrage sur mer, venoient en grand nombre aborder au port. » La tempête même, qui s'était excitée contre le livre, les avait hâtés au salut.

Laissons ce témoin tendre et fidèle nous peindre les principaux de ces naufragés dont sa jeune imagination avait retenu une si vive empreinte, et dont quelques-uns étaient en effet terribles :

« C'est ainsi, nous dit-il, que je vis venir un cadet de la maison d'Éragny, nommé M. de La Rivière. C'étoit un homme qui avoit toujours servi dans les armées, et qui étoit regardé comme un brave dans le monde. Il étoit cousin germain du duc de Saint-Simon, et avoit plusieurs liens considérables qui le tenoient attaché au siècle. Il est incroyable combien la considération de l'Éternité frappa l'esprit et le cœur de cet officier. Jamais on ne vit un homme plus dur sur lui-même, soit pour le coucher, soit pour le manger ; il sembloit qu'il fût insensible aux besoins du corps. Il passoit les années entières à ne faire par jour qu'un repas…. Ses veilles et ses autres austérités égaloient ses jeûnes ; et comme il s'étoit chargé de garder les bois de l'abbaye, pour empêcher que l'on n'y fît du dégât, il vivoit dans une affreuse retraite à l'égard de ceux qui habitoient dans le même lieu, étant presque toujours dans les bois où il se plaisoit à prier, à lire et à méditer. *Il avoit l'esprit naturellement très-beau*, et ouvert pour toutes les sciences ; ainsi il apprit par lui-même la langue grecque et la langue hébraïque pour pouvoir lire la Bible dans ces deux langues. Étant laborieux comme il étoit, il retint par cœur tous les mots qui sont dans la Bible. Il savoit outre cela l'espagnol et l'italien, et je lui ai l'obligation d'avoir appris plus aisément la langue espagnole. »

Cette *beauté naturelle* de l'esprit, conservée ou plutôt cultivée tout à coup par ce gentilhomme *garde-bois* au milieu de son existence si âpre et sauvage, est d'un contraste imprévu et tel que les annales monastiques en recèlent souvent. Occuper ainsi son esprit aux langues, nous fait remarquer Fontaine, c'était encore une manière de le mater, quand les travaux matériels violents et les marches d'hiver dans les boues n'y suffisaient pas. Saint Jérôme avait donné le conseil et l'exemple pour l'hébreu; M. Le Maître faisait de même : M. de La Rivière suivait la trace. Mais n'y avait-il pas quelque retour aussi de consolation cachée et de récréation plus douce, quand le rude gentilhomme en venait à ne lire sainte Thérèse que dans l'original, et à en traduire parfaitement quelques lettres qui n'avaient pas encore été rendues en français?

« Je vis aussi arriver, continue Du Fossé, un gentilhomme de Poitou nommé M. de La Petitière, qui parmi les braves du siècle passoit pour la meilleure épée de France, et sur qui le cardinal de Richelieu se reposoit de la sûreté de sa personne, quand il savoit qu'il étoit dans son palais. *C'étoit un lion plutôt qu'un homme : le feu lui sortoit par les yeux, et son seul regard effrayoit ceux qui le regardoient.* Dieu se servit d'un malheur qui lui arriva pour toucher d'une crainte salutaire son âme féroce et incapable de toute autre peur. Comme il avoit une querelle avec un parent du Cardinal, il eut plus de huit jours un cheval toujours sellé et prêt à monter pour aller se battre contre celui de qui il croyoit avoir été offensé. La fureur qui le transportoit étoit telle, qu'encore qu'il fût le plus habile et le plus adroit du royaume, il reçut lui-même, après avoir blessé à mort son ennemi, un coup d'épée dans le bras entre les deux os, où la pointe demeura enfoncée sans qu'il pût jamais la retirer. Il se sauva en cet état à travers champs, portant dans son bras le bout de l'épée rompue, et alla trouver un maréchal qui eut besoin pour la tirer de se servir des grosses tenailles de sa forge.

« M. de La Petitière crut bien que le Cardinal ne lui pardonneroit pas la mort de son parent : ainsi il se retira et se cacha. Ce fut pendant ce temps que Dieu excita au fond de son cœur une sainte horreur de ses crimes, et qu'il le choisit pour faire éclater en sa personne la puissance de sa Grâce et de sa miséricorde. M. de La Petitière entendit parler en même temps de M. l'abbé de Saint-Cyran et du livre de *la Fréquente Communion.* Abattu sous la main toute-puissante de Dieu, et éclairé touchant ses devoirs, il trouva moyen, après la mort du cardinal de Richelieu et celle du Roi, de se venir retirer avec nous dans notre désert. Il y vécut d'une manière étonnante pour se punir à proportion de ses crimes et pour s'humilier à proportion de son orgueil, ayant même voulu s'abaisser jusqu'à *faire des souliers* pour les Religieuses. »

Je n'ai rien voulu retrancher : on a sous les yeux l'excès et l'abaissement de sa pénitence. Voilà ces *souliers* dont les Jésuites ont tant ri. Pour nous, après avoir lu cette page, la circonstance reprend toute sa gravité, et je ne pense pas que quelqu'un songe à sourire de cet homme, de ce *lion* terrassé, au regard sanglant, et qui ne savait qu'inventer pour ravaler en lui l'homicide, le violent et le superbe [1].

Ces solitaires nouveaux-venus, aux duretés extraordinaires, à l'âme farouche et presque féroce, et qui se réconciliait pour la première fois, accouraient comme pour

---

1. « Il étoit si vaillant que menant un jour l'âne du monastère au moulin, au retour son âne et sa farine furent pris par trois soldats, dont la campagne étoit alors infestée pendant la seconde guerre de Paris. Comme il fut de retour au logis, on lui demanda comment il s'étoit laissé dévaliser de la sorte : « Est-il permis de se défendre à un chrétien dans notre morale? » dit-il. — « Pourquoi non? » lui répondit-on. — A même temps il prend un bâton à deux bouts, qu'il trouva par hasard en son chemin, court après les soldats qui l'avoient volé, les désarme et les amène les poings liés derrière le dos à Port-Royal où, les ayant conduits à l'église pour faire amende honorable devant le Saint-Sacrement, il leur fit une espèce de réprimande charitable mêlée d'instruction et les renvoya avec une aumône. Jamais aussi homme ne fut plus vaillant, plus hardi ni plus intrépide. » — Qui dit cela? vous ne le croiriez jamais, c'est le Père Rapin. Je prends mon bien où je le trouve. (Voir à l'*Appendice.*)

se ranger à la suite de M. Le Maître, cet autre combattant plus qu'eux tous infatigable, ce pénitent, on l'a dit, *à feu et à sang*. On a de lui une *Déclaration* qui vient bien après ces pages de Du Fossé, en ce qu'elle exprime les mêmes sentiments, comme forcenés, d'extermination humaine et d'humiliation confondante. Jamais, je crois, l'humilité n'a pris d'aussi amères, d'aussi outrageuses représailles sur la nature. C'est le côté par lequel Port-Royal touche à La Trappe et à M. de Rancé, quand, sous les autres aspects, il paraît toucher plutôt aux Bénédictins de Saint-Maur et à Mabillon, quand par M. d'Andilly, il reste un peu à portée de la Cour et presque figurant de loin ces riantes et romanesques retraites imaginées en idée par Mademoiselle (de Montpensier), par madame de Motteville, ou même par mademoiselle de Scudéry.

Voici le principal de cette *Déclaration* ou Lettre de M. Le Maître aux Religieuses, pour implorer d'elles tout simplement le secours de leurs prières et leur intercession près de Dieu en vue de sa conversion vraie et de sa persévérance; on n'en dit pas la date, sinon qu'elle est d'une veille de l'Ascension; on la peut croire postérieure au retour des religieuses aux Champs :

« Quoique je ne sois qu'un misérable pécheur, écrit-il, couvert des crimes de ma vie présente, j'ai reçu néanmoins trop de preuves de la souveraine et ineffable miséricorde de Jésus-Christ mon Sauveur, pour n'espérer pas ma conversion de sa bonté et du secours des prières de ses fidèles servantes. C'est ce qui fait qu'encore que je sois indigne de parler seulement à la moindre des Religieuses de cette maison, et que la Mère Abbesse sache que je devrois chercher *une caverne dans la terre*, pour m'y cacher et y pleurer mes péchés et ma pénitence même, qui a été si fausse et si déplorable, je ne laisse pas de croire qu'Elle et ses bonnes Sœurs…. ne me refuseront pas la prière que je leur fais…, résolvant de vivre et de mourir avec le nom et l'habit, non de leur frère, ce que je ne mérite pas, mais d'un de leurs serviteurs....

« J'aurois fait de vive voix cette humble prière à la Révérende Mère Abbesse, et avec sa permission à toutes les Religieuses ses filles ; mais, *ayant peur que les larmes n'étouffassent la voix dans ma bouche*, ou que la révérence que je leur porte ne me rendît confus et interdit, j'ai cru que je devois plutôt leur faire cette supplication par ces lignes, afin que la considérant avec plus d'attention, la voyant écrite, elles en conçoivent une plus ardente ferveur pour celui qui, *comme un mendiant et un pauvre chien*, se tiendra trop heureux, si Dieu daigne seulement le repaître des miettes qui tombent de sa table sacrée où il les nourrit, et le faire participer à l'esprit d'humilité, de pauvreté et d'obéissance qu'elles ont reçu de sa sainte grâce avec tant de plénitude ; et ce que je fais pour moi, je le fais aussi pour mon cher frère de Séricourt[1]. »

C'est assez marquer, sans l'adoucir, un côté étonnant et plus propre au scandale qu'à l'attrait ; j'ai grandement hâte d'atteindre à M. d'Andilly pour corriger l'effroi du voisinage de ces hôtes à qui suffirait à peine la caverne de Jérôme, et qu'on entend de loin comme rugis-

---

1. *Supplément au Nécrologe de Port-Royal*, in-4°, 1735, p. 1. — Les Religieuses de Port-Royal répondirent à ce profond et absolu dévouement de M. Le Maître par une affection non moins fidèle et non moins profonde. Je lis dans les *Mémoires* de M. Feydeau ce passage qui le concerne : « Ce fut en ce temps-là qu'on fit à Port-Royal cette grande perte du grand M. Le Maître. Sa mort arriva le 4 novembre, fête de saint Charles, en 1657 (*sic*, il se trompe d'une année). J'assistai à son enterrement avec M. de La Porte qui étoit venu à Mérentais. Nous dînâmes ensuite avec M. Arnauld, M. Singlin, M. le duc de Luines et M. d'Andilly : et il me sembloit que j'étois plus touché de cette mort qu'eux tous, mais *non pas plus que les Religieuses qui ne purent pas l'enterrer sur-le-champ, fondant en larmes*. Elles l'enterrèrent sur le soir. Nous nous en étions déjà retournés à Mérentais. » (On ne s'explique pas bien comment M. Feydeau, dans ses Mémoires exacts et circonstanciés, place cette mort en 1657, quand elle est notoirement de 1658 : mais il écrivait de mémoire et vingt ans après.)

sants[1]. Le 23 octobre 1643, c'est-à-dire une douzaine de jours après la mort de M. de Saint-Cyran, M. d'Andilly écrivait à son fils favori, M. de Briotte (depuis M. de Pomponne), que sa résolution de retraite était irrévocablement prise, et qu'il n'avait besoin que d'environ une année pour l'exécuter. Dès le commencement de 1644, il était venu à l'abbaye des Champs faire un premier essai de solitude, et il avait déclaré à ses neveux Le Maître, à son fils Luzanci, en les quittant, qu'il ne sortait d'auprès d'eux que pour aller mettre ordre à ses affaires et tout disposer à un retour définitif. Il s'était fait, à l'avance, préparer dans le monastère délabré une chambre qui l'attendait. Mais M. d'Andilly a beaucoup d'affaires et surtout beaucoup d'amis; les adieux avec lui sont un peu longs, et nous avons bien deux ans à le désirer encore.

Cependant les pieuses figures se succèdent. Un digne évêque, monseigneur de Bazas, qui de son nom était Litolfi Maroni de Suzarre, d'une ancienne famille de Mantoue[2], touché par la lecture (toujours) du livre de *la Fréquente Communion*, dont il était un des prélats approbateurs, vint faire une retraite à Port-Royal des Champs, où il n'y avait encore que cinq ou six personnes. Il voulait tout remettre entre les mains de M. Singlin, évêché et abbayes ; on dut le contraindre à garder son fardeau. En attendant, nous dit Fontaine, « cet Évêque pénitent s'étoit dégradé en quelque sorte lui-même ; il s'étoit ôté la croix qui étoit la marque de sa dignité, pour se l'imprimer plus profondément au dedans. » Forcé,

---

1. *Rugiebam*. Psaume XXXVII, 9.

2. Les Maroni avaient la prétention de descendre du poëte Virgile Maron. Le père du prélat était venu en France, sous Henri III, à la tête d'une compagnie de gendarmes qu'envoyait le duc de Mantoue.

par le conseil de ses directeurs, de retourner en son diocèse, il pria M. Le Maître de lui faire la traduction du *Sacerdoce* de saint Jean Chrysostome, et il s'en voulait servir, pour édifier les esprits, dans un séminaire qu'il fonda. A son départ de Port-Royal, en septembre 1644, il reçut des mains de M. Singlin, pour aide et coopérateur dans son gouvernement spirituel, un saint et savant chanoine de Beauvais, M. Manguelen [1], docteur en Sorbonne, lequel, touché lui-même du livre de *la Fréquente* (comme l'appelle plus couramment madame de Sévigné), avait tout résigné de son côté pour gagner le désert. Mais M. Manguelen avait le don de *directeur*, et M. Singlin, d'un coup d'œil, le jugeant tel, l'attacha à cette fin à M. de Bazas. Le digne prélat, accompagné donc de M. Manguelen et d'un jeune homme de choix, M. Walon de Beaupuis (l'un des futurs maîtres aux petites Écoles), se mit en route pour son évêché comme pour une conquête. On a un récit très-circonstancié de ses derniers actes [2], car il ne vécut plus que huit mois. Il eut le temps de fonder un séminaire et de pousser à la réforme du diocèse, qui pourtant était un peu rebelle et dur : il mourut à la peine le 22 mars 1645, offrant le premier exemple de ces saints évêques selon Port-Royal, de ces évêques pénitents, comme on aura tout à l'heure l'évêque d'Aleth, Pavillon, comme le sera bien plus tard l'évêque de Senez, Soanen.

M. Manguelen, affranchi de son engagement par la

1. On trouve aussi quelquefois son nom écrit, *Manguelein*; il y a de l'incertitude en général sur l'orthographe de ces noms propres, les livres historiques sur Port-Royal n'ayant été imprimés qu'un peu tard et d'après des copies de diverses mains. Dans le cas présent, toutefois, nous sommes avertis que le nom de ce vertueux prêtre se prononçait comme si l'on eût écrit *Manguelan*, ce qui exclut la terminaison *ein*.

2. Mémoire de M. Walon de Beaupuis, page 61 du *Supplément* (in-4°) *au Nécrologe*.

mort de M. de Bazas, revint à Port-Royal avec M. de Beaupuis et deux autres jeunes gens, ou, dans les termes du bon Fontaine, *avec quelques légères dépouilles qu'il remportait de ce pays.* Il ne comptait plus vivre qu'en simple pénitent; mais, loin de là, M. Singlin le voulut instituer confesseur de tous les autres, lui rendant ainsi la pareille de M. de Saint-Cyran à son propre égard et se revanchant en quelque sorte sur lui. M. Manguelen, après s'être quelque temps débattu, se trouva pris sous le saint joug. Fontaine nous raconte dans un détail naïvement animé l'installation du nouveau confesseur et la réception que lui firent les solitaires, dont quelques-uns, s'ils avaient osé, se seraient bien sentis un peu récalcitrants; mais M. Singlin avait parlé. Cette gracieuse et affectueuse scène, que semble éclairer je ne sais quel rayon de Le Sueur, nous est due au long pour nous reposer des pénitences terribles :

« Aussitôt donc que M. Manguelen se fut soumis, M. Singlin quitta toutes ses autres affaires pour le mener avec lui à Port-Royal. Dès qu'ils y furent arrivés, M. Singlin dit à M. Le Maître, qui les alla recevoir, qu'il y avoit longtemps qu'il lui avoit témoigné qu'il lui étoit impossible d'avoir soin de toutes les personnes qui se retireroient dans ce désert, et qu'il cherchoit une personne sur qui il pût se reposer sûrement et s'en décharger; que jusque-là il avoit eu peine à en trouver, mais qu'enfin M. Manguelen s'offroit heureusement, et que tous les solitaires pourroient avoir autant de confiance en *ce Monsieur* qu'en lui-même : « Ainsi je trouve
« assez à propos, dit M. Singlin à M. Le Maître, que vous
« voyiez *tous vos solitaires* qui sont ici, et que demain matin
« vous alliez tous ensemble, *vous à leur tête*, saluer M. Man-
« guelen dans sa chambre, lui rendre grâces de la bonté
« qu'il veut bien avoir de se charger de votre conduite, et
« lui promettre que vous aurez tous pour lui une déférence
« et une soumission dont il aura tout sujet d'être satisfait. »

« M. Le Maître ne manqua pas de faire ce que M. Singlin lui avoit dit. Il fit taire tous les ressentiments qu'il pouvoit avoir de passer ainsi dans des mains nouvelles. Il nous avertit tous, et le lendemain, au sortir de Matines, il nous mena chez M. Manguelen. Je sais bien que M. Le Maître nous conduisoit; M. de Séricourt son frère le suivoit, puis M. de Luzanci. Il y avoit aussi M. de Beaupuis, M. de Bascle, M. Visaguet, M. Moreau, M. de La Rivière, M. Pallu, et quelques autres dont les noms ne me reviennent pas maintenant[1]. J'y étois aussi, mais comme une brebis qui suit une autre brebis, et j'opinois du bonnet, comme on dit d'ordinaire; car j'étois si enfant que je ne savois pas ce qui se faisoit. Cependant, quoique je fusse si jeune, cette action fit une si grande impression sur moi, que je n'ai jamais oublié cette journée, et qu'encore aujourd'hui, quoiqu'il y ait plus de cinquante ans, elle m'est aussi présente que si ce n'étoit que d'hier. Il est vrai que je prenois plaisir, dans ce silence de la nuit, d'écouter M. Le Maître qui disoit pour nous tous de si belles choses, qu'assurément il n'y avoit personne de la compagnie qui eût jamais pu dire rien qui en approchât....

« M. Manguelen écouta tout cela d'un grand sang-froid; car la froideur étoit proprement son partage, et elle lui étoit très-naturelle. Il répondit à M. Le Maître en nous regardant : il sembloit plus occupé à nous voir qu'à nous parler. Ses mots se suivoient à peine, et, parlant d'un ton si bas qu'à peine nous l'entendions, il nous dit, en un mot, que Dieu et M. Singlin savoient son incapacité pour l'emploi où on l'engageoit; qu'il avoit fait tout ce qu'il avoit pu pour s'en défendre. Il nous pria par avance de ne nous point scandaliser des foiblesses que son peu de santé nous pourroit faire

---

1. L'énumération pour nous est suffisamment précise, nous les connaissons à peu près tous. — M. Moreau était le chirurgien; on n'en dit rien de bien particulier : il ne persévéra qu'à demi, se rengagea dans le monde, et revint toutefois à Port-Royal comme tout exprès pour y mourir, dans une retraite de quinzaine de Pâques qu'il y faisait. — M. *Visaguet* ou de *Visaquet*, bon homme, dit M. Le Maître, bel-esprit pourtant et savant en grec et en latin; il avait été pendant quinze ans précepteur des enfants chez le président Gobelin, lequel n'eut pas honte de lui refuser la pension promise pour ses bons services, sous prétexte qu'il ne voulait pas contribuer à son établissement en lieu suspect. M. Visaguet souffrit ce refus sans faiblir dans son dessein et sans se plaindre.

remarquer en lui. A ces mots, nous nous jetâmes tous à ses pieds pour recevoir sa bénédiction, et nous nous retirâmes. »

M. Manguelen, qui répondit admirablement à l'idée de M. Singlin dans la direction de ces Messieurs, ne leur demeura pas longtemps, et il fut emporté par une fièvre, le 24 septembre 1646. M. Singlin dut redevenir directeur jusqu'à ce que M. de Saci eût achevé de prendre les Ordres sacrés.

Fontaine, qui nous a fourni, entre autres pages, cette dernière si charmante, d'après des souvenirs ressaisis de plus de cinquante ans, écrivain tout plein de pittoresque et d'imagination sans s'en douter, qui composait ses *Mémoires* à plus de soixante-douze ans[1] avec toute la fraîcheur renaissante de l'enfance, Fontaine, fort jeune, était dès lors, on le voit, du bercail de Port-Royal des Champs. Fils d'un maître écrivain de Paris, il avait perdu son père de bonne heure et avait été introduit par sa mère, veuve pieuse, auprès de M. Hillerin, ce curé de Saint-Merry, qui lui-même, par M. d'Andilly son paroissien, était entré sous la conduite de M. de Saint-Cyran prisonnier. M. Hillerin se résolut à quitter sa cure, comme M. de Bazas voulait laisser son évêché, et il réussit mieux que lui à faire agréer son désir. Après bien des négociations pour trouver un juste remplaçant, il résigna sa charge d'âmes aux mains de M. Du Hamel[2], et, ayant fait des adieux publics en chaire, il partit en février 1644 pour un petit prieuré qu'il avait

1. Il était né en 1625, et il les composa depuis 1696 jusqu'en 1700.
2. M. Du Hamel, un curé célèbre et zélé, qui parut longtemps digne de tous les éloges, mais qui, dans la suite, lassé, maté par de longs exils, finit par avoir des faiblesses au sens janséniste, et par donner son blanc-seing pour toutes les signatures. — Il a été question de cette démission de M. Hillerin au tome I, p. 465, liv. II, chap. V. — (Quant à M. Du Hamel, personnage important, sinon dans l'histoire de Port-Royal, du moins dans celle du Jansénisme, voir à l'*Appendice*.)

en Poitou. Il emmenait avec lui le jeune Fontaine qu'il prenait plaisir à former et qu'il avait déjà fait connaître à M. d'Andilly. Mais bientôt, voyant que le jeune homme ne pourrait se former dans une retraite si perdue, il fit exprès, avant la fin de l'année, un voyage à Port-Royal des Champs pour l'y venir placer. Le rôle de Fontaine parmi nos Messieurs fut toujours secondaire, des plus humbles, et à la fois des plus actifs et des plus utiles. Il se trouva surtout attaché à M. de Saci comme secrétaire, comme collaborateur en tous ses travaux; il eut même l'honneur de partager sa captivité à la Bastille depuis mai 1666 jusqu'en octobre 1668. Fontaine est le modèle du *secrétaire* et du collaborateur chrétien : il disparaît dans son maître. Les Figures de la Bible *par le sieur de Royaumont*, et attribuées à M. de Saci, sont de lui[1]. Dom Clémencet, en son *Histoire littéraire* manuscrite, convient qu'il est difficile de déterminer tous les écrits auxquels il eut part, à cause des noms supposés sous lesquels, à l'envi de ses respectables maîtres, il savait se dérober. La traduction des Homélies de saint Jean Chrysostome sur les Épîtres de saint Paul lui appartient et lui valut des chagrins. On l'accusa de renouveler l'hérésie de Nestorius, de faire dire à saint Jean Chrysostome qu'il y a *deux personnes* en Jésus-Christ. Le Père Daniel lança de menus pamphlets contre lui[2].

---

1. Madame de Sévigné, écrivant de Livry à sa fille (28 août 1676), en a dit avec cet intérêt qu'elle donne à tout : « Je lis les Figures de la Sainte-Écriture qui prennent l'affaire dès Adam. J'ai commencé par cette Création du monde que vous aimez tant; cela conduit jusqu'à la mort de Notre-Seigneur. C'est une belle suite, on y voit tout, quoiqu'en abrégé. Le style en est fort beau et *vient de bon lieu*. Il y a des réflexions des Pères fort bien mêlées; cette lecture est fort attachante. » Ces Figures, qui sont encore dans toutes les mains, ont pour titre plus connu, *Histoire du Vieux et du Nouveau Testament*.

2. *Recueil de divers Ouvrages...*, par le Père Daniel; in-4°, 1724; au tome III, p. 533.

Port-Royal, à cette date (1693), était comme en désarroi et en déroute; les Jésuites se jetaient sur ce qui en restait comme sur une arrière-garde affaiblie. On réfutait Pascal après coup; on écrasa le pauvre Fontaine. Il se hâta, pour la première fois de sa vie, de revendiquer son ouvrage, afin de le rétracter[1]. Le fait est qu'il avait commis des contre-sens; il n'était ni théologien très-sûr, ni helléniste sans appel. Excellent secrétaire, je l'ai dit, une fois M. de Saci mort, l'œil du maître lui manquait[2].

Fontaine mourut en 1709, à quatre-vingt-quatre ans, retiré à Melun, et survivant à tous ces grands hommes dans la compagnie desquels il ne cessait de vivre par la plus fidèle et la plus tendre mémoire. La persécution, l'humiliation du moins, vint l'atteindre jusque dans cette retraite de ses derniers jours, et il en rendait grâces. La dévotion du vieillard était d'aller aux Béné-

---

1. Du Plessis d'Argentré, *Collectio Judiciorum de novis Erroribus*, tome III, partie 2, p. 386.
2. Je trouve dans une lettre de M. de Pontchâteau écrite à M. Ruth d'Ans, vers 1684, une sortie contre Fontaine à qui des libraires, apparemment, avaient demandé de continuer les Explications de la Bible de M. de Saci :

« Je reviens à M. Fontaine. Seroit-il possible qu'il oubliât de telle sorte ce qu'il doit à M. de Saci qu'il voulût contribuer à favoriser la passion de ces libraires et surtout en travaillant sur l'Écriture sainte? Et qui lui a donné vocation pour mettre les mains à un si saint ouvrage? Vous me consolez que M. *Davy* (M. Arnauld) en ait écrit; mais l'aura-t-il fait aussi fortement qu'il le faut? Je ne sais si Josset (libraire) aura entrepris une telle chose contre le sentiment de M. Le Tourneux, et je ne puis croire non plus que M. Le Tourneux l'approuve. En vérité le peu de commerce que j'ai avec le monde m'en dégoûte si fort que je ne pense quasi qu'aux moyens de n'y en plus avoir du tout. Vous avez remarqué le peu d'union qu'il y a entre ce qu'on appelle les amis; j'en ai reçu des complaintes d'un de nos amis qui en a le cœur percé. Quel remède à tout cela? Prier et gémir. Dieu nous en fasse la grâce! »

M. de Pontchâteau, dans sa vivacité, se sera exagéré le tort (si même il en eut) du bon Fontaine. Lui, oublier ce qu'il devait à M. de Saci!

dictins de Saint-Pierre tous les matins à cinq heures et demie, pour y entendre la lecture de la méditation avec les religieux, et, après la méditation, il entendait la messe de six heures pour rentrer ensuite le reste du jour dans sa solitude. Mais le Prieur, comme la persécution était flagrante alors contre les Jansénistes, jugea prudent de prier le bon Fontaine de s'abstenir de l'abbaye : « Et c'étoit ma seule consolation, depuis que je suis retiré à Melun ! » nous dit le saint vieillard pour tout murmure.

Les *Mémoires* de Fontaine, si appréciés aujourd'hui et si aimés de quiconque y jette les yeux, le furent moins au début. On en avait fini alors avec la dernière génération de Port-Royal; on en était aux premiers nés du Père Quesnel, M. Fouillou, mademoiselle de Joncoux, M. Louail. Ce furent les premiers lecteurs des *Mémoires*, encore manuscrits, de Fontaine. Ces personnes, d'ailleurs si respectables, s'imaginaient avoir de droit la haute main sur ce qui concernait Port-Royal et y taillaient à l'aise comme dans un héritage dévolu. On a une lettre curieuse de M. Tronchai, du 21 octobre 1731 : « On m'a envoyé à revoir, dit-il, l'Histoire des « Solitaires de Port-Royal par M. Fontaine que j'ai « connu. Ce n'est rien moins qu'une histoire qui n'a ni « ordre, ni chronologie, ni narration suivie[1]. Ce sont « des épanchements du cœur de ce Bonhomme. On en « peut retrancher la moitié sans en rien ôter d'intéres- « sant. En un mot, c'est un lambeau de ses Vies des « Saints, farci de réflexions ennuyeuses et de prières « répétées jusqu'à la nausée. J'en change le titre....

---

1. M. Tronchai, ancien secrétaire de M. de Tillemont, était accoutumé à l'histoire sévère. Et puis il faut tout voir : j'ai un manuscrit des *Mémoires* de Fontaine sans les corrections de M. Tronchai, et je dois dire qu'il a été un éditeur très-utile, s'il ne s'est pas montré un appréciateur très-indulgent.

« J'abrégerai toutes ses réflexions, et j'en ôterai entière-
« ment quelques-unes.... » On conçoit, on approuve ce
retranchement des longueurs ; mais, n'en déplaise à
M. Tronchai, c'est bien pourtant, de tous les ouvrages
sur Port-Royal, celui qui en donne la plus vive et la plus
parfaite idée. Pour nous, postérité, qui nous éloignons
de plus en plus des événements, quelques inexactitudes
et quelques confusions de dates sont peu sensibles, peu
importantes; mais les impressions du bon témoin nous
restent parlantes et chères. Il nous en apprend plus sur
le fond en quelques pages que Racine en tout son élégant *Abrégé*. Le sentiment de ces vies solitaires y respire; nous entendons causer Pascal et Saci, nous voyons
d'Andilly se lever en souriant et venir à nous le long de
ses espaliers en fleurs. Ce *bonhomme* Fontaine (j'allais
dire La Fontaine), dont il est peu question parmi les illustres du lieu, qu'on traitait même un peu légèrement
peut-être, autant qu'on y pouvait traiter légèrement un
ami, et de qui l'on disait au besoin, pour l'excuser, qu'il
était un peu sujet à *l'éblouissement;* cet humble entre
les humbles, qui passa sa vie à cacher, à confondre ses
écrits dans ceux de son maître, et qui, survivant oublié,
se ressouvenait au hasard, à travers ses larmes, au courant de sa plume et de son cœur ; ce doux vieillard a eu
le secret de tracer un livre inimitable, et dont rien ne
peut dispenser quand on veut connaître ces saints personnages. Il a été et il demeure leur historien et leur
peintre, leur Froissart plus naïf et tout chrétien ; le Cassien imprévu de leur Thébaïde.

Huet dit quelque part de madame de Motteville qu'elle
ne sait pas écrire dans les règles, et nous trouvons d'elle
aujourd'hui qu'elle sait mieux peindre que le docte Huet
n'écrivait. De même pour Fontaine : M. Tronchai l'a
jugé pitoyable en style, et nous le lisons avec charme,
ce que M. Tronchai obtiendra difficilement. Les uns se

croient corrects et narrent : madame de Motteville et Fontaine ont de l'imagination sans y songer, et font vivre.

Veut-il nous parler d'un jeune solitaire, son ami, qui mourut à Port-Royal vers ce temps et un peu avant M. Manguelen, Fontaine nous dira, dans ces aimables termes qu'on ne peut que transcrire :

« M. Singlin, en partant, témoigna être fort touché de la mort d'un jeune solitaire, qui venoit, depuis dix ou douze jours, de mourir dans nos bras : c'étoit M. Lindo, que tout le monde aimoit à cause de sa simplicité qui étoit admirable ; car je n'ai jamais vu personne en qui l'enfance chrétienne parût davantage. C'étoit une bonté et une ouverture de cœur à l'égard de tout le monde, qui ne se peut concevoir. Son humeur, son visage, son marcher, s'accordoient ensemble. Il n'étoit occupé, en nous parlant, qu'à admirer les ressorts et les enchaînements dont la providence de Dieu s'étoit servie pour l'attirer à lui et lui faire luire la lumière de la vérité. Je m'étends un peu en parlant de ce jeune homme *de famille* [1], parce que je sentois pour lui une tendresse particulière. Un certain rapport et conformité d'humeur lioit entre nous deux une amitié particulière. Il étoit fort simple : je l'étois aussi....

« M. Singlin l'envoya à M. Manguelen, qui, après l'avoir formé pendant près d'un an, le rendit à Dieu qui l'appela par une mort douce que les excessives chaleurs lui avoient causée [2]. Il fit précéder avant lui ce cher fils qui étoit le fruit de sa charité et de sa vigilance, et qu'il devoit, hélas ! suivre de bien près. Nous regardâmes cette mort comme une grande perte. Tout le monde avouoit qu'à cause de son

1. M. Lindo était fils d'un riche marchand de Paris, de la paroisse Saint-Merry ; et en bon style de bourgeoisie et de quartier, c'était là, pour Fontaine, être un jeune homme de famille par excellence.

2. Une mort *douce* : Homère disait de ces sortes de morts qu'Apollon et Diane avaient tué le malade de leurs douces flèches, οἷς ἀγανοῖς βελέεσσι. Fontaine, dans sa simplicité, et sans songer à Homère, retrouvé de ces tons odysséens.

innocence, c'étoit le meilleur de tous ceux qui habitoient dans ce désert. Mais Dieu nous consoloit en même temps qu'il nous affligeoit, en prenant pour lui ce que nous avions de meilleur, et recevant de nos mains les premiers fruits de ce désert. C'étoit un *excellent innocent* en un lieu où il y avoit d'excellents pénitents. »

Se peut-il peinture plus naturelle, plus particulière, et qui laisse mieux distincts et plus charmants en nous les simples traits de cette figure, — de cette douce figure d'agneau du jeune Lindo, en regard, par exemple, de ce vieux *lion* de La Petitière? Si Port-Royal a eu dans Champagne son peintre régulier et sévère, il a par moments dans Fontaine son *Fra Bartolommeo*.

Ces solitaires qui se multiplient désormais, et que bientôt on ne comptera plus, mais qui pourtant, à cette date de septembre 1646, ne passaient guère encore une douzaine, commençaient de loin à paraître formidables et à se grossir dans les calomnies des uns en même temps que dans les admirations des autres. On dénonçait, dès 1644, Port-Royal des Champs comme un lieu d'assemblées dangereuses et un foyer d'écrits conjurés : « Il y avoit là, écrivait-on, *quarante étudiants* et *quarante belles plumes, lesquelles n'étoient taillées que de la main d'un même maître.* » Le sobriquet d'*Arnauldistes* circulait. Cette rumeur sur nos Messieurs était déjà telle plus de dix ans avant les *Provinciales*. M. Le Maître se vit plus d'une fois obligé de rappeler dans de courts mémoires imprimés l'origine et le nombre des pénitents, pour réduire à leur juste valeur ces faux bruits qui ne venaient pas tous de la malveillance, bien que la malveillance s'en autorisât. La mère Angélique écrivait à la reine de Pologne : « On fait des médisances horribles à la Reine, *qui croit tout.* »

Enfin M. d'Andilly, ayant réglé ses affaires et pris congé de la reine elle-même et de la Cour, s'était venu retirer près de ses neveux et de son fils, vers la fin de 1645 ou tout au commencement de 1646. Déjà nous le connaissons de reste, ce semble, pour l'avoir vu apparaître et se multiplier en mainte circonstance; il est pourtant si essentiel dans le cadre de Port-Royal par sa figure, par ses écrits, par tout un aspect propre à lui seul et qui le distingue des autres plus austères, que nous devons nous arrêter à bien assembler et à fixer dans nos esprits les traits complets de son personnage.

XV

Mémoires de d'Andilly. — Ses débuts; ses charges. — Ses passe-temps à Pomponne; mascarade de madame de Rambouillet. — Propos divers. — Il répond à une calomnie du président de Gramond. — Son arrivée à Port-Royal. — Assainissement; dépense. — Poires et pavies. — Visites et relations. — Littérature Louis XIII; Gomberville, Godeau. — La *Clélie*. — Mademoiselle à Port-Royal; — à Saint-Jean-de-Luz. — M. d'Andilly écrivain. — Il refuse l'Académie. — Ses vers sacrés. — Sa prose ; les *Pères des Déserts*.

Retiré en 1646 à l'âge de cinquante-sept ans, M. d'Andilly ne mourut qu'en 1674 à l'âge de quatre-vingt-cinq ans, et devint ainsi par sa vieillesse prolongée et sereine, sous sa vénérable couronne de cheveux blancs, le vrai patriarche et comme le père de famille de Port-Royal; on ressonge à je ne sais quoi de Booz et de Noémi.

A côté et en avant de M. Le Maître le chef des terribles, on a désormais en lui un doyen souriant.

Comme il nous a laissé sur la première moitié de sa vie d'intéressants Mémoires que chacun peut lire, je n'y prendrai que quelques détails de caractère[1]. Robert Ar-

1. Il avait, de plus, écrit des Journaux très-détaillés sur les événements politiques auxquels il avait assisté. M. Achille Halphen a

nauld d'Andilly, né à Paris en 1589, était l'aîné des fils de M. Antoine Arnauld l'avocat. Son père le fit élever au logis sous un docte maître, le fils même du célèbre Lambin. Le jeune d'Andilly eut donc une assez forte éducation, une nourriture classique de la fin du seizième siècle, mais qui se fondit vite pour lui dans la politesse du monde. Fort aimé de ses oncles, dont l'un fut nommé par Henri IV, en 1605, intendant des finances, il exerça dès ce jour-là en qualité de son premier commis, quoiqu'il n'eût que seize ans. Après la mort de Henri IV, il se trouvait, par faveur singulière, avoir entrée dans le Conseil des finances à la suite de son oncle, et il demeurait derrière les chaises du Roi et de la Reine-mère à voir opiner, *ce qui ne lui donnait pas,* a-t-il soin de nous dire, *une petite connaissance des affaires.* Son père le maria à vingt-quatre ans à la fille de M. Le Fèvre de La Boderie qui avait été ambassadeur à Bruxelles, à Turin, et deux fois négociateur près du roi Jacques à Londres. Il faudrait l'entendre lui-même s'étendant au long sur le mérite si extraordinaire de son beau-père, de sa belle-mère, et de tout ce qui leur attenait; car il abonde et ne tarit plus, une fois sur ce chapitre des alliances, des parentés, et des mérites de tous les siens[1]. La terre de Pomponne,

publié en 1857 un *Journal inédit d'Arnauld d'Andilly*, de 1614 à 1620, tiré des Papiers Conrart (Manuscrits de l'Arsenal). Un autre Journal de lui, et beaucoup plus considérable, commençant au 1ᵉʳ février 1615 et s'arrêtant au 14 décembre 1632, que M. Varin avait retrouvé également dans la Bibliothèque de l'Arsenal, et qui ne formait pas moins de huit volumes in-4°, a été égaré par suite de la mort subite de ce bibliothécaire, qui avait négligé de le classer et de le ranger en son lieu. Quelque intéressants, d'ailleurs, qu'ils soient ou qu'ils eussent été pour l'histoire, ces Journaux de M. d'Andilly, qui se rapportent à son âge le plus actif, restent étrangers par leur objet au point de vue particulier sous lequel nous le considérons.

1. Si l'on est curieux, on peut voir sur les La Boderie et en particulier sur le beau-père de M. d'Andilly, personnage en effet plein

qui donna nom à son fils, lui vint de sa femme. D'Andilly écrivit de bonne heure avec cette facilité d'honnête homme plus que d'homme du métier, qui souvent chez lui fut heureuse : « Ayant été marié (c'est lui qui parle) en 1613, le Roi fit l'année suivante le voyage de Bretagne, où le Conseil des finances suivit Sa Majesté, et M. de La Boderie demeura dans le Conseil resté à Paris. Quoique je n'eusse jamais alors fait de vers, mon affection pour M. de La Boderie me mit dans l'esprit d'écrire sa vie en vers. J'en fis en carrosse huit cents en huit jours, que je lui envoyai de Nantes; et, dans le temps qu'il les reçut, il faisoit de son côté (sans que nous sussions rien du dessein l'un de l'autre) sa vie en vers, pour me l'envoyer. J'ai encore, écrit de sa main, ce qu'il en avoit fait, et qui montre jusqu'à quel point il auroit excellé dans la poésie, s'il eût continué à s'y exercer, comme il avoit commencé en sa jeunesse, en même temps que le cardinal Du Perron, son intime ami.... »

Huit cents vers en carrosse! Ces poëtes-amateurs du lendemain du seizième siècle, et pour qui Malherbe n'était pas encore venu, n'y allaient pas de main morte. A la fin de Louis XIV on était plus sobre, on s'en tenait au quatrain.

Cet oncle intendant voulait donner à M. d'Andilly sa charge, quand il mourut subitement en octobre 1617. M. de Luines, alors tout-puissant, et qui était je ne sais pourquoi opposé à d'Andilly, leurra celui-ci de promesses. En racontant cette mauvaise volonté du Connétable à son égard, l'auteur des Mémoires a grand soin de ne pas oublier l'affection, au contraire si obligeante, dont M. de Luines fils (et l'un des amis de Port-Royal) l'honore.

En août 1620, accompagnant la Cour dans le Midi,

de mérites et de services, un travail animé et affectueux du comte de La Ferrière-Percy : *Les La Boderie, Étude sur une famille normande*, 1857.

il vit pour la première fois à Poitiers l'abbé de Saint-Cyran dont Le Bouthillier, depuis évêque d'Aire[1], lui avait bien souvent parlé. Ce dernier, qui était pour lors à Poitiers, les prenant tous deux par la main, les présenta simplement l'un à l'autre en disant : « Voilà M. d'Andilly, voilà M. de Saint-Cyran, » et les laissa aux prises. Ainsi commença cette grande et féconde amitié. Il y a eu des Jésuites dits *de robe courte :* M. d'Andilly fut, dès ce moment, un janséniste en habit de cour.

Dans l'automne de 1621 et au siége de Montauban, où il suivait M. de Schomberg, il tomba dangereusement malade d'une fièvre pourpre, et le bruit même de sa mort courut. Malherbe, écrivant de Caen à son ami Peiresc (5 novembre), déplorait cette perte du ton d'un ami.

Comment M. d'Andilly fut ou crut être le bras droit de M. de Schomberg, tant que celui-ci resta Surintendant des finances; comment, après la disgrâce de Schomberg, il passa dans la petite Cour et dans la faveur de Monsieur, qui lui fit donner la charge d'intendant-général de sa maison; quelle était sa première grande liaison avec le colonel d'Ornano qui finit par concevoir jalousie de lui, et se perdre, à cause de cela, du moins l'historien et ami nous l'assure[2]; comme quoi le cardinal de Richelieu eut dans un temps l'idée de le faire, lui d'Andilly, secrétaire d'État; puis sa disgrâce, sa sortie de chez Monsieur, et la façon dont il fut

1. Aire en Gascogne.
2. D'autres disent autrement. Le savant et fin continuateur du Père Daniel, le Père Griffet, dans son *Histoire de Louis XIII*, à l'occasion du procès de Chalais (année 1626), se donne le plaisir de remarquer qu'un des inculpés, un gentilhomme nommé Boisdanemets, dans un livre intitulé : *Mémoires du duc d'Orléans, qui contiennent plusieurs particularités de la vie de Gaston,* « accuse le sieur Arnauld d'Andilly d'avoir trahi les secrets du maréchal d'Ornano, qui lui avoit procuré la place d'intendant de la maison du prince. » Une petite insinuation amicale en passant.

bientôt tiré de sa retraite pour devenir intendant d'armée en 1634, — c'est ce qu'on pourra lire dans ses Mémoires avec toutes sortes d'assaisonnements agréables et de circonstances à son avantage : « Et ce fut là (à Pomponne), nous dit-il, que je reçus une lettre de M. Servien[1], écrite de sa main, ce qu'il faisoit rarement à cause de l'incommodité de son œil, par laquelle il me mandoit que le Roi m'avoit choisi pour m'envoyer intendant dans cette armée (celle des maréchaux de La Force et de Brézé sur le Rhin), et qu'encore que ce ne fût pas un emploi tel que je le pouvois espérer, je devois compter pour beaucoup de ce qu'on m'envoyoit chercher dans ma maison, *comme autrefois les Dictateurs à la charrue.* »

Voilà de la gloire : d'Andilly l'aimait, il la voyait un peu partout, et la dispensait volontiers aux autres, en y prélevant sa part. Mais veut-on savoir pourtant à quoi s'occupait au juste ce laboureur de Pomponne la veille peut-être de son rappel à la romaine? Son fils aîné, l'abbé Arnauld, nous le va dire; on n'est jamais trahi que par les siens.

« Ce n'étoit tous les jours, en ce temps-là, que jeux d'esprit et parties galantes.... Et un jour que nous étions à Pomponne, madame la marquise de Rambouillet, avec une troupe choisie, résolut de l'y venir surprendre : M. Godeau en étoit; il ne pensoit point en ce temps-là à devenir prince de l'Église, comme il le fut quelques années après[2], ayant été fait évêque de Grasse et puis de Vence. Ceux qui l'ont connu savent qu'il étoit fort petit, et à l'hôtel de Rambouillet on l'appeloit pour cette raison le Nain de la princesse Julie. Ils partirent de Paris en deux carrosses; et sur les cinq heures du soir deux ou trois cavaliers viennent à Pomponne comme s'ils eussent été des maréchaux-des-logis d'une compagnie de cavalerie, et demandent à faire le logement.

1. Secrétaire d'État.
2. Deux ou trois ans après seulement; il devint évêque en 1636, n'ayant pris les Ordres qu'en 1635.

Aussitôt on court au château en avertir M. d'Andilly, qui, n'étant pas accoutumé à recevoir de ces sortes d'hôtes, vient fort échauffé trouver ces messieurs, les interroge de leur ordre, s'étonne qu'on lui ait voulu causer ce déplaisir, et les prie de ne rien faire qu'il n'ait parlé à leurs officiers. Pendant qu'il raisonne avec eux, on entend sonner la trompette : il s'avance croyant que ce fût la compagnie; mais il fut étrangement surpris de voir le Nain de la princesse Julie, lequel, armé à l'antique et monté sur un grand coursier, sans lui donner le loisir de le reconnoître, pousse sur lui à toute bride et lui rompt au milieu de l'estomac une lance de paille qu'il avoit mise en arrêt, lui jetant en même temps un cartel de défi en vers fort galants. Il ne fut pas longtemps à revenir de l'étonnement où cette surprise l'avoit jeté; car les deux carrosses parurent aussitôt, et les éclats de rire lui firent perdre sa mauvaise humeur. Il reçut cette agréable compagnie de meilleur cœur qu'il n'auroit fait l'autre; mais ce ne fut pas sans avoir puni par quelques soufflets ce petit Nain audacieux de sa téméraire entreprise[1]. »

Tout cela est très-aimable et tout à fait délicieux; mais il nous faut rabattre du d'Andilly-Cincinnatus, ou plutôt en revenir à le classer parmi les Romains de la *Clélie*.

Que de réductions ainsi, j'imagine, si nous avions en toutes choses les moyens de confrontation! Ils ne nous manquent pas pour d'Andilly; et comme ce qui restera du personnage sera encore très-suffisant, très-digne d'affection et de respect, je ne m'en ferai pas faute avec lui!

Balzac a résumé les éloges qu'il lui donne, par un mot adopté des Jansénistes et souvent cité, « que c'étoit un homme qui dans le monde *ne rougissoit pas des vertus chrétiennes, et ne tiroit point vanité des morales.* » La phrase est spécieuse et très-bien trouvée; mais nous en savons déjà assez pour voir que ce n'est qu'une phrase.

Allons tout de suite à l'autre extrémité; osons écou-

---

1. *Mémoires* de l'abbé Arnauld (année 1634).

ter sur son compte le satirique Tallemant ; mieux vaut expliquer et amoindrir ces jugements malicieux que les laisser comme subsister au dehors en les éludant : « M. d'Andilly, dit-il, s'étant rendu habile dans les finances, fut premier commis de M. de Schomberg ; mais, comme il a de la vanité à revendre, il affectoit devant le monde de faire paroître qu'il avoit tout le pouvoir imaginable sur l'esprit du Surintendant. M. de Schomberg n'y prenoit pas plaisir, et dit : « Mon Dieu ! cet homme parle beaucoup ! » — Ce M. d'Andilly s'est mêlé de vers et de prose ; mais il n'a guère de génie ; il *sait* et a *de l'esprit*. Il a été dévot toute sa vie.... » Et à propos de cette dévotion dans le monde, le satirique remarque que c'était une charité qui, pour prêcher et embrasser passionnément, aimait mieux les belles personnes que les moins jolies. Or que nous dit madame de Sévigné (19 août 1676) ? « Nous faisions la guerre au bonhomme d'Andilly, qu'il avoit plus d'envie de sauver une âme qui étoit dans un beau corps qu'une autre. Je dis la même chose de l'abbé de La Vergne.... » Ne trouvez-vous pas ? ainsi greffé sur la parole de madame de Sévigné, le propos de Tallemant devient moins amer. Rappelons-nous encore le mot de Retz quand il nous dénonçait d'Andilly pour son rival auprès de madame de Guemené, mais pour un rival qui aimait en Dieu et rien que spirituellement[1]. Tout cela, on le voit, se re-

---

1. J'ai cité le mot, tome I, page 360 : je le remets ici plus exact et d'après le texte même du manuscrit autographe de Retz, conservé à la Bibliothèque du Roi : «... Le Diable avoit apparu juste-
« mant 15 jours devant ceste advanture a Mme la Princesse de
« Guemené, et il lui apparoissoit souvant, evoqué par les conjura-
« tions de Mr Dandilli qui le forçoit je crois de faire peur a sa de-
« vote de laquelle il estoit encore plus amoureux que moi, Mais
« en Dieu et puremant spirituellemant. Jevoquai de mon costé un
« demon qui luy parut soubs une forme plus benigne et plus
« agreable. Il la tira au bout de six sepmaines du Port-Roial ou

joint et aussi se tempère. On tient donc, et par mille côtés, les traits assez constants de son caractère: un dévot du monde, très-sincère et un peu vain, *sachant* et ayant *de l'esprit*, resté naïf, très-*brusque*, ajoute-t-on, c'est-à-dire très-vif, fort en paroles, en gestes, démonstratif, mais aimable et poli, solennel même, officieux et sûr, excellent, bien avec tous, et surtout avec les dames.

M. de Saint-Cyran, qui le connaissait si parfaitement, et qui ne flatte pas, écrivait de lui à la date de février 1642: « Il est vrai qu'il n'a pas la vertu d'un anachorète et d'un Bienheureux, mais je ne sache aucun homme de sa condition qui soit si solidement vertueux. » Voilà la limite sérieuse.

Sa retraite se ressentit tout d'abord de ces dispositions de sa nature; elle n'eut rien de violent ni d'effrayé devant Dieu; il y mit le temps, il l'accommoda à loisir. Ainsi, dans l'intervalle de dix-huit mois et plus qui s'écoulèrent depuis son parti pris jusqu'à son entrée définitive, il ne donna pas seulement ses soins à ses affaires et à ses relations du monde, mais encore à l'opinion qu'il y voulait laisser. Ayant été attaqué dans une certaine Histoire de France par le président de Gramond du Parlement de Toulouse, qui l'avait représenté comme une *créature vénale* de Richelieu [1], il le réfuta dans des

---

« elle faisoit de temps en temps des escapades plutost que des re-
« traites. » J'insiste sur la littéralité du texte, parce que je sais que cette réserve capitale: *mais en Dieu et purement spirituellement*, a été contestée et qu'on est allé jusqu'à dire que c'était une addition qui n'était ni du fait ni de la main de Retz. Le manuscrit autographe fait preuve du contraire; les ratures et modifications qu'il a subies dans ce passage ne tombent pas sur l'endroit qui nous intéresse, et la spiritualité de l'amour de M. d'Andilly reste hors d'atteinte.

1. Il y était dit qu'afin de rendre Monsieur suspect au Roi, le Père Joseph et M. d'Andilly, ces créatures vendues au Cardinal,

lettres adressées tant au président de Gramond lui-même qu'au premier président de Montrave, et en prit occasion de recueillir un volume entier de ses Lettres, comme on faisait volontiers alors. Le ton de la réfutation, pour une personne qui songe à se retirer, n'a rien de trop pénitent : « Si monsieur de Gramond avoit été tant soit peu nourri dans le grand monde, et dans cette suite des affaires de la Cour qu'il faut nécessairement savoir lorsqu'on veut se mêler d'écrire une histoire, il n'auroit pu ignorer.... Toute la Cour, *qu'il connoît si peu*, sait si jamais j'ai passé pour un esclave. » Au reste, il y a dans cette réponse quelques accents élevés qui sentent l'honnête homme et *l'éloquente famille :* car la vigueur aussi, ne l'oublions pas, forme un des traits de cette nature aimable, abondante et facile, qui en a bien fait preuve en effet par sa seule durée, demeurant toute pleine, jusqu'au bout, d'une verte séve généreuse.

Le connaissant maintenant assez selon le monde, nous n'avons plus qu'à le voir arriver au désert des Champs, selon le récit animé et comme enchanté de Fontaine :

« Il y avoit longtemps qu'il soupiroit après ce moment ; il avoit pris par avance le titre de Surintendant des jardins. Il envoyoit continuellement les lettres les plus tendres du monde. Il assuroit que personne ne pouvoit autant désirer de rajeunir qu'il désiroit, lui, de vieillir de quelques mois.... On peut donc juger par-là quelle fut sa joie, lorsque, ses affaires étant terminées, il eut enfin le moyen de satisfaire cette longue soif dont il brûloit jour et nuit, et de causer dans tout ce désert une consolation qu'on ne sauroit bien exprimer. Aussi pouvoit-on, sans être transporté de joie, voir ce sage, ce vénérable, cet aimable vieillard qui con-

venalia Cardinali mancipia, avaient, à Fontainebleau, poussé sous main le maréchal d'Ornano à demander au Roi l'entrée de Monsieur dans le Conseil.

temploit avec la gravité qui lui étoit si naturelle les cris du monde dont Dieu le tiroit, les agitations de la Cour, les emplois pénibles du siècle dont il le débarrassoit, et qui venoit l'adorer en ce Port toujours tranquille, comme il le dit si bien dans l'Ode qu'il composa sur ce sujet[1]?...

« J'avoue que je me sens encore tout enlevé lorsque je pense à ce feu ardent qui brûloit continuellement dans ce saint solitaire. L'âge, qui affoiblit tout, sembloit apporter un nouveau redoublement à son ardeur. Il me semble que je le vois et que je l'entends qui me parle avec ce regard de feu, ces manières et ces paroles animées, et tout son air qui démentoit en quelque sorte son grand âge, et qui, dans un corps de quatre-vingts ans, avoit l'activité d'une personne de quinze[2]. Ses yeux vifs, son marcher prompt et ferme, *sa voix de tonnerre*, son corps sain et droit, plein de vigueur, *ses cheveux blancs qui s'accordoient si merveilleusement avec le vermillon de son visage*, sa grâce à monter et à se tenir à cheval, la fermeté de sa mémoire, la promptitude de son esprit, l'intrépidité de sa main, soit en maniant la plume, soit en taillant les arbres, étoient comme une espèce d'immortalité, selon la parole de saint Jérôme, une image de la résurrection future, et, si on le peut dire, la récompense d'une admirable vertu. Il avoit pendant toute sa vie joint ensemble deux choses presque inalliables, c'est-à-dire la politesse du monde avec une grande innocence, un esprit

---

1. Dans ce Port exempt de l'orage
    Je considère ces nochers
    Qui, voguant vers tant de rochers,
    Sont si près de faire naufrage :
Leur esprit aveuglé se paît d'illusions,
Et leur âme sujette à mille passions
Par les vents de l'erreur est sans cesse emportée :
Leur cœur, toujours en trouble, en vain cherche la paix ;
    Et dans cette mer agitée,
    Le calme est un bonheur qu'ils ne virent jamais !
(Ode sur la Solitude.)

2. M. d'Andilly n'a pas eu quatre-vingts ans du premier jour de son entrée à Port-Royal ; il n'en avait alors que cinquante-sept : mais Fontaine, dans son éblouissement, rassemble toutes les époques, et, à voir les couleurs qu'il en tire, on ne s'en plaindra pas.

très-pénétrant avec une simplicité incroyable, une générosité héroïque avec une profonde humilité. »

Et Fontaine tout enivré continue et recommence : il ne se lasse pas de nous le montrer dans les occupations variées de ses heures, tantôt devant le Saint-Sacrement, tantôt à ses traductions utiles, tantôt dans ses jardins autour de ses fruits-*monstres*, comme lui-même les appelait, et justifiant tout à fait par l'harmonie de son déclin la devise et l'emblème que ses amis placèrent sous son portrait : « un Cygne qui se promène tranquillement sur les eaux, et qui chante étant près de mourir, avec ces mots : *Quam dulci senex quiete*[1] ! »

Le témoignage plus posé et plus réfléchi de Du Fossé confirme celui de Fontaine. M. d'Andilly, en venant s'établir en ce Port-Royal jusqu'alors sauvage, y apporta une sorte de grâce frugale et sobre, de l'agrément, et non-seulement des fruits, mais aussi les fleurs. Il com-

---

1. On pourrait se demander, d'après cet enthousiasme de Fontaine pour M. d'Andilly, comment il ne s'attacha pas à lui de préférence, comment il ne devint pas d'abord son secrétaire particulier plutôt qu'ensuite de M. de Saci. Ce fut par un effet de la prudence de ces Messieurs : ils craignirent sans doute, et avec raison, que M. d'Andilly ne fût pas homme à régler un tel disciple, et que ces deux tendresses du vieillard et de l'adolescent, venant à se confondre, ne fissent une perpétuelle effusion. Mais il est curieux de lire chez Fontaine comment, pour le sauver de l'amitié de M. d'Andilly, on lui recommanda de faire *la bête* devant lui à la rencontre, et avec quelle docilité, avec quel art ingénument hypocrite le pauvre garçon, très à contre-cœur, obéit. M. d'Andilly, dégoûté de sa niaiserie apparente, lui tourna le dos. Le directeur de madame de Maintenon, dans un temps, lui ordonnait de *se rendre ennuyeuse en compagnie pour mortifier la passion qu'il avait aperçue en elle de plaire par son esprit* : « J'ai vu hier madame d'Albert, écrit-elle ; je l'ai révoltée par mon silence le plus qu'il m'a été possible. » Et ailleurs : « Voyant que je bâille et que je fais bâiller les autres, je suis quelquefois près de renoncer à la dévotion. » — Excès et misère ! il y a en tout une puérilité secrète et propre à chaque chose ; il faut oser l'indiquer.

mença par l'utile et fit dessécher un marais qui empestait; quoiqu'un fâcheux étang restât toujours (celui qu'a chanté Racine), le lieu fut dès lors notablement assaini. Puis vinrent les défrichements, les terrasses, les espaliers, tout un embellissement. Ces travaux coûtaient cher. Le monastère en profita; ce pauvre aîné peu favorisé, l'abbé Arnauld, en pâtit. M. d'Andilly, en se retirant, lui avait laissé de quoi subsister honnêtement; mais cela ne dura qu'une année: « Son humeur plus que libérale, nous dit le fils si durement lésé, ne le quitta point dans le désert; il eut besoin de tout ce qu'il avoit quitté pour la satisfaire, et ce fut à moi à me réduire. » Les saints ont grand'peine, même en se faisant ermites, à ne pas emporter au fond leur petit démon secret. Le marquis de Pisani, fils de madame de Rambouillet, bossu et malin comme les bossus, disait de madame de Sablé qu'elle avait beau faire, qu'elle ne chasserait point le Diable de chez elle, et qu'*il s'était retranché dans la cuisine.* M. d'Andilly, tout aux amitiés, surtout aux amitiés nouvelles, et qui venait d'épouser la solitude, rognait à son fils pour orner les jardins.

Du Fossé va un peu loin lorsque, concluant l'exact portrait, il semble croire que M. d'Andilly a passé ainsi *durant près de trente années, sans discontinuer, une vie si peu agréable aux sens, et sans jamais prendre aucun divertissement.* Et d'abord, ce genre d'existence, mi-partie d'étude et mi-partie de jardinage, n'était certainement pas trop mortifiant; les sens reposés y trouvaient leur charme. Qu'est-ce là autre chose que le vieillard de Virgile, celui du Galèse, dans un cadre chrétien? C'est un Mélibée d'églogue à Port-Royal, et qui se peut dire à lui-même sans ironie :

Insere nunc, Meliboee, piros; pone ordine vites.

Fontanes, dans sa *Maison rustique*, a introduit, à ce

titre, l'éloge du savant jardinier M. d'Andilly et des inventions dont il lui fait honneur[1]. Racine ne l'a pas moins loué, sans le nommer, quand il célèbre en ses poésies d'enfance les fruits exquis des jardins :

> Je viens à vous, arbres fertiles,
> Poiriers de pompe et de plaisirs !...

Comme ce dernier vers est savoureux ! A coup sûr, l'écolier en avait goûté. Les pauvres solitaires, eux, n'en goûtaient pas, ni les religieuses; on vendait une part de ces riches provenances, et l'argent allait aux pauvres. Mais surtout M. d'Andilly faisait des cadeaux; il les proportionnait aux personnes : à la reine, au cardinal Mazarin, aux dieux de la terre, il envoyait, chaque année, les primeurs et l'élite de ses fruits *bénits*[2]. Voici une lettre inédite, du 23 septembre (je ne sais l'année); elle est adressée à madame de Sablé; elle accompagnait un panier de poires à la même adresse, et un autre panier de pavies destiné à Mademoiselle (de Montpensier). Chaque mot témoigne de l'importance :

« Je vous envoie un panier de fruits pour Mademoiselle, et je serois bien aise qu'il vous plût de prendre la peine de

---

1. Autour de ces lambris que le Nord ne voit pas,
Le pêcher de la Perse a suspendu ses bras;
La chaux, le plâtre ardent et les pierres blanchies
Ont concentré du jour les clartés réfléchies
Et même ont réchauffé le soleil des hivers.
Muse, dis-moi l'auteur de ces treillages verts;
Apprends-moi, tu le sais, d'où nous vint leur usage.

Un illustre vieillard, un patriarche, un sage...
(Au chant second, intitulé *le Verger*.)

2. La politique y avait son compte : « La Reine, disait le cardinal Mazarin, est admirable dans l'affaire des Jansénistes : quand on en parle en général, elle veut qu'on les extermine tous; mais, quand on lui propose d'en perdre quelques-uns, et qu'il faut commencer par M. d'Andilly, elle s'écrie aussitôt qu'ils sont trop gens de bien et trop bons serviteurs du Roi. »

le faire décacheter et puis recacheter, afin de voir si vous le trouvez assez beau. Je pense que vous ne désapprouverez pas d'envoyer à ces sortes de personnes les paniers cachetés, ainsi que je fais toujours, afin qu'elles soient assurées que personne n'a pu y toucher. En vérité, je n'aime plus à faire des présents de fruit, particulièrement de pavies, parce que je voudrois qu'ils fussent fort beaux. Et croiriez-vous bien qu'il a fallu choisir sur plus de trente arbres et entre plus de quatre ou cinq cents pavies ce peu que j'envoie à Mademoiselle? Cependant ceux qui ne s'y connoissent pas croyent qu'ils viennent tous ainsi.

« Comme vous m'avez mandé que vous aimez les fruits musqués, je vous envoie tout ce que j'ai d'une poire si rare et si excellente à mon gré que je voudrois fort en avoir davantage; mais j'attendrai que vous m'en disiez votre jugement pour savoir si je l'estime trop ou trop peu. »

(Et en post-scriptum :) « J'oubliois à vous dire que vous m'obligeriez de faire savoir que, pour trouver ces pavies excellents, il les faut manger extrêmement mûrs. »

N'est-il pas vrai que, sur de telles pièces, il ne tiendrait qu'à un malin de dénoncer M. d'Andilly comme le Lucullus de Port-Royal des Champs[1]?

Il ne faudrait pas croire non plus qu'il n'en sortît jamais. Sans parler des sorties forcées et par persécution, qui l'éloignèrent pendant des années, il s'en permettait quelquefois d'autres petites pour affaires, pour

1. On pourrait toutefois répondre avec des exemples de moines et de solitaires. On doit à saint François de Paule la poire du *bon chrétien*. Le pêcher était cultivé avec soin dans le jardin de l'abbaye de Saint-Denis dès l'an 784, et Loup, abbé de Ferrière en Gâtinais au neuvième siècle, envoyait des pêches à l'abbé de Corbeil, Odon, en lui recommandant, au cas trop probable où le porteur les aurait mangées, d'en réclamer au moins les noyaux pour les planter et en acquérir avec le temps la douce jouissance : «... Et si, ut vereor, devoraverit, extorquete precibus ut vel ossa tradat...; ut jucundissimorum persicorum sitis quandoque participes. » (Petit-Radel, *Recherches sur les Bibliothèques*.) M. d'Andilly, à l'appui de ses pavies, ne manquait sans doute pas de ces autorités-là.]

amitiés. Surtout il recevait des visites. Par lui la solitude des Champs ne cessa plus de se rattacher assez directement à la Cour, au grand monde. On lit dans un petit mémoire écrit par M. Le Maître : « Le samedi 9 mars (1647), M. de Liancourt, premier gentilhomme de la Chambre, et M. de Chavigny Le Bouthillier, ministre d'État, vinrent à Port-Royal des Champs avec M. Singlin, *sans leur Ordre*, pour n'être pas reconnus, et nous témoignèrent avec sentiment et pleurs le désir qu'ils avoient de se retirer de la Cour, pour faire pénitence et se sauver. Ils offrirent mille écus à l'effet de construire un petit logement aux Granges, pour l'un d'eux, et quatre ou cinq mille écus pour enfermer de murailles les terres des Granges ; mais on refusa l'un et l'autre. Ils sortirent fort édifiés, et ils nous témoignèrent une affection de frères. » La retraite récente de M. d'Andilly était certainement pour beaucoup dans cette visite et dans ces attentions des deux personnages[1].

Par son nouvel hôte encore, Port-Royal se trouva correspondre plus naturellement et plus de plain-pied à toute cette littérature Louis XIII et de l'hôtel Ram-

---

1. M. de Liancourt réalisa ses intentions pieuses. M. de Chavigny n'en eut pas le temps, et, je le crains, ne l'aurait jamais eu. Les Mémoires d'alors sont tout pleins de ses intrigues, même après cette visite arrosée de larmes. Ame violente, il avait pourtant en lui de grandes ressources. Il mourut presque subitement en octobre 1652 : au lit de mort, il pria M. Mazure, son pasteur, curé de Saint-Paul, de lui permettre de se confesser à M. Singlin. Ce dernier accourut, l'entendit en confession par deux fois, et lui donna l'absolution ; mais la mort survint avant le viatique. M. de Chavigny, repentant *in extremis*, avait remis aux mains de M. Singlin et de M. Du Gué de Bagnols des effets considérables pour être restitués : j'en ai dit le chiffre ailleurs (page 20 de ce volume). Il voulait encore que M. Singlin prît trois cent mille livres en pistoles, qui étaient dans le coffre de sa chambre, ce qui eût fait en tout plus de douze cent mille livres : M. Singlin refusa de toucher à l'argent, et ne reçut que les papiers qui montaient à près d'un million. Dépositaires d'une si énorme valeur, ces Messieurs con-

bouillet, à celle des Gomberville, des Chapelain, des Godeau, des Scudéry. Je ne toucherai ici que deux ou trois de ces noms, et en ce qui est moins connu.

Gomberville, par exemple, était devenu tout à fait janséniste et ami de Port-Royal. On a de ses quatrains sur la retraite de M. Le Maître, sur celle de M. de Pontis. Ses meilleurs vers sont ceux qu'il fit sur les désirs de retraite que ressentait l'abbé de Pontchâteau : on les aura en leur lieu. Retiré lui-même dans l'île Saint-Louis, marguillier de sa paroisse, il pleurait le mal qu'il s'imaginait avoir fait par son roman de *Polexandre*, et il aurait voulu le réparer en composant des romans plus ou moins chrétiens à la façon de l'évêque de Belley : ainsi sa *Jeune Alcidiane*, qu'il n'acheva pas. Par une contradiction assez naturelle, en même temps qu'il s'exagérait et se plaisait à exagérer aux autres le mal qu'avait causé cet innocent *Polexandre*, il n'aimait pas trop que les autres le félicitassent trop nettement de son repentir. Un jour le médecin Dodart y fut pris ; il lui disait ou à peu près : « Je suis bien aise de voir qu'enfin vous regrettez le mal produit par ces détestables

---

sultèrent aussitôt pour se mettre en règle et en mesure à l'égard de la veuve. L'affaire transpira ; les ennemis des Jansénistes s'en emparèrent. On essaya toutes sortes d'arbitrages, gens de Parlement, docteurs de Sorbonne, casuistes. L'examen des papiers ne laissait aucun doute ; des notes du défunt au dos des papiers disaient beaucoup. Le reste était le secret de M. Singlin, le secret de la confession. Mais madame de Chavigny jetait les hauts cris et faisait parler l'intérêt de ses *treize* enfants. On voulut se rabattre à cent mille livres à distribuer aux pauvres. Les dépositaires, sans donner dans cet accommodement, renoncèrent à tout et remirent la charge de conscience sur la famille : la veuve, rentrée dans ses fonds, s'en consola. (Hermant, *Histoire* manuscrite, tome I, p. 673 ; et *Lettres* de la mère Angélique, tome II, p. 195, 200, 238.) — On remarqua à Port-Royal que M. de Chavigny était mort le 11 octobre, le jour précisément de la mort de M. de Saint-Cyran, qu'il avait tant contribué à faire sortir de Vincennes : on y vit un signe d'espérance. — (Voir à l'*Appendice*.)

romans.... » — « Pas si détestables, » répondit le bonhomme en se redressant. Quoi qu'il en soit des termes mêmes, Dodart rapporte qu'il fut relevé très-rudement et qu'il en resta tout scandalisé. Il y a de ces reproches qu'on ne prend bien que de soi seul, parce que seul on y sait mettre l'accent [1].

Le grave et cérémonieux Chapelain, dont on a vu précédemment la liaison avec M. Le Maître, entra dans une sorte de relation littéraire avec Port-Royal par le canal de M. d'Andilly, qui lui envoyait exactement ses ouvrages. Chapelain l'en remerciait chaque fois avec

1. Jusque dans la Préface historique qu'il a placée en tête des *Mémoires du duc de Nevers* (1665), il faut voir avec quelle complaisance Gomberville vieilli s'étend sur ce chapitre d'autrefois, comme il insiste sur les ordres des grandes dames et princesses qui le firent retomber à différentes reprises dans *la maladie des romans,* et qui, de retouche en retouche, l'obligèrent à mettre son héros, son *conquérant imaginaire,* « en l'état où tout le monde l'a vu. » — Je ne sais pourquoi l'estimable auteur d'une *Histoire de la Littérature française* (1852), M. Géruzez, appelle *Polexandre* « un roman édifiant, dont les héros raisonnent sur la Grâce à la manière de Jansénius et de Saint-Cyran. » La première édition de ce roman (*l'Exil de Polexandre*) est de 1629, et la seconde, revue et augmentée, en 5 volumes, est de 1637 : il ne pouvait y avoir de roman janséniste avant qu'il y eût un Jansénisme, et le digne M. de Gomberville n'était pas homme à devancer, en quoi que ce soit, la mode et le temps. On ne trouve en effet dans *Polexandre,* au milieu d'un ramas d'aventures incroyables et insipides, que des lieux communs de morale, et parfois de morale religieuse, mais sans aucun cachet particulier. Ce n'est que dans *la Jeune Alcidiane,* dont la première partie seule parut et fut publiée en 1651, que l'on trouverait (averti que l'on est d'ailleurs par Tallemant) quelques traces du jansénisme de l'auteur. Il y entrelarde le roman d'un peu de sermon. On y voit, dans une certaine île du Soleil, un grand-prêtre devenu solitaire, que le monde estime tombé en frénésie, et qui n'est atteint que de la belle et divine folie des saints. Ce grand-prêtre tient des discours sur le peu de liberté de l'homme déchu, dans le sens de Jansénius, et il ajourne ses pénitents ou consultants, il les renvoie jusqu'à l'heure marquée par la Grâce, selon la méthode de Saint-Cyran. On y voit encore, dans une autre île, un ermite, Pacôme, qui, dans ses discours

force éloges, et y mêlait de grands témoignages de passion pour la vertu et le savoir incomparable de *nos chers amis*, ainsi qu'il les appelait. Il écrivait aussi des lettres de compliment, dans les occasions, à madame de Sablé. Il répondait par d'utiles avis à Lancelot qui le consultait au sujet de ses Grammaires italienne et espagnole. Mais le très-sage et *circonspectissime* personnage n'allait point au delà, et, en ce qui était du fond, il se tenait à distance respectueuse : ce n'est pas un reproche que je lui fais.

Godeau, plus agréable, est une autre figure assortis-

prophétiques, est comme un vague et solennel écho, mais un écho qui sonne bien creux, de quelqu'un de nos solitaires des Champs :

« Ne doutez point de mes paroles, me dit-il, comme il me vit chancelant (c'est un des personnages du roman, un *Inca*, qui fait ce récit), vous ne sauriez vous opposer à ce que Dieu a résolu de vous. Vous quitterez bientôt ce fils qui vous est si cher. Vous viendrez habiter cette caverne ; et le même Dieu qui vous a préparé cette retraite, sans vous en demander conseil, préparera encore, sans vous en demander la permission, la volonté qu'il faut que vous ayez pour y venir sans contrainte. — Mais, mon Père, lui répondis-je, je ne sens rien en mon cœur qui me parle comme vous me parlez : au contraire, je me trouve excité à poursuivre mes premiers desseins, à rechercher les grandeurs, à les procurer pour le Prince que je conduis, et à le porter à une vie tout opposée à celle que vous voulez que j'embrasse. — Ces inquiétudes, ces vanités, ces mouvements de la partie inférieure, me répliqua-t-il, sont des peines secrètes d'un péché que vous ignorez. Je sais que vous êtes encore tout plein des fantômes et des restes de vos dérèglements passés ; mais je sais aussi que vous avez dans le cœur une étincelle qui, de temps en temps, vous fait sentir quelque commencement de chaleur. C'est de cette étincelle que doit procéder le grand embrasement qui vous consumera. Mais cet embrasement dépend de Celui qui, par sa pure miséricorde, fait vivre cette étincelle dans la glace, et malgré les vents auxquels elle est exposée. Quand il voudra parler, la glace sera fondue, les vents seront apaisés, le feu se mettra partout ; et votre volonté, changée par la puissance de la dilection, semblera se porter d'elle seule, tant elle s'y portera librement, où elle sera poussée par la violence de l'Esprit qui sera son amour. Mais en voilà trop pour un coup. »

Je crois du moins que c'en est bien assez. Gomberville, aujourd'hui, n'est plus lisible. Je ne le remarque que, parce que, l'autre jour, j'entendais auprès de moi un grand oracle, qui a pris, depuis quelque temps, la haute main et qui tranche d'autorité sur ces personnages du dix-septième siècle, déclarer que Gomberville avait *beaucoup* de talent. Ne vous y fiez pas.

sante à notre sujet. Émule et contemporain exact de M. d'Andilly pour les vers sacrés, il en faisait jusqu'à trois cents en un jour. Il y en a d'élégants. Le roi Louis XIII avait mis de ses Psaumes en musique et se les faisait chanter en mourant : *Seigneur, à qui seul je veux plaire....* C'était un bel-esprit, longtemps homme du monde et de galanterie (on vient de le surprendre en pleine mascarade), puis évêque et plume réputée éloquente, mais sans fond, sans vrai savoir, sans solide travail. Les Jésuites, pour son approbation du *Petrus Aurelius* et pour sa liaison avec les nôtres, le houspillèrent. Le Père Vavassor fit paraître un petit pamphlet intitulé : *Godellus an poeta?* Godeau est-il poëte? On aurait bien pu se faire d'autres questions sur son compte[1]. Il était surtout peu théologien. Si on lit une lettre d'Arnauld

1. En me procurant, depuis, le petit ouvrage du Père Vavassor, j'ai pu m'assurer que le savant jésuite s'était fait ces autres questions. Celle-ci, *An* ou *utrum poeta*, ne vient qu'en second lieu ; tout le premier point se passe à rechercher si Godeau est tant soit peu théologien, et à quel titre il a pu écrire l'éloge public du *Petrus Aurelius*. Voici le titre exact du pamphlet latin : *Antonius Godellus, episcopus Grassensis, an elogii Aureliani scriptor idoneus, idemque utrum poeta?* Si on le cherche dans le volume in-folio qui contient toutes les Œuvres de François Vavassor (1709), on trouvera tout à côté une Réfutation, également latine, de Jansénius, avec une sortie contre les femmes de qualité qui s'ingéraient depuis quelque temps dans ces questions de la Grâce. Une d'elles, par exemple, et de la plus haute condition, tout heureuse d'avoir rencontré dans quelque ouvrage traduit de saint Augustin un endroit qui lui paraissait venir à l'appui d'une opinion de Jansénius, accourait sur l'heure vers son curé, avec son trésor, lui montrait du doigt le passage formel, et remerciée, félicitée même par l'honnête pasteur qui n'osait, par égard, la contredire, s'en retournait triomphante. Une autre, à une objection qui lui était faite sur un point de dogme, répondait résolûment : « *Nous* ne *nous* prononçons pas là-dessus, *nous* enseignons autre chose. » — *Ridicule mulier doctor,* s'écrie là-dessus le savant homme qui fait remarquer que l'expression elle-même est presque déjà un solécisme. — Godeau était bien l'évêque dameret de ce monde-là.

à M. Du Vaucel (28 octobre 1687), on verra combien le bon prélat était sujet à erreur sur la doctrine morale. Voici la conclusion d'Arnauld : « Et ainsi, tout considéré, j'appréhenderois beaucoup que ce ne fût faire tort à la réputation de ce digne évêque que de publier cet ouvrage (un ouvrage qu'il avait laissé contre les Casuistes), quand même on en auroit ôté tous les mauvais mots, vérifié toutes les citations, traduit tous les passages et corrigé tous les endroits qui en auroient besoin.... » De son vivant, ces défectuosités du fond se dissimulaient chez M. de Vence sous un air facile, éloquent, et dans un tour académique à la mode. Comme évêque, au fort de la persécution (1662), sur un ordre du roi, il se décida à *signer*; mais ses amis jansénistes lui pardonnèrent, et, dans les biographies qu'ils ont faites de lui, il n'est guère question que de son courage.

M. d'Andilly, consulté jusque dans son désert par ses amis littérateurs sur leurs productions plus ou moins profanes, se gardait bien de faire comme Dodart, et de négliger les précautions. Scudéry lui avait envoyé je ne sais quelles Stances, et il avait répondu par des compliments. — « Puisque ma réponse à M. de Scudéry ne vous a pas été désagréable, lit-on dans une lettre à madame de Sablé, je crois avoir fort bien fait de lui écrire. *Je n'ai osé y marquer les plus belles Stances, de crainte qu'il n'y en trouvât pas un assez grand nombre à son gré.* » Voilà de ces délicatesses de solitaire qui n'a pas oublié son monde.

Il était déjà retiré depuis plusieurs années quand mademoiselle de Scudéry, avec laquelle il entretenait de loin de bons rapports[1], fit son Portrait et le plaça

1. On verra, par la suite, que mademoiselle de Scudéry ellemême a très-probablement été louée, sans y être nommée, dans une des premières *Provinciales*. — M. d'Andilly envoyait à la savante fille sa traduction de sainte Thérèse, en même temps qu'à

dans un tableau très-flatteur du Désert, au tome sixième de la *Clélie*. Racine, au temps où il entra en guerre avec ses maîtres de Port-Royal, dans sa petite Lettre où il venge trop bien les auteurs de romans et de comédies, que Nicole avait flétris en masse, sut rappeler malignement cet éloge : « Cependant j'avois ouï dire que vous aviez souffert patiemment qu'on vous eût loués dans ce livre horrible. L'on fit venir au Désert le volume qui parloit de vous : il y courut de main en main, et tous les solitaires voulurent voir l'endroit où ils étoient traités d'*illustres*. » Dans la réponse, non officielle d'ailleurs et non émanée de Port-Royal, qui fut adressée à Racine par Barbier d'Aucourt, on lit : « Pour l'histoire du volume de *Clélie*, peut-être qu'en réduisant tous les solitaires à un seul, *qui même n'étoit pas de ceux qu'on pouvoit appeler de ce nom-là*, et le plaisir que vous supposez qu'ils prirent à se voir traiter d'*illustres*, à la complaisance qu'il ne put se défendre d'avoir pour un de ses amis qui lui envoya ce livre, et qui *l'obligea* de voir l'endroit dont il s'agit; peut-être, dis-je, que cette histoire approcheroit de la vérité[1]... » On a si peu d'occasions de rencontrer la *Clélie* sous sa main, que c'est ici ou jamais le cas d'en détacher cette page où se mire dans un nouveau jour la figure de M. d'Andilly; il n'est autre que *Timante*, comme le généreux *Herminius* était Pellisson, l'agréable *Scaurus* Scarron, le galant *Amilcar* Sarasin. Un certain *Méléagène* (je ne sais le nom réel) prend la parole :

« Ce n'est pas sans sujet que vous avez la curiosité de

Chapelain, qu'il chargeait de la lui remettre, et elle l'en remerciait par un billet que Chapelain transmettait également dans une de ses lettres à M. d'Andilly (mars 1659).

1. Pauvre avocat! comme il est embarrassé! Sa phrase n'en peut plus.

savoir quelle est la forme de vie de ces illustres Solitaires dont Amilcar vient de vous parler. Je veux pourtant la contenter *en peu de paroles*, car il ne me seroit pas possible de vous apprendre tout ce qui me reste à vous faire savoir, si je voulois vous entretenir à fond de la vertu de ces hommes admirables dont vous voulez que je vous parle. Il faut toutefois que je vous décrive *en deux mots*[1] le lieu qu'ils ont choisi pour leur retraite, afin que vous compreniez mieux la douceur de la vie qu'ils mènent. Sachez donc qu'assez près de la mer, entre Érice et Panorme, s'élève une montagne très-fertile, qui est escarpée de tous les côtés, et qui, par son assiette extraordinaire, passe pour un des plus beaux endroits de notre île, qui est une des plus belles du monde. Mais ce qu'il y a de remarquable, c'est que lorsqu'on arrive à l'endroit le plus élevé, on découvre une agréable plaine de douze mille pas de tour, qui en occupe tout le haut; et, pour rendre ce lieu-là encore plus extraordinaire, il y a une éminence au milieu de cette plaine, qui sert de citadelle à tout le reste[2]; car on découvre de là les trois avenues par où l'on peut aller à cette montagne, qui est tellement environnée de rochers et de précipices, du côté de la terre et de celui de la mer, qu'il est aisé de garder l'espace qui est entre les deux. Aussi ne peut-on aller que par trois endroits à cette belle solitude; encore y en a-t-il deux très-difficiles. Cependant il y a de belles fontaines en ce lieu-là, et un très-bon *port* au pied de cette fameuse montagne, qui a même le privilège qu'on n'y a jamais vu nulles bêtes venimeuses ni nul animal sauvage; et sa beauté est si grande, que n'ayant jamais pu trouver de nom assez beau pour elle, on ne lui en a point donné de particulier, et le *port* qu'elle a sert à la distinguer des autres montagnes. Voilà donc quel est le lieu où sont retirés un petit nombre de gens sages, qui, après avoir connu toutes les vanités du monde, s'en sont voulu dégager. Mais

---

1. Ces *deux mots* deviennent tout de suite interminables : la concision dans le style n'était pas encore inventée, ou du moins les *Provinciales*, qui en offraient le modèle, ne faisaient que de paraître.

2. Il n'est pas besoin de faire remarquer que cette prétendue description des lieux est toute fantastique.

entre les autres, *Timante*, ami particulier de la vertueuse Amalthée (madame Du Plessis-Guénegaud), est un homme incomparable. Il est grand et de bonne mine ; il a une physionomie noble, et qui marque si bien la franchise et la sincérité de son cœur, qu'on peut presque dire qu'on le connoît devant que d'avoir eu loisir de le connoître. En effet, toutes ses actions se ressentent de la vigueur et de la vivacité de son esprit, car il agit toujours avec force et avec promptitude : de sorte que les caresses qu'il fait même à ses amis ont quelques marques de l'impétuosité de son tempérament. Timante a sans doute un esprit d'une très-grande étendue ; l'étude lui a encore acquis toutes les connoissances nécessaires à un homme sage et agréable tout ensemble ; il est né avec un grand génie pour les vers, et il en fait qu'Hésiode ou Homère pourroient avouer sans honte s'ils ressuscitoient ; mais, après tout, ce n'est point par les seules lumières de son esprit que je prétends le louer, quoique cet admirable esprit ait un feu si vif et si brillant, qu'il ne peut s'empêcher d'éclater en des occasions où même il ne voudroit pas qu'il parût. Cependant le cœur de Timante est préférable à son esprit ; car il a une franchise si extraordinaire, qu'on diroit qu'il n'a jamais entendu seulement parler qu'il y ait de la dissimulation dans le monde. Il dit la vérité sans crainte et sans déguisement ; il la soutient avec courage pour défendre la justice, quand il ne le peut faire autrement[1], et il a une bonté qui sent l'innocence du premier siècle. Au reste, il est d'humeur assez enjouée, mais son enjouement est si naturel, que les moindres choses l'occupent agréablement. Il a même un talent particulier pour inspirer cette innocente joie à ses amis, et pour leur apprendre l'art de se divertir sans que ce soit au désavantage d'autrui. Timante est encore un des hommes du monde qui est le plus sensiblement touché des ouvrages des autres quand ils sont beaux, et qui aime le plus à rendre justice au mérite. En effet, il ne hait rien

---

1. Si je m'écoutais et si j'osais prendre sur moi d'ajouter une demi-ligne au texte de mademoiselle de Scudéry, je compléterais et nuancerais ainsi la phrase : « ... Il la soutient avec courage ; *il se sert même de la colère* pour défendre la justice quand il ne le peut faire autrement, etc. »

tant que ce qui est opposé à cette grande vertu, et la liberté de son naturel est si contraire à toute sorte de tyrannie, qu'il dit quelquefois en riant qu'il ne mérite pas grande gloire d'avoir secoué le joug de toutes les passions, parce qu'il est encore plus aisé d'obéir à la raison que de suivre tous les caprices de cinq ou six furieuses qui veulent qu'on leur obéisse aveuglément, et qui veulent pourtant très-souvent des choses qui se contredisent. Timante n'ayant donc que cette seule maîtresse à servir, ne s'en éloigne jamais et la consulte sur toutes choses. On diroit pourtant qu'il n'y pense pas ; mais, quoique l'agitation de son humeur fasse bien souvent changer de place à son corps, son esprit est toujours tranquille ; et ce feu qui l'échauffe et qui l'anime le rend plus actif sans le rendre plus inquiet. Au reste, après s'être rendu maître de ses passions, il s'en est fait une qui lui tient lieu de toutes les autres et dont il ne veut jamais se défaire : en effet, il soutient que l'amitié dans son cœur est une passion incomparablement plus violente que l'amour ne l'est dans le cœur des autres hommes, et il est persuadé que nul amant n'aime tant sa maîtresse qu'il aime ses amis. Il avance même hardiment que l'amour est une sorte d'affection toute défectueuse qu'on doit presque mettre parmi les jeux de l'enfance, qu'on est obligé d'abandonner dès que la raison est formée, et qu'au contraire l'amitié est une affection toute parfaite, qui compatit également avec la vertu et avec la raison, et qui doit durer toute la vie ; de sorte qu'étant bien persuadé de la perfection de l'amitié, il est le plus ardent et le plus parfait ami qui fut jamais. Aussi, après s'être dégagé de toutes les choses qui l'attachoient au monde, il tient encore à tous ses amis, et y tient par des liens indissolubles. Ce qui rend son amitié très-agréable, c'est qu'il a le cœur sincère, qu'aimant sans intérêt, il sert ses amis sans crainte de rien hasarder pour eux, et qu'ayant naturellement l'humeur gaie, sa vertu n'a rien de sauvage ni de farouche, ni rien qui l'empêche d'avoir une innocente complaisance pour les personnes qu'il aime. Il leur témoigne même plus fortement la tendresse de son amitié par de petites choses, que beaucoup d'autres ne le peuvent faire par de grands services : car non-seulement son visage, et le son de sa voix, et les choses qu'il dit, prouvent la joie qu'il a de revoir ses amis quand il en a été quelque temps éloigné, mais même toutes ses actions, sans qu'il y pense, sont des marques de son affection. Je me souviendrai toute ma vie d'un jour qu'il arriva en un lieu où il étoit attendu par dix ou douze personnes qu'il aimoit fort, et dont il étoit fort aimé ; car, encore qu'il ne semble pas possible qu'un homme, en un seul instant, puisse satisfaire à tout ce que la civilité et l'amitié demandent de lui en une semblable rencontre, il le fit admirablement, et soit par ses actions, soit par ses paroles, par ses caresses, par son empressement obligeant et par sa joie, il leur fit entendre qu'il leur étoit fort obligé, qu'il étoit ravi de les voir, qu'il les aimoit, qu'il avoit cent choses à leur dire, et qu'il avoit enfin pour eux tous les sentiments qu'ils pouvoient souhaiter qu'il eût. Il disoit un mot à l'un, un mot à l'autre ; il embrassoit deux ou trois de ses amis tout à la fois ; il tendoit la main à une de ses amies ; il parloit bas à une autre ; il parloit haut à tous ensemble, et l'on peut presque dire qu'il alloit et venoit sans changer pourtant de place, tant il portoit de soin à faire que tous ceux qui l'environnoient fussent contents de lui. Voilà à peu près quel est Timante, qui a pour amis dans sa retraite un petit nombre d'hommes aussi vertueux et aussi éclairés que lui [1]…. »

La description n'est pas finie, mais je coupe court sur cette scène de Timante et de ses embrassades au milieu de ses douze amis, qui a de la réalité et du piquant. Ce qui suit sur les solitaires est tout à fait *romancé* [2], et leur ressemble comme *Thémiste* et *la princesse Lindamir* aux Romains du temps de Tarquin : l'un valait l'autre et, dans le moment, ne choquait pas davantage. Ces projets de solitude et d'âge d'or, que nous offre en traits si romanesques la *Clélie*, n'étaient pas chose si particulière ; ils faisaient alors l'entretien et le rêve de bien des imaginations. On en a un exemple très-agréable dans le plan tout pareil que conçurent et développèrent, par

---

1. *Clélie,* tome VI (1658), pages 1138 et uiv.
2. Expression de Patru.

manière de passe-temps, Mademoiselle (de Montpensier) et madame de Motteville. Le Port-Royal selon M. d'Andilly y est trop mêlé et y entre dans une proportion je ne saurais dire laquelle, mais à un degré trop sensible, pour que nous ne suivions pas avec quelque complaisance la réverbération. Il y avait du ressouvenir dans le songe.

Mademoiselle, en effet, ne recevait pas seulement des présents de pavies de M. d'Andilly ; elle était venue de sa personne à Port-Royal des Champs. Elle a raconté cette visite en ses *Mémoires* (juin 1657) de la plus princière des façons, avec un entrain, une naïveté, une inexactitude légère et sincère qui est bien celle d'une fille des rois :

« Un jour, quelqu'un me dit que le Port-Royal des Champs n'étoit qu'à deux lieues de Limours ; il me prit la plus grande envie du monde d'y aller. Il est bon de dire d'où procédoit cette curiosité, car une abbaye de l'Ordre de saint Bernard est une chose qui n'est pas trop extraordinaire à voir. Jansénius, évêque d'Ypres.... (et commence ici toute une petite histoire du Jansénisme à la façon de Mademoiselle).... M. Arnauld avoit quantité de *filles* et de sœurs en ce monastère ;... il s'adonna à la dévotion avec M. d'Andilly son *frère*, et M. Le Maître son neveu. (Elle confond M. Arnauld le père avec le docteur, mais une princesse n'y regarde pas de si près[1]....) J'allai donc en ce lieu ; en y arrivant, je demandai M. d'Andilly. Je le connois, ayant été secrétaire des commandements de Son Altesse Royale ; mais il y avoit nombre d'années que je ne l'avois vu. On me dit qu'il étoit dans sa chambre ; je la voulus voir. Je jetai d'abord les yeux sur sa table ; il me dit :

1. Petitot a corrigé la faute dans son édition ; je la trouve dans les éditions anciennes, notamment dans celle de 1746 (Amsterdam, 8 vol. in-12), qui paraît faite avec soin et d'après un manuscrit. — L'excellente édition de M. Chéruel (1859), qui met à néant les précédentes, confirme cette bévue du manuscrit autographe, bien que l'éditeur ait cru devoir également la corriger dans son texte.

« Vous êtes curieuse ; vous voulez voir à quoi je m'amuse présentement : je traduis quelque chose de sainte Thérèse. » Je l'en remerciai, lui disant : « J'aime tant cette sainte, que je suis fort aise de voir ce qu'elle a fait, en bons termes ; car jusqu'ici on a mal traduit ses œuvres. »

« J'entrai dans le couvent, où je trouvai une Communauté fort nombreuse, et des religieuses d'une mine dévote, naïve, simple et sans aucune façon. Je trouvai que leur église étoit fort dévote. Je me fus promener par tout le couvent, et je regardois tout, croyant ne rien voir dans cette maison de ce que j'ai toujours vu dans les autres ; je la trouvai toute pareille à toutes les abbayes réformées de l'Ordre de saint Bernard. Ces religieuses furent assez étonnées : quand dans leurs cellules, je vis des images de Saints et de Saintes, je me récriai : « Ah ! voilà des Saints et des Saintes ! » Elles n'osèrent me questionner.

« En sortant, M. d'Andilly me dit : « Eh bien ! vous avez vu qu'il y a des images des Saints céans ; qu'on les prie et qu'on les révère, que nos sœurs ont des chapelets, et que l'on y voit des reliques. » Je lui dis : « Il est vrai que j'avois ouï dire que l'on ne faisoit pas cas de cela céans, et que je suis bien aise d'en être éclaircie. » M. d'Andilly me dit : « Vous vous en allez à la Cour, vous pourrez rendre témoignage à la Reine de ce que vous avez vu. » Je l'assurai que je le ferois très-volontiers ; et lui m'assura des prières de toute la Communauté et des siennes, et me dit mille belles choses pour m'obliger à être dévote. Enfin, je m'en allai fort satisfaite de ce que j'avois vu et ouï. »

Voilà le monde en personne, le monde de haute qualité qui vient de parler dans tout l'*à-peu-près* et le pêle-mêle selon lequel il voit les choses et les croit connaître en courant.

Madame de Motteville, bien autrement posée et sérieuse, n'était pas allée à Port-Royal comme Mademoiselle, mais elle en avait mieux jugé du fond de son cabinet. Il y a dans ses *Mémoires* (à l'année 1647) deux ou trois pages des plus sensées et des plus belles sur ces disputes du Jansénisme, sur l'impuissance et le néant de la raison à trancher les mystères, sur l'humilité d'adoration et de silence où il serait juste de se renfermer. Ces pages de la douce et judicieuse femme sont peut-être le plus touchant commentaire du mot inévitable : *O Altitudo!*

Or, vers la mi-mai de 1660, la Cour étant à Saint-Jean-de-Luz pour le mariage du Roi, madame de Motteville ne se lassait pas d'admirer cette beauté imprévue des Pyrénées qu'elle allait décrire en des termes heureux et neufs où se produit un vif sentiment de la nature. Mademoiselle, à sa manière, et plus confusément, ressentait la même chose. Un jour, se rencontrant à une fenêtre de l'appartement du Cardinal d'où l'on voyait la rivière et les montagnes, madame de Motteville et elle se prirent à se communiquer leurs impressions *rêveuses*, comme nous dirions aujourd'hui, et à parler de la solitude des déserts. En rentrant chez elle, Mademoiselle écrivit une longue lettre pour y fixer son plan. L'idée du sixième volume de la *Clélie*, qui avait paru deux ans auparavant, put bien n'y pas être étrangère. L'ancienne visite à Port-Royal y jeta son reflet; ce volume de sainte Thérèse entr'ouvert sur la table de M. d'Andilly, et publié l'année précédente, a laissé sa trace. En ce désert de fantaisie, en effet, où le mariage doit rester ignoré, où la galanterie veut régner innocente, dans le fond se voyait, à travers la verdure, un monastère de femmes selon sainte Thérèse d'Avila[1].

---

1. « Je voudrois que dans notre Désert il y eût un couvent de Carmélites, et qu'elles n'excédassent pas le nombre que sainte Thérèse marque dans sa règle. Son intention étoit qu'elles fussent ermites, et le séjour des ermites est dans les bois. Leur bâtiment seroit fait sur celui d'Avila qui fut le premier. La vie d'ermite nous empêcheroit d'avoir un commerce trop fréquent avec elles : mais, plus elles seroient retirées du monde, plus nous aurions de vénération pour elles. Ce seroit dans leur église qu'on iroit prier Dieu. Comme il y auroit d'habiles docteurs dans notre Désert, on ne

Je ne prétends pas dire que ce christianisme d'idylle et de bergerie n'aurait pas eu sa mode alors sans M. d'Andilly et sans ce coin de Port-Royal adouci ; mais il n'aurait peut-être pas eu son expression aussi nette, aussi singulière. M. d'Andilly l'appelait, le provoquait en quelque sorte, et en faisait naître l'idée. Madame de Sévigné ne nous montre-t-elle pas cette folle de *la Marans* allant se confesser à lui en bergère du Lignon, comme s'il eût été le druide *Adamas*?

De même que M. d'Andilly nous apparaît de beaucoup le plus affable et le mieux tenu des solitaires, celui auquel s'adressaient, comme d'office, tous les gens de monde et de cour qu'une curiosité à demi dévote attirait, il est aussi, comme écrivain, le plus *académiste*[1], le plus beau *diseur* et le plus *littérateur* des Messieurs de Port-Royal. Et d'abord il aurait été de l'Académie s'il l'avait voulu. On lit chez Segrais un détail, en partie inexact, mais qui doit être vrai pour le fond : « M. d'Andilly n'ayant pas voulu accepter une place vacante dans l'Aca-

---

manqueroit pas d'excellents sermons. Ceux qui les aimeroient iroient plus souvent, les autres moins, sans être contrariés dans leur dévotion (*Fais ce que voudras*, c'est comme dans l'abbaye de Thélème)... Enfin, je voudrois que rien ne nous manquât pour mener une vie parfaitement morale et chrétienne de laquelle les plaisirs innocents ne soient pas bannis. » Mademoiselle n'avait pas encore remarqué dans M. de Lauzun ce *million de singularités* qui, de son aveu, la ravirent, et elle insistait beaucoup pour que le mariage n'eût aucun accès dans ce plan de félicité imaginaire ; madame de Motteville la contredisait sur ce point avec sa justesse souriante. — A ce même moment, à la date précisément du 20 mai 1660, le secrétaire de Mademoiselle, M. de Préfontaine, écrivait de Saint-Jean-de-Luz à M. d'Andilly pour lui faire, par ordre de Son Altesse, des compliments sur le mariage de M. de Pomponne (Papiers de la famille Arnauld, tome II, n° 317) ; tant il est vrai que Mademoiselle pensait alors au bonhomme d'Andilly en son cadre de Port-Royal.

1. Expression de M. de Saint-Cyran à son égard : *Vous autres Académistes.*

démie françoise qui lui fut offerte, le cardinal de Richelieu fit insérer dans les Statuts l'article qui porte que personne n'y sera admis s'il ne le demande. » La raison que donne Segrais du mécontentement de d'Andilly contre le Cardinal, qui lui aurait refusé l'agrément de la charge d'*Intendant de la maison de Monsieur*, ne paraît pas fondée; car ce fut de Monsieur que partit la disgrâce de d'Andilly, et non du Cardinal. Quoi qu'il en soit, ce dut être vers le commencement de 1634 que d'Andilly, alors retiré à Pomponne, et apparemment boudeur, refusa l'Académie naissante, alléguant qu'il désirait passer une grande partie de sa vie aux champs : on voit dans l'*Histoire de l'Académie* que le statut en question date de ce temps-là. Il renouvela plus tard ce refus aux ouvertures académiques qui lui furent faites une seconde fois, à ce qu'il paraît, lorsqu'il eut publié sa traduction des *Confessions* de saint Augustin (1649). Vigneul-Marville a confondu les deux temps[1].

Littérairement, M. d'Andilly a rendu de vrais services à la langue. Comme témoignage bien honorable de son autorité en telle matière, il suffirait de rappeler (d'après Segrais) que M. de La Rochefoucauld lui envoyait une copie de ses Mémoires, pour obtenir de lui des corrections, particulièrement sur la pureté du style[2]. Venu un peu tard à la pratique, et presque en amateur, il coopéra, aussi largement que personne, et d'une façon très-saine, à l'œuvre d'épuration et d'élégance de Balzac et de Vaugelas.

On aurait à considérer M. d'Andilly écrivain, dans

---

1. *Mélanges d'Histoire et de Littérature*, tome I, page 170 (4ᵉ édition).
2. Ce fut même ce qui amena la divulgation des Mémoires, M. d'Andilly n'ayant pas su les refuser à Brienne, ce personnage si peu sûr, qui, sous prétexte de les lire, se mit à les faire imprimer.

ses Poésies chrétiennes et dans ses traductions en prose. Ses Poésies sont trop souvent ce qu'on peut attendre d'un homme qui faisait huit cents vers en huit jours et en carrosse. Son Poëme en stances sur la Vie et la Mort de Jésus-Christ (1634) n'offre qu'une suite de paraphrases faciles, assez harmonieuses et très-monotones, des principales scènes évangéliques. Son Ode *sur la Solitude* (1642) a plus d'élan et atteint quelquefois à l'expression plus ferme. Il dit en parlant de l'ambitieux :

> Son aveuglement déplorable
> Lui met la gloire à si haut prix
> Qu'il l'achète par le mépris,
> Et croit ce mépris honorable :
> De la Fortune seule il reconnait les lois;
> Autant de favoris lui sont autant de Rois,
> Lui sont autant de Dieux dont il est idolâtre :
> La Cour sert de Dédale à ses égarements,
> Et sur cet inconstant théâtre
> Il espère ou s'afflige à tous les changements.

Dans les Stances qu'il a composées au nombre de *deux cent cinquante-huit* sur diverses Vérités chrétiennes, d'Andilly a surtout réussi, et il mérite de garder une place parmi les gnomiques sacrés, à côté de Corneille, traducteur de *l'Imitation*. Gravons bien ce qui suit dans notre mémoire :

LA CONNOISSANCE INUTILE.

> Ceux qui du seul éclat des Vérités chrétiennes
> Repaissent leur esprit sans passer plus avant,
> Et, quittant la vertu pour embrasser du vent,
> Ont les discours chrétiens et les âmes païennes,
> Ressemblent à celui qui parmi les clartés
> Verroit distinctement les plus rares beautés,
> Et rempliroit ses yeux d'une image brillante;
> Mais qui, manquant d'un cœur qui le pût animer,

Seroit comme un miroir dont la glace luisante
Recevroit ces objets sans les pouvoir aimer.

Ce dernier vers charmant respire à la fois la persuasion et la plainte [1].

Mais c'est surtout par ses traductions en prose que d'Andilly se recommande. Il traduisit successivement saint Eucher, *Du Mépris du Monde,* les *Confessions* de saint Augustin, les *Vies des Saints Pères des Déserts* et *l'Échelle de saint Jean Climaque,* les Œuvres de sainte Thérèse et celles du bienheureux Jean d'Avila..., enfin, l'*Histoire des Juifs* de Josèphe [2].

En ces divers écrits règne une manière facile, abondante, naturelle, et en même temps quelque peu magnifique, un style *grand et étendu*, à l'espagnole, comme le dit Vigneul-Marville qui veut faire à d'Andilly l'honneur d'avoir introduit cette façon. C'était purement celle qui dérivait du seizième siècle, mais légèrement passée et clarifiée à la politesse académique, sans précision toutefois et sans rigueur de détail ; elle n'en est que plus agréable dans son ampleur, et une fois au fil du courant, on ne trouve pas qu'il y ait trop de phrases.

1. « Ce fut M. de Saint-Cyran, nous dit Lancelot (*Mémoires*, tome II, p. 125), qui aida M. d'Andilly, encore dans le monde, à faire ses Stances des Vérités chrétiennes, et qui lui envoya de sa prison la matière de plusieurs... » J'aime à croire que cette pensée du *miroir* en était, et qu'elle arrivait comme un avis au rimeur. Il y a un verset de l'apôtre saint Jacques qui n'est pas sans quelque rapport avec la stance, et où il est également question de miroir : « Celui qui écoute la parole de Dieu et qui l'oublie est semblable à un homme qui regarderait son visage dans un miroir et qui, le dos tourné, ne se souvient plus comme il est. » — Les Stances et Poésies chrétiennes étaient imprimées au complet dès avril 1642.

2. Tous ces ouvrages, et quelques-uns moindres que j'omets, se trouvent réunis dans la belle édition des Œuvres de M. d'Andilly (8 vol. in-folio) publiées à Paris, chez Pierre Le Petit, en 1675, c'est-à-dire dans l'année qui suivit la mort de l'auteur : ce lui fut comme un monument.

La plus considérable et la plus estimée de ces traductions est celle de l'historien Josèphe[1]. Richelet rapporte que d'Andilly lui avait dit de cet ouvrage qu'il l'avait refait *dix fois*, qu'il en avait châtié le style avec un soin extrême, et s'était attaché à le *couper* plus qu'en ses autres productions. On l'a loué d'avoir rendu à Josèphe *toutes ses grâces*; ne lui en a-t-il pas prêté? Il paraîtrait qu'en voulant être élégant, il n'aurait pas été toujours fidèle. Richard Simon, et même de plus impartiaux que lui, en y regardant de près, ne s'en sont pas montrés toujours satisfaits. Mais le mérite inappréciable de ces traductions du dix-septième et aussi du dix-huitième siècle, qui se rapportent plus ou moins à la méthode d'Amyot, ç'a été, ne l'oublions pas, de se faire lire de tous avec l'aisance et l'agrément d'un original, ce qui disparaît si complétement dans la méthode tendue et opiniâtre de nos jours. Madame de Sablé, qui n'avait jamais pu aimer les histoires, commençait par celle-ci à y prendre du plaisir. Cette traduction de Josèphe fut offerte à Louis XIV; il en sera dit un mot dans une visite au roi, à l'occasion des derniers honneurs de d'Andilly[2].

1. Messieurs de Port-Royal écrivent *Joseph*.
2. Des deux portions dont se compose l'ouvrage traduit, les *Antiquités judaïques* parurent en 1667, et l'*Histoire de la Guerre des Juifs* deux ans après, en 1669. On en pourrait lire une critique assez détaillée, et qui, pour être intéressée, ne semble pas moins judicieuse, dans la préface de la *nouvelle Traduction de l'historien Joseph*, FAITE SUR LE GREC, par le Révérend Père Gillet (1756). FAITE SUR LE GREC, c'est là déjà une espèce d'épigramme contre le devancier. Bien qu'il sût du grec en effet, on a cru remarquer que d'Andilly suit volontiers la traduction latine de Sigismond Gélénius; et, toutes les fois que Gélénius a bronché, l'élégant traducteur, dit-on, a répété le faux pas. Cela n'empêcha en rien l'espèce d'*illusion* que fit *la belle infidèle* au début, et il n'est même pas besoin, pour expliquer ce premier silence de la critique, de croire avec Le Clerc que ce fût par respect pour M. de Pomponne. — Peu après la publication du *Josèphe*, un jour que Richelet était allé

Le livre auquel je m'arrêterais plutôt ici, bien que n'étant qu'une simple traduction également, mais comme image vive et naïve où se peint tout entier l'aimable traducteur, ce sont ses *Pères des Déserts* (1647-1652). Il recueillit sous ce titre les saintes Vies, écrites par divers auteurs, de ces premiers ermites et solitaires de la Thébaïde, de la Syrie et autres lieux; il voulait rendre ces édifiantes histoires accessibles tant aux religieuses de Port-Royal qu'aux personnes du monde. Cet intéressant livre, en effet, est bien de ceux que saint François de Sales aurait aimés et conseillés; depuis l'*Introduction à la Vie dévote*, on n'avait point eu de lecture si souriante dans l'édification. C'était proprement la morale en action de cette dévotion de *Philothée*. Le livre de la *Fréquente Communion*, en ce qu'il pouvait avoir de redoutable, se trouvait parfaitement adouci et corrigé, en même temps qu'aidé dans ses effets, par ce nouvel écrit d'une forme si différente, d'un usage si attrayant. Le dernier Arnauld avait frappé et convaincu par le dogme; son vénérable aîné venait appeler à son tour et persuader avec maint récit insinuant. Le dogme rigoureux n'est plus pour rien, il faut l'avouer, dans toutes ces légendes où la crédulité mêle, à tout moment, ses gracieux crépuscules aux lumières supérieures de la foi[1]. D'Andilly,

---

voir M. d'Andilly à Pomponne, la conversation tomba sur la manière dont les auteurs travaillaient. Comme il savait que Richelet connaissait particulièrement le célèbre d'Ablancourt, il lui demanda combien de fois cet excellent homme retouchait chaque ouvrage qu'il donnait au public. — « Six fois, » répondit Richelet. — « Et moi, lui répliqua M. d'Andilly, j'ai refait *dix* fois l'Histoire de Josèphe. J'en ai châtié le style avec soin, et l'ai beaucoup plus coupé que celui de mes autres œuvres. »

1. Il n'y a aucune critique dans ces Vies primitives, et le traducteur ne s'est pas chargé de les contrôler. On eût bien désiré cette critique à Port-Royal. La mère Angélique écrivait à M. Le Maître (22 juin 1652) : « Je ne sais plus ce qu'on doit croire des

qui n'était pas un théologien très-profond, se disposait (il l'annonce dans sa Préface) à traduire, pour faire suite aux premières Vies, celles qu'a si bien retracées Cassien ; mais l'idée que c'était un auteur semi-pélagien empêcha probablement, et très-regrettablement, qu'on ne le laissât suivre son dessein ; il substitua à Cassien saint Jean Climaque. Telle qu'elle est, l'effet de cette lecture, sur les âmes plus tendres que vigoureuses, plus ouvertes à l'onction qu'au raisonnement, reste délicieux. D'Andilly, par la façon heureuse dont il enchaîne et assortit ces simples histoires, en peut être dit le Rollin et enchante comme lui : c'est *l'abeille* des déserts.

L'Histoire de saint Jean l'Aumônier, la Vie et les *Degrés des Vertus* de saint Jean Climaque, me semblent les morceaux les plus essentiels, les plus savoureux. — « Lorsqu'on rapportoit à ce digne prélat, est-il dit dans la Vie de saint Jean l'Aumônier, que quelqu'un étoit porté à faire l'aumône, il le faisoit venir avec joie et lui disoit en particulier : Comment êtes-vous devenu si aumônier ? est-ce par votre inclination ou en vous faisant violence ?... » Ce Jean l'Aumônier a maints et maints traits dans sa vie qui sont semblables d'impression à cette touchante histoire de la captivité de saint Vincent de Paul : par ce livre de d'Andilly, Port-Royal redevenait vraiment à l'usage et à l'unisson de saint Vincent de Paul, dont nous souffrons d'être séparés. Mais le gracieux, le débonnaire traducteur s'est comme surpassé dans ce discours du même Jean l'Aumônier sur l'infinie bonté de Dieu et l'ingratitude des hommes :

« Ce grand personnage si chéri de Dieu disoit souvent pour faire voir combien l'on est obligé de s'humilier : Si

Vies des Saints, tant on a mêlé de fables en la vie de plusieurs ! » C'était beaucoup de concevoir ce vœu de réforme et de véracité ; mais qu'il y avait loin encore de là à être capable de le remplir!

nous considérions attentivement quelle est la miséricorde et l'extrême bonté de Dieu pour nous, nous n'oserions pas seulement lever les yeux vers le Ciel, mais nous demeurerions dans une modestie et une humilité continuelles. Car, sans nous arrêter à ce que, lorsque nous n'étions pas encore, notre divin Créateur nous a donné l'être, et qu'étant morts par le péché et par la désobéissance de notre premier père, il nous a de nouveau vivifiés par son propre sang, et fait que toute la terre nous est assujettie et le Ciel même en quelque manière : comment est-ce que, maintenant que nous l'offensons tous les jours, il ne nous anéantit pas, et que cette nature, immuable et éternelle, et cet œil qui découvre toutes choses, attendent notre conversion avec une si extrême patience ? Comment est-ce que, blasphémant si souvent contre ce Dieu tout-puissant, il nous console, il nous caresse par la compassion qu'il a de nous, et fait tomber la pluie du Ciel pour le soutien de notre vie ? Combien y a-t-il de méchants qu'il cache et qu'il ne livre pas entre les mains de la justice lorsqu'ils vont en intention de tuer et de voler, de peur qu'ils ne soient pris et punis ! Combien y a-t-il de pirates qu'il ne permet pas qu'ils fassent naufrage, quoiqu'ils ne respirent que le pillage et le meurtre, mais défend à la mer de les engloutir, afin qu'ils renoncent à leurs crimes et se convertissent !... Combien y en a-t-il qui allant dans les cavernes pour y mal faire, ou querellant les passants, évitent les dents des chiens et les mains des hommes ! Et lorsque je suis quelquefois à table avec des femmes criminelles ou avec des hommes sujets à s'enivrer, ou que je m'entretiens avec d'autres qui souillent leurs langues par l'impureté de leurs paroles, ou que je me rends participant de quelques-uns de ces péchés qui se contractent dans les occupations du siècle, les abeilles volent de tous côtés le long des ruisseaux et des vallées pour ramasser dans les prairies de quoi former ce miel si doux à ma langue qui prononce tant de paroles injustes et déshonnêtes ! les raisins attendent avec impatience les chaleurs de l'été pour mûrir, afin de satisfaire mon goût et de réjouir mon cœur qui déshonore si souvent Celui qui lui a donné l'être ! les fleurs se pressent à l'envi pour donner du plaisir à mes yeux, qui abusent de leurs regards pour porter les autres au mal ! et le figuier souffre la rigueur du fer qui le taille, afin de lui faire porter des fruits dont l'abondance remplisse mes mains, et dont la douceur contente ma bouche qui donne des promesses coupables à celles que les liens du mariage ont soumises à la puissance d'un autre¹ ! »

En traduisant, j'allais dire en récoltant cette page toute savoureuse de fruits et toute bourdonnante d'abeilles, M. d'Andilly m'apparaît qui se promène, la serpe en main, le long de quelque haie du verger,

Hyblæis apibus florem depasta salicti.

Tout ce qu'on pourrait extraire de profond, de fin et de délicieux du saint Jean Climaque, nous mènerait trop loin : c'est d'un ascétisme charmant, qui n'a de comparable que *l'Imitation* chez les modernes. En traduisant avec tant de grâce et de clarté cet excellent maître du cœur, d'Andilly dut aller à bien des âmes de son temps. Tout ce monde de M. de La Rochefoucauld, de madame de Sablé, de madame de La Fayette dut en être particulièrement frappé, et admirer comment l'antique abbé du Sinaï en savait presque aussi long qu'eux-mêmes sur les vertus, sur les passions, sur les replis et les ruses de l'amour de soi².

Philippe de Champagne, notre peintre ordinaire, a tiré des *Pères des Déserts* le sujet de plusieurs grands paysages représentant les circonstances de la Vie de sainte Marie, nièce du solitaire Abraham. La Fontaine qui, s'il devait avoir quelque rapport lointain avec Port-Royal, ne pouvait y prendre que par ce côté facile et par ce livre

1. Chapitre XXV. J'ai adouci à un seul endroit l'expression trop *nue*.
2. Pour suppléer ici à l'incomplet des citations, j'ai pu, dans mon Cours de Lausanne, renvoyer sans scrupule à un livre bien connu de mes auditeurs, l'*Arthur* de M. Ulric Guttinguer, dans lequel on retrouve beaucoup de cette pulpe et de cette manne du livre de d'Andilly, extraite et distribuée en parcelles pour les délicats.

attrayant, en a tiré, entre une fable et un conte, son poëme de *la Captivité de saint Malc :*

> Qui voudra *la* savoir d'une bouche plus digne,
> Lise chez d'Andilly cette aventure insigne.

La Fontaine! mais prenons garde! ce M. d'Andilly, si nous nous laissions faire, nous dissiperait trop et nous induirait en connaissance avec trop de gens. La Fontaine, comme madame de Sévigné, ne doit venir (s'il revient) que tard, plus tard, à l'époque de la Paix de l'Église : il faut garder quelque chose pour les douceurs de notre après-midi.

XVI

Congé pris de M. d'Andilly.— Nouveaux arrivants.— M. de Pontis;
M. de Saint-Gilles; l'abbé de Pontchâteau. — MM. de Bagnols et
de Bernières, serviteurs au dehors. — Le monastère de Paris;
changement de scapulaire. — Madame d'Aumont. — Retour de la
mère Angélique aux Champs; allégresse. — Guerres de la Fronde.
— Misère et charité. — Le duc de Luines et sa sainte épouse. —
Système de Descartes; débauches d'esprit à Vaumurier.

Pour résumer et fixer la suite du rôle, les phases d'existence de M. d'Andilly à Port-Royal, et nous permettre d'attendre que nous le retrouvions, nous n'avons que très-peu à ajouter.

Il y vécut dix années d'abord, jusqu'en 1656, sans aucune interruption, tel que nous venons de le voir, le solitaire hospitalier, le grand-maître des cérémonies du lieu. M. de Saci, son neveu, devenu le directeur, fut même obligé de l'avertir, et de lui conseiller plus de réserve à cet égard; car on avait affaire à toutes sortes de visiteurs, et quelques-uns très-suspects. En 1654, au redoublement de l'orage que suscitait *le fantôme du Jansénisme*, comme il se plaît à l'appeler, M. d'Andilly, après avoir sondé le terrain par madame de Chevreuse, écrivit au cardinal Mazarin une longue Lettre justificative. Il y eut même un projet de conciliation et de paix fondé sur un strict silence des deux partis. Arnauld, pressé par son frère, s'était engagé à ne plus écrire! C'est alors que la Reine dit que, puisque M. d'Andilly avait donné sa parole, on ne pouvait plus mettre la sincérité en doute. Mais le silence, du côté des Jésuites, dura peu ; et d'ailleurs les armes, de part et d'autre, étaient trop chargées pour une trêve. En 1656, lors de l'éclat de la Sorbonne contre Arnauld, il y eut ordre de la Cour de disperser les solitaires des Champs. M. d'Andilly, averti à temps par le secrétaire d'État Brienne, s'empressa d'écrire au Cardinal, protesta de la soumission de tous, et obtint que le Lieutenant civil ne vînt pas immédiatement faire exécuter l'ordre. Les solitaires se dispersèrent d'eux-mêmes, et lui se retira à Pomponne, puis à Fresnes, chez madame Du Plessis-Guénegaud : au bout d'un mois d'*exil*, il était rentré au désert des Champs par tolérance. Mazarin, qu'il s'empressait de remercier, lui répondait par un tout aimable billet : « J'espère bien que vous n'oublierez pas dans vos prières celui qui est vôtre. »

Dans les années qui suivirent, on verrait M. d'Andilly poursuivre sous main ce rôle de conciliation et de bonne entremise auquel les passions allumées se prêtaient peu : il est éclipsé et insuffisant. Il se mêla avec beaucoup de vivacité dans les projets d'accommodement, bientôt avortés, de son ami l'évêque de Comminges (Choiseul-Praslin, le cousin-germain de madame Du Plessis-Guénegaud). Arnauld s'en irrita plus d'une fois. Il y eut même un instant assez vif entre les deux frères ; le docteur écrivit à son aîné des choses dures[1]. En août

---

1. M. d'Andilly s'était blessé, dans le sens et dans l'intérêt de M. de Comminges, de ce qu'Arnauld avait pris sur lui d'imprimer, dans une *Réfutation du Père Ferrier*, des extraits de lettres du prélat qui étaient destinées à rester confidentielles. Arnauld avait

1664, quand le fort de la persécution éclata et qu'on enleva les religieuses, M. d'Andilly, rallié à la cause commune, s'illustra par une grande scène publique au faubourg Saint-Jacques, qui sera racontée en son lieu. Accusé presque d'émeute, il dut quitter les Champs par lettre de cachet, et se retira à Pomponne pour y rester jusque même après la Paix de l'Église. Et c'est alors que nous le retrouverons à loisir, père d'un ministre d'État, offrant à Louis XIV son *Josèphe*, et rentrant au désert parmi les siens dans toute sa représentation majestueuse.

Cette pointe faite, revenons. Notre histoire (si histoire il y a) n'est possible qu'avec ces ondulations perpétuelles. L'intimité des personnages ne permet pas de marche plus sévère. Le bon Fontaine le sait bien, lui qui s'écrie à chaque instant : « Mais pourquoi préviens-je le temps? Allons pas à pas, vivons au jour le jour. Il semble que je craigne de n'avoir pas assez de vie.... Mais ne troublons pas l'ordre des choses. »

Rien n'est troublé : on continue de traverser l'époque qui s'étend de la mort de M. de Saint-Cyran à la publication des *Provinciales* (1643-1656).

Cette période d'intervalle est remplie par la multiplication croissante des solitaires d'une part, et de l'autre au dehors, vers la fin, par toute la discussion et la que-

---

la démangeaison d'écrire, de démontrer pièces en main; il avait la passion de la *publicité*. M. d'Andilly, dans cette affaire, sentait un peu à la manière des gens du monde, qui tiennent aux formes, aux convenances délicates envers des tiers considérables qui ont voulu obliger. Arnauld se cantonnait dans son droit, *summum jus :* « Est-ce donc, écrit-il amèrement à M. d'Andilly (24 avril 1664), qu'on ne peut avoir qu'un seul ami, et qu'*aussitôt qu'on en acquiert un nouveau*, il faut oublier tous les autres? Il faut bien que cela soit ainsi, puisque ceux qui se piquent d'être si généreux amis ne le sont que d'un côté, et que, pour épargner à l'un un petit chagrin, qu'il n'aura peut-être pas, ils déclarent qu'ils sont prêts à traiter les autres en ennemis. »

relle croissante sur les Propositions de Jansénius, d'où sortit en 1655 l'action de la Sorbonne contre Arnauld, d'où sortirent, à leur tour, les *Provinciales.* — Nous nous tenons, pour le moment encore, au dedans.

Je me garderai bien d'énumérer tous les solitaires qui venaient s'ajouter chaque année aux précédents : ce serait tomber dans une série de biographies qui se reproduiraient presque toutes l'une l'autre. Que dire, par exemple, d'un M. Bouilli, chanoine d'Abbeville, qui vint aux Champs dès 1647, et se fixa au jardin des Granges, sur la hauteur ? Il en planta la vigne ; surtout il travaillait, nous marque-t-on, à tailler la vigne spirituelle de son cœur. Ce fut un jardinier tout autrement austère que M. d'Andilly, et il eut plus tard sous lui, comme jardinier également, comme simple *apprenti,* et plus austère encore, l'illustre abbé de Pontchâteau. M. de Pontis, ce vieil officier d'armée que j'ai nommé quelquefois, mérite plus de mention. Dans sa longue et vaillante carrière au régiment des Gardes, il n'avait jamais pu se tirer du grade de *lieutenant,* où un malin guignon semblait le confiner. C'était le lieutenant expert et consommé ; il lui sied même de n'avoir été que cela, comme à Lancelot de n'avoir été que sous-diacre. Un jour, déjà confiné à Port-Royal, tous les lieutenants de son ancien régiment le vinrent prendre pour arbitre, comme leur doyen, dans un différend qu'ils avaient avec les capitaines. Très-anciennement lié avec M. d'Andilly, il se retira près de lui vers 1652 ou 1653, et participa, mais plus rudement, à ses travaux de jardinage, de défrichement, et même hors du vallon, sur la montagne. Il le surpassa aussi en longévité et mourut à quatre-vingt-sept ans[1].

---

1. En 1670. — Une singulière question s'est élevée sur son compte. Ses *Mémoires,* rédigés par Du Fossé, parurent en 1676 : ils eurent beaucoup de succès et donnèrent l'idée à l'abbé Arnauld d'écrire les siens. Madame de Sévigné les lisait dans son été de

M. Hamon était retiré aux Champs avant Pontis; il y succéda comme médecin à M. Pallu (1650). Mais son beau, son très-beau moment n'est pas à cette heure; c'est pourquoi nous le réservons.

M. Baudri de Saint-Gilles d'Asson était un gentilhomme de Poitou vers la Vendée, l'un des cinq frères d'Asson (Fontaine lui en donne onze), tous grands et robustes, respectés et redoutés dans le pays qu'ils battaient en intrépides chasseurs. Ayant fait ses trois ans de Sor-

---

Livry : « Je suis attachée à des Mémoires d'un M. de Pontis, Provençal,... Il conte sa vie et le temps de Louis XIII avec tant de vérité et de naïveté et de bon sens, que je ne puis m'en tirer. M. le Prince l'a lu d'un bout à l'autre avec le même appétit. » Un Jésuite, le Père d'Avrigny, dans la préface d'un de ses ouvrages (*Mémoires pour servir à l'Histoire de l'Europe depuis* 1600) se piqua de noter chez Pontis et sut même grouper assez joliment quelques inexactitudes de détail, en vue d'infirmer le tout : il n'a réussi qu'à montrer que le rédacteur avait bien pu confondre quelques circonstances. Le Père Griffet, historien exact, insiste de même (dans son *Histoire de Louis XIII*, tome I, p. 350, 351) sur une impossibilité du récit de Pontis, qui, dans la guerre civile du Midi en 1622, fait venir le roi à Négrepelisse, après avoir fait en personne le siége de Saint-Antonin, « quoiqu'il soit indubitable que ce prince n'assiégea Saint-Antonin qu'après s'être rendu maître de Négrepelisse. » Le rédacteur a tout simplement brouillé les deux siéges; il a dû brouiller bien d'autres choses encore. — Mais voilà que Voltaire, en son *Siècle de Louis XIV* (article *Pontis*), n'y met pas tant de façons et n'en fait ni une ni deux; sans avoir besoin d'y regarder de si près, il s'en est venu écrire de sa plume la plus légère : « Ses Mémoires ont été tellement en vogue qu'il est nécessaire de dire que cet homme, qui a fait tant de belles choses pour le service du roi, est le seul qui en ait jamais parlé. Aussi ses Mémoires ne sont pas de lui, ils sont de Du Fossé.... *Il feint* que son héros portait le nom de sa terre en Dauphiné. Il n'y a point en Dauphiné de seigneurie de Pontis. *Il est même fort douteux que Pontis ait existé.* » Et le scrupuleux Daunou (*Cours d'Études historiques*, tome I, p. 323) semble partager absolument l'opinion de Voltaire et ne voit en tout ceci que du fabuleux. Vivez donc quatre-vingt-sept ans, et en homme de vérité, pour être, au surlendemain de votre mort, réduit d'un trait de plume à l'état de fable ! — (Voir à l'*Appendice*.)

bonne et déjà bénéficier, il fut touché d'avoir vu M. Hillerin aux environs de son ermitage du Poitou : par lui il lut *la Fréquente Communion* et connut Port-Royal. Une fois venu en ce lieu, il y voulut demeurer, et se fixa aux Granges dans un petit logis couvert de chaume, qu'il se fit bâtir au bout du jardin et qu'on appelait gaiement *le Palais Saint-Gilles*, comme pour faire pendant au *Petit-Pallu* (du jardin d'en bas). Il avait en son pays, qui confinait à la Bretagne, un prieuré dépendant de l'abbaye de Geneston, dont M. de Pontchâteau, alors très-jeune, était abbé : ce qui ménagea la prochaine liaison de celui-ci avec Port-Royal. M. de Saint-Gilles, tout solitaire qu'on le croirait, et qui voulut être d'abord le *menuisier*, puis le fermier du monastère, en devint l'agent actif, l'homme d'affaires au dehors dans les grands moments. Les impressions d'écrits de ces Messieurs se faisaient par ses soins ; il avait sur le corps des arrêts du Châtelet, et s'entendait à merveille à déjouer les gens du roi. Personne n'aurait eu plus de particularités piquantes à raconter sur la publication des *Provinciales* ; nous ne serons pas sans lui en dérober quelques-unes. A la ville, il portait au besoin l'épée comme plus commode, ayant affaire à toutes sortes de gens. Avec plus d'entrain et de belle humeur qu'un pénitent ordinaire, il faisait le délassement de M. Arnauld, de M. Singlin, dans les courses, les fuites ou les retraites qu'il partageait avec eux. Il savait du grec et jouait admirablement de la flûte. Les voyages étaient son fort. Quand madame de Longueville, convertie, se repentant d'avoir tant aidé aux guerres civiles et d'y avoir ruiné tant de pauvre monde, voulut, par le conseil de M. Singlin, restituer autant que possible sur les lieux et aux personnes mêmes, ce fut M. de Saint-Gilles qui fut chargé d'aller aux frontières de la Champagne, vers Stenai, pour distribuer dans les villages les aumônes de la princesse. Il faut tout dire : c'est lui aussi qui ira trouver Retz, alors vagabond, à Rotterdam (vers 1658), pour lui porter des paroles du parti, car il y avait parti alors. Nous entrevoyons de l'intrigue à l'horizon, mais nous n'y sommes pas encore. On en accusa longtemps les Jansénistes, avant qu'en effet ils s'en avisassent : ce M. de Saint-Gilles ne s'épargna pas pour leur faire regagner le temps perdu. Remarquons, chemin faisant, comme chaque solitaire, même après sa conversion, garde des traits distincts de son tempérament et de sa nature. Ce Vendéen ardent trouve moyen d'arriver, par le désert, à tout l'emploi de son activité, de courir les monts et les mers, et de braver les naufrages[1]. Quand il cessa de courir, il se détruisit lui-même par ses austérités[2].

1. « Il pensa périr en voulant revenir (de Hollande). Il s'embarqua avec M. Des Landes, son compagnon de voyage, à un port de mer nommé *La Brille*, auprès de La Haye, et ils furent surpris aussitôt d'une tempête, qui dura cinq jours et cinq nuits, si violente que les matelots ne surent où ils étoient pendant tout ce temps et furent trop heureux de pouvoir retourner à La Brille, d'où M. de Saint-Gilles et son camarade prirent la route de terre, et vinrent par Cologne et le reste de l'Allemagne, parce que la guerre étoit alors en Flandre. » (*Supplément au Nécrologe*, in-4°, 1735, à la page 69.)

2. Je crains tant d'être injuste envers des hommes de cœur et de vertu, et, en chargeant quelques traits plus saillants, d'en omettre d'autres, ce qui est presque inévitable dans la rapidité, qu'on me permettra encore un correctif et un témoignage. M. de Sainte-Marthe, qui assista M. de Saint-Gilles à sa mort (décembre 1668), en a fait un beau récit (*Supplément*, in-4°, *au Nécrologe*). Il convient de ces faiblesses apparentes, de ces *imprudences* extérieures; mais, dit-il excellemment, M. de Saint-Gilles, au contraire de tant d'autres, portait tous ses défauts en dehors : « Je puis rendre ce témoignage à notre ami qu'il n'y avoit rien en lui de si pur que son cœur.... Sa charité étoit comme un or enflammé qui le rendoit riche aux yeux de Dieu, ce qui n'empêchoit pas que cette vertu ne l'engageât à plusieurs actions extérieures, parmi lesquelles, quelque bonnes qu'elles fussent, il étoit bien difficile qu'il ne contractât quelques taches, et *que, marchant dans la poussière, ses pieds au moins n'en fussent pas un peu couverts;* mais, si cette poussière effaçoit quelque chose de l'éclat de cet or, elle ne lui ôtoit rien de son prix. »

M. de Pontchâteau, qui finit par les mêmes excès, prit part auparavant au même genre d'emplois. Il parut à son tour le commis-voyageur infatigable, ou, si l'on aime mieux, l'ambassadeur ordinaire de Port-Royal. Il y vint pour la première fois en 1651; mais ses allées et venues, même au moral, furent fréquentes. Son inconstance d'humeur le poussait aux voyages; sa naissance l'y aidera et lui ouvrira les voies. Il était de l'illustre famille bretonne Du Cambout et neveu du cardinal de Richelieu, comme le répètent, non sans quelque emphase, tous nos biographes jansénistes très-flattés, — un neveu à la mode de Bretagne. Nous aurons à le rencontrer perpétuellement.

Dès les années mêmes dont nous parlons, M. Du Gué de Bagnols, de Lyon, jeune maître des Requêtes, et son intime ami M. Maignart de Bernières, de Rouen, maître des Requêtes également et allié de la famille Du Fossé, sans pouvoir être rangés au nombre des pénitents proprement dits domiciliés à Port-Royal, se constituèrent les agents dévoués de cette maison dans le monde, et on les appelait à bon droit les *Procureurs généraux des pauvres*. Ce sont les modèles des veufs ayant des enfants. M. de Bernières vendit, dès qu'il le put, sa charge. Il contribua le premier, et plus que personne, durant son séjour à Rouen, à déposer les semences et les notions vraies du Christianisme dans l'âme de madame de Longueville. Pour être plus près de nos amis, il acquit (de M. Des Touches, je crois) la terre du Chesnai près Versailles. On aura occasion de dire, en parlant des petites Écoles très-accrues, et régulièrement établies dès 1646 à Paris, dans le cul-de-sac Saint-Dominique-d'Enfer, qu'elles furent dans la suite, et lors des tracasseries qu'on leur suscita, transférées en partie au Chesnai, chez M. de Bernières[1].

1. Il n'y a pas à confondre notre M. de Bernières avec cet autre

M. de Bagnols, le plus riche des deux amis (il avait soixante mille livres de rente), s'étant aussi débarrassé de sa charge, avait même réussi, dans un voyage à Lyon auprès de M. son père, à lui persuader de se dépouiller d'une somme de quatre cent mille livres, comme peu légitimement acquise. Naturellement fier et porté à dominer, aussi plein de feu que M. de Bernières l'était de douceur, il rabattit rigoureusement sa volonté sous M. Singlin. Il acheta proche Chevreuse un château appelé *Saint-Jean-des-Trous* (ou tout simplement *les Trous*), un des futurs asiles encore des petites Écoles dans les dispersions qu'on en voudra faire. Il n'avait que trente ans lorsqu'il se convertit (1647), et il mourut à quarante[1]. M. de Bagnols fut le collègue principal du duc de Luines pour toutes les réparations et augmentations de bâtiments que l'année 1651 vit exécuter au monastère des Champs, et auxquelles ces deux messieurs pourvurent.

Les religieuses, une partie du moins, y étaient revenues en mai 1648. Rien de bien important jusque-là ne

contemporain, Bernières-Louvigni, de Caen, écrivain mystique, auteur d'*Œuvres spirituelles*, et grand ennemi, au contraire, des Jansénistes.

1. « Il a tant jeûné et tant fait d'austérités, qu'il en est mort; et, de peur qu'il n'en échappât, Guénaut et un des Gazetiers lui ont donné du vin émétique.... Quelle sottise de prendre ce poison dans une inflammation de poumon, et de jeûner si rudement qu'il en aille mourir! » (Lettre de Gui Patin, juin 1657.) — Dans une des chambres de la maison des Trous, au-dessus de la cheminée, se trouvait un portrait de saint Paulin, avec cette inscription au bas du tableau : *Sanctus Paulinus ex consule, pauper; ex paupere, præsul; ex præsule, servus et olitor.* C'était tout un abrégé de la Vie du saint évêque de Nole, et on se le représentait, par ce peu de mots, comme passant des richesses du consulat à la pauvreté; de la pauvreté à la prélature; de la prélature à la condition d'esclave et de jardinier (ce dernier point plutôt légendaire qu'historique). C'était une allusion parlante et comme un modèle que se proposait M. de Bagnols dans ses vicissitudes volontaires de rang et de condition.

s'était passé à l'intérieur du monastère de Paris depuis le temps où nous l'avons laissé. La mère Angélique s'y retrouvait abbesse, nous l'avons dit, ayant été nommée, en octobre 1642, à la place de la mère Agnès qui achevait son second triennat[1]. Elle, à son tour, n'en fit pas moins de quatre consécutifs en vertu de quatre élections réitérées, et demeura ainsi à la tête de la Communauté pendant douze ans, jusqu'en novembre 1654. De fait, tant qu'elle vécut, elle gouverna ou régna toujours. L'Institut du Saint-Sacrement, qui a été pour nous, si l'on s'en souvient, une si longue et fastidieuse parenthèse, et dont nous avons eu hâte de déserter la maison à demi profane[2], fut régulièrement réuni et transféré à Port-Royal avec toutes les obligations et grâces qu'on y avait, dans le principe, attachées. M. Briquet, avocat général, allié des Bignon et père d'une des futures religieuses les plus marquantes, aida beaucoup par son zèle à la conclusion légale de toute cette négociation fort compliquée. M. l'abbé de Saint-Nicolas[3], alors à Rome, et chargé d'affaires au nom du roi, n'y contribua pas moins directement en obtenant la permission du Saint-Siége. Les fondateurs et bienfaiteurs de l'Institut consentirent à ce que les deniers fussent employés à bâtir l'église de Port-Royal de Paris. La première pierre en fut posée en grande pompe (avril 1646) par mademoiselle de Longueville, comme héritière représentant la première duchesse de Longueville, fondatrice de l'ancienne maison du Saint-Sacrement. C'est cette mademoiselle de Longueville, depuis duchesse de Nemours, qui, bien qu'élève de madame Le Maître, se montra toujours médiocrement disposée de cœur pour la maison. Elle y avait demeuré

---

1. Voir à la page 26 de ce volume, liv. II, chap. VII.
2. Voir à la page 334 du tome I, liv. I, chap. XII.
3. Henri Arnauld, depuis évêque d'Angers.

quelque temps à l'époque du mariage de son père avec la seconde duchesse.

La translation de l'Institut du Saint-Sacrement à Port-Royal amena une autre cérémonie très-importante pour tout couvent, à savoir le changement d'habit[1]. Nos religieuses portaient auparavant le scapulaire noir de Bernardines. En embrassant l'Institut du Saint-Sacrement, fallait-il dépouiller ce scapulaire et reprendre celui qu'avaient eu les sœurs au Saint-Sacrement même? La mère Angélique, sévère, était d'avis de garder le noir. La sœur Anne-Eugénie, par un reste d'imagination peut-être, penchait pour l'autre costume, plus éclatant. Un coffret, ouvert par hasard, fixa l'irrésolution : on y trouva des habits venus du Saint-Sacrement et oubliés là depuis huit ou neuf ans, ce qui parut une indication d'en haut. Les religieuses prirent donc en toute cérémonie (octobre 1647), et pour ne le plus quitter, le scapulaire blanc avec la croix d'écarlate sur la poitrine. La solennité, après quarante jours de retraite, fut grande; M. Bignon, l'avocat général, y assistait; M. l'Official donnait les habits. On y reconnut jusque dans les détails la vérification d'une ancienne *vision* de madame Le Maître qui avait cru voir en idée, dix-huit ans auparavant, les sœurs se revêtant ainsi. C'est là le côté petit de Port-Royal, et en quoi ces fortes et simples filles se retrouvent *nonnes* par quelque point.

Puis l'imagination, toujours, a sa part; si on ne la lui fait pas de bon gré, elle la ressaisit. Cette croix d'écarlate sur un vêtement blanc était de nature à frapper : blancheur de la robe des Rachetés à côté du sang de l'Agneau. Qu'on se figure autour du préau du cloître,

---

[1]. La règle ne fut pas changée pour cela; on resta sous celle de saint Benoît, en l'accommodant seulement sur quelques points aux nouvelles obligations.

par un soleil baissant, cette procession chantante ou silencieuse ! Les humbles sœurs, sans se rendre compte comme nous du *pittoresque*, le sentaient confusément, et plus merveilleux, mêlé à la religion même. La sœur Angélique de Saint-Jean aura parfois de ces songes, et trop forte, elle, pour y attacher du sens, elle aimera à en tirer du moins d'agréables symboles : « Je croyois être à Port-Royal de Paris en un lieu où il y avoit une grande fenêtre qui regardoit dans la galerie d'en bas, et que j'y vis toutes nos Sœurs de Paris y marcher processionnellement, tenant toutes des branches de rosier fleuries de roses incarnates les plus belles du monde.... » Et elle applique les détails du songe aux circonstances dans lesquelles elle écrit, mais en insistant tout particulièrement sur le bel effet *de ces habits blancs, de ce vert et de cet incarnat de roses.*

Quelque temps avant ce changement d'habit était morte la mère Geneviève Le Tardif, dont il a été parlé autrefois, la première abbesse élective de Port-Royal : « Je ne sais, écrit encore la sœur Angélique de Saint-Jean [1], si je dois dire une chose que nous remarquâmes à sa mort.... La Communauté étoit présente quand elle expira : on chanta le *Subvenite* selon la coutume ; mais ce qui nous parut à toutes de si extraordinaire, c'est qu'*il nous sembloit que d'autres voix étoient mêlées avec les nôtres, et faisoient une harmonie qui nous parut surnaturelle.* Peut-être, s'empresse-t-elle d'ajouter avec sa prudence rare, peut-être y avoit-il de l'imagination : mais toujours il y avoit une grande certitude de foi à croire que les Anges se réjouissoient en recevant cette âme ; et, *si l'erreur étoit dans nos sens, la vérité étoit dans notre cœur.* » Quelle meilleure et plus humble ex-

---

1. *Vies intéressantes et édifiantes des Religieuses de Port-Royal* (1751), tome II, page 13.

plication de la merveille? quelle plus juste excuse de l'illusion? Qui pourrait mieux dire?

Pendant que le désert des Champs multipliait ses solitaires, le monastère de Paris avait eu ses conquêtes aussi. Madame la marquise d'Aumont, veuve du lieutenant général de ce nom[1], y venait demeurer (1646), et y voulut prendre l'habit blanc. Personne excellente, dévouée et solide, son crédit servit souvent auprès de l'archevêque, et ses bienfaits considérables aidèrent à maintes œuvres. Lorsqu'elle fut près de mourir (1658), elle demanda pour toute grâce qu'on l'enterrât comme une religieuse, et qu'aux prières qu'on ferait pour elle, on ajoutât après son nom, *Sororis nostræ* (notre Sœur), bien qu'elle s'en reconnût fort indigne. Ces personnes du monde, telles que madame de Sablé et madame d'Aumont plus simple, trouvaient dans l'aimable mère Agnès un pendant de ce qu'on trouvait aux Champs désormais en M. d'Andilly. Madame d'Aumont disait un jour à M. Le Maître: « Je vous assure, monsieur, que je m'accommode mieux de la mère Agnès: notre Mère est trop forte pour moi. » Il est vrai qu'à madame de Saint-Ange qui lui disait un jour la même chose, madame d'Andilly autrefois avait répondu: « La mère Angélique ressemble aux bons Anges, qui effraient d'abord et qui consolent après. »

Cependant la mère Angélique avait toujours eu regret et même remords d'avoir quitté son abbaye des Champs; certaines paroles, par lesquelles M. de Saint-Cyran lui avait recommandé d'y retourner dès qu'elle le pourrait, devenaient un ordre pour elle[2]. Une visite qu'elle y fit le

---

1. Née Hurault de Chiverni. — Le Père Rapin s'est mis en grands frais d'explications sur la manière dont cette noble et bonne veuve fut acquise à Port-Royal (*Mémoires*, tome I, pages 129 et suiv.) : cela lui tient à cœur.

2. Dans des *Points sur la Pauvreté* écrits de Vincennes, M. de

10 septembre 1646 avait encore ravivé son désir, en lui montrant ces lieux en voie d'être assainis et embellis par les travaux de son frère et des solitaires. Elle obtint de l'archevêque, non sans peine, la permission d'y ramener une partie de ses religieuses. Ayant fait, dans le courant de l'année 1647, deux autres voyages pour avoir l'œil aux réparations, elle en revenait chaque fois plus édifiée de la piété qui y régnait : « Dieu, écrivait-elle à la reine de Pologne, y est toujours mieux servi qu'il ne l'y sera parmi nous. C'est une merveille de voir le silence, la modestie et la dévotion même des valets qui nous préparent les lieux avec une aussi grande affection que si nous étions des Anges qu'ils attendroient. » Quand la mère Angélique avait annoncé à Port-Royal de Paris la permission obtenue, ç'avait été une grande émotion et même une désolation, car on pensait bien qu'elle retournerait la première aux Champs et qu'on allait la perdre. La plupart des religieuses se jetèrent à ses pieds, la priant avec larmes de les mener avec elle. La veille du départ, le Coadjuteur (Retz) se rendit à Port-Royal de Paris pour faire honneur à la Mère et lui dire adieu : « Il eut aussi la bonté, ajoute la Relation, de vouloir voir toutes les filles qui la devoient accompagner, et de leur donner sa bénédiction[1]. » Le mercredi 13 mai 1648, la mère An-

---

Saint-Cyran avait dit : « Il faut que la nécessité soit urgente pour donner droit aux Religieuses de quitter la compagnie des Anges, avec lesquels elles habitoient et louoient Dieu dans un même monastère. — Comme les Anges ne quittent jamais un lieu saint que lorsque le commandement et l'indignation de Dieu les y obligent, il faut aussi, à leur exemple, ne le quitter jamais que par un manifeste jugement de Dieu. — Les lieux les plus misérables, s'ils ne sont pas contagieux ou inhabitables, sont plus convenables à ceux qui font profession de vivre en pauvres. »

1. On était à la veille de la Fronde, et le Coadjuteur n'était pas fâché de faire preuve d'égards tout particuliers pour une maison si liée à M. Arnauld, qui, depuis le livre de *la Fréquente Communion*, avait un si grand renom et semblait être le chef d'un puissant parti.

gélique sortit donc avec sept religieuses professes de chœur et deux converses. Ce furent de nouveaux pleurs et sanglots à ce moment, même de la part de celles, toutes joyeuses, qui partaient, et qui, choisies par la mère Angélique, perdaient pourtant leur autre chère mère Agnès. On arriva à Port-Royal des Champs sur les deux heures après midi. Les cloches sonnaient à volées; c'était par tout le pays solennité et réjouissance; on retrouvait, on reconquérait la mère des pauvres, et elle-même retrouvait la patrie. Il y avait deux bandes principales qui faisaient la réception : d'abord, d'une part, tous les pauvres des environs attroupés dans la cour du monastère, et, parmi eux, de vieilles femmes qui avaient vu vingt-deux ans auparavant la mère Angélique, et qui, la revoyant, se jetaient à ses pieds ou à son cou. L'autre bande, plus près de l'église, et plus en ordre, était celle des ermites, de ces Messieurs rangés derrière l'un des ecclésiastiques qui portait la Croix. Aussitôt que les religieuses furent entrées dans l'église, ils y entrèrent eux-mêmes en deçà du chœur, et entonnèrent le *Te Deum*, continuant de sonner les cloches.

Il y avait deuil pourtant chez quelques-uns de ces Messieurs qui durent provisoirement quitter le séjour, faute de place. Ils louèrent une maison à Paris proche du monastère. MM. Le Maître, de Séricourt et plusieurs autres se retirèrent à la ferme des Granges, sur la montagne. M. d'Andilly resta dans son petit logement, et quelque part aussi M. Arnauld que nous retrouvons à demi reparaissant, et qui, dans cet intervalle de M. Manguelen à M. de Saci, devint, sous M. Singlin, le confesseur des religieuses[1]. La clôture exacte des lieux réguliers fut établie dans les trois jours qui suivirent

---

1. « M. Arnauld est ici qui nous confesse; nous le cachons le mieux que nous le pouvons. » (Lettre de la mère Angélique à la reine de Pologne, 1648.)

l'arrivée, et consacrée le dimanche suivant par M. de Sainte-Beuve, délégué à cet effet par l'archevêque. — Peu à peu on bâtit aux environs, surtout aux Granges, et les solitaires purent tous regagner leur cher désert.

Ce rétablissement aux Champs, si peu complet qu'il fût d'abord, produisit dans toute la Communauté un renouvellement, et comme un rafraîchissement d'esprit et de règle, que volontiers on se figure. L'ancien printemps de mysticité et de grâce renaissait, et il en circulait des parfums : « Il est vrai, écrivait la mère Angélique en envoyant un plan des lieux à la reine de Pologne, qu'il ne se peut voir de plus belle solitude. » Mille expressions charmantes de la mère Agnès, en ses Lettres manuscrites[1], attestent et dépeignent l'influence : « Je tiens à bon augure, écrit-elle à une religieuse qui avait fait le voyage, que vous ayez ressenti le lieu où vous êtes en l'approchant ; c'est un certain mouvement de dévotion qui ne se ressent point ailleurs.... Cette maison si cachée et si enfoncée sera bien propre pour vous faire oublier tout ce qui s'est passé en la première, et pour vous faire croire que vous entrez de nouveau en religion, l'autre paroissant un monde au regard de celle-ci. Quand vous aurez prié Dieu dans cette église sombre et solitaire, vous direz encore mieux ce que vous aurez ressenti. » Et encore, dans un voyage qu'elle-même y fit : « Ce lieu saint me touche, ce me semble, plus que tous les autres ; on y sent vraiment Dieu d'une façon particulière. Si nos Sœurs de Paris l'avoient éprouvé, je crois qu'elles demanderoient à Dieu des ailes de colombe pour y voler et pour s'y reposer. Mais, parce que Dieu aime toutes ces deux maisons, et qu'il y veut être honoré et servi également, il ne donne pas cette inclination à toutes, voulant seulement qu'elles

1. Publiées depuis.

aient celle de l'obéissance qui les retient où elles sont[1]. »

Chez cez Messieurs l'effet se pourrait noter par des traits non moins sensibles. Le voisinage des religieuses, dont ils se virent les serviteurs plus immédiats, provoqua, entretint en eux une espèce de chevalerie, est-ce bien le mot? un sentiment exalté et dévoué de charité, par lequel, sans les voir davantage, ils se consacrèrent plus ardemment à la défense de leurs droits, au soutien et à l'accroissement de leur maison. Dans une lettre de M. Le Maître convalescent à madame de Saint-Ange pour l'engager à venir au nombre des sœurs, après lui avoir dit vivement : « S'il y a dans le monde un Paradis pour des vierges et des veuves, c'est Port-Royal, » il s'écrie en finissant : « Souvenez-vous du pauvre frère Antoine qui peut maintenant marcher à pied pour votre service et pour celui des Filles de Port-Royal, QUI SONT NOS DAMES, NOS MAITRESSES ET NOS REINES[2]. »

J'ai dit qu'en étant plus voisins aux Champs, on ne se voyait pas pour cela davantage : même les plus proches parents communiquaient peu au parloir. La mère Angélique n'aimait pas qu'on descendît des Granges pour la recevoir à ses retours, ni qu'on allât déranger

---

1. Toutes les sœurs, en effet, n'avaient pas la même inclination pour la maison des Champs, et toutes celles qui y allèrent ne s'y plurent pas au premier abord. Les plus jeunes, et qui n'y retrouvaient pas d'anciens souvenirs, eurent besoin d'un peu d'effort pour s'y acclimater : ainsi la sœur Élisabeth Le Féron. La mère Agnès écrivait, le 20 janvier 1652, à la sœur Dorothée de l'Incarnation Le Conte, qui avait aussi dû prendre sur elle pour sentir la douceur de cette solitude : « Vous avez bien fait d'en entretenir madame d'Aumont; cela lui est utile, car elle vous croyoit *inconvertible* aussi bien qu'elle sur cette aversion de Port-Royal des Champs. Je crois que vous l'aurez trouvée changée.... »

2. Cela corrige du moins avec idéal et bonheur les termes aussi extrêmes, mais moins noblement violents, de cette *Déclaration* précédemment citée (page 236, chap. XIV).

la tourière sans quelque affaire très-pressante. La mère Agnès montrait, comme à l'ordinaire, plus d'indulgence, et je n'en voudrais pour preuve que cette jolie sommation lancée d'un ton d'agrément :

A MONSIEUR LE MAITRE, AUX GRANGES.

« Mon très-cher Neveu, je pense que vous croyez que je sois retournée à Paris, ou bien que je sois ici pour y vivre en excommuniée, ne daignant me demander depuis si longtemps. C'est pourquoi, de l'autorité de Tante et d'une vénérable vieille, je vous donne heure aujourd'hui à midi au parloir de Sainte-Madeleine, où je vous ferai des reproches de votre retirement, qui n'empêche pas que je ne sois toute à vous. »

La première guerre de la Fronde suivit de peu de mois le retour aux Champs. La mère Angélique y trouva une occasion d'exercer et d'élargir sa charité, un motif, cette fois suffisant, d'infraction à la solitude. Bien des abbesses et des religieuses des environs, ou même des dames de qualité du voisinage, qui se trouvaient moins en sûreté chez elles, vinrent lui demander asile et furent reçues à bras ouverts. Les pauvres paysans ne l'étaient pas moins; ils déposaient jusque dans l'église leurs effets les plus précieux pour les y tenir en sûreté; ils apportaient jusqu'à leur pain de tous les jours, qu'ils venaient quérir ensuite à mesure qu'ils en avaient besoin. Les cours étaient pleines de bétail qu'on y mettait à l'abri des pillards; le monastère, dit la fidèle Relation, nous faisait souvenir de l'Arche de Noé.

On se prodiguait, on donnait tout; toujours sur pied, on ne dormait plus. On fit distribuer aux pauvres gens affamés tous les paniers de fruits du dernier automne qui avait beaucoup produit; les prémices de M. d'Andilly y passèrent. La mère Angélique répandait à travers ces tristes scènes une force et comme une joie merveilleuse; à la fin d'une de ces journées de fatigue, elle s'écriait : « Dieu nous a fait aujourd'hui la grâce de faire ce qu'il ordonne dans son Écriture, de *réjouir les entrailles des pauvres.* » Et dans les rangs de ces pauvres qui se lamentaient, elle allait recommandant à chacun la patience, et d'offrir le tout à Dieu, *qui considère le travail et la douleur*[1].

[1]. Ses lettres de cette époque ne respirent que feu de charité; je recommande celle du 27 janvier (1649). En voici une adressée à une sœur, d'avril de la même année, et qui résume la situation trop au vrai pour que j'en fasse grâce :

« Nous ferons, ma très-chère Sœur, ce que nous pourrons pour louer un cheval qui vous portera le reste des habits...; car nos chevaux et nos ânes sont morts. C'est grande pitié de toutes nos misères : la guerre est un horrible fléau. C'est merveille que toutes les bêtes et les gens ne sont pas morts d'avoir été si longtemps enfermés les uns avec les autres. Nous avions les chevaux sous notre chambre et vis-à-vis, dans le Chapitre; et dans une cave il y avoit quelque quarante vaches à nous et aux pauvres gens.

« La cour étoit toute pleine de poules, de dindons, cannes et oies, dehors et dedans; et, quand on ne les vouloit pas recevoir, ils disoient : Prenez-les pour vous si vous les voulez; nous aimons mieux que vous les ayez que les gens d'armes. — Notre église étoit si pleine de blé, d'avoine, de pois, de fèves, de chaudrons et de toutes sortes de haillons, qu'il falloit marcher dessus pour entrer au chœur, lequel étoit au bas rempli des livres de nos Messieurs. De plus, il y avoit dix ou douze filles qui se sont sauvées chez nous; toutes les servantes des Granges étoient au dedans, et les valets au dehors : les granges étoient pleines d'estropiés, le pressoir et les lieux bas de la basse-cour étoient pleins de bêtes. Enfin, sans le grand froid, je pense que nous eussions eu la peste. D'ailleurs le froid nous incommodoit; car, notre bois ayant manqué, on n'en osoit aller quérir dans les bois.

« Avec cela Dieu nous a tellement assistées que nous n'en étions point en un sens plus tristes; et la misère extrême des pauvres, qui logeoient dans les bois pour n'être pas assommés, nous faisoient voir que Dieu nous faisoit trop de bien. Tout est devenu hors de prix ici, tout y ayant été ravagé. Enfin c'est une pitié terrible que de voir tout ce pauvre pays. Je ne pensois pas à vous dire tout cela; mais, comme j'en suis toute remplie de pitié et de souci, je le dis insensiblement. »

Assez d'autres écrits nous égaient sur le piquant de la Fronde; la mère Angélique en fait toucher l'odieux. C'est la vue de toutes ces misères publiques, nées du caprice et de la violence de quelques-uns, qui la rendaient si sévère, on le conçoit, pour les Grands. Durant cette première guerre et la seconde, elle ne fait que répéter et commenter, dans ses lettres à la reine de Pologne, ce mot de l'Écriture : *Les Grands et les Puissants seront tourmentés puissamment.* — On a fait, depuis, un livre intitulé : *La Misère pendant*

En même temps on trouvait moyen d'expédier des convois de farine et de provisions aux sœurs de Paris qui étaient en danger de famine; quelques-uns des solitaires formaient l'escorte. La plupart de ces Messieurs, en effet, retirés dans les fermes, avaient été, dès l'abord, priés de descendre pour faire la garde à l'abbaye et pour fortifier certains endroits plus faibles de la clôture. On obtint même, pour l'un deux, la permission de porter la casaque d'un des gardes de M. le Prince, ce qui pouvait aider au respect, si un parti fût venu ; Son Altesse, qui connaissait le solitaire qu'on lui nomma (La Petitière ou autre), consentit aisément. Ces vieux militaires se prêtaient à cette reprise d'épée avec un reste de plaisir permis et un dévouement qui tenait à la fois de la charité et de la courtoisie même.

Les religieuses restées à Paris furent peut-être plus exposées dans cette première guerre que celles des Champs ; comme le faubourg Saint-Jacques à cette extrémité semblait peu sûr, on jugea à propos de les faire entrer dans le cœur de la ville. Mais le peuple du faubourg était jaloux de son trésor et fit mine de s'opposer à cette sortie. C'est alors que M. de Bernières, maître des Requêtes, et son collègue M. Le Nain (père de Tillemont), tous deux en robes de magistrats, vinrent présider à l'exécution : le 12 janvier (1649) ils menèrent processionnellement et en silence les religieuses au nombre de plus de trente, la mère Agnès, prieure, en tête, avec madame d'Aumont, jusqu'à une maison proche des Grands-Augustins (rue Saint-André-des-Arcs), qui appartenait à M. de Bernières lui-même, et qui leur servit d'asile durant trois mois. Cette lente translation processionnelle, à travers les rues, avec ces robes de

---

la Fronde. Il me semble que la voilà bien exprimée et toute rassemblée ici. On n'a qu'à multiplier les tableaux.

parlement et ces scapulaires tranchés que nous savons, se voit d'ici : c'est une vraie scène de la Fronde.

Comme pourtant il ne convenait pas de laisser une *maison de prière* sans personne pour louer Dieu, quelques-unes des sœurs plus anciennes étaient demeurées au faubourg sous la mère Marie des Anges, cette admirable abbesse, revenue tout récemment de Maubuisson[1]. M. Singlin y logeait lui-même le plus habituellement, et suffisait avec un zèle infatigable à ces trois maisons du faubourg, de la ville et des Champs, allant à cheval de l'une à l'autre. Un peu d'ordre revint en mars, et le troupeau de la ville rentra au faubourg.

Dans l'intervalle des deux guerres, les ennemis de Port-Royal, toujours à l'affût, obtinrent pour un moment l'interdit de M. Singlin qui avait prêché au monastère de Paris le 28 août 1649, jour de Saint-Augustin. Ce sermon ou panégyrique, auquel avaient assisté avec édification cinq évêques (on l'a dit ailleurs), le Père de Gondi de l'Oratoire, le maréchal de Schomberg, le duc de Liancourt et autres personnes de marque, fut dénoncé à l'archevêque, alors absent, qui céda. Averti, redressé en meilleur sens, il releva bientôt M. Singlin de cet interdit, et voulut même assister à son sermon du premier de l'an 1650, le comblant hautement de caresses et de témoignages. Un autre prédicateur célèbre, le Père Des Mares, interdit depuis le commencement de l'année 1648 sur le soupçon aussi de Jansénisme, fut moins favorisé, et ne put remonter en chaire qu'après vingt ans[2]. Quoi qu'il en soit, à ce moment d'existence,

---

1. Voir au tome I, p. 187 et 205, livre I, chap. VIII.
2. « Le Père Des Mares ayant prêché le jour de la Purification
« (2 février 1648) à Saint-Merry que Notre-Seigneur avoit donné
« un nouveau commandement à ses disciples de s'aimer l'un l'autre,
« il dit : « Voilà quelque chose de nouveau que ce commandement ;
« mais si ce sont là les nouveautés qu'on m'accuse de prêcher,

avec un archevêque et surtout un Coadjuteur ami, en face d'un pouvoir royal affaibli et divisé, avant la condamnation de Jansénius à Rome, après la *non*-condamnation, c'est-à-dire le procès gagné du livre de *la Fréquente Communion*, Port-Royal, regorgeant de sœurs et flanqué de ses solitaires, se trouvait en assez bon état, même au temporel, en meilleur qu'il ne s'était jamais vu[1].

Chemin faisant pourtant, il y avait des pertes ; je ne les enregistre pas toutes. M. de Séricourt mourut le 4 octobre 1650, n'ayant pas quarante ans ; sa sainte mère, madame Le Maître (sœur Sainte-Catherine de Saint-Jean), le suivait de près (22 janvier 1651).

La seconde guerre de Paris, plus menaçante que la première, ne permit pas aux religieuses de rester aux Champs ; elles durent rentrer au monastère de la ville en avril 1652. Cette maison ouvrit en même temps son hospitalité charitable aux religieuses de tout Ordre qui

« vous en entendrez bien d'autres ce carême. » On fut dire à la
« Reine-mère qui étoit déjà indisposée contre lui, que le Père Des
« Mares avoit dit qu'il prêcheroit bien des nouveautés ce carême.
« Elle envoya aussitôt un exempt à Saint-Cloud, où il s'étoit retiré,
« pour travailler à ses prédications, dans la maison de M. le pré-
« sident Le Coigneux, avec ordre de le conduire à Quimper-Corentin.
« Le Père Des Mares, en ayant eu avis, se sauva, et puis demeura
« à Paris en silence chez M. de Liancourt : car tout ce que ses en-
« vieux demandoient étoit qu'il ne prêchât pas, parce qu'il les
« effaçoit tous. Du reste on n'a jamais pu rien rapporter de lui qui
« ne fût très-bien dit ; et M. Floriot avoit coutume de remarquer
« à ce sujet qu'il en disoit plus que le Père Des Mares, mais parce
« qu'il ne le disoit pas si bien, on le laissoit prêcher et on fermoit
« la bouche à ce grand prédicateur. » (*Mémoires* de M. Feydeau.)

1. En mai 1651, par exemple, la totalité de ce *petit monde* dans les deux maisons, tant dehors que dedans, se montait à *deux cent vingt-huit personnes*, y compris les pensionnaires et les ermites : et ce nombre augmentait chaque jour. — Le 22 novembre 1653, la mère Agnès écrivait, au retour d'un voyage à la maison des Champs : « Nous avons laissé *soixante-quinze* personnes, et nous en avons retrouvé ici (à Paris) *plus de cent quinze.* » En tout, plus de *cent quatre-vingt-dix*, tant religieuses que novices.

affluaient à cette époque dans les murs de Paris ; il en passa en peu de mois plus de quatre cents. Elles étaient reçues en sœurs, et les préventions, que beaucoup nourrissaient contre les filles de Saint-Cyran, tombèrent : quelques-unes même voulurent rester [1]. Port-Royal fleurissait ainsi et fructifiait au sein de l'affreuse misère de ces temps. Quant à ce qui se passa aux Champs après la sortie des religieuses, on en a des récits très-variés chez Fontaine et ailleurs. M. le duc de Luines, qui venait de se lier étroitement avec Port-Royal, et qui faisait bâtir pour lui le château de Vaumurier à cent pas de l'abbaye, s'occupait, dès 1651, ainsi que M. de Bagnols, de procurer de meilleurs logements aux sœurs ; leur départ y servit. Tout un double étage du cloître s'éleva. Quand la guerre courut le pays, qu'on apprit que Pomponne avait été pillé, et que les Lorrains menaçaient, on se mit à fortifier à la hâte les murailles, et on les flanqua de petites tours comme pour un siége. Ce furent, durant cette année, une maçonnerie et un maniement d'armes continuels. On avait beau y appliquer des versets de l'Écriture, *la truelle d'une main et l'épée de l'autre* [2] : M. de Saci, qui était déjà préposé à la direction par M. Singlin, gémissait tout bas de ces dérangements, et quelquefois il en réprimandait assez haut. Tous les fusiliers qu'on levait parmi ces Messieurs ou chez les paysans n'étaient pas également adroits, et, un jour, M. de Luines faillit être atteint par un coup de fusil d'un de ces apprentis tirailleurs. Et puis tous n'étaient pas novices, et cela devenait un autre danger. On posa

---

1. « Nous avons gagné à la guerre douze Bénédictines, qui ont toutes bonne volonté de bien servir Dieu. » (Lettre de la mère Angélique à M. Le Maître.) Le revenu ordinaire du monastère, pour tant de dépenses, n'était alors que de dix mille livres de rente ; mais il y avait les bienfaiteurs.

2. Second livre d'Esdras, chap. IV, 17.

à M. de Saci cette question : Si, au cas d'attaque ou de rencontre, il était permis de tirer sérieusement sur les coureurs ?—il ne permit de le faire qu'à poudre et pour effrayer. On se rendit à son décret, non sans quelque résistance de la part des vieux soudards. Enfin le calme revint ; les religieuses, vraiment exilées à Paris, reprirent, le 15 janvier 1653, sous la conduite de la mère Angélique, la route tant désirée des Champs, et en une suite cette fois plus nombreuse, mais qui ne parvint pas encore à remplir leur cloître agrandi[1]. Les solitaires s'en retournèrent à l'isolement des Granges, et il n'y eut plus que quelques-uns des principaux qui allèrent encore, un peu plus souvent que M. de Saci n'aurait voulu, causer chez M. de Luines, à Vaumurier, de la nouvelle philosophie de Descartes, qu'Arnauld mettait volontiers sur le tapis.

Nous touchons à Pascal, et à sa première conversation avec M. de Saci ; mais il y a auparavant à bien connaître ce qu'était M. de Saci lui-même, et auparavant encore à dire quelques mots plus particuliers de ce nouvel et considérable allié qui est survenu à Port-Royal, de ce solitaire-châtelain de Vaumurier, du duc de Luines, le *Connétable* des religieuses en ce temps-là. Nous commençons par sa sainte épouse.

La duchesse de Luines, Louise Séguier, était fille de

1. Les lettres de la mère Angélique étaient toutes pleines des expressions bien vives de ses regrets durant les dix mois d'éloignement : « Nous n'entendons, écrivait-elle à M. Le Maître (juillet 1652), de bonnes nouvelles que de vous. Il semble que la paix et la joie du Saint-Esprit soient renfermées dans le château de Vaumurier ; on n'apprend d'ailleurs que malheurs et crimes.... Je vous supplie de saluer pour moi très-humblement *le Généralissime de l'armée de Dieu* et tout le reste. Je vous assure que mes yeux intérieurs ne voient que notre vallée, et que j'y suis plus qu'ici. » Et parlant des impressions naïves des petites pensionnaires qui ne respirent que le monastère des Champs : « La petite mademoiselle de Monchoix dit qu'elle aime mieux les crapauds de Port-Royal que tout ce qui est ici. »

Séguier, marquis d'O, cousin du Chancelier. Après les premières joies de son grand mariage et ce premier *enchantement de la bagatelle,* elle revint aux sentiments pieux qu'elle avait eus dès l'enfance, et les fortifia de plus en plus. Elle y amena son mari, et M. de Sainte-Beuve, le docteur, les conduisait tous les deux. Elle était filleule de la reine de Pologne ; de là à connaître la mère Angélique il n'y avait qu'un pas. Les deux époux en vinrent à désirer de se retirer du monde, et ils entreprirent de se bâtir le petit château de Vaumurier à un coin de Port-Royal des Champs, sur le terrain même du monastère [1], voulant participer de plus près à cet esprit de silence et de solitude où l'on adorait le Dieu caché. En attendant, la duchesse continuait de vivre dans le monde avec toutes sortes d'adresses ingénieuses pour l'éluder ; elle n'y réussissait pas toujours malgré ses soins touchants. La famille de son mari, altière et fastueuse, la voulut mortifier plus d'une fois sur ses humilités : elle ne s'en déconcertait pas. Elle disait agréablement qu'elle aurait bien souhaité que le tabouret se pût vendre, et que ce lui serait plaisir de demeurer debout devant la Reine, lorsque tant de malheureux n'ont pas où se poser. Deux de ses filles enfants furent mises à Port-Royal parmi les pensionnaires. Elle-même, dans son désir violent d'aller habiter Vaumurier, avait des pressentiments et des craintes de ne pas être digne de ce bonheur ; elle en parlait comme d'une terre promise qu'elle n'aurait vue que de loin. Un an avant sa mort, il se fit en elle comme un redoublement de sainte maturité. Elle avait prié son mari de lui traduire des endroits de saint Augustin où il est question de vie éternelle : c'était une de ces âmes avides d'Éternité. Elle

---

1. *A cent pas* seulement, je l'ai dit. On est surpris, quand on visite aujourd'hui ces lieux et ce creux étroit de vallon, de tout ce qui y pouvait tenir. C'est que tout, à chaque pas, y avait un nom.

lisait aussi l'admirable petit traité de *la Mortalité* de saint Cyprien, que M. Le Maître avait traduit à son intention. Comme cet ouvrage tardait à venir, elle disait que, pour peu qu'on retardât encore, on ne lui enverrait sa préparation qu'après l'accomplissement. Le soir même où elle le reçut, elle le lut trois fois. Elle mourut peu après, d'une suite de couches, le 13 septembre 1651, proférant avec ardeur des versets tirés de saint Augustin, particulièrement celui-ci : *O éternellement aimer! O ne jamais mourir! O toujours vivre!* Elle n'avait que vingt-sept ans. M. Singlin ne la quitta point dans sa maladie. Son corps fut porté à Port-Royal selon son désir, et inhumé dans le chœur. Les deux enfants jumeaux, dont la naissance avait causé sa mort, moururent eux-mêmes un mois après leur mère, et furent ensevelis dans la même tombe. Comme M. et madame de Luines avaient fait dessein d'imiter dorénavant, dans un pur et spirituel hyménée, saint Paulin et Thérasie, ils en avaient donné les noms à ces deux jumeaux (Félix-Paul et Thérèse). On trouva dans les papiers de la défunte nombre de pensées édifiantes et de règles ingénieuses pour pratiquer la vertu chrétienne au sein et comme à l'insu du monde. Madame de Luines fut la première de ces illustres dames, telles que madame de Liancourt, madame de Longueville, mademoiselle de Vertus, qui vécurent et moururent dans la perfection d'une pratique patiente et sérieuse, selon l'entier esprit de Port-Royal ; car nous ne comptons pas pour beaucoup ces deux ou trois variables et légères que nous avons jusqu'ici rencontrées.

Dernière couronne de cette sainte duchesse, et non la moins belle! elle est la mère du vertueux duc de Chevreuse, de cet élève de Port-Royal, qui passa depuis à Fénelon[1].

---

1. Elle est la mère aussi de ces deux dames de Luines, toutes

M. de Luines éprouva de la mort de son épouse une violente douleur, qu'il crut devoir être éternelle. Il songea un moment à se faire Père de l'Oratoire, puis il aima mieux être solitaire à Port-Royal. Il s'y retira incontinent, en attendant que le château de Vaumurier fût logeable. Il édifiait par sa ferveur les vingt ermites qu'il y trouva. Ceci se passait un peu avant la seconde guerre de Paris. Lorsqu'elle éclata, M. de Luines retira aussitôt à Vaumurier (bien que la maison fût à peine en état, mais on la jugea plus sûre) tous les solitaires du vallon et des Granges. Ce fut lui aussi, on vient de le voir, qui s'adonna en toute activité à mettre l'abbaye hors d'insulte par des murailles respectables et par des tours de trente pieds qui s'élevèrent comme par enchantement, *onze* en trois semaines : M. Le Maître y eut sa grande part en principal adjudant[1]. Dans chaque tour on logea une petite garnison de quatre ou cinq soldats, la plupart gens du pays, mais dressés et commandés par ces vieux routiers, plus ou moins de notre connaissance, MM. de La Rivière, de La Petitière, un

---

deux religieuses de Jouarre, et si unies à Bossuet, qui fit l'épitaphe de l'une, et qui composa pour l'autre cet admirable discours de *la Vie cachée*. Il sera reparlé d'elles en temps et lieu (au livre V, chap. 1).

1. On lit dans une lettre de la mère Angélique (juin 1652) à M. Le Maître : « Je bénis Dieu de l'achèvement des tours, et je supplie qu'elles soient le refuge des pauvres évangéliques. Si M. le Duc l'a agréable, je serois bien aise qu'elles fussent dédiées la première au Saint-Sacrement, la seconde à la Sainte-Vierge, la troisième à saint Joseph..., la sixième à saint Pierre et saint Paul (*elle ne les sépare pas plus que n'a fait M. de Barcos*)..., la huitième à saint Louis (*en bonne royaliste*).... Si Dieu donne d'autres dévotions à M. de Luines, je les aimerai autant et mieux; et, quand elles seront parfaites, M. de Saci feroit bien, ce me semble, de les bénir : il y a pour cela une oraison dans le Rituel. Comme elles sont, je le pense, couvertes en pavillon, cela seroit bien, ce me semble, qu'il y eût une Croix dessus, pour épouvanter les Démons visibles et invisibles. »

M. de Bessi, un M. de Beaumont; ce dernier avait commandé la cavalerie vénitienne en Candie[1]. M. de Luines profitait en même temps de l'éloignement des religieuses pour pousser aux constructions intérieures : on bâtit deux grands dortoirs; on disposa jusqu'à *soixante et douze* cellules, alors, ce semble, fort superflues, mais qui paraîtront quelque jour un nombre prédestiné. Lorsque les sœurs de Paris, en effet, seront expulsées de leur maison (1665) et que les deux Communautés n'en feront plus qu'une aux Champs, on se trouvera juste soixante et douze religieuses de chœur. Le pavé de l'église, humide et tout enfoncé par la suite des âges, avait été relevé de huit pieds. M. de Luines et M. de Bagnols, pour la dépense, subvinrent à tout, et M. de Luines présent y avait l'œil en vrai maître maçon et charpentier : ce qui faisait dire gaiement à la mère Angélique : « Nous avions ci-devant des gentilshommes pour cordonniers, à cette heure nous avons un Duc et Pair pour *chasse-avant*. »

On entrevoit même, à cet instant inespéré, un plan tout à fait grandiose et souriant, mais qui osait à peine se confier, que l'on recommandait tout bas à Dieu et que les événements rompirent. Il ne s'agissait de rien moins que de bâtir autour de l'abbaye *douze* ermitages réguliers, où se seraient retirés ceux des Messieurs qu'on y aurait crus appelés, et, à la mort de chacun, il n'y serait entré qu'un successeur éprouvé déjà. Tous au-

1. Il ne paraît pas, quoi qu'en dise Fontaine, que M. de Pontis fût dès lors avec ces Messieurs; il ne dut venir à Port-Royal qu'en 1653. — On cite de ce M. de Beaumont, que nous n'aurons plus guère occasion de rencontrer, un assez joli mot à M. de Barcos qu'il était allé voir en son abbaye, et à qui il voulait marquer le respect qu'on gardait pour lui à Port-Royal : « Si un oiseau de Saint-Cyran passoit par Port-Royal, tout le monde courroit aux fenêtres pour le voir. » Tous ces militaires-ermites avaient de l'esprit.

raient pu, sans sortir, aller à une chapelle où un prêtre leur aurait dit la messe. Voilà l'idéal, la Sion au complet sur la terre; mais l'orage bien vite en fit raison.

Quoi qu'il en soit, les grands travaux entrepris et dirigés par *notre bon Duc* (ainsi qu'on l'appelait) avaient ceci de positif, outre le bienfait de la destination, d'en être un pour tous les gens du pays qui s'y trouvaient occupés, nourris, au nombre de près de mille, et qui autrement couraient risque de mourir de faim. La vie qu'on menait au dedans de Vaumurier, tant qu'on y resta, tenait autant que possible de celle d'une Communauté. On y était plus de cent, entassés les uns sur les autres. Tout le monde mangeait dans une salle *avec le Duc même*, nous dit Du Fossé; chacun, à son tour, lisait tout haut quelque bon livre durant les repas, et les autres gardaient le silence.

On ne le gardait pas toujours si bien à d'autres moments, et il y avait, à ce qu'il paraît (un peu plus tard peut-être, et la guerre passée), de grandes discussions qui faisaient nouveauté étrange. On y causait avec chaleur
> De certaine philosophie
> Subtile, engageante et hardie,

comme dira La Fontaine; on y agitait le système de Descartes et les tourbillons. Le soleil n'est-il qu'un amas de rognures? Les bêtes sont-elles des horloges? Il n'y avait guère de solitaire, en ce temps-là, qui ne parlât d'*automate*. On disséquait des chiens, sans remords, pour observer la circulation du sang, et Arnauld eût répondu et répondait, comme plus tard Malebranche donnant un grand coup de pied à sa chienne : « Eh quoi! ne savez-vous pas bien que cela ne sent pas? » Qu'étaient-ce que les cris en effet? pur bruit de rouage et de tournebroche. Mais à ce propos de chiens et de tournebroche, le duc de Liancourt, un jour là présent, raconta une petite histoire qu'aurait pu rimer le Fabuliste et qui ferma la bouche au docteur[1]. Le château de M. le duc de Luines, dit Fontaine, était la source de toutes ces curiosités.

On aura occasion ailleurs de noter sérieusement l'introduction et l'infusion, non pas du système, mais de la méthode de Descartes, dans la littérature janséniste; nous en surprenons ici comme l'essai et le pur jeu par le dehors. M. de Saci souriait et combattait finement, mais il ne coupait pas court : on se demande où est Saint-Cyran? De là toute une déviation, une inconséquence à coup sûr, mais aussi une transaction littérairement féconde et glorieuse pour nos amis. Le Père Daniel, publiant en 1690 son *Voyage du Monde de Descartes,* pourra mettre dans la bouche du philosophe ces paroles dont la raillerie honore : « Je m'assurai donc de lui (d'Arnauld), et je crois que le mécontentement que je lui témoignai des Jésuites ne contribua pas peu à me l'attacher. Il fit si bien que, dès lors, on vit peu de Jansénistes philosophes qui ne fussent Cartésiens. Ce furent même ces Messieurs qui mirent la philosophie à la mode parmi les dames; et on m'écrivit de Paris en ce temps-là qu'il n'y avoit rien de plus commun dans les ruelles que le parallèle de M. d'Ypres et de Molina, d'Aristote et de Descartes. »

Quoiqu'Arnauld fût le plus vif promoteur, le duc de Luines, à ce début, ne restait pas en arrière, non plus que son ancien maître de philosophie, également retiré,

1. M. de Liancourt lui dit : « J'ai là-bas deux chiens qui tour« nent la broche chacun leur jour. L'un, s'en trouvant embarrassé, « se cacha lorsqu'on l'alloit prendre, et on eut recours à son ca« maradè pour tourner en sa place. Le camarade cria, et fit signe « de sa queue qu'on le suivît : il alla dénicher l'autre dans le gre« nier et le houspilla. Sont-ce là des horloges? » — Relire la belle fable de La Fontaine et le Discours à madame de La Sablière (liv. X, 1).

M. Du Chesne, lequel était très-savant, nous dit-on, dans *toutes les curiosités de la nature*. Le duc avait reçu de lui une excellente et forte éducation ; et c'était sans doute par son conseil qu'il avait traduit en français *les Méditations* de Descartes. Cette traduction, revue et corrigée par Descartes lui-même, et qui est celle qu'on lit encore, avait paru en 1647. M. le duc de Luines avait *un très-beau génie pour la traduction*, dit naïvement Racine ; il employa ce génie à Port-Royal. On a, sous le nom du *sieur de Laval*, plusieurs traités de piété traduits des Pères [1]. Ce sont des pièces dont quelques-unes peuvent bien être de M. Le Maître, mais dont la plupart, dues certainement à M. de Luines, ont un rapport touchant avec sa propre situation : des lettres, par exemple, de saint Paulin et de sa femme Thérasie à saint Apre et à Amande, deux époux qui vivent ensemble comme frère et sœur en Jésus-Christ ; la lettre de saint Paulin à saint Pammaque pour le consoler de la mort de sa femme Pauline ; la lettre de saint Fulgence à Théodore sénateur sur l'enseignement des Grands ; l'enseignement du pape saint Grégoire le Grand aux personnes mariées. Dans la consolation de saint Paulin à saint Pammaque il est dit : « Je veux bien que la piété pleure quelque temps, mais je veux que la foi se réjouisse toujours... ; car il est écrit : *L'amertume de l'affliction ne doit pas durer plus d'un jour* [2]... *Consolez-vous promptement, de peur de tomber dans l'excès de la tristesse ; car la tristesse conduit à la mort ; et la mort détruit toute notre force et notre vertu* [3]. » Le duc de Luines fut trop empressé de s'appliquer ces sages paroles qu'il avait

---

1. *Divers Ouvrages de piété*, tirés de saint Cyprien, saint Basile, saint Jérôme... (in-8°, 1664). Je n'énumère pas les autres traductions attribuées à M. de Luines.
2. Saint Matthieu, ch. VI, 34.
3. Ecclésiastique, chap. XXXVIII, 17 et 18.

traduites, et les prit à la lettre plus que dans leur vrai sens, j'aime à le croire ; il se consola, mais d'une consolation selon le monde. Il y rentra, se remaria en 1661, moyennant dispenses, avec mademoiselle Anne de Rohan, fille de M. de Montbazon, et par conséquent sa propre tante[1], et de plus sa filleule : ce qui parut cumuler toutes les chutes. Cette tante n'était qu'une enfant auprès de lui, mais, à ce qu'on nous dit, bien belle. A la mort de celle-ci (1684) et dès l'année suivante, il se maria une troisième fois ; il aimait chacune de ses femmes, *vir uxorius*, mais surtout il aimait le mariage. Les historiens de Port-Royal, après avoir justement dénombré les bienfaits du duc de Luines, les généreuses libéralités de ce *Joseph d'Arimathie*, courent vite sur cette fin et la dissimulent de leur mieux. Il mourut en 1690, et demeura de loin en fort bons termes d'ailleurs avec Port-Royal[2]. Ses filles du premier lit y avaient été postulantes et y auraient pris le voile, si on l'avait permis : ses filles du second lit y furent placées comme

1. Ou à peu près, madame de Chevreuse, mère de M. de Luines, étant fille également de M. de Montbazon, mais d'un lit précédent, et ainsi demi-sœur de sa nouvelle belle-fille. — On lit dans les *Mémoires* de Fontaine (au tome II, p. 246-251) toute une conversation de madame de Longueville et de M. Singlin sur ce mariage qui les affligeait ; M. Singlin en parle à cœur ouvert.

2. Un mot d'Arnauld, dans une de ses Lettres, donne bien la mesure du genre de services que Port-Royal continuait d'attendre de M. de Luines, et aussi de la réserve prudente qu'il s'imposait quelquefois. Il s'agissait d'un dessein qu'on prêtait alors à M. Colbert, qui était de donner aux deux maisons de Port-Royal réunies sa sœur, abbesse du Lys, pour supérieure : « J'ai pensé, écrivait Arnauld à la mère Angélique de Saint-Jean (23 avril 1680), si on ne pourroit point engager M. de Luines à le détourner de cette entreprise. Est-ce que les gens qui font profession de piété ne reconnoîtront jamais l'obligation qu'ils ont, et que l'Écriture leur marque en tant d'endroits, de travailler autant qu'ils peuvent à empêcher que les innocents ne soient opprimés ? » Arnauld ne se le faisait pas dire deux fois pour taxer les gens de tiédeur et de mollesse.

pensionnaires, et s'en montrèrent filialement reconnaissantes. Une circonstance singulière et à noter se rattache encore à ce château de Vaumurier, depuis qu'il l'eut laissé à l'abbaye. Bien des années après le moment où nous sommes, M. le Dauphin, un jour qu'il chassait aux environs, s'aperçut de ce château qui n'était d'aucun usage, et il résolut d'en faire la demande au roi; son dessein était d'y mettre une personne qu'il aimait[1]. La mère Angélique de Saint-Jean, alors abbesse, fut avertie, et elle prit sur elle d'envoyer à l'instant des ouvriers au château pour le ruiner de fond en comble. Le roi le sut et l'en loua.

Une remarque générale a pu se faire à travers tout ceci, c'est que nous avons passé l'une et l'autre Fronde au sein de l'un et l'autre Port-Royal, sans saisir encore une trace d'intrigue, sans même trouver jour pour l'y placer. Petitot a voulu signaler le duc de Luines comme l'un des chefs et des intermédiaires. Cela est faux. Le duc de Luines ne tenait en rien de sa mère, *il avait furieusement dégénéré*, dit Tallemant; c'eût été un mauvais meneur; et puis, durant cette année 1652, la douleur de son veuvage l'accablait, et les soins d'une activité pieuse étaient seuls capables de l'en distraire. Il ne figure au plus que dans la première Fronde, et avant son étroite liaison avec Port-Royal. Politiquement, nos amis restent jusqu'ici tout à fait à part et en dehors; car ils ne pouvaient communiquer avec Retz que par MM. de Bernières, de Bagnols ou de Luines, et il n'y paraît pas. C'est après coup, et par la persécution, que ce genre de zèle leur vint; Gui Joly leur a rendu cette justice sous forme de reproche, lorsqu'il parle du voyage de M. de Saint-Gilles à Rotterdam, et des offres

---

1. Non pas la Chouin, les dates s'y opposent, mais peut-être un madame d'Espagny, femme de chambre de la Dauphine.

de « ces Messieurs, qui, *n'ayant rien dit dans le temps,* ne se mettoient alors en mouvement que pour leurs intérêts particuliers[1]. » La plus grosse velléité factieuse de nos solitaires à cette époque, ç'a encore été avec Descartes, à Vaumurier.

Mais la sœur de Pascal est déjà entrée au monastère. Je me hâte vers M. de Saci, qui devient le personnage indispensable, celui qui tient les clefs dans le gouvernement de Port-Royal pour toute une longue période. Seul, il peut nous conduire par la main à Pascal, en nous imposant patience, comme il convient, avant d'atteindre à ces *Provinciales* où nous aspirons : *Italiam! Italiam!*

1. *Mémoires* de Gui Joly, vers l'année 1658.

XVII

M. de Saci. — Son enfance. — Ses premiers vers. — Différences avec Arnauld. — Genre de beauté ; trait distinctif. — Direction toute fondée et appuyée à l'Écriture-Sainte. — Finesse et grâce. — Sa seule erreur, *les Enluminures.* — Retranchement et sobriété. — Méthode d'esprit et sourire.

M. de Saci directeur et confesseur, c'est une bien grande et bien capitale autorité dans Port-Royal; c'est (le génie d'invention et de fondation à part, qui faisait le propre de M. de Saint-Cyran) le plus essentiel, le plus considérable de ses successeurs dans le cadre juste et dans les limites de la chose posée. Rien, absolument rien ne dépasse, et il remplit, pour ainsi parler, tout ce cadre sans marge, avec sa figure longue, froide, fine, humble, stricte, docte et prudente. Il avait coutume de dire que, s'il avait eu à choisir un siècle pour y naître, il n'en aurait pas choisi d'autre que le sien; entendez par *siècle* ce voisinage du cloître et cette libre agrégation de pénitents : il y tient exactement en effet comme dans son lieu.

Pascal, on le sait, dépasse, déborde à tout moment par la pensée; Arnauld s'emporte en controverses et en bouillonnements; d'autres ont leurs défaillances. M. de

Saci, non moins savant qu'aucun, plus prudent que tous, ferme sous sa timidité première, lent, restrictif, ingénieux, continue, en la resserrant, l'autorité dirigeante que M. Singlin avait reçue de M. de Saint-Cyran et comme gardée en dépôt pour la lui conférer entière : il est le directeur port-royaliste au complet et perfectionné, moins le génie encore une fois, qui marquait au front et qui maintient hors ligne le premier maître.

Si, malgré les déviations latérales et accessoires que j'ai d'avance signalées, Port-Royal a conservé pourtant son unité jusqu'au bout, c'est à M. de Saci qu'on le doit, c'est en lui qu'on la trouve. Sa vie est la ligne droite de Port-Royal.

M. de Saci, frère cadet de MM. Le Maître et de Séricourt, ne s'appelait de la sorte que par une façon d'anagramme de son nom de baptême *Isaac* (Isaac-Louis Le Maître)[1]. Né le 29 mars 1613, élevé dans la paroisse de Saint-Merry où logeait sa famille, il fit paraître dès l'enfance une piété exemplaire, qui édifiait le curé, M. Hillerin, et que rien jamais ne démentit. Il suivit pendant quelque temps ses études au Collége de Beauvais[2] avec M. Arnauld son *petit oncle*, et qui n'avait qu'un an de plus que lui. Il fit sa philosophie avec soin, comme toutes choses, mais sans y prendre le même goût qu'aux belles-lettres, un peu le contraire en cela d'Arnauld. La morale, une certaine fleur de belles-lettres, les langues, et la foi dominant le tout, voilà déjà en abrégé M. de Saci. « Son esprit, raconte Du Fossé, paroissoit dès lors ce qu'il fut depuis, c'est-à-dire plein

---

1. De nos jours, l'illustre et vénérable M. Silvestre *de Sacy* ne portait ce dernier nom également que par transformation de celui d'*Isaac*.

2. Ou plutôt au Collége de Calvi-Sorbonne. Du Fossé, qui indique *Beauvais*, n'est pas d'accord avec les biographes d'Arnauld.

de feu et de lumière, et d'un certain agrément et enjouement, dont il voulut bien se dépouiller par la suite quand il reçut les Ordres sacrés, mais qu'il lui étoit facile de reprendre dans les occasions, s'il le jugeoit à propos. Je voudrois avoir quelques pièces de ce genre que j'ai vues : il ne se pouvoit rien ajouter à la gentillesse et au tour d'esprit qui s'y remarquoient, et à la beauté, tant de la prose que des vers, moitié picards et moitié françois, qu'il entremêloit agréablement l'un à l'autre, et qui composoient un tout que l'on pouvoit considérer comme quelque chose d'achevé en son espèce. » Les âmes innocentes et sobres ne sont guère difficiles en fait de plaisanterie honnête; elles s'égaient de peu, dès qu'elles osent. Nous verrons à quoi nous en tenir sur cette *gentillesse* de badinage. On a des vers de M. de Saci enfant; on en a, par Fontaine, qu'il écrivit à sa mère, au nom de ses frères et au sien, pour la remercier du cadeau qu'elle leur avait fait à chacun d'une bourse dorée de couleur différente : « Nous y voyons dans un petit espace, écrit-il, le plus illustre prisonnier du monde, et vos mains y ont enchaîné celui qui dispose de la liberté de tous les hommes,

> Ce superbe *métail* à qui tant de mortels
> Consacrent tant de vœux, élèvent tant d'autels,
> Fils du soleil des cieux, et soleil de la terre,
> Qui produit dans le monde et la paix et la guerre....

(Suit une description détaillée des quatre bourses, prose et vers).... Enfin, j'admirerai toujours ces bourses comme des merveilles, et *je les aimerai comme mes petites sœurs, puisqu'en quelque sorte elles sont vos filles....* » Pur style de précieuses, on le voit! M. de Saci, en se laissant faire, eût été bien aisément un bel-esprit, et très-vite suranné, jamais un poëte. Il avait de la facilité à ce jeu de rimer : mais l'art, le goût, le *talent* en un mot, et lui, ne s'y sont jamais rencontrés. Dans les vers de Racine enfant, on devine déjà, en quelques accents, l'auteur futur d'*Esther*; dans ceux de M. de Saci, on entrevoit, malgré tout, le rimeur prochain des *Racines grecques*. Cependant sa mère, très-agréablement surprise du remerciement versifié, l'engagea à exercer sa poésie sur les Hymnes de l'Église; il les traduisit presque toutes, et elles sont entrées dans les *Heures* dites de *Port-Royal*[1]. Quand, plus tard, Racine, jeune, s'essaya également à traduire les Hymnes du Bréviaire, il est dit, d'après le témoignage de Boileau, que M. de Saci s'en montra un peu jaloux, et qu'il le détourna de la poésie, comme n'étant pas son talent. Sans qu'il soit besoin, je le pense, de faire intervenir aucune jalousie, on conçoit, à la lecture des vers de M. de Saci, qu'il n'ait pas apprécié ceux que Racine commençant pouvait déjà faire.

Dès avant la retraite de MM. Le Maître et de Séricourt, le jeune Saci avait été placé par sa mère sous la direction de M. de Saint-Cyran[2]. Il eut grande répugnance après son Cours de philosophie à étudier en Sorbonne; sa famille s'y opiniâtrait. M. de Saint-Cyran, dont la grande règle était de *suivre les traces de Dieu dans les âmes*, se rangea à la modestie du jeune homme qui redoutait ce titre, cet éclat de *docteur*, et surtout le ministère de *prêtre* que le doctorat entraînait : autant de traits encore de différence avec Arnauld.

M. de Saci se trouvait, ainsi que ses frères, à Port-

---

1. *L'Office de l'Église et de la Vierge* en latin et en françois, avec les Hymnes en vers françois (1650). — Le Père Labbe (*Bibliotheca anti-janseniana*, p. 55) reproche surtout qu'on ait supprimé dans la traduction en vers les endroits où il y a : Christe Redemptor OMNIUM; on a répondu que c'était par difficulté de rime et de mesure qu'on avait dû supprimer l'OMNIUM en trois endroits, mais qu'il y en avait cinq autres où on l'avait très-bien fait ressortir.

2. Voir au tome I, p. 401, liv. II, ch. 3.

Royal des Champs lors de la première dispersion de 1638; il tomba malade en revenant à Paris. Sa complexion était très-délicate. Guéri, il travailla avec M. de Barcos dans la maison de M. de Saint-Cyran alors prisonnier. Plus tard M. de Barcos lui procura M. Guillebert pour lui enseigner les questions de l'école en le dispensant de la Sorbonne. Quand M. Arnauld fut caché par suite du livre de *la Fréquente Communion,* on lui donna M. de Saci pour compagnon et aide dans sa retraite. On voit donc très-bien comment en M. de Saci se combinent l'esprit direct de Saint-Cyran par M. de Barcos, par M. Singlin, et en même temps l'esprit d'Arnauld par le sang et par cette collaboration intime. On a dès l'abord une preuve de sa maturité morale dans une lettre à M. Le Maître, à qui il envoyait quelques cahiers d'Arnauld : « Prenez garde, mon très-cher frère, à tous ces termes un peu durs. Il dit par exemple, en un endroit : *N'est-ce pas un abus intolérable...?* Pourquoi ne met-on pas plutôt *déplorable,* puisque nous pourrions y être enveloppés comme les autres?... Il faut aussi considérer que mon oncle a paru un peu chaud lorsqu'il étoit sur les bancs. Quelques-uns l'ont regardé comme un esprit de feu, et ont craint qu'il ne fût un peu aigre, quoiqu'il ne le soit nullement, et qu'il soit l'homme du monde qui ait le moins de fiel. Mais il faut ôter tout prétexte, et combattre aussi bien les imaginations des hommes que leurs erreurs. » Ainsi la nature prudente de M. de Saci n'était pas sans quelque méfiance de la nature pugnace d'Arnauld, et il l'aurait voulu tempérer. Mais il faut remarquer que cela tombe ici sur la diction, et qu'en général cette justesse de critique, à l'égard d'Arnauld et des autres, ne porta guère jamais que sur des détails, non sur l'ensemble de la conduite et sur l'esprit général du rôle. Lui-même, M. de Saci, contribua un instant au même rôle d'aigreur, sans le savoir, par ses plaisanteries soi-disant poétiques, ses *Enluminures de l'Almanach des Jésuites,* si opposées à l'esprit de vérité. M. de Saci ne vit jamais les choses devant lui qu'en longueur, pour ainsi dire, sur une ligne très-étroite et mince, et dans un horizon assez restreint; il se rachetait en élévation sur l'autre ligne profonde et haute, selon laquelle il rapportait tout au Ciel. Mais M. de Barcos, bien moins net et certainement moins ingénieux, jugeait peut-être mieux de l'ensemble.

Dans le même temps qu'il aurait voulu qu'on tempérât quelques expressions outrées d'Arnauld, le jeune Saci engageait M. Le Maître à être moins scrupuleux en ses traductions pour certains mots de médiocre élégance, mais fidèles et suffisants. On pressent là encore l'homme pour lequel le bel art moderne ne fut jamais rien, et qui était né comme légèrement suranné : chose remarquable en ce qu'on le voit d'ailleurs très-lettré, et, je le répète, ingénieux, industrieux. La pensée réfléchie et repliée l'attirait uniquement : « Il m'a témoigné souvent, écrit Fontaine, qu'il admiroit comment des personnes d'esprit[1] pouvoient préférer les Pères grecs aux Pères latins. « Je sais, disoit-il, qu'ils
« le font parce qu'il paroît plus d'éloquence dans les
« Pères grecs que dans les latins; mais on oublie que
« la véritable éloquence est dans les choses et non dans
« les expressions. On estime bien plus un peintre qui
« a du dessin que celui qui n'a que le maniement du
« pinceau. » Ainsi pas une couleur chez M. de Saci, pas une flamme; un flegme extérieur, une pâleur monotone, un ton uniforme, puis aussi un dessin net, fin, menu, continu, un dessin au premier abord sans grâce, ineffaçablement gravé dans sa ligne terne. Je

1. M. de Tréville, par exemple.

voudrais faire passer dans les autres l'impression de ce genre de beauté tel que je le conçois, et qui, en fait d'éclat et de brillant, n'en a pas même l'ombre ; mais beauté morale, beauté pieuse, intérieure ou plutôt rentrée, toute constante et patiente, comme obstinée en une seule pensée et dès ici-bas immuable. Fontaine m'y va aider ; il nous a peint admirablement son cher maître en de longues pages d'où je n'ai à tirer que les traits qui concluent :

« Ce que M. de Saci chercha le plus dans la lecture de saint Augustin, *ce fut de concevoir une grande idée de Dieu.* Il en faisoit des recueils à ce sujet ; et dans le cours de sa vie j'ai vu avec quel soin il faisoit de tous les endroits de l'Écriture comme un tissu qui représentoit ce grand objet, dont on peut dire qu'il étoit tout occupé et tout pénétré ; et ceux qui, à sa mort, ont dit de lui que l'esprit de la crainte du Seigneur l'avoit rempli, ont fait son véritable portrait [1]. »

Ces paroles, dans leur première expression, semblent assez communes, souvent appliquées, et n'avoir rien de bien particulier à notre personnage. Poussons ! elles vont, en se réitérant, devenir plus précises, plus incisives ; à force de les serrer et d'y repasser le trait, elles vont prendre feu et faire éclair.

« On ne peut, continue Fontaine, se représenter jusqu'où cela alloit, et, s'il est beau de voir un jeune homme avoir tant de circonspection à chacune de ses actions [2], il l'est encore plus d'en approfondir la cause, et de voir un cœur si pénétré de la crainte chaste de Dieu et du respect de sa grandeur infinie, qu'il étoit comme dans un continuel tremblement en sa présence. Ce qui lui donnoit cette gravité que l'on admiroit, c'est qu'il se disoit sans cesse cette parole

---

1. *Mémoires* (1738), tome I, p. 339.
2. « Je suis bien aise que vous ayez vu mon neveu ; on apprend la sagesse et le recueillement dans sa conversation, » écrivait la mère Agnès à l'une des sœurs de Port-Royal (19 novembre 1651).

de Job : *Semper enim quasi tumentes super me fluctus timui Deum, et pondus ejus ferre non potui*[1], et je ne crois pas qu'il y ait eu un de ceux qui l'ont connu qui ne l'ait ouïe de sa bouche. Il ne la disoit pas seulement, mais il la sentoit, et il la sentoit comme le saint homme Job, non par un sentiment passager, mais par un sentiment du cœur qui étoit toujours le même. Il s'étoit accoutumé à peser ainsi toutes les paroles des hommes de Dieu. Quand nous parlons, nos paroles passent, et bien souvent nos bons mouvements en même temps; mais il regardoit les paroles des Saints dans l'Écriture comme celle des Anges. Or, comme il nous le disoit souvent, quand les Anges sont une fois entrés dans un sentiment, ils y sont pendant toute l'Éternité. Saint Michel, par exemple, ajoutoit-il, a dit une fois : « *Quis ut Deus?* qui est semblable à Dieu? » Il le dira éternellement. »

Ainsi la parole angélique, à jamais stable, c'est le contraire des paroles légères, ailées, ἔπεα πτερόεντα, qui sont le faible des mortels. — Cela ne devient-il pas sublime à sa manière, quoiqu'un tel mot semble jurer avec le caractère doux, humble et discret de M. de Saci, avec tout son être? Et pourtant un certain sublime qui lui est propre, et du plus vrai, on vient de le sentir et d'y toucher, il l'a.

Tel est l'homme que M. Singlin, lorsqu'il vit M. Manguelen mort, contraignit à franchir les derniers degrés de l'autel, pour avoir enfin sur qui se décharger : *Illum oportet crescere, me autem minui;* il faut que celui-ci grandisse et que je m'efface [2], disait-il, en le montrant; et il n'eut point de cesse qu'il ne l'eût institué. M. de Saci résistait encore; il en appela en dernier ressort à

---

1. « Car toujours, comme un Océan roulant ses flots sur ma tête, j'ai craint le Seigneur, et je n'ai pu porter son poids. » (Job, XXXI, 23.) Nous figurons-nous bien M. de Saci qui, toute sa vie, chemine droit et serré, mains jointes, sous cet Océan de Dieu?

2. Saint Jean, Évang., chap. III, 30. — Belle parole des précurseurs, et que bien peu prononcent sur ceux qui les surpasseront! Jean-Baptiste la proféra le premier sur Jésus.

M. de Barcos, à ce dépositaire le plus direct des premières et hautes lumières. M. de Barcos, si scrupuleux et si exact, n'eut aucun doute cette fois, et déclara qu'il voyait en M. de Saci le caractère du prêtre manifestement imprimé. L'humble clerc n'eut plus de réponse et reçut la consécration avec une joie grave et tremblante. Il dit sa première messe à Port-Royal des Champs le jour de la Conversion de saint Paul, 25 janvier 1650 : ce fut un événement que nos chronologies mettent en première ligne pour l'importance. Il avait trente-sept ans. Il en doit vivre encore trente-quatre, et sa parole dirigera jusqu'au bout.

J'ai déjà raconté comment, parmi les solitaires, M. Le Maître surtout hésitait d'abord à entrer sous la direction de M. de Saci son cadet, et si différent de lui par le flegme apparent de sa nature, puis comment l'obéissance chrétienne finit par triompher d'une manière si touchante[1]. Le bon Fontaine nous confesse lui-même qu'il avait, pour son compte, prié M. Singlin de le laisser sous M. Arnauld, dont la bonté et l'ouverture de cœur l'accommodaient fort. Ces petites résistances tombèrent d'un mot. A partir de ce moment, M. de Saci devint l'âme et la règle vivante de l'intérieur. Deux rudes et tendres épreuves l'initièrent. Il assista M. de Séricourt son frère, qui mourut avant la fin de l'année; il disposa particulièrement sa sainte mère qui suivit de près ce fils chéri : « Elle a eu la consolation, dit le Nécrologe, d'être assistée à sa mort par M. de Saci son fils, qui étoit prêtre depuis un an, mais qui n'avoit point encore confessé[2]. Elle voulut qu'il commençât par elle à exercer cette fonction du sacré ministère, et qu'il dé-

---

[1]. Au tome I, p. 393, liv. II, ch. 2.
[2]. Il y a ici, je le soupçonne, quelque légère inexactitude, mais je n'ai pas le courage de la discuter.

vint ainsi, comme elle le disoit elle-même, *le père de son âme.* » — « Mon fils, lui disait-elle encore, aidez votre mère à bien mourir, et à la mettre dans le Ciel, elle qui ne vous a mis que dans cette misérable vie ! » Il eut assez d'empire sur lui et de haut respect de sa fonction sacrée, pour conserver en ces cérémonies suprêmes la liberté de l'esprit, des yeux et de la voix, quand tout le monde autour de lui n'avait plus ni parole ni chant, et ne prioit que par des larmes.

Ainsi fit-il, sept ans après, à la mort de son frère, M. Le Maître : ses larmes, contenues durant tous les saints devoirs, attendirent qu'il se fût renfermé en sa chambre pour déborder.

Dans la direction des solitaires, et en général dans la conduite des âmes, le grand recours de M. de Saci, le remède auquel il renvoyait surtout et toujours, était la lecture et la méditation de l'Écriture Sainte. C'est à quoi, dit Fontaine, il exhortait perpétuellement ces Messieurs : « Une goutte d'eau, nous disoit-il, qui ne suffit pas à un homme, suffit à un oiseau. Les eaux sacrées ont cela de particulier qu'elles se proportionnent et s'accommodent à un chacun : un agneau y marche, et elles sont en même temps assez profondes pour qu'un éléphant y puisse nager. » S'il a traduit plus tard l'Écriture, c'est en vertu de ce principe d'efficacité continuelle qu'il s'y porta : sur ce point de la lecture de la Bible, M. de Saci est aussi absolu que ceux qui croient directement à la Bible seule sans autre tradition nécessaire. « Il faut, dit d'après lui Fontaine, regarder l'Écriture comme la foi regarde les mystères, et n'y point mêler son esprit naturel ni le désir de savoir. Il ne faut point sauter les mots, mais les bien peser ; tâcher de concilier les passages qui paroissent se contredire, et recevoir humblement ce que Dieu donne sans vouloir rien davantage. » — « Un saint évêque de ces derniers temps

(Jansénius) répétoit souvent qu'il iroit jusqu'au bout du monde avec saint Augustin ; et moi, disoit M. de Saci, j'irois avec ma Bible. »

J'ai exprimé l'idée que M. de Saci n'avait pas eu de vue d'ensemble sur Port-Royal et qu'il n'avait pas débrouillé souverainement, comme l'aurait pu faire M. de Saint-Cyran, s'il eût vécu, cet inextricable réseau de discussions et de querelles qu'on étendait autour d'eux, et qu'à l'envi plusieurs d'entre eux redoublèrent. Mais il faut ajouter que, s'il n'a pas débrouillé l'ensemble et s'en est peu rendu compte, il n'a jamais contribué du moins à l'obscurcir, et qu'au contraire, en chaque détail qui se présentait, il a travaillé à simplifier l'obstacle, à délier le nœud en toute charité, avec justesse et finesse rare : « Tous ceux qui ont eu le bonheur de le connoître, dit Fontaine, avoueront qu'il n'y a guère eu d'homme qui eût plus de grâce, ni qui ait imaginé des manières plus adroites et plus ingénieuses pour remettre les esprits et pour rétablir la paix, dans les contestations qui auroient pu l'altérer. » Et il nous en cite un minutieux exemple, mais qui a son prix. Nos solitaires avaient leurs petites passions, même au sein de la pénitence : par moments ils devenaient tous guerriers, comme on l'a vu sous la Fronde, et ils prenaient goût au mousquet ; à d'autres moments, ils se portaient trop ardemment à la maçonnerie et aux ouvrages des mains pour l'agrandissement du monastère. D'autres fois, c'était le travail des champs qui avait la vogue parmi eux, et trop de vogue pour des gens mortifiés. Alors ils avaient leurs petits procès, au moins commençants : le fumier était rare ; l'un en voulait pour ses blés, l'autre pour sa vigne ; qui pour ses plants d'arbres, qui pour ses bandes de légumes. On allait plaider devant M. de Saci. Lui, pendant ce temps-là, était à rimer les *Racines grecques*, dont Lancelot avait soigneusement rassemblé et disposé tous les mots; quant à la dernière main, à la rimaillerie mnémonique, ç'avait été œuvre de *poëte* qu'on avait réservée au maître. Eh bien ! M. de Saci, à la suite du mot grec qui signifie *fumier* ou *engrais*, ajoutait ce que nous avons pris pour une cheville, et qui était une douce pointe, un trait charitablement malicieux :

Δεῖσα, fumier *aux champs a vogue.*

Or, cette douce pointe, qui était toute sa sentence d'arbitre, suffisait pour faire rentrer les humbles solitaires en eux-mêmes; et c'est ce que Fontaine appelle *la grâce* chez M. de Saci.

Je suis naturellement conduit par cet éloge à parler toutefois avec sévérité de ce que je trouve la seule fausse démarche de M. de Saci, d'un écrit de sa façon des plus contraires à l'esprit de Saint-Cyran, et que je voudrais retrancher : *les Enluminures de l'Almanach des Jésuites* (janvier 1654). Les Jésuites, dont le goût fut longtemps détestable et tout à fait de collége, avaient publié, en décembre 1653, un Almanach qu'ils intitulèrent : *la Déroute et la Confusion des Jansénistes.* C'était une manière de célébrer et de figurer leur récent triomphe à Rome où avait paru enfin la Bulle d'Innocent X. On voyait en tête de l'Almanach une Estampe allégorique : le Pape, assis sous la Colombe du Saint-Esprit entre la Religion qui porte la croix, et la Puissance de l'Église qui porte le casque, lançait sentence contre le Jansénisme. Jansénius, en habit d'évêque, tout effaré et déployant des ailes de diable, s'enfuyait, son livre en main, vers Calvin en personne, qui déjà, dans son coin, accueillait à bras ouverts une dame ou religieuse janséniste en lunettes. Je fais grâce des autres détails de cette ignoble facétie. M. de Saci jugea à propos d'y répondre. Les Jésuites ayant répandu seize mille exemplaires, dit-on, de l'outrageux Almanach, on avait quelque raison peut-être à Port-Royal d'en redouter l'effet qui parlait aux yeux[1]. Comme il y avait plusieurs quatrains explicatifs de l'Estampe, M. de Saci fit aussi des vers pour riposte : je n'en citerai que quatre en échantillon, qui ont paru piquants aux intéressés. Les Jésuites avaient représenté dans l'Estampe l'Ignorance qu'ils attribuaient à leurs adversaires sous la figure d'un idiot qui a des oreilles d'âne; à quoi M. de Saci répliquait :

> Qui ne sait qu'en leurs doctes veilles,
> Ils vous tirent tant les oreilles,
> Qu'à vous peindre, vous en auriez
> Depuis la tête jusqu'aux pieds?

Ce sont les meilleurs vers du chef-d'œuvre[2]. Je rougis pour nos respectables amis de l'erreur de cette réponse, et de tant d'autres sur le même ton qui en furent la suite, depuis *les Chamillardes* et *l'Onguent pour la Brûlure*, jusqu'au *Philotanus* et aux *Sarcellades* dans le dix-huitième siècle : littérature indigne et burlesque qui se conçoit en effet de Barbier d'Aucourt à Grécourt; mais le malheur, le tort de M. de Saci est d'avoir commencé.

Tout le monde dès l'abord (Jésuites à part) n'en fut pas charmé. Dans la *Réponse* d'Arnauld *à la Lettre d'une Personne de Condition*, on voit que cette lourde et crasse manière de plaisanterie avait choqué quelques amis éclairés de Port-Royal et gens du monde. Arnauld donc, à

---

1. L'Almanach fut mis en vente chez Ganière, marchand de tailles-douces, rue Saint-Jacques, près Saint-Séverin : il attira tout aussitôt la foule. On en porta plainte de divers côtés, soit à M. Molé, garde des sceaux, soit au Lieutenant civil et au Procureur du Roi; mais, moyennant quelques légères suppressions, l'Estampe subsista. Ainsi on fit disparaître sur les exemplaires exposés les ailes de diable qu'on avait données à Jansénius; et encore ces exemplaires à *ailes de diable*, défendus à Paris, allèrent-ils inonder la province.

2. Il eut pourtant deux éditions consécutives, la première du 15 janvier, et la seconde fort augmentée du 8 (ou 18) février.

grand renfort de logique et de citations des Pères, entreprend de démontrer la légitimité et l'excellence *catholique* des *Enluminures*. Il commence par établir que les Pères ont fait la guerre avec un esprit de paix; il veut en venir au *misericorditer irride* de saint Augustin[1]. La Personne de condition objectait que le rire est peu chrétien, qu'on a remarqué du Christ qu'il est bien écrit qu'il a pleuré, mais non qu'il a ri *(vel semel eum ridentem nemo vidit, sed flentem imo).* Et en effet on ne se figure jamais les Anges riant de l'éclat du rire. Ce rire humain, qui est l'opposé du sourire, ne l'est pas moins de cette autre joie d'innocence où nous avons vu s'égayer le jeune Lancelot, sainte joie légère qui est comme le superflu et la blanche écume de l'âme. Le rire vulgaire, dont il est ici question, vient du désaccord, du désordre senti sous un certain angle imprévu et par un revers qui se démasque subitement : on éclate. Dans l'harmonie, on chante, on sourit, le visage rayonne, il y a des pleurs d'amour. Si animé qu'on tâche de se figurer un Ciel chrétien, on n'y conçoit pas le rire; il le faut laisser aux Dieux d'Homère en leur Olympe, où il est inextinguible comme leurs désordres et leurs adultères. De Maistre, en regrettant (dans son Anti-Bacon) que Molière n'ait pas employé plus chrétiennement son talent, et en citant Destouches comme plus moral, oublie trop cela; c'est étonnant de sa part. Arnauld ne va pas si à fond. Il ramasse les exemples de raillerie de l'Écriture et des Pères. Il fait un chapitre intitulé: *Application des Règles des Pères à l'Almanach;* et il ne s'aperçoit pas qu'en tout cet attirail manque précisément le *festivitas* dont parle Tertullien : *Vanitati propria festivitas cadit*, il n'y a rien qui soit mieux dû à la vanité des hommes que d'être raillée.

---

1. Pascal reprendra plus lestement ces mêmes arguments et ces mêmes exemples dans sa onzième *Provinciale.*

Arnauld controversant pour la plaisanterie de M. de Saci et la corroborant, c'est deux fois trop.

Racine a fait justice de cette fausse manière, quand il a dit en sa Lettre si malicieuse à l'auteur des *Imaginaires* : « L'enjouement de M. Pascal a plus servi à votre parti que tout le sérieux de M. Arnauld ; mais cet enjouement n'est point du tout votre caractère : vous retombez dans les froides plaisanteries des *Enluminures* ; vos bons mots ne sont d'ordinaire que de basses allusions.... Retranchez-vous donc dans le sérieux, remplissez vos lettres de longues et doctes périodes, citez les Pères, jetez-vous souvent sur les injures.... » Ainsi piquait le tendre Racine, du jour où il s'avisa d'être ingrat.

Les *Enluminures* parurent toutefois excellentes à la plupart de ces Messieurs. Au dix-huitième siècle, l'avocat Matthieu Marais, parlant de je ne sais quelle chanson augustinienne, où le dogme est rimé en vingt couplets, et d'une préface qu'on y a mise en langage patois, ajoute avec admiration : « Ces Jansénistes ont de toutes sortes d'esprits parmi eux, et ce faux paysan feroit très-bien une comédie. » Si des gens d'esprit comme Marais, mais qui aimaient le gros sel et ne le distinguaient pas du fin, tant ils avaient le goût farci de procédures, sentaient ainsi sur les *Sarcellades*, à plus forte raison nos solitaires : ils ne devaient pas être, je l'ai dit, très-difficiles en matière plaisante, comme gens très-austères, habituellement à jeun là-dessus, et qui avaient en eux un grand fonds de divine joie [1].

---

1. On regrettera peu que j'omette les autres œuvres poétiques de M. de Saci, sa traduction en vers du poëme de saint Prosper *contre les Ingrats* ; son poëme en dix chants et en stances, *contenant la tradition de l'Église sur le Saint-Sacrement*. Il avait entrepris sa traduction de saint Prosper par le conseil de M. de Saint-Cyran, et y avait rencontré, disait-il plus tard, des *difficultés effroyables*, « jusqu'à employer vingt-quatre heures de travail pour traduire deux vers latins. » Un labeur vraiment ingrat! C'est méritoire au

On a vu la seule tache, la seule faute apparente (et encore surtout une faute de goût), qui se découvre chez l'homme le plus droit, le plus pur, le plus irrépréhensible. Successeur de M. Singlin, s'il est, dans le début, inférieur à celui-ci, qu'il surpasse d'ailleurs en science et même en égalité fixe de caractère, c'est par ce seul endroit où l'on ne reconnaît plus le directeur. J'ai hâte de revenir à ses mérites essentiels, continuels, et que je n'ai pas encore assez marqués.

M. de Saci, selon le témoignage de tous ceux qui l'ont connu, avait retranché de ses études et de sa vie tout ce qui ne regardait pas la piété ; il était même bien aise d'ignorer certains points de la science de l'Église que d'autres pouvaient avoir intérêt à connaître, et il en tirait occasion, lui, de se taire lorsqu'on en parlait[1]. Il fuyait les matières de controverse et de critique, les nouvelles des affaires du monde, et prenait pour devise ces paroles : *Ut non loquatur os meum opera hominum.* Mais par le seul endroit auquel il s'enracinait, la lecture et la méditation de l'Écriture, il retrouvait avec surcroît tout le reste, et s'étonnait qu'on fît tant de cas de résultats humains auxquels le Chrétien arrive tout simplement par la seule source sacrée. On a une foule de jolies paroles de lui, dans ce sens de sagesse et de sobriété. Quand je

fond, mais franchement détestable. Je ne sais pas distinguer, je l'avoue, entre les différentes poésies de M. de Saci, et je n'y vois qu'une seule et même erreur. Tout son mauvais goût de jeunesse y a passé. — Parlant un jour de la réserve charitable qu'il fallait mettre dans les critiques littéraires, et de l'humilité qui devait plutôt porter à louer : « J'ai toujours estimé tout, disait-il, jusqu'au poëme de *la Pucelle*. » Il avait pour cela moins de violence à se faire qu'il ne croyait. (Voir, si l'on veut, au livre VI, chap. x, un léger correctif à ce jugement sur les vers de M. de Saci.)

1. Au tome I, p. 58, de ses *Lettres spirituelles*, on lit : « J'ai des livres pleins de questions semblables sur l'Écriture, que je ferois conscience d'ouvrir s'il n'y avoit quelque nécessité qui m'y obligeât. Il faut laisser aux Docteurs à s'informer de ces choses. »

dis jolies paroles, qu'on y prenne garde! ici on rentre dans la délicatesse. Il est besoin de s'avertir pour goûter cet esprit qui n'a pas l'air d'en être ni d'y toucher. Règle générale : quand parle M. de Saci, il faut bien faire attention pour sentir qu'il y a de l'esprit, de même qu'il faut bien connaître sa lèvre fine, presque immobile, pour s'apercevoir que c'est un sourire.

S'agissait-il de voyager, de faire voyager les enfants, il disait que voyager, après tout, c'était voir le Diable habillé en toutes sortes de façons, à l'allemande, à l'italienne, à l'espagnole et à l'anglaise, mais que c'était toujours le Diable : *Crudelis ubique.* Le moraliste-poëte ne dit pas autre chose :

> Rarement, à courir le monde,
> On devient plus homme de bien.

Il appliquait encore au monde une parole d'Isaïe renversée, et, au lieu du *Vere tu es Deus absconditus*, il mettait *Diabolus* : Le monde, disait-il assez hardiment, est *l'Eucharistie retournée*; partout le Démon caché et présent, et qui veut qu'on l'adore[1].

Au sujet des nouvelles opinions de Descartes sur la physique, et du bruit qui en retentissait autour de lui, il disait qu'Aristote ayant usurpé, même dans l'Église, même à côté de l'Écriture Sainte, une telle autorité, un tel *brigandage*, il était juste qu'il fût renversé et dépossédé par un autre tyran, lequel peut-être aurait un jour le même sort; que M. Descartes se trouvait à l'égard d'Aristote *comme un voleur qui en vient tuer un autre et lui enlever ses dépouilles;* il ajoutait doucement : *Tant mieux! plus de morts, moins d'ennemis!*

« Dieu a fait le monde pour deux choses, continuait-il,

---

1. M. Tronchai, dans les *Mémoires* de Fontaine tels qu'il les avait corrigés pour l'impression, n'a pas osé laisser ce mot avec tout son trait; je le rétablis d'après le manuscrit.

« parlant à Fontaine : l'une, pour donner une grande idée
« de lui-même, l'autre, pour peindre les choses invisibles
« dans les visibles. M. Descartes détruit l'une et l'autre. Le
« soleil est un bel ouvrage, lui dit-on. Point du tout, ré-
« pond-il, c'est un amas de rognures. Au lieu de recon-
« noitre les choses invisibles dans les visibles, dans le so-
« leil, par exemple, qui est comme le dieu de la nature,
« et de voir, en tout ce qu'il produit dans les plantes,
« l'image de la Grâce[1], il prétend au contraire rendre
« raison de tout par de certains crochets qu'ils se sont
« imaginés. Je les compare à des ignorants qui verroient
« un admirable tableau, et qui, au lieu d'admirer un tel
« ouvrage, s'arrêteroient à chaque couleur en particulier et
« diroient : Qu'est-ce que ce rouge-là? De quoi est-il com-
« posé? C'est de telle chose, ou c'est d'une autre; au lieu
« de contempler tout le dessein du tableau, dont la beauté
« charme les sages qui le considèrent. — Je ne prétends
« pas, dit M. Descartes, dire les choses comme elles sont
« en effet. Le monde est un si grand objet, qu'on s'y perd;
« mais je le regarde comme un chiffre. Les uns tournent
« et retournent les lettres de cet alphabet, et trouvent
« quelque chose : moi j'ai aussi trouvé quelque chose, mais
« ce n'est pas peut-être ce que Dieu a fait. — Ces gens-là,
« disoit M. de Saci, cherchent la vérité à tâtons ; et c'est un
« grand hasard quand ils la trouvent. »

(Et il ajoutait encore, ce que l'éditeur a supprimé comme trop familier, et que je rétablis au plus vite comme bien spirituel :)

« Je les regarde comme je regardois l'autre jour l'en-
« seigne du *Cadran*, en passant sur le pont Notre-Dame : le
« cadran disoit vrai alors, et je disois : Passons vite, il n'y
« fera pas bon bientôt. C'est la vérité qui l'a rencontré, il n'a
« pas rencontré la vérité. Il ne dit vrai qu'une fois le jour. »

Ne voilà-t-il pas que nous avons entendu causer M. de Saci de très-près et dans toute sa nuance?

---

1. Phraséologie à part, et sauf les différences, ce point de vue posé par M. de Saci n'est autre que celui des causes finales et des harmonies, celui de Du Guet, de Fénelon et de Bernardin de Saint-Pierre.

A propos de Pascal qui vint sur ces entrefaites à Port-Royal, et à qui il trouvait beaucoup de *brillant*, M. de Saci, tel que nous le connaissons déjà, n'en fut pas ébloui, et, convenant pourtant du plaisir qu'il prenait à la force judicieuse de tant de beaux discours, il disait : « M. Pascal est extrêmement estimable, en ce que, n'ayant point lu les Pères de l'Église, il a de lui-même, par la pénétration de son esprit, trouvé les mêmes vérités qu'ils ont trouvées. Il les juge surprenantes, parce qu'il ne les a vues en aucun endroit; mais, pour nous, nous sommes accoutumés à les voir de tous côtés dans nos livres. » Et cette observation de M. de Saci s'appliquait surtout aux discours éloquents que lui tenait Pascal *sur Epictète et Montaigne*, et que je réserve avec les répliques, dans leur étendue, pour un autre endroit.

Car c'était une partie de la conduite de M. de Saci de proportionner et d'accommoder ses entretiens à chacun de ceux avec qui il parlait. S'il voyait M. Champagne, il le mettait sur la peinture; si M. Hamon, sur la médecine; si M. Pascal, sur la lecture des philosophes : « Tout lui servoit pour passer aussitôt à Dieu, et y faire passer les autres[1]. »

Il lui fut donné d'achever et de confirmer ces grandes et délicates conversions qu'avait si bien menées son prédécesseur : Pascal et madame de Longueville passèrent des mains de M. Singlin en celles de M. de Saci.

Mais je me sens poussé, par rapport à lui, à procéder un peu autrement qu'avec ceux qui ont précédé : il me faut absolument suivre sa vie tout d'un trait jusqu'au bout. Son unité, son uniformité est telle qu'il ne peut se scinder. Comme il ne fut point mêlé à la polémique du

---

1. Navita de ventis, de tauris *narret* arator...

C'était aussi la pratique de Montaigne (*Essais*, liv. I, chap. XVI), mais celui-ci en simple curieux et amateur, et avec le grand but de moins.

dehors, cette anticipation est possible sans inconvénient. On y gagnera d'avoir à l'avance un aperçu de la vie intérieure entière de Port-Royal, et, au moment presque où l'on quitte Saint-Cyran, d'atteindre d'un seul regard jusqu'à l'extrémité de l'institution même.

Port-Royal, le vrai Port-Royal complet, n'a eu, en tout et pour tout, que trois directeurs *en chef*, M. de Saint-Cyran, M. Singlin et M. de Saci.

XVIII

Suite de M. de Saci. — Divers temps de Port-Royal. — M. de Saci arrêté. — Deux ans de Bastille. — Sorte de bonheur. — Le dais du Saint-Sacrement. — Égalité d'âme; délivrance. — Nouveau-Testament de Mons. — De la divulgation des Écritures : censures, entraves. — Bible de Saci. — Style mitoyen; trop d'élégance. — Dernier entretien de M. de Saci avec Fontaine. — Mort, funérailles; contre-coups funèbres.

Qu'il suffise pour le moment de savoir quelques-uns des temps principaux dans l'histoire des persécutions de Port-Royal.

La situation que nous avons vue assez belle et prospère nonobstant les tracasseries, de 1646 à 1653, se gâte décidément à cette heure par la condamnation à Rome des cinq Propositions de Jansénius.

Les ennemis s'arment en France de cette condamnation pour écraser le parti janséniste, en le voulant forcer d'adhérer à la Bulle. Mais, tant que le cardinal de Retz demeure titulaire de l'archevêché de Paris, les batteries contre les Jansénistes manquent de terrain fixe, et elles n'ont pas leur plein effet.

C'est ce qui explique la longueur de cette persécution continue et croissante, surtout à partir de 1656, où elle fut autant excitée que contrariée par les *Provinciales*. Mais en 1664, l'archevêque Péréfixe s'y prêtant, elle put atteindre aux extrêmes rigueurs. De 1664 à 1668, il y a véritablement *captivité*.

En 1668, à force de négociations, et sous un nouveau Pape, *la Paix de l'Église* répare tout. On a dix années environ de calme, durant lesquelles Port-Royal jouit d'un vif et suprême éclat, jusqu'à ce qu'en 1679 une autre persécution recommence, qui doit être la dernière, mais celle-ci plus sourde et plus lente, et qui a tous les caractères d'un *blocus*. Elle ne dure pas moins de trente ans, sans discontinuation, sans espoir, et finit par l'entière ruine. — Cela dit, on peut suivre M. de Saci aux différents temps.

Il n'avait pas quitté le désert avant 1661 ; mais, à ce moment, les ordres de dispersion furent tels qu'il dut lui-même se dérober. Sa vie, si ennemie des changements, en souffrit beaucoup. Caché avec trois ou quatre amis dans quelque maison de faubourg, à peine y avait-il été un peu de temps qu'il fallait songer à un gîte plus sûr. On était épié ; chaque sortie pouvait le faire découvrir. M. de Saci, dans sa charité sacerdotale, ne se refusait pourtant à aucune visite vers les amis qui le réclamaient. Ce fut surtout après la mort de M. Singlin, survenue en ces tristes années (17 avril 1664), que tout le poids des directions retomba sur lui. L'hôtel de Longueville en particulier l'obligeait à de fréquents voyages à travers Paris. Vers la fin, pour plus de prudence, il s'était logé dans un quartier perdu, tout à l'extrémité du faubourg Saint-Antoine, avec Fontaine seulement et M. Du Fossé. C'est là qu'on le découvrit[1]. Depuis plu-

---

1. On a dit que la retraite de M. de Saci avait été découverte d'abord et dénoncée par les espions que mettait bénévolement en campagne le fameux Des Maretz de Saint-Sorlin, poëte et fanatique, qui faisait là un plus méchant métier encore que quand il écrivait

sieurs jours il était observé, suivi à la piste, lui et ses compagnons ; on espérait tenir en main quelque grande trame. Enfin le matin du 13 mai 1666, la veille même de l'anniversaire du jour où l'on avait arrêté M. de Saint-Cyran[1], comme M. de Saci, accompagné de Fontaine, descendait vers six heures la rue du faubourg, devant aller cette fois à pied par extraordinaire à l'hôtel de Longueville, et se disposant à entendre quelque part la messe en chemin, il rencontra le carrosse du Lieutenant civil qui, de son côté, le venait prendre. Ce magistrat, à qui on le signala au passage, divisa aussitôt son monde, et, détachant un commissaire et quatre archers à la suite des deux innocents, il continua sa route vers le logis suspect. Une caserne des Suisses était à deux pas ; la compagnie avait reçu l'ordre de se tenir sous les armes dès le matin ; investissement, escalade, assaut, tout se fit dans les règles. Du Fossé, un peu paresseux ce jour-là, fut seul au réveil à recevoir trois cents vainqueurs. Dans ce même temps, M. de Saci et son compagnon suivaient leur chemin sans se douter de rien ; au moment où ils passaient devant la Bastille, ils y jetèrent pourtant un regard significatif, et ils étaient en train de s'apitoyer sur le pauvre Savreux, libraire de Port-Royal, qu'on y avait enfermé. « C'est assez, Messieurs, c'est assez, » leur cria une voix par derrière ; le commissaire,

---

ses poëmes héroïques chrétiens en vingt-six chants. Des Maretz était de ces brouillons comme Garasse, comme Raconis, de ces gens doués d'une très-grande activité, et qui font souvent beaucoup de mal sans être précisément méchants.

1. Fontaine a fait deux récits détaillés de l'arrestation : dans ses *Mémoires*, il dit qu'elle eut lieu le 14 mai, *le jour même* de l'anniversaire vénéré ; mais, dans son premier récit qui est comme un procès-verbal authentique des faits, il marquait simplement le 13 mai. Quoi, Fontaine? vous aussi, pour mieux faire cadrer le vrai avec votre imagination et votre désir, vous l'altérez un peu ! (Voir *Vies intéressantes et édifiantes des Religieuses de Port-Royal*, tome IV, page 159.)

homme d'à-propos, choisissait ce moment pour les arrêter. On les mena d'abord au plus proche dans la maison du commissaire du quartier, où on les garda à vue séparément. La plus grande peine de M. *l'Abbé* (la Relation l'appelle souvent ainsi), dans ce premier moment d'arrestation, fut d'avoir manqué d'emporter ce jour-là son petit Saint Paul. Comme depuis plus de deux ans il s'attendait toujours à la prison, il avait toujours sur lui les Épîtres de l'Apôtre, et les avait fait relier exprès : « Qu'on fasse de moi ce qu'on voudra, avait-il coutume de dire; quelque part qu'on me mette, pourvu que j'aie avec moi mon Saint Paul, je ne crains rien. » Mais ce matin même, au départ (ô inutilité des précautions humaines!), l'idée d'un long chemin à faire par un temps chaud lui avait fait omettre son cher viatique.

Vers midi, un carrosse les vint prendre par ordre du Lieutenant civil, et on les transporta, non pas encore à la Bastille, mais à leur logis, pour y être interrogés devant le magistrat. Ils furent reçus par les archers et les Suisses rangés en double haie. J'omets bien des détails plus ou moins intéressants, que nous ont donnés, comme témoins, Du Fossé et Fontaine. On avait cru trouver au mystérieux domicile imprimerie clandestine, papiers de complot et de cabale : on ne trouva que des travaux d'histoire ecclésiastique, tout au plus des chicanes faites à quelques historiens, dit agréablement Du Fossé[1].

---

1. Il faut ajouter toutefois que le domestique Hérissant eut l'adresse de soustraire un gros paquet de papiers dont Fontaine nous dit, dans son premier récit, qu'ils eussent pu *causer des peines mortelles*. — Je lis dans les *Journaux* de Des Lions, qui n'est pas un ennemi, mais qui enregistre tout ce qu'on lui dit, le passage suivant : « J'ai vu ce même jour (15 juillet 1666) M. de Saint-Nicolas (le curé, M. Feret)... : il m'a appris qu'on avoit trouvé parmi les papiers de M. de Saci force lettres, papiers, mémoires qui font bien voir que le Jansénisme est un parti; qu'on y a trouvé des lettres de M. d'Aleth qui véritablement depuis un an s'y est

M. de Saci avait dans sa poche la Préface manuscrite du Nouveau-Testament (*de Mons*), quand on l'arrêta, et aussi quelques lettres de direction de conscience.

Celles-ci furent le plus grave de la capture. Il y en avait plusieurs adressées *à M. de Gournai*, d'autres à *M. de l'Eau*, d'autres à *M. le Clerc*. — « Quels sont ces noms? quels sont ces Messieurs? » — « C'est moi, toujours moi, » répondait M. de Saci. — « Cela sent bien la cabale, » disait le magistrat. — « Cela sent la précaution, répliquait fermement le prisonnier, et l'état où je suis montre qu'elle n'a pas été encore assez grande. Si, au lieu de quatre noms, j'avois pu en prendre huit et me sauver, j'aurois bien fait. »

Fontaine avait copié de sa plus belle écriture, en lettres d'or sur vélin, quatre vers du bonhomme Gomberville sur la retraite de M. de Pontis :

> Loin de la Cour et de la guerre,
> J'apprends à mourir en ces lieux....

Mais la première lettre, L de *loin*, était restée en blanc, parce qu'on la devait peindre. Le Lieutenant civil hésita : il allait en faire *Foin de la Cour!* et matière à soupçon de lèse-majesté. On réussit, d'un mot, à le convaincre.

Nous avons un pendant de l'interrogatoire de M. Le Maître par Laubardemont. Ce n'était point un Laubardemont pourtant que ce Lieutenant civil, M. Daubray, assez bon homme, qui avait le malheur d'être le père de la Brinvilliers : dont il mourut (poison ou chagrin), environ deux mois après.

---

tout à fait lié ; que, dans celles de religieuses, il y a des confessions par lettres dont on demandoit l'absolution, avec des hosties consacrées. » C'est-à-dire qu'elles demandaient qu'on leur envoyât, incluses dans la lettre d'absolution, des hosties toutes consacrées, absolument comme aujourd'hui (sauf respect) on enverrait des *timbres-poste*. On ne dit nullement que M. de Saci y ait consenti.

Revenant le second jour et les jours suivants pour la suite des interrogatoires et inventaires, il affecta même de se montrer gracieux; il avait vu dans l'intervalle madame de Pomponne qui lui avait expliqué ce qu'était M. de Saci et à qui il tenait. Avec lui il essaya de causer religion et Bible, et s'étendit sur le chapitre des Arnauld. A Fontaine, dont on vidait les pauvres coffres assez peu remplis, il dit facétieusement : « Monsieur, que n'y mettez-vous des pistoles? » Il engagea Du Fossé à retourner vivre dans son pays en bon gentilhomme, et à s'y marier : — le bon sens humain tout rond.

Dans sa partie sérieuse, cet interrogatoire fit le plus grand honneur à la fermeté et au sang-froid invariable de M. de Saci. A toutes les questions dont on l'avait pressé sur le nom des personnes qu'il dirigeait et dont on tenait les lettres particulières, il opposa la conscience inviolable du prêtre, et même la fierté de l'honnête homme : trop heureux, disait-il, de défendre au moins l'essentiel du secret qu'il n'avait pu sauver tout entier! Lorsque, toutes procédures faites, le Lieutenant civil alla en Cour à Saint-Germain porter le résultat, qui fut lu en plein Conseil, le roi dit, après avoir entendu l'interrogatoire de M. de Saci, que c'était assurément celui d'un homme qui avait beaucoup d'esprit et de vertu.

Ce qui ne l'empêcha pas de garder cet homme de vertu plus de deux ans embastillé!

Après treize jours de détention à domicile, le 26 mai, on transféra en effet à la Bastille, dans trois carrosses à la suite, M. de Saci, Fontaine, et même M. Du Fossé avec son jeune frère et un de leurs amis, gentilhomme normand, qui s'était trouvé au logis : ces derniers sortirent au bout d'un mois par la protection du secrétaire d'État M. Le Tellier. Quant à M. de Saci et à Fontaine, on les retint, et séparément durant près de trois mois. Le pauvre Fontaine n'en pouvait plus de cette solitude et d'être ainsi sevré de M. de Saci; il s'affaiblissait tous les jours et, à la lettre, s'en allait mourir. En vain un digne homme, un être de bonté comme il s'en rencontre souvent dans les prisons, le major Barail[1], essayait-il de le relever en lui parlant de liberté : « Ma liberté, s'écriait Fontaine, c'est d'être avec M. de Saci. Qu'on m'ouvre la porte de sa chambre et en même temps cette autre (il montrait celle de la Bastille), et l'on verra à laquelle des deux je courrai. Sans lui tout me sera une prison ; je serai libre où je le verrai. »

Enfin, cette réunion tant désirée eut lieu. On mit Fontaine près de M. de Saci, qui avait déjà, pour le servir, son fidèle domestique Hérissant ; et dès lors, sous les verrous, dans la prière, dans l'étude, dans un entretien sobre, ils se trouvèrent les plus consolés des hommes.

M. de Saci, dès qu'il s'était vu à lui seul et à Dieu, avait conçu de grands desseins. La traduction du Nouveau-Testament, entreprise en commun dès le temps des conférences de Vaumurier (1657), et à laquelle il avait eu la plus grande part, était achevée avant son emprisonnement. Il ne restait plus que la Préface à examiner, et il avait même pris jour pour cette révision avec MM. Arnauld et Nicole à l'hôtel de Longueville : j'ai dit qu'on trouva le manuscrit sur lui quand on l'arrêta. Durant ses années de Bastille, il se mit à traduire l'Ancien-Testament, s'estimant heureux de cette facilité d'étude et de ce parfait repos qui lui était procuré : « Les barrières qu'on a posées aux avenues de ma chambre, disait-il, sont pour empêcher de venir à moi le monde qui me dissiperoit, plutôt que pour m'empêcher de l'aller voir, moi qui ne le cherche point. » Il se regardait dans ces tours de la Bastille comme dans une haute tour

---

1. Il me fait penser à ce bon Maison-Rouge de mademoiselle De Launay.

de Sion, et pour y être aussi l'humble interprète des choses de Sion.

Vers deux heures, à de certains jours, les prisonniers, par faveur, montaient et se promenaient sur les terrasses : de là on entrevoyait quelquefois des amis, mais sans oser les reconnaître ; on se montrait l'église Saint-Paul, en pensant à l'Apôtre et à ses liens : tout auprès le grand Dôme des Jésuites arrêtait les regards, comme une image de leur domination usurpée ; mais de l'autre côté, la plus agréable des perspectives était celle du Donjon de Vincennes qui portait vers le ciel le vivant souvenir de Saint-Cyran.

Qu'importaient, après cela, aux deux amis rentrés les bruits du dehors, l'écho de l'injure qui leur en arrivait sourdement, et que même le Père Mascaron, prêchant à deux pas de là, aux Filles de Sainte-Marie, devant l'archevêque, se fût étendu sur les diverses espèces de solitude, et particulièrement sur celle des prisonniers qu'il appelait avec intention une *solitude d'ignominie*? J'en suis fâché pour le panégyriste de Turenne, mais M. de Saci humilié n'en savourait que mieux ce qu'il appelait sa chère solitude.

Cependant, malgré cette sorte de charme, malgré les facilités que lui procurait pour l'étude la compagnie de Fontaine, malgré les égards du bon major Barail, qui corrigeait de son mieux les duretés du très-grossier gouverneur[1], M. de Saci avait de quoi souffrir ; il subissait de cruelles privations : la plus sensible fut d'être privé, tout ce temps, des sacrements, même de la communion

---

1. M. de Bézemaux. — A l'archevêque qui lui demandait si les prisonniers ne recevaient point de nouvelles, il répondait « *qu'il faisoit le diable pour empêcher qu'ils n'en cussent et pour leur couper toutes les voies, mais qu'avec tout cela il ne pouvoit tout à fait l'empêcher, et que, lorsqu'ils étoient sur les terrasses, il venoit toujours quelque pigeon qui leur en apportoit.* »

laïque. Mais il tournait cette rigueur, comme toutes les autres, en esprit d'acceptation pénitente; et cela ne l'empêchait pas de dire souvent que c'étaient les plus douces années de sa vie. Il n'y avait, nous apprend Fontaine, qu'une chose qui ne lui permettait pas de se rassasier pleinement de cette douceur : c'était la mort spirituelle et l'aveuglement de ceux qui l'y retenaient. Ses larmes n'allaient que sur eux ; il les modérait même sur ceux des Messieurs de Port-Royal qui, pénétrés de cet emprisonnement et battus de toutes les tempêtes, mouraient, en ces années-là, d'une mortalité redoublée, deux à deux, trois à trois, quatre à quatre, pour ainsi dire : M. Bouilli, M. de La Rivière, M. Des Landes, M. Moreau.... M. de Saci, en étant touché de tant de morts, y voyait en même temps une délivrance. Il eut, un jour, en sa captivité, une consolation singulière. MM. de Saint-Gilles, de Sainte-Marthe et de Pontchâteau s'étaient retirés dans une maison du faubourg Saint-Antoine, et y vivaient si saintement, si à l'édification du voisinage, que le curé de la paroisse, sans trop les connaître, les invita à l'honneur de porter le dais du Saint-Sacrement à la procession de la Fête-Dieu. M. de Saci et Fontaine, des fenêtres ou des terrasses de la Bastille où ils étaient, reconnurent tout d'un coup ces trois amis, et, s'avertissant d'un coup d'œil, ils rendirent grâces, tête baissée, en silence, de peur surtout de rien trahir.

Voilà de ces joies qui, dans les cœurs austères, valent des années de retranchement et les compensent. Il y a de tels instants qui sont d'indicibles fêtes aux innocents et aux justes ; les âmes dissipées aux plaisirs où l'ennui les chasse n'y comprendraient rien. Aussi, même humainement, il ne faudrait pas trop aller plaindre ces vies mortifiées et en apparence dénuées ; elles ont déjà eu le plus souvent, dès ici-bas (et quoi qu'il advienne), la très-bonne part, et des élancements qui résument le souverain bonheur. Quel rayon pour M. de Saci en sa Bastille que l'apparition soudaine de ces trois amis sous le dais, à travers les branches d'or du Saint-Sacrement, de ce Saint-Sacrement dont il était sevré comme indigne, et duquel il disait que *la source de la vie était là*, qu'il y fallait tendre et s'y préparer sans aucune cesse comme à l'unique bien ! — O Pensée ! bonheur ou malheur, tout n'est qu'en toi !

Fontaine, en ces mêmes pages, parlant de M. de Saint-Gilles, et pour montrer que ses rudes mortifications n'ôtaient rien à son affabilité et à sa joie, « Puis-je oublier, nous dit-il, qu'un jour de Saint-Antoine, se trouvant avec six autres Messieurs qui portoient ce nom comme lui, M. Singlin, M. de Rebours, M. Arnauld, M. Le Maître, et deux autres que j'ai oubliés, après un repas frugal, il alla se promener avec eux, prit sa flûte d'Allemagne qu'il touchoit admirablement bien, et joua d'un son si perçant les Cantiques sacrés que ces saintes religieuses disoient à l'adoration, que tout le monde dedans et dehors étoit enlevé ! » — M. de Saci, dans le cours de sa vie si uniforme, a eu plus d'un accord pénétrant de cette flûte céleste.

L'excellent Fontaine se surpasse à nous exprimer cette admirable uniformité des jours de M. de Saci en tout temps, et surtout en cette Bastille où elle s'encadrait mieux. Mais je préfère encore à ses *Mémoires* des lettres de lui, moins connues, et adressées la plupart à M. Hamon, dans ces années mêmes :

« Je n'avois garde de m'aviser de vous parler de *M. l'Abbé*, car il n'y a rien de plus uniforme que son état; et, si vous avez jamais su comment il passoit une journée, vous savez comment il passe toute sa vie. Elle est toute dans la prière et la lecture ; il va de l'une à l'autre depuis le commencement du jour jusqu'à la fin, sans que, dans cet exercice tout intérieur et tout spirituel, il y ait rien de mort et de languissant. Ses yeux sont devenus, depuis qu'il est ici, deux sources d'eaux qui ne tarissent guère[1]. Il accompagne cela de la solitude que vous pouvez vous imaginer, et cette solitude d'un profond silence, qui fait que, quoique nous soyons tout le jour ensemble, nous nous parlons néanmoins très-peu ; non par un autre esprit que par un amour du silence que nous éprouvons être extrêmement nécessaire dans la solitude pour en bien goûter la paix et n'en pas perdre le fruit. Toute la matinée, depuis quatre ou cinq heures jusqu'à midi, nous ne disons pas trois mots. Après midi, nous nous entretenons avec plaisir et joie de tous nos amis; nous finissons notre petite conférence par quelque endroit de l'Écriture qui nous occupe une demi-heure, et ensuite nous rentrons dans notre profond silence, jusque tout au soir qu'en sortant de table nous disons encore quelque chose jusqu'à Complies. Hérissant est dans l'antichambre, gardant un aussi profond silence que nous, et s'occupe avec plaisir à sa miniature. Et ainsi nous passons les jours tous trois, sans chagrin, sans ennui, sans mauvaise humeur, dans une parfaite union.... Quand je vous parlerois jusqu'au jour du Jugement, je ne pourrois vous faire mieux connoître notre état et notre manière de vie.... (Et ailleurs, insistant davantage sur les instants de douceur communicative :) Je voudrois que vous fussiez présent quelquefois à l'innocence de nos petits concerts. Il ne se passe guère de jour que nous ne chantions quelque Psaume ou quelque Cantique.... Nous passons le temps de nos entretiens à faire de petites commémorations de nos amis : chacun vient à son tour sur le tapis ; et, étant obligés par notre état à mourir aux choses présentes, nous faisons ainsi revivre les temps passés. Nous

---

1. Et dans une autre lettre : « C'est une prière continuelle, et une prière qui n'a rien de sec, et qui fait sortir autant de larmes de ses yeux qu'elle pousse de soupirs de son cœur. » Notez bien cette fraîcheur de larmes! Ainsi la vie *uniforme* et en même temps la vie *vive*, M. de Saci unit les deux contraires, ce qui est nécessaire toujours pour être fort et stable avec quelque mérite. L'uniformité, l'habitude engendre d'ordinaire l'insipidité : mais ici on trouve la vivacité, à chaque instant nouvelle, au sein de l'habitude la plus continue. Si *un* qu'il soit et si serré en son unité, M. de Saci a l'*entre-deux* que demande Pascal.

sentons tant de joie dans ces entretiens innocents, que nous nous imaginons revoir le monde de nos yeux et leur parler à eux-mêmes. Ainsi, peu à peu, le temps de notre prison se remplit, et celui de notre vie se vide; et nous sommes assurés que, si la compassion des hommes ne nous délivre de ce lieu, la mort au moins nous en tirera[1]. »

Cependant les amis de M. de Saci se remuaient pour lui. M. de Pontchâteau, usant d'un reste de grand seigneur dans le chrétien, et de sa qualité de *citoyen romain* (car il l'était), écrivit avec vigueur à l'archevêque M. de Péréfixe, et lui représenta combien il se faisait tort en privant ainsi de la liberté et des sacrements un vertueux prêtre. La pacification de l'Église se préparait. Madame de Longueville, mademoiselle de Vertus, l'archevêque de Sens (M. de Gondrin), M. de Pomponne et sa très-digne épouse[2], agissaient de concert pour le prisonnier, qui n'en concevait pas de plus vives espérances dans sa tranquillité imperturbable, attendant que le moment de Dieu fût venu. Le bon Fontaine n'était pas à beaucoup près aussi héroïque; dès qu'il vit jour à la délivrance, il se mit tout *grossièrement* à la

1. Voir *Vies intéressantes et édifiantes...* tome IV, p. 251 et 223. — Je laisse les anecdotes sur Fouquet, Lauzun et Bussi-Rabutin, trois prédécesseurs bien peu jansénistes, dont M. de Saci occupait la chambre; je laisse aussi des historiettes sur Pellisson et le comte de Lorges : car il y avait, malgré tout, la chronique de la prison, qui faisait quelque enjouement par contraste dans ce fond d'unique pensée. — Ceci toutefois encore : un jour le gouverneur, qui était de sa plus belle humeur apparemment, venant voir M. de Saci et le trouvant si tranquille, l'engageait à agir auprès de ses amis : « Dieu ne dit-il pas dans son Évangile : *Aide-toi et je t'aiderai?* » M. de Saci et Fontaine se regardèrent en souriant, à la citation de ce *nouvel Évangile.* Et nous-même nous sourions de leur étonnement et avons quelque peine à nous en rendre compte, tant notre christianisme s'est humanisé depuis et s'est comme traduit à la Franklin. Cette devise *Aide-toi et le Ciel t'aidera*, que nous inscrivons sur nos drapeaux, est pourtant le contraire, en effet, du précepte qui dit à l'homme de *ne pas trouver sa volonté.*

2. Mademoiselle Ladvocat (voir les *Mémoires* de l'abbé Arnauld).

désirer. Il avait même une peur terrible que, dans les sollicitations qu'on faisait, le grand nom de M. de Saci n'éclipsât le sien, et qu'on ne l'oubliât. Les trois derniers mois lui durèrent plus que tout, il en convient avec une naïveté qui est un des traits bien précieux de son rôle secondaire : « Il faut qu'il y ait en cela quelque chose de naturel, que je ne m'amuse point à démêler, dit-il ; mais cette épreuve m'a parfaitement bien fait comprendre combien étoit malin l'artifice du Cardinal de Richelieu, qui, pour tourmenter ceux qu'il avoit condamnés à une prison perpétuelle, comme le maréchal de Bassompierre dont nous avions alors la chambre à la Bastille, leur envoyoit de temps en temps des émissaires pour leur donner de fausses espérances, afin que, lorsqu'elles manqueroient, leur prison leur causât une douleur toute nouvelle, et que leur courte joie se changeât en un redoublement de tristesse. »

Enfin la mise en liberté fut accordée. M. de Saci avait achevé précisément la veille sa traduction de l'Ancien-Testament qui complétait celle de la Bible. Il se préparait à la fête de la Toussaint (1668) qui était le lendemain, lorsque M. de Pomponne et l'abbé Arnauld, ses cousins-germains, avec madame de Pomponne ellemême, entrèrent à dix heures du matin dans sa chambre, pour lui apporter l'ordre et l'emmener. A le voir si égal et si patient, ils voulurent l'éprouver encore et firent comme si la bonne nouvelle était retardée de quelques jours. Il n'en parut pas ému et se mit à leur parler de tout autre chose, comme dans une visite ordinaire d'amis ; jusqu'à ce que, lassés bientôt d'un si grand calme, ils lui dirent tout d'un coup la vérité. M. de Pomponne lui ayant présenté l'ordre du roi, il le lut, dit l'abbé Arnauld témoin[1], sans changer de vi-

---

1. *Mémoires.* Voir aussi ceux de Du Fossé, p. 317.

sage et aussi peu altéré par la joie qu'il l'avait peu été un moment auparavant par l'éloignement de sa délivrance.

M. de Saci, monté en carrosse, alla tout droit d'abord à l'église Notre-Dame rendre grâces à Dieu. M. de Pomponne le mena ensuite chez l'archevêque Péréfixe, qui fut bon homme; M. de Saci lui ayant demandé sa bénédiction, il répondit en l'embrassant : « C'est à moi de vous demander la vôtre. » M. de Pomponne voyant le cœur paterne du prélat attendri : « Monseigneur, dit-il, ce sont de méchantes gens, mais avec tout cela, j'espère que vous les aimerez. » — « Mais, répliqua M. de Paris, m'assurez-vous qu'ils m'aimeront? » — On promit tout de bon cœur. De chez l'archevêque on se rendit à l'hôtel de Longueville. Quelques jours après, M. de Saci fut conduit par M. l'archevêque au Louvre[1], et présenté, comme Arnauld l'avait déjà été, au roi, qui le reçut obligeamment et dit en se tournant vers M. de Pomponne : « Eh bien! vous voilà bien aise! »

Le secrétaire d'État (depuis chancelier) Le Tellier vit souvent M. de Saci dans ces premiers mois; il le fit sonder pour lui offrir des bénéfices : c'était mal connaître cet absolu désintéressement. L'homme de charité ne profita de son accès près du ministre que pour lui parler en faveur de quelques malheureux prisonniers de la Bastille. Les devoirs payés à la reconnaissance, il ne songea qu'à ressaisir sa vie recueillie. Il continua, dans le mois qui suivit, à s'abstenir de l'autel et des sacrements, à cause des distractions inévitables[2]. Il n'aimait point à causer

---

1. Varet, dans sa *Relation* de la Paix de l'Église (tome II, p. 360), dit que ce fut au palais des Tuileries.

2. Fontaine fait durer cette abstinence *quelques* mois; il a un peu exagéré l'intervalle. M. de Saci, sorti de prison le 31 octobre, veille de la Toussaint, recommença de célébrer, pour la première fois, la messe à Pomponne, le jour de Saint-André, 30 novembre.

de sa prison, et pria même Fontaine de contribuer à étouffer tout cela : « N'imitons point, lui disait-il, ceux qui reviennent d'un grand voyage, et qui ne savent plus ensuite que parler à tout le monde de ce qu'ils ont vu. » L'expansif Fontaine obéit de son mieux, et prit, nous dit-il, la résolution qu'il a gardée depuis, de se faire à lui-même, par la retraite intérieure, une sorte de Bastille pour le reste de ses jours.

M. de Saci passa les quinze années qui lui restaient de vie, soit à Pomponne, soit à Port-Royal des Champs, soit à Paris, tout occupé de la direction des consciences, de l'impression de sa Bible, et des Éclaircissements qu'il y ajoutait. La charge des âmes au désert, jusqu'à la nouvelle persécution de 1679, roula presque toute sur lui. Les plus illustres pénitents vivaient de ses conseils ; la plupart mouraient entre ses mains. Les nouveaux Messieurs, qui venaient encore s'agréger à ce Port-Royal si battu (M. Le Tourneux par exemple), y venaient par M. de Saci. Il était la porte d'entrée de ceux du dehors, le foyer et la lampe du dedans.

Mais, sur les ordres de l'archevêque, alors M. de Harlay, M. de Saci dut quitter Port-Royal des Champs le 12 juin 1679, et il se retira décidément à Pomponne. Séparé des religieuses dont il était le père et comme le dernier Saint-Cyran, il ne communiqua plus avec elles que par lettres, et aussi par cette publication excellente des Éclaircissements de la Bible, auxquels il consacra ce qui lui restait de vie. De temps en temps, un nouveau volume traduit, *avec explication*, sortait de cette retraite de Pomponne, et, en le lisant, on avait tout M. de Saci.

Cet immense travail sur la Bible, ces explications qu'il poussa très-avant, et cette traduction complète qui avait précédé, c'est là le grand et spécial monument de M. de Saci, à titre d'écrivain, et comme la mission singulière qu'il eut à remplir. Il faut se bien représenter quelle était la situation générale des esprits catholiques en France par rapport aux Saintes Écritures, quand Port-Royal, par M. de Saci principalement, entreprit de les traduire et de les divulguer. Les traductions faites par les Protestants ne comptaient pas pour les Catholiques, et demeuraient suspectes d'interprétation non orthodoxe. Les traductions surannées et gauloises étaient imparfaites, difficiles d'ailleurs .et de peu d'usage, à cause du grand changement survenu dans la langue, et de cette nouveauté d'élégance à laquelle l'époque de Louis XIV s'était aussitôt accoutumée et comme asservie [1].

1. On peut voir dans la *Bibliothèque sacrée* du Père Le Long (article *Biblia gallica*) tout l'historique de ces traductions françaises des Bibles, depuis celles de Guïart Des Moulins à la fin du treizième siècle, et de Raoul de Presles, sous Charles V, au quatorzième, jusqu'à celle dite d'Anvers (1530) et celle de Louvain (1550 et 1578). Cette Bible de Louvain avait servi de principale base aux traductions subséquentes qui n'en étaient guère que des éditions révisées et rajeunies (ainsi celle de Pierre de Besse, 1608; celle de Pierre Frizon, 1621). Mais la Bible de Louvain elle-même avait été précédée de la traduction de la Bible protestante, par d'Olivétan, aidé de Calvin (1535), de même qu'au Moyen-Age la Bible de Guïart Des Moulins n'était venue qu'après la Bible des Vaudois : fâcheuse coïncidence! La Bible de René Benoist (1566) encourut la censure, comme n'étant au fond que celle d'Olivétan, qu'on n'avait pas assez corrigée. On citait encore la Bible de Jacques Corbin (1643); la Bible dite *de Richelieu* (non achevée), que le Cardinal commanda à quatre docteurs pour être distribuée aux Calvinistes (1642) : « J'ai pour ma tâche de *translater les Psalmes*, » disait un de ces gothiques docteurs. Les Nouveaux-Testaments traduits n'étaient pas moins nombreux, depuis le premier, celui de Jacques Lefebvre d'Étaples (1523), qui avait été censuré par la Faculté de Paris, jusqu'à celui, non incriminé, de l'abbé de Marolles (1649). La Bible de cet abbé ne fut censurée que plus tard et à cause des notes qu'on y joignit. Le Père Amelotte, dont le Nouveau-Testament parut en 1666, s'était fort aidé de la Version de Mons dont il avait surpris une copie par l'indiscrétion de Brienne, qu'on retrouve aisément dans toutes les affaires d'infidélité. Depuis. le Moyen-Age jusqu'à Port-Royal, on suit donc une

Port-Royal maintint d'abord le droit et le devoir qu'ont les fidèles de lire l'Écriture Sainte en langue vulgaire. M. Arnauld eut à soutenir toute une polémique, et cette fois bien indispensable et légitime, à ce sujet. On n'avait rien dit, ou du moins on ne disait plus rien contre les anciennes traductions que personne ne lisait ; mais, dès que Port-Royal s'avisa de traduire, il eut à conquérir pour son compte, à maintenir sans trêve ce droit et cette obligation, qu'on se mit à lui contester avec acharnement. Le Missel, le Bréviaire romain, surtout la Bible, ne furent traduits de nouveau qu'au milieu de continuelles entraves. Oui, jusque dans la traduction du Bréviaire et du Missel, il y eut à lutter ; le droit de comprendre était en cause. Ils représentaient le bon sens et la raison vigilante au sein du Christianisme, ces humbles hommes persécutés ou tracassés, Saci, Le Tourneux, Mésenguy [2].

série non interrompue de Bibles catholiques traduites en français, et qui ont côtoyé les traductions vulgaires des hérétiques, des Vaudois, et, à partir du seizième siècle, des Protestants. Ces Bibles traduites, sans être jamais formellement interdites, avaient été pourtant fort surveillées, souvent censurées, et avaient donné une inquiétude manifeste aux chefs de l'Église romaine. C'est dans cette voie difficile, étroite, sur cette marge périlleuse et mal définie, à grand'peine laissée par Rome et par la Sorbonne à la traduction des Écritures, que Port-Royal s'engagea. Précaution, circonspection, sagesse n'y firent rien d'abord. Le Nouveau-Testament de Mons resta toujours sous le coup de l'assaut qu'il avait suscité. Pourtant, dans sa grande Bible, où il le refondit, M. de Saci, à force de prudence et de discrète lumière, arriva à bonne fin sans encombre, et accomplit sous des yeux jaloux son œuvre irréprochable. Vers le même temps où il réussissait à mener et à contenir de la sorte traduction et explications sur la ligne rigoureuse, le fameux Richard Simon ouvrait hardiment la voie de ce qu'on appelle *Exégèse*. Spinosa y entrait également. On a déjà tous les degrés.

2. L'abbé Le Camus, avant d'être évêque, disait un jour spirituellement à son ami l'abbé de Pontchâteau : « C'est une chose singulière : les Huguenots disent que l'Écriture est très-claire, et

La partie de la Bible publiée la première, et connue sous le nom de *Nouveau Testament de Mons*, parce qu'on y mit le nom de cette ville, porta le premier poids de l'assaut; elle ne put être imprimée à Paris. Le chancelier Séguier, ayant consulté des docteurs prévenus ou intéressés (tels que le Père Amelotte), refusa son approbation, et la version dut s'imprimer en Hollande, à Amsterdam : M. de Pontchâteau fit un voyage exprès pour en surveiller l'impression[1]. Dès qu'elle parut, le Père Maimbourg, alors jésuite, prêcha contre (rue Saint-Antoine) dans une série de sermons à perdre haleine, où il renouvela les violences du Père Nouet contre *la Fréquente Communion;* il se donnait cyniquement lui-même pour le bon *chien de chasse, qui fait lever le gibier.* Il y eut des Mandements d'archévêques et d'évêques et même un Bref du pape Clément IX, lancés contre cette Version; mais tout cela irrégulier, plus ou moins contestable, gallicanement parlant. Lors de la Paix de l'Église, Arnauld et Messieurs de Port-Royal, qui avaient désiré et obtenu Bossuet pour censeur et arbitre équitable dans la publication du livre de *la Perpétuité de la Foi*, lui voulurent encore soumettre leur Version de Mons : il s'agissait de la relever des préventions injustes dont on l'avait frappée. L'archevêque Péréfixe consentit. Bossuet était favorable en général aux traductions en langue vulgaire, sauf examen et approbation des évêques. Il pensait du bien de la Version de Mons; les seuls défauts essentiels qu'il y trouvât, c'était un tour *trop recherché,* trop d'*industrie* de paroles, une affectation de *politesse* et d'*agrément, que le Saint-Esprit*

---

ils travaillent incessamment à l'expliquer : les Catholiques disent qu'elle est très-obscure, et jamais ils ne l'expliquent! » Nos amis eurent à cœur de faire cesser cette contradiction.

1. On la mit sous le nom de Gaspard Migeot, libraire de Mons, qui se chargea du débit.

avait dédaignée dans l'original. Des conférences eurent lieu à l'hôtel de Longueville entre Bossuet, Arnauld, Nicole, Lalane, et Saci, le principal auteur de cette Version. On commença par les Épîtres de saint Paul, et par l'Épître aux Romains, comme la plus difficile. Les traducteurs se soumettaient avec docilité aux lumières de Bossuet et à son sens si modéré, quand la mort de l'archevêque Péréfixe et l'avénement de M. de Harlay rompirent le travail.

M. de Saci, qui semblait n'être entré à la Bastille que pour y achever la traduction de la Bible par celle de l'Ancien-Testament, et qui s'était vu délivrer le lendemain du jour même où il en avait écrit l'entière ébauche, n'obtint le Privilége pour publier qu'à une condition que l'abbé de Saint-Luc, examinateur, y mit : c'était que l'auteur ajouterait des Explications à la suite de chaque partie traduite. Heureuse nécessité qu'on lui fit, et d'où est sorti au complet l'excellent ouvrage !

La publication de cette Bible eut lieu successivement, et par portions, de 1672 jusque vers la fin du siècle, c'est-à-dire jusque bien après la mort de M. de Saci. Il n'avait lui-même donné les Explications que pour la Genèse, l'Éxode, le Lévitique..., jusqu'aux Douze petits Prophètes inclusivement : M. Du Fossé continua après lui et poussa jusqu'aux Actes des Apôtres ce commentaire explicatif, que M. Huré, de concert avec M. de Beaubrun, termina.

La traduction de la Bible par Saci est devenue la base de bien d'autres traductions, explications, paraphrases, qui ont été faites en France depuis; de la version qui se trouve dans la Bible de Dom Calmet, par exemple. En laissant aux personnes compétentes le droit de prononcer un avis, et en ne me tenant qu'à une considération comme extérieure, je dirai que, Bossuet et Pascal à part, il n'y avait guère personne qui fût à même alors de traduire l'Écriture Sainte plus convenablement et mieux que M. de Saci n'a fait pour l'ensemble. On raconte que, dans les conférences de Vaumurier au sujet du Nouveau-Testament, les premiers essais qu'y lut M. de Saci parurent d'un style trop élevé ; il avait cru que la dignité de la parole de Dieu le demandait ainsi. On lui allégua pour l'Évangile la simplicité si essentielle, et qu'il négligeait. Il recommença donc son essai ; mais cette fois, cherchant la simplicité surtout, il parut trop bas et trop humble de ton à ces Messieurs ; de sorte qu'il lui fallut trouver une troisième voie et un style *mitoyen*. Pascal était présent à ces épreuves, et son avis, entre tous, compta.

Eh bien ! ce style mitoyen, le plus conforme à sa nature, M. de Saci l'a suivi à plus forte raison, quand il a travaillé seul et plus libre dans son choix. Il ne savait pas l'hébreu[1] ; il se tenait volontiers à la Vulgate ; au besoin il recourait aux notes de Vatable. Le sens moral l'occupait principalement. L'uniformité, qui faisait sa loi la plus chère, il l'a sans doute un peu trop portée dans toutes les parties du saint Livre.

Ce système d'élégance continue, que Bossuet trouvait souvent contraire à la simplicité de l'Esprit divin, et qui lui faisait dire : « Aimons la parole de Dieu pour elle-même ; que ce soit la vérité qui nous touche, et non les

---

1. En général, on le savait peu à Port-Royal. Il ne faut rien s'exagérer : on était savant, très-savant à Port-Royal, mais on ne l'était pas si profondément, si spécialement qu'on le croit et qu'on le répète. Richard Simon et le comte De Maistre, en étant trop sévères, ont dit du vrai là-dessus. On aurait trouvé ailleurs de plus grands érudits, de plus curieux philologues. On y savait du grec, du latin ; mais on y était surtout scrupuleux, sensé, clair, à la *Daunou*, à la française. Nous y insisterons à l'endroit des Écoles et des livres : c'est la méthode, le bon esprit, la morale (*humanitas*), je ne sais quoi en tout de *mitoyen*, qui fait le principal caractère et l'honneur de cet enseignement. Les hommes de Port-Royal ont été d'excellents maîtres, de parfaits et fructueux divulgateurs.

ornements dont les hommes éloquents l'auront parée ; » cette sorte de monotonie tempérée nous paraît à nous, aujourd'hui que le goût littéraire a changé et s'est enhardi, manquer précisément du cachet *littéraire* qui est propre à la Bible, et en fausser ce que nous en regarderions plus volontiers comme les ornements naturels. En un mot, la Bible traduite d'une façon qui eût semblé plus rude et tout inélégante à M. de Saci nous semblerait, pour les Psaumes, par exemple, ou pour Job, une traduction plus véritablement poétique et une œuvre plus *littéraire*. Mais c'est y chercher de la littérature encore; la délicatesse seulement s'est retournée[1].

A Fénelon il seyait de traduire Homère ; à Bossuet la Bible à traduire eût bien convenu. On a remarqué que les traductions fréquentes qu'il donne des versets sacrés passent dans son discours sans le troubler, et font corps avec lui. Qu'on essaie, au hasard, de comparer la traduction de certains mots des Psaumes ou de Job par Bossuet avec celle des mêmes endroits par Saci. S'agit-il de *prévenir la face du Seigneur en le confessant* (Bossuet)? Saci nous dit : *Hâtons-nous de nous présenter devant lui pour célébrer ses louanges*[2]. Bossuet *entre-t-il* avec David *dans les puissances du Seigneur ?* Saci *se renferme dans la considération de la puissance du Seigneur*[3]. C'est la différence de Moïse entrant dans le nuage de feu au Sinaï, et du scrupuleux interprète, né de Lévi, étudiant à l'ombre des murailles du Temple. Bossuet, au premier coup d'œil, apparaît investi de ce

---

1. Un homme d'un bien délicat esprit et dont j'aime à citer la parole, un des connaisseurs qui ont le plus tôt pressenti et marqué le revirement du goût, M. Joubert écrivait en 1797 : « De Saci a rasé, poudré, frisé la Bible, mais au moins il ne l'a pas fardée. » Les premiers mots sont un peu vifs; il suffirait de dire qu'il l'a *peignée*.

2. Psaume, XCIV, 2.
3. Psaume, LXX, 17.

droit de brusque et familière entrée : nul autre ne l'aurait su prendre sans témérité, et Saci était le moins téméraire des hommes. Dans sa manière égale, circonspecte, un peu nivelée, écrivain utile et durable, excellent aîné des Tillemont et des Fleury, il s'attache partout à la clarté, à la fidélité du sens chrétien : voilà l'important ; et cette version a un mérite d'ensemble et de continuité, qui n'a pas été surpassé, je crois.

Quel fruit a-t-elle produit? Si l'on voulait juger par l'aspect extérieur et par le gros du mouvement des esprits, il semblerait que le résultat de cette publication terminée aux premières années du dix-huitième siècle, ne fut pas très-effectif sur l'âge qui suivit, et qu'en ouvrant la Bible aux fidèles, le traducteur l'ait mise aussi plus que jamais à la merci de la curiosité profane et de l'hostilité philosophique. Mais il ne faudrait pas se hâter de conclure de la sorte. Le fruit de telles œuvres est tout individuel, le plus souvent caché. Combien de cœurs ont-ils pu être secrètement amenés et nourris par cette lecture que Saci leur rendait possible et permise? Voilà ce que les hommes, même les historiens littéraires, n'ont pas moyen de savoir, n'ont pas droit de conjecturer.

Ce qu'il est plus sûr de remarquer et de graver de plus en plus, c'est l'admirable convenance de toute cette vie de M. de Saci avec sa mission singulière d'interprète des Écritures. Il semble, et, selon toute l'apparence, il demeure constant, qu'il a été occupé, en chaque moment de sa pensée, à se rendre digne de cet emploi, à se purifier les mains pour tenir la plume docile sous la dictée sacrée, à se châtier le cœur (le plus chaste des cœurs!) pour l'atteler comme un agneau toujours égal au vrai sens du joug de David et de Jésus. Fontaine nous a conservé ses propres paroles à ce sujet dans le dernier entretien qu'ils eurent ensemble : ce fut à Pomponne, bien peu de mois avant la fin de ce maître vénéré. On y trouve le pendant des autres conversations si belles de M. de Saint-Cyran, de M. Le Maître et de M. Singlin; prêtons également l'oreille à celle-ci.

M. de Saci donc était tombé malade à Pomponne, d'une fièvre quarte, dans l'été de l'année 1683; on l'avait vite transporté à Paris pour le mettre plus à portée des médecins. Fontaine avait couru vers lui, mais sans pouvoir être reçu. Quand M. de Saci se trouva mieux et qu'il fut retourné à Pomponne, il écrivit à Fontaine de venir, et celui-ci arriva tout joyeux de cette guérison qu'on croyait complète :

« Dès qu'il me vit entrer dans sa chambre, il courut à moi pour m'embrasser, et moi j'avançai et me jetai à ses pieds pour lui demander sa bénédiction : il me tint embrassé longtemps. Lorsque l'un et l'autre nous versions des larmes, il me parla le premier, ce que le respect me faisoit attendre : *Hé bien! Monsieur*, me dit-il, *on vous a donc traité comme les autres?* comme pour me faire excuse de ce qu'on ne me l'avoit pas laissé voir à Paris[1]. »

Après bien des explications prolongées et tout affectueuses, M. de Saci expose à Fontaine le sujet particulier pour lequel il l'a demandé. Il s'agissait de traduire, pour Pellisson converti et devenu convertisseur, un gros volume de passages que ce dernier avait recueillis des Pères et qu'il destinait à combattre les hérétiques. M. de Saci avait jeté les yeux sur Fontaine pour ce travail : une pension (car Pellisson était à la source) pouvait en être le prix. Fontaine s'empressa d'accepter l'ouvrage, mais en rejetant toute idée de secours : à sa sœur et à lui le peu qu'il avait, grâce à Dieu, leur suffisait. Sur quoi M. de Saci, qui était debout à chercher quel-

---

1. J'ai déjà remarqué la gravité de cette appellation de *Monsieur* à l'égard d'un si ancien et si tendre ami.

ques papiers, murmura à demi-voix et comme se parlant à lui-même : *Oh! que vous êtes heu...!* il voulait dire *heureux*, il n'acheva pas la dernière syllabe. Et l'on se mit à parler de la traduction de l'Écriture qui était le travail habituel ; et comme Fontaine s'échappait à rapporter les témoignages d'estime qu'avait obtenus le dernier volume publié :

« Je ne m'étonne pas beaucoup, répondit M. de Saci, que
« bien des gens aiment ces traductions et ces explications ;
« je crains que ce ne soit parce qu'elles sont dans un tel
« état qu'ils peuvent les entendre sans peine, et que leur
« curiosité y peut être satisfaite à peu de frais. Une des
« principales raisons qui les portent à rechercher ces livres,
« est qu'ils n'y voient plus les difficultés qu'ils trouvoient
« auparavant dans l'Écriture. Ils supportent bien de n'en
« pas comprendre les vérités et les mystères ; mais ils
« ne peuvent souffrir le langage obscur et embarrassé dont
« le Saint-Esprit se sert pour les leur proposer, s'ils n'ont
« une foi, une crainte de Dieu et une soumission qui n'est
« pas si commune : de sorte qu'ils sont bien aises de trouver
« dans mes traductions une nouvelle clarté, qui les délivre
« des ténèbres qui étoient auparavant si fâcheuses et si
« pénibles à leur orgueil et à leur curiosité, que le Saint-
» Esprit n'a pas voulu flatter, mais combattre et guérir par
« ses paroles [1].

« Que sais-je, ajouta-t-il, si je ne fais rien en cela contre
« les desseins de Dieu ? J'ai tâché d'ôter de l'Écriture-Sainte
« l'obscurité et la rudesse ; et Dieu jusqu'ici a voulu que
« sa parole fût enveloppée d'obscurités. N'ai-je donc pas
« sujet de craindre que ce ne soit résister aux desseins du
« Saint-Esprit que de donner, comme j'ai tâché de faire,
« une version claire, et peut-être assez exacte par rapport
« à la pureté du langage ? Je sais bien que je n'ai affecté
« ni les agréments ni les curiosités qu'on aime dans le
« monde, et qu'on pourroit rechercher dans l'Académie

---

1. M. de Saci avait affaire à ces lecteurs d'alors très-susceptibles, à ces gens de la Cour qui ne vouloient pas qu'Homère parlât des Myrmidons et qui s'en scandalisaient.

« Françoise : Dieu m'est témoin combien ces ajustements
« m'ont toujours été en horreur; mais je ne puis me dissi-
« muler à moi-même, que j'ai tâché de rendre le langage
« de l'Écriture clair, pur, et conforme aux règles de la
« grammaire : et qui peut m'assurer que ce ne soit pas là
« une méthode différente de celle qu'il a plu au Saint-
« Esprit de choisir¹?... Je vois dans l'Écriture que le feu
« qui ne venoit point du sanctuaire étoit profane et étranger,
« quoiqu'il pût être plus clair et plus beau que celui du
« sanctuaire.... Croyez-moi, Monsieur, s'écria-t-il, comme
« il n'y a rien de si grand dans l'Église, il n'y a rien non
« plus de si dangereux que de traduire ou d'expliquer
« publiquement l'Écriture, et d'être l'interprète du Saint-
« Esprit et le ministre de sa parole.... »

« M. de Saci demeura là quelque temps dans le silence;
pendant lequel je voyois bien qu'il parloit plus à Dieu qu'à
moi, et j'admirois cependant, en tout ce qu'il venoit de me
dire, combien sa profonde humilité étoit ingénieuse pour
lui fournir des sujets de s'abaisser toujours de plus en plus.
Dieu sait balancer divinement les choses, et donner à ceux
de ses serviteurs qu'il a honorés de ses plus grands dons,
des contre-poids, ou visibles de la part des hommes, ou invisibles dans eux-mêmes, pour les empêcher de s'en
élever.... »

(Et sur ce que Fontaine, de nouveau, revenait à l'édification produite, M. de Saci reprenait encore :) « Oui,
« mais il ne faut pas se tromper dans cette belle pensée
« d'édifier les âmes. Il y a grande différence entre contenter
« et édifier. Il est certain que l'on contente les hommes

---

1. Le scrupule de M. de Saci se rapporte juste au reproche que lui faisait Bossuet, et le confirme. Ce reproche lui avait été fait d'abord par M. de Barcos, que M. de Saci avait trouvé moyen de consulter dès le temps de sa captivité à la Bastille ; on a leurs lettres (Manuscrits de Troyes), qui se rapportent de tout point à la conversation présente. Il est même à croire que Fontaine, en écrivant, avait sous les yeux ces lettres, et une notamment de M. de Barcos, du 13 janvier 1669, où se retrouve l'objection dans les mêmes termes. M. de Saci développait ici en son nom et prenait à son compte les scrupules qui lui avaient été primitivement suggérés par M. de Barcos et auxquels il avait essayé de résister dans le premier moment.

« en leur parlant avec quelque élégance ; mais on ne les
« édifie pas toujours en cette manière.... La nourriture
« sans l'exercice n'est pas plus dangereuse au corps qu'elle
« l'est aux âmes.... La sobriété spirituelle n'est pas de
« moindre importance, ni de moindre obligation, que la
» corporelle.... Je me souviens toujours que feu M. l'abbé
« de Saint-Cyran[1] me disoit autrefois, que comme Dieu a
« réduit sa parole et son Verbe dans un état bas et mé-
« prisable par l'Incarnation, pour sauver les hommes par
« ce rabaissement, il a voulu aussi honorer ce mystère
« dans son Écriture, en proposant cette même parole sous
« des expressions foibles, informes et obscures, afin de
« guérir ainsi les esprits superbes des hommes, et de les
« rendre capables de sa Grâce. Il a cru qu'il leur suffisoit
« de leur faire goûter en ce monde la bonté de sa vérité
« dans l'Écriture, et il s'est réservé à leur en faire voir
« toute la beauté, tout l'éclat et toute la majesté en l'autre
« vie, où ils ne seront plus en danger d'en abuser et de s'en
« éblouir, comme ils y sont toujours ici. Voilà l'ordre de
« Dieu qu'on court risque de troubler peut-être sous prétexte
« d'édifier les âmes. »

Il y a bonheur à retrouver intact l'esprit avec le nom de M. de Saint-Cyran dans les paroles de son successeur près de mourir.

M. de Saci survécut peu à cette conversation, et Fontaine ne le revit pas. Le 4 janvier 1684, par un horrible hiver, il mourut âgé de soixante et onze ans. La veille, jour de Sainte-Geneviève, il avait dit encore la messe à sa chapelle domestique ; après le dîner de midi, il avait, pendant deux heures, entretenu les personnes, là présentes, du profit spirituel à tirer de la fête de cette sainte, et de celle des saints en général ; une de ces personnes, en l'écoutant, n'avait pu s'empêcher de dire :
« Il parle des choses de la foi comme s'il les voyoit ;

---

1. Il veut sans doute parler du *dernier* abbé de Saint-Cyran, M. de Barcos, qui, dans sa lettre du 13 janvier 1669, lui avait dit précisément cela. Mais, ici, oncle et neveu se confondent.

c'est un homme que nous ne garderons pas longtemps ! »
En finissant de parler, il se sentit mal, se mit au lit, et mourut le lendemain en proférant ce mot d'une humble espérance : *O bienheureux Purgatoire !* — mot qui l'achève ! il observait encore jusque dans l'espoir suprême du salut chrétien sa modestie constante, l'absence du rayon.

« Ce que tout le monde admira le plus, dit Du Fossé, fut le calme de son esprit et cette paix de son cœur qui ne put être troublée par les alarmes d'une mort si précipitée, et qui lui fit prendre si bien ses mesures qu'en l'espace de vingt-quatre heures il suffit à tout. Après l'Extrême-Onction, ceux qui étoient auprès de lui, et qui ne pouvoient assez admirer la fermeté de son esprit et de son cœur, en même temps qu'ils voyoient son corps se fondre et se dissoudre, pour ainsi dire, comme la cire, se sentirent obligés de lui demander sa bénédiction et ses prières tant pour eux-mêmes que pour ceux qui étoient sous sa conduite. Ils lui nommèrent donc en particulier toutes les personnes dont ils purent se souvenir ; et lui, avec une charité et une présence d'esprit merveilleuse, disoit quelque chose d'assez singulier sur chacun. » — « Je fus du nombre de ceux qu'on lui recommandoit, s'écrie Fontaine, et pour qui il promit le secours de ses prières. Qu'il s'en souvienne dans le Ciel, ce cher Père ! c'est une espèce de testament qu'il nous a laissé en mourant. »

La nouvelle de cette mort se répandit très-vite de toutes parts. Il avait par testament demandé à être enterré à Port-Royal des Champs. On transporta le corps de Pomponne à Paris, où on le déposa dans l'église de Saint-Jacques-du-Haut-Pas ; et de là, de nuit, à travers les neiges et les glaces, on le dirigea sur Port-Royal. Les honneurs qu'on aurait désiré lui rendre durant le trajet, cortége, flambeaux et chants furent supprimés, de peur de porter ombrage[1]. Mais une fois arrivé au terme, au vallon du sépulcre, on entre dans tout un ensemble de scènes funèbres d'une suprême beauté.

1. La duchesse de Lesdiguières, qui était sous la conduite de M. de Saci, avait préparé une suite de deux cents personnes avec des flambeaux pour recevoir le corps à l'entrée de Paris, Porte Saint-Antoine ; mais, toute réflexion faite, on crut qu'il était plus sage d'éviter l'éclat. Guilbert, en désaccord avec Fontaine, paraît supposer que la cérémonie du cortége eut lieu. — Voici, pour ceux qui aiment en tout la dernière précision, les circonstances exactes telles que je les relève dans le Journal manuscrit de Port-Royal. M. de Saci était mort le mardi 4 janvier, entre six et sept heures du soir. Le corps avait été porté le lendemain à l'église de la paroisse de Pomponne, et y était resté en dépôt jusqu'au samedi. Ce jour-là, 8 janvier, on se mit en route pour Paris, où le corps devait être déposé la nuit en l'église de Saint-Jacques-du-Haut-Pas, pour être conduit le lendemain à Port-Royal. M. et madame de Pomponne, avec M. de Luzanci, accompagnaient ce premier convoi. L'archevêque, M. de Harlay, à qui l'on avait demandé permission pour ce transport et cette station à la paroisse Saint-Jacques, n'en avait fait aucune difficulté. Toutefois un mot du prélat, en réponse à une lettre de remerciment trop vive que lui adressa à ce sujet le curé de Saint-Jacques, donna l'alarme. Madame de Fontperluis, dont le zèle allait vite à l'inquiétude, craignit pour le lendemain quelque obstacle et un contre-ordre, de sorte qu'après le service solennel célébré à l'église Saint-Jacques, les amis en ayant délibéré, on conclut que le plus sûr était de partir à l'instant même. Le curé de Saint-Jacques approuva cet avis, et, suivi de tous les ecclésiastiques de sa paroisse, il accompagna le corps avec des luminaires jusqu'au carrosse. Le curé de Pomponne y monta, ainsi que le chapelain de Pomponne ; et dans l'autre carrosse il y avait M. Du Fossé, M. de Bosroger son frère, madame de Fontperluis, madame de Bosroger et mademoiselle Le Maître, ces deux dernières, nièces de M. de Saci. Il était onze heures du soir quand on partit ; les chemins étaient couverts de neige ; les voitures étaient escortées d'hommes à cheval portant des flambeaux. On arriva (le lendemain dimanche 9 janvier) sur les cinq heures du matin, au grand étonnement des religieuses qui n'attendaient le convoi funèbre que pour le soir. — On sut, depuis, que l'archevêque n'avait eu aucun dessein de s'opposer à ce qui s'était fait, mais seulement qu'il aurait désiré qu'on ne fît point de sa permission tacite une autorisation expresse et que tout se fût passé comme s'il y était étranger.

Au seuil de cette église pour laquelle il avait été ordonné prêtre, où il avait offert son premier sacrifice, et qui depuis près de cinq ans ne l'avait pas revu[1], son corps, suivi d'un petit nombre d'amis, fut reçu le dimanche 9 janvier, à cinq heures du matin, par une centaine de religieuses en pleurs et *plus brillantes de charité que les cierges qu'elles portaient dans leurs mains :* on le posa au milieu d'une chapelle ardente.

Il y avait déjà cinq jours qu'il était mort; il s'agissait de savoir si on oserait ouvrir le cercueil pour revêtir, selon l'usage, le confesseur défunt des habits sacerdotaux. On s'y décida pourtant; le grand froid avait aidé à la conservation.

« Je fus le premier, nous dit Fontaine à travers ses larmes, qui passai la main dans la bière pour retirer du séjour affreux de la mort un visage qui y avoit déjà passé tant de jours. Dès que l'on eut développé les linceuls et détourné le suaire, on ne méconnut en rien cette face : la paix que la mort y faisoit régner alors étoit semblable à celle que la Grâce y avoit toujours fait régner pendant sa vie; il sembloit encore respirer cette modestie que sa seule vue imprimoit dans tous les cœurs. J'avoue que mes yeux, aussi bien que ceux de beaucoup d'autres, ne pouvoient se rassasier de voir celui que l'on auroit désiré de toujours voir, et qu'on avoit désespéré de revoir jamais....

« On le revêtit donc pour la dernière fois de ses habits sacerdotaux. On chanta les Psaumes ordinaires. On fit les aspersions et les encensements, et ensuite on ouvrit les portes du couvent pour nous le laisser porter au lieu qu'on lui avoit préparé au dedans pour sa sépulture. Nous portâmes ce corps[2] au travers d'une longue haie de saintes re-

---

1. Il était, pourtant, retourné à Port-Royal une fois en mars 1682 par permission expresse, pour confesser mademoiselle de Vertus, alors très-malade; mais ç'avait été un retour imperceptible.

2. Voici les noms des laïques qui portaient le corps : Fontaine, M. Des Touches, MM. Thomas (Du Fossé et de Bosroger), M. François, M. Charles, M. Dessaux et M. Hamon. « Le corps étoit revêtu

ligieuses, qui étoient venues le recevoir à leur porte le cierge à la main. Leurs yeux si mortifiés, si accoutumés à se fermer à tout le reste, ne purent, tout mouillés de larmes qu'ils étoient, s'empêcher de s'arrêter sur ce saint corps pendant qu'il passoit seulement au travers d'elles, afin de démêler, dans ces petits intervalles que nous leur donnions, les traits d'un visage qu'elles ne devoient plus voir. Elles lui témoignèrent toutes le profond respect qu'elles avoient pour lui par les inclinations que chacune faisoit lorsqu'il passoit devant elles ; et lorsqu'enfin il fut au lieu du repos, les principales s'empressèrent, en l'accommodant pour le descendre dans la fosse, de lui donner de saints baisers, pendant que tout le chœur continuoit le chant avec une gravité que je n'ai pu assez admirer depuis, toutes les fois que j'y ai pensé[1]. Il me sembloit que ma joie étoit pour lors cachée en terre avec celui que je voyois enterrer. »

L'abbesse qui présidait à cette cérémonie et qui y donnait le ton, était la mère Angélique de Saint-Jean, cousine germaine de M. de Saci et comme la seconde Angélique de ce second Saint-Cyran. C'est elle qui, le lendemain des funérailles, entendant Fontaine se plaindre qu'on eût enlevé trop vite le corps, lui répondit avec un accent profond et d'une voix un peu basse, « *qu'il falloit cacher en terre ce qui n'étoit que terre, et faire rentrer dans le néant ce qui en soi n'étoit que néant.* » Et le fidèle témoin ajoute : « Qu'elle voyoit de choses en me parlant de la sorte ! »

Elle voyait déjà le grand rivage d'au delà ; car si, du-

---

d'une chasuble blanche, et il avait dans les mains le calice de M. d'Aleth (Pavillon), qu'on lui ôta en l'enterrant pour lui mettre une croix. »

1. Nicole, on le verra (livre V, chap. VIII), n'approuva point entièrement ces marques de vénération et de tendresse de nos religieuses pour leur cher et parfait directeur ; il y trouvait de l'excès, et craignait que le monde n'en prît occasion de railler. Nicole, malgré sa renommée extérieure, n'est pas de la droite et étroite lignée intérieure de Port-Royal. Il y avait un sourd et secret antagonisme (en toute amitié et toute charité) entre lui et M. de Saci.

rant la cérémonie, elle avait pu commander à la douleur et aux sanglots de ses religieuses, elle n'avait su également commander à son propre cœur; il fut brisé du coup. Elle mourut un peu plus de quinze jours après, le 29 janvier, dans la soixantième année de son âge. Son frère, M. de Luzanci, qui vivait avec M. de Saci à Pomponne, ne survécut guère plus qu'elle à ce cousin qui était pour lui un père. Arrivé à temps pour assister aux derniers moments de sa sœur, puis revenu de Port-Royal à Paris chez M. de Pomponne son aîné, la fièvre le prit, et il sentit avec joie qu'il les allait rejoindre. Il mourut le 10 février, âgé de soixante et un ans.

Tout cela s'enchaîne; je voudrais m'arrêter et je ne puis, les funérailles de M. de Saci continuent toujours.

Et Fontaine, l'inconsolable Fontaine, s'étonnant de survivre: « J'avoue, s'écrie-t-il, qu'en voyant et ce frère et cette sœur frappés à mort par celle de M. de Saci, je rougissois, moi qui croyois l'avoir toujours aimé, de ne le suivre pas comme ces personnes; et je revins de là désespéré contre moi-même d'aimer si peu, en me comparant à ces deux personnes *dont l'amour avoit été fort comme la mort.* »

Ce n'est pas tout : parmi ces religieuses du dernier temps de Port-Royal, il y en avait une des plus qualifiées par l'esprit, par les talents, comme par la vertu, la sœur Christine Briquet, fille de l'avocat-général de ce nom, petite-fille de Jérôme Bignon *le Grand.* La mère Angélique et M. de Saci, c'est-à-dire les deux personnes qui avaient toujours eu la plus grande part à la conduite de sa conscience, lui manquant à la fois, elle se sentit atteinte, et ne put s'empêcher de laisser voir qu'elle avait dans le cœur, selon le mot de saint Paul, une *réponse de mort.* Dans cette idée, elle s'attacha à recueillir les divers écrits qu'on pouvait avoir de ces deux rares modèles, particulièrement les Lettres de M. de Saci, à les mettre en ordre, à en retrancher ce qu'elles avaient de trop relatif aux personnes, à les disposer enfin pour l'impression ; et ce travail fait, même avant l'impression terminée, elle n'eut plus qu'à mourir[1].

Voilà, ce semble, une suite d'oraisons funèbres en action et assez parlantes. On a vu de sauvages et généreux païens se percer de l'épée sur la tombe de leurs chefs : ici les cœurs chrétiens se fondent sans murmure et se brisent. Avec M. de Saci l'Isaac de Port-Royal est mort, et la race s'en va retranchée. *La couronne de notre tête est tombée*, écrivait l'abbé Boileau, — couronne en effet d'une seule couleur, jamais flétrie, jamais brillante, couronne toute née et tressée à l'ombre, dont on ne sait au regard si ce sont des feuilles ou des fleurs, ou seulement des graines mûres, mais qui a pourtant son parfum. J'ai sous les yeux un volume des *Vies édifiantes* (le quatrième) consacré presque en entier à M. de Saci et à sa mort ; la seule suite des pages y est touchante et a bien son éloquence : ce sont des lettres de tout ce que Port-Royal possède encore à cette époque de vivant, réuni ou dispersé, et qui vient se confondre dans un cri de douleur et de prière à la nouvelle funèbre. Les Tillemont, les Du Fossé, les Hamon, les Hermant, les Sainte-Marthe, les Le Tourneux, les Lancelot, tout ce qui subsiste encore et qui va mourir, tous y viennent à leur tour proférer leur regret et témoigner devant Dieu de leur plainte. Le dernier surtout, Lancelot, du fond de son exil de Quimper, serait à entendre dans la lettre qu'il écrivit à la mère Angélique, et qu'elle ne put lire, étant morte

---

1. *Lettres chrétiennes et spirituelles* de M. de Saci, 2 vol. in-8°. — Elles eurent infiniment moins de succès que celles de M. de Saint-Cyran. Il résulte d'une lettre d'Arnauld à madame de Fontpertuis (9 juin 1685) que ce dernier augurait assez peu de la publication ; il craignait qu'il n'y parût pas assez de nouveauté, de diversité. Je le crois bien.

elle-même dans l'intervalle[1]. Ce sont déjà les mourants soupirs de Port-Royal, quoique les tout derniers débris et les pierres n'en doivent tomber que vingt-cinq ans plus tard.

Ai-je maintenant à énumérer en détail les divers écrits de M. de Saci? En parlant de sa grande Bible, j'ai dit son œuvre. Il donna d'autres traductions encore, celle de *l'Imitation de Jésus-Christ* sous le nom du sieur *de Beuil*[2], celle des Homélies de saint Jean Chrysostome sur l'Évangile de saint Matthieu, sous le nom de *Paul-Antoine de Marsilly*; et, d'après des documents traduits par Du Fossé, une Vie de Dom Barthélemy des Martyrs. Sa vigilance chaste et patiente avait pourvu les petites Écoles d'éditions de Martial et de Térence, où les impuretés trop pures de langage (*purissima impuritas*) étaient industrieusement élaguées. Il traduisit aussi Phèdre[3].

1. « ... Cependant vous voyez comme tout le monde s'en va peu à peu, et dedans et dehors; et quand je considère qu'il y a cette semaine quarante-cinq ans (accomplis) que, par la charité des Révérendes Mères, je fus reçu au dehors de votre maison pour entrer plus particulièrement sous la conduite de M. Du Verger, et que nous n'avons presque plus personne de ce temps-là, je ne puis m'empêcher de craindre que nous ne déclinions aussi comme le temps, et qu'il ne se glisse quelque changement dans notre conduite, soit par notre propre infirmité, ou par l'impression de ceux qui n'ont point connu Joseph. »

2. *De l'Imitation de Jésus-Christ*, traduction nouvelle, par le sieur de Beuil, prieur de Saint-Val (1662). On remarquera ce prieur de *Saint-Val*, de même que, dans les *Figures de la Bible*, le sieur de Royaumont (pseudonyme de Fontaine) est dit prieur de *Sombreval*. Port-Royal encore, avec sa sainte et sombre vallée, était là-dessous : ces dignes solitaires se rapprochaient le plus possible du vrai jusque dans leurs pieux déguisements. — Un annotateur qui fait le critique (*Mémoires* de Rapin) a confondu ces deux noms de Saint-Val et de Sombreval, et il prétend qu'on se trompe quand on les distingue.

3. Sous le nom du sieur de *Saint-Aubin*. — Ces divers ouvrages

Si j'ai bien réussi à rassembler tous les traits, à découper le portrait exact, tel que me le fournissaient les auteurs originaux et surtout Fontaine, l'idée distincte qui restera de cette figure de M. de Saci ne sera autre que celle d'un de ces beaux tableaux noirs qu'on voit quelquefois dans une salle basse et sombre, un Rembrandt sans le rayon et tout uni. Parmi les Chrétiens et

de M. de Saci, ainsi que le Nouveau-Testament de Mons où il eut si grande part, ont été fort chicanés et comme houspillés, à l'égard de la diction, par le Père Bouhours. Dans le deuxième de ses *Entretiens d'Ariste et d'Eugène*, dans ses *Doutes* d'un gentilhomme breton *sur la Langue*, dans ses *Remarques nouvelles*..., ce Jésuite, au milieu de quelques éloges ménagés çà et là par bon air, a fait la guerre aux mots chez Messieurs de Port-Royal, et une guerre très-vive. Il en relève plusieurs qui ont passé depuis, mais un grand nombre aussi qui sont restés en dehors : *assassinateurs, coronateurs, murmurateurs; élèvements, prosternements, effacements, enivrements* (ce dernier mot, même au pluriel, est de la meilleure langue); *irramenable* (je l'ai employé pour caractériser l'opiniâtreté d'Arnauld), *infaisable, incharitable* (ces derniers de M. de Saci). Bouhours s'amuse longuement sur ce mot d'*incharitable*. Il oppose d'autres difficultés encore sur les locutions (*élever* les yeux au ciel, pour *lever* les yeux), sur les constructions et les queues de phrases; il a souvent raison. Incomparablement inférieur à Messieurs de Port-Royal pour le fond et la philosophie de la grammaire, pour la raison logique des choses, il avait du goût; surtout il savait son monde et était du dernier usage. Le Nouveau-Testament traduit, qu'il voulut opposer à celui de Mons, s'en est trop ressenti : on a dit qu'il avait fait parler les Évangélistes *à la Rabutine*. Il était, d'ailleurs, bien assez galantin pour cela. Messieurs de Port-Royal de leur côté (deux ou trois à part) retardent légèrement par rapport au Louis XIV, comme des solitaires qu'ils sont. La Vie de Dom Barthélemy des Martyrs par M. de Saci ne semble pas à beaucoup près aussi rapprochée en date qu'elle l'est, de la Vie du cardinal Commendon ou de celle de Théodose par Fléchier, de l'Histoire de l'Académie par Pellisson, des Vies de saint Ignace et de saint François-Xavier par Bouhours même. Arnauld, qui avait, en quelque sorte, le génie grammatical, se préoccupait assez fortement de ces observations de Bouhours, et il en profitait. A propos des critiques contre le Nouveau-Testament de Mons, il alla jusqu'à offrir de prendre pour conseils et comme pour arbitres de langage, dans la révision, deux personnes de l'Académie, MM. Du Bois et

les saints, cette figure tient assez la même place (pittoresquement parlant) que celle de Guillaume d'Orange parmi les politiques et les héros.

Un coin plus doux pourtant, ne l'oublions pas, et comme un filet d'agrément par-delà la première roideur! mais il faut être très-acclimaté déjà au ton sombre et à la ligne austère pour le bien saisir.

Si l'on était à une époque de statuaire, je dirais que M. de Saci est dans la nef et sous les arcades de Port-Royal comme une juste statue dans sa gaîne.

Après de tels hommes, après les Saint-Cyran, les Le Maître et les Saci, quand nous abordons Pascal, nous sommes disposés à mieux voir les proportions, à ne pas nous étonner tout d'abord, quelque supériorité qui nous apparaisse; à mesurer le côté glorieux du génie, sans accorder plus qu'il ne faut à cette gloire; à admirer le relief, mais surtout en raison du fond qui nous est connu. En un mot, nous sommes tout à fait bien et dûment préparés.

Racine, par exemple. La Bible et l'Académie! M. de Saci s'émouvait moins; les railleries sur lui ne mordaient pas, et il semblait très-peu souple à cet endroit de l'écrivain, probablement par cette habitude de ne pas dévier et de laisser dire, et parce qu'aussi, tenant moins à ses phrases, il aimait mieux les abandonner à elles-mêmes comme elles étaient une fois. La critique littéraire proprement dite n'a donc ici aucune prise. — (Voir à l'*Appendice* les mésaventures du Père Bouhours pour sa traduction du Nouveau-Testament : il n'eut pas de quoi se vanter; il y a en toute chose le revers de la médaille.)

FIN DU DEUXIÈME LIVRE.

LIVRE TROISIÈME

—

PASCAL

A MON EXCELLENT AMI

ET CONFRÈRE

EN PORT-ROYAL ET EN PASCAL

LE DOCTEUR HERMANN REUCHLIN

CE LIVRE EST PARTICULIÈREMENT DÉDIÉ

I

Apparition de Pascal parmi les solitaires. — Entretien avec M. de Saci. — Épictète et Montaigne devant saint Augustin. — Abondance et verve de Pascal. — Répliques de M. de Saci. — Beauté du dialogue ; — étendue et portée. — Platon, Xénophon.

On n'a pas entièrement quitté M. de Saci ; c'est lui, l'homme efficace et indispensable de céans, qui nous introduit de plain-pied dans Pascal, et tout d'abord sous un aspect assez inattendu : au lieu de l'auteur, ou même du pénitent, on va trouver l'homme.

Pascal a dit : « On ne s'imagine d'ordinaire Platon et Aristote qu'avec de grandes robes et comme des personnages toujours graves et sérieux. C'étoient d'honnêtes gens qui rioient comme les autres avec leurs amis ; et, quand ils ont fait leurs lois et leurs traités de politique, ç'a été en se jouant et pour se divertir[1]. » Bien que Pascal n'ait peut-être jamais ri beaucoup, il était, quand il aborda Port-Royal, de ces *honnêtes gens* et des mieux

[1]. Je laisse indifféremment ces premières citations des *Pensées* dans le texte donné par Port-Royal, jusqu'au moment où nous en viendrons à la question même et au vif de la discussion sur le livre des *Pensées*. J'observe ainsi, sans le devancer, le progrès qui s'est fait successivement sur Pascal et auquel moi-même, en quelques points, j'ai tâché de contribuer.

réputés selon le monde, plein de diversités amusantes, de conversations curieuses, un homme qui avait lu avec plaisir toutes sortes de livres, et qui en causait très-volontiers. On n'a pas d'emblée ce solitaire austère et contrit qu'on se figure ; la première fois qu'il nous apparaît au sentier du désert, il est brillant, presque à la mode encore, et un vrai bel-esprit en regard de M. de Saci qui en tire mille étincelles.

Pascal, qu'on le sache bien (ce petit détail est caractéristique), n'avait eu son accident du pont de Neuilly qui avait fort contribué à le ramener à Dieu, que parce qu'il se faisait conduire, selon son habitude de ses dernières années mondaines, en un carrosse à quatre chevaux, ou peut-être à *six* (le roi n'en avait que huit) : un tel train ne laissera pas de sembler assez *fashionable* pour la date de 1654[1]. Voilà l'honnête homme, pour commencer, et non pas le philosophe *à grande robe*, comme il dit, à qui nous avons affaire[2].

---

1. On me fait remarquer que c'était moins extraordinaire alors qu'il ne paraîtrait aujourd'hui, le luxe des chevaux étant poussé fort loin dans l'ancien régime et faisant naturellement partie des grandes conditions.

2. J'emprunterai continuellement, pour ce qui concerne Pascal, à un excellent Mémoire sur lui et sur les siens qui se trouve dans le *Recueil de plusieurs Pièces pour servir à l'Histoire de Port-Royal* (in-12, Utrecht, 1740). Ce Mémoire définitif, rédigé avec le plus grand soin, d'après les papiers de mademoiselle Marguerite Périer, sa nièce, dispenserait à très-peu près de recourir aux papiers ou aux copies qui se trouvent à la Bibliothèque du Roi (Supplém. franç., n° 1485). En joignant au Mémoire la Vie de Pascal, par madame Périer, sa sœur, qui se lit en tête de quelques anciennes éditions des *Pensées*, en complétant ces pièces par la Relation de la Vie de son autre sœur Jacqueline de Sainte-Euphémie (*Vies intéressantes et édifiantes des religieuses de Port-Royal*, 1751, tome second), et par la Relation qui est due à la sœur Sainte-Euphémie elle-même (*Mémoires pour servir à l'Histoire de Port-Royal, et à la Vie de la Mère Angélique*, Utrecht, 1742, in-12, tome troisième), on se trouve réunir sur la personne et sur la vie de Pascal un ensemble de documents aussi positifs, aussi satisfaisants qu'il se peut

C'était donc vers la fin de 1654 ou au commencement de 1655. Pascal venait de se convertir une seconde fois, et cette fois était la bonne et définitive. Sa sœur, malgré lui d'abord, malgré les obstacles qu'il élevait, avait fait profession à Port-Royal dans le printemps de 1653. Lui, après bien des luttes, et surtout après l'accident récent où il avait vu le doigt de Dieu, s'était venu jeter entre les bras de M. Singlin, résolu d'obéir à tout ce qui lui serait ordonné. M. Singlin, selon sa méthode, avait hésité assez de temps avant de le recevoir. Un jour, pendant un voyage du directeur à Port-Royal des Champs, Pascal avait pensé à l'y rejoindre, à l'y relancer secrètement, comptant toutefois laisser ses *gens* à quelque village voisin et changer lui-même de nom, tant il avait souci de l'apparence. M. Singlin, qui sut son projet, lui signifia de n'en rien faire; mais, de retour à Paris, il l'avait reçu à merci comme pénitent. C'est seulement alors, dit Fontaine, que, tenant devant lui ce grand génie, il jugea à propos de l'envoyer à Port-Royal des Champs comme en un lieu de gymnastique et de diète, où M. Arnauld lui *prêterait le collet* pour les sciences humaines, et où M. de Saci lui apprendrait à les mépriser. M. de Saci, de son côté, se serait dispensé volontiers de voir M. Pascal; mais il ne le put, en étant prié par M. Singlin. « Les lumières saintes, qu'il trouvoit dans l'Écriture et dans les Pères, lui firent espérer qu'il ne seroit point ébloui de tout ce brillant, qui charmoit néanmoins et enlevoit tout le monde. »

M. Singlin, avec le nouveau converti, avait suivi sa

désirer, tous les éléments d'une connaissance intime et de première main. — Ceux qui, depuis que cette note est écrite, ont fait ou prétendu faire de si grandes découvertes sur Pascal et sa sœur, et toujours d'après les manuscrits, et en s'en donnant tous les honneurs, ont beaucoup compté (et ils ont eu raison) sur le peu de connaissance du public en ces matières et sur l'inattention de nos soi-disant juges, messieurs les critiques, qui sont plus nombreux et font cependant plus défaut en ce temps-ci qu'en aucun autre.

méthode ordinaire; M. de Saci à son tour appliqua la sienne. On sait qu'il parlait à chacun de l'objet favori, de l'occupation habituelle, partant de là pour revenir et ramener à Dieu. Il crut donc devoir mettre M. Pascal sur son fort et lui parler des lectures de philosophes dont on le voyait tout rempli. De là cet admirable Entretien sur Épictète et sur Montaigne.

On a peine à croire, quand on a lu le Dialogue dans les originaux, que tous les éditeurs de Pascal l'aient à plaisir tronqué et mutilé, qu'ils aient donné seulement les paroles de Pascal, qu'ils les aient données comme un discours écrit et suivi, en altérant les phrases, en accommodant les transitions, en y ôtant le plus qu'ils ont pu le mouvement, le naïf, le familier. Et tout cela, on ne sait pourquoi, sinon afin de se passer sans doute de ce personnage de M. de Saci qu'ils ne connaissaient guère.

Dans un manuscrit que j'ai des Mémoires de Fontaine je trouve des différences de diction avec le texte imprimé de ces Mémoires. Dans l'extrait qu'en ont fait les éditeurs de Pascal, de nouvelles différences se sont introduites par suite de la forme nouvelle dans laquelle on a taillé le chapitre. Et pourtant l'accent original perce à chaque instant et domine : il fallait être Pascal pour résister jusqu'au bout à toutes ces variantes.

Qui donc a recueilli sur le temps ces vives paroles? Est-ce Fontaine, secrétaire fidèle? ne serait-ce pas plutôt M. Le Maître, auditeur muet? Dans tous les cas, elles tranchent avec tout ce qui les entoure; le propre de la parole de Pascal était de se graver ainsi et de faire empreinte[1].

1. Cet Entretien parut pour la première fois en 1728, dans la *Continuation des Mémoires de Littérature et d'Histoire* du Père Des Molets (tome V, partie II). Mademoiselle Périer, qui vivait encore, retirée à Clermont, et très-jalouse de tout ce qui concernait la mémoire de son oncle, écrivit bientôt à ses amis de Paris pour

Il faut bien, puisque je ne puis renvoyer simplement au Pascal qui est dans toutes les mains, que je replace ici la position des interlocuteurs et que je rétablisse du moins le jeu du dialogue. M. Pascal ayant dit à M. de Saci qu'en fait de philosophes ses deux lectures les plus ordinaires avaient été Épictète et Montaigne, M. de Saci, *qui avait toujours cru devoir peu lire ces auteurs*, pria le nouveau venu de lui en parler à fond.

Et remarquons d'abord cette extrême abstinence dans les lectures. Port-Royal en son premier esprit la poussa très-loin. M. de Saint-Cyran avait réfuté Garasse sur Charron ; mais il n'avait lu Charron qu'à cette occasion et ne paraît pas s'être informé, au préalable, de Montaigne, qui est pourtant la vraie clef pour pénétrer le théologal. Aussi fait-il l'entière apologie de celui-ci contre les inductions de Garasse. Nous avons assisté à la première invasion de Descartes en 1652 moyennant Arnauld et le duc de Luines. Ce fut Pascal qui, le premier à Port-Royal, introduisit la connaissance de Montaigne. Quant à Nicole, c'est un curieux : il lira toute espèce d'auteurs et sera informé de tout.

Pascal, à la date de ce dialogue, avait trente et un ans environ, et M. de Saci quarante et un. J'ai dit que Pascal avait beaucoup lu, mais c'était au hasard. Savant en géométrie, inventeur en physique, il n'avait guère en littérature que des notions décousues et de rencontre. Mais ce qu'il avait lu, il l'avait bien lu ; sa réflexion avait suppléé aux lacunes et avait formé l'enchaînement.

Il est piquant et singulier de voir aux prises et bientôt d'accord ces deux hommes qui sont à cheval chacun presque sur un seul livre, l'un sur Montaigne doublé d'Épictète, et l'autre sur son saint Augustin. Quand l'un

savoir d'où sortait ce document. L'abbé d'Étemare s'empressa de la rassurer, et lui en indiqua la source dans les Mémoires encore inédits de Fontaine, qui ne parurent en effet que quelques années après.

parle Montaigne, l'autre répond saint Augustin, et avec un demi-tour les voilà au pas. Comme il arrive aux esprits perçants qui ont longtemps creusé un auteur un peu profond, chacun retrouve tout dans son auteur, soit parce qu'en effet il y a de tout, soit parce qu'il l'y met[1].

1. Cela est généralement vrai; je ne sais qui a dit (mais ce n'est pas le comte de Maistre, comme l'a cru M. Sayous) : « Tout est dans Bayle, il ne s'agit que de l'en tirer. » Il y a un vieux proverbe : *Je crains les gens d'un seul livre.* Je ne les crains que s'ils sont ennuyeux : autrement, c'est l'ingénieux qui domine; ils s'évertuent dans leur cercle et s'y font un monde. Le propre de l'esprit est ainsi de se mettre et de se retrouver tout entier dans les plis et les replis de chaque chose, une fois qu'il s'y est logé. La forme seule des systèmes varie et se renouvelle, non le fond. L'esprit humain a, je le crois, une infinité de manières différentes de faire le tour de sa loge et d'en fureter les coins; mais elles peuvent se rapporter à quatre ou cinq principales. Ce qui a fait dire qu'en matière de philosophie (et si on ne s'élève pas au delà) l'humanité joue perpétuellement *aux quatre coins changés.* Quand donc, chez des auteurs tout différents, sous des formes toutes contraires, on retrouve des points semblables, il y a surprise comme d'une nouveauté, et sourire; et pourtant il ne faudrait pas tant s'étonner. Je conçois surtout les ressources de découverte qu'offre à cet égard saint Augustin si profond, si prodigieux d'esprit, mais de plus si creusé, si subtil. Le cheveu bien souvent y est mis en quatre. Et combien de ses phrases, de ses pensées (j'en parle quant au style et en toute révérence), ne font-elles pas l'effet de vouloir dire : « Cela est, et à la fois cela n'est pas, et il y a encore quelque chose entre deux? » — Le grand Frédéric, si sensé, si pratique, et qui ne se gênait pas, a parlé quelque part de l'évêque d'Hippone comme d'un *pitoyable* raisonneur. Le fait est que saint Augustin est l'homme qui suit, en raisonnant, la méthode la plus opposée à celle d'Aristote ou de Descartes; il a perfectionné la méthode de raisonner par imagination, par réverbération, par allitération, par assonance, par antithèse; ce très-grand et très-aimable rhétoricien et théologien, si merveilleusement spirituel, a rendu la logique du surnaturel la plus spécieuse du monde; il l'a proprement constituée; il a réponse à tout, explication pour tout; dans les défilés d'où la raison pure et simple, d'où le bon sens pédestre ne se tirerait jamais, il passe par-dessus en métaphore : ses écrits sont un arsenal où, depuis, tous les orateurs et les raisonneurs sacrés sont venus puiser et se fournir. — Avec un tel auteur, si on s'y enferme, la mine, on le croira, est inépuisable.

Selon l'instinct et la méthode que nous lui verrons d'aborder la philosophie et la théologie par le côté pratique, Pascal s'attaque sans marchander aux deux chefs des deux principales sectes morales du monde infidèle : l'une qui se fonde sur l'origine divine, sur la force et la liberté de l'homme, et lui impose une grandeur impossible ; l'autre qui s'aperçoit et se raille de sa faiblesse, de sa vanité, de sa dépendance des choses, et en tire prétexte de couler dans une morale facile, relâchée et à l'aventure.

Il commence par Épictète comme par celui qui a le mieux connu les devoirs de l'homme, et il fait de cette première moitié de la doctrine stoïque un rapide, un impartial et majestueux tableau : « Voilà, Monsieur, « ajoute-t-il parlant à M. de Saci, voilà les lumières de « ce grand esprit qui a si bien connu le devoir de l'homme. « *J'ose dire qu'il mériteroit d'être adoré* s'il avoit aussi « bien connu son impuissance, puisqu'il falloit être Dieu « pour apprendre l'un et l'autre aux hommes. Aussi, « comme il étoit terre et cendre, après avoir si bien com- « pris ce qu'on doit faire, voici comme il se perd dans la « présomption de ce que l'on peut[1]. » Et il en vient à toucher la grande erreur, selon lui, d'Épictète et en général des sages Stoïciens, Pélagiens, Déistes, qui consiste à croire que l'esprit est droit, que la conscience est droite, que la volonté naturelle aime sainement son vrai bien, et qu'il suffit dès lors à l'homme d'user de ses propres puissances au dedans et de compter sur soi pour arriver à Dieu. Mais compter sur soi pour l'homme, c'est vraiment compter sans son hôte, c'est bien souvent compter sur l'ennemi. Ces principes *d'une superbe diabolique*, s'écrie Pascal[2], conduisent Épictète à d'autres erreurs

---

1. Je citerai ici de préférence les endroits supprimés ou affaiblis dans le texte des éditions de Pascal. Ce *j'ose dire qu'il mériteroit d'être adoré*, toute cette locution hardie a été supprimée.
2. Ces *orgueilleux* principes, dans les éditions.

encore, à croire que l'âme fait partie de la substance divine, que la douleur et la mort ne sont pas des maux; et autres énormités stoïciennes.

Dans un de ses sermons pour l'Avent, Bossuet parlant de la réforme morale du genre humain et des surhumaines difficultés qu'elle présente : « Aussi, dit-il, la philosophie l'a-t-elle tenté vainement. Je sais qu'elle a conservé de belles règles et qu'elle a sauvé de beaux restes du débris des connoissances humaines; mais je perdrois un temps infini si je voulois raconter toutes ses erreurs. » Et du geste de Scipion entraînant le peuple au Capitole : « Allons donc rendre nos hommages à cette équité infaillible qui nous règle dans l'Évangile. J'y cours, suivez-moi!... » C'est ce que va dire Pascal, et non moins impétueux, après toutefois qu'il aura dénoncé et poussé à bout dans Montaigne le contre-pied d'Épictète.

Mais d'abord a-t-il exagéré et chargé Épictète; et, pour le mieux frapper, comme il arrive souvent, a-t-il façonné quelque peu son adversaire? Dacier le prétend : dans sa Préface sur Marc-Aurèle et dans celle de son Épictète, le docte traducteur a vengé ses saints. Il croit retrouver dans Platon, dans Épictète en particulier, *l'humilité*, que Pascal en un certain sens ne lui avait point déniée. Le fait est que l'humilité stoïcienne et philosophique ne sera jamais l'humilité chrétienne, qu'il y a un principe d'orgueil dans cette conscience généreuse, et que bien vite ce principe se produit. Otez Épictète, et mettez à la place Jean-Jacques de l'*Émile :* le reproche reste évident.

Mais c'est quand il en vient à Montaigne, son auteur très-familier et plus favori qu'il n'oserait se l'avouer à lui-même, c'est alors que Pascal abonde et qu'il excelle à tout suivre, à tout démêler. Il m'a toujours semblé que la forme sous laquelle le démon de l'incrédulité a dû le plus tenter Pascal, ç'a été celle de Montaigne : et en effet ce diable-là pour lui devait être bien tentant. Esprit, langage, raillerie, hardiesse, tant de choses lui en allaient! Vite il mit la Croix en travers, pour enrayer le penchant.

Ce qu'il a dit ici de Montaigne, et qu'on lit à très-peu près exactement dans ses Œuvres, est trop étendu, trop connu, pour être inséré ou même extrait; je n'en regrette que la bordure et ces répliques de M. de Saci, le Socrate du dialogue, qui fait l'ignorant, l'étonné, qui sourit et voit venir, et se plaît à faire courir d'emblée dans le champ clos du désert le jeune coursier bondissant.

Après l'exposé que donne si bien Pascal du scepticisme à double et triple fond de Montaigne, et de l'humiliation que ce moqueur inflige à l'homme, par lui ravalé quasi au-dessous des animaux, la Relation originale poursuit :

« M. de Saci se croyant vivre dans un nouveau pays, et entendre une nouvelle langue, il se disoit en lui-même les paroles de saint Augustin[1] : O Dieu de vérité! ceux qui savent ces subtilités de raisonnement vous sont-ils pour cela plus agréables? Il plaignoit ce philosophe qui se piquoit et se déchiroit lui-même de toutes parts des épines qu'il se formoit, comme saint Augustin dit de lui-même, quand il étoit en cet état. Après donc avoir écouté tout avec patience, il dit à M. Pascal : « Je vous suis obligé, Monsieur; je suis
« sûr que si j'avois lu longtemps Montaigne, je ne le con-
« noîtrois pas autant que je le connois par l'entretien que
« je viens d'avoir avec vous. Cet homme devroit souhaiter
« qu'on ne le connût que par les récits que vous faites de
« ses écrits ; et il pourroit dire avec saint Augustin : *Ibi me*
« *vides, attende.* Je crois assurément que cet homme avoit
« de l'esprit; mais je ne sais si vous ne lui en prêtez pas un
« peu plus qu'il n'en a eu, par cet enchaînement si juste

1. Dans les petits changements que je fais au texte imprimé, je me rapproche le plus possible de la naïveté primitive de l'expression, d'après mon manuscrit.

« que vous faites de ses principes. Vous pouvez juger
« qu'ayant passé ma vie comme j'ai fait, on m'a peu con-
« seillé de lire cet auteur[1], dont tous les ouvrages n'ont
« rien de ce que nous devons principalement rechercher
« dans nos lectures, selon la règle de saint Augustin, parce
« que ses paroles ne viennent point de l'humilité et de la
« piété chrétienne, et qu'elles renversent les fondements de
« toute connoissance, et par conséquent de la religion
« même. C'est ce que ce saint Docteur a reproché à ces
« philosophes d'autrefois, qu'on nommoit Académiciens, et
« qui vouloient mettre tout dans le doute. Mais qu'avoit
« besoin Montaigne de s'égayer l'esprit, en renouvelant
« une doctrine qui passe avec raison parmi les Chrétiens
« pour une folie? *Si on allègue, pour excuser Montaigne,*
« *que dans tout ce qu'il dit il met à part la Foi, nous qui*
« *avons la Foi, nous devons mettre à part tout ce que dit*
« *Montaigne*[2]. Je ne blâme point dans cet auteur l'esprit,
« qui est un grand don de Dieu; mais il devoit s'en servir
« mieux, et en faire plutôt un sacrifice à Dieu qu'au Démon.
« Pour vous, Monsieur, vous êtes heureux de vous être
« élevé au-dessus de ces docteurs plongés dans l'ivresse de
« la science, et qui ont le cœur vide de la vérité. Dieu a
« répandu dans votre cœur d'autres douceurs et d'autres
« attraits que ceux que vous trouviez dans Montaigne : il

---

1. Un heureux hasard (que je dois à M. Hahn de Luzarches) fait que j'ai sous les yeux le catalogue manuscrit de la bibliothèque de M. de Saci, ou, pour parler exactement, l'*inventaire, prisée et estimation* faite par les marchands libraires Petit et Desprez des livres trouvés tant au monastère de Port-Royal des Champs qu'au bourg de Pomponne, qui appartenaient à feu M. de Saci, le tout évalué à la somme de « cinq mille trois cent soixante et onze livres quinze sols, sauf erreur; » la pièce portant date du 7 avril 1684. C'est une bonne et solide bibliothèque théologique. Les Bibles de toute sorte et de tout format y abondent naturellement : le traducteur de la Bible avait sous la main tous ses instruments. J'y vois aussi les principaux classiques latins : — Térence; — même Catulle et Tibulle; — d'Ovide, les *Fastes* seulement; quelques bons livres français, Joinville, Commines. De Charron, il y a *Les trois Vérités*, mais pas le livre de *la Sagesse*. Rien de Montaigne. Dans aucun temps M. de Saci ne crut devoir loger chez lui l'ennemi.

2. Comme tout ceci est doucement malicieux et fin, et (si Port-Royal le permet) de nuance attique!

« vous a rappelé de ce plaisir dangereux, *a jucunditate*
« *pestifera*, comme dit saint Augustin, d'autant plus croyable
« en cela, qu'il étoit autrefois dans ces sentiments : et
« comme vous dites de Montaigne que c'est par ce doute
« universel qu'il combat les hérétiques de son temps, ce
« fut aussi par ce même doute des Académiciens que
« saint Augustin quitta l'hérésie des Manichéens. Mais
« depuis qu'il fut à Dieu, il renonça à cette vanité qu'il
« appelle sacrilége ; il reconnut avec quelle sagesse
« saint Paul nous avertit de ne pas nous laisser séduire par
« ces discours : car il avoue qu'il y a en cela un certain
« agrément qui enlève ; on croit quelquefois les choses
« véritables parce qu'on les dit éloquemment. Ce sont des
« viandes dangereuses, dit-il, que l'on sert en de beaux
« plats ; mais ces viandes, au lieu de nourrir le cœur, le
« laissent vide. On ressemble alors à des gens qui dorment
« et qui croient manger en dormant. »

« M. de Saci dit encore à M. Pascal plusieurs choses semblables, sur quoi celui-ci lui dit que, s'il lui faisoit compliment de bien posséder Montaigne, et de le savoir bien tourner, il pouvoit lui dire sans compliment qu'il possédoit bien mieux saint Augustin, et qu'il le savoit bien mieux tourner, quoique peu avantageusement en faveur du pauvre Montaigne. Il (M. Pascal) lui parut être extrêmement édifié de la solidité de tout ce qu'il (M. de Saci) venoit de lui représenter. Cependant, étant encore tout plein de son auteur, il ne put se retenir et ajouta : « *Je vous avoue, Monsieur, que*
« *je ne puis voir sans joie* dans cet auteur la superbe raison
« si invinciblement froissée par ses propres armes, et cette
« révolte si sanglante de l'homme contre l'homme, laquelle,
« de la société avec Dieu où il s'élevoit par les maximes de
« sa foible raison, le précipite dans la condition des bêtes.
« *J'aurois aimé de tout mon cœur*[1] le ministre d'une si grande
« vengeance, si, étant humble disciple de l'Église par la foi,
« il eût suivi les règles de la morale.... »

---

1. Les éditions de Pascal lui font dire ici : *On aimeroit de tout son cœur..., on ne peut voir sans joie...* Pourquoi donc, quand on saisit sur le fait l'accent et l'homme, aller prendre plaisir à l'atténuer ? Les Jansénistes n'ont déjà que trop employé le *on* ; quand on rencontre le *je*, pourquoi l'ôter ?

On sait le reste; mais nous avons retrouvé le mouvement, cette verve, cette plénitude de Pascal qui, une fois lancé, ne peut s'arrêter et qui recommence toujours. L'admirable conclusion subsiste dans toutes les mémoires. Le Stoïcien s'érigeait en Dieu; l'Épicurien déprimait l'homme : tous deux, en sens divers, méconnaissaient la Chute. L'Homme-Dieu seul, comblant l'abîme, unit et répare : « Je vous demande pardon, Monsieur, dit tout d'un coup Pascal à M. de Saci, de m'emporter ainsi devant vous dans la Théologie, au lieu de demeurer dans la philosophie; mais mon sujet m'y a conduit insensiblement, et il est difficile de n'y pas entrer, quelque vérité qu'on traite, parce qu'elle est le centre de toutes les vérités. » Et M. de Saci qui écoute volontiers, qui n'intervient que pour donner le motif et mettre le correctif, réplique encore :

« M. de Saci ne put s'empêcher de témoigner à M. Pascal qu'il étoit surpris de la façon dont il savoit tourner les choses. Il avoua en même temps que tout le monde n'avoit pas le secret comme lui de faire sur ses lectures des réflexions si sages et si élevées. Il lui dit qu'il ressembloit à ces médecins habiles qui, par la manière adroite de préparer les plus grands poisons, en savent tirer les plus grands remèdes[1]. Il ajouta que quoiqu'il vît bien, par tout ce qu'il venoit de lui dire, que ces lectures lui étoient utiles, il ne pouvoit pas croire néanmoins qu'elles fussent avantageuses à beaucoup de gens dont l'esprit n'auroit pas assez d'éléva-

---

1. Dans une lettre de Leibnitz à M. Arnauld on lit quelque chose de tout pareil. Après une énumération d'une quantité d'auteurs plus ou moins hétérodoxes que l'infatigable lecteur a cru pouvoir se permettre, il ajoute qu'il en est résulté pour lui un effet entièrement contraire à celui que quelques personnes appréhendaient : « Le poëte l'a dit, quelquefois deux poisons mêlés ensemble deviennent un remède :

    Et, quum fata volunt, bina venena juvant. »

Cette chimie-là est sûre, je le crois bien, pour les esprits de la trempe d'un Pascal ou d'un Leibnitz.

tion pour lire ces auteurs et en juger, et pour savoir tirer quelques perles du milieu de ce fumier, d'où il s'élevoit même une noire fumée qui pouvoit obscurcir la foi chancelante de ceux qui les lisent ; que, par cette raison, il conseilleroit toujours à ces personnes de ne pas s'exposer légèrement à ces lectures[1]. »

(Et, après une dernière explication de Pascal :) « Ce fut ainsi que ces deux personnes d'un si grand esprit s'accordèrent enfin au sujet de la lecture des philosophes, et se rencontrèrent au même terme, où ils arrivèrent néanmoins d'une manière un peu différente : M. de Saci y étant venu tout d'un coup par la seule vue du Christianisme, et M. Pascal n'y étant arrivé qu'après beaucoup de détours, s'attachant aux principes de ces philosophes. »

Mais quel beau dialogue ! quelle magnifique entrée en matière de Pascal à Port-Royal ! Fermeté de tour, conduite et dessein, l'art, après coup, eût-il mieux trouvé ? La portée surtout m'en frappe ; je suppose qu'on en a relu tout le fond, Pascal en main. Sous deux chefs toutes les philosophies y passent, et toutes celles d'alors, et celles qui, depuis, ont essayé d'autres noms. On souffrira que j'insiste encore pour compléter mon *argument*.

Épictète et Montaigne, on les peut donc prendre au moral comme les deux chefs de file de deux séries qui, poussées jusqu'au bout, ramassent en effet tous les philosophes :

Épictète, chef de file de tous ceux qui relèvent l'homme, la nature humaine, et la maintiennent suffisante ;

Qu'ils soient ou Stoïciens rigides, ou simplement

---

[1]. J'ai respecté les longueurs ; le contraste naturel y est fidèlement observé. A côté de ce style vif, pressé, de Pascal, on suit ces phrases lentes, traînantes, et comme précautionnées de M. de Saci, qui pousse le sens jusqu'au bout dans son extrême clarté, et qui parachève son dire unique en douce patience.

Pélagiens, Sociniens, Déistes; croyant à la conscience avant tout comme Jean-Jacques, au sentiment moral des Écossais, aux lois de la raison pure de Kant, ou simples et humbles psychologistes, comme tel de nos jours entre nos maîtres, que nous pourrions citer; tous ils se viennent ranger, bon gré, mal gré, sous Épictète, en ce sens qu'ils s'appuient tous sur le *moi*.

Puis Montaigne, *sergent de bande,* comme il dirait, et des Sceptiques et de tous ceux qui ne s'appuient pas sur la grandeur morale intérieure, sur la conscience une et distincte; et en ce sens il préside non-seulement aux Sceptiques purs (Bayle, Hume), mais à tous les autres qui infirment l'homme et lui contestent son point de vue du *moi* central et dominant : ainsi les Matérialistes empiriques, qui vivent au jour le jour et nient autre chose que l'expérience des sens (Gassendi); les Athées qui supposent l'homme s'en tirant comme il peut en ce triste monde, moyennant des lois artificielles qu'il s'impose et qui sont nécessaires à sa pauvre espèce pour ne pas *s'entre-manger* (Hobbes); les Naturistes comme d'Alembert et Diderot, qui, tout en étant dans la bienveillance (d'Alembert), ou dans l'enthousiasme fréquent (Diderot), n'admettent de loi morale qu'une certaine affection, une certaine chaleur muable et propre à la nature de chaque animal; les Panthéistes et Spinosistes (dont est déjà Diderot[1]), qui, tout en admettant un grand ordre général et une loi du monde, y perdent l'homme comme un atome et un accident, comme une forme parmi une infinité de formes, lui nient sa liberté, et que son mal soit mal, que sa vertu soit vertu absolue. Et notez que ce Panthéisme et Spinosisme, que je range sous Mon-

---

1. Dans ces noms que je cite à l'appui des systèmes, qu'on ne voie qu'une manière d'éclaircissement. Je ne veux qu'ébaucher le cadre; les gens du métier préciseront.

taigne, comme absorbant la nature humaine et le moi, rejoint pourtant à certains égards le Stoïcisme, qui commence la série opposée. Le cercle des systèmes est accompli.

Mais n'est-il pas beau, et n'est-ce pas une figure parlante, de voir ainsi Pascal posant dès l'abord ces deux colonnes d'erreur (si on peut appeler Montaigne une colonne), et entre elles deux, l'une de pierre et l'autre de fumée, après qu'il en a donné la mesure, passant de la philosophie à la religion, pour être reçu à l'entrée par l'humble, fin et irréfragable M. de Saci? N'y a-t-il pas là, pour le fond, grandeur supérieure, et pour la bordure, pour l'intérêt du drame et de la scène, beauté presque égale à ce qu'on admire aux plus célèbres Dialogues anciens?

Ah! sans doute Platon est aussi charmant qu'inimitable, lorsque, dans ce divin dialogue du *Phèdre*, il fait asseoir ses interlocuteurs sous le platane, les pieds baignés dans l'Ilissus. Ici rien de tel. Pourtant, sous les ombrages que nous connaissons, vers une fin d'automne peut-être, la scène aurait de la grâce encore. Ombrage à part, on a dans M. de Saci le vrai Socrate chrétien, je l'ai dit, et non pas un Socrate d'après Platon, mais plutôt d'après Xénophon; juste, rien de trop, presque docile en enseignant; un petit train de *terre-à-terre*, mais qui découvre tout d'un coup le Ciel.

A côté du Dialogue de Sylla et d'Eucrate, nous mettrons donc désormais celui-ci, tout naturel qu'il est, comme pendant et contre-poids aux vieux chefs-d'œuvre. En ce genre des Dialogues, comme richesse moderne, les *Soirées de Saint-Pétersbourg* viendraient aussi tomber dans le même plateau.

Au moment d'entrer plus avant dans Pascal, que cette conversation nous a déjà dessiné si bien, il reste quelque chose à faire. Il ne s'est pas exprimé cette seule fois sur Montaigne ; Port-Royal, après lui, s'en est préoccupé souvent. Il nous importe, pour notre propre compte, de vérifier d'un peu près ces sentences, d'en rechercher toute l'explication, d'envisager nous-même Montaigne face à face, autant que le *face-à-face* est possible avec un tel homme. Même en venant là-dessus après Pascal, on peut espérer avoir à dire, quand on écrit presque à deux siècles d'intervalle et qu'on a vu toutes les conséquences. Et puis M. de Saci ne lui a-t-il pas répondu : « Je crois assurément que *cet homme avoit de l'esprit*[1]; mais je ne sais si vous ne lui en prêtez pas un peu plus qu'il n'en a eu, par cet enchaînement si juste que vous faites de ses principes? » Ce doute du sage est à examiner.

Et l'écrivain d'ailleurs nous promet, à titre d'étude, plus d'un rapprochement heureux, nécessaire, plus d'une lumière de style qui rejaillira sur Pascal d'abord, et qui dans le passé déjà parcouru, s'en reviendra jouer sur Balzac et saint François de Sales.

1. O la naïveté agréable!

II

Montaigne à la barre de Port-Royal; — moins heureux que Descartes. — Jugement sur lui : Nicole; *la Logique*. — Page fulminante. — Contagion des *Confessions*. — Clef de la sentence janséniste : Montaigne l'homme naturel. — Le Montaigne en chacun. — Il est partout, hors en Port-Royal. — Seul point commun, contre la Scolastique. — Montaigne aussi hors du milieu.

Mais, avant d'aborder l'écrivain, il y a une affaire plus pressante à régler avec Montaigne. Montesquieu a dit : « Dans la plupart des auteurs, je vois l'homme qui écrit, dans Montaigne l'homme qui pense. »

Par une destinée assez singulière, il se trouve que le caractère et le tour de sa pensée perdent du premier coup Montaigne auprès des hommes de Port-Royal moins avisés sur d'autres points de la ligne philosophique; que, dénoncé et signalé dans cette précision par Pascal, il leur paraît représenter désormais tout ce que sera un jour la philosophie du dix-huitième siècle; qu'il en est pour eux un abrégé parlant, une prophétie anticipée et redoutable; et que nos Messieurs la résument d'avance, la combattent et la haïssent en lui. *Le Moi est haïssable*.

Cette philosophie du seizième ou du dix-huitième

siècle était assez peu représentée directement sous leurs yeux par quelque grand personnage vivant. Descartes, bien qu'il eût ouvert une large porte à l'examen de la raison réduite à elle seule, avait, dès le second pas, rejoint les grandes solutions métaphysiques, conformes au Christianisme ; et son génie novateur, mais religieux, qui certes eût donné de l'ombrage à Jansénius ou à Saint-Cyran, et qui n'obtenait pas grâce devant Pascal, séduisait Arnauld, qui n'en devait combattre le développement que dans Malebranche, et encore sans se douter de la parenté avec Spinosa. Malebranche et Spinosa, ces deux jumeaux ennemis, issus de Descartes, et encore éloignés d'ailleurs à cette date où nous sommes, n'étaient point, précisément à cause de leur élévation métaphysique et de leur appareil spéculatif, de ces philosophes bien redoutables pour le siècle et pour le milieu de la société. On n'en pouvait dire autant de Montaigne, qui allait s'insinuant, et qui devait faire si aisément la chaîne et comme le pourparler jusqu'à Bayle et au delà. Il y avait, vers cette moitié du dix-septième siècle, assez d'écrivains, soit graves et accrédités auprès des doctes, tels que La Mothe-Le-Vayer, soit frivoles ou à la mode auprès des frivoles, tels que Saint-Évremond, il y avait dans le monde assez d'esprits *libertins*, pour dénoter et accuser la persistance de ce mal philosophique qu'on appelait à Port-Royal et qu'on spécifiait du nom de Montaigne. Celui-ci devint donc une grande figure adversaire directe. Il est douteux toutefois que les autres Messieurs de Port-Royal se fussent donné et indiqué cet adversaire, si Pascal au début ne s'en était chargé et ne l'avait installé sur ce pied-là.

Bizarrerie de fortune et d'accueil qui frappe au premier coup d'œil, mais qui s'explique très-bien ! De Descartes et de Montaigne, l'un, si absolu, réussit à Port-Royal et s'infiltre, où l'autre, si attirant et si aimable, n'attrapera que des injures. Ce qui sauve Descartes dans l'esprit des solitaires, c'est sa gravité de ton, son sérieux; ce qui compromet et décèle l'autre, c'est son ton badin, familier, *enjoué* (il a, dit-on, inventé le mot). Précisément, ce qui fait son charme près de tous l'a perdu ici.

Les jugements de Port-Royal sur Montaigne sont nombreux et à recueillir, bien qu'ils semblent faits pour choquer. Une fois dressé au seuil par cette main puissante de Pascal, il demeure en vue et en butte aux survenants : c'est leur ennemi, leur mauvais génie et comme la bête noire du désert, un Sphinx moqueur. Ils se signent en passant devant lui.

Pascal, du moins, ne l'a jamais malmené qu'avec cette intelligence supérieure qui est encore un hommage d'égal à égal. Montaigne se peut étudier, je l'ai dit, au sein de Pascal. Il fut pour lui, à certaines heures, le renard de l'enfant lacédémonien, le renard caché sous la robe; Pascal en était souvent repris, et mordu, et dévoré. En vain il l'écrase, il le rejette : le rusé revient toujours. Il s'en inquiète, il le cite, il le transcrit quelquefois dans le tissu de ses propres *Pensées*, et on s'y est mépris dans l'Édition donnée par ses amis : il y a des phrases de Montaigne qu'on y a laissées comme étant de Pascal [1]. Montaigne s'était ancré en lui, sous air d'y vouloir à peine loger. Aussi quelle vengeance ! quelles représailles ! Il ne le traite pas toujours grandement comme dans l'entretien avec M. de Saci : il l'insulte et le rapetisse, il voudrait l'avilir : « *Il est plein de mots sales et déshonnêtes... Le sot projet que Montaigne a eu de*

---

1. Ou du moins c'est du Montaigne rédigé plus brièvement par Pascal; ainsi la pensée : *Plaisante justice qu'une rivière ou une montagne borne...*; et cette autre : *Le plus grand philosophe du monde sur une planche....* Voir le chapitre intitulé : *Apologie de Raimond Sebond.*

se peindre...; » puis, presque aussitôt, on a un retour, une réminiscence : « *Montaigne a raison, la coutume doit être suivie...;* » ou encore, ce qui est plus explicite et qui lui échappe à titre d'éloge : « Ce que Montaigne a de bon ne peut être acquis que difficilement; ce qu'il a de mauvais (j'entends hors les mœurs) eût pu être corrigé en un moment, si on l'eût averti qu'il faisoit trop d'histoires et qu'il parloit trop de soi. » Et ailleurs il le qualifie tout d'un coup *l'incomparable auteur de l'Art de conférer*[1]. Combien de fois Montaigne, dans les temps de cette conversion combattue, avait-il porté la défaite en lui ! On pourrait résumer de la sorte : Pascal, dans toute sa vie et dans toute son œuvre, n'a fait et voulu faire que deux choses, combattre à mort les Jésuites dans les *Provinciales*, ruiner et anéantir Montaigne dans les *Pensées*.

Pour Nicole, j'ai regret de le dire, il renchérit trop ici, comme c'est l'ordinaire des seconds; Montaigne a trop l'air pour lui d'être un plastron, tant il va dauber avec rudesse. Ces armes, que Pascal a faites si vigoureuses, deviennent aussitôt lourdes, hors de ses mains, et paraissent massives. Voici une page des *Essais de Morale* qui court risque d'être jugée un peu grosse de ton et un peu crue dans sa verdeur judicieuse. Il s'agit des plaisirs et des deux manières de s'y adonner, l'une directe, sensuelle et toute *brutale*, l'autre philosophique, indirecte, et non moins *brutale* définitivement : car c'est à cette fin que Nicole tient à ravaler son adversaire, ce délicat épicurien de la raison :

« Mais la seconde manière, dit-il, de s'abandonner aux plaisirs est infiniment plus dangereuse, lorsque c'est la

---

[1] Dans le petit écrit de Pascal sur *l'Art de persuader*, lequel je soupçonne, d'après quelques mots, d'une époque antérieure à sa grande conversion.

raison même qui nous livre aux sens; et c'est ce qui arrive à certains esprits qui ont assez de lumières pour reconnoître qu'il n'y a rien de solide en tout ce que les hommes estiment, et que les grandes charges, les grands desseins, la science, la réputation et toutes les autres choses semblables n'ont qu'un faux éclat et une véritable misère.

« ... La raison venant à considérer le peu de fruit qu'elle tire de toutes ces choses, les peines qui les accompagnent, et que tout cela ne la peut garantir de la mort lorsqu'elle n'est pas éclairée par une autre lumière, elle ramène l'homme au lieu même d'où elle l'avait tiré, et elle lui fait embrasser par raison et par désespoir cette vie brutale dont elle l'avoit éloigné :... *Nonne melius est comedere et bibere, et ostendere animæ suæ bona de laboribus suis? Ne vaut-il pas mieux manger et boire, et faire goûter à son âme du fruit de ses travaux*[1].

« On peut dire que ce dernier degré comprend tout le livre et tout l'esprit de Montaigne. C'est un homme qui, après avoir promené son esprit par toutes les choses du monde, pour juger ce qu'il y a en elles de bien et de mal, a eu assez de lumières pour en reconnoître la sottise et la vanité.

« Il a très-bien découvert le néant de la grandeur et l'inutilité des sciences ; mais, comme il ne connoissoit guère d'autre vie que celle-ci, il a conclu qu'il n'y avoit donc rien à faire qu'à tâcher de passer agréablement le petit espace qui nous est donné.

« Ainsi, comme le Saint-Esprit a jugé si important de nous faire connoître l'aveuglement de notre raison lorsqu'elle est privée de la lumière de la Foi, qu'il a voulu nous représenter ses égarements dans un livre canonique (*l'Ecclésiaste*)..., de même il semble qu'on puisse tirer quelque utilité du livre de Montaigne, puisqu'il représente très-naïvement les mouvements naturels de l'esprit humain, ses différentes agitations, ses démarches pleines de tiédeur, et la *fin brutale* où il se réduit après avoir bien tourné de tous côtés[2]. »

---

1. *Ecclésiaste*, chap. II, 24.
2. *Essais de Morale*, tome VI, p. 223.

C'est sans doute pour punir Nicole de cette page, ou de quelque autre pareille, que Vauvenargues, bien sévère cette fois, a dit (il s'agit de *Lacon* ou du *petit Homme*) : « Il y a beaucoup d'ouvrages qu'il admire,... le *Traité du vrai Mérite* qu'il préfère, dit-il, à La Bruyère. Il met dans une même classe Bossuet et Fléchier, et croit faire honneur à Pascal de le comparer à Nicole, dont il a lu les *Essais* avec une patience tout à fait chrétienne. » Nicole, qui vaut mieux que Vauvenargues ne le dit là, et qui, sous son ton gris, a aussi ses finesses particulières et ses nuances, s'est attiré en plus d'une occasion l'impatience et les chiquenaudes des délicats, lui qui l'était ; il s'est fait tancer par Racine, par le marquis de Sévigné, et peut-être par La Bruyère[1].

1. N'est-ce pas en souvenir de ce jugement de Nicole, on peut se le demander, que La Bruyère, qui au fond tient tant de Montaigne, non-seulement pour le style et pour la méthode décousue avec art, mais aussi pour la manière de juger l'homme et la vie, a écrit ce mot souvent cité : « Deux écrivains dans leurs ouvrages ont blâmé Montaigne, que je ne crois pas, aussi bien qu'eux, exempt de toute sorte de blâme : il paroît que tous deux ne l'ont estimé en nulle manière. L'un ne pensoit pas assez pour goûter un auteur qui pense beaucoup ; l'autre pense trop subtilement pour s'accommoder des pensées qui sont naturelles. » Les Clefs de La Bruyère, qui toutes s'accordent sur Malebranche pour le second de ces auteurs, varient pour le premier entre Balzac et Nicole. A voir la différence des temps, *l'autre* PENSE, *l'un ne* PENSOIT *pas*, il semblerait qu'il s'agit ici d'un auteur déjà mort, par conséquent de Balzac. Mais Balzac d'ailleurs ne remplit pas toute la condition, et l'on ne saurait dire de lui qu'il n'estimait Montaigne *en nulle manière*. D'un autre côté, la page qui se lit au tome VI des *Essais de Morale* n'avait point paru à temps pour être connue de La Bruyère. Il est possible que celui-ci ait eu particulièrement en vue le passage de *la Logique ou l'Art de penser*, qui sera cité tout à l'heure ; il y aurait en ce cas, sous ce mot *ne pensoit pas assez*, une double épigramme. Et de plus il n'était peut-être pas fâché de laisser quelque doute dans l'application, et de se réserver une porte de sortie sur Balzac. Ce qui est certain, c'est qu'on ne voit pas que La Bruyère ait été lié le moins du monde avec Port-Royal, qui du reste finissait à l'époque où l'auteur des *Caractères* se produi-

Madame de Sévigné, qui était en guerre avec son fils sur Nicole qu'elle trouvait *délicieux*, et qui aurait bien voulu faire *un bouillon* d'un certain petit traité de lui pour l'avaler, madame de Sévigné, dans sa raison libre et conciliante, ne pensait pas moins de bien de Montaigne. Elle était de l'avis de madame de La Fayette, qui disait que c'eût été le plus agréable voisin. A propos d'amusements dans ses loisirs de Livry : « En voici un que j'ai trouvé, s'écrie-t-elle, c'est un volume de Montaigne que je ne croyois pas avoir apporté. Ah ! l'aimable homme ! qu'il est de bonne compagnie ! c'est mon ancien ami ; mais, à force d'être ancien, il m'est nouveau. (Il est vrai que la page qu'elle vient de lire avec larmes raconte la tendresse du maréchal de Montluc pour son fils, et elle, dans la sienne, c'est à sa fille qu'elle pense.) Mon Dieu ! que ce livre est plein de bon sens[1] ! »

Madame de Sévigné a beau faire ; en vain, de son ton le plus aisé, elle essaye de rompre à cet endroit la ru-

sit. L'abbé Grégoire s'est laissé aller à une conjecture complaisante lorsque, dans ses *Ruines*, il nous le présente comme de compagnie avec les autres illustres dans les promenades du vallon. La Bruyère, religieux encore, mais sur bien des points pénétré de Montaigne, lui cédant en détail et ne se courrouçant point contre lui ; La Bruyère, qui couronna, par un très-beau chapitre philosophique chrétien, un livre qui s'était assez aisément passé de Christianisme jusque-là, n'avait aucun goût pour cette austérité de réforme hérissée de controverse, et, comme on l'a indiqué précédemment, c'est aux Jansénistes au moins autant qu'aux Jésuites qu'il pensait en introduisant dans ce même chapitre des *Ouvrages de l'Esprit* cette remarque sensée à l'adresse des factums de tout genre, et principalement théologiques, qui vieillissent si vite et dont, une fois le moment passé, l'on ne veut plus : « Ils deviennent des *Almanachs* de l'autre année. » Sentence terrible de justesse, à laquelle, en critique sagace, il mettait déjà les noms!

1. Madame de Sévigné avait pour maxime : *Glisser sur les pensées* ; et Montaigne : « Il fault légierement couler le monde et le glisser, non pas l'enfoncer ; la volupté mesme est douloureuse dans sa profondeur. »

desse théologique des solitaires; en vain, Nicole et Montaigne ensemble, elle les porte sans duel dans son cœur et les fait en elle s'embrasser : la trêve en reste là, et nous ne sommes pas au bout des rigueurs. *La Logique*, sortie surtout de la plume d'Arnauld, mais où Nicole eut grande part, va redoubler la dureté et presque l'invective. Dès le premier Discours, il est question du Pyrrhonisme : « C'est une secte de *menteurs*, dit-on; aussi se contredisent-ils souvent en parlant de leur opinion, leur cœur ne pouvant s'accorder avec leur langue, comme on le peut voir dans Montaigne, qui a tâché de le renouveler au dernier siècle. » Mais il faut en passer par la terrible page elle-même (chap. XX, 3e partie); c'est à propos des sophismes d'amour-propre, d'intérêt et de passion : on conseille d'éviter de parler directement de soi, car rien ne blesse plus l'amour-propre des autres. Ces Messieurs ne soupçonnaient pas que, par un repli plus secret, cela quelquefois au contraire intéresse; en général ils vont moins au fin et au subtil qu'au solide et au sensé.

« Feu M. Pascal, qui savoit autant de véritable rhétorique que personne en ait jamais su, portoit cette règle jusques à prétendre qu'un honnête homme devoit éviter de se nommer, et même de se servir des mots de *je* et de *moi*; et il avoit accoutumé de dire sur ce sujet que la piété chrétienne anéantit le *moi* humain, et que la civilité humaine le cache et le supprime. Ce n'est pas que cette règle doive aller jusqu'au scrupule; car il y a des rencontres où ce seroit se gêner inutilement que de vouloir éviter ces mots; mais il est toujours bon de l'avoir en vue, pour s'éloigner de la méchante coutume de quelques personnes qui ne parlent que d'eux-mêmes, et qui se citent partout, lorsqu'il n'est point question de leur sentiment : ce qui donne lieu à ceux qui les écoutent de soupçonner que ce regard fréquent vers eux-mêmes ne naisse d'une secrète complaisance.... C'est ce qui fait voir qu'un des caractères les plus indignes d'un honnête homme est celui que Montaigne a affecté, de n'entretenir ses lecteurs que de ses humeurs, de ses inclinations, de ses fantaisies, de ses maladies, de ses vertus et de ses vices ; et qu'il ne naît que d'un défaut de jugement aussi bien que d'un violent amour de soi-même. Il est vrai qu'il tâche autant qu'il peut d'éloigner de lui le soupçon d'une vanité basse et populaire, en parlant librement de ses défauts aussi bien que de ses bonnes qualités, ce qui a quelque chose d'aimable par une apparence de sincérité ; mais il est facile de voir que tout cela n'est qu'un jeu et qu'un artifice qui doit le rendre encore plus odieux. Il parle de ses vices pour les faire connoître, et non pour les faire détester ; il ne prétend pas qu'on doive moins l'en estimer ; il les regarde comme des choses à peu près indifférentes, et plutôt galantes que honteuses : s'il les découvre, c'est qu'il s'en soucie peu, et qu'il croit qu'il n'en sera pas plus vil, ni plus méprisable ; mais, quand il appréhende que quelque chose le rabaisse un peu, il est aussi adroit que personne à le cacher. (Et ici on remarque, d'après Balzac, qu'il a bien su nous dire qu'il avait un *page,* et qu'il n'a pas eu le même soin de rappeler que, comme Conseiller au Parlement, il avait eu un *clerc*).... Mais ce n'est pas le plus grand mal de cet auteur que la vanité, et il est plein d'un si grand nombre d'infamies honteuses et de maximes épicuriennes et impies, qu'il est étrange qu'on l'ait souffert si longtemps dans les mains de tout le monde, et qu'il y ait même des personnes d'esprit qui n'en connoissent pas le venin.

« Il ne faut point d'autres preuves pour juger de son libertinage que cette manière même dont il parle de ses vices ; car, reconnoissant en plusieurs endroits qu'il avoit été engagé en un grand nombre de désordres criminels, il déclare néanmoins en d'autres qu'il ne se repent de rien, et que, s'il avoit à revivre, il revivroit comme il avoit vécu.... (Et l'on cite à l'appui une série de phrases de Montaigne, en les ramassant toutefois et en les isolant de leur lieu[1].) Pa-

---

[1]. La première phrase des *Confessions* de Rousseau semble avoir été calquée sur ce passage de la *Logique,* pour en vérifier tout exprès et en défier l'anathème : « ... Que la trompette du Jugement dernier sonne quand elle voudra... Être éternel, rassemble autour de moi l'innombrable foule de mes semblables : qu'ils écoutent mes

roles horribles, ajoute-t-on, et qui marquent une extinction entière de tout sentiment de religion, mais qui sont dignes de celui qui parle ainsi en un autre endroit : *Je me plonge la teste baissée stupidement dans la mort, sans la considérer et recognoistre, comme dans une profondeur muette et obscure, qui m'engloutit tout d'un coup et m'estouffe en un moment, plein d'un puissant sommeil, plein d'insipidité et d'indolence....* » (Et pour conclusion dernière de cette digression virulente :) « C'est une effronterie punissable que de découvrir ses désordres au monde sans témoigner d'en être touché, puisque le dernier excès de l'abandonnement dans le vice est de n'en point rougir et de n'en avoir ni confusion ni repentir, mais d'en parler indifféremment comme de toute autre chose : en quoi consiste proprement l'esprit de Montaigne [1]. »

Je ne flatte assurément pas ici nos amis de Port-Royal en les citant; et rien n'est plus fait pour offenser toutes les sympathies involontaires en faveur de Montaigne, que ce ton emporté qui sent l'école ou tout au moins la secte. Pourtant, au milieu de cette pesanteur sans goût et de cet emportement à outrance, un point demeure remarquable, sur lequel on dirait que le génie de Pascal encore présent aiguise, irrite la prévoyance de Nicole et d'Arnauld, en leur décelant dans ce livre des *Essais* le germe de tant d'écrits futurs où le *moi* jouera le seul rôle. Ne semble-t-il pas en effet que, de même que Jansénius

confessions, qu'ils gémissent de mes indignités, qu'ils rougissent de mes misères...; et puis qu'un seul te dise, s'il l'ose : *Je fus meilleur que cet homme-là!* » Voilà ce qui s'appelle du Montaigne à haute dose, à l'état héroïque. Mais c'est moins le principe que le ton qui est changé.

1. Il parut dans le temps un petit livre intitulé : *Réponse à plusieurs Injures et Railleries* écrites contre Michel de Montaigne dans un livre intitulé *la Logique*..., par Guillaume Béranger (in-12, 1667); je l'ai recherché avec curiosité, et n'y ai rien trouvé. L'auteur rectifie les citations et s'attache à venger Montaigne, mais sans pointe et assez platement. Il n'a pas même l'air de bien savoir d'où sort la *Logique.*

aurait pressenti et combattu le *Vicaire savoyard* dans Pélage, nos Messieurs pressentent et voudraient étouffer d'avance dans les *Essais* les *Confessions* de Jean-Jacques et toute cette série d'ouvrages qui sont les *Confessions* de saint Augustin sécularisées et profanées, des confessions sans conversion, par amusement, par art, par ennui[1]? Ne semblent-ils pas vraiment, dans leur saine droiture, vouloir déraciner déjà toute cette forêt, à l'état de graine encore légère, de branchages encore clairs, riants et flexibles chez Montaigne, mais bientôt et plus tard forêt épaisse et sombre et vénéneuse, mortelle aux Werther et à tous rêveurs qui s'endormiront sous son ombrage; bois de mort, pareil au lugubre bosquet de cyprès et de myrtes dont Virgile parle en son Enfer (*Secreti celant calles*...), séjour tortueux des suicides, et dans lequel en silence, l'œil farouche, à la vue d'Énée s'enfonça Didon :

.... Atque inimica refugit
In nemus umbriferum?......

Mais est-il bien utile après cela d'étudier Montaigne? et M. de Saci nous le permettrait-il? Je n'oserais tout à fait répondre. Pourtant, lors même que nous serions amis et historiens beaucoup plus soumis que nous ne le sommes en effet, il y aurait encore quelque chose de rassurant. On a remarqué avec une sagace justesse et un goût que la morale affermit et dirige, que les écrits,

---

1. Dans ce fameux chapitre *sur des Vers de Virgile*, Montaigne a dit : « Si c'est indiscrétion de publier ainsi ses erreurs, il n'y a pas grand danger qu'elle passe en exemple et en usage; car Ariston disoit que les vents que les hommes craignent le plus sont ceux qui les descouvrent. » Depuis lors les humeurs des hommes ont changé plus que les vents; depuis Montaigne renouvelé par Rousseau, ce n'a été que confessions de gens avides de *se découvrir, affamés de se faire connaître*. On répète et l'on pratique d'après lui : « Il fault veoir son vice et l'estudier, pour le redire. »

en s'éloignant de nous, perdent souvent ce qu'ils avaient d'actuellement émouvant et de contagieux au moment où ils parurent; que la distance permet, quand une part de génie les a dictés, d'en suivre les mérites, d'en observer et d'en discerner les traits, sans plus rien de cette confusion de la vie avec l'œuvre, ni de cette fièvre morale que le voisinage et la production récente inoculent. Ainsi pour Montaigne : s'il y a eu danger, s'il y a eu venin à l'origine, ce venin, après deux siècles et demi de plein air, a perdu son action vivante; il est ailleurs aujourd'hui circulant sous d'autres formes, coulant avec séve et se renouvelant dans d'autres rejetons dont les parfums surprennent et attirent, autant qu'ils peuvent troubler. Insouciant, badin et paresseux Montaigne, si perfide et si insinuant que tu puisses être, l'émotion directe et mauvaise aujourd'hui n'est plus là[1]!

Donc entrons-y franchement, et, sans vouloir les contrastes, sans forcément les produire, sachons les saisir aussi quand ils se lèvent d'eux-mêmes, et nous en donner le spectacle instruisant. Eussions-nous pu mieux imaginer, en vérité? Après Saci, Montaigne; après l'homme de la teneur continue, celui qui en a le moins, qui fait par le monde l'école buissonnière perpétuelle, le curieux amusé de tout, l'indiscret *affamé* de tout dire!

Si l'on entre dans la lecture de Montaigne comme lui-même est entré dans ses sujets, au hasard, au fur et à mesure, et n'importe par quel bout, on ne laisse pas, si prévenu qu'on soit, d'être surpris d'abord de ce jugement des Jansénistes, et on se trouve avoir affaire

---

1. Ces précautions s'appliquaient surtout, on le sent, à un Cours public. En écrivant pour des lecteurs, l'inconvénient du libre examen s'atténue encore. — L'ingénieuse remarque sur la moralité relative des écrits est de M. Vinet (*Revue Suisse*, janvier 1838).

à un autre homme que celui qu'on se figurait d'après eux. Il n'a l'air de rien; il ne veut rien de vous; s'il a une fin, il la cache bien, et tous moyens apparemment lui sont bons pour y arriver. Point de hâte; ce sont des anecdotes bien contées, ramassées on ne sait d'où (tant elles sont disparates), qu'il enfile à l'avenant. Il en tire courte matière à morale, mais à une morale toute simple et comme admise de tous, et qui semble n'être là que comme un fil léger et flottant pour l'aider à assortir tant bien que mal ses histoires. Où en veut-il venir avec sa morale en action et avec ses maximes: que *la plus commune façon d'amollir les cœurs de ceux qu'on a offensés, quand ils ont vengeance en main, c'est de les émouvoir par soumission, mais que d'autres fois la constance et la résolution ont servi au même effet* (à la bonne heure!); que *c'est un sujet merveilleusement vain, divers et ondoyant, que l'homme* (ce qui est bien dit, mais ce que chacun sait); que *nous ne sommes jamais chez nous, toujours au delà, dans la crainte, l'espérance ou le souvenir*; que *les esprits non embesognés, comme les terres oisives, foisonnent en toutes sortes de folles herbes*; et que *l'âme qui n'a point de but établi se perd*? On accorde tout cela; comment le nier? Et, chemin faisant, il semble si occupé surtout de son anecdote du moment, si adonné et affectionné à en deviser, comme Boccace le serait ou quelque Arabe conteur, qu'on ne se méfie pas d'un tel homme, qu'on est presque tenté de le ranger, comme il faisait de Rabelais, au rang des auteurs *simplement plaisants*; on prend confiance, on est gagné plus qu'à demi.

Assurément, se dit-on, cet homme est avant tout un amuseur, et un amuseur avant tout amusé. Approchant de la quarantaine, le voilà qui s'est retiré chez lui, en son manoir rural, cherchant le repos et se voulant simplement rasseoir en soi; mais son esprit, dans cette oisiveté nouvelle, et ne sentant plus la bride, lui a échappé, et s'est mis à enfanter *tant de chimères et de monstres fantasques* les uns sur les autres, sans suite ni propos, que pour en contempler à son aise *l'ineptie et l'étrangeté* il a commencé de les enrôler par écrit, espérant avec le temps s'en faire honte à lui-même, mais s'en donnant plaisir en attendant. Il nous met de la partie sans vergogne et de bonne grâce; il nous donne jour en bon voisin sur sa fantaisie; ce n'est pas là un commerce si gravement dangereux. Rêver, niaiser, moraliser en un lieu, est la devise.

Et puis ce qu'il nous dit en cet assaisonnement d'histoires qu'il va quêtant de partout et qu'il nous sert toutes fraîches et vives, à travers ce vrai ramage d'historiettes assemblées comme oiseaux en sa volière; ce qu'il nous récite à travers cette diversité d'adages que nous savons de reste, ce semble, et que le bon Sancho savait aussi, mais auxquels, dans cette bouche gasconne et sous ce parler figuré, nous trouvons une nouveauté piquante; ce qu'il nous dit moyennant tout cela, s'il y a à redire et à contredire, est-ce donc de si grave et si prompte conséquence? Car ce n'est pas l'homme même, en son essence générale, qu'il prétend nous enseigner, ce n'est pas la règle substantielle et souveraine; ce n'est que lui, Michel de Montaigne, qu'il nous débite en sa mince étoffe, — après tout, ce n'est que lui.

Sans plus de prélude, non, ce n'est pas lui seul qu'il nous débite; c'est nous en même temps que lui, c'est tout l'homme et la nature. S'il nous gagne si aisément, c'est qu'il nous a nous-mêmes pour auxiliaires et complices. « Chasque homme, il le sait bien, porte la forme entière de l'humaine condition. »

Et chez lui plus qu'ailleurs cette forme humaine est entière. On a tout dit sur Montaigne depuis plus de deux siècles qu'on en parle, et quand de grands et charmants esprits, Pascal en tête, y ont passé : il est pourtant une chose qu'on n'a pas assez fait ressortir, je le crois, c'est que Montaigne, ce n'est pas un système de philosophie, ce n'est pas même avant tout un sceptique, un pyrrhonien; non, Montaigne, c'est tout simplement la nature :

La nature pure, et civilisée pourtant, dans sa large étoffe, dans ses affections et dispositions générales moyennes, aussi bien que dans ses humeurs et ses saillies les plus particulières, et même ses manies; — la *Nature au complet sans la Grâce.*

L'instinct, une fois éveillé, ne trompe pas : ce que les Jansénistes haïssent surtout dans Montaigne, c'est qu'il est, par excellence, l'homme naturel.

Montaigne a été élevé par un père tendre et soigneux de son éducation; mais la religion ne l'a pas le moins du monde atteint, ni de bonne heure modifié : on lui a appris le latin dès le berceau plus que le Catéchisme. Son père, qui avait fait la guerre en Italie et vu le monde, espèce de philanthrope à idées originales, l'envoya élever au village, comme un Émile du seizième siècle, et le fit tenir sur les fonts de baptême par des gens de la plus abjecte fortune, pour lui apprendre à ne mépriser personne, surtout le pauvre peuple, et pour l'y rendre obligé et attaché. Ce bon père poussait le soin envers lui jusqu'à le faire éveiller au son de quelque instrument. Ses premières études furent toutes de langues et d'expériences courantes, sans aucune combinaison abstraite et aucune fatigue. Il grandit de la sorte, doux, traitable, assez mol et oisif, et cachant sous ces dehors assez lents des imaginations déjà hardies. Son premier goût vif au Collége de Guyenne où on l'a placé, mais où la libéralité paternelle l'environne d'aise, sa première prédilection se déclare pour les *Métamorphoses* d'Ovide, cet Arioste d'autrefois. C'est sa lecture favorite, enfantine et toute païenne; ce sont les armes d'Achille sur lesquelles sa fantaisie soudaine s'est jetée; et par là il *enfile* tout d'un train, nous dit-il, l'*Énéide*, Térence, Plaute et les comédies italiennes. Il joue les tragédies latines de Buchanan et de Muret à son collége, et juge déjà impertinents ceux qui trouvent à redire à ce plaisir; à treize ans son cours d'études était fini. Ces autres plaisirs qui font le premier attrait de la jeunesse, et dont le juste retard commence aussitôt pour elle la difficile vertu, ces plaisirs sont d'abord les siens, et il se souvient à peine de s'en être jamais privé. Son esprit libre par nature, et que l'éducation avait si peu contraint, avait, à part soi, sous cette forme d'abandon, des *remuements fermes*, des jugements *sûrs et ouverts* autour des objets, et *digérait* seul ses pensées sans aucune communication. Le romanesque, qui n'est pas dans la nature, mais qu'une certaine imagination d'abord sophistiquée développe et caresse en nous, ne le tenta point. L'amour, qu'il aimait tant comme plaisir, et qu'il avouait le plus grand de ceux de nature, ne l'occupa jamais exclusivement comme passion. La chaleur moins téméraire et moins fiévreuse, plus générale et universelle, de l'amitié, eut en lui la préférence; on sait combien vive il l'a éprouvée, comment admirable et belle il l'a dépeinte. Par tous ces endroits que je pourrais multiplier encore, il me paraît comme un exemplaire complet et tempéré de la nature même; il est dans le milieu de l'humanité non chrétienne, mais civile, honnête et soi-disant raisonnable. Dans un temps de guerres civiles, il se maintient sans passion, sans ambition; il s'acquitte de plusieurs charges avec honneur, sans cet éclat qui vous y attache à jamais, et il redevient vite, de Monsieur le Conseiller au Parlement, ou de Monsieur le Maire de Bordeaux, simplement homme. Être homme, voilà sa profession; il n'a d'autre métier, n'approfondissant rien de trop particulier, de peur de se perdre, de s'expatrier hors de cette profession humaine et générale. Il n'a pas seulement en lui, nous dit-il, de quoi examiner, pour la science, un enfant des classes moyennes à sa première leçon; mais, en deux ou trois questions, de mesurer et de tâter à nu la qualité du jeune esprit, voilà ce qu'il peut faire. Ainsi il vit, actif et dégagé, faisant des pointes perçantes dans chaque chose, et rentrant à tout moment dans une sorte d'oubli, dans l'état naturel et libre des facultés, pour se retremper à la source même : homme avant tout, et après tout.

L'âge lui a amené des changements, mais graduels, mais selon l'âge. En fait de goût et de lectures, il a passé d'Ovide à Lucain, de Lucain à Virgile, c'est-à-dire, du premier abandon égayé de l'enfance à une certaine élévation plus enflée et plus stoïque, qui s'est bientôt rabattue elle-même à plus de juste douceur. Ainsi, par rapport à l'argent, d'abord il fut prodigue, dépensier et vivant un peu à l'aide de ses amis; et puis, en un second temps, il a de l'argent, et le soigne, le serre un peu trop; et puis, après quelques années, un bon démon le tire de cette vie sottement resserrée, et le détend dans une juste mesure, en une sorte de *tierce* vie plus plaisante et mieux réglée : « C'est que je foys courir ma despense quand et quand ma recepte; tantost l'une devance, tantost l'aultre, mais c'est de peu qu'elles s'abandonnent. » Ce sont les trois temps correspondants d'Ovide, de Lucain et de Virgile.

Il s'est marié à trente-trois ans, cédant un peu à la coutume; il est devenu père; il a rempli fort convenablement ses devoirs nouveaux, tout déréglé qu'on l'avait pu croire; il les a tenus mieux qu'il n'avait espéré ni promis. Il vieillit, menant ainsi chaque chose en sa saison; et parlant de la vie : « J'en ai veu l'herbe, dit-il, et les fleurs, et le fruict, et en veois la seicheresse : heureusement, *puisque c'est naturellement.* » Le mot revient comme la chose. Montaigne, en tout (plus je le considère, et plus je m'y confirme), c'est donc la pure nature.

Et pour que ceci ne se perde pas dans l'esprit comme une locution trop fréquemment et vaguement usitée, qu'on me laisse y revenir en tous sens, et traverser, percer, pour ainsi dire, tout droit devant moi avec cette vue.

Il y a du Montaigne en chacun de nous. Tout goût, toute humeur et passion, toute diversion, amusement et fantaisie, où le Christianisme n'a aucune part et où il est comme non avenu, où il est, non pas nié, non pas insulté, mais ignoré par une sorte d'oubli facile et qui veut se croire innocent, tout état pareil en nous, qu'est-ce autre chose que du Montaigne? Cet aveu qu'à tout moment on fait de la nature jusque sous la loi dite *de Grâce*, cette nudité inconsidérée où l'on retombe par son âme naturelle et comme si elle n'avait jamais été régénérée, cette véritable *Otaïti* de notre âme pour l'appeler par son nom, voilà proprement le domaine de Montaigne et tout son livre. Ne nous étonnons pas que Pascal ait eu tant de peine à se débarrasser de lui, Montaigne étant encore moins la philosophie que la nature : c'est le *moi*. Ce n'est la philosophie, en un sens, que parce qu'on a déjà chez lui la nature toute pure qui se décrit et se raconte.

Pascal a foudroyé Montaigne; il a serré ses pensées pour l'accusation capitale, et les a confrontées dans une violence permise au seul croyant, — je dis permise, si finalement le résultat s'y trouve. Et pourtant, afin de se bien expliquer Montaigne et cette indulgence de *tant de personnes d'esprit qui n'y reconnaissent pas le venin,* comme s'en plaint Arnauld dans *l'Art de penser*, il faut, sauf à revenir ensuite aux conclusions de Pascal, délier le faisceau de son accusation, éparpiller de nouveau chaque chose, comme elle l'est dans ce libre auteur, et se donner l'impression diversifiée de l'ensemble [1]. Eh bien! à tout prendre, les trois quarts de Montaigne ne diffèrent pas au fond de ce qui a cours ailleurs en littérature choisie, de ce qu'on lit dans les poëtes d'abord, chez qui on ne l'a pas repris parce qu'ils l'ont dit sans intention malicieuse : les Anciens presque tous, Virgile doutant des mânes obscurs et nous soupirant son *placeant ante omnia sylvæ*; Horace avec son *linquenda tellus*; le Tourangeau Racan dans sa pièce de *la Retraite*, dans son Ode moins connue à Bussy :

> Donnons quelque relâche à nos travaux passés :
> Ta valeur et mes vers ont eu du nom assez
>   Dans le siècle où nous sommes.

1. Cette impression ressort encore mieux quand on recourt aux plus anciennes éditions des *Essais*, à la première de toutes (1580), qui n'a que deux livres, et même à celle de 1588 (la cinquième), qui a les trois livres plus *six cents* additions aux deux premiers. Ces éditions, et surtout celle de 1580, font un effet tout autre que celui auquel nos *Montaigne* d'après Coste nous ont accoutumés. On y surprend mieux le dessein primitif, comme dans les premières impressions de La Bruyère et de La Rochefoucauld. Le Père Niceron (après Coste) a très-bien remarqué que le texte de Montaigne est *plus suivi* dans ces éditions de début que plus tard à partir de la cinquième, *parce que ce texte, qui ne contenoit d'abord que des raisonnements clairs et précis, a été coupé et interrompu par les différentes additions que l'auteur y a faites, par-ci, par-là, en différents temps.* Cela est évident dès les premiers chapitres en comparant, et même à simple vue d'œil : moins de citations, pas une note, peu ou pas d'indications de nom pour les auteurs cités; des extraits bien moins chargés de ses lectures; des chapitres extrêmement coupés pour la plupart; enfin on sent aussitôt le gentilhomme amateur dont la plume court, et le premier jet d'une fantaisie qui s'est ensuite bien des fois repliée sur elle-même, et qu'à leur tour les éditeurs, depuis mademoiselle de Gournay, ont jalonnée et comme numérotée à chaque pas. Mais on pourrait montrer que pour son compte, dans ses éditions dernières, Montaigne a introduit à la fois du désordre, et aussi, je crois, du système.

Il faut aimer notre aise, et, pour vivre contents,
Acquérir par raison ce qu'enfin tous les hommes
　　　Acquièrent par le temps.

Que sert à ces galants ce pompeux appareil
Dont ils vont dans la lice éblouir le soleil
　　　Des trésors du Pactole?
La gloire qui les suit, après tant de travaux,
Se passe en moins de temps que la poudre qui vole
　　　Du pied de leurs chevaux.

. . . .

Employons mieux le temps qui nous est limité;
Quittons ce fol espoir, par qui la vanité
　　　Nous en fait tant accroire :
Qu'Amour soit désormais la fin de nos désirs;
Car pour eux seulement les Dieux ont fait la gloire,
　　　Et pour nous les plaisirs!

Maynard dans sa belle Ode *à Alcipe :*

　　　Alcipe, reviens dans nos bois,
　　　Tu n'as que trop suivi les Rois....

dans laquelle, pour l'engager à jouir de sa fin de journée, il lui dit que tout meurt, tout, les villes, les empires, le Ciel même avec son soleil :

　　　Et l'Univers qui, dans son large tour,
　　　Voit courir tant de mers, et fleurir tant de terres,
　　　Sans savoir où tomber, tombera quelque jour¹!

La Fontaine en mille endroits de ses fables les plus sues :

Mais voit-on que le somme en perde de son prix?

Chaulieu dans *Fontenay,* Voltaire dans son Épître à

---

1. Voir Sénèque, chœur d'*Hercule au mont OEta*, acte III : *Quis mundum capiet locus?*

Horace.... C'est assez. Mais combien des pensées de Montaigne ne se trouvent épicuriennes que dans ce sens-là, c'est-à-dire de l'épicuréisme des poëtes! « Si ma santé me rid et la clarté d'un beau jour, me voylà honneste homme. »

Une autre part à faire dans Montaigne est celle de l'érudit. Il y a maint chapitre (et on les pourrait citer presque tous) où, comme dans celui qui a pour titre *De l'Incertitude de notre jugement*, la pensée de l'auteur n'est là évidemment que pour servir de prétexte, d'enseigne, telle quelle, à ces histoires qu'il savait et ne voulait pas perdre occasion de débiter. Il était du seizième siècle en cela, et, comme par l'autre côté il touchait aux poëtes et rêveurs atteints de la muse, par celui-ci il tombait dans l'Aulu-Gelle et le Macrobe, dans le compilateur d'anecdotes et le collecteur de *Stromates*, allant à la chasse aux épigraphes, aux apophthegmes, aux jolis textes et curiosités de toutes sortes, comme Ménage et l'abbé de Marolles, si l'on veut, ou La Monnoie.

Il faudrait encore faire une part en lui à l'écrivain amoureux d'écrire et de s'exprimer, aussi amoureux de le faire, quoi qu'il en dise, que purent l'être Pline et Cicéron.

Voilà peut-être, au vrai et au naïf, les trois quarts de Montaigne, et ce qui, pour n'être pas chrétien, n'est certes pas réputé impie, en détail, là où on le rencontre chez les auteurs qu'on s'attend à trouver profanes, ou chez nous-même : mais l'autre quart chez Montaigne a donné l'éveil; en mettant expressément à part la religion, en la faisant si grande et si haute, et la voulant si fort révérer, qu'il lui coupe toute communication avec le reste de l'homme, il s'est trahi; on s'est alarmé. Ce que chez l'ordinaire des auteurs on laisse passer ou qu'on traite comme des curiosités indifférentes, des naïvetés et des enfances de l'homme, a paru grave chez lui; tout a pris un sens; on l'a vu partout cauteleux.

M. de Saci pourtant, s'il avait lu Montaigne lorsque Pascal lui en parla; M. de Saci, en qui la règle était d'aller et de demeurer tout entier, par tous les points de son être et de sa vie, sous la volonté de Dieu (*in lege Domini fuit voluntas ejus die ac nocte*), aurait eu, j'en suis sûr, une réplique toute prête; il aurait dit (je ne réponds que du sens) :

« Cet auteur à qui vous prêtez tant d'esprit, lui composant son système, qu'il l'ait eu ou non, trouve à coup sûr, sans système, son appui et, pour parler bonnement, son compère au sein de la plupart des hommes, même soi-disant Chrétiens, mais qui vivent comme si la Croix n'était pas. — J'aime les bois et m'y promène en rêvant, et je m'y retire vers la fin de ma vie, à mon aise, dénouant toute autre obligation et *n'épousant que moi*. Où est le Christianisme? — J'aime cette fleur, ce rayon, ce gazon sur lequel le somme est doux, et où le songe m'apporte mille chimères; je me complais à cette tente d'ici-bas, comme si elle avait été dressée à demeure. Où est le Christianisme? — J'aime l'étude et les curiosités de mœurs et de coutumes, et les livres de voyages, et le Diable habillé en cent façons depuis la mode cannibale, un peu nue, jusqu'à l'italienne, sans m'inquiéter s'il est Diable ou non, mais seulement s'il est plaisant. Où est le Christianisme? — Je lis Montaigne à mes heures perdues, et sans autre but que de lire. Où est le Christianisme? »

M. de Saci pourrait ainsi continuer longtemps; mais, pour ne pas courir le risque d'altérer dans notre conjecture sa simple et stricte parole, et d'y omettre surtout les textes d'or qu'il emprunterait à la Sagesse sacrée, je reprendrai en mon nom, tenant à bien fixer sur l'entière étendue de la ligne morale ces frontières absolues du Jansénisme et de tout Christianisme rigide. A ce point de vue, le Montaigne, et tout ce qui se peut naturaliser sous ce nom, s'étend bien plus loin qu'on ne pense. Sous un air de se particulariser, de se réduire en singulières manies, il a touché le coin d'un chacun, et a été d'autant mieux, dans son portrait, le peintre et le pipeur de la majorité des hommes, qu'il s'est le plus minutieusement détaillé lui seul. Chacun a son lopin en lui.

Êtes-vous critique ; aimez-vous, par goût trop cher, ces miscellanées de l'esprit ; aimez-vous, comme dit Bayle, *faire des courses* sur toutes sortes d'auteurs (Montaigne dit *faire une charge ou deux* ; et, avec son esprit *primesautier*, ce qu'il n'a pas vu en un livre dès la première charge, il ne le voit guère en s'obstinant) ; aimez-vous donc cette gaie maraude au réveil ; en prenez-vous de toutes mains, comme La Fontaine :

J'en lis qui sont du Nord et qui sont du Midi ;

faites-vous ce métier à toute verve et par entraînement, sans nulle règle ni crainte de dériver ? Prenez garde, Chrétien, c'est du Montaigne.

Êtes-vous philologue, et adonné aux pistes des noms et des mots (comme il l'est par endroits, — à ce début du chapitre *des Destriers*) ; dans cette science à mille détours, si vous n'avez toujours présent et inscrit le grand nom, le Verbe éternel, si vous suivez et adorez l'écho tout le jour, le plus lointain écho, et qu'il vous mène ; ou si vous êtes poëte, et si c'est la rime, autre piste de mot, qui trop loin vous tire ; quel que soit le gibier favori auquel on s'oublie et qui fourvoie en ensorcelant[1], prenez garde, c'est du Montaigne.

---

1. Se rappeler, précédemment, page 84 de ce volume (livre II, chap. IX).

Vous êtes moraliste, et vous observez le monde; vous n'avez qu'un soin, voir ce qui est et le bien dire, le bien atteindre d'un mot droit frappé. Les ridicules surtout, les vices vous piquent au jeu, et votre satire ingénieuse prend sur eux revanche et victoire. Né chrétien et Français, vous allez aussi loin qu'il se peut en cette pente difficile, et l'on ne sent presque nulle part en tout votre livre (tant vous regardez d'un ferme et libre coup d'œil!), ni que vous êtes sujet soumis à une Cour, ni que vous vivez chrétien sous le joug d'une grâce ou d'une loi. Parce que vous finissez ce livre, si piquant de tout point, par un chapitre élevé et sincère, empreint d'une sorte de Cartésianisme religieux, vous croyez l'avoir couronné et consacré suffisamment. Et pourtant, malgré cette Croix qui se dresse à la pointe du dernier chapitre, prenez garde, ô La Bruyère! c'est quasi du Montaigne.

Vous êtes docte, érudit; vous employez l'érudition à haute fin, à la démonstration évangélique : quoi de plus grand? Élève de Bochart, vous courez à toutes les origines reculées des peuples, et il vous plaît de suivre dans leurs plus douteux rameaux la dispersion par le monde des fils de Noé : à la bonne heure! Mais l'érudition vous possède; elle vous tient clos dans votre palais d'évêque, quand vos ouailles vous attendent et vous réclament; elle vous enchantait dans votre solitude d'Aulnay, et vous promène dans ses méandres de questions, si bien que la démonstration évangélique elle-même ne semble par moments qu'un fil commode entre vos mains, pour enchaîner et tresser toutes vos rares glanures. Une sorte de scepticisme circule et se joue au fond de tout cela[1]; prenez garde, Monsieur d'Avranches, prenez garde, c'est du Montaigne.

1. Voir, si l'on veut, la *Démonstration évangélique*, au cha-

Vous êtes chrétien, vous êtes saint, et la charité même; mais cette affabilité riante que vous avez, et qui est un don, se remplit des images qu'elle produit. Si vous parlez, si vous écrivez, tout s'anime; vous donnez de graves conseils, et les images gracieuses se pressent, et vous les prodiguez; elles vous sourient de plus belle, et vous les redoublez. Votre plume involontairement s'égaie et s'amuse, et caresse sa fleur : prenez garde, aimable saint, cher saint François de Sales, c'est du Montaigne.

On pourrait pousser en vingt autres sens, et ce serait faire du Montaigne, en en parlant[1]. Et je ne prétends pas dire, on le veut bien croire, que tous ces auteurs, ces hommes qui s'oublient à quelque goût humain, à quelque humeur personnelle, qui se prennent à l'un de ces pièges dressés en lui comme en nous à fleur de terre, soient des impies et des anti-chrétiens : il n'y a qu'un Père Garasse pour soutenir cela; mais je prétends que, sincères et peut-être très-religieux d'ailleurs, ces hommes sont inconséquents sur ce point, qu'ils échappent par cette tangente à l'exact Christianisme, et retombent plus ou moins à la *bonne loi naturelle*[2].

pitre VIII de la *Proposition* IV : Apollon, Pan, c'est Moïse; Priape, Esculape, c'est Moïse; Minos, Rhadamante, Orphée, Aristée, Protée, c'est encore Moïse, vrai Protée en effet. Au chapitre XI, l'auteur nous apprend qu'aucune nation de la Grèce n'a gardé autant de rites hébraïques que les *Athéniens!* On ne s'y attendait guère. Passe encore quand il soutient que les Juifs et les *Spartiates* étaient frères germains.

1. Pardon, pardon ! mais ceci encore : un écrivain artiste qui se dirait : « Ç'a toujours été mon unique méthode : oublier, oublier dans les intervalles, et à chaque fois, sur chaque sujet, recommencer comme de plus belle, après le sommeil; recommencer l'art, la jeunesse, la Grèce, la matinée : seul moyen d'avoir la fraîcheur et la fleur, ce que les Grecs appellent *Thalia*. » Pur Montaigne.

2. Allons plus au fond : que veux-je faire en tout ceci? Inculquer le Jansénisme et le plaider? Oh! non pas. Mon but est surtout historique, on le sait; mais il est philosophique aussi, qu'on me

Il en est, sachons-le bien, du cœur de presque chacun comme de certains pays où le Christianisme, en s'implantant, n'a guère fait que recouvrir et revêtir à la surface l'ancien culte qu'on y reconnaîtrait encore. Ainsi dans une Églogue sur Naples :

> Paganisme immortel, es-tu mort ? On le dit ;
> Mais Pan tout bas s'en moque, et la Sirène en rit.

Ce paganisme-là, immortel en ce monde jusque sous le Christianisme et plus raffiné dès lors, plus compliqué au cœur que l'ancien, se peint et brille dans sa réflexion la plus lucide en tout Montaigne.

Montaigne est, à ma conjecture, l'homme qui a su le plus de flots. Du flux et du reflux, il ne semble en avoir cure, ni de la grande loi régulière qui enchaîne la mer aux cieux : mais les flots en détail, il en sait de toute couleur et de toute risée ; il y plonge en des profondeurs diverses, et en rapporte des perles et toutes sortes de coquilles. Surtout il s'y berce à la surface, et s'y joue, et les fait jouer devant nous sous prétexte de se

permette de le dire, plus philosophique peut-être qu'il ne paraît. Je tiens à faire ressortir et à montrer, tantôt le côté abrupt, tantôt le côté plausible du point de vue janséniste, à indiquer l'état et le remède chrétien, s'il se peut, mais au moins, mais au pis, à noter le mal humain, à démasquer la fourbe humaine et l'inconséquence presque universelle. C'est ce que je crois de plus vrai, après tout ; aux moments même où j'ai le malheur de ne pas espérer la réparation et le mieux, c'est encore dans ce sens réel que m'apparaît en fait la généralité des choses. — Entre Montaigne et Pascal, serré ici que nous sommes, toute ambiguïté cesse ; lâchons le mot : rien n'est plus voisin d'un chrétien à certains égards qu'un sceptique, mais un sceptique mélancolique et qui n'est pas sûr de son doute. J'aurais encore atteint mon but quand mon travail sur Port-Royal ne serait que l'histoire d'une génération de Chrétiens, écrite en toute droiture, par ce sceptique-là, respectueux et contristé. — Et n'était-il point un de nos pareils celui qui a dit : « Je suis assez profondément sceptique pour ne pas craindre par moments de paraître chrétien. »

mirer, jusqu'à ce qu'il en vienne un tomber juste à nos pieds, et qui soit notre propre miroir : par où il nous tient et nous ramène.

Il y réussit mieux que tel écrivain de son temps, naturel et riche aussi, bien mieux que le très-païen Rabelais, par exemple. Mais Rabelais est une manière de poëte, et un poëte fumeux. Sa pensée s'enveloppe, se dérobe à tout moment dans le tourbillon montant de sa fantaisie. Il a d'ailleurs des mares trop infectes par endroits, pour que tous aillent aisément s'y mirer. Montaigne, au contraire, sauf quelques taches vilaines, est en général limpide, attrayant; le cardinal Du Perron l'appelait *le Bréviaire des honnêtes gens*, et il en est à toute page le miroir.

Un caractère de Port-Royal, une de ses originalités pour nous en ce moment, c'est, dans tout son cours, de n'offrir pas trace de Montaigne. On approfondira, en avançant, le cas particulier de Pascal; mais chez les autres, comme nous les connaissons déjà, dans cette suite d'hommes de Dieu, de Saint-Cyran à Saci, pas un point moral ou littéraire, pas un bout auquel on puisse rattacher de près ni de loin le nom du tentateur. M. d'Andilly au plus est effleuré. La sauvegarde ici consiste dans cette règle unique, partout appliquée : *In lege Domini*..., toute leur vie, nuit et jour, rangés et ramassés sous la Croix !

Sur un fait de méthode, sur un seul, on se surprend à relever entre eux et lui une rencontre de bon esprit et de justesse : il s'agit de l'éducation des enfants. Montaigne est un grand ennemi de la logique scolastique; il en veut à *Baroco et Baralipton*, qui rendent leurs suppôts, dit-il, crottés et enfumés : « Nostre enfant est bien plus pressé; il ne doibt au paidagogisme que les premiers quinze ou seize ans de sa vie; le demourant est deu à l'action. Employons un temps si court aux instructions nécessaires. Ce sont abus : ostez toutes ces subtilitez espineuses de la dialectique, de quoy nostre vie ne se peult amender ; prenez les simples discours de la philosophie, sçachez les choisir et traicter à poinct : ils sont plus aysez à concevoir qu'un Conte de Boccace[1].... » Arnauld, le dogmatique Arnauld, aussi croyant à la vérité démontrable que Montaigne l'est peu, a réalisé pourtant le vœu de celui-ci et presque répété son mot en cette même *Logique*, où le philosophe est si mal traité. Il la composa, par manière de *divertissement*, pour le jeune duc de Chevreuse (fils du duc de Luines), dans la vue de lui aplanir cette étude réputée si ardue, et se faisant fort de la lui apprendre *en quatre ou cinq jours*. Est-ce à dire, comme le veut Montaigne, que la chose devienne aussi facile qu'un Conte de Boccace? Arnauld, quoi qu'il en soit, a comme tenu ici la gageure du gai penseur, lequel, après avoir essuyé la terrible page, est cité plus honorablement et mis à contribution au paragraphe suivant sur les inconvénients de *l'esprit de dispute* : Arnauld, pour le ton, en aurait dû mieux profiter.

A cet article de l'éducation des enfants, il est un autre endroit par où Montaigne et Port-Royal ont l'air de se toucher, mais pour se séparer aussitôt. Le principe dans les petites Écoles était d'employer le moins possible la rigueur physique ; je ne sais même si on y recourait du tout ; il n'y est pas question de *fouet*[2]. On renvoyait les indociles, s'il y en avait. M. de Saint-Cyran, dans une lettre écrite de Vincennes à M. de Rebours, dit : « Je croirois beaucoup faire pour eux, quand même je ne les

---

1. *Essais*, livre I, chapitre xxv.
2. Dans un livre intitulé : *les Règles de l'Éducation des Enfants*, par M. Coustel, un des maîtres de Port-Royal, on peut voir (tome I, p. 177), le seul chapitre où la *verge* soit nommée, et encore plutôt comme figure.

avancerois pas beaucoup dans le latin jusqu'à douze ans, pourvu que je leur fisse passer le premier âge dans l'enceinte d'une maison ou d'un monastère à la campagne, en leur permettant tous les passe-temps de leur âge, et ne leur faisant voir que l'exemple d'une bonne vie dans ceux qui seroient avec moi.... » Mais là finit toute ressemblance dans les deux modes d'institution, ressemblance qui n'a l'air d'en être une que par opposition aux méthodes d'alentour. M. de Saint-Cyran ne pensait pas que ce fût une préparation si nécessaire au labeur de la vie de faire éveiller les enfants au son d'un instrument, comme on avait fait pour Montaigne; et quand celui-ci s'écrie en une sorte d'ivresse : « Combien leurs classes seroient plus décemment jonchées de fleurs et de feuillées que de tronçons d'osier sanglants! J'y ferois pourtraire la Joye, l'Alaigresse, et Flora, et les Grâces..., » il passe les bornes, comme un enfant d'Aristippe qui oublie le mal d'Adam; et Port-Royal aurait trop aisément de quoi répondre[1].

Montaigne, qui parle si bien de modération, et qui met la sagesse dans le milieu, en sort lui-même, à sa manière, en ces moments où il la fait si *joyeuse*, et *triomphante*, et *suprême;* on se rappelle la page célèbre (*Essais*, liv. I, chap. XXV); qu'on la relise encore! son talent d'écrivain triomphe plus que tout en cette espèce d'hymne passionné qu'il entonne à sa fabuleuse sagesse. Je crois voir Épicure qui sort de table

---

1. *Le mal d'Adam*, le mal de tout mortel! Dans cet Hymne antique *à Apollon*, qu'on rapporte à Homère, et dont la première partie est si sublime, au moment où le jeune Dieu, arrivant dans l'Olympe, y introduit aussitôt l'amour du chant et de la lyre, il est dit : « Et toutes les Muses en chœur, se répandant avec leurs belles voix, se mettent à chanter les dons incorruptibles des Dieux et les misères infinies des hommes, lesquels, ainsi qu'il plaît aux Immortels, vivent insensés et impuissants, et ne peuvent trouver un remède à la mort ni une défense contre la vieillesse! »

la couronne de fleurs un peu dérangée, la démarche un peu chancelante, dans un demi-délire. Je ne sais quelle verve d'expression l'emporte, et, pour parler sa langue, quelle *fureur* de poésie *le ravit et le ravage*. Mais les maux réels, inévitables, où sont-ils? les pleurs du berceau à la tombe; les sueurs du chemin; l'agonie, la mort ici-bas, qui est *le comble éternel*, ce *dernier acte* qui, si belle qu'on fasse la pièce, est *toujours sanglant?*

Pascal aussi met l'humanité dans le milieu, et la grandeur de l'âme humaine à n'en point sortir; et plein de ses angoisses, de celles de ses frères, mais comptant l'Homme-Dieu dans l'humanité (ce qui change tout), il s'écrie à la face de l'autre : *Qui tient le juste milieu? qu'il paroisse et qu'il le prouve!*

III

Suite de Montaigne; arrière-fond. — De ces mots qui jugent. — Sur le repentir. — Sur l'immortalité; que l'esprit est *un traitre*. — Son chapitre capital, *Apologie de Raimond Sebond*. — Dogmatisme latent; tactique. — Labyrinthe et but. — Style d'enchanteur. — Langue individuelle. — Postérité; influence. — Convoi idéal de Montaigne. — Les funérailles encore de M. de Saci.

Assez de prélude; assez faire la part de ce que j'ai appelé les trois quarts de Montaigne : reste le dernier quart, le centre de la place, à pénétrer. J'irai hardiment. Pascal et les hommes de Port-Royal, en étant si décidés, si durs, et quelques-uns (je l'ai regretté) si violents de ton, contre Montaigne sur le chapitre de la religion, ne l'ont pourtant pas calomnié. Quelle que soit en lui la part naïve, oublieuse et entraînée, il y a l'arrière-fond réfléchi et voulu, qui donne à tout un sens et en fait comme une amorce. Tout ce qui se pouvait donc remuer, chez ces hommes religieux, d'inimitié et d'effroi contre la nature ainsi repeinte, contre ce perpétuel paganisme sous main adoré, s'est aussitôt rassemblé sur Montaigne, une fois sa pointe aperçue, et y a déchargé les tonnerres. La méthode de celui-ci, aux endroits qui l'ont décélé, peut se qualifier à bon droit perfide. Il excepte d'ordinaire la religion, et la met hors de cause, comme trop respectable pour qu'on en parle ; ce qui ne l'empêche pas, chemin faisant, d'en parler. Il est contre la traduction et la lecture des Écritures, et il s'arrange bien mieux en ce sens, comme en beaucoup d'autres, de l'habitude catholique romaine que de l'exigence des Réformés. Il y a du politique sage en cela, et autre chose encore. Il veut laisser au prêtre seul l'usage, dit-il, de ces *saintes et divines chansons* (il entend les Psaumes); lui laïque, lui simple auteur de fantaisie, il ne vise si haut; le simple *Patenôtre* est assez; il dirait volontiers, à force de faire respectables ces livres et ces sujets de réflexion éternelle :

Sacrés ils sont; *que* personne n'y touche !

Plus la porte du temple est haute, et moins on court risque de s'y heurter le front. Ce genre d'extrême en pareille matière, il le sait, touche de près à la désuétude. Il s'accommoderait à merveille de certains pays où, la cérémonie faite, on est libre, où l'on est cardinal et *honnête homme*. C'est là ce qui ressort de tout son livre[1]. Je sais qu'il est mort convenablement, comme Gassendi, comme La Rochefoucauld, avec tous les témoignages sacramentels; il a *fait une fin :* sans prétendre juger la personne en ce moment insondable, le livre du moins est ouvert à tous, et je le juge.

Maint chapitre, celui *des Prières,* celui *du Repentir,* seraient aussi décisifs, à les serrer de près, que l'*Apologie de Raimond Sebond.* Même en ces chapitres, il se pourrait opposer, contrairement à l'esprit général, telle phrase juste, modérée en religion, incontestable[2].

---

1. Mademoiselle de Gournay, dans sa Préface, ne le défend contre Baudius, sur l'article religieux, que comme un excellent Catholique et *puissant pilier de la foi des simples ;* — oui, des *très-simples.*
2. Ainsi le chapitre *des Prières* finit par une pensée aussi sensée

C'est bon sens, oubli parfois, ruse peut-être. On ne sait jamais sur quoi compter avec ces sortes d'hommes, Bayle, Montaigne ; on peut dire d'eux, comme Pascal de l'Opinion, qu'ils sont d'autant plus fourbes qu'ils ne le sont pas toujours. Mais ici le causeur va s'excuser, sans doute, par son peu de mémoire, car il se vante de l'avoir *merveilleuse en défaillance.* Pascal s'est chargé de lui en donner ; il lui a tenu lieu de mémoire coordonnante et centrale ; il a forcé les faits de coexister fermement les uns à côté des autres, et d'articuler en cette confrontation ce qu'ils avaient dans l'âme. Il a dit comme Jansénius, et en usant de la règle de saint Augustin, qui conclut du sens aux mots plutôt que des mots au sens : « Nous qui savons ce que vous pensez, nous ne pouvons ignorer pourquoi vous dites ces choses[1]. »

Pascal (car c'est Pascal déjà, autant que Montaigne, que nous étudions au cœur en ce moment) a dit encore : « Un mot de David, un de Moïse, comme celui-ci, *que Dieu circoncira les cœurs* (Deutér. XXX, 6), fait juger de leur esprit. Que tous les autres discours soient équivoques et qu'il semble douteux s'ils sont de philosophes ou de Chrétiens, un mot de cette nature détermine tous les autres. Jusque-là l'ambiguïté dure, et non pas après. » L'inverse, la contre-partie de la proposition est vraie pour Montaigne : s'il est des mots qui déclarent, il en est qui décèlent ; s'il en est qui consacrent tout un ensemble de pensées, il en est qui le trahissent. Ce sont de ces mots de droite ou de gauche, des éclairs qui

---

que pieuse de ton, comme s'il avait craint d'être allé un peu loin. En collationnant avec la première édition (1580), on remarque toutes les phrases de précaution qu'il avait négligées d'abord et qu'il a successivement ajoutées, en même temps que d'autre part il doublait la dose de malice.

1. Précédemment, page 112 de ce volume (livre II, chapitre x).

traversent toute la région[1]. Les mots *sales* de Montaigne, toutes les fois qu'il touche de près et au fond à l'homme, ce certain rire avilissant, avec lequel il lui tire et lui achève de déchirer sa guenille, voilà, sous tout l'enjouement et la fleur du propos, sous cette fausse gentillesse, ce par quoi il s'échappe bien assez. Car ces mots humiliants à dessein (écoutez-les), il ne les articule jamais comme Pascal avec douleur, mais avec un malin plaisir et presque en se frottant les deux mains de contentement. Ces seuls accents le jugeraient. On a fait un livre intitulé *le Christianisme de Montaigne*, comme on en a fait un sur *le Christianisme de Bacon*. M. De Maistre a fort éventé celui-ci; quant à Montaigne, le simple coup d'œil eût dû avertir, et je ne vois pas ce qu'on gagnerait, à toute force, à faire conclure qu'il peut bien avoir paru très-bon catholique, sauf à n'avoir guère été chrétien[2].

Il existe, dans chaque auteur qui pense, un ensemble, un esprit, et comme une atmosphère morale au sein de laquelle certaines croyances, même non produites, sont devinées; on sent du moins qu'elles y pourraient vivre. Ou bien, au contraire, on comprend qu'elles y jureraient aussitôt, et qu'elles seraient là comme des monuments

1. Ainsi ce mot de Molière en parlant du pauvre : « Où la vertu va-t-elle se nicher! »
2. Comme jeu de rhéteur, et en se faisant avocat, on trouverait surtout dans le *Journal de Voyage* de Montaigne *en Italie*, et dans les dévotions qu'il y raconte, de quoi étayer cette thèse où se sont aventurés Dom Devienne et M. La Bouderie. Mais ce qui me frappe le plus dans ces humbles notes de voyage, et ce que j'aimerais à y remarquer, c'est le positif et le minutieux matériel du détail, c'est à quel point Montaigne voyageant ne faisait point selon la mode de nos jours, où l'on jette tout d'abord ses phrases et où l'on plaque, en quelque sorte, ses impressions au-devant des faits. Lui, il prenait patience, voyait et recueillait tout peu à peu, et se laissait faire : la réflexion viendra en son lieu. — (J'ai traité depuis ce sujet, *Montaigne en voyage*, au tome II des *Nouveaux Lundis*.)

hors de leur ciel. Ainsi l'idée de repentir, de conversion, de *coup de grâce*, qui est le fond et le moyen du vrai Christianisme, n'est pas concevable avec le milieu des observations et comme dans le courant d'air de Montaigne. A vingt ans, pense-t-il, nos âmes sont *dénouées*; on est ce qu'on sera, et on promet tout ce qu'on pourra; notre force se montre, ou jamais. N'espérez guère correction, si défaut il y a. On n'extirpe pas les qualités originelles, on les couvre, on les cache. Il est, si l'on cherche bien, en chacun de nous, une forme *nôtre*, une *forme maîtresse*, qui lutte contre l'institution et contre le flot des passions contraires. Voilà ce qui dure et triomphe : on ne réforme que l'apparence. Tout cela est très-vrai en général; mais est-ce tout? En racontant la vie et l'âme de nos solitaires, en cherchant même à poursuivre en eux, par delà leur conversion, les restes de cette première et maîtresse nature, avons-nous tout expliqué? n'y a-t-il pas eu, à un certain moment prescrit, je ne sais quelle infusion nouvelle, un ressort imprévu et inconnu qui a donné[1]? De nos jours même, en ce temps très-peu fertile, ce semble, en miracles, j'ai ouï parler à plus d'un chrétien clairvoyant de quelqu'un de sa connaissance qui s'était modifié soudainement par un coup intérieur, qui était devenu autre et méconnaissable dès lors, entrant tout d'un coup dans le bien qu'il avait fui ou haï jusque-là, et y marchant jusqu'au bout avec persévérance? En un mot, bien que sans écho retentissant, n'y a-t-il pas toujours lieu au tonnerre et à la voix, sur le chemin de Damas? — Je ne pose moi-même que des questions.

1. Ce repentir qui vient *à certain instant prescript*, Montaigne n'y croit pas, et le trouve, dit-il, *un peu dur à imaginer et à former*. « Je ne suys pas la secte de Pythagoras, *que les hommes prennent une âme nouvelle quand ils approchent des simulacres des Dieux pour recueillir leurs oracles.* » (Chapitre *du Repentir*.) Ce Pythagore est bien trouvé, mais nous en sommes à saint Paul.

Ce que nous disons là du repentir, il faut le redire de l'idée d'*immortalité :* elle fuit peu à peu en lisant Montaigne. Il ne croit volontiers qu'à la jeunesse : à vingt ans donc, on est en puissance ce qu'on sera; à trente, on a le plus souvent fait ses plus grandes choses. Si, plus tard, la science et l'expérience semblent augmenter, la vivacité, la promptitude, la fermeté, ces autres parties bien plus *nôtres, se fanissent et allanguissent.* La vieillesse *nous attache plus de rides en l'esprit qu'au visage*[1]*;* il ne se voit presque point d'âmes, en avançant, qui ne sentent *l'aigre et le moisi* (Amyot disait le *rance*) : « Puisque c'est le privilége de l'esprit, continue l'agréable malicieux, de se r'avoir de la vieillesse, je lui conseille, autant que je puis, de le faire : qu'il verdisse, qu'il fleurisse ce pendant, s'il peult, comme le guy sur un arbre mort. » Et il ajoute en branlant la tête : *Je crainds que c'est un traistre.* Voilà de ses mots. Affirmons pour lui. Il n'a pas l'idée de ce perfectionnement inverse spirituel et moral, de cette maturité croissante de l'être intérieur sous l'enveloppe qui se flétrit, de cette éducation perpétuelle pour les cieux, seconde naissance, jeunesse immortelle, qui se garde et se gagne, qui s'augmente en s'épurant, qui se renouvelle d'autant qu'elle dure davantage, et qui fait que parfois, pour ce printemps éternel, le vieillard en cheveux blancs n'est qu'en fleur. — Illusion peut-être, utopie dernière, mais de celles qu'un Franklin lui-même caressa !

Le chapitre capital de Montaigne, et de plus longue haleine, dans lequel sa vigueur s'est donné le plus de champ, est celui qu'il intitule : *Apologie de Raimond*

---

1. Et les rides du front passent jusqu'à l'esprit,

a dit Corneille; mais de ces vers-là dans Corneille, quand on en ferait provision, on ne conclurait jamais à rien de diminuant pour l'essence humaine; car *l'atmosphère* morale, justement, y est tout autre, fortifiante et toute généreuse.

Sebond. Nous sommes au centre : ici tout porte, tout est ménagé, calculé, tortueux, disant le contraire en apparence de ce que le maître conclut à part soi et qu'il insinue. Mais, à presser l'intention, le soi-disant pyrrhonisme ne tient pas; ce rôdeur universel sait où en venir. Je concevrais un chapitre intitulé, non pas *le Christianisme de Montaigne*, mais *le Dogmatisme de Montaigne*, qui serait précisément tiré de là. L'appareil est géométrique chez Spinosa, il est sceptique chez l'autre; mais le fond ne me paraît pas plus douteux [1]. Même après Pascal, et pour dégager ce dogmatisme clandestin, ne craignons pas d'entrer un peu avant en ce chapitre singulier.

Il paraît avoir été composé à l'intention de la reine Marguerite (femme de Henri IV), cet aimable et délicieux écrivain, égal dans sa manière à Montaigne, savante, curieuse de doctes entretiens, très-peu prude de mœurs, et non moins dégagée que lui de toute espèce d'idée gênante. Elle finit pourtant par prendre le parti de la dévotion, et eut quelque temps pour aumônier Vincent de Paul, qui commençait à percer, et qui allait bientôt devenir le précepteur du futur cardinal de Retz. Retz, la reine Marguerite et Montaigne, voilà bien le trio qu'on imagine.

Montaigne donc, autrefois, dans sa jeunesse, pour

---

1. Que notre grand sceptique fût au fond très-décidé de jugement, lui-même il s'échappe à l'articuler quelque part en termes assez formels : « Je fois coustumièrement entier ce que je fois, et marche *tout d'une pièce*; je n'ay guères de mouvement qui se cache et desrobe à ma raison, et qui ne se conduise, à peu prez, *par le consentement de toutes mes parties, sans division, sans sédition intestine;* mon *jugement* en a la coulpe ou la louange entière; et la coulpe qu'il a *une fois,* il l'a *tousjours;* car *quasi dez sa naissance il est un...,* et *en matière d'opinions universelles, dez l'enfance je me logeay au poinct où j'avois à me tenir.* » (*Du Repentir.*)

complaire à son excellent père qui était un zélé partisan du grand mouvement littéraire de François Ier, mais qui en était par l'ardeur et l'enthousiasme plus que par le savoir, avait traduit un livre latin d'un auteur espagnol du quinzième siècle, maître Raimond de Sebond. Dans ce livre, intitulé *Theologia naturalis*, on trouvait Dieu et la nécessité de la foi prouvés, autant que possible, rationnellement, par la vue du monde et des créatures ; c'était, à quelques égards, un essai anticipé de ce que seront *l'Existence de Dieu* par Fénelon, les livres de Clarke, de Paley. C'était, à d'autres égards, une réminiscence quintessenciée de saint Thomas d'Aquin, et une intention d'expliquer, de faire concevoir par des raisons naturelles les mystères tels que la Trinité, le Péché originel, l'Incarnation[1]. La traduction que Montaigne en avait faite parut en 1569, d'après le vœu qu'avait exprimé son père mourant, charmé et consolé de cette lecture. L'ouvrage essuya quelques objections. Les uns (c'étaient les Chrétiens) disaient que c'était ou-

___

1. Précisément ce qu'était dans le dessein primitif de M. de La Mennais, encore catholique, son *Esquisse* de philosophie. Toutes ces mêmes tentatives s'oublient sans cesse et recommencent. — Dans son *Essai sur les meilleurs Ouvrages écrits en prose française* (en tête du *Pascal* de Lefèvre), François de Neufchâteau cite plusieurs passages de la *Théologie naturelle*, et il ajoute : « Le livre de Raymond Sebond est qualifié par Montaigne de *livre d'excellente doctrine;* et cette version faite avec tant de soin, de gravité et de candeur, aurait dû épargner à notre philosophe les reproches de scepticisme et d'irréligion, que des zélateurs indiscrets n'ont pas craint de lui prodiguer; mais rien n'est si commun que ces jugements téméraires.... » L'auteur de l'estimable *Essai* fait preuve lui-même de grande *candeur* en cet endroit; François de Neufchâteau avait été un enfant célèbre, et il garda toute sa vie quelque chose d'*enfant*. Ses vers restèrent toujours puérils; quant à sa prose, elle se nourrit d'érudition, de curieuses recherches, et cet *Essai* lui fait honneur, en même temps que profit à qui le lit; mais il faut, à tout moment, intervenir pour l'idée.

vrir une porte dangereuse que de prétendre appuyer par la raison ce qui est du ressort de la révélation et de la foi; d'autres accusaient les raisonnements de Sebond d'être faibles et de ne pas prouver ce qu'ils prétendaient. C'est dans la vue apparente de répondre à ces deux ordres d'objections que Montaigne intitule son chapitre *Apologie* de Sebond.

Il commence par les premiers, mais il faut voir avec quel respect affiché et quel ménagement! A ceux, dit-il, qui s'effraient, par zèle de piété, de voir la raison en jeu pour la démonstration de la foi, il n'a que peu à opposer, il le sent. D'une part, il sait bien que la foi seule, venue par voie extraordinaire et surnaturelle, peut tout; mais de l'autre, il craint bien que les moyens humains ne soient les seuls par lesquels *nous la jouissions*. Car, si nous tenions à Dieu même par la foi vive, verrait-on tout ce qu'on voit parmi les Chrétiens, tant de contradictions entre la parole et les actions, tant d'inconséquences? et ici il se lance en toutes sortes d'exemples avec un malin plaisir, parlant directement contre la suffisance de ces moyens humains que la Grâce n'a pas touchés et bénis. Où en veut-il venir? De son Raimond de Sebond, il est évident déjà qu'il n'a guère souci dans tout ce qui va suivre. Il l'a traduit autrefois pour faire plaisir à son père; aujourd'hui, sous air de le défendre, il a bien un autre but, il va plutôt le réfuter; ou, du moins, il ne cherche qu'une occasion couverte de parler en tout sens de la chose religieuse, d'y *peloter* à droite et à gauche, et de pousser sa pointe. Aussi, à force de ménager d'abord ceux qui veulent la foi à part et au-dessus de la raison, il leur donnerait plutôt gain de cause, et il se borne à remarquer, d'un ton soumis, que, comme pis-aller, comme essai élémentaire et grossier de concevoir les choses de Dieu, la méthode de Sebond, si incomplète qu'elle soit, a son utilité, qu'elle peut ramener quelques esprits, qu'il en sait un qui a été convaincu par là : enfin dit-il, « la foy venant à teindre et illustrer les arguments de Sebond, elle les rend fermes et solides. »

Mais, quand il arrive à ceux qui (non plus par zèle de piété) accusent les arguments de Sebond d'être faibles et de ne rien prouver, oh! c'est alors qu'il fait le dégagé et le franc : « Il fault, s'écrie-t-il, secouer ceulx-cy un peu plus rudement, car ils sont plus dangereux et plus malicieux que les premiers. » Mais c'est lui-même qui redouble à l'instant sa malice. Que va-t-il faire en effet? Pour réfuter ces derniers, il ne trouve rien de mieux que de renchérir soudainement sur eux d'un air outré à dessein, et de leur dire en substance : « Je crois bien que les arguments de ce pauvre Sebond sont faibles, qu'ils ne prouvent pas grand'chose; mais, insensés! malheureux frénétiques d'orgueil (car il fait semblant d'être en colère et de relever le gant pour la majesté divine outragée), quels sont les arguments, dites-moi, qui soient bons et qui prouvent quelque chose en pareille matière? Quels sont les raisonnements auxquels on n'en puisse opposer d'autres aussi concluants, ou plutôt aussi peu concluants? » Et là-dessus, comme s'il s'emportait de bonne foi, il entame une longue énumération et discussion, à perte de vue, de toutes les causes d'erreur et d'impuissance de la raison humaine isolée, par rapport aux croyances. Le rôle de Montaigne en tout ce chapitre, une fois bien compris, est singulièrement dramatique; il y a toute une comédie qu'il joue, et dont il ne prétend faire dupe que qui le veut bien.

Montaigne sur Sebond joue le même personnage que Bayle sur les Manichéens.

Ce qu'il veut en fin de compte, c'est (ne l'oublions pas) de faire la vérité des choses de la révélation si haute, si uniquement fondée en soi, si à pic et plantée toute seule à la pointe de son rocher, qu'on n'aille guère songer à y mettre pied : *fantosme à estonner les gents!* voilà le mobile et le but. Tout ce qu'il dit, chemin faisant, contre la certitude humaine par rapport à toute question, est bien moins pour ruiner l'homme même en nature et en réalité que pour ruiner la croyance transcendante au cœur de l'homme; son objet atteint, et à ceux qui admettraient que la foi à de telles choses est chimère, il saurait bien (j'imagine) que dire à l'oreille, en causant, sur sa manière de concevoir le monde et l'homme, et de convenir de certains points. Le scepticisme exorbitant de ce chapitre n'est qu'une méthode de *grand tour* pour arriver.

Mais, quoique ceci puisse déjà sembler assez compliqué, c'est encore trop simple lorsqu'il s'agit de Montaigne. Avec lui, tout devient possible à la fois : *Distinguo*, comme il dit, est le plus universel membre de sa logique. Aussi, en même temps que règne en ce chapitre le dessein général indiqué, dans le détail mille autres intentions et diversions s'entre-croisent. Ainsi nulle part la vigueur de Montaigne et ses *remuements fermes* ne se déclarent mieux; ailleurs c'est un *déjoueur*, ici un jouteur. Toutes ses *verves* se débrident. Quelle mâle étreinte que celle de ce paresseux! quelle ardeur en tout sens! quelle inépuisable ressource d'arguments, de faits, d'images! Cette vigueur d'escrime d'un esprit librement dialectique, qui se pique au jeu et n'en peut plus sortir, est à compter pour beaucoup. Il y a beaucoup encore de cet acharnement moins innocent, amer, salissant pour l'homme, qu'éprouvent en eux par accès tous les grands esprits qui ont coupé la chaîne d'or, et qui se précipitent avec d'ironiques ricanements, en faisant tournoyer leurs semblables; il y a ce que j'appellerai le *rire inextin-*

guible de l'homme déchu, du grand homme non restauré, qui prend à la gorge; ce rire d'Hamlet, dans lequel mourut Molière, dans lequel vieillit, se sèche et maigrit Voltaire. Sous l'accent et l'entrain de ce chapitre, je crois saisir beaucoup de cela, de ce mauvais spasme convulsif. Enfin, puisque j'en suis au *distinguo*, j'y distingue encore, et plus qu'ailleurs, l'écrivain que j'appelle *simplement amusé*, lequel se sentant en bonne et chaude veine, ne s'arrête plus, mais redouble et se laisse mener en tous sens par les figures de sa pensée.

Montaigne commence tout d'abord par se moquer de l'homme, qu'il suppose isolé et *dépourvu de la Grâce et connaissance divine:* « Qui luy a persuadé (à cette misérable et chestive créature) que ce bransle admirable de la voulte céleste, la lumière éternelle de ces flambeaux roulants si fièrement sur sa teste, les mouvements espoventables de cette mer infinie, soyent establis et se continuent tant de siècles pour sa commodité et pour son service ? » Et en disant ainsi, il ne s'aperçoit pas, ou plutôt il s'aperçoit très-bien, qu'il ne fait autre chose que réfuter ce même Raimond de Sebond dont il prétexte l'apologie, et qui plaidait tout au contraire les causes finales et l'arrangement de l'univers par rapport à l'homme[1]. Pour rabattre, dit-il, cette

---

1. Sebond disait, traduit par Montaigne : « Homme, jette hardiment ta vue bien loin autour de toi, et contemple si de tant de membres, de tant de diverses pièces de cette grande machine, il y en a aucune qui ne te serve. Ce ciel, cette terre, cet air, cette mer, et tout ce qui est en eux, est continuellement embesogné pour ton service. Ce branle divers du soleil, cette constante variété des saisons de l'an, ne regardent que ta nécessité. Écoute la voix de toutes les créatures, qui te crie; le ciel te dit : Je te fournis de lumières le jour, afin que tu veilles; d'ombres la nuit, afin que tu dormes... » On voit que, dans l'*Apologie*, Montaigne fait juste la *palinodie*,

présomption humaine, il va prendre tous les animaux successivement, les hirondelles, chiens, faucons, éléphants, bœufs, pies, araignées...., qui ont chacun leurs instincts, leur langage, leur industrie, leur talent, leur délibération, pensement et conclusion, leur fidélité, quelques-uns même (comme on le dit des éléphants) une sorte de vénération et de religion, et qui tous sont par conséquent nos *confrères :* on a l'antipode de Descartes, qui des animaux faisait des automates, comme le pensaient d'après lui Port-Royal et Pascal. Et ce dernier, qui avait fait la machine arithmétique, ne trouvait pas un animal si difficile à concevoir en effet comme pur automate.

C'est vers cet endroit du chapitre que se rencontre cette énergique pensée, si souvent citée :

« Quant à la force, il n'est animal au monde en butte de tant d'offenses que l'homme : il ne nous fault point une baleine, un éléphant et un crocodile, ny tels aultres animaulx, desquels un seul est capable de desfaire un grand nombre d'hommes : les pouils sont suffisants pour faire vacquer la dictature de Sylla ; c'est le desjeuner d'un petit ver que le cœur et la vie d'un grand et triumphant empereur. »

Pascal a imité et réinventé cette pensée de Montaigne à propos de Cromwell, le Sylla moderne ; le *petit grain de sable* y fait l'office de l'insecte qu'on ne nomme pas. Il n'a pas moins repris et refait cette pensée quand il a dit[1] :

« L'homme n'est qu'un roseau le plus foible de la nature, mais c'est un roseau pensant. Il ne faut pas que l'univers entier s'arme pour l'écraser; une vapeur, une goutte d'eau suffit pour le tuer; mais, quand l'univers l'écraseroit,

---

1. Qu'on m'accorde de citer ce qui est d'ailleurs si connu ; le complet *vis-à-vis* est ici nécessaire.

l'homme seroit encore plus noble que ce qui le tue, parce qu'il sait qu'il meurt; et l'avantage que l'univers a sur lui, l'univers n'en sait rien. »

On a remarqué comme à l'instant la pensée de Montaigne s'achève, se couronne et se réintègre en Pascal. Même, quand celui-ci emploie de ces mots qu'on ne dit pas d'ordinaire, et qui marquent la bassesse de l'homme, comme on sent que c'est franc chez lui, tout de bon, à bonne fin, et pour l'en tirer après l'y avoir plongé ! Quand il parle de ces misères qui nous *tiennent à la gorge*, comme on sent qu'il en veut réellement finir avec elles, tandis que l'autre a toujours l'air de vouloir plutôt s'en caresser le menton ! Montaigne pourtant lui-même a ici, en maint endroit, de la bien haute et bien franche, de la très-sincère éloquence :

« Ce furieux monstre à tant de bras et à tant de testes (*une armée*), c'est toujours l'homme, foible, calamiteux et misérable; ce n'est qu'une fourmilière esmeue et eschauffée : *It nigrum campis agmen;* un souffle de vent contraire, le croassement d'un vol de corbeaux, le fauls pas d'un cheval, le passage fortuit d'un aigle, un songe, une voix, un signe, une broüée matinière, suffisent à le renverser et porter par terre. Donnez-luy seulement d'un rayon de soleil par le visage, le voylà fondu et esvanoui ; qu'on luy esvente seulement un peu de poulsière aux yeulx comme aux mouches à miel de nostre poëte, voylà toutes nos enseignes, nos légions, et le grand Pompeius mesme à leur teste, rompu et fracassé. »

Pascal à son tour, en y repassant, n'a pu au mieux qu'égaler l'éloquence poignante de ces endroits.

Après en avoir fini de cette comparaison et correspondance de l'homme aux animaux, qui le doit rabattre, Montaigne en vient aux sectes des philosophes, les unes après les autres, depuis Thalès, et il triomphe dans leurs variations. Il le faut voir remuant, ralliant toutes les pièces de son érudition, d'ordinaire éparse, pour en faire armes de l'un à l'autre, et les battre coup sur coup séparément. Puis, quand il a fini de les exterminer et qu'il respire, il a grand soin pourtant, de peur qu'on ne s'y méprenne, d'avertir la reine Marguerite et son lecteur que ce dernier tour d'escrime qui consiste à se perdre pour perdre un autre, à s'ôter les armes de la raison pour les mieux enlever à l'adversaire, est un coup *désespéré* dont il ne se faut servir que rarement.

Et, continuant d'user de ce coup désespéré, au moment même où il semble s'avertir et vouloir s'arrêter, il prend l'homme, non plus dans la comparaison avec les animaux, non plus dans les systèmes changeants des philosophes, mais en lui-même et dans les moyens prétendus directs de trouver la vérité; il met à la question la raison, les sens, et c'est ici qu'on lit : « Ce ne sont pas seulement les fiebvres, les bruvages, et les grands accidents qui renversent nostre jugement, les moindres choses le tournevirent...; » et tout ce qui suit, et qui rappelle directement la pensée de Pascal : « L'esprit de ce souverain juge du monde n'est pas si indépendant qu'il ne soit sujet à être troublé par le premier tintamarre qui se fait autour de lui.... »

En suivant à cet endroit du texte les pensées de Montaigne, nous marchons coup sur coup sur les souvenirs de Pascal qu'elles ont suscités. Les *Pensées* de celui-ci ne sont, à les bien prendre, que le chapitre de l'*Apologie de Sebond* refait avec prud'homie. On saisit dès lors l'intention et le fil entier de notre étude, l'importance accordée à cette première conversation du nouveau converti, qui comprend déjà sa préoccupation dernière, et pourquoi toute cette dissection prolongée de Montaigne au sein de Pascal à laquelle nous nous livrons.

Au reste, dans ses nombreuses pensées sur la vanité,

la faiblesse et la contradiction de l'homme, que Pascal reproduit, et dont il s'empare en les couronnant, comme des minarets, de la Croix, ce qui doit frapper plus que la ressemblance qui est toute simple et voulue, et qui eût été avouée sans doute si l'auteur avait publié lui-même son ouvrage, — ce qui me frappe, c'est la différence du ton et le sérieux du dessein opposé au jeu de l'escrime. Là où l'un se mire et se berce au brisant des flots, l'autre cingle et rame. L'un s'égaie et s'enivre en son naufrage; l'autre, nuit et jour, sous l'étoile ou sous la nue, nage à l'aide d'un débris vers la plage de la patrie éternelle. Misère, faiblesse et néant, des deux côtés c'est le refrain ; onde sur onde, sable sur sable, univers mouvant :

On me verrait dormir au branle de sa roue,

de sa *roue* ou de son *tourniquet,* dirait Montaigne, et il se gaudit et gausse : ce sont misères d'animal. — Misères de grand seigneur, misères de roi dépossédé, nous crie Pascal! Courage et prière! il faut reconquérir son royaume.

C'en est assez sur cette *Apologie de Sebond,* que Montaigne, après l'avoir poussée encore longuement, termine par une pompeuse citation de Plutarque et très-suspecte d'intention ici, pour dire que Dieu seul *Est,* et qu'à part lui, l'Éternel, le Nécessaire et l'Immuable, il n'y a que passage et écoulement de l'être. Vue en courant, cette page religieuse de Plutarque fait comme tenture; considérée de près, par le lieu où elle se trouve transposée et d'après ce qui précède, elle acquiert un sens plutôt spinosiste et *panthéiste,* comme on dit. A force de faire Dieu grand et haut, en dehors de tout rapport avec la création et avec l'homme, on s'en passe très-bien à titre de Dieu providentiel et intelligent. M. de Buffon à sa manière, et par le trône magnifiquement isolé où il recule et installe son Dieu, ne procède guère à autre fin.

Au demeurant, notre idée sur Montaigne, s'est éclaircie, ce semble, et a passé de la conjecture à la certitude ; nous tenons la clef glissante, et, bon gré mal gré, si glissante et si sorcière qu'elle soit, et fût-elle même plus sorcière que cette clef du Conte de la *Barbe-Bleue*, elle nous reste à la main ; nous pouvons désormais ouvrir chez lui, si l'envie nous en prend, toute l'enfilade de ses pensées et arrière-pensées, ce labyrinthe de cabinets et de chambres où il se plaît, sans qu'on sache jamais, non plus que de Pygmalion, dans laquelle il couche.

Il n'y a de riant que l'apparence. Montaigne, en ce chapitre et dans tout son livre, a fait comme un démon malin, un enchanteur maudit, qui, vous prenant par la main, et vous introduisant avec mille discours séduisants dans le labyrinthe des opinions, vous dit à chaque pas, à chaque marque que vous voulez faire pour vous retrouver : « Tout ceci n'est qu'erreur ou doute, n'y comptez pas, ne regardez pas trop, en espoir de vous diriger au retour ; la seule chose sûre est cette lampe que voici ; jetez le reste : cette lampe sacrée nous suffit. » Et quand il vous a bien promené, égaré et lassé dans les mille dédales, tout d'un coup il souffle, ou d'une chiquenaude il éteint ; et l'on n'entend plus qu'un petit rire[1].

Que succède-t-il alors ? Est-ce le doute universel qu'il a voulu ; et ce doute-là, quand il est final, ne forme-t-il pas une conclusion immense ? Quelle est-elle en effet ?

---

1. Que Montaigne, après vous avoir mené loin, vous plante là, son disciple Gabriel Naudé le savait bien, et le pratiquait aussi sous air d'érudition ; dans son *Mascurat*, un des deux interlocuteurs, Saint-Ange, dit à l'autre : « *Tu fais justement comme ces vaches qui attendent que le pot au lait soit plein pour le renverser.* » Voilà en bons termes gaulois l'éternelle méthode.

un *petit Juif marchant à pas comptés*, Spinosa, va vous le dire : dans l'embarras où vous êtes, la lampe éteinte et le labyrinthe écroulé, c'est lui qui vous recueillera. Un grand ciel morne, un profond univers roulant, muet, inconnu, où de temps en temps, par places et par phases, s'assemble, se produit et se renouvelle la vie; l'homme éclosant un moment, brillant et mourant avec les mille insectes, sur cette île d'herbe flottante dans un marais : voilà, mathématiques ou pyrrhonisme de forme à part, la grande solution suprême[1]. Tout ce que Montaigne y a prodigué de riant et de flatteur au regard n'est que pour faire rideau à l'abîme, et, comme il le dirait, pour *gazonner* la tombe.

Le Spinosisme donc,(je prends exprès le nom le plus terne) comme bassin et couvercle d'airain à cette mer dont nous avons vu trembler et rire en tout sens l'écume et les flots[2]!

Une des grandes causes du succès de Montaigne, et

---

1. Ce serait une étude à suivre, un compte à réclamer, et comme une liquidation après faillite, en ce triste jeu des opinions humaines, que la même solution forcément finale, le même *caput mortuum* (selon la différence des époques, des langues, et des humeurs particulières), se produisant, se dérobant par des milieux et sous des aspects aussi différents que Montaigne, Spinosa, Condorcet, Hégel; car je les appelle des aspects, des appareils différents d'une seule et même fin.

2. Tout procès est désagréable à soutenir : celui-ci, où Port-Royal nous a engagé contre Montaigne, nous a bien coûté. Que nous eussions mieux aimé le pouvoir prendre comme lui-même il s'est offert, *de biais*, sans violence! Ce qui se trouve vrai quand on presse et qu'on tord son livre, ne l'est pas également quand on ne fait que l'ouvrir et le feuilleter; on hésite, et l'on se reprendrait, malgré tout, à répéter alors ce qu'une muse aimable a si bien exprimé :

> A travers les vieux pins qui peuplent la campagne,
> Des pas qu'on n'entend plus sont restés imprimés :
> Je crois suivre les pas du paisible Montagne,

même la condition essentielle et unique, sans laquelle tout le reste eût été comme non avenu, l'instrument de son charme et sa vraie baguette d'enchantement, c'est son style. Le style, quand on l'a au degré de Montaigne, devient la boîte d'indulgence plénière auprès de la postérité. Il est beaucoup pardonné chez les neveux à ceux qui ont véritablement peint. Les irrégularités de plan, d'idées, les licences et les familiarités, les petitesses, tout se colore, tout s'embellit d'une spécieuse nuance, et devient matière à plaisir, à louange toujours nouvelle. Le style, c'est un sceptre d'or à qui reste, en définitive, le royaume de ce monde.

Montaigne a eu, plus qu'aucun peut-être, ce don d'exprimer et de peindre; son style est une figure perpétuelle, et à chaque pas renouvelée; on n'y reçoit les idées qu'en images; et on les a, à chaque moment, sous des images différentes, faciles et transparentes pourtant. A peine un court intervalle nu et abstrait, la simple largeur d'un fossé, le temps de sauter; et

> Je crois saisir dans l'air ses accents ranimés.
> Aux lèvres des vieillards je cherche son sourire,
> Sa railleuse vertu, sa facile pitié,
> Ces préceptes du cœur que son cœur sut écrire,
>   Et son amour pour l'amitié.
>   Que ce livre est beau! que je l'aime!
>   Le monde y paraît devant moi :
>   L'indigent, l'esclave, le roi,
>   J'y vois tout; je m'y vois moi-même.
> Bords heureux, de sa cendre il vous légua l'honneur;
> Tout ce qu'il cultiva nous instruit, nous attire,
>   Et les fruits que l'on en retire
> Ont un goût de sagesse; un parfum de bonheur.
> Il est doux, en passant un moment sur la terre,
> D'effleurer les sentiers où le sage est venu ;
> D'entretenir tout bas son malheur solitaire
> Des discours d'un ami qu'on pense avoir connu....
>   (Madame Desbordes-Valmore, *le Retour à Bordeaux*.)

Nous suivons un peu sa méthode malgré nous, en ne craignant pas d'enregistrer cette contradiction ouverte entre notre conclusion et notre affection.

l'on recommence. Une quelconque de ses pages semble la plus fertile et la plus folle prairie, un *champ libre et indompté :* longues herbes et *gaillardes*, parfums sous l'épine, fleurs qui émaillent, insectes qui chantent, ruisseaux là-dessous, le tout fourmillant et bruissant (*scaturiens*). Il n'avait pas la conception d'ensemble ni l'invention d'un vaste dessein; à quoi bon tant combiner et se tant lasser? L'invention du détail et le génie de l'expression lui tenaient lieu des autres parties, il le savait bien; il rachetait sans peine et retrouvait tout par là : « Je n'ay point d'aultre sergeant de bande à ranger mes pièces que la fortune. » Tout donc s'animait, tout se levait dans son discours à la libre voix de ce *sergent* de fortune, et chaque pensée à la hâte, casque ou pompon en tête, faisait recrue. Quelle jeune armée! un peu bigarrée, dira-t-on; car tout fait montre : la pensée est sortie enharnachée comme elle a pu, toujours trait en main, toujours prompte et vive. La *couture* de l'idée à l'image est si en dedans qu'on ne la voit ni qu'on n'y songe : pensée, image, chez lui, c'est tout un : *junctura callidus acri*. Quant à la couture *de l'image à l'image*, il la supprime et va son train de l'une à l'autre, enjambant comme un Basque agile, d'un jarret souple, d'un pied hardi. Voici entre mille un exemple, à peine choisi, de cette série de métaphores qui déjouent la règle prudente des rhéteurs; il s'agit des auteurs du temps qui ne craignent pas d'insérer dans leurs écrits de grands fragments des Anciens et de se risquer à la comparaison :

« Il m'adveint, l'aultre jour, de tumber sur un tel passage; j'avois traisné languissant aprez des paroles françoises si exsangues, si descharnées et si vuides de matière et de sens, que ce n'estoit voirement que paroles françoises : au bout d'un long et ennuyeux chemin, je veins à rencontrer une pièce haulte, riche et eslevée jusques aux nues. Si j'eusse trouvé la pente doulce et la montée un peu alongée, cela eust esté excusable : c'estoit un précipice si droit et si coupé, que, des six premières paroles, je cogneus que je m'envolois en l'aultre monde; de là je descouvris la fondrière d'où je venois, si basse et si profonde, que je n'eus oncques puis le cœur de m'y ravaler. Si j'estoffois l'un de mes discours de ces riches despouilles, il esclaireroit par trop la bestise des aultres[1].... »

Ainsi il *se traîne* d'abord après des paroles *exsangues*, comme sur un *chemin*; l'idée de chemin l'emporte, il la suit. Puis ce qui était une *pièce élevée jusques aux nues* deviendra une *dépouille* dont il craindrait de s'*étoffer*, et l'étoffe aussitôt prend un reflet qui *éclaire*.

Montaigne est comme l'Ovide et l'Arioste du style; son heureuse rapsodie d'images, d'un bout à l'autre, jusque dans ses reliefs les plus divers, est tout d'un pan; on marche avec lui de pensée en pensée dans les métamorphoses.

Dans Shakspeare, dans Molière, en ces génies qui ont la création d'ensemble, l'imagination aisément enfante des êtres entiers, des personnages doués de l'action et de la vie : chez Montaigne, cette création figurée ne se produit qu'à l'intérieur des phrases et sur les membres de chaque pensée; mais elle se produit aussi vivante, et de près aussi merveilleuse, aussi poétique que l'autre. Chaque détail, chaque moment de l'idée se revêt et prend figure en passant; c'est tout un monde. Aussi le plaisir d'y vivre, cet art d'animer et d'exprimer, ce goût de faire mouvoir et se succéder sans fin toute cette gent familière et d'en suivre les marionnettes jusqu'au bout entre-t-il pour beaucoup chez Montaigne, je ne me lasse pas de le faire sentir : et Pascal, qui dans son style, lui, s'amuse si peu et reste le maître, n'en a pas

---

1. *Essais*, livre I, chapitre xxv.

assez tenu compte. Montaigne appelle la langue le *boute-dehors*, et elle est souvent chez lui le *boute-en-train*.

Malebranche a fort bien senti ce coin de Montaigne, mais en déprimant trop les autres portions, et en le voulant réduire à la seule beauté d'imagination, à ce qui fait le *bel-esprit*; il proteste contre cet agrément de tour et cet éclat de parole qu'il rapporte aux sens, contre cet art naturel qu'a l'auteur des *Essais* de *tourner l'esprit du lecteur à son avantage par la vivacité toujours victorieuse de son imagination dominante*[1].

Malebranche a beau faire; ce qu'il dit là contre l'imagination dans le style, Arnauld le lui rendra; tout occupé à combattre les imaginations métaphysiques du bel écrivain, le vieux docteur écrit à Nicole : « Je ne trouve guère moins à redire à sa rhétorique qu'à sa logique, surtout dans les *Méditations*; car il est si guindé, et il affecte si fort de ne rien dire simplement, qu'il est lassant. » Et on ne lit Malebranche plus qu'Arnauld aujourd'hui, qu'à cause des endroits où celui-ci le trouvait *lassant*.

Montaigne, d'autres l'ont relevé, a beaucoup de Sénèque pour le trait, mais il ne l'a pas tendu comme lui, et il le jette, même quand il le darde, plus au naturel et d'un air plus cavalier[2]. Sénèque et Plutarque, il y puise incessamment, nous dit-il, comme les Danaïdes. On a lu, à son chapitre *des Livres*, l'admirable jugement et parallèle qu'il fait de tous deux, et aussi de Virgile avec Lucrèce, et des autres. Comme écrivains français, il estimait, parmi ceux qui l'avaient précédé, Froissart,

---

1. *De la Recherche de la Vérité*, livre II, partie III, chapitre v.
2. De Thou et Sainte-Marthe ont traduit dans leur latin ce titre d'*Essais* par *Conatus*; c'est *Lusus* qu'il faudrait; *Conatus* est un contre-sens par rapport à Montaigne. Ce n'en serait pas un à l'égard d'un Sénèque ou d'un La Bruyère, qui ont l'*effort* heureux, mais qui l'ont.

Commynes, surtout Amyot, qu'il caractérise et célèbre en des termes incomparables, par une louange vraiment généreuse. Mais il ne s'asservit à aucun, et écrit à sa façon, usant à bon droit de l'anarchie d'alors :

« Il en est de si sots qu'ils se destournent de leur voye un quart de lieue pour courir aprez un beau mot.... Je tors plus volontiers une bonne sentence pour la coudre sur moy, que je ne destourne mon fil pour l'aller quérir. Au contraire, c'est aux paroles à servir et à suyvre. Et que le gascon y arrive, si le françois n'y peult aller.... Le parler que j'aime, c'est un parler simple et naïf, tel sur le papier qu'à la bouche, un parler succulent et nerveux, court et serré, non tant délicat et peigné comme véhément et brusque :

Hæc demum sapiet dictio, quæ feriet;

plustost difficile qu'ennuyeux, esloigné d'affectation; desréglé, descousu et hardy : chasque loppin y face son corps; *non pedantesque, non fratesque, non plaideresque, mais plustost soldatesque* [1].... »

(Et ailleurs, parlant du gascon des hautes-terres, il semble définir sa propre langue, son vrai style :) « Il y a bien au-dessus de nous, vers les montaignes, un gascon que je treuve singulièrement beau, sec, bref, signifiant, et, à la vérité, un langage masle et militaire plus qu'aultre que j'entende, aultant nerveux, puissant et pertinent, comme le françois est gracieux, délicat et abondant [2]. »

Ce François si bien qualifié, et qui sent sa plaine, c'est Amyot; ce Gascon, c'est lui.

Car il y avait, à cette seconde époque du seizième siècle, et malgré l'anarchie qu'aujourd'hui nous y reconnaissons, une manière de langue centrale, et qui se

---

1. Livre I, chapitre xxv. Ne sent-on pas l'entrain venir? L'écho s'en mêle, le redoublement jaillit et fait cascade : il y a du lyrique dans Montaigne. — Je m'étais amusé à noter et à rassembler une foule de traits qui dépeignent en lui ce *lyrisme*, ce que les poëtes appellent la *sainte manie;* mais il faut se borner.

2. Livre II, chapitre xvii.

crut par instants établie, celle de l'école de Du Bellay et de Ronsard en vers, de Pasquier en prose, tous personnages qu'aimait et prisait fort Montaigne, mais sans en dépendre. Dès la première édition des *Essais* en 1580, il obtint un grand succès; mais les critiques non plus ne manquèrent pas. On voit par une lettre de Pasquier quel genre de reproche cet ami et admirateur sincère lui adressait : particulièrement beaucoup de locutions impropres, et tirées de l'usage gascon. Pasquier, le rencontrant aux États de Blois (1588), les lui démontra, livre en main[1]; mais il parut, à l'édition prochaine, que Montaigne n'en avait tenu compte. Sous air de faire bon marché de sa manière, et tout en accusant son langage de n'avoir rien de *facile* et de *poli*, et d'être altéré par *la barbarie du crû*, il allait son train, gardait ses aises, choyait et *retâtait* son livre (le plus chéri des livres), et donnait champ à son originalité. Balzac l'a pris au mot et y a été dupe[2]. Il a regretté que Montaigne fût venu avant Malherbe, avant que celui-ci eût dégasconné la Cour; il a requis à ce titre indulgence pour Montaigne, qui, — je me l'imagine présent, — fait de son mieux pour ne par rire. Comme si le Gascon en tout temps (demandez à Montesquieu et à Bayle) n'eût pas trouvé moyen de l'être. Quoi qu'il en soit, sa langue, à lui,

1. Entre autres, *jouir*, pris activement, *jouir la vie, la vie se peult jouir*, ce qui n'est pas sans grâce. — Parmi les mots de son invention qui ont réussi, on lui attribue celui d'*enjoué*, dont le parrainage lui sied bien. Sans aller vérifier, on aime à y croire. C'est comme pour cette expression d'esprit *lumineux*, qu'on rapporte à Messieurs de Port-Royal : le mot et la chose.

2. Balzac et bien d'autres; par exemple, ce bon M. de Plassac qui, dans le volume de ses *Lettres*, publié en 1648, écrit naïvement au milieu de toutes sortes d'éloges sur Montaigne : « J'ai regret qu'il ait si fort méprisé l'élocution, et que le peu de soin qu'il en a pris le fasse lire avec moins de plaisir.... » Et pour y remédier, il se met, comme échantillon, à transcrire, et. le traduisant à la moderne, le chapitre *de la Vanité des Paroles*. L'impertinent!

était et elle est restée une langue individuelle; honneur en un sens et bonheur! après deux siècles et demi, rien n'y est usé. Mademoiselle de Gournay, dans sa Préface de l'édition de 1635, a dit du langage des *Essais:* « C'est, en vérité, l'un des principaux clous qui fixeront la volubilité de notre vulgaire françois, continue jusques ici. » Il n'en fut rien; la langue s'acheva et se fixa sans Montaigne. Balzac *rhétorisa* sans lui. Vaugelas, dans ses excellentes *Remarques* publiées en 1647, où le bel *usage* passe en loi, et où M. Coeffeteau tient le dé, fait aussi une grosse part à Amyot (*le grand Amyot*, comme il l'appelle), mais à quel titre? « Et quelle gloire n'a point encore Amyot depuis tant d'années, quoiqu'il y ait un si grand changement dans le langage? quelle obligation ne lui a point notre langue, n'y ayant jamais eu personne qui en ait mieux su le génie et le caractère que lui, ni qui ait usé de mots, ni de phrases si naturellement françoises, sans aucun mélange des façons de parler des provinces, qui corrompent tous les jours la pureté du vrai langage françois. » L'éloge d'Amyot en ces termes équivaut presque à une critique de Montaigne, qui figure d'ailleurs très-rarement, si même il y figure, dans les citations de Vaugelas[1].

Pascal, du moins, qui en était nourri, en sauva mainte audace, mainte façon énergique de dire et de nommer;

---

1. C'est dans ce livre, d'ailleurs si recommandable, de Vaugelas, qu'on lit au sujet du mot *insulter:* « Ce mot est fort nouveau, mais excellent pour exprimer ce qu'il signifie. M. Coeffeteau l'a vu naître un peu devant sa mort, et il me souvient qu'il le trouvoit si fort à son gré, qu'il étoit tenté de s'en servir; mais il ne l'osa jamais faire à cause de sa trop grande nouveauté, tant il étoit religieux à ne point user d'aucun terme qui ne fût en usage! Il augura bien néanmoins de celui-ci, et prédit ce qui est arrivé..... » Voilà dans son esprit, et comme dans sa *religion*, la vraie fondation de la langue académique; sommes-nous assez loin de Montaigne?

mais l'ensemble même des tours et des libertés de Montaigne fut laissé là-bas ou plutôt là-haut, en dehors de la nouvelle route royale qui s'inaugurait.

Montaigne resta l'homme dépareillé et le livre non classé, « le Bréviaire des honnêtes paresseux et des ignorants studieux, nous dit Huet, qui veulent s'enfariner de quelque connoissance du monde et de quelque teinture des Lettres. A peine trouverez-vous un gentilhomme de campagne qui veuille se distinguer des preneurs de lièvres, sans un Montaigne sur sa cheminée [1]. » Il fut bien plus; il fut le livre favori et comme un arsenal particulier pour chaque grand écrivain sérieux et nouveau : La Bruyère, Montesquieu, Jean-Jacques (style et pensée), réintroduisirent, chacun à leur manière, dans le grand courant de la langue beaucoup de Montaigne.

Et puis, les siècles littéraires réguliers ayant eu leur cours, et la liberté recommençant, il suffit désormais que Montaigne ait dit d'une manière pour qu'elle ait passe-port à l'instant et prérogative, si on l'appuie de son nom. Mademoiselle de Gournay, en se trompant sur le centre de son influence, a eu raison d'ajouter : « Son crédit s'élèvera chaque jour, empêchant que de temps en temps on ne trouve suranné ce que nous disons aujourd'hui, parce qu'il persévérera de le dire ; et le faisant juger bon, d'autant qu'il sera sien. » Tout mot contresigné *Montaigne* a gagné ses éperons, il est d'emblée hors de page. Et pour la pensée également : *Mon-*

---

[1]. Parmi ces gentilshommes amateurs, j'ai déjà cité M. de Plassac. Voici maintenant ce que je lis dans une lettre du chevalier de Méré, son frère, à M. Mitton : « Vous savez dire des choses, et vous devez être persuadé qu'il n'y a rien de si rare. Vous souvenez-vous que madame la marquise de Sablé nous dit qu'elle n'en trouvoit (de cet art) que dans Montaigne et dans Voiture, et qu'elle n'estimoit que cela ? » M. de Plassac, M. de Méré, nous tenons la monnaie de Saint-Évremond.

taigne l'a dit, c'est le contraire du vieil adage routinier, *le maître l'a dit*, et on l'accepte d'autant mieux.

Nous finissons. Toute cette gloire et ce bonheur de Montaigne, cette influence que nous pourrions suivre et dénoter encore par reflets brisés en plus d'un de nos contemporains, cette louange mondaine universelle, et la plus flatteuse peut-être où l'on ait atteint, parce qu'elle semble la plus facile et qu'elle a usé bien des colères, tout cela me remet le grand but en idée ; et nous qui venons d'assister au convoi et aux funérailles de M. de Saci, je me demande ce que seraient à nos yeux les funérailles de Montaigne ; je me représente même ce convoi idéal et comme perpétuel, que la postérité lui fait incessamment. Osons nous poser les différences ; car toute la morale aboutit là.

Montaigne est mort : on met son livre sur son cercueil ; le théologal Charron et mademoiselle de Gournay,—celle-ci, sa fille d'alliance, en guise de pleureuse solennelle,— sont les plus proches qui l'accompagnent, qui mènent le deuil ou portent les coins du drap, si vous voulez. Bayle et Naudé, comme sceptiques officiels, leur sont adjoints. Suivent les autres qui plus ou moins s'y rattachent, qui ont profité en le lisant, et y ont pris pour un quart d'heure de plaisir ; ceux qu'il a guéris un moment du solitaire ennui, qu'il a fait penser en les faisant douter ; La Fontaine, madame de Sévigné comme cousine et voisine ; ceux comme La Bruyère, Montesquieu et Jean-Jacques, qu'il a piqués d'émulation, et qui l'ont imité avec honneur ; — Voltaire à part, au milieu ; — beaucoup de moindres dans l'intervalle, pêle-mêle, Saint-Évremond, Chaulieu, Garat..., j'allais nommer nos contemporains, nous tous peut-être qui suivons.... Quelles funérailles ! s'en peut-il humainement de plus glorieuses, de plus enviables au *moi?* Mais qu'y fait-on? A part mademoiselle de Gournay qui y pleure tout haut par cérémonie, on y cause; on y cause du défunt et de ses qualités aimables, et de sa philosophie tant de fois en jeu dans la vie, on y cause de soi. On récapitule les points communs : « Il a toujours pensé comme moi des matrones inconsolables, » se dit La Fontaine. — « Et comme moi, des médecins assassins, » s'entredisent à la fois Le Sage et Molière. — Ainsi un chacun. Personne n'oublie sa dette; chaque pensée rend son écho. Et ce *moi* humain du défunt qui jouirait tant s'il entendait, où est-il? car c'est là toute la question. *Est*-il? et s'il est, tout n'est-il pas changé à l'instant? tout ne devient-il pas immense? Quelle comédie jouent donc tous ces gens, qui la plupart, et à travers leur qualité d'*illustres*, passaient pourtant pour raisonnables? Qui mènent-ils, et où le mènent-ils? où est la bénédiction? où est la prière? Je le crains, Pascal seul, s'il est du cortége, a prié.

Mais M. de Saci, comment meurt-il? Vous le savez; nous avons suivi son cercueil de Pomponne à Paris, de Saint-Jacques-du-Haut-Pas à Port-Royal des Champs, par les neiges et les glaces. Nous avons ouvert le cercueil avec Fontaine, nous avons revu son visage non altéré; une centaine de religieuses, *plus brillantes de charité que les cierges qu'elles portaient dans leurs mains*, l'ont regardé, ce visage d'un père, à travers leurs pleurs; les principales, en le descendant à la fosse, lui ont donné de saints baisers, et toutes ont chanté jusqu'au bout la prière qui crie grâce pour les plus irrépréhensibles. Et puis, les jours suivants, dans le mois, dans l'année, les voilà qui se mettent à mourir, et les Messieurs aussi; ils meurent coup sur coup, frappés au cœur de cette mort de M. de Saci, joyeux de le suivre, certains de le rejoindre, certains moyennant l'humble et tremblant espoir du Chrétien, et redisant volontiers, comme lui, d'une foi brûlante et soupirante : *O bienheureux Purgatoire!* — Et ceux qui survivent se sentent redoubler de charité envers les hommes, et de piété envers Dieu, à son souvenir.

Or, s'il y a une vérité, si tout n'est pas vain (auquel cas la vie de M. de Saci en vaudrait bien encore une autre), s'il y a une morale, — j'entends une morale absolue, — et si la vie aboutit, lequel de ces deux hommes a le plus fait, et le plus sûrement ensemencé son sillon sur la terre? A l'heure où tout se juge, lequel sera trouvé moins léger?

IV

Pascal; sa famille; ses origines. — Éducation sous son père. — Forme d'esprit; vocation. — La trente-deuxième Proposition d'Euclide. — *Poinçon* de vérité. — Machine arithmétique. — Jacqueline, sœur de Pascal. — Elle fait des vers; comédie d'enfants devant Richelieu. — Les Pascal à Rouen. — Expériences sur le Vide; première prise avec les Jésuites. — Accident du père; conversion de la famille. — Page de Jansénius à l'adresse de Pascal. — Maladie et infirmité.

Nous avons saisi Pascal du premier coup au sein de Port-Royal; avant le Pascal même des *Provinciales*, celui des *Pensées* nous est brusquement apparu, il nous a pris dans son éloquence; son duel ouvert avec Montaigne ne nous a pas permis d'interrompre; et pourtant nous ne savons pas bien d'où il nous arrive, d'où il sort, qui nous l'a conduit. Il faut, comme au second ou au troisième chant des poëmes épiques, revenir sur nos pas et donner le récit.

La famille Pascal (ou Paschal) était une ancienne famille d'Auvergne comme celle des Arnauld, et d'elle aussi, à bon droit, on pouvait dire :

Alpibus Arvernis veniens mons altior ipse;

Sortant des monts d'Auvergne et plus haute elle-même!

Provenue de ce commun berceau, et arrivée plus tard

sur la scène en renfort aux Arnauld qui pliaient, elle fut véritablement, pour parler à la façon d'Augustin Thierry, une seconde invasion *franke* au sein du Jansénisme; elle en marque le second temps et comme la seconde jeunesse, la gloire carlovingienne.

Comme celle des Arnauld encore, la famille Pascal était de condition et d'état recommandable plutôt que de qualité, et faisait partie du haut tiers-état dans les charges. Étienne Pascal, maître des Requêtes, avait mérité pour ses services d'être anobli par Louis XI; notre Pascal, dans son Épitaphe, est dit *écuyer*. Les Pascal de la fin du seizième siècle connaissaient M. Arnauld l'avocat à Paris. M. Étienne Pascal, fils de Martin Pascal, trésorier de France, et père de l'illustre Blaise, venant jeune dans la capitale pour y faire son droit, avait été recommandé au père de M. d'Andilly et du grand docteur. A son retour à Clermont, il acheta une charge d'*Élu*, et devint ensuite second président de la Cour des Aides. Il épousa, en 1618, Antoinette Bégon, personne pieuse et de grand esprit, dont il eut six enfants. Le premier, qui naquit en 1619, mourut aussitôt baptisé; le second, né en 1620, fut mademoiselle Gilberte Pascal, qui épousa, en 1641, M. Florin Périer, conseiller en la Cour des Aides de Clermont. Le 19 juin 1623 naquit Blaise Pascal, et le 4 octobre 1625 Jacqueline, depuis religieuse à Port-Royal sous le nom de sœur Sainte-Euphémie. On ne dit rien des autres. Dès 1627 ou 1628, madame Pascal mourut, n'ayant que vingt-huit ans. Le président vendit alors sa charge à son frère, et mit la plus grande partie de son bien en rentes sur l'Hôtel-de-Ville de Paris. Il y vint s'établir en 1631, pour vaquer à l'éducation de ses enfants, et aussi pour mieux cultiver les sciences, étant un homme de grande étude. Il s'y lia avec tout ce qu'il y avait de distingué parmi les savants et curieux en physique, en mathématiques, le Père Mersenne, Roberval, Carcavi, Le Pailleur; et les réunions qui avaient lieu tantôt chez l'un, tantôt chez l'autre, devinrent même le premier noyau de ce qui fut l'Académie des Sciences, comme les réunions de chez Conrart devinrent l'Académie française.

Il n'était pas besoin de tant de circonstances excitantes pour donner l'éveil au génie philosophique et scientifique du jeune Blaise : dès son plus bas âge, il avait dénoté un esprit extraordinaire, moins encore par les reparties heureuses qui frappent dans les enfants, que par ses questions singulières sur *la nature des choses : rerum cognoscere causas*. Son père, qui l'aimait tendrement comme son fils unique, ne voulut jamais qu'il eût d'autre maître que lui : « Sa principale maxime dans cette éducation, nous dit madame Périer, étoit de tenir toujours cet enfant *au-dessus* de son ouvrage, et ce fut par cette raison qu'il ne voulut point commencer à lui apprendre le latin qu'il n'eût douze ans. » En attendant, « il lui avoit fait voir en général ce que c'étoit que les langues; il lui montroit comme on les avoit réduites en grammaires sous de certaines règles[1].... Cette idée générale lui débrouilloit l'esprit et lui faisoit voir la raison des règles de la grammaire, de sorte que, quand il vint à l'apprendre, il savoit pourquoi il le faisoit, et il s'appliquoit précisément aux choses à quoi il falloit le plus d'application. » Ainsi, avant d'en venir aux mots, le jeune Pascal en fut aux raisons, et je ne m'étonnerais pas que, dès ce temps, il eût conçu cette pensée, qu'il a exprimée ainsi : « Les langues (les unes à l'égard des autres) sont des chiffres

---

1. Ce digne père de Pascal, l'un des contemporains les plus éclairés de Descartes, anticipait déjà, par rapport à son fils, les méthodes de Port-Royal.

où les mots sont changés en mots, et non les lettres en lettres : de sorte qu'une langue inconnue est déchiffrable. »

On a senti d'abord combien cette éducation, autant que cette forme d'esprit, fait contraste avec ce que nous savons de Montaigne, qui apprend le latin en nourrice, n'est astreint à aucune réflexion suivie, et fait tout par *atteintes*; l'autre, par *étreintes*[1].

Écoutons encore madame Périer nous définir cette forme première, cette *forme maîtresse* de l'esprit de son frère, que l'institution ne fit qu'aider et accomplir :

« Après ces connoissances, mon père lui en donna d'autres ; il lui parloit souvent des effets extraordinaires de la nature, comme de la poudre à canon, et d'autres choses qui surprennent quand on les considère. Mon frère prenoit grand plaisir à cet entretien ; mais *il vouloit savoir la raison de toutes choses*, et comme elles ne sont pas toutes connues, lorsque mon père ne les disoit pas, ou qu'il lui disoit celles qu'on allègue d'ordinaire, qui ne sont proprement que des défaites, cela ne le contentoit pas ; car il a toujours eu une netteté d'esprit admirable pour discerner le faux. Et on peut dire que toujours, et en toutes choses, la vérité a été le

---

1. On pourrait suivre cette comparaison : tous deux élevés librement, et d'une éducation volontiers domestique, chacun par les soins d'un père tout dévoué. Mais celui de Pascal était un homme de grand mérite, et le père de Montaigne était plutôt d'excellente intention, de nature allègre, amateur un peu leste des tours de force et nouveautés. (Ce père de Montaigne faisait le tour de la table, appuyé sur son pouce : c'est ce que son fils trouve moyen de nous apprendre.) Tous deux se décidèrent seuls, l'un sans grande étude, se jouant aux langues, *pelotant* les déclinaisons pour le grec, et se latinisant si à cœur joie, dès l'enfance, lui et toute la famille, et les gens, qu'il en *regorgea*, dit-il, jusques aux villages d'alentour, et qu'il en resta longtemps par le pays plus d'une appellation latine d'artisans ou d'outils. Quant à Pascal, immobile et renfermé, non dissipé aux mots, non satisfait non plus de sa libre et vagante pensée, il médite, il combine et creuse ; il refait Euclide *avec des barres et des ronds*, se géométrisant, et géométrisant toutes les murailles et les planchers de la maison, autant que l'autre se latinisait. On achève.

seul objet de son esprit; puisque jamais rien ne l'a pu satisfaire que sa connoissance.... Une fois, entre autres, quelqu'un ayant frappé à table un plat de faïence avec un couteau, il prit garde que cela rendoit un grand son, mais qu'aussitôt qu'on eut mis la main dessus, cela l'arrêta : il voulut en même temps en savoir la cause, et cette expérience le porta à en faire beaucoup d'autres sur les sons. Il y remarqua tant de choses, qu'il en fit un traité à l'âge de douze ans, qui fut trouvé tout à fait bien raisonné. »

Cette faculté de *connaissances des causes* est une vocation aussi distincte, chez ceux qui l'ont à ce degré, que la faculté de poésie chez le poëte, et celle de musique chez le musicien ; c'est un des ministères spirituels que Dieu répartit aux hommes. Tous les grands savants inventeurs en offrent de bonne heure les signes. Un des derniers inventeurs de cet ordre que nous ayons vus, M. Ampère, la déclara, dès l'enfance, à un degré aussi éminent peut-être que Pascal; mais ce qu'il y a de particulièrement remarquable en celui-ci, c'est la force de volonté qui dirige et plie cette faculté de recherche : il ne la suivit pas, il la domina, la rangea sous lui, la porta à volonté dans un champ ou dans un autre. Ces grandes et ardentes facultés spéciales sont au dedans de ceux qui les possèdent comme des coursiers le plus souvent indomptés, dévorants, qui se repaissent du reste de l'homme, et qui emportent après eux leur char et leur Hippolyte [1]. Chez Pascal, non. Le coursier, si puissant et si irrésistible qu'il pût paraître, fut dompté et mené par quelque chose de plus fort que lui, et trouva son maître dans la volonté, — dans la volonté ancrée à la Grâce.

---

1. Ils ont pu paraître froids et secs la plupart, ces grands génies mathématiques, et par conséquent très-peu dévorés. Qu'on remonte plus avant : le moral, le religieux, le cœur en eux, qu'était-il devenu?

LIVRE TROISIÈME.

Ce ne fut pourtant pas sans combat. Le coursier tua le corps, s'il ne put venir à bout de mener l'âme.

On sait l'anecdote célèbre de Pascal qui étudie et, pour ainsi dire, invente seul la géométrie à douze ans. Il a été écrit de magnifiques paroles [1] sur ce trait, que je dois me borner à consigner ici dans les termes originaux de madame Périer ; et cette dame, bien informée comme sœur, était de plus fort compétente ; car son père, outre le latin, l'histoire et la philosophie, lui avait encore montré les mathématiques.

« Mon père, nous dit-elle, étoit homme savant dans les mathématiques, et avoit habitude par là avec tous les habiles gens en cette science, qui étoient souvent chez lui; mais, comme il avoit dessein d'instruire mon frère dans les langues, et qu'il savoit que la mathématique est une science qui remplit et qui satisfait beaucoup l'esprit, il ne voulut point que mon frère en eût aucune connoissance, de peur que cela ne le rendit négligent pour la latine et les autres langues dans lesquelles il vouloit le perfectionner. Par cette raison il avoit serré tous les livres qui en traitent, et il s'abstenoit d'en parler avec ses amis en sa présence; mais cette précaution n'empêchoit pas que la curiosité de cet enfant ne fût excitée, de sorte qu'il prioit souvent mon père de lui apprendre la mathématique, mais il le lui refusoit, lui promettant cela comme une récompense : il lui promettoit qu'aussitôt qu'il sauroit le latin et le grec, il la lui apprendroit. Mon frère, voyant cette résistance, lui demanda un jour ce que c'étoit que cette science, et de quoi on y traitoit : mon père lui dit en général que c'étoit le moyen de faire des figures justes, et de trouver les proportions qu'elles avoient entre elles, et en même temps lui défendit d'en parler davantage et d'y penser jamais. Mais cet esprit qui ne pouvoit demeurer dans ces bornes, dès qu'il eut cette simple ouverture, que la mathématique donnoit des moyens

---

1. Chateaubriand (*Génie du Christianisme*, troisième partie, liv. II, chap. VI) : « Il y avait un homme qui, à douze ans, avec des *barres* et des *ronds*.... »

de faire des figures infailliblement justes, il se mit lui-même à rêver sur cela, à ses heures de récréation, et étant seul dans une salle où il avoit accoutumé de se divertir, il prenoit du charbon et faisoit des figures sur des carreaux, cherchant les moyens de faire, par exemple, un cercle parfaitement rond, un triangle dont les côtés et les angles fussent égaux, et les autres choses semblables. Il trouvoit tout cela lui seul ; ensuite il cherchoit les proportions des figures entre elles. Mais, comme le soin de mon père avoit été si grand de lui cacher toutes ces choses, il n'en savoit pas même les noms : il fut contraint lui-même de se faire des définitions ; il appeloit un cercle un *rond*, une ligne une *barre*, et ainsi des autres. Après ces définitions, il se fit des axiomes, et enfin il fit des démonstrations parfaites, et, comme l'on va de l'un à l'autre dans ces choses, il poussa ses recherches si avant qu'il en vint jusqu'à la trente-deuxième Proposition du premier livre d'Euclide. Comme il en étoit là-dessus, mon père entra dans le lieu où il étoit, sans que mon frère l'entendît ; *il* le trouva si fort appliqué qu'*il* fut longtemps sans s'apercevoir de sa venue[1]. On ne peut dire lequel fut le plus surpris, ou le fils de voir son père, à cause de la défense expresse qu'il lui en avoit faite, ou le père de voir son fils au milieu de toutes ces choses. Mais la surprise du père fut bien plus grande, lorsque, lui ayant demandé ce qu'il faisoit, il lui dit qu'il cherchoit telle chose, qui étoit la trente-deuxième Proposition du premier livre d'Euclide. Mon père lui demanda ce qui l'avoit fait penser à chercher cela : il dit que c'étoit qu'il avoit trouvé telle autre chose, et sur cela, lui ayant fait encore la même question, il lui dit encore quelques démonstrations qu'il avoit faites ; et enfin, en rétrogradant et s'expliquant toujours par les noms de *rond* et de *barre*, il en vint à ses définitions et à ses axiomes.

« *Mon père fut si épouvanté* de la grandeur et de la puissance de ce génie que, sans lui dire mot, il le quitta, et alla chez M. Le Pailleur qui étoit son ami intime, et qui étoit

---

[1]. J'aime à laisser à ce style naïf toutes ses incorrections : comme sœur aînée, madame Périer était venue un peu trop tôt pour profiter des perfectionnements littéraires dus à son frère.

aussi fort savant : lorsqu'il fut arrivé là, *il y demeura immobile comme un homme transporté.* M. Le Pailleur voyant cela, et *voyant même qu'il versoit quelques larmes,* fut épouvanté à son tour, et le pria de ne pas lui celer plus longtemps la cause de son déplaisir. Mon père lui répondit : « *Je ne pleure pas d'affliction, mais de joie* [1]; vous savez les soins que j'ai pris pour ôter à mon fils la connoissance de la géométrie, de peur de le détourner de ses autres études; cependant voici ce qu'il a fait.... » M. Le Pailleur ne fut pas moins surpris que mon père l'avoit été, et il lui dit qu'il ne trouvoit pas juste de captiver plus longtemps cet esprit, et de lui cacher encore cette connoissance.... Mon père, ayant trouvé cela à propos, lui donna les Éléments d'Euclide, pour les lire à ses heures de récréation. Il les vit et les entendit tout seul, sans avoir jamais eu besoin d'aucune explication [2]; et, pendant qu'il les voyoit, il composoit et alloit si avant, qu'il se trouvoit régulièrement aux conférences qui se faisoient toutes les semaines. »

C'était là le fruit des seules heures de récréation, car, à cet âge, il avait pour étude courante d'apprendre le latin selon l'espèce de méthode à la Port-Royal, que son père lui avait dressée exprès; mais la géométrie occupait réellement son cœur, et, en ses moments perdus, il la poussa si bien qu'à seize ans il avait fait son petit traité des Sections coniques : « Les habiles gens, nous dit madame Périer (ici j'abrége), étoient d'a-

---

1. Se peut-il un ensemble d'expressions plus touchantes, plus irrécusables? On lit dans l'Éloge de Pascal par Condorcet : « Cet événement (celui de la trente-deuxième Proposition d'Euclide) a été rapporté par madame Périer, sœur de Pascal; elle a joint à son récit des circonstances qui l'ont fait révoquer en doute. » Condorcet, qui tient d'ailleurs pour vrai le fait raconté, n'a-t-il pas vu que ces circonstances du récit en exprimaient de tout point la vérité même?
2. Ces Éléments d'Euclide lui deviennent ce qu'ont été à Montaigne les *Métamorphoses* d'Ovide, ce que va être à Racine le roman d'Héliodore : toujours, pour chaque grand esprit, ce que j'ai appelé les armes d'Achille.

vis qu'on l'imprimât dès lors, parce que, si on l'imprimoit dans le temps que celui qui l'avoit *inventé* (ce mot *inventé* n'est peut-être pas très-exact) n'avoit que seize ans, cette circonstance ajouteroit beaucoup à sa beauté ; mais, comme mon frère n'a jamais eu de passion pour la réputation, il n'en fit rien, et l'ouvrage en resta là. » Descartes, qui fut informé de cet Essai, jugea que le jeune Pascal avait beaucoup emprunté de Desargues ; ce qui, en rabattant du prodigieux, n'infirmerait pas toute la part de sagacité précoce qu'on veut seulement conclure[1].

Relevons en passant un trait de caractère : *Mon frère qui n'a jamais eu de passion pour la réputation....* La vérité, la découverte des causes en elles-mêmes l'occupait bien plus que l'effet et le bruit de cette découverte dans l'esprit des autres hommes. Il aimait sans doute la gloire, lui-même nous avertit que tout le monde l'aime : quand il regarda au dedans de lui avec un œil chrétien, c'est-à-dire avec un œil infiniment plus perçant et plus subtil que l'œil naturel, il y vit cet amour de gloire, bien que sous des formes déguisées ; pourtant, à parler humainement, Pascal aimait peu la gloire, l'aimait incomparablement moins que le fond qu'elle suppose, moins *le paraître* que *l'être*. Le vrai avant tout, ce fut son instinct avant d'être sa loi.

« Pascal, nous dit Nicole, avoit une mémoire prodi-

---

1. En général, Descartes semble, à deux ou trois traits de ses lettres, observer le jeune Pascal, géomètre ou physicien, avec cette vigilance, cette surveillance inquiète et jalouse de ses droits, qui s'appliquerait de loin à un rival naissant, à un successeur possible et déjà dangereux. Il se montra tout d'abord bien mieux disposé pour Arnauld, qu'il connaissait depuis les *Méditations*. Arnauld comprenait, argumentait, mais n'inventait pas. Il y a une maxime de madame de Sablé : « On aime beaucoup mieux ceux qui tendent à nous imiter, que ceux qui tâchent à nous égaler ; car l'imitation est une marque d'estime. »

gieuse, où les choses, encore mieux que les mots, se gravoient à tel point, que lui-même avouoit franchement n'avoir jamais laissé fuir ce qu'une fois il avoit saisi par le raisonnement. » Ce qu'il éprouvait pour lui, il le communiquait à certain degré aux autres, et Nicole qui rédige, après dix ans, et de mémoire, une conversation de Pascal à laquelle il avait assisté[1], témoigne que rien de ce qu'avait dit ce grand homme ne se pouvait oublier, tant il l'imprimait de sa parole dans l'esprit de l'auditeur. Ainsi double qualité encore, de conception et de communication. Pascal a dit : « La justice et la vérité sont deux pointes si subtiles, que nos instruments sont trop émoussés pour y toucher exactement. S'ils y arrivent, ils en *écachent* la pointe et appuient tout autour, plus sur le faux que sur le vrai. » Eh bien ! on pourrait dire que, par un don singulier, Pascal avait dans son esprit, et tournée en dedans, cette *pointe*, ce *poinçon* de vérité, qui allait, par la justesse et l'étendue du raisonnement, décrivant en lui les lignes simples qui ne s'y effaçaient plus; et en même temps, par la parole, par cette parole dont il faisait ce qu'il voulait, il avait une seconde *pointe* de cette vérité, tournée au dehors, avec laquelle il décrivait aussi nettement le vrai dans l'esprit des autres. Ce qui est encore à remarquer (car à tout moment chez Pascal, il y a qualité double, et qui semblerait contraire), cet esprit si admirablement net et sûr, dans lequel se décrivaient et se gravaient à jamais, comme avec la pointe la plus ferme et la plus fine, les lignes et les caractères de la vérité ; cet esprit qui, par une telle propriété de sa trempe, avait quelque chose de grossièrement comparable, si l'on veut, à une

---

1. Discours *sur la Condition des Grands*, car c'est encore un entretien de Pascal; il l'eut, en trois moments, avec son ami le duc de Roannès, Nicole présent.

table d'acier sous le compas[1], — cet esprit, dans la netteté parfaite et la vigueur de ses délinéaments, ne restait pas froid et incolore ; mais il y unissait chaleur et lumière ; et cette chaleur, cette lumière, cette couleur, en se versant par rayons, ne brouillait rien, ne rompait rien, n'élevait nulle vapeur, n'excédait pas le dessin primitif, n'en suivait et n'en illustrait exactement que le réseau, le peignait seulement plus distinct et le faisait vivre, et semblait aussi primitive, aussi essentielle elle-même en ce merveilleux esprit que les toutes premières traces. Ainsi donc, géométrie forte et neuve, aperception nette et subtile, éloquence, agrément, passion enfin dans les strictes lignes du vrai, il unissait toutes ces sortes d'esprit. — Nous en sommes toujours à sa jeunesse.

Jeune pourtant, et à cet âge où nous le suivons, l'éloquence était ajournée encore, au moins dans ses produits appréciables, et toute l'application allait aux sciences. Son père, qui le laissait la plus grande partie du jour sur le grec et le latin, l'entretenait, pendant et après les repas, de logique, de physique, de mécanique, et cette diversion prenait si fort sur le jeune esprit que dès lors, sans qu'on y fît assez d'attention, la santé du corps en reçut chez lui de profondes atteintes. Ce fut à travers ces altérations commençantes qu'à l'âge de dix-neuf ans, Pascal inventa sa *machine arithmétique*, destinée à abréger les opérations de calculs. L'exécution et la mise en train de cette machine lui coûtèrent peut-être plus de tracas, que la conception ne lui avait coûté d'effort. Il eut la patience d'en faire *plus de cinquante modèles*, tous différents, d'ébène, d'ivoire, de cuivre, avant de s'arrêter au définitif ; il fallut dresser des ouvriers, se

---

1. Ainsi, pour tout ce premier ordre de qualités, l'esprit d'un Laplace, par exemple.

garder des contrefaçons. Il a lui-même expliqué dans un petit *Avis* adressé à l'*ami lecteur* (1649), avec beaucoup d'agrément, de vivacité, et d'un style qui n'a que quelques mots surannés (*souventes fois, fors*), toute la succession de ses desseins et de ses tâtonnements à ce sujet : cela l'occupa au moins deux ans.

La première idée de cette machine lui était venue à l'occasion des grands calculs qu'il eut à faire, pour soulager son père dans l'intendance de Normandie où on l'avait appelé. Depuis, en effet, que M. Pascal s'était retiré à Paris, un grand événement avait dérangé sa situation. En mars 1638, il se trouvait chez le chancelier Seguier, au moment où des personnes mécontentes d'un retranchement de rentes sur l'Hôtel-de-Ville vinrent se plaindre un peu trop vivement :

. . . . Plus pâle qu'un rentier
A l'aspect d'un Arrêt qui retranche un quartier.

Lui-même était intéressé dans ce retranchement, et fut soupçonné de ne pas s'être rencontré sans dessein en cette petite émeute[1]. Le cardinal de Richelieu donna ordre d'arrêter et de mettre à la Bastille les principaux plaignants qu'on lui nomma; M. Pascal, désigné, n'échappa qu'en se tenant longtemps caché.

Cependant il avait sa seconde fille, Jacqueline, moins âgée de deux ans que Blaise, et qui, dès l'enfance, annonçait un remarquable talent de versification. La sœur aînée (qui fut madame Périer) était chargée de la faire lire; l'écolière, qui avait sept ans, s'y prêtait d'ordinaire

---

1. « Il se dit ce jour-là des paroles, et même on y fit quelques actions un peu violentes. » (Vie de la sœur Sainte-Euphémie, par madame Périer.) — « Lui (M. Pascal) et un nommé de Bourges, avec un avocat au Conseil..., firent bien du bruit, et, à la tête de quatre cents rentiers comme eux, ils firent grand'peur au garde des sceaux Seguier.... » (Tallemant des Réaux.)

avec répugnance : mais un jour que sa sœur lisait tout haut des vers, cette cadence plut si fort à l'enfant, qu'elle dit : « Quand vous voudrez me faire lire, faites-moi lire dans un livre de vers ; je dirai ma leçon tant que vous voudrez. » Elle en fit bientôt elle-même. Un peu avant l'affaire de son père, elle avait composé un Sonnet sur la grossesse de la Reine, à qui on la présenta à Saint-Germain[1]. En attendant qu'elle entrât dans le cabinet de Sa Majesté, chacun dans la galerie l'entourait, l'interrogeait comme une petite merveille, et lui demandait des vers. Mademoiselle (fille de Monsieur), qui était alors fort jeune, lui dit : « Puisque vous faites si bien des vers, faites-en pour moi. » Elle, tout froidement, se retira en un coin et s'en revint au bout d'un instant avec l'épigramme suivante ; c'est l'impromptu d'un enfant de douze ans :

> Muse, notre grande Princesse
> Te commande aujourd'hui d'exercer ton adresse
> A louer sa beauté ; mais il faut avouer
>   Qu'on ne sauroit la satisfaire,
> Et que le seul moyen qu'on a de la louer,
> C'est de dire en un mot qu'on ne le sauroit faire.

Bien que ces vers, et tous ceux qu'on a de mademoiselle Jacqueline Pascal, n'aient guère été capables, on le conçoit, de faire revenir son frère du peu d'estime qu'il ressentait pour la poésie, pourtant ils marquent beau-

---

1. Et aussi une *Épigramme* (en mai 1633) *sur le mouvement que la Reine a senti de son Enfant* :

> Cet invincible Enfant d'un invincible Père
>   Déjà nous fait tout espérer,
> Et, quoiqu'il soit encore au ventre de sa Mère,
>   Il se fait craindre et désirer.
> Il sera plus vaillant que le Dieu de la guerre,
> Puisqu'avant que son œil ait vu le firmament,
>   S'il remue un peu seulement,
> C'est à nos ennemis un tremblement de terre !

coup de facilité et de bel-esprit ; elle aurait pu devenir en littérature une mademoiselle de Scudéry, et mieux.

Depuis le jour de cette présentation, la petite Jacqueline allait souvent à la Cour, y étant toujours très-caressée du Roi, de la Reine, de Mademoiselle, et de tous ceux qu'elle y voyait. « Elle eut même l'honneur de servir la Reine quand elle mangeoit en particulier, Mademoiselle tenant la place de premier maître d'hôtel. »

Quelques mois après la fâcheuse affaire de son père, et pendant qu'il était caché, elle prit la petite vérole, et y perdit sa beauté qui promettait fort[1]. Son père, malgré le danger d'être découvert, revint au logis pour la soigner, et ne la quitta pas des yeux tant que la maladie dura. A peine guérie, elle fit des vers pour remercier Dieu de lui avoir laissé la vie et enlevé la beauté. Les vers sont très-mauvais ; mais un tel sentiment sort du vulgaire.

En février 1639, le Cardinal eut la fantaisie, pour se dérider, de faire jouer la comédie par des enfants. La duchesse d'Aiguillon, sa nièce, allait recrutant de petits acteurs et de petites actrices ; par madame Sainctot, femme du maître des Cérémonies, elle eut l'idée de demander la petite Pascal[2]. Mademoiselle Pascal l'aînée

---

1. On aura remarqué que plusieurs des jeunes filles qui devinrent les principales religieuses de Port-Royal avaient eu ainsi la petite vérole, qui de bonne heure avait gâté leur visage. Je le rappelle parce que cela m'a paru revenir assez souvent, mais je ne veux pas dire pourtant qu'on ne donne à Dieu que ce dont le monde ne veut pas ou ne veut plus.

2. Deux ans auparavant, les deux petites demoiselles Sainctot et la petite Jacqueline, passant quelques semaines ensemble, avaient fait, à elles trois, une espèce de comédie en vers : c'était, dit-on, une pièce suivie, en cinq actes, divisés par scènes, et *où tout était observé*. Elles la jouèrent elles-mêmes deux fois, avec d'autres acteurs qu'elles prirent ; on en causa longtemps dans Paris : « Nous ne rapportons point ceci, dit le fidèle Clémencet qui n'en omet rien, pour donner du goût et de l'estime de ce que la loi de Dieu

répondit d'abord tout net au gentilhomme de la duchesse :
« Monsieur le Cardinal ne nous donne pas assez de
plaisir, pour que nous pensions à lui en faire. » Mais on
avisa ensuite que ce pourrait être un moyen de servir le
père. La petite apprit son rôle, l'étudia sous Mondory
même (il était de Clermont), le joua à ravir, et, la comédie finie[1], voyant qu'on tardait à la présenter, elle
alla toute seule au Cardinal qui la prit sur ses genoux :
elle paraissait beaucoup plus enfant qu'elle n'était en
effet, ayant déjà treize ans. Tout en pleurant, elle lui
récita un petit compliment en vers, pour demander la
grâce de son père[2]. L'honnête Mondory, très-écouté ce
jour-là, avait préparé les voies. Le Chancelier présent et
la duchesse d'Aiguillon s'y joignirent, et le Cardinal dit :
« Eh bien ! mon enfant, mandez à monsieur votre père
qu'il peut revenir en toute assurance, et que je suis bien

nous apprend à regarder comme pernicieux ; nous voulons seulement faire connoître quelle étoit dès l'enfance la beauté du génie
de la sœur de Sainte-Euphémie. »

1. *L'Amour tyrannique*, tragi-comédie de Scudéry. La petite
Pascal jouait Cassandre, une des deux filles d'honneur de la reine
de Pont, — un très-petit rôle en définitive, bien qu'à un endroit le
prince Tigrane, en lui confiant une lettre et en lui recommandant
de la remettre avec adresse, ajoute par manière de compliment :

 Mais à ton bel esprit on ne peut rien montrer.

Scudéry fit à la jeune actrice un madrigal de remercîment, auquel
elle répondit.

2. Voici ce compliment, ingénieux et bien tourné, et qui était
tout à fait dans l'esprit de la situation :

 Ne vous étonnez pas, incomparable Armand,
 Si j'ai mal contenté vos yeux et vos oreilles ;
 Mon esprit, agité de frayeurs sans pareilles,
 Interdit à mon corps et voix et mouvement.
 Mais, pour me rendre ici capable de vous plaire,
 Rappelez de l'exil mon misérable père :
 C'est le bien que j'attends d'une insigne bonté.
 Sauvez cet innocent d'un péril *manifeste*;
 Ainsi vous me rendrez l'entière liberté
 De l'esprit et du corps, de la voix et du geste.

aise de le rendre à une si aimable famille. » Car, ajoute une des Relations[1], il la voyait toute devant ses yeux ; le jeune Pascal (âgé de près de seize ans), sa sœur Gilberte (depuis madame Périer, âgée de dix-neuf), étaient présents, tous deux *parfaitement beaux*. Alors la petite reprit d'elle-même qu'elle avait encore une grâce à demander à son Éminence, et, le Cardinal l'encourageant à dire, elle le pria que son père eût l'honneur de le venir remercier de sa bonté. A quoi le Cardinal répondit : « Non-seulement je vous l'accorde, mais je le souhaite : qu'il vienne me voir et qu'il m'amène toute sa famille. »

M. Pascal, qui se trouvait pour le moment caché en Auvergne, fut averti en hâte de revenir à Paris : il se rendit aussitôt à Ruel pour remercier le Cardinal, lequel, apprenant qu'il venait seul, lui fit dire qu'il ne le voulait point voir sans sa famille. Il revint donc le lendemain avec ses trois enfants. Le Cardinal leur fit mille sortes d'amitiés, dit à M. Pascal père qu'il connaissait son mérite, et qu'il était ravi de l'avoir rendu à une famille qui demandait toute son application ; il ajouta : « Je vous recommande ces enfants : *j'en ferai un jour quelque chose de grand.* »

On admire, on aime peu Richelieu ; au point de vue de Port-Royal, il apparaît surtout très-peu aimable ; mais, homme de génie et d'action comme il est, œil d'aigle et qui sonde les hommes, j'aime ses pronostics, et j'y crois volontiers, soit qu'ils tombent en promesses magnifiques sur le front du jeune Pascal, soit qu'ils planent plus soupçonneux et plus sombres, mais de signification non moins expresse, sur le front d'un Saint-Cyran.

Ce fut peu après ce moment que le Cardinal et le Chancelier envoyèrent en Normandie M. Pascal comme

---

1. Recueil d'Utrecht (1740), page 241.

intendant de cette généralité, conjointement avec M. de Paris, maître des Requêtes [1]. Le poste était difficile ; il y avait eu des troubles récents; on avait pillé les bureaux de recettes. M. de Gassion partit avec des troupes [2] : M. de Paris fut intendant pour les gens de guerre, et M. Pascal pour les tailles. De là les calculs, et la machine arithmétique du fils. Tout se rejoint.

C'est dans les premiers temps de ce séjour à Rouen que la jeune Jacqueline, suivant de son côté sa veine versifiante, je n'ose dire *poétique*, fit, d'après l'avis de

---

1. L'un des ancêtres du diacre Paris, très-probablement.
2. C'est ce qu'on appela la révolte des *Va-nu-pieds*. On se l'explique. La grande guerre que le roi avait sur les bras l'obligeant à d'excessives dépenses et à de continuelles levées d'impôts sur le peuple, on avait imaginé, pour forcer les récalcitrants, de mettre en pratique le principe de *solidité* ou *solidarité* : ainsi l'homme riche d'une paroisse, quoiqu'il eût payé sa taxe, pouvait être contraint et mis en prison pour la taxe des autres, jusqu'à ce qu'elle fût entièrement rentrée. Le plus aisé répondait pour tous. C'était procéder comme en pays conquis, où tout moyen est bon pour extorquer de l'argent. Plusieurs de ces honnêtes gens de campagne, ainsi maltraités et emprisonnés, bien qu'ayant payé leur quote-part, eurent recours au Parlement de Rouen et à la Cour des Aides qui leur donnèrent gain de cause. Les peuples, se sentant de l'appui, se soulevèrent contre les intendants et receveurs des tailles : ils élurent un chef qu'ils nommèrent hardiment *Jean-va-nu-pieds*, faisant montre et drapeau de leur misère. C'est alors que le colonel Gassion fut envoyé pour châtier les mutins qui tenaient la Basse-Normandie (1639); il s'en acquitta en vrai soldat qu'il était. Il entra à Caen sans résistance ; mais, le gros des séditieux s'étant retranché dans Avranches, il s'y porta en force, enleva, non sans pertes, les barricades des faubourgs, et « prit et tua tout ce qui étoit dedans. Les prisonniers furent pendus, et ainsi cette canaille fut dissipée. » Ce sont les termes mêmes de Monglat dans ses *Mémoires*. Mais Coligny, dans les siens, ajoute (ce qui se conçoit aisément) que « Gassion ayant presque tout mis à sac dans le pays, les esprits étoient demeurés fort altérés. » — Quant à Pascal, dans sa fièvre de géométrie et d'invention, il ne paraît avoir vu en tout cela que matière à chiffre, à calcul numérique et à mécanique savante. Les réflexions morales qu'il put faire ne vinrent qu'après.

M. Corneille, les Stances sur *l'Immaculée Conception* qui lui valurent le prix qu'on décernait tous les ans ce jour-là, et qu'on lui apporta avec tambours et trompettes (8 décembre 1640). Il faut dire, pour excuse, que l'étrange sujet — très-étrange, en effet, pour une jeune fille, — se trouvait indiqué par cet anniversaire non moins que par les usages et le titre même de la société[1]. Corneille, aussitôt le prix accordé aux Stances de mademoiselle Jacqueline, avait prononcé, séance tenante, un petit remercîment en vers, trop digne de la pièce couronnée[2]. Mademoiselle l'Intendante, toute jeune qu'elle était, faisait à Rouen un personnage ; M. Corneille, si grand dans son théâtre, et qui était un peu humble et disproportionné dans la vie, lui marquait une bonne grâce, j'imagine, où entrait quelque déférence. Mais il ne paraît pas que ce commerce de Corneille ait en rien atteint Pascal qui, dans ce même temps, ne s'inquiétait guère du *Cid* ni d'*Horace*, inventait sa machine

---

1. Le plus ancien, assure-t-on, des *Puys*, espèces de compagnies littéraires du Moyen-Age, est celui qui fut institué à Rouen en l'honneur de la Conception de Notre-Dame ; on le fait remonter à Guillaume le Conquérant. Mais, ce qui demeure plus certain, cette compagnie eut beaucoup d'éclat à la fin du quinzième et durant tout le seizième siècle ; elle était encore très en vogue au dix-septième : Fontenelle et bien d'autres y ont concouru. Ces pièces sur l'Immaculée Conception s'appelaient des *palinods*. Le Chant royal seul, à l'origine, y florissait ; on avait admis successivement le Rondeau, la Ballade, les Stances. La *Rose* était le prix de la Ballade, et la *Tour* celui des Stances.

2.
Pour une jeune Muse absente,
Prince, je prendrai soin de vous remercier....

Prince, c'est la formule, le *Prince du Puy* pour le *Président* ; et il finissait par ces deux vers, si vers il y a :

Une fille de *douze* années
A, seule de son sexe, eu des prix sur ce *Puy* !

Cela sortait de la même bouche que le *qu'il mourût*. La jeune fille, au reste, avait bien *quatorze* ans et non pas *douze*.

arithmétique, et allait passer aux expériences sur le Vide. Est-ce que, par hasard, d'abord ce certain manque de naturel et de simplicité dans la poésie du grand Corneille empêchait Pascal d'y prendre? Mieux vaut accuser sa distraction.

Sa santé était déjà profondément atteinte par suite de l'unique application trop opiniâtre; et il disait que, depuis l'âge de dix-huit ans, il n'avait point passé un seul jour sans douleur.

Je renvoie au discours de l'abbé Bossut[1] pour le détail des travaux sur le Vide. Pascal, informé par M. Petit, qui le tenait du Père Mersenne, des expériences récentes de Torricelli, les répéta à Rouen, en 1646, avec ce même M. Petit, intendant des fortifications ; et dès 1647, il publia un Avis sur les *nouvelles Expériences touchant le Vide*, qui promettait un traité plus complet. Son but, dans cet Avis publié, était de prendre date, et de s'assurer l'honneur de recherches qui lui avaient coûté tant de frais, de labeur et de temps. Il n'y ferait mention, ajoutait-il, que de ce qui lui était propre en découvertes sur cette matière ; bien qu'il eût répété en toutes sortes de façons les expériences d'Italie, il n'en parlerait pas, « *n'ayant dessein*, ce sont ses termes, *de donner que celles qui me sont particulières et de mon propre génie.* »

Les discussions auxquelles cette publication donna lieu, les expériences nouvelles et décisives que Pascal aussitôt imagina, et qu'il chargeait, dès novembre 1647, M. Périer, son beau-frère, d'exécuter sur le Puy-de-Dôme, la répétition qu'il en fit lui-même sur la tour de Saint-Jacques-la-Boucherie à Paris, tous ces intéressants développements d'une belle et grande découverte appartiennent trop essentiellement à l'histoire des sciences

---

1. En tête de l'Édition des Œuvres de Pascal.

pour être effleurés, et l'abbé Bossut me dispense d'en rien balbutier ici.

Un point seulement nous revient comme personnel ; dans cette discussion que souleva sa découverte, et dans laquelle il rencontra en chemin Descartes, compétiteur assez aigre [1], Pascal eut surtout pour contradicteurs des Jésuites, ceux de Montferrand, qui le firent accuser dans des thèses de s'être attribué les travaux des Italiens, et à Paris, le Père Noël, qui soutint dans plusieurs lettres et traités *le Plein du Vide;* de sorte qu'avant les *Provinciales*, Pascal avait déjà maille à partir avec les bons Pères. Il semble même que la politique s'était d'abord mêlée à la science, et que dans ce prélude Escobar perçait déjà.

Et ceci, par rapport aux conséquences, mérite d'être développé davantage. On ne commence jamais mieux à découvrir vivement, à détester une grande injustice générale, que du jour où l'on a été soi-même personnellement touché. Une seule piqûre à notre amour-propre nous

---

1. Descartes et Pascal se virent. Plusieurs de nos auteurs, l'abbé Grégoire, l'abbé Racine, Besoigne, disent que Descartes visita Pascal déjà retiré; ils oublient que Descartes mourut à Stockholm en 1650, et que Pascal ne se retira qu'à la fin de 1654. Mais, pendant un séjour de quelques mois que Pascal, déjà malade, fit à Paris avec sa sœur, en 1647, dans l'intervalle de ses premières et de ses secondes expériences sur le Vide, Descartes le vint voir. M. Libri (*Journal des Savants* de septembre 1839) a publié la lettre (du 25 septembre 1647) dans laquelle mademoiselle Jacqueline raconte à *madame* Périer, sa sœur, le détail de cette entrevue. Ils causèrent, entre autres sujets, des expériences commencées, et Descartes prétendit depuis avoir suggéré alors à Pascal celle du Puy-de-Dôme. Bossut, qui discute ce point, pense que Pascal devait avoir déjà naturellement conçu cette idée, et que c'est pour cela qu'il n'en tint nul compte à Descartes, un peu âpre à la revendiquer mais lui aussi, il faut l'avouer, il fut un peu roide à la retenir. — Le Père Daniel (*Voyage du Monde de Descartes*) s'empare de ces discords entre grands hommes et fait son métier.

ouvre bien des aperçus. Pascal, à l'égard des Jésuites, confirme la loi.

En 1647, il se trouvait donc fort incommodé de santé, et il était venu à Paris pour une consultation. Les réponses qu'il fallait faire aux longues objections que lui écrivait le Père Noël, lui causaient une extrême fatigue. Un jour le Révérend Père Talon, en lui apportant une dernière Lettre de son confrère, lui témoigna civilement que le Père Noël compatissait à son indisposition, qu'il craignait que la première réponse n'eût intéressé sa santé, qu'il le priait de ne pas la compromettre de nouveau par une seconde, en un mot de ne plus répondre, et d'attendre qu'on se pût éclaircir de bouche.

« J'avoue, dit Pascal dans une lettre à M. Le Pailleur qu'il met au fait du préambule de l'histoire, j'avoue que, *si cette proposition me fût venue d'une autre part que de celle de ces bons Pères*, elle m'auroit été suspecte, et j'eusse craint que celui qui me l'eût faite n'eût voulu se prévaloir d'un silence *où il m'auroit engagé par une prière captieuse*. Mais je doutai si peu de leur sincérité, que je leur promis tout sans réserve et sans crainte, avec un soin très-particulier. C'est de là que plusieurs personnes, *et même de ces Pères, qui n'étoient pas bien informés de l'intention du Père Noël*, ont pris sujet de dire qu'ayant trouvé dans sa Lettre la ruine de mes sentiments, j'en ai dissimulé les beautés, de peur de découvrir ma honte; et que ma seule foiblesse m'a empêché de lui repartir. »

L'*intention* du Père Noël n'était pas si opposée à la pensée de ses confrères, qu'il ne rompît bientôt la trêve et ne fît paraître son traité bizarrement intitulé : *le Plein du Vide* (1648); il le dédiait au prince de Conti, depuis si janséniste, mais alors fort lié avec les Jésuites qui l'avaient élevé. Voici cette très-curieuse Dédicace ; la physique du Père Noël vaut sa rhétorique, et son goût peut donner la mesure de son exactitude en matière d'expériences :

« MONSEIGNEUR,

« La Nature est aujourd'hui accusée de Vide (*le vide du baromètre*), et j'entreprends de la justifier en présence de Votre Altesse : elle en avoit bien été auparavant soupçonnée, mais personne n'avoit encore eu la hardiesse de mettre des soupçons en fait, et de lui confronter les sens et l'expérience. Je fais voir ici son intégrité, et montre *la fausseté des faits* dont elle est chargée, et *les impostures des témoins qu'on lui oppose*. Si elle étoit connue de chacun comme elle est de Votre Altesse, à qui elle a découvert tous ses secrets, elle n'auroit été accusée de personne, et on se seroit bien gardé de lui faire un procès sur de *fausses dépositions*, et sur des *expériences mal reconnues et encore plus mal avérées*. Elle espère, Monseigneur, que vous lui ferez justice de toutes ces *calomnies*. Et si, pour une plus entière justification, il est nécessaire qu'elle paye d'expérience, et qu'elle rende témoin pour témoin, alléguant l'esprit de Votre Altesse qui remplit toutes ses parties, et qui pénètre les choses du monde les plus obscures et les plus cachées, il ne se trouvera personne, Monseigneur, qui ose assurer qu'au moins à l'égard de Votre Altesse, il y ait du Vide dans la Nature.... »

Le bouffon de la pièce ne faisait qu'en assaisonner l'injurieux ; les choses n'en restèrent pas là, et M. Pascal père crut devoir écrire au Père Noël une lettre de bonne encre, comme on dit, dans laquelle, prenant en main la cause de son fils, il commence véritablement cette prochaine guerre des *Provinciales*, comme M. Arnauld l'avocat avait entamé en son temps cette même guerre contre la Société, que supportèrent et poussèrent tous les Arnauld :

« Le véritable sujet de la plainte que mon fils fait de votre procédé consiste, mon Père, en ce que par le titre de votre livret, par la Lettre dédicatoire à Son Altesse, vous avez usé d'une façon d'écrire tellement injurieuse, qu'il n'y a que vos seuls ennemis capables de l'approuver (*la phrase est longue, mais allez jusqu'au bout*), pour vous accoutumer peu à peu à l'usage d'un style impropre à toutes choses, *sinon à causer des déplaisirs sans nombre*. Et certainement, mon Père, quoique je ne sois pas assez heureux pour avoir le bien de votre connoissance, je ne puis vous dissimuler que vous l'avez été beaucoup d'avoir entrepris à si bon marché de vous commettre en style d'injures *contre un jeune homme qui, se voyant provoqué sans sujet, je dis sans aucun sujet, pouvoit, par l'amertume de l'injure et par la témérité de son âge, se porter à repousser vos invectives*, de soi très-mal établies, *en termes capables de vous causer un éternel repentir.* »

Et le prenant sur ses métaphores, ses allégories et ses *invectives entrelacées à des figures de rhétorique qui ne sont pas dans les règles de la grammaire*, il lui donne la leçon complète : mais j'ai tenu à dégager surtout la prophétie paternelle. Dans toute cette Lettre du père de Pascal, sous une forme un peu pesante, on entend comme un sourd écho avant-coureur des *provinciales*. Le Père Le Moine, ou tel autre de la Société, paya depuis pour la physique métaphorique du Père Noël.

Quant à l'accusation portée par les Jésuites de Montferrand dans le Prologue des thèses soutenues en leur collége le 25 juin 1651, Pascal y répondit lui-même par une Lettre adressée à M. de Ribeyre, premier président à la Cour des Aides de Clermont, qui en avait reçu la dédicace ; et une copie de cette Lettre, également envoyée à M. Périer, fut mise sous presse et publiée à l'instant sur les lieux malgré les efforts de M. de Ribeyre. La Lettre de Pascal est simple, noble, judicieuse ; on y voit pourtant une grande préoccupation du point d'honneur selon le monde. A cette date de 1651, Pascal pouvait être lié avec les Jansénistes quant à la passion ; il n'était pas encore converti selon l'âme ; il tenait encore au monde par tous les liens réputés honorables et de considération.

Après ce petit préambule et comme cette pointe vers les *Provinciales*, il nous faut un peu rétrograder. La première escarmouche a eu lieu; la grande bataille n'est pas loin.

Pascal, ses sœurs, son père, toute cette famille en un mot était sincèrement chrétienne, bien que sans pratique extraordinaire. Avec ce goût passionné qu'il avait de questions et de recherches, le jeune homme ne s'était jamais encore porté au doute sur les matières de religion; cet esprit si actif, si vaste, si rempli de curiosités, demeurait en même temps soumis sur ces points réservés, comme un enfant[1]. Il avait vingt-trois ans environ. Une circonstance particulière vint mettre un nouvel ordre dans ses pensées.

En janvier 1646, son père, s'étant démis ou plus probablement cassé la cuisse dans une chute, se confia pour sa guérison aux mains de deux gentilshommes du pays qui étaient renommés en ces sortes de cures. C'étaient MM. de La Bouteillerie et Des Landes, amis de M. Guillebert, curé de Rouville, que nous connaissons. M. Des Landes[2] et son ami, en traitant M. Pascal à

---

1. Ç'a été un caractère et un bonheur de Pascal, et aussi des hommes de Port-Royal en général, de revenir à la religion étroite sans pourtant s'en être jamais absolument écartés, et sans avoir eu, en aucun temps, l'âme ruinée à cet endroit. De même pour les mœurs, si liées avec la croyance. Pascal, dans sa plus grande dissipation, n'eut pas de déréglement fondamental, de passion sensuelle ou sentimentale déclarée : M. Le Maître non plus. Quand donc ces âmes-là revenaient et se réintégraient complétement, comme, après tout, elles s'étaient conservées toujours, il en résultait un fonds de solidité et de certitude, que d'autres âmes, longtemps perdues, peuvent certes réacquérir par un coup de Grâce, mais que nos amis de Port-Royal nous offrent comme plus aisément (je leur en demande bien pardon) et plus conformément à leur nature même.

2. Un des fils de M. Des Landes fut solitaire à Port-Royal en 1650; il exerçait aussi la médecine et la chirurgie par charité. Ces Des Landes étaient doués d'un talent naturel pour la Chirurgie;

Rouen, et en demeurant chez lui trois mois de suite, l'entretinrent de la renaissance religieuse dont ils étaient de vivants exemples; ils lui prêtèrent à lui et à sa famille, les livres de Saint-Cyran, *la Fréquente Communion*, surtout un petit Discours de Jansénius intitulé : *De la Réformation de l'Homme intérieur*, traduit par M. d'Andilly, et dont les pensées (conformes à celles du chapitre VIII, livre II, *De Statu Naturæ lapsæ*, de l'*Augustinus*) en firent jaillir d'analogues que l'on retrouve à la trace dans Pascal.

Ainsi, par exemple, lorsque observant que les uns ont cherché la félicité dans l'austérité et l'orgueil, les autres dans les curiosités et les sciences, les autres dans les voluptés, Pascal ajoute : « Les trois Concupiscences ont fait trois sectes, et les philosophes n'ont fait autre chose que suivre une des trois. » Saint Jean l'avait dit[1] ; Bossuet l'a repris et développé admirablement dans son traité *de la Concupiscence;* mais Jansénius, en ce petit Discours, l'a le premier inculqué à Pascal, je le crois.

Ce qui, dans ce même Discours, était dit de la curiosité, dut en particulier frapper droit au cœur du jeune savant, sur qui ces remarques semblaient comme exprès dirigées. Cette page fut trop son miroir pour que nous la dérobions ici ; le premier ébranlement de Pascal vient de là :

« Voilà, disait Jansénius dans ce pur langage de M. d'Andilly, après avoir parlé des sens, voilà la règle que l'on doit suivre pour savoir ce que l'on doit refuser ou accorder à cette première passion, qui est la plus honteuse de toutes, et que l'Apôtre appelle la Concupiscence de la chair ; mais celui à qui Dieu aura fait la Grâce de la vaincre sera at-

---

ce qu'on appelle vulgairement *rebouteurs* : mais ils y joignirent l'étude.

1. Épître I, chap. II, vers. 16.

taqué par une autre d'autant plus trompeuse qu'elle paroît plus honnête.

« C'est cette Curiosité toujours inquiète, qui a été appelée de ce nom à cause du vain désir qu'elle a de savoir, et que l'on a palliée du nom de science.

« Elle a mis le siége de son empire dans l'esprit, et c'est là qu'ayant ramassé un grand nombre de différentes images, elle le trouble par mille sortes d'illusions[1]....

« Que si vous voulez reconnoître quelle différence il y a entre les mouvements de la Volupté et ceux de cette passion, vous n'avez qu'à remarquer que la Volupté charnelle n'a pour but que les choses agréables, au lieu que la Curiosité se porte vers celles même qui ne le sont pas, se plaisant à tenter, à éprouver et à connoître tout ce qu'elle ignore.

« Le monde est d'autant plus corrompu par cette maladie de l'âme, qu'elle se glisse sous le voile de la santé, c'est-à-dire de la science.

« C'est de ce principe que vient le désir de se repaître les yeux par la vue de cette grande diversité de spectacles : de là sont venus le Cirque et l'amphithéâtre, et toute la vanité des tragédies et des comédies : *de là est venue la recherche des secrets de la nature qui ne nous regardent point, qu'il est inutile de connoître, et que les hommes ne veulent savoir que pour les savoir seulement;* de là est venue cette exécrable curiosité de l'art magique [2]....

1. J'abrége en renvoyant à la page 160 du présent volume (liv. II, chap. XI), où j'ai déjà rendu Jansénius sur ce point.
2. Je suis ici pour présenter et rappeler tous les points de vue. Jansénius, en parlant ainsi, ignorait une grande chose, un grand progrès de l'esprit humain : ce qu'il ne considère que comme des futilités vaines de recherche et des curiosités éparses, devient à un certain moment, et après un certain nombre d'observations suffisantes, rapport nécessaire et *loi* dans l'esprit du savant. Or, la connaissance de ces lois mécaniques, chimiques et physiologiques de l'univers est souvent le plus grand obstacle à la croyance du chrétien, ou même à celle du métaphysicien théiste. C'est là un obstacle plus fort et plus insurmontable que celui de la conduite relâchée et des mœurs; c'est l'obstacle intellectuel et non plus charnel, c'est l'objection la plus impossible peut-être à déloger d'un esprit où elle s'est une fois installée et comme naturalisée. Quelqu'un qui s'y connaissait a dit sous une image originale : « Les grands

« Saint Augustin a été combattu en plusieurs manières de ces sortes de tentations, et *notre Roi même en a été attaqué!*

« Mais qui pourroit exprimer en combien de choses, quoique basses et méprisables, notre curiosité est continuellement tentée, et combien nous manquons souvent lorsque nos oreilles ou nos yeux sont surpris et frappés de la nouveauté de quelque objet, comme d'un lièvre qui court, d'une araignée qui prend des mouches dans ses toiles, et de plusieurs autres rencontres semblables (*le vif-argent qui monte dans un tuyau,* aurait-il pu ajouter); combien notre esprit en est touché et emporté avec violence?

« Je sais que ces choses sont petites; mais il s'y passe ce qui se passe dans les grandes : la curiosité avec laquelle on regarde une mouche, et celle avec laquelle on considère un éléphant, étant un effet et un symptôme de la même maladie....

« .... Et lorsque nous sommes revenus à nous-mêmes, et que nous nous élevons pour contempler cette beauté incomparable de la Vérité éternelle où réside la connoissance certaine et salutaire de toutes les choses, doit-on trouver étrange si cette multitude d'images et de fantômes, dont la vanité a rempli notre esprit et notre cœur, nous attaque et nous porte en bas, et semble comme nous dire : Où allez-vous, étant couverts de taches et si indignes de vous approcher de Dieu? où allez-vous? »

A la lecture de cette page, tout un rideau dut se tirer au fond de l'âme de Pascal : la géométrie, la physique lui apparurent pour la première fois dans un nouveau jour. Il se sentit atteint, entre tous, de l'orgueilleuse

---

ennemis de Christ, même pour ceux qui ont vers lui une inclination de cœur, les ennemis encore vivants et éternellement persistants, c'est le dieu *Priape* et c'est le dieu *Pan*, ces deux formes de la nature. On vient encore à bout de *Priape*, mais *Pan* est le plus rebelle, et il ne meurt plus pour ceux qui l'ont une fois compris. »
— Pascal lui-même, malgré sa géométrie et sa physique où il avait de si hautes percées, n'en était pas encore à comprendre, je le crois, cet ensemble, cette constitution de l'univers comme elle est apparue depuis à l'esprit d'un Buffon, d'un Gœthe ou d'un Humboldt

et *royale maladie* : « Quand j'ai commencé l'étude de l'homme, a-t-il dit depuis, j'ai vu que ces sciences abstraites ne lui sont pas propres, et que je m'égarois plus de ma condition en y pénétrant, que les autres en les ignorant. » L'étude de l'homme, la réflexion du monde moral, datèrent pour lui de ce jour-là.

Car c'est lui, nous apprend-on, lui qui, de toute la famille, prit le premier, et le plus vivement, aux discours et aux livres de MM. de La Bouteillerie et Des Landes ; il porta sa jeune sœur, alors âgée de vingt à vingt-un ans, et recherchée en mariage par un conseiller, à renoncer en esprit au monde. Le frère et la sœur unis y décidèrent M. leur père ; et M. et madame Périer, qui étaient venus séjourner à Rouen vers la fin de cette année 1646, trouvant toute la famille en Dieu, ne crurent pouvoir mieux faire que d'en suivre l'exemple. Tous se mirent sous la conduite de M. Guillebert, cet ami de feu M. de Saint-Cyran.

Dans le courant précisément de cette même année 1646, Pascal répétait avec M. Petit les expériences faites en Italie sur la pesanteur de l'air ; il publiait un aperçu des siennes en 1647 ; et j'augure que, durant tout ce temps, il y eut en lui de violents combats, des attaches et des reprises de science, qu'il se reprochait[1].

---

1. C'est à la date de février 1647 que se rapporte une certaine affaire dans laquelle Pascal se montra catholique bien fervent et bien jaloux sur les articles de foi : je veux parler de la dénonciation que lui et deux de ses amis firent d'un capucin de Rouen, le Frère Saint-Ange, qui professait, ou du moins qui soutenait en conversation, des doctrines très-singulières et tout à fait folâtres. Pascal dénonça auprès de l'archevêque de Rouen le pauvre visionnaire, et le poussa l'épée dans les reins plus que de raison (Voir les pièces publiées par M. Cousin, dans la *Bibliothèque de l'École des Chartes*, t. IV, p. 111, 1842). Ne soyons pas trop surpris de voir en cette sotte affaire Pascal dénonciateur et quasi inquisiteur. Je sais tel honnête jeune homme catholique ou même protestant qui, de nos jours, par zèle du vrai et du bien, en ferait autant.

Dans une lettre écrite sur lui par sa sœur, lors de sa seconde conversion (car il en eut deux), on le voit avouer qu'il fallait qu'il eût en ces temps-là, en ces premiers temps, d'*horribles attaches*, pour résister aux grâces abondantes que Dieu lui donnait, et aux mouvements si vifs qu'il lui faisait sentir. Cette lutte intérieure, venant compliquer tant de travaux, acheva la ruine de sa santé. Il fut saisi d'une sorte de paralysie des membres inférieurs, et ne put, pendant quelque temps, marcher qu'avec des béquilles. Il ne pouvait avaler de boisson que chaude, et goutte à goutte, à grand'peine, par suite de spasme ou de paralysie partielle au gosier. Ses pieds et ses jambes étaient comme frappés de mort, et il y fallait appliquer des chaussures trempées dans l'eau-de-vie, pour en réchauffer un peu le marbre. Avec cela, sa tête se fendait de douleurs, et ses entrailles brûlaient.

Rappelons-nous le grand Newton payant ses découvertes d'un long *embrouillement* de cerveau ; mettons-les, ces héros de la science, face à face avec les autres héros et victimes de la sensibilité, de l'imagination ou de la philosophie, Le Tasse, ou Swift, ou Jean-Jacques ; et de peur de hausser les épaules avec Montaigne, de *rire des épaules*, comme il dirait, relisons vite le chapitre de Pascal sur la grandeur de l'homme et sur son abaissement.

V

Pascal malade à Paris avec sa sœur. — Premières relations avec Port-Royal. — Jacqueline veut être religieuse. — *Veto* du père. — Séjour à Clermont; Correspondance avec la mère Agnès. — Mort de M. Pascal; *veto* du frère. — Chicane et humeur. — Angoisses de la sœur Sainte-Euphémie; drame intime. — Admirables paroles de la mère Angélique. — Pascal au parloir. — Le pont de Neuilly, et le sermon de M. Singlin. — Pascal au désert. — Le duc de Roannès, et M. Domat.

Dès qu'il fut un peu mieux, Pascal fit un voyage à Paris, tant pour se distraire que pour consulter les médecins; sa sœur Jacqueline l'y accompagna : c'était vers l'automne de l'année 1647. A ce moment se rapportent la Correspondance avec le Père Noël, et aussi les entretiens avec Descartes, qui, près du malade, donna de plus son avis comme médecin : un médecin bien hasardeux que Descartes! A l'une de ses premières sorties, Pascal, conduit par le Père Mersenne, lui rendit sa visite. Mais surtout le frère et la sœur allèrent souvent ensemble, dans l'église de Port-Royal de Paris, entendre les sermons de M. Singlin, dont il furent touchés, comme de cette idée même de la vie chrétienne parfaite qu'ils cherchaient; et, dès ce moment, la jeune Jacqueline conçut le dessein d'être religieuse à Port-Royal. Elle communiqua cette pensée à son frère, qui, bien loin de l'en détourner, l'y confirma, étant alors dans la ferveur des mêmes sentiments. Comme pourtant ni l'un ni l'autre n'avaient de connaissance directe avec Port-Royal, ils s'adressèrent à M. Guillebert, qui présenta mademoiselle Pascal à la mère Angélique, et elle entra sous la direction de M. Singlin. Celui-ci reconnut en elle tous les caractères d'une vocation louable; il ne s'agissait plus que de décider son père. M. Pascal revint à Paris en mai 1648; le Parlement exigeait la révocation générale des intendants; ses services furent récompensés ensuite par la Cour d'un brevet de Conseiller d'État. Sitôt qu'il apprit la résolution de sa fille, il se sentit en une grande perplexité : il était entré, il est vrai, dans les maximes du véritable Christianisme, mais ses entrailles de père parlaient, comme nous l'avons vu dans le temps chez M. Arnauld l'avocat; et elles parlèrent si vivement qu'il finit par y céder, et par tomber en mécontentement et méfiance de son fils qui avait fomenté le désir de sa sœur. Il déclara ne pouvoir consentir à cette entrée en religion, ne pouvoir, tant qu'il vivrait, se séparer de sa fille; qu'elle vécût chez lui de la manière dont elle l'entendrait, mais qu'elle attendît sa mort pour faire davantage.

Mademoiselle Pascal vécut donc, durant les années qui suivent, dans une vraie contrainte, ne communiquant avec M. Singlin et avec les Mères de Port-Royal qu'en secret et à la dérobée. Elle y mettait, est-il dit naïvement, *une adresse admirable*. On a les lettres (manuscrites[1]) qu'elle recevait de la mère Agnès particulièrement; elles sont belles de pensée, de prudence,

---

1. Bibliothèque du Roi, Oratoire, 206. — Elles ont été publiées depuis.

d'esprit. Durant un séjour de dix-sept mois qu'elle fit en Auvergne (1649 — jusqu'en novembre 1650), mademoiselle Pascal continuait, autant qu'elle le pouvait, au sein de sa famille et de ses relations de province, sa vie de retraite et de charité. Un bon Père de l'Oratoire de Clermont l'engagea à traduire en vers les Hymnes de l'Église ; elle s'y mit, mais en écrivit à Port-Royal en même temps pour demander conseil. Il lui fut répondu par la mère Agnès, de la part de M. Singlin : « C'est un talent dont Dieu ne vous demandera point compte, puisque c'est le partage de notre sexe que l'humilité et le silence ; il faut l'ensevelir. » Et encore : « Je suis bien aise que vous ayez prévenu le sentiment de M. Singlin ; vous devez haïr ce génie et les autres, qui sont peut-être cause que le monde vous retient ; *car il veut recueillir ce qu'il a semé.* » Et ailleurs : « Il n'y a rien à craindre pour une personne qui ne prétend rien au monde, sinon de *chercher trop les satisfactions de son esprit*[1]. »

---

1. J'en tire, tout à côté, plusieurs traits qui témoignent d'une grande douceur dans les conseils et d'une juste modération : — Le 25 février 1650 : « Nous eûmes hier un sermon admirable de M. Singlin ; je vous y aurois souhaitée, sinon que j'aurois eu peur que cela eût irrité votre désir, et rendu votre attente plus pénible. Notre Seigneur vous veut purifier par ce retardement, de ne l'avoir pas toujours désiré ; car il faut avoir longtemps faim et soif de la justice, pour expier le dégoût qu'on en a eu autrefois. » — Le 18 mars 1650 : « Je vous avois fait réponse, et je crois que vous aurez eu le même sentiment que moi, et que vous n'aurez rien perdu aux lettres que vous n'aurez pas reçues ; car *Dieu se contente qu'on expose son état à ceux qu'on doit prendre pour sa conduite ; après quoi, il remédie souvent par lui-même aux choses pour lesquelles on a eu recours aux créatures.* » Ingénieux et vrai. — Du 16 août 1650 : « Pour ce que vous demandez, vous verrez vous-même ce qui sera le mieux. Il est difficile de vous donner conseil là-dessus, sinon, en général, qu'il ne faut rien aigrir, ni aussi rien ramollir, mais *imiter la sagesse de Dieu qui dispose toutes choses avec force et suavité.* » — Du 8 novembre enfin : « Il faut souffrir que les personnes comme M. Singlin, qui craignent de faire des avances en

M. Pascal père mourut à Paris, le 24 septembre 1651, dans de grands sentiments de piété. Le curé de sa paroisse, M. Loysel de Saint-Jean-en-Grève, crut devoir prononcer son éloge funèbre en chaire, ce qu'il n'avait jamais fait pour aucun de ses paroissiens.

Le plus grand obstacle à la profession de mademoiselle Pascal semblait levé : une nouvelle difficulté succéda. Son frère, qui, le premier, l'avait introduite à la haute piété, qui l'avait confirmée dans son désir d'entrer en religion, s'était, depuis l'année 1649, remis au monde et d'une façon plus animée et plus engagée que jamais. La défense que les médecins lui avaient faite de tout travail d'esprit avait été l'occasion, et le goût bientôt était venu. C'était pure mondanité pourtant, sans vice aucun; de la dissipation, mais sans déréglement. Le deuil qu'il ressentit de la mort de son père[1] lui fit désirer de garder avec lui sa sœur; il ne lui parla d'abord que de retarder d'un an son entrée à Port-Royal, et il ne parut pas supposer qu'elle pût n'y point consentir. Elle se tut, par respect pour sa douleur, attendit l'arrivée de madame Périer, à qui elle s'ouvrit de sa résolution persistante, et les partages de la succession terminés, le

---

s'engageant aux choses à quoi Dieu ne les appelle pas, ne déterminent rien jusqu'à ce qu'ils aient consulté Dieu plusieurs fois. C'étoit une maxime de M. de Saint-Cyran, qu'il falloit parler cent fois à Dieu des choses importantes avant de les résoudre, et cela par imitation des grands retardements que Dieu a apportés dans ses plus grandes œuvres. » Ainsi la sœur de Pascal, très-loin de Port-Royal en apparence, en recevait de source et par voie secrète le primitif enseignement.

1. On a de très-belles et très-chrétiennes pensées de Pascal, extraites d'une lettre écrite *sur la mort de son père* (17 octobre 1651). Cela est un peu embarrassant, et paraît peu cadrer avec l'ensemble de ses sentiments à cette époque. Il faut croire qu'il n'en avait pas changé encore au fond sensiblement. Et puis la contradiction et la lutte étant le propre de son état durant ces années, il put bien avoir en effet, sous le coup du deuil, un retour chrétien passager.

4 janvier 1652, après en avoir fait, la veille au soir, toucher par sa sœur quelque chose à son frère, qui, tout attristé, ne la voulut point voir, elle sortit le matin dans une grande égalité d'esprit, ne disant aucun adieu de peur de s'attendrir ; et ainsi elle quitta le monde, âgée de vingt-six ans et trois mois.

Nous avons ici une répétition, pour le fond, un pendant des scènes de la mère Angélique avec son père, quand il s'agissait de l'entière réforme et de la clôture.

Mademoiselle Pascal n'avait fait présenter à son frère cette retraite que comme un essai momentané ; mais, quand elle lui écrivit, après deux mois, pour se déclarer définitivement, quand, dans cette lettre, elle lui marquait avec tendresse : « J'ai besoin de votre consentement et de votre aveu, que je demande de toute l'affection de mon cœur, non pas pour pouvoir accomplir la chose, puisqu'ils n'y sont pas nécessaires, mais pour pouvoir l'accomplir avec joie, avec repos d'esprit, avec tranquillité ; car, sans cela, je ferois la plus grande, la plus glorieuse et la plus heureuse action de ma vie avec une joie extrême mêlée d'une extrême douleur, et dans une agitation d'esprit indigne d'une telle grâce... *Il est juste que les autres se fassent un peu de violence, pour me payer de celle que je me suis faite depuis quatre ans...* ; » quand elle lui écrivait de ce ton, elle ne réussissait qu'à le blesser. Il finit par y consentir, mais de mauvaise grâce ; et, l'année du noviciat expirée, lorsqu'ayant eu ses voix pour la profession, elle écrivit encore pour en faire part et mettre la dernière main aux affaires, elle trouva en son frère chicane, tranchons le mot, et mauvaise volonté. Elle-même, la sœur de Sainte-Euphémie (c'est son nouveau nom), a transmis fort au long tout ce détail, à la louange du désintéressement et de la charité de Port-Royal et de la mère Angélique en particulier. C'est tout un drame intérieur que cette peine, cette inconsolable angoisse d'une âme généreuse, qui, au moment d'entrer dans l'accomplissement triomphant de son vœu, se voit comme frustrée par sa famille, et réduite à être peut-être reçue *par charité*. Elle en souffre, elle ressent amèrement cette injustice, elle se reproche de la trop ressentir pourtant; car il y a dans ce genre de souffrance un reste de fierté de famille, une dernière résistance contre l'entière merci chrétienne : elle est près d'en mourir.

C'est donc tout un drame, je le dis, un drame que cette qualité de sœur de Pascal, et que le personnage de Pascal lui-même, le principal adversaire, intéressent et relèvent pour nous. Et combien de drames ainsi en jeu au sein des âmes chrétiennes, c'est-à-dire de celles, entre toutes, qu'habitent la délicatesse et le devoir! Là où la vie semble le plus réglée, le plus calme, que d'orages couvant ou roulant devant Dieu! Parmi vous, pieux et délicats, regardez à l'entour, et sondez-vous! Ce n'est pas peut-être au sujet d'une entrée au couvent sans dot; on n'entre plus guère au couvent : mais c'est pour quelque faute, pour quelque sentiment dont le scrupule s'effraie, c'est sur quelque point intime, que l'orage grossit et s'élève. Tout a l'air calme dans la vie; pas un événement sensible, apparent; et l'on souffre, et l'on meurt!

Quand j'avance que la sœur de Sainte-Euphémie faillit en mourir, je n'exagère pas. Moins de dix ans après (4 octobre 1661) nous la verrons mourir de douleur et de scrupule d'avoir *signé*, et, comme elle le dit elle-même, *première victime* du Formulaire. N'est-ce pas mieux connaître Pascal, que d'étudier près de lui l'âme d'une telle sœur?

Or, vers mai 1653, la sœur de Sainte-Euphémie, après un an de noviciat et près de faire profession, écrivit à ses parents, M. Pascal, M. et madame Périer, pour leur donner avis qu'elle désirait disposer, en faveur de Port-Royal et des pauvres, de la part du bien dont elle se dépouillait :

« Car je croyois, dit-elle, avoir tout sujet de m'assurer qu'ils approuveroient tous mes desseins, et, connoissant le fond de mes intentions et la disposition de mon cœur à leur égard, j'avois la vanité de présumer qu'il ne m'étoit jamais possible de les fâcher, quelque chose que je fisse. Vous savez que j'avois quelque raison de vivre dans cette confiance, vu l'union et l'amitié que nous avions toujours eues ensemble. (Il paraît de plus que cette part de bien était peu considérable.)

« Cependant ils s'offensèrent au vif de mes desseins, et crurent que je leur faisois une sensible injure de les vouloir déshériter en faveur de personnes étrangères, que je leur préférois, disoient-ils, sans qu'ils m'eussent jamais désobligée. Enfin, ma chère Mère (elle s'adresse à la mère Le Conte, prieure aux Champs), ils prirent les choses dans un esprit tout séculier, comme auroient pu faire des personnes tout du monde, qui n'auroient pas même connu le nom de la charité....

« Ce prétendu manque d'amitié de ma part leur donna beau jeu de raisonner sur l'inconstance de l'esprit humain et l'instabilité de mon affection. Mais à la bonne heure, s'ils en fussent demeurés là; ils auroient exercé leur esprit sans troubler le mien; mais ils ne le firent pas : car ils m'écrivirent, chacun à part, de même style, une lettre, où, sans me dire qu'ils fussent choqués, ils me traitoient néanmoins comme l'étant beaucoup. Pour toute réponse à mes propositions, ils me faisoient une déduction de mes affaires à la rigueur, et me déclaroient que la nature de mon bien étoit telle que je n'en pouvois disposer en façon quelconque, ni en faveur de qui que ce fût. Ils en apportoient pour raisons que par nos partages on étoit demeuré d'accord que nos lots répondroient solidairement l'un à l'autre de toutes les parties qui viendroient à manquer pendant un long temps, et d'autres raisons de chicane qui vous ennuiroient, et qui n'eussent pas été telles sans doute s'ils n'avoient pas été en mauvaise humeur. Je sais bien cependant qu'à la rigueur elles étoient véritables; mais nous n'avions pas accoutumé d'en user ensemble de cette façon[1].

« Ils ajoutoient que si, nonobstant cela, je disposois de quelque chose, je les mettrois en procès entre eux, et eux contre tous ceux à qui j'aurois donné mon bien, ce qu'ils assuroient être inévitable, à cause de quelques formalités de justice qu'il falloit garder. Et, pour éviter ce mal, ils me marquoient qu'ils alloient donner ordre à ce qu'il me fût interdit de disposer de mon bien comme n'en ayant point de pouvoir, me réduisant ainsi pour toutes choses à une petite somme d'argent que j'avois fait venir avant ma vêture, et qu'ils ne savoient pas que j'avois employée par avance à quelques charités.

« Jugez, je vous supplie, ma chère Mère, de l'état où me mirent ces lettres, d'un style si différent de notre manière ordinaire d'agir. Elles m'imposoient une nécessité inévitable, ou de différer ma profession de quatre ans, pour retirer mon bien de l'engagement où il étoit pour la garantie des autres lots de nos partages, sans même savoir si après cela il seroit entièrement libre d'ailleurs, ou de recevoir la confusion d'être reçue gratuitement, et d'avoir le déplaisir de faire cette injustice à la Maison. Aussi la douleur que j'en ressentis fut si violente que je ne puis assez m'étonner de n'y avoir pas succombé. »

Mais, dès que la bonne mère Agnès apprend cette affliction, elle envoie quérir la novice, sa fille chérie, et lui dit toutes sortes de raisons pour la consoler : qu'on ne doit être touché que de ce qui est éternel; que tout ce qui n'est que temporel n'est jamais irréparable, et ne mérite pas d'être pleuré; qu'il faut réserver ses larmes pour les péchés, les seuls malheurs véritables. Puis, d'un ton de gaieté, et faisant agréablement intervenir l'amour-propre pour le combattre, elle ajoutait qu'il serait honteux à la Maison, et incroyable à ceux qui la connaissaient, qu'une novice (une novice de Port-Royal!)

---

1. Elle-même n'en avait pas usé de cette façon, en cédant, lors des partages, beaucoup du sien à son frère.

prête à faire profession, fût capable d'être affligée de quoi que ce fût, et surtout de cette bagatelle de se voir réduite à être reçue pour rien! A force de bonnes et vives paroles elle réussissait pour un moment; la sœur de Sainte-Euphémie entrait en insensibilité ou même en joie de se voir ainsi dénuée. Mais, à sa honte, cette victoire durait peu, et, à peine sortie d'auprès de la mère Agnès, elle retombait dans sa première faiblesse et ses tourments.

La mère Agnès cependant allait chercher du renfort; elle courait tout raconter à la mère Angélique, qui était aux Champs, et elle faisait avertir M. Singlin. La mère Angélique fut aussitôt d'avis d'abandonner tout ce bien aux parents, sans plus s'en mêler ni s'en mettre en peine, et de ne songer qu'à passer outre et faire profession. Quant à M. Singlin (mais je ne puis rien supprimer de ce qui suit), —

« M. Singlin ne se rendit pas d'abord à cette pensée, craignant qu'il n'y eût peut-être trop de générosité et pas assez d'humilité dans cette action. Sur quoi il nous dit avec beaucoup de force qu'après avoir surmonté la cupidité insatiable du bien qui règne presque partout, il faut beaucoup craindre de tomber dans l'autre extrémité, qui consiste dans la cupidité de l'honneur qui en revient, la vanité qu'on peut tirer des actions qu'on fait ensuite, le mépris de tous ceux qu'on y voit encore attachés, et l'ostentation de cette vertu ; et qu'après avoir établi son honneur à être au-dessus de l'amour des richesses, comme les autres à en posséder beaucoup, si on n'y prend bien garde, on fait des actions qui sont à la vérité tout opposées, mais par le même principe et la même ambition, qui fait que les uns disputent leur droit avec trop de chaleur, et que les autres le cèdent avec trop de facilité. « Il faut, en toutes choses, ajouta-t-il, se
« rendre neutre, et se dépouiller de tout intérêt, pour ne
« regarder que ce que la justice demande de part et d'autre;
« et si les personnes à qui nous avons affaire s'égarent et
« s'emportent à quelque injustice contre nous, la charité

« nous oblige de les aider par tous les moyens à se recon-
« noître et à rentrer dans leur devoir à notre égard, comme
« nous leur serions redevables d'un pareil secours s'il s'agis-
« soit de l'intérêt d'un autre. Mais il faut prendre garde de
« ne se point tromper en cela, et d'agir par une cupidité
« secrète qui pourroit se couvrir du prétexte de charité : il
« faut, au contraire, que ce soit par un désir (hors de tout
« intérêt) de voir la justice gardée en tout. »

Admirable direction! tout est prévu. Il ne s'agit que d'une dot pour un couvent; mais c'est le même champ de l'âme où se livrent tous les combats.

M. Singlin néanmoins, après y avoir mieux pensé, entre dans le sentiment de la mère Angélique, et il décide que le plus sûr est d'écrire qu'on renonce à tout; s'il y a simple malentendu, et si les cœurs sont plus d'accord qu'il ne semble, cela s'éclaircira de reste à la première entrevue. La sœur de Sainte-Euphémie n'a plus qu'à obéir; son cœur est dompté, mais il l'est avec plus de confusion encore que de joie. Par un dernier subterfuge de l'amour-propre, elle demande, puisqu'on la veut bien recevoir gratuitement, à n'être reçue du moins que comme sœur converse. Cette petite humiliation la tranquilliserait; et puis elle rendrait à la maison quelque chose en travail pour ce qu'elle reçoit. M. Singlin l'entend, pèse tout, et refuse.

Tandis qu'elle est occupée à rédiger la lettre à ses parents, une lettre dans les termes prescrits, sans trop de chaleur, sévère pourtant, affectueuse aussi, exempte surtout de tout dépit, de faux courage et de bravade, la mère Angélique arrive de Port-Royal des Champs, et dans ce petit drame intime le principal personnage s'introduit. Il est des scènes et des paroles qu'on ne saurait que reproduire :

« Cette lettre, qui ne pouvoit pas être courte, m'ayant occupée presque jusqu'au soir, continue la sœur de Sainte-

Euphémie, je ne pus voir notre Mère ce jour-là. Mais, le lendemain, elle fit assembler tout le Noviciat pour la voir, comme vous savez qu'elle a coutume de faire lorsqu'elle arrive de Port-Royal : je m'y trouvai comme les autres ; et, la saluant à mon tour, je ne pus m'empêcher de lui dire que j'étois la seule qui fût triste parmi toutes nos Sœurs qui avoient grande joie de son retour. « Quoi! me dit-elle, ma
« Fille, est-il possible que vous soyez encore triste? N'étiez-
« vous pas préparée à tout ce que vous voyez? Ne saviez-
« vous pas, il y a longtemps, qu'il ne faut jamais s'assurer
« sur l'amitié des créatures, et que le monde n'aime que ce
« qui est sien? N'êtes-vous pas bien heureuse que Dieu vous
« ôte tout sujet d'en douter avant que vous quittiez le
« monde tout à fait, afin que vous fassiez cette action avec
« plus de courage, vous en faisant une espèce de nécessité
« qui vous rende inébranlable dans la résolution que vous
« en avez prise, puisque vous pouvez dire en quelque sorte
« que vous n'avez plus personne dans le monde. » Je lui répondis en pleurant qu'il me sembloit que j'en étois déjà si détachée que je n'avois pas besoin de cette expérience. Sur quoi elle reprit : « Dieu vous veut faire voir que vous
« vous trompez dans cette pensée; car si cela étoit, vous
« regarderiez avec indifférence tout ce qui est arrivé, bien
« loin de vous en affliger comme vous faites. C'est pourquoi
« vous devez reconnoître que c'est une grande grâce que
« Dieu vous fait, et en bien profiter. » Elle me dit encore plusieurs autres choses sur la vanité de toute l'affection des hommes, en me tenant toujours embrassée avec beaucoup de tendresse, jusqu'à ce qu'il fallut la quitter pour laisser approcher les autres.

« Le lendemain, la mère Angélique, ayant remarqué pendant Primes une tristesse extraordinaire sur mon visage, sortit du chœur avant le commencement de la Messe ; et, m'ayant fait appeler, elle fit tous ses efforts pour donner quelque soulagement à ma douleur. Mais, parce que cet espace de temps étoit trop court pour satisfaire sa charité, aussitôt après la Messe elle me fit signe de la suivre, et, me faisant mettre auprès d'elle, *elle me tint une heure entière la tête appuyée sur son sein, en m'embrassant avec la tendresse d'une vraie mère;* et là je puis dire avec vérité qu'elle n'oublia rien de tout ce qui étoit en son pouvoir pour charmer mon déplaisir. »

On a tout l'entretien qui suit; c'est après moins d'un mois que la sœur de Sainte-Euphémie, dans sa première émotion, en récapitulait toutes les circonstances. Si nous ne connaissions pas la mère Angélique, cette seule occasion suffirait; mais, même après ce que nous savons d'elle, il y a de quoi apprendre encore et admirer.

Elle commence avec une sévérité pleine de douceur; elle s'étonne de cette tristesse; elle a peine à la comprendre, et il lui a fallu dans le premier moment un effort de mémoire, assure-t-elle, pour s'en rappeler la cause, tant elle lui paraît futile, et tant c'était une affaire conclue! Et voyant, pour toute réponse, des larmes aux yeux de la Sœur, elle prévient son excuse :

« Pourquoi pleurez-vous de cela, ou bien pourquoi ne
« pleurez-vous pas autant de tous les péchés du monde? Si
« vous ne regardez que Dieu là-dedans et l'intérêt de la
« conscience de vos proches, pourquoi, lorsque vous en avez
« vu tomber quelques-uns dans des fautes plus considé-
« rables et dans des infidélités beaucoup plus importantes
« au regard de Dieu (*elle veut parler ici de Pascal*), n'avez-
« vous pas autant pleuré qu'à cette heure où ils n'ont
« manqué proprement qu'à l'amitié qu'ils vous devoient? »

« Je lui répondis, comme je le croyois véritable, que je n'étois touchée que de l'injustice qu'on faisoit à la Maison, et que, pour ce qui ne regardoit que moi, je ne sentois aucun mouvement d'aigreur ni de douleur, et que mon cœur me sembloit être insensible de ce côté-là.

« Vous vous trompez, ma Fille; me dit-elle : *il n'y a rien*
« *qui touche plus ni qui soit plus outrageant que l'amitié;*
« vous en avez une véritable pour eux, et vous voyez que la
« leur n'a pas été pareille : car, encore qu'il soit vrai qu'ils
« vous aiment beaucoup, voyez-vous, ils sont encore du
« monde, et toutes les grâces particulières que Dieu leur a
« faites en leur donnant plus de lumière dans les choses de

« Dieu qu'à beaucoup d'autres, n'empêchent pas qu'on n'a-
« gisse au monde comme au monde, c'est-à-dire que le
« propre intérêt marche toujours le premier. Et c'est de
« cela que vous êtes choquée, sans y penser. »

Et par plusieurs exemples, plusieurs histoires de même nature qu'elle lui raconte, elle s'attache à démêler le sophisme du cœur, à lui dénoter la part d'amour-propre dans ses larmes, et à lui montrer (ce que nous avons déjà appliqué à Pascal, adversaire des Jésuites) qu'on ne prend jamais si au vif l'intérêt de la justice que lorsqu'on a été soi-même compris et piqué dans l'injustice. Suivent ces belles pensées sur le monde, et si générales, si vraies de tout temps hors du cloître :

« Voyez-vous, ma Sœur, quand une personne est hors du
« monde, on considère tous les plaisirs qu'on lui fait comme
« une chose perdue. Il n'y avoit que deux motifs qui
« pussent faire agréer à vos parents votre dessein, ou la
« charité en entrant dans vos sentiments, ou l'amitié en
« voulant vous obliger. Or vous saviez bien que celui qui a
« le plus d'intérêt à cette affaire (*toujours Pascal*) est encore
« trop du monde, et même dans la vanité et les amusements,
« pour préférer les aumônes que vous vouliez faire à sa
« commodité particulière ; et de croire qu'il auroit assez
« d'amitié pour céder à votre considération, c'étoit espérer
« une chose inouïe et impossible. Cela ne se pouvoit faire
« sans miracle ; je dis un miracle de nature et d'affection,
« car il n'y avoit pas lieu d'attendre un miracle de grâce en
« une personne comme lui ; et vous savez bien qu'il ne faut
« jamais s'attendre aux miracles[1]. »

---

1. Cet entretien en apprend plus sur les dissipations et le luxe de Pascal à cette époque que tout ce qui est dit ailleurs. On y voit (un peu plus loin) que, malgré ce que sa sœur lui avait cédé de sa part de bien, il n'avait pas encore assez pour vivre selon l'éclat de sa condition. Dans la Vie que madame Périer a écrite de son frère, elle ne touche que légèrement ces circonstances antérieures à la seconde conversion, et dans lesquelles elle-même avait eu ses petits torts. Il n'est que le fond du cloître pour être informé de tout.

« Je ne pus m'empêcher d'interrompre notre chère Mère pour lui dire qu'encore que j'eusse fait cette réflexion, je n'en eusse néanmoins peut-être pas été détournée de la confiance que j'avois en eux, parce que j'aurois cru avoir droit d'espérer un de ces miracles ; il y en avoit des exemples dans notre famille, plus extraordinaires que celui-là, et de feu mon père même envers un de mes oncles, qu'il avoit obligé par toutes sortes de sacrifices.

« Je crois bien cela, me dit-elle, mais monsieur votre
« oncle étoit un homme engagé dans le monde. N'avez-vous
« jamais ouï dire une petite histoire de la Vie des Pères
« du Désert, qui a bien du rapport à ce que vous dites,
« encore qu'il ne le semble pas d'abord ? Un homme du
« monde étant venu voir un de ses frères qui, après avoir
« vécu très-saintement dans le monde, s'étoit retiré dans la
« solitude, s'étonna beaucoup de le trouver mangeant à
« l'heure de Nones, parce qu'avant sa retraite il ne dînoit
« jamais qu'à l'heure de Vêpres. Le solitaire s'en aperce-
« vant lui dit : *Ne vous en étonnez pas, mon Frère ; ce n'est*
« *pas un relâchement, mais une nécessité. Quand j'étois dans*
« *le monde, je n'en avois pas besoin, parce que mes oreilles*
« *me repaissoient : les louanges qu'on donnoit à mes austérités*
« *satisfaisoient si bien mon esprit, que le corps en étoit for-*
« *tifié et animé à les redoubler même, s'il eût été besoin.*
« *Mais ici où personne ne me dit mot, où l'amour-propre n'a*
« *rien qui le contente, je suis obligé malgré moi de donner*
« *cette satisfaction à la nature, parce qu'elle en est absolu-*
« *ment dépourvue d'ailleurs.*

« Voyez-vous, ma Fille, me dit-elle ensuite, il en est tout
« de même de ce dont vous parlez[1]. Un honnête homme
« dans le monde se sent porté à obliger, même au préjudice
« de son intérêt propre, une personne qui demeure dans le
« monde comme lui, parce que c'est un témoin toujours
« présent et une trompette qui publie son action par sa seule
« vue, et que la gratitude de cet homme et les louanges
« qu'il lui procure le récompensent de son bienfait, autant
« de fois qu'il y a des complaisants qui l'en congratulent.
« Mais les services qu'on rend à une personne qui est hors

---

1. Quoi de plus agréablement détourné, de plus fin, si l'on se reporte aux situations, et le ton du cloître observé ?

« du monde n'ont rien de tout cela ; comme c'est une action
« purement de charité, qui est plus utile à celui qui donne
« qu'à celui qui reçoit, pas une personne ne s'avise de vous
« en louer : celle qui a reçu le bienfait ne peut pas le
« publier, parce qu'elle n'y est pas ; ceux qui le peuvent
« savoir et approuver l'oublient aisément, parce qu'ils n'y
« ont point d'intérêt, et que personne n'est payé pour les en
« faire ressouvenir. De là vient qu'on tient pour perdu tout
« ce qui se fait aux Religieuses, parce qu'on n'y rencontre
« ni honneur ni avantage temporel qui tienne lieu de ré-
« compense[1]. Tenez cela pour une maxime indubitable sur
« quoi il ne faut jamais manquer de faire fondement ; autre-
« ment, vous serez toujours trompée. J'en ai tant d'expé-
« riences que je n'en saurois plus douter : mais la raison
« même le fait voir ; car c'est proprement le monde et sa
« manière d'agir. *Il a toujours été fait comme cela, et le
« sera toujours : et, s'il étoit autrement fait, il ne seroit plus
« du monde.* »

Elle disait toutes ces choses de cette manière ferme qui redoublait le feu de ses paroles, et d'un mouvement qui semblait vouloir les imprimer dans le cœur. Et quand elle croyait s'apercevoir qu'elle avait frappé trop fort, elle s'arrêtait tout d'un coup avec sourire, et entremêlait de nouveau les agréables histoires pour exemples, et les adoucissements.

A peu de jours de là, Pascal, qui était absent de Paris, y revint et se présenta au parloir. Il avait reçu la lettre ; il fit tout d'abord l'offensé ; mais le visage de sa sœur, malgré la gaieté qu'elle affectait, et quoiqu'elle s'interdît toute plainte, lui apprit assez ce qu'elle avait souffert.

---

1. Et combien de fois, lorsqu'ils ont affaire, non pas à des religieuses ni à des chrétiens cloîtrés, mais à des personnes inférieures et dont la voix est supposée sans écho, des gens du monde qui se piquent d'être accomplis ne se font-ils pas faute de se montrer, le matin, et à la clarté du soleil, sous des jours d'intérêt et de personnalité, dont le soir, à la clarté des bougies, ils rougiraient !

Il faut dire à sa louange qu'il fut à l'instant touché de confusion, et que, de son propre mouvement, il se résolut de mettre ordre à cette affaire, « s'offrant même de prendre sur lui toutes les charges et les risques du bien, et de faire en son nom pour la Maison ce qu'il voyoit bien qu'on ne pouvoit omettre avec justice. »

A cet effet, trois ou quatre entrevues entre sa sœur et lui furent encore nécessaires; après quoi il n'y eut plus qu'à signer. Mais ce que remarqua de plus en plus la sœur de Sainte-Euphémie durant toute cette petite négociation, pour laquelle, à chaque fois, elle prenait conseil, c'est la *diversité de conduite* que le même esprit de sainteté suggérait aux mères Angélique et Agnès, non moins qu'à M. Singlin. Chacun tenait son rôle à part, dans cette ligne de désintéressement : 1° la mère Angélique, gardienne vigilante de la pureté de la Maison, marquait sur toutes choses son intention principale d'empêcher que la moindre ombre d'intérêt ne s'y glissât; elle acceptait l'injustice avec joie et tendait à tout céder. 2° M. Singlin, comme père commun du monastère et aussi de la famille Pascal, songeait à cette dernière, et souffrait de leur injustice; en laissant à Port-Royal le mérite ou plutôt[1] l'avantage de la subir, il eût voulu épargner aux autres le malheur et le tort de la causer : il tendait à remettre l'accord. 3° Enfin, l'excellente mère Agnès, laissant ces intérêts généraux aux soins des deux précédents, n'était occupée, elle, en maîtresse particulière, que de sa novice, et de la consoler, de l'éclairer sur chaque point, de la faire profiter de chaque épreuve. N'est-ce pas là un triple rôle qui, bien saisi en une circonstance, nous donne à entre-

---

1. *Le mérite*, qu'ai-je dit? il n'y a pas de *mérite* au sens de Port-Royal; on se surprend ainsi à ces espèces de contre-sens où nous induit le langage; je fais exprès remarquer celui-ci.

voir les secrets à l'infini dans cette diplomatie de la Grâce?

J'ai dit qu'il ne restait plus qu'à signer. On était à la surveille de la profession : Pascal se rendit au parloir, accompagné de gens d'affaires et notaires. Mais la mère Angélique, qui était une des parties contractantes, se trouva trop indisposée ce jour-là pour paraître; et, s'en réjouissant, elle lui fit dire que rien ne pressait, qu'il se consultât encore, et qu'il serait assez temps après la profession de sa sœur; ce qui voulait dire, après que la Maison seule se serait engagée. Les gens d'affaires furent fort surpris de cette manière de traiter. Pascal se piqua d'honneur; il revint le lendemain, trouva la Mère un peu mieux portante, et se hâta de conclure avec toutes sortes d'expressions de regrets de ne pouvoir faire plus. Tandis qu'il tenait la plume pour signer, elle lui disait encore : « Voyez-vous, Monsieur, nous avons appris de feu M. de Saint-Cyran à ne rien recevoir pour la Maison de Dieu, qui ne vienne de Dieu[1]. »

Tel était donc Pascal, à cette date de juin 1653, redevenu homme du monde et faisant par civilité et bons procédés ce qu'il eût fallu par charité. La mort de son père lui donnait plus de facilité pour continuer son train de vie véritablement fastueux; pourtant, on l'a entrevu, les avantages qu'y avait ajoutés sa sœur dans le partage

---

1. *Mémoires pour servir à l'Histoire de Port-Royal...*, Utrecht, 1742, t. III, p. 54-105. — La sœur de Sainte-Euphémie commença de dresser le détail de tout *ce petit particulier*, comme elle l'appelle, une vingtaine de jours, je pense, après la conclusion : son récit porte la date du 10 juin 1653. Elle l'écrivit à la dérobée sur du *papier doré* qu'elle trouva dans sa cassette, dernier vestige du monde; elle s'en excuse dans un joli *post-scriptum* : « Il m'a semblé que l'or ne pouvoit être mieux employé qu'à reconnoître la charité, puisqu'il en est l'image. » Encore une bluette de bel-esprit. De ce côté, la *tranche dorée* dura plus longtemps.

des biens n'étaient pas inutiles, n'étaient même pas suffisants pour l'aider à soutenir ce ton de dépense où il s'était mis. Il en était là, vivant et s'émancipant, fort aux prises, je me le figure, avec Montaigne, résistant par l'intelligence, cédant et dérivant par la conduite. La grande époque de son doute avec alternatives se place ici, dans cet intervalle et cet interrègne des deux conversions, cinq longues années. Il avait recommencé à se dissiper depuis la fin de 1648. Son esprit vigoureux, hardi, se lâchait bride en tous sens; le Montaigne en lui avait dû regagner vite le temps perdu[1].

C'était le temps de la Fronde et le lendemain; la société se livrait à nu. Molière et Pascal, ces deux grands esprits, en ces libres moments, eux aussi, passaient leur jeunesse et menaient leur Fronde.

Les grands et les petits, la propriété, la naissance, tous les droits ou les préjugés nécessaires et convenus, Pascal, en passant, s'en rendait compte; et il n'avait l'air que de s'amuser[2].

1. Une observation toutefois me frappe. Le doute de Pascal ne trouve guère place qu'après sa première conversion si vive, si réelle; de sorte qu'on peut dire qu'il est comme postérieur à sa foi. Plus tard, il se ravivera par accès, je le crains, au sein même de l'enfantement des *Pensées*. Pascal n'a jamais plus douté peut-être que dans le temps où il a le plus cru. Mais le doute alors était et fut toujours en lui, plus ou moins, comme un lion en cage. Qu'aurait-ce été s'il n'y avait eu tout d'abord ce premier fond de Grâce?

2. Il est assez singulier de voir (et j'y reviendrai) comme le Père Rapin, dans ses *Mémoires*, a mal connu Pascal et quelle idée il s'en était faite. Il nous le représente dans sa jeunesse comme adonné aux sciences occultes et à la magie, cherchant les Esprits et à se mettre en commerce avec le Diable : il le fait convertir par M. de Saint-Cyran qui l'aurait arraché à ce genre de libertinage, où il aurait eu pour compagnons et complices les Mitton, les Méré, les Thévenot. — D'autres, qui sont à cent lieues de ces sots propos, ont essayé de prêter à Pascal des faiblesses amoureuses, en se fondant sur son fameux *Discours* retrouvé, où il disserte des *Passions de l'Amour*. Il est bien vrai qu'il en parle comme quelqu'un qui n'est

Du milieu de cette vie éparse et réfléchie, la géométrie faisait des retours. Il soutenait une Correspondance très-active avec Fermat, qui résidait à Toulouse. Le chevalier de Méré, grand joueur, lui avait posé des questions, qui se rattachaient à ce qu'on appelle le Problème des *partis*. Pascal, avec le train qu'il menait, était joueur peut-être [1] ; mais il n'avait pas besoin de cela pour s'intéresser à une théorie et pour s'en rendre maître. Signe original et singulier ! chaque coup d'œil qu'il donnait, même par distraction, à quelque objet, amenait une idée neuve, et souvent une idée pratique. Il inventait ainsi le *haquet*, la *brouette du vinaigrier* ; il paraît même, gloire populaire, qu'il entrevit l'*omnibus* [2] ! Vers ce temps où nous sommes, rassuré sans

---

pas sans quelque expérience et qui s'y est essayé. Il est évident, par endroits, qu'il analyse et décrit sur soi-même et d'après nature. Pourtant je vois dans ce *Discours* encore plus de raisonnement et d'envie d'aimer que d'amour. Corneille et ses amants de théâtre ont passé par là. On n'en dirait pas de même pour La Bruyère : il est impossible, à lire certains passages de son livre, qu'il n'ait pas réellement et beaucoup aimé, aimé par le cœur et non par la tête. Pascal, dans les courts instants où il s'en occupa, semble avoir été plutôt un ambitieux d'amour. Il avait, très-vraisemblablement, conçu un commencement d'inclination pour une dame de condition supérieure, et il en raisonne avec bien de l'esprit. Au fond c'est froid. Anacréon a dit quelque part qu'il reconnaît aussitôt les amants à je ne sais quelle *petite marque* qu'ils ont à l'âme : je ne trouve pas cette *petite marque* dans Pascal.

1. On m'a critiqué là-dessus (Voir l'*Appendice* à la fin du volume).
2. *Les Carrosses à cinq sous* (voir la petite brochure de M. Monmerqué; Firmin Didot, 1828) ; l'entreprise ne s'essaya que sur la fin de la vie de Pascal. — Puisque nous en sommes aux curiosités, voici, sur sa promptitude aux nombres, une petite anecdote qui rentrerait bien dans les récréations mathématiques : « M. Pascal étant allé voir M. Arnoul (chanoine) à Saint-Victor, avec le duc de Roannès, vit entrer fort confusément un troupeau de moutons : il demanda à M. Arnoul s'il en devineroit bien le nombre. Celui-ci lui ayant répondu que non, il lui dit tout d'un coup, en comptant en un moment sur ses doigts, qu'il y en avoit quatre cents. M. de Roannès demanda à celui qui les conduisoit combien il y en avoit : il

doute par un éclair de santé, il pensait à un engagement plus définitif dans le monde, à l'achat d'une charge et à un mariage. Il en était à ce point, quand le Seigneur, *qui le poursuivait depuis longtemps,* l'atteignit.

Vers octobre ou novembre 1654, étant allé, selon sa coutume, un jour de fête, se promener dans un carrosse à quatre ou six chevaux, au pont de Neuilly (comme qui dirait au bois de Boulogne), son fringant attelage prit le mors aux dents à un endroit du pont où il n'y avait pas de garde-fou. Les deux premiers chevaux furent précipités ; mais, les rênes et les traits rompant heureusement, le reste, chevaux et carrosse, s'arrêta court. L'impression que reçut Pascal de cet événement fut extraordinaire ; on en peut juger par le petit *papier* et le *parchemin* (deux copies pareilles, pliées ensemble) qu'on trouva, après sa mort, dans la doublure de son habit, et qu'il décousait et recousait soigneusement lui-même chaque fois qu'il en changeait, tant il tenait à les garder constamment sur lui ! La date en est du 23 novembre 1654, c'est-à-dire aux environs de l'accident. On y a voulu voir la mention faite d'une *vision* qu'il aurait eue, et même un bon Carme, ami des Périer, a écrit un commentaire de *vingt et une pages in-folio* à l'appui ; mais Pascal n'a jamais parlé de cette vision à personne, ce qui la rend douteuse, d'autant qu'en examinant sans prévention l'Écrit, on n'y lit rien qui force à y voir autre chose, sous des termes elliptiques et métaphoriques, qu'un ravissement d'esprit au sein de la prière, un de ces états de clarté et de certitude céleste, comme il est donné aux Chrétiens sous la Grâce d'en ressentir. On peut conjecturer que l'aventure du pont de Neuilly donna l'impulsion à ce ravissement de prière

---

lui dit quatre cents. » Probablement le troupeau, tout confus qu'il paraissait, formait à ce moment une figure déterminée, un carré, un triangle : je le laisse aux experts.

et de reconnaissance. Les disciples de Port-Royal par dévotion, les philosophes du dix-huitième siècle par moquerie, ont contribué à traduire en *vision* formelle cette circonstance mystérieuse [1]. On est allé jusqu'à dire qu'à partir de ce temps Pascal vit toujours un *abîme* à ses côtés : il n'est question de l'*abîme* que dans une lettre de l'abbé Boileau, bien plus tard, et nous verrons en quels termes. Pascal, comme tous les hommes célèbres qui parlent à l'imagination, a eu sa légende. Ce qui nous reste à dire va prouver que la conversion définitive du grand géomètre partit effectivement d'une âme touchée, non point d'un cerveau ébranlé.

Il allait, dès septembre 1654, visiter plus fréquemment sa sœur au parloir de Port-Royal de Paris. Évidemment, par les entrevues du mois de mai de l'autre année, elle avait regagné sur lui de l'influence, et réveillé les bonnes pensées. Chose touchante! dans ce temps de la seconde conversion, elle prend les devants sur son frère, comme lui-même il les avait pris une première fois sur elle, et, par son exemple, elle lui rend ce qu'elle en avait reçu : ainsi deux coureurs généreux, qui, dans la sainte arène, se dépassent tour à tour l'un l'autre, et s'enflamment avec émulation.

Le jour de la Conception, 8 décembre, tandis qu'il était avec elle, le sermon vint à sonner; il la quitta pour

---

1. Pour prendre dans Port-Royal un exemple analogue, on lit chez Fontaine que M. Le Maître, quelques mois avant sa mort, fut touché de Dieu d'une manière encore plus vive et plus particulière qu'il n'avait été jusque-là; car un jour, quelques personnes lui ayant dit qu'elles souhaitaient pour lui devant Dieu qu'il ne fût ni demi-mort ni demi-vivant, cette parole prononcée sans autre dessein lui entra au cœur *comme une flèche perçante*; il la redisait sans cesse sur tous les tons, et il écrivit même ces deux mots : *Ni demi-mort ni demi-vivant*, en gros caractères, pour en mieux conserver le souvenir. Eh bien! voilà, plus en abrégé, dans ce *memento*, l'histoire du parchemin de Pascal.

s'y rendre. L'instruction de M. Singlin, qui portait sur les gens du monde, et sur la manière toute légère et routinière avec laquelle ils entrent dans les charges ou dans le mariage, lui parut si proportionnée aux circonstances singulières où il se trouvait, qu'il y vit le doigt de Dieu, et qu'il revint aussitôt après s'en ouvrir à sa sœur, laquelle, le jour même, en écrivit à madame Périer dans les termes suivants :

« Il n'est pas raisonnable que vous ignoriez plus longtemps ce que Dieu a opéré dans la personne qui nous est si chère ; mais je désirerois que ce fût lui-même qui vous l'apprît, afin que vous en pussiez moins douter. Tout ce que je puis dire, n'ayant point de temps, c'est qu'il est par la miséricorde de Dieu dans un grand désir d'être tout à lui, sans néanmoins qu'il ait encore déterminé dans quel genre de vie. *Encore qu'il ait, depuis plus d'un an, un grand mépris du monde et un dégoût insupportable de toutes les personnes qui en sont*[1], ce qui le devroit porter *selon son humeur bouillante* à de grands excès, il use néanmoins en cela d'une modération qui me fait tout à fait bien espérer. Il est tout rendu à la conduite de M. Singlin, et j'espère que ce sera dans une soumission d'enfant, s'*il* veut de son côté le recevoir (car il ne lui a point encore accordé ; j'espère néanmoins qu'à la fin il ne nous refusera pas). Quoiqu'il se trouve plus mal qu'il n'ait fait depuis longtemps, cela ne l'éloigne nullement de son entreprise ; ce qui montre que ses raisons d'autrefois n'étoient que des prétextes. Je remarque en lui une humilité et une soumission, même envers moi, qui me surprend. Enfin, je n'ai plus rien à vous dire, sinon qu'*il paroît clairement que ce n'est plus son esprit naturel qui agit en lui.* »

Dans une autre lettre du 25 janvier 1655, la sœur de Sainte-Euphémie développe avec détail ce qu'elle n'avait fait qu'annoncer. Notre rôle est humble en

---

1. Ceci nous fixe sur le temps et sur la durée de la crise. L'accident du pont de Neuilly n'y paraît plus que ce qu'il fut en effet, un *accident;* et le miracle spirituel intérieur reprend toute sa latitude.

cette matière chrétienne, et se borne à extraire. Ne nous lassons pas : il convient de s'étendre à l'aise sur toutes les circonstances d'une si grande âme, et d'y suivre, comme depuis l'aube, les heures et les minutes de la Grâce..

« Ma très-chère Sœur, je ne sais si j'ai eu moins d'impatience de vous mander des nouvelles de la personne que vous savez, que vous d'en recevoir; et néanmoins il me semble que n'ayant point de temps à perdre, je n'ai pas dû vous écrire plus tôt, de crainte qu'il ne fallût dédire ce que j'aurois trop tôt dit. Mais à présent les choses sont à un point qu'il faut vous les faire savoir, quelque succès qu'il plaise à Dieu d'y donner; je croirois vous faire tort si je ne vous instruisois de l'histoire depuis le commencement.

« Quelque temps devant que je vous en mandasse la première nouvelle, c'est-à-dire environ vers la fin de septembre dernier, il me vint voir; et, à cette visite, il s'ouvrit à moi d'une manière qui me fit pitié, en avouant qu'au milieu de ses occupations qui étoient grandes, et parmi toutes les choses qui pouvoient contribuer à lui faire aimer le monde et auxquelles on avoit raison de le croire fort attaché, il étoit de telle sorte sollicité à quitter tout cela, et par une aversion extrême qu'il avoit des folies et des amusements du monde, et par le reproche continuel que lui faisoit sa conscience, qu'il se trouvoit détaché de toutes choses d'une telle manière qu'il n'avoit jamais été...; mais que d'ailleurs il étoit dans un si grand abandonnement du côté de Dieu qu'il ne sentoit aucun attrait, mais qu'il sentoit bien que c'étoit plus sa raison et son propre esprit qui l'excitoit à ce qu'il connoissoit le meilleur, que non pas le mouvement de celui de Dieu; que dans le détachement de toutes choses où il se trouvoit, s'il avoit les mêmes sentiments de Dieu qu'autrefois [1], il se croiroit en état de pouvoir tout entreprendre, et qu'il falloit qu'il eût en ces temps-là d'horribles attaches pour résister aux grâces que Dieu lui faisoit et aux mouvements qu'il lui donnoit.

« Cette confession me surprit autant qu'elle me donna de

1. Autrefois, au temps de sa première conversion (1646).

joie. Dès lors je conçus des espérances que je n'avois jamais eues, et je crus vous en devoir mander quelque chose, afin de vous obliger à prier Dieu. Si je racontois toutes les autres visites aussi en particulier, il faudroit faire un volume; car, depuis ce temps, elles furent si fréquentes et si longues que je pensois n'avoir plus d'autre ouvrage à faire. *Je ne faisois que le suivre* sans user d'aucune sorte de persécution, et *je le voyois peu à peu croître* de telle sorte que je ne le connoissois plus (je crois que vous en ferez autant que moi si Dieu continue son ouvrage), particulièrement en humilité, en soumission, en défiance, en mépris de soi-même, et en désir d'être anéanti dans l'estime et la mémoire des hommes. *Voilà ce qu'il est à cette heure; il n'y a que Dieu qui sache ce qu'il sera un jour.*

« Enfin, après bien des visites, et des combats qu'il eut à soutenir en lui-même sur la difficulté de choisir un guide, il se détermina. Il ne doutoit point qu'il ne lui en fallût un; et quoique celui qu'il lui falloit fût tout trouvé (*M. Singlin*), et qu'il ne pût penser à d'autres, néanmoins la défiance qu'il avoit de lui-même faisoit qu'il craignoit de se tromper par trop d'affection, non pas dans les qualités de la personne, mais sur la vocation dont il ne voyoit pas de marques certaines, celui-là n'étant pas son pasteur naturel. Je vis clairement que ce n'étoit qu'un reste d'indépendance caché dans le fond du cœur, *qui faisoit armes de tout* pour éviter un assujettissement.... Je ne voulus pas néanmoins faire aucune avance en cela ; je me contentai seulement de lui dire que je croyois qu'il falloit faire pour le médecin de l'âme comme pour celui du corps, choisir le meilleur.... Je ne me souviens plus si ce fut ce que je lui dis qui le fit rendre, ou si ce fut la Grâce *qui croissoit en lui comme à vue d'œil...*; mais, quoi qu'il en soit, il fut bientôt résolu. Après cela néanmoins tout ne fut pas fait; car il fallut bien d'autres choses pour faire résoudre M. Singlin, qui a une merveilleuse appréhension de s'engager en de pareilles affaires : mais enfin il n'a pu résister à de bonnes raisons qu'il à eues de ne pas laisser périr des mouvements si sincères, et qui donnoient tant d'espérances.... »

Ici se place le projet de Pascal d'aller à Port-Royal des Champs, tandis que M. Singlin s'y trouve, mais d'y aller en laissant ses *gens* à distance, et en changeant de nom. M. Singlin, par une belle lettre, le lui défend; il prolonge encore la quarantaine, et lui donne ordre d'attendre avec patience son retour, constituant provisoirement la sœur de Sainte-Euphémie sa *Directrice*. Celle-ci continue :

« Enfin M. Singlin étant de retour, je le pressai de me décharger de ma dignité, et je fis tant que j'obtins ce que je désirois, de sorte qu'il le reçut. Ils jugèrent à propos l'un et l'autre qu'il lui seroit bon de faire un voyage à la campagne, pour être plus à soi qu'il n'étoit, à cause du retour de son bon ami le duc de Roannès, qui l'occupoit tout entier. Il lui confia cependant ce secret, et avec son consentement, qui ne fut pas donné sans larmes, il partit, le lendemain de la Fête des Rois, avec M. de Luines, pour aller en l'une de ses maisons où il a été quelque temps. Mais, parce qu'il n'étoit pas là assez seul à son gré, il a obtenu une chambre ou cellule parmi les solitaires de Port-Royal, d'où il m'a écrit avec une extrême joie de se voir *logé et traité en Prince*, mais en Prince au jugement de saint Bernard, dans un lieu solitaire où l'on fait profession de pratiquer la pauvreté en tout ce que la discrétion peut permettre....

« Il n'a rien perdu à sa Directrice, car M. Singlin, qui a demeuré en cette ville pendant tout ce temps, l'a pourvu d'un Directeur (*M. de Saci*), dont il est tout ravi; *aussi est-il de bonne race*.

« Il ne s'ennuyoit point là, mais quelques affaires l'ont obligé de revenir contre son gré; et, pour ne pas tout perdre, il a demandé une chambre céans (*à Port-Royal de Paris*), où il demeure depuis jeudi, sans qu'on sache chez lui qu'il est de retour. Il ne dit à personne où il alloit lorsqu'il partit, qu'à madame Pinel, et à Duchêne qu'il menoit. On s'en doutoit néanmoins un peu, mais par pure conjecture. Les uns disent qu'il s'est fait moine; d'autres, ermite; d'autres, qu'il est à Port-Royal. Il le sait, et ne s'en soucie guère. Voilà où les choses en sont[1]. »

Nous avons rejoint l'Entretien avec M. de Saci, qui

---

1. *Recueil d'Utrecht*, 1740.

dut avoir lieu durant l'un de ces premiers séjours au monastère des Champs; nous possédons dès lors dans notre sujet tout Pascal. Il avait, je le rappelle, de trente et un à trente-deux ans; il adopta, de ce moment, le genre de vie qu'il a suivi jusqu'à sa mort, se servant lui-même jusqu'à faire son lit, et n'employant les domestiques que pour les offices indispensables. A cette première lettre, écrite de sa cellule, où il disait qu'il était *logé et traité en Prince,* sa sœur répondait elle-même avec toute sorte d'enjouement : *Je ne sais comment M. de Saci s'accommode d'un pénitent si réjoui.* On retrouve en ces grandes âmes le rire aisé, heureux, involontaire, le rire de Lancelot et de l'enfant : ainsi se vérifie le *Soyez joyeux* de l'Apôtre. Pascal, à peine assis au désert, en ressent les délicieuses prémices.

Joie, joie, pleurs de joie! Réconciliation totale et douce, a-t-il dit dans le petit *papier!*

Ses infirmités étaient grandes, mais tolérables en ces années, et sans trop de redoublement jusqu'à trente-cinq ans. Ses premières austérités parurent même lui faire moins de mal que de bien : « J'ai éprouvé la première, lui écrivait sa sœur, que la santé dépend plus de Jésus-Christ que d'Hippocrate, et que le régime de l'âme guérit le corps, si ce n'est que Dieu veuille nous éprouver et nous fortifier par nos infirmités. » Lui-même prit dès lors pour maxime, que, *la maladie étant, depuis le Péché, l'état naturel des Chrétiens, on doit s'estimer heureux d'être malade, puisqu'on se trouve alors par nécessité dans l'état où l'on est obligé d'être.*

Cet état habituel et profond, cette souffrance aimée donnera à ses *Pensées* je ne sais quelle tendresse. Pascal est malade, c'est ce qu'il faut souvent se rappeler en le lisant. Pascal malade se montre très-sensible aux souffrances physiques de Jésus-Christ malade, et c'est touchant.

Pascal, humainement, n'a point aimé ; mais tout cet amour s'est versé sur Jésus-Christ le Sauveur : ç'a été sa seule passion, passion véritable, qui s'échappe par ses lèvres, et qui saigne dans ses membres.

« J'aime la pauvreté, parce que Jésus-Christ l'a aimée ; j'aime les biens, parce qu'ils donnent moyen d'en assister les misérables. » Voilà de ces accents qu'il faut opposer, pour toute réponse, à ceux qui demanderaient, au sortir de Montaigne, à quoi bon *l'assiette de terre* et *la cuiller de bois!*

La conversion de Pascal amena du coup celle de ses deux grands amis, le duc de Roannès et M. Domat. Le premier, petit-fils d'un grand-père très-dissolu, et dont Tallemant nous donne d'abominables nouvelles, avait eu le malheur de perdre en bas âge son père, et d'être remis aux mains indignes de cet aïeul. Délivré des périls d'une semblable tutelle, sa jeunesse et sa haute condition le laissaient livré à tous les hasards : la connaissance de Pascal, son voisin de terre et son aîné, lui vint à propos en aide et le dirigea. Au moment où le jeune duc et pair se décida à suivre son ami dans la voie nouvelle, et à rompre aussi avec ses espérances du monde, ce fut une si violente colère parmi sa famille et parmi la gent, que la concierge de son hôtel, où logeait pour le moment Pascal, monta, le matin, chez celui-ci, un couteau à la main, pour le tuer : par bonheur il ne s'y trouva pas. Nous aurons occasion de nommer, de saluer encore à la rencontre ce bon duc qui fut toujours rempli de piété, nous dit-on, même d'une piété *fort tendre*, et qui vécut fidèle jusqu'au bout à Pascal et à Port-Royal, fort tracassé d'ailleurs de procès et d'affaires, et payant religieusement les dettes qu'il n'avait point faites[1].

---

1. *Payer les dettes qu'on n'a point faites*, cela est vrai aussi au moral. Port-Royal ne fait pas autre chose. Quand on entrevoit par

Quant à M. Domat, tout petit-neveu qu'il était du Père Sirmond, il entra, moyennant son compatriote Pascal et sur son exemple également, en relation étroite avec notre monastère; il se montra digne en tout de cette qualité d'*ami*, et il orne avec convenance les dehors de la maison par le caractère sensé et lumineux de ses ouvrages, par la réforme qu'il apporta dans la jurisprudence, et qui répond assez exactement, on l'a indiqué, à celle qu'Arnauld pratiqua dans la théologie, et Boileau dans la littérature. Domat, l'auteur des *Lois civiles dans leur Ordre naturel*, le *Restaurateur de la raison dans la jurisprudence*, selon l'expression de Boileau même, le devancier enfin et le maître de Daguesseau, Domat, nous le retrouverons, est un allié fait pour l'être, un correspondant des plus honorables et sortables. Pascal donc le procura. .

Mais c'est assez parler des services indirects : il est temps, sans plus tourner, d'en venir au principal résultat et au plus célèbre. Nous abordons les *Provinciales*.

Tallemant l'histoire des pères, des grands-pères et des mères, on est renversé du contraste des générations : on comprend mieux alors tous ces jeûnes et tous ces repentirs. Le cloître paye pour le monde. « La prière et les sacrifices, a dit Pascal parlant des morts, sont un souverain remède à leurs peines. »

FIN DU DEUXIÈME VOLUME.

APPENDICE.

SUR

LA COMÉDIE ET LE BALLET DU PALAIS-CARDINAL.

(Se rapporte à la page 10.)

J'insisterai encore sur un des contrastes qu'offrait ce spectacle mondain, donné par le Cardinal-ministre, avec la prison de M. de Saint-Cyran. Il y avait, à ce moment, une Assemblée générale du Clergé, ou du moins elle était sur le point de se réunir à Mantes (février 1641). Richelieu l'avait retardée le plus possible : il n'aimait, en aucun genre, le régime des Assemblées. Celles du Clergé, selon l'ordre accoutumé, devaient d'abord se tenir de deux en deux ans : Richelieu les différa et les espaça de cinq en cinq ans. Et encore aurait-il bien voulu se passer de cette Assemblée de 1641. Il se laissa pourtant persuader qu'il tirerait plus d'argent du Clergé par ce moyen que par des Édits. Je ne dis pas que le Cardinal-ministre eût tort, au fond, d'exiger que le Clergé contribuât pour sa part aux dépenses générales de la guerre et aux charges publiques ; mais il est très-curieux de voir les instruments et ressorts dont il jouait pour arriver à ses fins. Les *Mémoires* de M. de Montchal, archevêque de Toulouse, nous édifient là-dessus. L'un des principaux agents du Cardinal auprès de l'Assemblée était l'évêque de Chartres, Léonor d'Estampes de Valençay, et il paraît bien que ce prélat était un comédien de première force, un parfait intrigant doublé d'un fripon. Prodigue et endetté, il avait besoin de rapiner sans cesse pour boucher des trous et suffire à ses profusions. Il comptait bien faire ses affaires en maniant les deniers dans une contribution considérable. Il n'était pas député à l'Assemblée et n'aurait pas eu assez de considération pour réunir les suffrages : aussi avait-il obtenu que la réunion se tînt à Mantes qui était une ville de son diocèse ; ce qui lui donnait, comme évêque diocésain, une entrée qu'il n'aurait pu avoir s'il avait attendu la députation. Plusieurs provinces, le sachant voleur, avaient, dans leurs mémoires ou cahiers, chargé expressément leurs députés de ne point l'admettre, de l'exclure. Le Cardinal dut plaider pour lui en particulier auprès des prélats, au fur et à mesure qu'ils arrivaient. C'est ici que revient le fameux hors-d'œuvre et intermède :

« Peu de jours auparavant, raconte M. de Montchal, on avoit joué la grande comédie de l'*Histoire de Buckingham* et dansé le célèbre ballet au Palais-Cardinal, auxquels les prélats furent invités, et quelques-uns s'y trouvèrent ; l'appareil en fut si magnifique qu'on l'estima des sommes immenses, et il fut dit que le Cardinal, ayant voulu que les prélats y fussent invités par les agents, entendoit qu'elle fût jouée aux dépens du Clergé.

« L'évêque de Chartres y avoit paru rangeant les siéges, donnant les places aux dames, et enfin s'étoit présenté sur le théâtre à la tête de vingt-quatre pages, qui portoient la collation, lui étant vêtu de velours en habit court, disant à ses amis qui trouvoient à redire à cette action qu'*il faisoit toutes sortes de métiers pour vivre*. Il prit aussi le soin de disposer les plats du festin de madame la duchesse d'Enghien.

« Pendant que les brigues se faisoient pour lui, il ne put se tenir de dire à l'évêque de Bazas, qui dinoit à sa table, que c'étoit lui-même qui avoit dressé les Édits et arrêts pour l'amortissement[1], et d'en montrer les minutes corrigées de sa main, qui étoit tout ce qu'il avoit fait ; de quoi l'évêque de Bazas lui faisant reproche, il le menaça de le chasser de sa table ; mais il lui fut répondu que c'étoit la table du Clergé, puisque c'étoit de ses deniers qu'elle subsistoit, quoique contre sa volonté.

« Cela étant su anima davantage les députés à lui donner l'exclusion, laquelle le Cardinal voulant empêcher, il envoya l'évêque d'Auxerre vers tous les députés du premier Ordre, avec un billet signé de sa main par lequel il chargeoit ledit évêque de prier ses amis de vouloir recevoir en l'Assemblée l'évêque de Chartres sur la promesse qu'il lui avoit faite, et dont il se rendoit caution, que le Clergé n'auroit pas sujet de se défier de sa fidélité et qu'*il ne le voleroit plus* ; ce sont les propres termes.

« Il disoit en particulier la même chose à ceux qui le voyoient, et, entre autres, il dit aux archevêques de Sens et de Toulouse et à l'évêque de Bazas que si l'évêque de Chartres faisoit la moindre friponnerie en l'Assemblée, il seroit sa partie, et lui en feroit porter une punition, qui le déchargeroit de blâme devant Dieu et devant les hommes.... »

Ainsi le contraste, en ceci encore, est parfait : M. de Saint-Cyran prisonnier à Vincennes, et l'évêque de Chartres, déshonneur de son Ordre, effronté, éhonté, servile et triomphant, favori du maître, maître d'hôtel en cour, tenant chez lui table ouverte, se

---

1. L'Édit du 18 avril 1639 sur les biens ecclésiastiques, qui était considéré par les intéressés comme un coup d'État financier allant à l'oppression de l'Ordre du Clergé et à lui enlever *ses libertés*.

gaussant de tout. Il fut payé de ses services, cette année même, par l'archevêché de Reims.

SUR L'AUTEUR MÊME DE *PORT-ROYAL*.

(Se rapporte à la page 51.)

Je crois et j'espère même que cet ouvrage de *Port-Royal*, terminé comme je l'entends et comme je l'ai conçu, ne satisfera entièrement ni les Jansénistes tous les premiers (s'il y en a encore), ni les Protestants chez qui pourtant je l'ai commencé, et qui y avaient d'abord applaudi ; qu'il ne mécontentera pas même absolument les Catholiques orthodoxes, qui l'avaient d'abord rejeté; et que les esprits impartiaux verront que j'ai tâché, indépendamment de toute doctrine, d'en faire sortir en définitive, et coûte que coûte, une impression franche et vraie. Depuis que les années se sont écoulées et que les souvenirs de Lausanne ont pâli, les Protestants me sont devenus moins favorables, et, je dois le dire, je me suis attiré un peu de leur part ce refroidissement. Dans une de ces Pensées trop véridiques que l'on devrait peut-être garder pour soi, mais qui s'échappent aisément, à certains jours, du portefeuille de l'homme de Lettres trop indulgent à son génie, je me suis laissé aller à dire, tout à la fin de l'un de mes volumes de Critique mêlée :

« Je suis l'esprit le plus brisé et le plus rompu aux métamorphoses. J'ai commencé franchement et crûment par le dix-huitième siècle le plus avancé, par Tracy, Daunou, Lamarck et la physiologie : là est mon fond véritable. De là je suis passé par l'école doctrinaire et psychologique du *Globe*, mais en faisant mes réserves et sans y adhérer. De là j'ai passé au romantisme poétique et par le monde de Victor Hugo, et j'ai eu l'air de m'y fondre. J'ai traversé ensuite ou plutôt côtoyé le Saint-Simonisme, et presque aussitôt le monde de La Mennais, encore très-catholique. En 1837, à Lausanne, j'ai côtoyé le Calvinisme et le Méthodisme, et j'ai dû m'efforcer à l'intéresser. Dans toutes ces traversées, je n'ai jamais aliéné ma volonté et mon jugement (hormis un moment dans le monde de Hugo et par l'effet d'un charme), je n'ai jamais engagé ma croyance ; mais je comprenais si bien les choses et les gens que je donnais *les plus grandes espérances* aux sincères qui voulaient me convertir et qui me croyaient déjà à eux. Ma curiosité, mon désir de tout voir, de tout regarder de près, mon extrême plaisir à trouver le vrai relatif de chaque chose et de chaque organisation, m'entraînaient à cette série d'expériences, qui n'ont été pour moi qu'un long Cours de physiologie morale. »

Je ne saurais dire combien cette pensée-là m'a valu d'injures de la part des croyants de diverses sortes, mais les Protestants s'y sont surpassés. Dans un journal, *l'Espérance*, du 8 janvier 1858, un pasteur, C. Bastie, ayant à parler du Recueil des articles critiques de feu M. Vinet sur les littérateurs du temps, s'écriait :

« Que dirait aujourd'hui Vinet s'il voyait ce que sont devenus Lamartine et Victor Hugo ? Que dirait-il surtout s'il voyait où en est M. Sainte-Beuve? Pour celui-ci, il faut en convenir, Vinet fut plus que bienveillant, il fut aveuglé. Il osa affirmer que la souplesse du talent ne saurait suffire à imiter un certain langage, et qu'il est des accents auxquels on ne peut pas se tromper. On sait que M. Sainte-Beuve a eu le triste courage de le démentir, et de répondre par de *cyniques railleries* à cette noble et naïve confiance de la foi....»

Je transcris ces termes marqués du grossier fanatisme qui les a inspirés, afin que l'on voie que nos écrivains et journalistes catholiques n'ont pas seuls l'usage et le privilége de l'injure.

Ce n'est pas avec un tel personnage que je confondrai M. Bersier, l'un des rédacteurs de la *Revue chrétienne;* mais dans un article intitulé *la Littérature et l'Esprit chrétien* (décembre 1857), où il examine les rapports du Saint et du Beau, de l'esprit chrétien et de l'esprit littéraire, et où il essaye de les concilier, il signale cependant les écueils, le danger, pour plusieurs, du culte de la forme qui remplace celui de la vérité, et il cite d'après moi-même cette anecdote de Balzac, lequel en présence de M. de Saint-Cyran, est convaincu d'être *laps* et *relaps* en matière de métaphore; puis il ajoute :

« C'est M. Sainte-Beuve qui nous raconte ce trait significatif. En voulez-vous un plus frappant encore? Lisez cette page singulière où M. Sainte-Beuve, parlant en son nom propre, raconte naïvement les ballottements de son esprit allant d'un système à l'autre, plaisant aujourd'hui aux Méthodistes de Lausanne comme il s'enthousiasmait la veille pour l'école de Victor Hugo. Vous comprendrez alors quel abîme profond sépare souvent l'esprit littéraire des convictions énergiques qui sont l'ancre de la vie....»

Il fait ici allusion à la Pensée que j'ai rapportée précédemment. Je ne me permettrai qu'une remarque : c'est qu'il ne résulte pas précisément de cette Pensée et de cet aveu que je sois un adorateur de la forme, et que je ne recherche que la beauté littéraire ; il s'ensuivrait seulement que je m'applique à étudier la nature sous bien des formes vivantes; que, l'une de ces formes étudiée et connue, je passe à l'autre, et que je suis, non pas un rhéteur se jouant aux surfaces et aux images, mais une espèce de naturaliste des esprits, tâchant de comprendre et de décrire le plus de groupes possible, en vue d'une Science plus générale qu'il appartiendra à d'autres d'organiser. J'avoue qu'en mes jours de grand sérieux, c'est là ma prétention.

SUR BALZAC LE GRAND ÉPISTOLIER.

(Se rapporte à la page 83.)

Voici le complément que j'ai annoncé et, si l'on veut même, le *correctif* sur Balzac. Je suis sujet à cette méthode ou manière ; je ne la donne pas comme la meilleure, mais comme mienne. Il m'est souvent arrivé de refaire à nouveau un portrait et de le présenter la seconde fois un peu différent et sous un jour un peu autre que la première. Dans ce livre de Port-Royal qui est un monde à part, je prie le lecteur de remarquer que c'est à un point de vue particulier aussi et, en quelque sorte, par une fenêtre de mon sujet que j'ai dû envisager les choses et les hommes. Tout en tâchant de les approfondir, j'ai été forcé de les resserrer et de les restreindre. Ainsi Corneille et Rotrou pris uniquement dans la tragédie sacrée, ainsi saint François de Sales en contraste direct avec M. de Saint-Cyran, ainsi Balzac opposé à M. de Saint-Cyran encore, ainsi Montaigne en vis-à-vis de M. de Saci, ainsi Molière supposé en face de Pascal, ainsi Boileau considéré principalement comme ami d'Arnauld et des nôtres, ainsi Racine étudié et admiré avant tout comme auteur d'*Esther* et d'*Athalie* : voilà les aspects et les cadres que j'ai dû choisir et comme découper pour les adapter au présent ouvrage. Or, il n'est aucun de ces sujets littéraires que je n'aie repris ailleurs sous une forme plus générale et dans un esprit, si je puis dire, plus désintéressé. J'ai reparlé, non plus du tout en Janséniste ou en Port-Royaliste, et de Corneille et de Racine, et de Boileau, et de saint François de Sales, et de Montaigne en mainte occasion, et de Molière : je me perds moi-même à rechercher dans mes volumes de *Portraits* ou de *Lundis* tout ce que j'ai pu écrire sur eux à diverses reprises. Il n'y a que Balzac qu'on n'y retrouve pas, et c'est une lacune.

J'ai dit cependant que j'avais été amené dans ma vie littéraire à revenir plus d'une fois sur cette étude de Balzac. Je l'ai fait surtout dans un Cours à l'École normale, où j'ai eu l'honneur d'être professeur quatre années. Je commençai mon premier semestre, en avril 1858, par le dix-septième siècle et par une étude de Malherbe[1]. Après Malherbe poëte, venait Malherbe prosateur, le premier maître de Balzac, mais un maître que le disciple, en cela, devait surpasser. Ces pages que j'ajoute ici et qui sont le résumé de mes leçons, outre qu'elles vont rétracter ou mitiger sur quelques points les sévérités précédentes, ne doivent point paraître un hors-

---

1. Elle a été imprimée dans le n° du 15 mars 1859 de la *Revue européenne*, et là seulement.

d'œuvre : elles se rattachent essentiellement à un point important de notre sujet, à savoir l'établissement de la prose française régulière, à laquelle eurent tant de part, à leur jour, Messieurs de Port-Royal. Je disais donc :

« En prose, nous retrouvons Malherbe, maître et précepteur, et sévère examinateur comme en poésie.

« Il a écrit de la prose, mais ce n'est point par là qu'il brille. Ses lettres, sauf celles qu'il a écrites avec faste, avec solennité (et celles-là sont vides et déclamatoires), sont fort ordinaires de style. Sa Correspondance cependant demanderait une étude. On a pu distinguer chez Malherbe trois sortes de lettres : les solennelles ou consolatoires, les lettres d'amour ou galantes, et les lettres toutes familières. Les meilleures sont celles qu'il écrivait comme il devisait, au coin de son feu. Il y en a d'assez incorrectes, d'assez plates même, mais aussi de curieuses pour les faits, pour les impressions de bon sens qui s'y mêlent : telles sont ses lettres à Peiresc, qui répondent très-peu à l'idée que c'est un poëte qui les a écrites, mais qui sont d'un homme de sens envoyant sur les événements, dont il est témoin, des comptes-rendus et des gazettes à un autre homme de sens. L'historien peut en tirer parti. Quoi qu'il en soit, Malherbe, de sa personne encore plus que par ses écrits, eut ce rôle singulier que, venu à la Cour dans les cinq dernières années du règne de Henri IV, il fut durant plus de vingt ans le grammairien en permanence; il donna le signal de la transformation et de la correction de la langue, il mit les nouvelles générations au pas; il rallia à lui les jeunes, il décida les timides; on peut dire qu'il sonna la cloche, et l'on vint de toutes parts à son école. Mais le service et le bienfait principal de Malherbe dans la prose, ce fut encore d'avoir été le maître de Balzac, d'avoir contribué à le former, bien que la prose ne lui semblât point mériter, à beaucoup près, autant de soin que la poésie[1] : « Ce bonhomme, a dit Racan, comparoit la prose au marcher ordinaire, et la poésie à la danse, » et ajoutait « qu'aux choses que nous sommes obligés de faire, on y doit tolérer même quelque négligence, mais que ce que nous faisons par vanité, c'est être ridicule que de n'y être que médiocre. » Balzac, lui, prétendait n'être jamais médiocre ni négligé en prose; il prétendit toujours marcher du même air qu'on danse : « il n'y a jamais eu que les sectateurs de Belleville
« (sans doute quelque maître à danser, ou peut-être le célèbre
« comédien de ce nom) et Balzac, a dit Racan, qui aient voulu
« nous obliger à avoir toujours la jambe tendue dans nos pro-

---

1. A propos de *n'en pouvoir mais*, locution un peu basse, Vaugelas fait cette remarque (CXLIV) : « M. de Malherbe a en souvent usé, parce qu'il affectoit en sa prose toutes ces phrases populaires, pour faire éclater davantage, comme je crois, la magnificence de son style poétique par la comparaison de deux genres si différents. »

« menades et l'esprit (tendu) dans nos lettres familières. » Cette prétention, dont même alors on voyait très-bien le ridicule, eut pourtant son utilité par l'importance qu'on fut averti de mettre au mouvement habituel et à l'expression de sa pensée.

«Pour bien apprécier le genre d'influence de Balzac, cet excellent rhéteur et ce professeur de rhétorique de son siècle, et dont le premier Recueil épistolaire, qui fit éclat, parut en 1624, il faut un peu examiner où en était la prose à ce moment, de quelle façon la maniaient les principaux écrivains, et ce qu'elle laissait surtout à désirer (au milieu même de ses autres qualités) sous leur plume abondante et dans l'usage courant qu'ils en faisaient.

« En un mot, quelle était la forme de langue que le seizième siècle léguait au dix-septième, et quelle sorte de travail et de réforme réclamait-elle?

« C'est là un curieux problème et qui demanderait, pour être traité, une méthode précise, une analyse complète, exacte, des principaux auteurs de cette date, une comparaison de leurs habitudes de langage, de leurs formes de phrases, une dissection grammaticale dirigée par un goût fin et sûr. Je ne veux que poser ici le problème et l'agiter en quelque sorte, en donner la solution en gros, sans me flatter d'en suivre toutes les circonstances et tous les cas dans le détail.

« Quels sont les principaux écrivains en prose de ce temps, de ce règne de Henri IV et des premières années du dix-septième siècle? Énumérons :

Charron, dont le livre de *la Sagesse* parut en 1601;

D'Aubigné, dont l'*Histoire universelle* parut en trois tomes successifs, 1616, ou plus exactement 1618-1620;

Du Plessis-Mornay, dont le *Traité de l'Eucharistie* avait paru en 1598, et dont la Correspondance politique et diplomatique, son premier titre aujourd'hui, commencée en 1579, se continuait jusqu'en 1623 ;

Olivier de Serres, dont le *Théâtre d'Agriculture* parut en 1600 et eut cinq éditions en dix ans;

Saint François de Sales, dont le livre de l'*Introduction à la Vie dévote* parut en 1608, et le traité de l'*Amour de Dieu* en 1616;

Guillaume du Vair, dont on commença en 1614 ou même 1612 à réunir les Œuvres bien des fois réimprimées, 1617, 1618, 1619, etc.

« Je laisse les politiques comme d'Ossat, le président Jeannin, Sully, qui ne sont pas des écrivains de profession, bien que disant mieux quelquefois que les purs écrivains.

« Honoré d'Urfé (1610) introduit et importe une innovation dans le roman ; il ouvre une veine en ce sens et demanderait à être considéré à part.

« Il ne m'est pas possible d'examiner ici et de suivre sur leur terrain ces différents auteurs : ce serait faire l'histoire littéraire du règne de Henri IV. Mais, au point de vue qui nous occupe, il suffit qu'aucun de ces écrivains intermédiaires, si on les prenait un à un ne nous offre d'une manière nette et dégagée les qualités que réclamait le progrès de l'esprit français dans le nouveau siècle; qu'aucun ne se montre essentiellement guéri des défauts dont un bon esprit devait commencer à s'impatienter et à souffrir.

« Si riche que soit la langue du seizième siècle pour les amateurs, pour ceux qui aiment à s'arrêter sur nos époques anciennes et à en goûter les saveurs nourricières et domestiques, je ne vois que deux écrivains complets en ce siècle, Rabelais et Montaigne ; eux seuls sont bien maîtres de leur langue, de leur phrase : — l'un, Rabelais, la gouvernant amplement, largement, sur tous les tons et dans tous ses membres, sans embarras, d'un tour plein et aisé, avec grâce et harmonie ; l'autre, Montaigne, la coupant et l'aiguisant, la tournant et la tordant comme il veut et selon le point où il veut diriger et fixer sa pensée ; — Rabelais plus grand écrivain, si j'ose dire, que Montaigne et de meilleur goût (sauf les ordures) ; Rabelais plus de l'école de Platon pour la phrase ; — Montaigne plus de l'école de Sénèque. Hors ces deux-là, la langue du seizième siècle, chez tous les autres, et si bien employée qu'elle soit, même par Amyot, va un peu au hasard ; elle mène ses gens, qui ne la mènent point. Une fois embarqués en paroles, ils sont poussés plus loin qu'ils ne comptaient. On ne sait trop avec eux où commence une phrase, ni où elle finit. Il y a des inutilités, des obscurités à tout instant. Cette obscurité tient à plusieurs causes. Les phrases s'enchevêtrent en voulant se lier les unes aux autres. Elles se commandent plus qu'il n'est commode à la vivacité française et à la netteté du sens. Croyez bien qu'en parlant, en causant, on ne faisait point ainsi : on était vif, bien français ; les *Mémoires* de la reine Marguerite, les Lettres de Henri IV le disent assez ; mais, du moment qu'on se mettait à écrire, une certaine solennité vous revenait. La Renaissance avait remis en honneur les antiques formes latines oratoires. On retombait dans le style cicéronien ; on ne savait plus couper son discours ; on oubliait que les anciens eux-mêmes n'avaient pas eu tous les jours ce style de pompe et de gravité, et que, dans ses lettres et billets, Cicéron a le style fort coupé. On ne savait pas secouer le joug du latinisme. Les parenthèses, les allonges, les queues, avec les écrivains du seizième siècle, n'en finissent pas. Les souvenirs classiques qui leur reviennent, les citations à propos et hors de propos ajoutent à cet embarras du cortége (*impedimenta orationis*) ; le fil du discours en est interrompu ou ralenti : ajoutez à cela des images de toutes sortes ; on ne s'en refuse aucune. Les écrivains comme saint François de Sales, qui sont plus vifs et plus courts que les autres, ont trop de fleurs, des excès d'images, des comparaisons prises de partout et qui ont

l'air de folâtreries et d'enfances, des allusions à quantité de mythologies et de fables à la Plutarque qui étaient en circulation parmi les savants. Les historiens comme Pierre Matthieu[1] ont des pointes, des figures trop fréquentes et qui jurent avec les endroits de narration où ils les placent. Charron est lourd, pesant; d'Aubigné, même en prose, n'a aucune netteté. Tous ces écrivains, très-estimables par certains endroits, n'ont rien de ce qui pouvait faire innovation et réforme dans le style; ce sont des rejets du seizième siècle sur le dix-septième. On conçoit que Malherbe ne fût content d'aucun; quand il les lisait, n'importe lesquels, son esprit exact trouvait à reprendre à chaque page : ils étaient pour lui comme l'Afrique aux généraux romains, « une moisson de triomphes. » Quand on demandait à ce Malherbe si rigide et qui, écrivant si peu, faisait secte, pourquoi il ne rédigeait pas de grammaire, il répondait qu'il n'en était pas besoin et qu'on n'avait qu'à lire sa traduction du XXXIII° livre de Tite-Live, que c'était comme cela qu'il fallait écrire. C'était cette même traduction que mademoiselle de Gournay, la docte fille et sibylle, partisan du vieux style, comparait à un « bouillon d'eau claire. » Mais la clarté était alors le premier des besoins : aussi, quoi que l'on pût dire contre les excès de retranchement et de sobriété de Malherbe, contre ce style *exempt* avant tout, frugal à l'excès, et comme affamé de jeûne, Malherbe avait raison : on trouve chez lui, dans ce livre traduit, et surtout dans la méthode qui en résultait, un vrai modèle de narration ; « on y voit, disait Sorel, le bon usage des
« Pronoms et des Conjonctions, et de ce qu'on appelle les Parti-
« cules françoises; on y voit quelle mesure doit avoir la période
« pour n'être ni trop longue ni trop courte. » Enfin Malherbe fut pour la prose, bien qu'il en ait si peu publié, presque autant dictateur et chef de secte qu'il l'était pour les vers. « Ceux qui alloient
« ouïr ses instructions en firent bien leur profit. La plupart des
« bons écrivains d'aujourd'hui, dit Sorel, ont été de ce nombre ou
« sont les disciples de ses disciples. » Vaugelas, jeune, en écoutant Malherbe et en recueillant ses décisions, qu'il contrôlait par celles du cardinal Du Perron et de Coëffeteau, préparait dès lors ses *Remarques* sur la langue, qu'il ne devait publier que vingt ans plus tard (1647). Balzac, enfin, apprenait auprès de Malherbe à polir, à mesurer, à aiguiser et à couper son style, et à donner à ses pensées, ou à celles d'autrui qu'il assemblait, ce tour vif et neuf, cet agré-

---

1. Sur Pierre Matthieu, qui passait, même de son temps, pour un corrupteur de l'éloquence, on lit : « ... Au surplus, la liberté qu'ont prise les Italiens d'accuser un François de la corruption de leur éloquence, et de dire que l'historien Matthieu avoit depuis peu donné l'exemple chez eux de cette mauvaise façon d'écrire dont nous parlons, est cause que je ne ferai nulle difficulté de remarquer, etc., etc. » (La Mothe-Le-Vayer, *Considérations sur l'Éloquence françoise de ce temps*.)

ment imprévu, et d'abord si goûté avant de paraître monotone, qui le firent, du premier jour, un chef d'école et de parti dans la Prose (1624).

« Vaugelas a très-bien indiqué tout ce que Malherbe, à cet égard, laissait à faire à Balzac, quand il a dit :

« Un des plus célèbres auteurs de notre temps que l'on consultoit comme l'oracle de la pureté du langage, et qui sans doute y a extrêmement contribué, n'a pourtant jamais connu la *netteté* du style, soit en la situation des paroles, soit en la forme et en la mesure des périodes, péchant d'ordinaire en toutes ces parties, et ne pouvant seulement comprendre ce que c'étoit que d'avoir le *style formé*, qui en effet n'est autre chose que de bien arranger ses paroles et de bien former et lier ses périodes. Sans doute cela lui venoit de ce qu'il n'étoit né qu'à exceller dans la poésie, et de ce tour incomparable de vers qui, pour avoir fait tort à sa prose, ne laisseront pas de le rendre immortel ; je dois ce sentiment à sa mémoire qui m'est en singulière vénération, mais je dois aussi ce service au public d'avertir ceux qui ont raison de l'imiter en d'autres choses, de ne l'imiter pas en celle-ci. »

« C'est Balzac qui fera pour la netteté, pour ce vernis, ce poli de la prose (*nitor*), ce que Malherbe n'avait pas daigné faire; et Malherbe lui-même disait de Balzac : « Ce jeune homme ira plus « loin pour la prose que personne n'a encore été en France. » Il vérifia l'horoscope. »

Dans ce Cours de 1858, avant d'aborder Balzac, je crus pourtant devoir m'arrêter un moment sur un nom et un auteur qui fut considérable en son temps et que, dans les travaux d'exhumation si à la mode aujourd'hui, on a cherché à relever, à réhabiliter hors de toute proportion, à opposer, si on l'avait pu, et à Balzac et à Malherbe lui-même. Il s'agit du Garde-des-Sceaux Guillaume Du Vair, grand personnage parlementaire et politique d'alors, écrivain grave, estimable, de mérite et d'un vrai poids, mais qui n'eut jamais rien de saillant ni d'incisif, et que le goût, par complaisance pour l'érudition, doit se garder de surfaire.

Comme c'était le plus grand ou celui qu'on avait le plus essayé de grandir dans l'époque intermédiaire, on pouvait juger par lui des autres.

Je me demandai donc ce qu'était au vrai Guillaume Du Vair en son temps, en dégageant son nom de tous les éloges par trop officiels dont la révérence publique masque toujours un personnage qui a été revêtu de hautes dignités.

Sans rien contester de ce qui lui revient de droit, en reconnaissant les services politiques qu'il rendit durant la Ligue, même lorsqu'il en était; en le saluant pour la belle journée qu'il eut au Parlement quand il poussa à l'Arrêt pour le maintien de la Loi salique, je ne pus entrer toutefois dans les éloges de tout genre que lui prodiguaient de récents admirateurs, et je conclus contradictoirement à eux, que cet homme de sens, de savoir, prudent, assez ferme au besoin, et qui fournit une belle carrière, n'était pourtant pas ce qu'ils en voulaient faire de supérieur, soit en politique, soit en littérature; qu'il était dénué de la vraie marque, de ce je ne sais quoi qui constitue en tout la véritable originalité. Je persistai à ne voir en lui que le premier des intermédiaires et des neutres. Et sur ce qu'un estimable professeur, M. Cougny [1], l'avait tour à tour rapproché de L'Hôpital, de Richelieu, de Descartes même pour l'idée de la Méthode, de Bossuet enfin pour l'idée aussi de l'Histoire universelle, et cela sans établir de ligne tranchée de démarcation, mais en s'efforçant au contraire de diminuer et de confondre les distances, je me révoltais dans ma conscience de critique contre ces assimilations téméraires et je m'écriais :

« Avoir en soi du Richelieu, du Descartes, du Bossuet, mais y pensez-vous bien? Avoir en soi l'idée propre, l'étincelle vitale de ces grands hommes, c'est en être possédé, c'est sentir où l'on va, où l'on veut aller, c'est en avoir l'ardeur, le désir, et en faire sentir l'impulsion aux autres. Écrire et coucher sur le papier une idée qui ressemble à celle qui fait le point de départ de Descartes en philosophie, mais ne pas s'en servir, n'en pas sentir la puissance et la vertu, la laisser dormir à côté d'autres déjà sues de l'univers et déjà usées, c'est ne pas avoir du tout cette idée. Une idée émoussée et sans sa pointe n'est pas une idée. De même, développer en bons termes, d'après quelque ancien ou demi-ancien tel qu'Orose, un lieu commun sur la succession des Empires, ce n'est pas avoir une étincelle de cette flamme subite qui semblait illuminer Bossuet comme un Prophète et qui le transportait, lui et avec lui son auditoire, au-dessus des temps. Lisez Du Vair, lisez-le dans un de ses traités ou de ses discours, jusqu'au bout si vous pouvez, — dans son traité de l'*Éloquence françoise* qui sert de préface à ses traductions, dans son traité en forme de dialogues, entre *Musée*, *Orphée* et *Linus* (noms augustes pour déguiser des habitants de Paris), lesquels conversent ensemble durant le siége de 1589 et cherchent dans la philosophie un remède contre l'affreuse tristesse que leur donnent les misères du temps, — lisez tout cela, apprenez à y estimer l'homme et l'écrivain, mais tenez-le à son rang. C'est bien, c'est grave, c'est digne, c'est judicieusement déduit et nombreusement pesé; mais c'est long, c'est connu, — connu de toute éternité ou de toute antiquité; on en lirait jusqu'à demain que c'est toujours la même chose. Son style marche toujours dans sa toge; il a, si j'ose dire, le rabat et les manchettes de Cicéron aux heures d'apparat, manchettes et rabat d'emprunt et

---

[1] *Guillaume Du Vair; Étude d'histoire littéraire* avec des documents nouveaux..., par M. E. Cougny, professeur de rhétorique au lycée de Bourges, 1857.

fort empesés ; rien de vif ; il satisfait les gens sensés et doctes de son temps, il n'éveille personne, il ne corrige personne, il ne fait rien avancer ; ce n'est pas avec ce procédé et ce tour émoussé et rond qu'on réforme rien, ni en action ni en paroles. Les réformes qui réussissent doivent être autrement armées ; il faut les enfoncer dans les esprits comme avec des coins aigus et tranchants. La voix de Du Vair, telle qu'elle ressort de ses écrits, est sourde et n'a rien du clairon. Je sais qu'il y a le clairon du charlatan, du vendeur d'orviétan, et je m'en défie : mais il y a, il doit y avoir, dans tout écrivain qui fait un pas en avant et qui mène les autres, le chant qui enflamme les âmes et qui éveille l'écho. »

Et m'adressant en particulier aux élèves de l'École normale qui se préparent à être de simples professeurs, j'ajoutais :

« Vous n'êtes pas destinés par profession à inventer, à innover, à faire marcher la langue et l'art (quoique cela ne vous soit pas interdit), vous n'êtes destinés et tenus qu'à les bien conserver ; mais dans vos jugements, dans vos classements des talents et des esprits, que l'érudition et la doctrine ne vous fassent pas illusion, et réservez toujours leur place à part en tout aux vrais inventeurs, aux initiateurs. Du Vair n'en était pas un en fait de langage : Balzac en est un. »

Et rentrant ainsi dans mon sujet, m'attachant au nom sur lequel j'avais à insister et à m'étendre, je continuais :

« Balzac, quoi qu'on puisse dire de lui, a donc été un initiateur. C'est presque le seul éloge que je lui donnerai, mais il le mérite entièrement. Il y avait à cette heure, à ce commencement du dix-septième siècle, un besoin, un désir assez général de pureté, d'épuration, de culture choisie et dégagée dans la langue et dans le style. Ce mouvement, cette disposition graduelle, s'y prononce et s'y déclare d'une manière sensible. Elle cadrait bien avec le *rassérénissement* de l'atmosphère politique sous Henri IV. On sent avec Malherbe s'élever et souffler ce premier vent un peu sec, mais assainissant et très-salubre. Au seizième siècle, avec la Renaissance, avec l'étude directe des écrivains latins et grecs, la langue française avait été reprise de latinisme, d'hellénisme ; il y avait eu invasion, débordement ; une indigestion grecque et latine. Et cela ne se sent pas seulement chez les lettrés de profession ; cela se sent bien encore dans quelques auteurs de Mémoires (Guillaume et Martin Du Bellay). L'Italianisme avait fait aussi son invasion sous les Valois. A la fin du siècle, après l'anarchie en tout genre, la société se rasseyant sous Henri IV, le français se sentait en goût de redevenir lui-même, de se débarrasser du trop dont on l'avait surchargé. On voulait un tour moderne, net, commode, clair, à notre usage, à la fois régulier et assez en accord avec notre promptitude, avec notre vivacité ; une pompe et une noblesse qui ne traînât pas trop.

Le français voulait avoir son tour à soi, la société sa coupe de parole à elle. A chaque pas qu'on fait en avançant dans le siècle, pendant les cinquante premières années, on retrouve les symptômes et les preuves de ce goût déclaré pour les questions de langue, de grammaire, de correction, de netteté, de politesse et d'urbanité : tout cela se rejoint et se confond. Le beau monde et les pédants s'y rencontrent et se donnent, pour ainsi dire, la main dans l'œuvre commune. L'hôtel Rambouillet y aide, dans le grand monde, et ouvre une espèce d'académie d'honneur, de galanterie honnête, de politesse. Partout ce sont de petites académies qui s'essayent : la chambre garnie de Malherbe, le salon de madame Des Loges, le cabinet de Coëffeteau, celui de Vaugelas, de Conrart, de Chapelain, de Ménage. Richelieu, très-atteint lui-même de ce goût de beau et pur langage, donna à ces ébauches le caractère et l'importance d'une institution ; il consacra à jamais ce goût français en fondant l'Académie française. Or, Balzac, du premier jour, et dès ses premiers essais de jeunesse, fut l'homme et parut le héros de cette réforme dans l'exactitude de la prose française et dans l'éloquence.

« Richelieu, à la première lecture de ses Lettres, lui a reconnu ce mérite, s'il lui a plus tard contesté les autres. Je citerai ses propres termes ; car il y a toujours plaisir à louer les hommes distingués avec les paroles des grands hommes :

« Les conceptions de vos lettres sont fortes, lui écrivait-il, et aussi éloignées des imaginations ordinaires qu'elles sont conformes au sens commun de ceux qui ont le jugement relevé; la diction en est pure, les paroles autant choisies qu'elles le peuvent être pour n'avoir rien d'affecté, le sens clair et net, et les périodes accomplies de tous leurs nombres.... Vous seriez responsable devant Dieu si vous laissiez votre plume oisive, et vous la devez employer en de plus graves et plus importants sujets. » (Lettre du 4 février 1624.)

« Il est impossible de mieux définir littérairement, que ne l'a fait là Richelieu, le genre particulier de mérite de Balzac ; il eut en ce point et à ce moment, la qualité et la nouveauté qui était alors la plus réclamée des gens de goût et du dernier goût, de ceux qui tenaient à bien écrire, à bien dire. Et ici je ferai avec lui comme j'ai fait précédemment pour Malherbe, je ne craindrai pas de marquer les réserves vraies et les restrictions avec et avant les louanges. Il n'était bon, je le crois, qu'à faire des phrases, et encore la même phrase appliquée à tout et recommencée à l'infini. Mais la première fois qu'il la fit, elle était neuve, cette phrase *Balzacienne*, elle parut infiniment agréable, et elle resta toujours utile comme forme et façon. C'est son honneur : il a inventé et perfectionné un moule ; il a donné l'exemple, le dessin, la forme, le modèle, la ligne de la phrase française régulière, noble, élégante, nombreuse et correcte : il n'y manquait plus que l'idée, la passion, la véritable éloquence à y mettre et à y verser. D'autres après lui s'en

chargeront, mais quels autres? quels disciples supérieurs à leur
vieux professeur! Ce sera Buffon, Jean-Jacques, George Sand,
tous grands prosateurs qui écrivent volontiers dans cette forme de
phrase nombreuse, correcte, régulière et pleine, non pas la seule
en français, mais la plus belle, la plus sûre à adopter si l'on avait
le choix, la préférable. Car la phrase de Voltaire est un peu écour-
tée et par moments un peu sautillante; celle de Saint-Simon,
quand elle ne réussit pas d'emblée, devient confuse, s'embarrasse
et court risque de tourner au galimatias. Balzac a donc été le
professeur de rhétorique de plus grands que lui. Il y a tel rhéteur
grec, Antiphon, qui a peut-être trouvé la forme de phrase dont
usa et s'empara le génie substantiel de Thucydide.

« Qu'était-ce au juste que Balzac, dans sa personne et dans sa vie?
M. Bazin a écrit sur lui un morceau biographique très-distingué,
mais un peu recherché de tour et un peu flatté de couleur. Balzac,
fils d'un père qui vécut près de cent ans, né à Angoulême, non
pas en 1594 ou 1595, comme on le croyait, mais en 1597[1], élève

[1]. On ne connaît que depuis quelques années la date exacte de la naissance de Balzac. Bayle avait inféré de quelques passages de ses Lettres
qu'il était né en 1595; mais cette induction supposait que le grand épistolier disait vrai sur son âge et en parlait toujours avec précision. Il y
avait, d'ailleurs, des passages qui concordaient peu. Une note de l'abbé
d'Olivet, dans son *Histoire de l'Académie française*, semblait depuis avoir
tranché la question : il donnait pour date de naissance 1594, et, pour rectifier Bayle, il s'appuyait d'une autorité : « J'ai trouvé 1594, disait-il,
dans un Mémoire de la propre main de Chapelain. » J'avais donc pris cette
date de 1594 comme point de départ fixe, et cela m'avait conduit à inférer à
mon tour que Balzac se rajeunissait parfois de quelques années, même
en écrivant à M. de Saint-Cyran. Mais, s'il eut d'autres faibles, Balzac n'eut point celui-là; réparation lui est due sur cet article. La note
qui se lit au bas de la page 48 du présent volume n'est donc pas justifiée,
et, en la laissant, j'ai trahi un défaut qu'on m'a fort reproché et auquel je
reconnais avoir cédé plus d'une fois, un peu de recherche et de subtilité
par désir de pénétrer trop avant. C'est à M. Eusèbe Castaigne, bibliothécaire de la ville d'Angoulême, qu'on doit les derniers résultats positifs sur
Balzac; il les a donnés dans une brochure de 1846, qui a pour titre
« *Recherches sur la maison où naquit Jean-Louis Guez de Balzac, sur la
date de sa naissance, sur celle de sa mort*, etc. » On y voit que le père de
Balzac s'appelait et signait Guillaume Guez tout court; qu'un de ses fils,
le cadet et non l'aîné de Balzac (mais celui-ci lui avait cédé ses droits d'aî-
nesse), signait François *de* Guez, croyant se rendre plus noble; que Balzac
(né probablement la veille ou l'avant-veille) fut baptisé le 1er juin 1597, en
l'église paroissiale de Saint-Paul d'Angoulême, sous le nom de *Jean* et
non de *Jean-Louis*, qu'il prit cependant et revendiqua toujours à cause de
son parrain qui le portait, Jean-Louis de La Valette, duc d'Épernon; que son
père mourut à 97 ans et non à cent ans, comme on se plaisait à le dire communément pour arrondir le chiffre. Lui-même, il mourut le 8 février 1654
et non le 18, comme on le croyait d'après Bayle. Voilà bien des errata sur
des points de faits. L'histoire littéraire y est sujette plus que toute autre.
L'infini détail auquel elle se complaît et sur lequel elle repose en partie,
y prête. Il faudrait, à tout moment, être là pour reprendre en sous-œuvre
ce qui manque et ce qui porte désormais à faux. Tâchons du moins que la
meilleure part et ce que j'appelle le *gros pilier* de nos jugements subsiste
et demeure.

de Garasse et des Jésuites, alla faire vers l'âge de 19 ou 20 ans un voyage de Hollande avec Théophile (on ne sait pas bien lequel des deux fut pour l'autre une plus mauvaise compagnie). Il y fit imprimer un petit discours, en l'honneur de l'insurrection et de la Réforme, qu'il oublia depuis : ses ennemis ne l'oublièrent pas ; ils le déterrèrent et le lui opposèrent plus tard. A son retour il accompagna en plusieurs voyages le duc d'Épernon, auquel son père était attaché, et lui prêta sa plume pour des lettres au roi en plusieurs circonstances : Balzac a depuis revendiqué et fait imprimer parmi les siennes ces lettres signées du duc d'Épernon ; il n'aimait pas à perdre son bien et ses phrases. Il fut ensuite, à Rome, l'agent de l'archevêque de Toulouse, depuis cardinal de La Valette, son patron. Ce séjour à Rome et ce qu'il y fit est complaisamment décrit dans ses lettres. De retour en France, il eut l'occasion de connaître particulièrement Richelieu à Angoulême, pendant la station d'attente qu'y fit ce prélat (avant sa grande élévation) auprès de la reine-mère. Balzac, en ce temps-là, âgé de 25 ans, continuait d'écrire à ses patrons et à ses amis, à tout propos et en chaque circonstance notable, des lettres pleines d'art, d'un tour neuf, ornées de pensées arrangées et frappantes, et il commençait à se faire dans le beau monde une réputation que la mise au jour de son premier Recueil, en 1624, promulgua et consacra auprès du public. Il eut aussitôt la gloire et se disposa à y habiter toute sa vie comme un ermite voluptueux ou comme le rat de la fable dans son fromage de Hollande. Riche de dix mille livres de rentes et plus, possesseur d'une belle maison au bord de la Charente, lié avec ce qu'il y avait de plus élevé dans la province et avec nombre de grands personnages à la Cour, il se dit qu'il n'avait plus qu'à rester ce qu'il était et à se maintenir là où il avait atteint du premier jour. Après quelques velléités passagères d'ambition, voyant qu'il n'aurait rien de solide, ni abbaye de dix mille livres, ni évêché, il eut le bon esprit d'être content de son sort, mais aussi il eut le mauvais esprit d'être trop content de lui. Il s'installa dans son bien-être et dans sa renommée comme ont pu faire depuis un Goethe et un Voltaire, mais avec de bien autres ménagements qu'eux. Ayant commencé par se dire vieux, cassé et malade, n'ayant quasi fait qu'un pas de l'enfance à la vieillesse, il se posa dès l'âge de 30 ans en souverain arbitre et en Empereur de l'éloquence, comme s'il était reconnu pour tel de tout l'univers, s'accordant tout, ne se gênant plus guère pour personne, vivant dans sa terre en robe de chambre[1], avec double et triple calotte de peur de s'enrhumer,

---

1. « Balzac étoit presque toujours malade. Il avoit la taille assez belle, les cheveux noirs, le visage plein, les yeux vifs et une grosse barbe en pointe avec deux moustaches bien relevées, comme on les portoit de son temps. » (Richelet, *Particularités de la vie des Auteurs*, en tête des *plus belles Lettres françoises*, tome I.) Tel il se fit peindre dans ses portraits,

faisant fine chère, et diversifiant à l'infini son seul et unique talent, le talent de complimenter et de faire des phrases sur n'importe quel objet, grand ou petit; mais il les faisait très-bien et en perfection. Ces orgueilleuses délices d'une vie de grand seigneur littéraire furent, il est vrai, interrompues plus d'une fois par de violentes querelles et comme par des émeutes de lettrés qui s'insurgeaient contre leur chef et souverain légitime : mais Balzac, tout en s'en piquant et s'en préoccupant beaucoup, y parut peu de sa personne et mit ordre à toutes les séditions par des lieutenants. Quand l'Académie se fonda, il en fut désigné l'un des premiers, sans y jamais venir : mais, chaque membre de ce Corps, déjà illustre en naissant, le considérait comme un maître, et son nom décorait une liste qui n'aurait pu se passer de lui. Il était l'Académiste par excellence. Il mourut, en 1654, dans des sentiments de piété assez fastueuse et qui n'était (s'il est permis d'en juger) ni plus sincère, ni plus mensongère que tous les autres sentiments qu'il affectait. Balzac n'était qu'un homme de forme et d'apparence, de ceux qui, même quand ils sont seuls, passent leur vie en mascarade, ne pouvant faire mieux, et trouvant qu'un visage n'est jamais si beau que quand il a son masque. Ainsi, sachons bien à quoi nous en tenir : c'est un lettré accompli ; mais ne nous faisons d'ailleurs aucune illusion à son sujet.

« Ni le chrétien (je parle du chrétien tout à fait sérieux et perspicace) ne trouve son compte avec Balzac. J'ai raconté ailleurs l'histoire de ses relations avec M. de Saint-Cyran qui, pour le punir, mettait ses lettres en quarantaine et en pénitence, et ne les lisait que trois jours après les avoir reçues.

« Ni le philosophe et l'homme de pensée ne trouve son compte avec lui. Je dis cela même après avoir lu le bel éloge que Descartes a fait de Balzac et de ses Lettres[1] : j'ai peine à croire que Descartes

mais avec un manteau et comme un pan de draperie romaine, non pas en robe de chambre comme il était presque toujours chez lui.

1. C'est dans la centième lettre de Descartes : « Quelque dessein que j'aie
« en lisant ces Lettres, dit-il, soit que je les lise pour les examiner, ou seu-
« lement pour me divertir, j'en retire toujours beaucoup de satisfaction ;
« et, bien loin d'y trouver rien qui soit digne d'être repris, parmi tant de
« belles choses que j'y vois, j'ai de la peine à juger quelles sont celles qui
« méritent le plus de louanges. La pureté de l'élocution y règne partout
« comme fait la santé dans le corps, qui n'est jamais plus parfaite que
« lorsqu'elle se fait le moins sentir. La grâce et la politesse y reluisent
« comme la beauté dans une femme parfaitement belle, laquelle ne con-
« siste pas dans l'éclat de quelque partie en particulier, mais dans un
« accord et un tempérament si juste de toutes les parties ensemble, qu'il
« n'y en doit avoir aucune qui l'emporte par-dessus les autres, de peur
« que, la proportion n'étant pas bien gardée dans le reste, le composé n'en
« soit moins parfait. Mais comme toutes les parties qui ont quelque avan-
« tage se reconnoissent facilement parmi les taches, etc., etc. (Quocumque
« animo legam has Epistolas, sive ut serio examinem, sive magis ut oblec-
« ter, tantopere mihi satisfaciunt, ut non modo nihil inveniam quod debeat
« reprehendi, sed ne quidem etiam in rebus tam bonis facile judicem quid

ait persisté dans ce sentiment et dans cette estime du grand épistolier, si sonore et si creux, qu'il ait estimé quasi par-dessus tout sa conversation et le plaisir de voir naître naturellement devant lui ces fortes pensées (*validos sensus*) qu'il admirait dans ses ouvrages. J'ai peine à me persuader que ce soit là le dernier mot de Descartes sur Balzac. En fait, il ne s'est jamais vu, sous d'aussi beaux mots, de vacuité pareille, j'entends vacuité de son propre fonds. Ses belles pensées ou sont prises d'ailleurs, dans les auteurs et les livres, ou lui sont données par sa grande figure favorite, par la figure génératrice de sa forme de talent, par l'hyperbole. Croyez bien que les hommes de sens et de pensée, avec lesquels il correspondait et qui avaient l'air de donner dans le badinage, le jugeaient, et plus sûrement encore que nous : ce n'était pour eux que le plus grand *hyperboliste* de son temps. Le *Sapere* est court chez lui et le sens est à fleur de peau. Richelieu lui avait conseillé d'abord d'appliquer son talent à des sujets plus sérieux; mais, quand il l'eut vu à l'œuvre dans *le Prince*, et par la lettre incongrue que l'auteur y joignit en le lui adressant (1631), il fut guéri de son souhait : on sait son mot à Bois-Robert [1]....

« Ni l'homme du monde et l'homme comme il faut (ceci est plus délicat) ne trouvaient non plus leur compte avec Balzac, bien qu'il affectât les plus illustres relations et qu'il se piquât de trancher avant tout de l'honnête homme. Nul plus que lui n'a eu le tempérament littéraire avec les défauts de vanité et de gloriole, avec la démangeaison de louanges et l'amour-propre affamé qu'on est accoutumé à y rattacher ; il a beau faire le gentilhomme et l'indifférent, le Trissotin n'est jamais loin ; les vrais gens du monde le sentaient bien, témoin Bautru et son épigramme [2].... Ces mots-là tuaient un homme à la Cour. Balzac y vint peu, y resta peu. Il sentit qu'il lui serait bon de s'éloigner et qu'il ferait plus d'effet de loin dans sa province ; il s'y tint.

« Tel est Balzac, — homme du monde jugé par Bautru, — homme de sens et de tact, jugé par Richelieu, — chrétien et homme d'intérieur, jugé par Saint-Cyran. Que reste-t-il donc ? Il reste de lui l'homme littéraire et l'homme de style, l'habile ou-

---

« præcipue sit laudandum. Est enim in illis puritas elocutionis, tanquam in
« humano corpore valetudo, quæ scilicet ex eo maxime credenda est op-
« tima, quod nullum relinquat sui sensum. Est insuper elegantia et ve-
« nustas, tanquam in perfecte formosa muliere pulchritudo, nempe quæ
« non in hac aut illa re, sed in omnium tali consensu et temperamento
« consistit, ut nulla designari possit ejus pars inter cæteras eminentior, ne
« simul aliarum male servata proportio imperfectionis arguatur, etc.) »
La lettre qui est longue est toute consacrée à l'éloge de Balzac. Cette relation suivie qu'il eut avec Descartes est pour lui un grand honneur devant la postérité. C'est à Balzac que Descartes a adressé cette lettre célèbre où il décrit sa vie philosophique à Amsterdam.

1. Voir précédemment dans ce volume, page 53.
2. Voir précédemment page 53, à la note.

vrier et grand fabricateur de phrases qu'il a si parfaitement été,
— le lettré supérieur qui écrit en perfection. »

J'entrai alors dans une démonstration de son genre de talent et
de ses formes favorites par des citations choisies qu'il n'est pas besoin de reproduire. Je n'eus pas à faire d'effort pour le rapprocher
de Pline le Jeune dont le recueil épistolaire est le chef-d'œuvre
de ce genre orné et cultivé ; mais, à la comparaison, combien l'avantage reste du côté de l'ami de Tacite, du charmant Romain capable de bien des emplois sérieux, et dont les lettres si soignées,
si perlées même, expriment toutefois des pensées si sages, des
sentiments si justes et si mesurés jusque dans leur brillant ! Les
lettres de Pline le Jeune, comparées à celles de Balzac, semblent
naturelles jusque dans leur parure. Je ne manquai pas non plus de
rapprocher des Epîtres de Balzac quelques pages bien françaises,
d'un genre épistolaire tout différent, notamment une lettre de
Henri IV, alors roi de Navarre, qu'il écrivait à madame de Grammont, sa maîtresse de ce temps-là (1586), et qui mérite d'être encadrée à partir de ces mots : « J'arrivai hier soir de Marans....[1] »
A voir cet heureux passage d'une description si naturelle, ce bijou
de lettre qui date de trente-huit ans avant la publication de Balzac,
on serait tenté de croire qu'on n'avait pas besoin d'attendre madame de Sévigné pour trouver de quoi lui opposer et lui en remontrer en fait d'agrément et de grâce. Mais des rencontres comme
celles de Henri IV sont un accident. Il fallait être roi et amoureux
pour se permettre d'écrire ainsi, au pied levé, et la main courante,
tout comme on sentait. Une singularité ne fait pas loi ; ou si vous
l'aimez mieux, selon le proverbe grec, une hirondelle ne fait pas
le printemps. Pour réformer une langue, il ne suffit pas d'un hasard heureux, il faut des habitudes ; il faut plus qu'un amateur, il
faut des ouvriers. L'année même où le Béarnais écrivait de ces
billets charmants, les écrivains et gens du métier n'en étaient pas
là ; ils allaient d'une autre allure. Étienne Pasquier publiait en
1586 un recueil de Lettres : elles ont de l'intérêt, elles offrent du
sens et de l'élégance, une certaine imagination, un reste de poète
dans l'avocat : mais elles sont marquées elles-mêmes au coin de
la rhétorique du temps. Après l'interruption apportée par l'anarchie et les guerres civiles, après le calme qui avait succédé, après
l'apaisement surtout des dix ou douze sereines et belles années
qui avaient suivi la Paix de Vervins, il s'agissait pour Balzac de
recommencer, et avec un sentiment plus net du but à atteindre.
C'était dans une langue nouvelle qu'il importait de donner des
modèles tout nouveaux. Pour être vraiment moderne en style, il

---

1. Le texte original, je dois pourtant en avertir, sent un peu sa Gascogne :
« J'arrivis arsoir de Maran.... »

s'agissait de ne pas retomber dans le galimatias de la vieille Cour, et lui-même a pris soin de nous le définir :

« Quelques-uns, dit-il, l'ont nommé le *Phébus* et le *haut style* de la vieille Cour. J'ai vu un excellent Recueil de ce galimatias parmi les papiers de feu M. le duc de..., où, entre autres locutions choisies, il y avoit *servir quelqu'un, honorer quelqu'un de toutes les passions de son âme*, et par conséquent de sa tristesse comme de sa joie, de sa crainte comme de son espérance, et ainsi des autres. C'étoient les fleurs de rhétorique de cet heureux siècle, et ce qu'on appeloit belles choses à la Cour du roi Henri troisième et chez la reine Marguerite sa sœur. Les Pibrac pourtant, les Des Portes et les Du Perron ont été de ce siècle-là et ne se sont point opposés à ce galimatias.... M. l'amiral de Joyeuse donna dix mille écus à un homme que j'ai connu pour lui avoir dédié un discours de ce style-là, où il n'avoit pas oublié le *zénith* de la vertu, le *solstice* de l'honneur et l'*apogée* de la gloire, non plus que le *roi des merveilles* et la *merveille des rois*, outre *toutes les passions* et *toutes les puissances* de son âme. »

Balzac se rendait donc très-bien compte de sa méthode et du genre de mérite qu'il avait à sa date. Dans une lettre à Bois-Robert (la 17ᵉ et dernière du livre I) il répond ingénieusement à quelques-unes des critiques qu'on faisait de sa manière. Il y affecte une indifférence qu'il n'a pas, mais il touche très-juste et raille assez agréablement quand il retourne la guerre contre ces adversaires surannés dont la phrase ne marchait que chargée et accablée, pour ainsi dire, de locutions impropres, amphigouriques et confuses. « *Si pour entendre une langue, il en falloit apprendre deux*, c'est alors, dit-il, que vous auriez sujet de me blâmer. » Il a raison dans cette louange qu'il s'accorde; car avec Balzac, pour le bien goûter, il faut sans doute savoir le latin et ses auteurs latins et aussi les poëtes italiens qu'il cite et auxquels il fait des allusions continuelles ; mais du moins il ne mêle plus d'italien ni de latin à son français : le sien est pur et net, comme l'eau d'un beau canal. — J'analyse en tout ceci mes leçons de l'École, et je n'eus, pour ma conclusion, à donner sur lui d'autre jugement que celui dont on a déjà vu l'expression résumée et précise dans mon chapitre de Port-Royal[1]. Mais j'ajoutai, avant de quitter ce sujet, quelques mots encore qui ne seront pas sans à-propos ici :

« Balzac, disais-je, n'a pas fait école seulement par la forme directe de sa période, de son style, par la netteté et la magnificence dont il a ouvert le grand chemin dans le langage; il a fait école par son genre particulier de Lettres. On a eu depuis des Lettres de d'Andilly, de Maynard, de Gombaud, de Conrart, de Godeau, de Plassac, de Méré et de bien d'autres. C'étaient autant d'auxiliaires et de collaborateurs à la suite de Balzac, autant d'instituteurs du goût public. Ils paraissent aujourd'hui bien roides, bien cérémo-

---

1. Voir précédemment pages 76 et suivantes.

nieux, bien précieux, quelques-uns bien ridicules et tous bien inutiles; ils ne l'étaient pas alors. Car, ne l'oublions pas, en France on parlait bien et vif ; il y a eu des gens qui ont bien parlé de tout temps ; mais on écrivait communément très-mal. La plupart des personnes d'esprit elles-mêmes, comment écrivaient-elles ? Je prends au hasard dans la Correspondance de la mère Agnès une lettre d'elle à son neveu Antoine Arnauld en 1634 ; ceci nous regarde à tous les titres. La mère Agnès lui écrivait de Notre-Dame-de-Tard où elle était alors, le 8 février de cette année, pour l'encourager et le complimenter dans ses études :

« Je supplie le Fils de Dieu de vous donner part à ses grâces. Je penserois manquer à celle qu'il m'a faite de vous être ce que je vous suis, si je ne vous témoignois l'estime que je fais de ce bonheur, et le désir que j'ai de me le conserver, par les assurances que je vous supplie de prendre de mon affection sur laquelle vous avez toute sorte de droits, comme je prétends aussi d'avoir part à la vôtre qui m'est extrêmement chère pour l'honneur que je veux rendre aux avantages que Jésus-Christ a mis en vous, qui nous font espérer que vous serez quelque jour une lumière en son Église, qui emploierez pour la gloire de Dieu toutes les bonnes parties qu'il vous a données ; et je crois que c'est pour cela qu'il donne tant de bénédiction à vos études, qu'on admire l'avancement que vous y faites. »

Voilà pourtant comment on écrivait dans *l'éloquente famille*, quand on n'y était pas de l'École de Balzac. — Et trente ans plus tard, dans le plus grand monde, une personne qui sera de notre intime connaissance aussi, madame de Longueville, écrivait à cette autre personne d'un rare esprit, madame de Sablé, au sujet de la mort de M. Singlin (1664) :

« J'étois incertaine si vous saviez la perte que nous avons toutes faite, ainsi je ne vous écrivois point. En vérité j'en suis tout à fait touchée, car outre l'obligation que j'avois à ce saint homme de sa charité pour moi, me revoilà tombée dans l'embarras où j'étois devant que de le *prendre*, c'est-à-dire, d'avoir besoin de quelqu'un et de ne savoir qui *prendre*. Je vous *prie* de bien *prier* Dieu pour moi. Je ne doute pas que vous ne soyez bien touchée aussi, et qu'outre le *touchement* d'amitié et de besoin, vous ne *la* soyez aussi *par voir* la mort dans un de vos amis, qui est *quasi* la voir en soi-même. Il faut essayer de se fortifier par le recours à Dieu et par la prière. Vos pauvres voisines (*les religieuses de Port-Royal*) me font grande pitié. Voici un terrible coup et surtout dans la conjoncture des Bulles où le conseil de ce pauvre homme leur eût été bien utile, mais enfin Dieu est le maître. Je vous irai voir un des jours de la semaine qui vient et vous mènerai l'abbé de Roquette.... »

Ainsi écrivaient dans l'habitude de tous les jours, et quand elles n'y prenaient pas garde, ces princesses tant célébrées pour leur politesse ; et dans quelle orthographe encore ! On voit que Balzac et ses successeurs, tous tant qu'ils sont, instituteurs et professeurs en bon style, étaient bien nécessaires. Madame de Longueville qui admirait tant Voiture, le grand rival de Balzac, aurait bien dû profiter davantage de ce dernier ; elle aurait gagné, jeune, à être une ou deux années à son école.

SUR LA DOCTRINE DE LA GRACE.

(Se rapporte à la page 148.)

Il est évident que, s'il n'y avait eu que le gros livre de Jansénius, la doctrine de saint Augustin n'aurait guère fait de prosélytes en France dans le monde et dans la société ; elle ne serait pas sortie de l'école ni de la Sorbonne. Il fallut que M. Arnauld la mît en relief et en lumière, du côté pratique, par son livre de *la Fréquente Communion* écrit dans une belle langue à laquelle on était d'autant plus sensible qu'on y était moins accoutumé en de pareils sujets ; il fallut aussi qu'il prît soin d'éclaircir autant que possible le point théologique par la traduction des petits Traités de saint Augustin les plus faciles à lire : il n'eut garde d'y manquer ; ces traductions se succédèrent rapidement sous sa plume, et l'on eut, grâce à lui, dans les années suivantes, toute la menue monnaie courante de saint Augustin : *des Mœurs de l'Église catholique* (1644); — *de la Correction et de la Grâce* (1644); — *de la Véritable Religion* (1647); — *de la Foi, de l'Espérance et de la Charité* (1648), autant de petits manuels indispensables et commodes. Lorsque M. d'Andilly y eut ajouté en 1649 une traduction agréable et coulante des *Confessions* de saint Augustin, on eut à peu près tout ce qui était nécessaire pour être théologien à peu de frais, pour se préparer en matière de conversion et pour désirer ressembler à quelque degré au grand saint, si dogmatique à la fois et si pathétique, si plein tour à tour de sévérité et de tendresse. Quant à la doctrine même, elle resta toujours (nonobstant toute explication) fort pénible, fort dure, et je ne sais rien qui la résume plus fidèlement, dans sa crudité et sans correctif aucun, que le passage suivant que j'extrais des *Mémoires* de M. Feydeau. Ce janséniste respectable, esprit étroit, mais fort net, était un catéchiste excellent, et il va nous exposer la doctrine à laquelle il croit et il adhère, absolument comme il la présentait à ses auditeurs. La conversation qui suit eut lieu dans le temps où il était curé à Vitry :

« Le premier jour de mai (1670) nous avons été en procession, nous dit-il, à l'abbaye de Saint-Jacques qui n'est qu'à demi-lieue de Vitry, et l'abbesse qui étoit madame de Persan nous avoit reçus le plus honorablement qu'elle avoit pu, envoyant au-devant de nous des Religieux et des Ecclésiastiques qui portèrent en procession des Reliques et tout ce qu'il y avoit de plus vénérable dans l'abbaye. Je lui rendis visite quelque temps après pour la remercier de l'honneur qu'elle m'avoit fait. Comme nous étions seuls, elle me parla avec liberté, et me pria de lui dire sincèrement en quoi consistoit le différend qui étoit aujourd'hui dans l'Église, et s'il étoit si important.

« Je lui dis qu'il étoit très-important, et qu'il s'agissoit de savoir à qui la gloire étoit due de la conversion du pécheur et de la persévérance du juste, ou à Dieu ou à la créature, ou à la Grâce ou au libre arbitre; et que c'est pour cela que Bradwardin, évêque en Angleterre, qui avait écrit sur cette matière, lui avoit donné le titre de *la Cause de Dieu contre les Pélagiens*; que c'étoit le fondement de l'humilité chrétienne et de nos reconnoissances envers Dieu, et que c'étoit anéantir Jésus-Christ que de soumettre sa Grâce à notre libre arbitre, que c'étoit soumettre le Libérateur au captif; que le différend n'étoit pas si on pouvoit se sauver sans la Grâce, que chacun étoit d'accord qu'on ne le pouvoit pas, mais qu'il étoit en ce que les uns vouloient que, cette Grâce étant donnée à tous les hommes chacun en faisoit l'usage qu'il lui plaisoit, comme chaque soldat ayant une épée s'en sert bien ou mal; et quelques autres vouloient que cette Grâce de Jésus-Christ ne fût pas donnée à tous, mais que, dans ceux en qui elle se trouve, elle est victorieuse des ennemis du salut dont le plus grand est l'amour de soi-même ou la concupiscence : qu'on pourroit entrer dans le sentiment des premiers, si ce n'étoit l'affoiblissement que nous avions reçu par la chute du premier homme; qu'avant cette chute, ayant toute sa santé et toute sa force, il pouvoit avec la Grâce faire ce qui lui étoit ordonné, comme le bras qui est en santé et dans la vigueur peut combattre avec une bonne épée; mais qu'ayant perdu nos forces avec la santé, nous ne pouvions faire usage de notre libre arbitre affoibli par la concupiscence, si la Grâce de Jésus-Christ ne lui rendoit la santé et la force; que de ne pas reconnoître que nous étions malades dans l'âme, c'étoit ne vouloir pas avouer que Jésus-Christ étoit notre médecin; que de ne vouloir pas reconnoître que le malade n'a pas autant de force que s'il étoit en santé, c'étoit pécher contre le sens commun; qu'il avoit donc besoin d'une Grâce plus forte et qui pût remédier à son mal, et que c'est pourquoi on l'appeloit la *Grâce médicinale* de Jésus-Christ; que c'étoit le bras qui étoit la cause principale de la victoire, et que la gloire lui en étoit due et non pas à l'instrument; mais que le libre arbitre (notre bras, au moral) étant devenu malade, la Grâce de Jésus-Christ est la cause principale de la victoire, et elle se sert de lui comme d'un instrument, non pas d'un instrument inanimé, puisqu'il coopère avec elle, mais que c'est elle qui le fait agir et qui le rend victorieux : d'où il s'en suit que la gloire en est due à Dieu, et non point à l'homme, Dieu étant celui qui le fait vouloir et qui lui donne l'action aussi bien que la volonté.

« Qu'on ne peut pas dire que c'est la volonté qui fasse la différence[1] du victorieux et de l'élu d'avec celui qui ne l'est pas, sans contredire l'apôtre saint Paul qui a décidé que rien de nous-mêmes ne nous pouvoit différencier; que si la Grâce étoit commune à l'un et à l'autre, ce qui est com-

---

1. Je change deux ou trois mots au style vieilli de M. Feydeau pour plus de clarté.

mun ne distinguant point, ce ne seroit pas la Grâce qui feroit la différence, puisqu'elle seroit commune : comme l'homme n'est pas distingué de la bête parce qu'il est animal, ce qui est commun à tous deux, mais parce qu'il est raisonnable, ce qui lui est propre. Ainsi l'homme se distingueroit d'un autre homme, non par la Grâce qui seroit commune à celui qui se convertit et à celui qui ne se convertit pas, mais par le consentement qu'il lui auroit plu donner à cette Grâce, par lequel il l'auroit rendue efficace, et se seroit converti.

« Que ce seroit encore contredire l'apôtre saint Paul quand il dit que l'affaire du salut ne dépend point de celui qui veut ni de celui qui court, mais de Dieu qui fait miséricorde : car, si Dieu faisoit la miséricorde à tous de leur donner sa grâce, l'affaire du salut ne dépendroit point de sa miséricorde, mais de celui qui veut et qui court.

« Que l'homme seroit le sauveur de lui-même, comme un homme vaillant se sauve du péril avec son épée : ce qui est anéantir Jésus-Christ ; qu'il seroit son propre libérateur, puisqu'il pourroit se délivrer quand il lui plairoit, et que l'esclavage et la captivité du péché ne seroit qu'imaginaire, — comme la prison n'est qu'imaginaire quand nous en sortons lorsqu'il nous plaît ; et que, si la volonté pouvoit se délivrer et rompre ses liens, et que ce ne fût point Dieu qui le fît par une Grâce de Libérateur, cette volonté n'auroit jamais été captive.

« Qu'il importoit peu à Pélage et aux Pélagiens qu'on dît que la Grâce étoit un don surnaturel et qu'il nous étoit donné par les mérites de Jésus-Christ, ou qu'on la mît dans l'esprit et dans la volonté, et qu'on la fît autant intérieure qu'on voudroit, pourvu qu'on dît en même temps que tout le monde avoit cette Grâce, et que chacun la faisoit agir comme il vouloit, comme étant soumise à la volonté, parce que c'étoit elle qui la déterminoit à l'action : car, pendant tant d'années qu'il a combattu cette Grâce, il ne s'est jamais avisé de se plaindre de tous les avantages qu'on lui auroit voulu donner, pourvu qu'on ne dît point que nous agissions quand Dieu nous la donnoit, et que nous ne pouvions agir quand il ne la donnoit pas : ce qu'il croyoit nous ôter la liberté et faire Dieu acceptateur des personnes.

« Il y a une liberté, dit Pélage ; donc il n'y a point de Grâce. Il y a une Grâce, dit Calvin, donc il n'y a point de liberté. Il y a Grâce, dit l'Église contre Pélage ; et il y a liberté, dit-elle contre Calvin[1]. C'est là, comme je l'ai dit dès le commencement, le fondement de l'humilité chrétienne qui reconnoît que tout le bien qui est en nous vient purement de la Grâce ; que, comme nous ne l'avons point méritée, nous ne pouvons nous en glorifier en nous-mêmes ; et qu'autrement il faudroit dire que nous aurions fait en nous-mêmes plus que Dieu, car il ne nous a faits qu'hommes, et nous nous serions faits hommes de bien et vertueux ; ce qui est beaucoup plus

---

1. Ceux qui lisent cette exposition jusqu'au bout sentiront pourtant combien tous les arguments sont dirigés contre Pélage en faveur de la Grâce, et combien il y en a peu à l'appui de la liberté contre Calvin ; je n'en vois pas même un seul en ce dernier sens. Le grand et habile professeur royal en Sorbonne, M. de Sainte-Beuve, lequel en son bon temps était le docteur de l'Augustinianisme presque à l'égal d'Arnauld, écrivait un jour au docteur Saint-Amour, alors à Rome (août 1652) : « Je suis hors de mes leçons, dans lesquelles je puis dire que *ita explicatum est liberum arbitrium, ut vicerit Dei gratia.* » Il était bien subtil s'il avait su maintenir le libre arbitre dans ce triomphe de la Grâce. M. Feydeau ne paraît se préoccuper que de celle-ci.

que de n'être que simplement hommes. C'est le fondement aussi de notre reconnoissance, puisque, si nous avons quelques mérites, ils viennent de la Grâce qui est telle que, si Dieu l'eût donnée à un autre, il auroit fait ce qu'elle nous a fait faire, et que Dieu ne fait autre chose que de couronner ses dons en couronnant nos mérites. » —

« Madame l'abbesse écouta ce discours avec beaucoup de patience. Elle me dit qu'elle avoit été élevée dans ce sentiment, et qu'il y avoit un bon Ecclésiastique qui gouvernoit l'abbaye où elle demeuroit, qui lui avoit appris toutes ces grandes vérités. Je lui dis que, pour s'y confirmer, elle n'avoit qu'à lire quatre petits livres de saint Augustin traduits par M. Arnauld[1]. Elle me pria de les lui prêter, ce que je fis : elle les lut et en fit sa consolation et un moyen pour avancer dans la piété; et quand il venoit des Religieux ou des Ecclésiastiques d'un sentiment opposé, elle ne faisoit que leur dire : « La doctrine de saint Augustin sur la Grâce est-elle catholique ou non ? » ce qui les embarrassoit fort, car ils n'étoient pas assez téméraires pour dire que non; elle leur eût opposé tous les Papes, tous les Conciles et toute l'Église. Que s'ils avouoient qu'elle étoit catholique, elle les obligeoit à lire eux-mêmes le saint Augustin qu'elle tenoit à la main; et elle leur montroit, par exemple, que nous n'avions pas tous la Grâce, en leur faisant lire la Préface du livre *de la Correction et de la Grâce* qui établit que tout le monde ne l'a pas, comme les moines d'Adrumète dont on lui écrivoit (à Saint-Augustin) le supposoient....

« Ainsi ceux qui s'alloient plaindre à elle de ma doctrine s'en retournoient assez mortifiés de ne l'avoir pas pu persuader, et de n'avoir pu lui répondre. »

Et maintenant que nous avons, pour ainsi dire, assisté à un catéchisme selon Port-Royal, l'on conçoit fort bien pourtant que si madame l'abbesse de Saint-Jacques était satisfaite, d'autres esprits fussent moins dociles et moins soumis. M. Feydeau l'éprouva en prêchant dans cette cure de Vitry, où il rencontra des résistances obstinées. Le bruit en vint jusqu'à Paris. Étant allé voir dans un voyage qu'il y fit en 1674 l'archevêque, M. de Harlay, ce prélat le reçut fort bien (selon son usage), mais il lui dit : « Il y a eu du bruit à Vitry. » M. Feydeau lui répondit « qu'il en avoit pu être l'occasion, mais qu'il n'en avoit pas été la cause; qu'il n'avoit annoncé les vérités chrétiennes que dans la manière que l'Église nous les propose. » Sur quoi le prélat lui fit observer « que ce n'étoit pas assez que d'avoir les sentiments de l'Église, qu'il falloit parler comme l'Église parloit aujourd'hui. » *Aujourd'hui !* ce mot d'un prélat politique m'a frappé; et, en effet, la seule objection qu'on était en droit d'adresser au Jansénisme, c'était non pas d'être une hérésie, puisqu'il était parfaitement conforme à la doctrine de saint Augustin et de saint Paul, mais c'était d'être un *anachronisme*. Les Jansénistes ont eu la simplicité de croire que le Christianisme, en tant que divin, était un et immuable, tandis qu'il

---

1. Ce sont ceux dont j'ai parlé plus haut.

change et qu'on le modifie avec les siècles. Il y a une politique à côté d'une religion.

SUR LA MORT DE M. DE SAINT-CYRAN.

(Se rapporte à la page 204.)

Il est bon, en tout ceci, de bien établir à qui l'on a affaire et de savoir de quelle nature sont les ennemis et calomniateurs qui vont poursuivre Port-Royal et le Jansénisme pendant toute sa durée. Confrontons, s'il vous plaît, les deux esprits. Voici d'abord les parties essentielles du récit de Lancelot, l'homme simple, véridique, sincère, le fidèle Élisée de M. de Saint-Cyran. Celui-ci voyait diminuer sa santé depuis quelque temps et avait des pressentiments de sa fin (1643) :

« Trois jours avant sa mort (c'était le jeudi 8 octobre, car il mourut le dimanche), m'étant donné l'honneur de passer encore chez lui, nous dit Lancelot, je le trouvai fort foible, parce qu'outre le reste il avoit eu une perte de sang par les hémorroïdes où il avoit fallu porter le rasoir. Néanmoins il ne laissoit pas de travailler, pratiquant cette parole qu'il disoit quelquefois aux autres : *Stantem mori oportet.* » Il me dit en entrant « Vous venez bien tard, voici l'heure de nous retirer. » En effet, trois heures venoient de sonner. Je lui répondis que je venois seulement en passant pour lui rendre mes respects et apprendre des nouvelles de sa santé. Il voulut savoir d'où je venois. Je lui dis que je venois de chez M. Ménard, chirurgien, pour un mal que j'avois au genou, qu'on croyoit être le commencement d'une loupe. Il me répondit : « Vous êtes trop heureux si Dieu commence à vous affliger. Voyez-moi, ajouta-t-il, me voilà si foible que je ne puis presque me soutenir (il étoit assis dans une chaise à bras), et la moindre fièvre qui me prendroit à cette heure m'emporteroit. » Je me mis à sourire, parce qu'en effet je m'imaginois qu'un homme aussi nécessaire que lui à l'Église devoit être comme immortel, et que Dieu, l'ayant mis en liberté, ne le tireroit pas du monde qu'il n'eût achevé ce qu'il avoit entrepris pour son service. Mais nos pensées sont bien foibles pour pénétrer les desseins de Dieu. Il me répondit donc avec un certain air tout plein de bonté : « Vous riez ? cela est pourtant vrai.... »

« Ensuite il me demanda des nouvelles de M. de Bascle qui étoit fort malade alors et dont je m'étois rendu le garde pour avoir soin de lui. Je lui dis l'état où il étoit..., qu'il avoit pris des vomitifs depuis huit jours..., mais que, pour tout soulagement, son dernier accès avoit été plus long et plus violent que tous les autres, et qu'à cause de cela le médecin, qui étoit M. Guenaud, lui en avoit encore ordonné trois autres. M. de Saint-Cyran, qui n'étoit pas trop pour les remèdes, me répondit : « Dites-lui que je lui conseille de n'en point prendre davantage : si Dieu veut, il le guérira bien sans cela. » Et puis, s'étant un peu arrêté pour lever les yeux vers Dieu à son ordinaire, il ajouta : « Dites-lui qu'il fasse dire plutôt trois messes, l'une à Notre-Dame, l'autre à Saint-Denis, et la troisième à Sainte-Geneviève ; et après cela qu'il laisse faire Dieu : s'il le veut guérir, il le guérira. » Je sortis là-dessus, et je vins dire cette nouvelle à mon malade qui en fut fort aise....

« Le dimanche, dès le matin qui étoit le 11 octobre, on vint dire à Port-Royal que M. de Saint-Cyran avoit fort mal passé la nuit. M. Singlin s'y rendit à l'heure même, et étant entré dans sa chambre, il trouva qu'on l'avoit laissé tout seul et qu'il ne parloit plus. Ses gens pensoient qu'il reposoit, et il entroit en apoplexie. M. Singlin fit aussitôt grand bruit, se plaignant de ce qu'on avoit si peu de soin d'un malade de cette importance. Mais il sut que tout le monde avoit été la plus grande partie de la nuit auprès de lui, et qu'on ne s'étoit retiré le matin que pour le contenter, parce qu'il avoit tant de bonté qu'il ne pouvoit souffrir que les autres s'incommodassent pour lui.

« Il avoit eu de fort grandes convulsions la nuit, qui avoient été causées par un remède dans lequel son domestique, pensant bien faire, mit un peu de sel pour le rendre plus fort, et, en le donnant, il en avoit laissé tomber quelque chose sur la plaie qu'on lui avoit faite. L'humeur mordicante du sel causa une telle douleur à M. de Saint-Cyran qu'encore qu'il fût l'homme du monde le plus doux et le plus patient, il témoigna néanmoins qu'il souffroit des douleurs insupportables, et ensuite il entra dans des convulsions dont l'agitation causa le transport au cerveau.

« Il étoit encore debout à six heures du soir le samedi et dictoit à M. Des Touches la suite des points sur la Mort, lorsque son domestique entra avec ce remède, et il dit à M. Des Touches : « En voilà assez pour aujourd'hui, nous achèverons une autre fois. » Quoique M. de Saint-Cyran se soit toujours disposé à la mort, néanmoins il y avoit déjà quelques années qu'il le faisoit plus particulièrement, en dictant tous les jours deux ou trois pensées sur la Mort et sur la Pauvreté....

« M. Singlin, trouvant M. de Saint-Cyran en cet état et faisant du bruit, le fit revenir à lui. M. de Saint-Cyran, qui connoissoit assez la malice de ses ennemis, avoit toujours dit que, dès qu'il seroit malade, on ne manquât pas de lui faire recevoir ses sacrements, parce que, s'il arrivoit que l'on fût surpris, ils commenceroient aussitôt à en faire des contes et à dire que ç'auroit été par un jugement de Dieu ou qu'il seroit mort en huguenot.

« M. Singlin, le voyant revenir, lui rappela ce qu'il avoit dit, et lui demanda s'il ne vouloit pas bien qu'on allât avertir M. le curé. A quoi ayant répondu avec grande dévotion qu'il ne désiroit plus que cela, on partit aussitôt. M. Des Touches voulut lui-même aller avertir M. le curé. Il reçut donc le saint Viatique avec une piété et une présence d'esprit qui édifia tout le monde. La crainte que l'on avoit d'être surpris fit que l'on commença par là et qu'on ne donna l'Extrême-Onction qu'ensuite, car sans cela M. de Saint-Cyran auroit mieux aimé suivre la pratique de l'antiquité qui est de faire précéder l'Extrême-Onction, afin de servir de disposition au saint Viatique.

« Après que M. de Saint-Cyran eut communié, il eut pour le moins encore une grande heure de repos avec un jugement fort présent ; et il employa ce temps à remercier humblement Dieu de la grâce qu'il lui avoit faite. Mais ensuite il retomba dans l'apoplexie qui enfin l'emporta sur les onze heures du matin. M. Pallu, médecin, voyant cela, attribua ce bon intervalle qu'il avoit eu à une espèce de miracle, assurant que c'étoit une chose presque sans exemple.... »

Pour expliquer la version toute différente qui fut mise en circulation par les Jésuites et qui consistait à nier que M. de Saint-Cyran eût été en état de recevoir les sacrements, Lancelot ajoute à son récit la particularité suivante :

« Il arriva (cette même matinée) que le bonhomme [1] M. Guérin, doyen de la Faculté et médecin de M. de Saint-Cyran, comme il l'étoit aussi du Collége des Jésuites, étant mandé chez M. de Saint-Cyran et y arrivant entre six et sept heures, il le trouva en apoplexie et s'en retourna quelque temps après, ne croyant pas qu'il y eût plus rien à faire. Puis, étant revenu sur les onze heures et ayant su qu'il venoit d'expirer, il se retira aussitôt sans s'informer davantage du particulier et alla dire aux Jésuites la nouvelle de cette mort. Ils lui demandèrent de quelle maladie il étoit mort et s'il avoit reçu ses sacrements : il répondit qu'il ne le croyoit pas, parce qu'il l'avoit vu dès le matin dans l'apoplexie et qu'il ne savoit pas le bon intervalle que Dieu lui avoit donné. Les Jésuites se le persuadèrent aisément, et d'autant plus que cela s'accordoit assez bien avec les avantages qu'ils croyoient en tirer. Ils le publièrent partout, et depuis ils en remplirent leurs libelles, quoiqu'on eût eu soin, pour arrêter la médisance, de faire mettre le contraire dans la *Gazette* le samedi suivant, 17 octobre, en ces termes : « L'onzième de ce mois, l'abbé de Saint-Cyran, malade depuis quelques jours, mourut ici d'apoplexie, après avoir reçu le saint Viatique avec une piété digne de son éminente vertu, etc. »

« Mais cela n'arrêta pas la malice de ses ennemis, et ce bruit se répandit tellement que feu M. le Prince [2], voulant s'en assurer par lui-même, vint trouver M. le curé de Saint-Jacques-du-Haut-Pas, *de qui je l'ai su*, pour s'informer de ce qui en étoit. Le curé ne manqua pas de rendre témoignage à la vérité, et assura Son Altesse Sérénissime que c'étoit lui-même qui avoit administré les sacrements à M. de Saint-Cyran, qui les avoit reçus avec une piété très-édifiante, quoique, quelque temps après, il fût retombé dans l'apoplexie. M. le Prince s'en retourna satisfait d'une part, et plein d'étonnement de l'autre, de voir la hardiesse avec laquelle les Jésuites débitoient cette nouvelle. »

En regard de ce récit, il ne faut pas craindre de mettre celui qu'a donné le Père Rapin dans son *Histoire du Jansénisme*. Les honnêtes gens, chrétiens ou non, feront aisément la différence du ton et du procédé. Le mauvais vouloir perce à tous les mots :

« L'abbé de Saint-Cyran (nous dit l'organe des Jésuites), devenu pesant et chagrin par les incommodités de sa prison, n'avoit plus la même vivacité pour l'intérêt de sa doctrine ; il disoit rarement la messe ; les jours de fête, il alloit communier dans quelques-unes des chapelles des Chartreux

---

1. *Bonhomme*, dans la langue du temps, veut dire simplement *vieux*, et c'est même en ce sens qu'il convient peut-être d'adoucir l'impression que nous fait le mot de Balzac, nous parlant de la mort de son *bonhomme de père* : c'est comme qui diroit : le *bonhomme* Laërte. De même aussi, quand on disait : le *bonhomme* Corneille vient de mourir, cela vouloit dire simplement : le *vieux* Corneille....

2. Le père du grand Condé. Il était peu disposé en faveur des Jansénistes.

avec l'étole; sa santé diminuoit tous les jours, et il tomba malade sur la fin de septembre de cette année 1643. Le mal se déclara d'abord par une petite fièvre dont les commencements parurent peu considérables et sans danger; mais, soit que son tempérament fût entièrement altéré par ce qu'il avoit souffert en sa prison, soit que la fièvre fût intérieure et qu'elle ne parût pas aussi dangereuse qu'elle l'étoit en effet, le danger se déclara si brusquement et surprit tellement la vigilance de ses domestiques, qu'on ne pensa qu'aux remèdes sans penser aux sacrements. Il fut près de huit jours en cet état; mais l'ardeur de son mal embrasa ses entrailles déjà desséchées par l'opiniâtreté de son étude et par les fumées de sa bile; puis il se fit un transport si fiévreux au cerveau qu'on n'eut pas le temps de lui donner l'Extrême-Onction tout entière, quelque diligence que fissent ses amis pour sauver quelque reste de bienséance qu'il y avoit à ne pas laisser mourir un homme de ce caractère sans sacrements.

« Quoi qu'il en soit, il mourut entre les bras de son curé aux premières onctions du sacrement; ce fut, à ce qu'on prétend, d'une apoplexie dans toutes ses circonstances, et ce fut en vain que, pour sauver l'honneur du défunt, on trompa le public par la *Gazette* et qu'on gagna le gazetier pour lui faire mettre dans l'article Paris que « le 11 du mois l'abbé de Saint-Cyran, malade depuis quelques jours, mourut ici d'une apoplexie, qui lui survint après qu'il eut reçu le saint Viatique, avec une piété digne d'une éminente vertu; » car celui qui lui donna l'Extrême-Onction témoigna le contraire. Mais, pour démêler les contradictions qui se débitèrent alors sur ce fait, il faut savoir que Honorat de Mulsey, alors curé de Saint-Jacques-du-Haut-Pas, traita, sur la fin de cet été, de cette cure avec l'abbé de Pons qui avoit un frère à la Cour, dans le service auprès de la reine. Le traité entre l'un et l'autre étant conclu, l'abbé de Pons prit possession de la cure; mais je ne sais pourquoi M. de Mulsey ne s'étoit pas encore tout à fait démis de son poste, et par une tolérance mutuelle ils faisoient, tantôt l'un et tantôt l'autre, les fonctions de curé; et comme, dans l'accès de l'apoplexie qui frappa Saint-Cyran, on courut à la paroisse pour l'Extrême-Onction, Mulsey qu'on demandoit ne s'étant pas trouvé au logis, l'abbé de Pons s'y trouva; il porta les saintes huiles au malade qui mourut peu après. Voici, sur ce sujet, un billet de lui adressé à l'un de ses amis :

« Vous me demandez si M. l'abbé de Saint-Cyran a reçu ses sacrements
« à la mort; personne ne peut mieux vous répondre de cela que moi; car,
« ayant été appelé par ses domestiques pour lui donner l'Extrême-Onction,
« il mourut avant que j'eusse achevé; j'avois traité de ce bénéfice avec
« l'abbé Honorat Mulsey quelques jours auparavant, et il ne s'étoit pas encore
« entièrement défait de ses fonctions; nous nous aidions l'un l'autre dans
« les besoins de la paroisse, et ne s'étant pas trouvé au logis, je fus appelé
« pour assister ce malade en cette extrémité; je ne pus achever, la mort
« l'ayant surpris : pour les autres sacrements, il ne les reçut point, et il
« ne nous en fut pas même parlé ni à l'un ni à l'autre. J'ai remarqué autour
« du malade deux femmes qui le servoient avec bien de l'affection, l'une
« assez jeune, et l'autre avancée en âge; on disoit dans le domestique
« qu'elles avoient grand soin de lui et qu'il avoit grande confiance en elles.
« Mon collègue Mulsey déposa que le défunt avoit reçu ses autres sacre-
« ments, ce qu'on exigea de lui pour sauver l'honneur de cet abbé, et ce fut
« à force d'argent qu'on tira ce témoignage. C'est tout ce que je sais sur
« cela.

« L'ABBÉ DE PONS, CURÉ DE SAINT-JACQUES-DU-HAUT-PAS. »

« On ne peut assez s'étonner, continue le Père Rapin, du soin qu'eurent les Jansénistes de faire à ce défunt un faux honneur d'avoir reçu à la mort ses sacrements, lui qui enseigna toute sa vie la vertu qu'il y avoit de s'en priver en mourant, et qui, ayant été malade d'une fièvre qui dura plus de dix jours et qui l'avertissoit de penser à la mort et de s'y préparer, affecta d'éviter à dessein les sacrements pour faire un exemple en sa personne de cette affreuse dévotion. »

Nous avons là sous les yeux un exemple abrégé et frappant de la charité et de la bonne foi de nos adversaires. Ainsi, voilà un curé, l'abbé de Pons, qui dans sa lettre accuse son collègue d'avoir été corrompu à prix d'argent pour mentir. A s'en remettre même à son dire, appelé auprès d'un mourant, il y joue le rôle d'un espion plus que le ministère d'un consolateur ; il remarque si les femmes de service sont jeunes ou vieilles, afin de le rapporter. Il y a, pour le reste de la déposition, un tel désaccord entre lui et Lancelot que je me borne à le constater. Les deux récits sont inconciliables. Il y a quelqu'un qui ment : lequel est-ce ? D'après l'abbé de Pons, ce sont les domestiques de M. de Saint-Cyran qui vont le chercher ; d'après Lancelot, c'est M. Des Touches, jeune homme de famille, qui va avertir le curé : d'après Lancelot, on a commencé auprès du mourant par le saint Viatique pour plus de sûreté ; l'abbé de Pons se garde bien de le dire, il se tait sur la communion, et il insiste seulement sur ce qu'il n'aurait pu achever l'Extrême-Onction. Mais que devient alors cette grande heure de répit et de connaissance, ce bon intervalle laissé au mourant et qui étonna le médecin M. Pallu? La discussion du détail échappe ; il faut y renoncer ici comme en la plupart des cas analogues et se borner à opter entre la moralité des déposants. Or, qu'on relise les deux récits : de quel côté est la moralité, le scrupule, le sentiment chrétien, le respect de l'âme humaine, la crainte d'accuser le prochain à faux ? Car remarquez comme l'honnête Lancelot prend soin d'excuser l'erreur première des Jésuites et de la motiver en quelque sorte : il hésite à supposer qu'il puisse y avoir, de leur part, une invention toute gratuite, l'innocent ! — Cet abbé de Pons est le même curé dont le Père Rapin, dans la suite de ses *Mémoires*, nous dit qu'il était tout dévoué à la Cour, et qu'il rapportait à la reine, dans des audiences secrètes ou par de fréquents avis, tout ce qui se passait dans sa paroisse. Le Père Rapin donne à entendre qu'il fut empoisonné par un ecclésiastique de nos amis ou de notre bord. Il y eut en effet dans l'année 1648, année de la première Fronde, une tentative d'empoisonnement, à ce qu'il paraît bien, sur la personne de ce curé chaud royaliste. Il n'en faut pas plus pour que le Père Rapin insinue son venin de notre côté. Il ne se doute pas, d'ailleurs, de l'odieux des armes qu'il emploie. Il tient à damner, avant tout, nos gens, à vouer cet affreux Saint-Cyran à l'Enfer ; voilà son unique pensée : il n'est pas difficile sur les moyens. « Ils ont voulu faire mourir M. de Saint-Cyran en athée, disait l'évêque d'Orléans d'alors, M. de Netz, indigné de cette calomnie opiniâtre des Jésuites : voilà comme la rage et l'envie de ces bons Pères passent jusque dans les sépulcres. » Les haines ecclésiastiques ont ce privilége d'être infâmes tout à leur aise et en toute sûreté de conscience. Elles n'ont pas changé de nos jours. L'éditeur des *Mémoires* de Rapin et l'annotateur sont imbus du même esprit et du même fanatisme : il leur suinte par tous les pores. Ils ont besoin de dénigrer et de flétrir tout ce qui n'est pas pour leur orthodoxie jésuitique ou pour leur infaillibilité romaine. O morale naturelle, simple, droite, légitime, inaugurée par les sages, acceptée par les bons cœurs et les bons esprits, morale des honnêtes gens, claire et pure comme le jour, manifeste comme le soleil, quand donc seras-tu assez large, assez abondante, assez ouvertement saluée, honorée et pratiquée dans notre France pour laver et noyer à jamais ces baves impures !

SUR M. DE BARCOS.

(Se rapporte à la page 222.)

Le Père Rapin, dans ses *Mémoires* très-mélangés, et dont j'ai caractérisé l'esprit, a des parties, toutefois, qui ont pour nous un véritable intérêt et qui méritent attention : c'est lorsqu'il rapporte des conversations qu'il a eues personnellement et qui ont passé presque en entier sur le papier. Il y faut toujours faire la part de son intention qui n'est pas bienveillante; mais le sens général et l'ensemble du mouvement subsistent. En ce qui est de M. de Barcos, il eut sur lui des renseignements assez particuliers qui lui furent donnés par Bartet, secrétaire du Cabinet, qui habita la Touraine pendant sa disgrâce, et qui put même acquérir une terre avec titre de marquisat sur la frontière de la Touraine et du Berry. Il y avait noué des relations avec M. de Barcos en qualité de voisin et d'homme d'esprit qui cherche ses pareils :

« Ainsi (nous dit le Père Rapin) l'abbaye de Saint-Cyran fut une de ses promenades les plus ordinaires, et l'abbé un de ses entretiens les plus réglés. Il le trouvoit à son gré par un fonds de sincérité qu'il lui vit dans le cœur et par une grande capacité. Voici donc ce qu'il m'en dit dans le premier voyage qu'il fit à Paris, après que le duc de Créqui, son patron, l'eut raccommodé avec la Cour. Et comme ce marquis (Bartet) avoit l'esprit vif, pénétrant, et qu'il étoit fin connoisseur des gens qu'il trouvoit, il me le déchiffra de cette sorte :

« C'étoit, me disoit-il, un savant homme que Saint-Cyran de Barcos, qui avoit déjà passé une partie de sa vie enfermé dans la solitude à ne voir personne, dans l'étude des saints Pères, qu'il savoit très-bien, n'ayant eu presque, depuis plus de vingt-cinq ans qu'il étoit abbé, d'autre occupation que celle-là. Outre l'étude des Pères, il s'étoit attaché à celle de l'histoire de l'Église, sur quoi le marquis prenoit plaisir de l'entendre parler. Ces entretiens lui paroissoient mêlés d'un fonds de candeur qui ne déplaisoit pas à un homme touché de l'amour du vrai par la qualité de son esprit et nourri aux déguisements de la Cour, et ne laissoient pas de lui être d'un grand ragoût, surtout quand il lui racontoit avec une ingénuité admirable la vie qu'on menoit à Port-Royal, et qu'il lui parloit à cœur ouvert, sans presque aucun ménagement, du docteur Arnauld, qui étoit alors à la tête des affaires, et de son collègue Nicole. Barcos étoit austère et vivoit dans une sévérité qu'il observoit comme l'esprit de la nouvelle morale, qu'on ne pratiquoit plus à Port-Royal, où l'on s'étoit relâché, disoit-il, mais qu'il faisoit pratiquer en son abbaye; il prétendoit qu'on avoit trop de commerce à Paris avec le grand monde, qui s'introduisoit peu à peu dans le couvent par les entretiens des grilles, où les dames de qualité prenoient plaisir de s'aller délasser du bruit de la Cour à entendre parler des religieuses stylées à débiter les sentiments de saint Augustin sur la Grâce et sur la Prédestination. Ces airs si séculiers et si mondains lui déplaisoient au dernier point. Il trouvoit dans Arnauld de l'esprit, mais trop de commerce du monde, prétendant qu'il étoit trop dissipé et trop répandu ; et ayant appris la liaison qu'il avoit alors avec la duchesse de Longueville, il la traitoit de profanation, trouvant qu'il étoit impossible que par là l'esprit du siècle n'entrât dans leurs affaires et qu'il ne gâtât tout ; car c'est le propre, disoit-il, de cet esprit de corrompre la vérité et d'être un obstacle essentiel à son établissement.

« Il étoit si déterminé à désapprouver la conduite qu'on tenoit à Paris pour la défense de la doctrine qu'on ne pouvoit le calmer sur cela ; c'est aussi pourquoi on ne le consultoit presque point sur les affaires du parti, et qu'on le laissoit là comme un homme chagrin dont on considéroit la vertu, qui faisoit honneur au parti. Il ne pouvoit approuver cette foule d'écrits qu'on faisoit à Port-Royal pour défendre la nouvelle opinion ; outre qu'il y trouvoit peu de bonne foi par ces sortes d'artifices dont on s'y servoit pour nier que les Propositions fussent de Jansénius, il étoit persuadé qu'il y avoit plus à gagner par une vie exemplaire et par de bonnes mœurs que par des discours et des écrits. Les livres, disoit-il, surtout ceux d'Arnauld, qui fait trop le docteur, et ceux de Nicole, qu'il traitoit d'ignorant, gâtent tout ; et il ne pouvoit approuver le démêlé qu'ils eurent l'un et l'autre contre Claude, ministre de Charenton, ni tout ce qu'ils écrivirent contre lui sur la transsubstantiation, prétendant que c'étoit sortir hors de leur sujet et qu'ils devoient se renfermer dans la matière de la Grâce.... »

Dans ce qui suit, le Père Rapin a trop mêlé du sien à ce qui lui venait de M. Bartet pour nous permettre de nous confier à lui plus longtemps ; mais tout ce premier point du discours, où l'on sent le témoignage indifférent et assez impartial d'un homme du monde concorde bien avec ce que nous savions déjà de la ligne de conduite de M. de Barcos et ce que nous avions reconnu du fonds de ses sentiments.

SUR M. DE LA PETITIÈRE ET M. DE LA RIVIÈRE.

(Se rapporte à la page 233, 235.)

M. de La Petitière vécut longtemps après sa retraite ; il fut obligé de quitter le désert de Port-Royal en 1660, au commencement de la persécution qui dispersa les solitaires : il se retira à Paris sur la paroisse de Saint-Paul et continua son régime de pénitence. Les auteurs du *Nécrologe* ne sont pas d'accord sur l'année de sa mort, 5 janvier 1670 ou 1672 ou 1679. Je trouve son nom mentionné dans les *Journaux* de M. Des Lions. On se servit de lui pour agir auprès du nouvel archevêque de Paris, M. de Péréfixe, qu'il avait particulièrement connu autrefois, du temps que l'abbé de Beaumont faisait partie de la maison du cardinal de Richelieu : « (3 juillet 1663) Il (l'archevêque) devoit être vu et tâté par un « nommé M. de La Petitière qui est son ami, homme d'épée et « grand ami de M. de Saint-Cyran. Il se relève tous les jours à « minuit pour dire matines et, en un mot, garde la règle et l'office « de saint Benoît avec un autre pénitent dont on ne m'a pas dit « le nom. » Et à la date du 10 août 1670, M. Des Lions, mettant à la file une suite de propos ou de nouvelles qu'il vient d'apprendre de la bouche du Père Des Mares, rapporte : « que depuis peu M. de La Petitière, ce fameux pénitent de Saint-Cyran, avoit donné à M. Arnauld 1500 livres de rentes, que celui-ci n'avoit presque point de bien, environ 600 livres de patrimoine, etc. » On se tromperait pourtant si l'on en concluait que M. de La Petitière était mort cette année-là (1670) et qu'il avait fait ce don par testament. Il ne mourut en effet qu'en 1679, comme on peut s'en assurer par le *Journal* manuscrit de Port-Royal pour cette année : « Le mardi 17 janvier, après None, on dit Vêpres et trois Nocturnes des Morts pour M. de La Petitière, mort à Paris la veille des Rois. — Le mercredi 18, on acheva le service de M. de La Petitière : ce fut M. de Saci qui chanta la Messe. »

On en sait plus sur M. de La Rivière, et le *Journal* de Port-Royal pour l'année 1668, nous donne une relation de sa fin. Il « alla à Dieu » dans la Semaine-Sainte, le jeudi 29 mars, après quelques jours d'une maladie aiguë et douloureuse qu'il supporta comme le patient le plus humble et le condamné le plus soumis.

Ce fut dans la ferme des Granges qu'il agonisa et expira. Il n'avait pas cessé, même durant ces années de persécution, de soigner les bois du monastère. Seulement il ne demeurait plus à Port-Royal, depuis qu'il y avait garnison, n'étant pas bien aise de se rencontrer avec les gardes. L'exempt qui les commandait ne laissait pourtant pas d'avoir du respect pour lui : il l'avait quelquefois rencontré dans les bois, mais sans avoir jamais osé l'approcher pour lui parler. Lorsqu'il fut mort, les Religieuses firent demander à l'archevêque qu'on leur permît de l'enterrer dans leur église, puisque cette église était sa paroisse depuis plus de vingt ans. L'archevêque fit répondre qu'il y avait des raisons pour ne pas permettre que M. de La Rivière fût enterré à Port-Royal et qu'il devait l'être à Magny en qualité de paroissien : ce qui fut exécuté avec le regret pour les Religieuses de ne point posséder les restes, qui leur étaient dus, de cet ami et de ce serviteur fidèle.

SUR M. DU HAMEL.

(Se rapporte à la page 242.)

M. Du Hamel, docteur de Sorbonne et curé de Saint-Merry, avait été l'un des hommes les plus considérables et les plus influents du parti janséniste pendant près de dix années; il avait fait de grandes actions, comme on disait alors, avant de faiblir et de s'éclipser. Il était né, à ce qu'on suppose, au château de Nainvilliers près de Pluviers, en Beauce, on ne dit pas l'année. Sa jeunesse avait été vive, enthousiaste et toute portée aux pratiques de piété et de charité. Ayant connu M. de Saint-Cyran dès le temps où l'illustre prisonnier était au donjon de Vincennes, il l'avait eu pour directeur. Nombre de lettres de Saint-Cyran lui sont adressées. C'est à son école qu'il prit une si haute idée du sacerdoce et de la pénitence. L'archevêque de Sens, messire Octave de Bellegarde lui ayant confié la cure de Saint-Maurice, une des plus grandes de son diocèse, M. Du Hamel y développa un certain génie de réforme qui s'attesta bientôt par des actes extraordinaires de pénitence, renouvelés de l'antiquité. Il mérita que, dans la Préface du livre de *la Fréquente Communion*, M. Arnauld le proposât publiquement en exemple dans une page qui a été souvent citée : « Tout le monde sait qu'à vingt-cinq lieues de Paris, « Dieu a retracé une image vivante de la Pénitence ancienne parmi

« tout un peuple par la vigilance et la charité d'un excellent pas-
« teur et par la sagesse d'un grand archevêque, etc. » C'est du
curé de Saint-Maurice et des fruits singuliers de son zèle qu'il
était question en cet endroit. M. Feydeau, un témoin fidèle, qui
semble avoir eu pour mission d'accompagner et de seconder la
vertu de M. Du Hamel aussi longtemps qu'elle marcha droit,
nous est garant de l'exactitude des éloges d'Arnauld. Le curé de
Saint-Maurice ne pouvait rester enseveli dans ce village : M. de
Saint-Cyran ne vécut pas assez pour le voir à Saint-Merry, et je
ne sais s'il l'y aurait désiré; car, selon la remarque de Lancelot,
« quoique M. de Saint-Cyran fût fort réservé à juger, parce que,
« comme il disoit quelquefois lui-même, la charité ne juge point,
« il n'a néanmoins jamais témoigné faire de M. Du Hamel une
« estime qui égalât la grande réputation que son humeur si agis-
« sante et cette gaîté aimable qui paroissoit sur son visage lui
« avoient acquise parmi le monde. Je ne sais, ajoute le discret
« Lancelot, s'il entrevoyoit dès lors dans cette grande âme quel-
« que foiblesse, qui fût comme une semence de ce que nous avons
« vu depuis en lui à l'égard de la vérité. » Quoi qu'il en soit,
M. Hillerin, l'un des curés de Saint-Merry[1], se sentant plus fait
pour être un pénitent et un solitaire qu'un administrateur ecclésiastique et un conducteur des âmes, s'était remis aux mains de
M. de Saint-Cyran qui l'encourageait et le guidait pas à pas dans
cette vocation vers la retraite : après M. de Saint-Cyran, M. Singlin acheva son œuvre et détermina M. Hillerin à résigner sa cure
en faveur de M. Du Hamel, qui devint ainsi l'un des curés de Saint-
Merry, de cette paroisse populeuse et centrale, surtout marchande
et bourgeoise, riche aussi en fidèles de tout rang et de toute qualité (entre autres le président de Novion, le président de Blanc-
mesnil, le conseiller d'État M. de Morangis, M. de Caumartin,
évêque d'Amiens, quand il se trouvait à Paris, etc.). Pendant près de
dix années (1645—1654), M. Du Hamel y marqua avec éclat par
des actes et des manifestations de tout genre, par des fondations
utiles et neuves ou par des retours à l'ancienne discipline. Il in-
stitua des conférences célèbres ; il réunit en communauté des ecclésiastiques de piété et de doctrine, une pépinière de docteurs; il
avait des assemblées de dames, de femmes de la bourgeoisie, et il
excellait à stimuler la charité, donnant toujours le premier l'exemple et prêt, à chaque moment, à se dépouiller pour les pauvres. Son
extrême charité, nous dit une Relation véridique, ne parut jamais
plus que du temps de la guerre de Paris. « Voyant qu'un grand
« nombre de femmes et de filles des villages voisins se réfugioient

---

1. Cette paroisse de Saint-Merry avait deux curés à la fois qui se partageaient le ministère et qui étaient de semaine à tour de rôle. Chacun faisait
le prône alternativement, de deux dimanches l'un. Qu'on juge de l'état
des choses quand la zizanie se mettait entre les deux pasteurs!

« dans Paris, il loua l'hôtel de Caumartin dans le cloître de Saint-
« Merry pour les loger. Deux fois par jour il leur faisoit une in-
« struction, et il les nourrissoit et les entretenoit de toutes choses.
» Il donnoit si libéralement, et sa charité étoit si connue de tout
« le monde qu'une infinité de pauvres des autres paroisses venoient
« demeurer sur la sienne pour être secourus. Cependant, chose
« surprenante! lorsque la guerre fut finie, la trésorière des pau-
« vres trouva encore vingt-six mille livres entre ses mains qui
« furent envoyées en Picardie, tant l'aumône avoit été donnée avec
« profusion[1]. » Il avait une certaine majesté naturelle, un beau
port, un air agréable et grave tout ensemble, le don de toucher
et d'émouvoir, le don, comme on disait, « d'ouvrir les cœurs et
les bourses. » Son éloquence facile et imposante, où il entrait du
pathétique et du dramatique, persuadait tout ce qu'il voulait; on
ne pouvait rien lui refuser. « On en vit un exemple admirable
« dans un accident qui arriva à l'Hôtel-Dieu. Il plut avec tant
« d'abondance que les eaux firent tomber une des salles de cet
« hôpital, et les curés de Paris furent priés de vouloir exciter les
« fidèles de contribuer à la rebâtir. M. Du Hamel y exhorta
« ses paroissiens avec tant de force qu'on trouva le lendemain
« dans le tronc de l'Hôtel-Dieu jusqu'à la somme de dix mille li-
« vres. Il en dépensoit tous les ans près de quarante, tant par lui
« que par les dames de la Charité. Tout le monde lui donnoit, il
« prenoit à tout le monde, ne parlant que de ses pauvres. » —
Il faisait un prône tous les quinze jours, et il déployait un talent
merveilleux dans cette manière d'instruire. Les instructions de
son humble et fervent collaborateur M. Feydeau, s'y ajoutaient
après Vêpres; on y venait en foule, et c'était l'opinion alors dans
le monde des paroisses qu'il n'y avait rien de si beau à entendre
que « le Prône de M. Du Hamel et le Catéchisme de M. Feydeau. »
Quand M. Du Hamel prêchait le Carême, il allait le plus souvent
qu'il pouvait, s'inspirer à Port-Royal, d'où il revenait plein des
vérités les plus importantes qu'il débitait ensuite avec chaleur et
abondance. Bien que très-appuyé durant ces années, soutenu par
un parti puissant et porté par la faveur publique, il avait souvent
fort à faire et il était loin de s'accorder toujours avec le curé son
collègue, surtout quand ce collègue fut M. Amiot. Ils ne tardè-
rent pas, ce dernier et lui, à être ce qu'on appelle à couteaux
tirés. Je passe sur quantité d'actions et de particularités qui sont
racontées dans sa Vie, et dont quelques-unes trahissent un état de
guerre sourde ou flagrante. Il résulte de ces témoignages que
M. Du Hamel était un homme de cœur, d'effusion, d'entraînement
plus encore que de poids et de prudence. On lui tendit bien des
piéges : il ne sut pas tous les éviter. Partisan dévoué du cardinal

---

1. *Histoire de M. Du Hamel* par M. Treuvé.

de Retz, qu'il considérait comme son archevêque légitime, lorsqu'il le vit détenu après la Fronde, il ne put s'empêcher de le recommander aux prières de ses paroissiens et d'adresser tout haut des vœux au Ciel pour sa liberté. Lorsqu'on apprit l'évasion du prélat du château de Nantes (8 août 1654), il exhorta le dimanche suivant son peuple à en rendre grâces à Dieu. Ce prône fit esclandre. Il se chargea d'une lettre écrite par le cardinal aux curés de Paris, et il la leur remit dans une assemblée, convoquée à cet effet. En tout ceci, M. Du Hamel s'était trompé de date, et il avait donné sur l'écueil où l'attendaient ses ennemis. Une lettre de cachet émanée de la Cour l'en punit à l'instant et l'exila:

Ici une autre vie commence (1654). Il eut successivement à passer par quatre lieux d'exil : à Langres d'abord; puis à Quimper, puis à Bellesme, et en dernier lieu à Châlon-sur-Saône. Son affaiblissement commença à Quimper et se continua à Bellesme. Il s'ennuya. Il se laissa tenter à l'idée de revenir dans sa cure et d'y reprendre ses œuvres de charité. Les correspondances qu'il entretenait avec des dames de sa paroisse contribuèrent à l'amollir : il prêta l'oreille à ces voix d'Ève. Il avait près de lui un compagnon, un docteur plus savant que lui, le *petit* Dirois, dont le raisonnement lui imposait. Tout cela aidant, il céda et capitula, donnant un blanc-seing pour tout ce qu'on voulut[1]. En vain, M. Arnauld qui lui conserva toujours de l'affection et de la tendresse, même après sa chute, lui écrivait-il, quand il en était temps encore : « Ne perdez pas le fruit de tant de travaux; ne causez pas aux « meilleurs de vos amis une affliction sensible; n'ajoutez point ce « surcroît de douleur à toutes les autres persécutions. » M. Arnauld, dans une lettre à l'un de leurs amis communs, disait encore à son sujet : « Enfin il n'est que trop vrai que notre ami a « signé le Formulaire. Il dit qu'il a préféré l'obéissance à ses su- « périeurs aux lumières des particuliers, à sa réputation, à son « inclination et à la perte de ses amis. Voilà comme on spiritua- « lise les plus grandes foiblesses. S'il avoit voulu vivre caché, il « ne se seroit point vu réduit à cette extrémité. C'étoit ma pen- « sée, lorsqu'on lui fit le dernier commandement, qu'il se mît à « couvert, sans se montrer. Mais il y a beaucoup de gens *quibus* « *nihil laboriosius est quam non laborare*. On aime à paroître et « à se faire valoir, et on se répand si fort au dehors, qu'on se

---

[1] On aurait tous les détails, les confidences mêmes de l'affaiblissement graduel et de la chute de M. Du Hamel dans l'*Histoire du Jansénisme* de M. Hermant, pages 1403-1413, 1503-1516 et aux environs. On y verrait une lettre de M. Du Hamel à M. Singlin par laquelle il s'achemine visiblement vers le *précipice*, et une autre lettre à M. Taignier dans laquelle, après avoir sauté le pas, il s'efforce de se justifier. Mais ces particularités, curieuses pour moi seul, ne seraient pour mes lecteurs que d'un intérêt secondaire. Il faut se borner à en résumer l'esprit.

« rend incapable de connoître la vérité qui ne se découvre qu'à
« ceux qui se recueillent au dedans d'eux-mêmes. »

M. Du Hamel nous est parfaitement défini par ces traits divers qui expliquent sa nature, ses exaltations et ses défaillances. C'était un homme d'activité et de chaleur plus que d'étude et de doctrine : son inaction lui pesait. Les relations sympathiques, multipliées, lui étaient nécessaires. Son troupeau à conduire lui manquait. Il se laissa donc tenter de reprendre ses fonctions utiles et de retrouver son même champ à labourer, à ensemencer : il eut du mécompte. Revenu dans cette paroisse de Saint-Merry après dix ans d'absence, il ne la retrouva plus la même pour lui. Les uns le considéraient toujours comme Janséniste et l'évitaient ; les autres le considéraient comme renégat, comme transfuge, et ne le recherchaient plus. *Depuis son changement, en un mot, tout était changé, excepté ses ennemis.*

Et ces ennemis, on sait maintenant ce qu'ils sont. Ils ont parlé par la plume de Père Rapin, et que n'ont-ils pas dit? Toutes les qualités de M. Du Hamel ont été travesties ; toutes ses actions incriminées. On conçoit ce que la conduite d'un curé de Paris, vif, ardent et tout dévoué au Coadjuteur pendant la Fronde, pouvait offrir de prise aux interprétations défavorables ou malignes. Le Père Rapin n'en néglige aucune. Il trace le portrait de M. Du Hamel comme si le curé rival lui avait donné des notes, et les notes ont été fournies en effet par cet ennemi intime. La dénonciation est partout dans le récit. Il voudrait bien pouvoir dire que les mœurs d'un curé si cher à ses paroissiennes étaient mauvaises : n'osant l'affirmer ouvertement, il l'insinue [1] : Tous les faits sont tournés à

1. « Il est à remarquer, dit-il, que ce tempérament affectueux (de M. Du
« Hamel), en lui servant pour gagner des gens au parti, le menoit quelque-
« fois plus loin que la bienséance du caractère de pasteur ne lui devoit per-
« mettre. Car on sut bien des choses, qui éclatèrent alors malgré toutes les
« précautions des personnes intéressées, que la pudeur d'une histoire sainte
« comme est celle-ci ne permet pas de publier. » L'histoire anecdotique du Père Rapin n'est pas du tout sainte : mais il fait ici en douceur le métier de Basile, le métier de Tartufe : ce qu'il ne sait pas, il l'insinue à mots couverts, de manière à faire croire à des énormités. Or voici ce qu'on lit, comme en réponse directe, dans l'*Histoire de M. Du Hamel* écrite par un honnête homme dont le récit a tous les caractères de la sincérité : « Comme
« les ennemis de M. Du Hamel ne trouvoient rien ni dans sa doctrine ni
« dans ses mœurs pour le faire chasser de Saint-Merry, deux des plus ani-
« més et des plus considérables s'avisèrent d'un terrible moyen pour le
« perdre. J'ai de la peine à le dire, et on en aura à le croire ; mais comme
« on trouve dans l'histoire ecclésiastique des exemples de cette méchan-
« ceté, que la personne qui en fut l'instrument est encore pleine de vie,
« qu'elle a raconté elle-même cette histoire à des gens dignes de foi, et que
« M. Du Hamel l'a aussi dite à quelques-uns de ses amis, je crois la devoir
« mettre dans cette Relation, afin que la postérité juge et voie jusqu'où la
« passion est capable de porter les hommes quand elle est couverte des ap-
« parences du zèle. Voici donc l'histoire telle que je l'ai apprise de ceux à
« qui M. Du Hamel l'a racontée. On suborna une femme belle et bien faite
« pour tenter M. Du Hamel et le faire tomber dans le péché. Elle le vit plu-

mal et dénaturés. M. Du Hamel étant tombé gravement malade en juillet 1649, on désespéra de sa vie, et l'on crut du moins qu'il ne se remettrait jamais. Ses amis jugèrent à propos de lui demander une résignation de sa cure. Il jeta tout d'abord les yeux sur M. Feydeau, son premier auxiliaire, comme le plus capable et le plus digne. Au refus de M. Feydeau, il dut choisir un M. Beauvais[1] qui lui fut présenté et qui prit possession. Cependant sa santé s'étant rétablie contre tout espoir, quand on le vit hors de danger, on songea tout naturellement à ne pas se priver de lui et à remettre les choses sur le même pied qu'auparavant. Le Coadjuteur vint lui commander de la part de l'archevêque, son oncle, de reprendre sa cure. M. Du Hamel, après une certaine résistance, y consentit. Le Père Rapin voit et dénonce, en tout ceci, un « *micmac* de morale. » S'il ne s'agissait pas d'un Janséniste, le cas pourtant paraîtrait bien simple. Mais ce ne sont là que des roses. A un endroit, le Père Rapin accuse positivement M. Du Hamel de vol, de détournement des aumônes reçues : il aurait, avec cet argent des pauvres, acquis une terre qu'il aurait mise sous le nom d'un de ses voisins et confidents : mais « un homme du caractère de M. Du Hamel ne pouvoit, dit le Père Rapin, avoir pour confident qu'un fripon. » Ce fripon, en effet, quand il vit la terre bien et dûment enregistrée sous son nom, la garda pour lui; M. Du Hamel fut pris pour dupe. « Ce fut là, ajoute le Père Rapin, un des traits de cette morale qu'on enseignoit à Port-Royal, et qu'on vantoit si fort dans le monde. On n'en sut rien toutefois alors dans le public.... » Et d'où le savez-vous donc vous-même, mon Révérend Père qui faites ici un méchant métier? qui vous l'a dit? qui vous a initié à une affaire si secrète? qui vous a dé-

---

« sieurs fois dans ce dessein et fit ce qu'elle put pour lui donner de l'amour.
« M. Du Hamel, extrêmement simple, ne s'aperçut pas d'abord de ses pièges;
« mais, lorsqu'elle lui eut déclaré sa passion en termes fort hardis, il en eut
« horreur; il se douta d'abord de la vérité du fait, et la pressa si fortement
« qu'elle lui avoua qu'elle avoit été envoyée par deux de ses ennemis qu'elle
« lui nomma. Il lui fit un discours très-pathétique sur l'énormité de son
« crime; elle témoigna avoir quelque regret de s'être ainsi vendue à l'ini-
« quité; mais elle a avoué depuis qu'elle eut beaucoup de dépit de se voir
« vaincue, quoiqu'elle admirât la vertu de M. Du Hamel, qui de son côté a
« confessé qu'il ne s'étoit jamais trouvé dans un si grand péril. » Vous faites
comme moi, vous souriez, mais vous sentez de quel côté est l'odieux et
l'infamie. — On ne tariroit pas si l'on vouloit tout dire. Le *Journal* de Des
Lions nous apprend (à la date du 14 octobre 1657) jusqu'où allaient ces calomnies grossies contre le curé exilé : « M. Pélissier m'a parlé d'un conte
des *disciplineuses* (filles et femmes à qui l'on donnait la discipline) de
M. Du Hamel dans une chapelle de Saint-Merry à quatre heures du matin.
M. (le curé) de Saint-Nicolas m'a dit n'avoir jamais rien ouï de semblable,
mais seulement de certaines tendresses et touchemens de mains à ses dévotes.... » M. Du Hamel, pour les démonstrations et embrassades, avait du
genre de M. d'Andilly : les ennemis exploitèrent les apparences et allèrent
jusqu'à spécifier des horreurs.

1. Dans les *Mémoires* manuscrits de M. Feydeau, on lit M. Beauvoir.

montré (y eût-il quelque chose de vrai dans l'achat) que les fonds étaient mal acquis et détournés? La vie entière de M. Du Hamel proteste contre cette accusation de cupidité. Si de tels Mémoires que les vôtres avaient paru dans le dix-huitième siècle, mon Révérend Père, des milliers de voix se seraient élevées pour crier à la calomnie; les pierres des tombeaux de Port-Royal se seraient soulevées à votre insulte : les voûtes du Parlement de Paris auraient retenti de paroles sévères. Aujourd'hui tout est mort, tout est muet. Les Jansénistes n'ont plus d'avocats, ils n'ont plus de défenseurs : le monde entier est aux indifférents, et du seul côté où l'on ne le soit pas, la partie est comme perdue; la place est toute à ceux que je reconnais à un signe pour être de la race éternelle des ennemis qui diffament et qui calomnient. Je n'ai rien qui me prévienne en faveur de M. Du Hamel : je l'avais presque entièrement omis d'abord : il est en dehors de mon sujet; de plus, en ce qui est de sa personne, il me revient peu; j'entre tout à fait à son égard dans les réserves d'Arnauld, de Lancelot, et M. de de Saint-Cyran : il s'agite trop, il se remue trop : c'est un curé quelque peu compromettant; mais, à la fin, l'indignation m'a saisi à le voir ainsi poursuivi jusque dans sa probité; le sentiment de l'injustice enfiellée dont sa mémoire est atteinte m'a porté à le défendre, à le montrer du moins tel qu'il était. Je ne demanderais à une personne équitable qu'une épreuve : d'une part, lire tout ce qu'a écrit le Père Rapin sur M. Du Hamel, et en regard lire ce qu'ont écrit nos amis non suspects sur son compte, sa *Vie*, son *Histoire* par M. Treuvé, si honnêtement faite, si édifiante et convaincante (et encore sommes-nous avertis que l'imprimé de cette *Histoire* n'est pas entièrement conforme au manuscrit), les lettres dans lesquelles Arnauld parle de lui avec estime et tendresse encore, malgré sa défection. « Toute mon espérance touchant notre ami, disait-il, est que Dieu aura regardé la simplicité de son cœur. Car je ne suis pas de ceux qui lui attribuent des pensées d'intérêt et des désirs de rétablissement : je n'impute sa chute qu'à son défaut de lumière dans la matière de la Grâce.... » M. Du Hamel eut le tort (et ce fut chez lui une seconde faiblesse) de se laisser pousser par des amis plus chauds qu'éclairés qui le servirent à la Cour et qui répondirent de lui : il crut à sa restauration possible, et à la solidité de son rétablissement comme curé; c'était se nourrir d'illusions.

On raconte qu'en revenant à Paris, son premier soin avait été de visiter d'anciens amis, notamment M. Feydeau, cet ancien vicaire, ce catéchiste excellent, qui avait toujours été son second et son bras droit dans des temps meilleurs. M. Du Hamel le vint souvent chercher à la maison où il logeait, sans le rencontrer. Un soir enfin, ennuyé de ne le point voir venir et soupçonnant qu'il y avait de l'intention, il l'attendit jusqu'à dix heures, et dit qu'il ne s'en irait pas sans l'avoir vu. M. Feydeau rentra enfin, et aussitôt qu'il aperçut M. Du Hamel, il lui cria en l'apostrophant avec ces paroles d'Isaïe : « *Quomodo cecidisti de cœlo, Lucifer, qui mane oriebaris? corruisti in terram, qui vulnerabas gentes?* (Comment êtes-vous tombé du ciel, ô Lucifer, vous qui paraissiez si brillant au point du jour? comment avez-vous été renversé par terre, vous qui saviez si bien blesser les nations?) » C'étaient là des flèches qui devaient percer au cœur M. Du Hamel[1].

Depuis ce temps, il ne fit plus que changer de situations et promener en divers lieux son trop plein d'affectuosité, son surcroît de zèle, son humilité, sa pénitence, ses mortifications, ses infirmités croissantes, mais qui ne diminuaient rien à ses austérités. Il permuta sa cure de Saint-Merry pour un canonicat de Notre-Dame[2];

1. Les *Journaux* manuscrits de M. Des Lions offrent plusieurs passages qui concernent M. Du Hamel, et ce qui est dit de lui nous rend bien l'écho des bruits du temps; et, par exemple, après son retour dans sa cure : « Le 27 août (1665) M. de Saint-Romain m'a fort parlé de M. Du Hamel qui *non sibi constat*; qui, dans le temps qu'il faisoit plus d'éclat à Paris, ne laissoit pas de chanceler, et que ses amis, principalement M. Feydeau, travailloient tous les jours à l'affermir; qu'à présent il est comme en défiance et chagrin de toutes choses et de toutes personnes; que son collègue le traite avec beaucoup d'incivilité; qu'il (M. Du Hamel) a pensé faire imprimer un écrit où il donneroit les raisons qui l'ont fait changer…. » Quand un curé en est à l'apologie, son autorité morale est ruinée.

2. Pendant qu'il était chanoine de Notre-Dame, M. Du Hamel alla faire visite à son ancien ami et vicaire, M. Feydeau, alors curé à Vitry. Il est curieux de voir comment M. Feydeau, dans ses *Mémoires*, parle de cette visite et avec quels sentiments d'estime et d'affection, malgré tout persévérante, qu'il gardait à M. Du Hamel. « M. Dorat qui nous étoit venu voir me consoloit, dit-il, et me donnoit dès conseils de douceur et de patience. Il s'en alla un peu avant que M. Du Hamel arrivât, qui fut le 17 septembre (1671?). Il vint avec M. Du Bosc pour assister à la profession de sa fille. Elle la fit le jour de Saint-Matthieu. J'y prêchai et montrai comme elle devoit mourir à soi-même dans le premier point : — pour ne vivre que pour Dieu : c'étoit le second et dernier point. — J'offris l'autel et la chaire à M. Du Hamel, comme les anciens évêques faisoient à leurs confrères. Mais il ne voulut jamais ni dire la grand'messe ni prêcher. Il étoit pour lors chanoine de Notre-Dame de Paris, et il ne voulut rien faire de pastoral. Il fit seulement comme par rencontre un discours aux dames de la Charité dans l'hôpital. Je n'en sus rien qu'après qu'il fut fait, et on me dit que toutes les dames en avoient été très-touchées et très-édifiées. Je fis le prône devant lui sur le sacrifice et comme il y falloit assister. Je le priai de me donner des avis pour la conduite de la paroisse, et il ne me dit autre chose sinon qu'il ne feroit que ce que je faisois, et aussi ne faisois-je guère que ce que je lui avois vu faire à lui-même étant pasteur. Je lui demandai s'il me conseilloit de continuer toujours ou de quitter cet emploi. Il me conseilla de continuer. *J'eusse voulu le remettre en d'aussi bonnes mains que les siennes, et je l'en eusse pressé sans une certaine affaire qu'il avoit faite avant que de revenir de son exil à Paris*…. Je fus fort consolé de cette visite et animé de nouveau à travailler dans la paroisse. » Je le demande à toute personne de bonne foi, M. Feydeau, témoin très-proche de la conduite de M. Du Hamel pendant les huit années qu'ils avaient été ensemble à Saint-Merry, aurait-il parlé de lui en ces termes de respect, s'il y avait eu quelque chose de vrai dans les abominables dires du Père Rapin? On aura remarqué un point bien délicatement touché, c'est celui de la signature de M. Du Hamel, cette « *certaine affaire* qu'il avoit faite avant de re-

puis il quitta ce canonicat pour revenir à son village et à sa cure de Saint-Maurice qu'il se repentait d'avoir quittée. Il y mourut le 13 novembre 1682. Il s'était fort rapproché, dans les derniers temps, de l'abbé de Rancé qu'il alla même visiter sur la fin en son abbaye de la Trappe : il s'y était trouvé assez malade pour espérer y mourir. Il était dans une parfaite union d'esprit avec cet illustre abbé dont l'autorité avait remplacé pour lui celle de Port-Royal. — M. Feydeau, exilé vers ce temps-là à Bourges, avait fait une fois le voyage de Saint-Maurice pour y revoir son ancien ami, et pour lui rendre la visite chrétienne qu'il avait reçue de lui à Vitry; il avait profité de l'occasion pour lui parler encore du blanc-seing regrettable qui avait été le prix de sa liberté : il essayait d'exciter en lui un remords. M. Du Hamel promit d'y penser de nouveau, et consulta là-dessus M. de la Trappe, qui acheva de lui lever tous les scrupules ; après quoi il écrivit à M. Feydeau qu'il était en plein repos sur cet article, et qu'on lui ferait plaisir de ne plus lui en reparler. — Cependant les adversaires faisaient trophée de sa résipiscence et en exagéraient même la portée. Voici ce que je lis dans le Journal de M. de Pontchâteau, à la date du 27 mars 1676 :

« M. Desprez libraire m'a dit qu'étant allé voir, il n'y a pas longtemps, M. l'archevêque de Sens (M. de Montpezat), ce prélat qui étoit assis auprès de son feu disant son Bréviaire lui demanda comment il se portoit, etc., et peu après si M. Arnauld s'étoit converti. M. Desprez lui répondit qu'il faudroit pour cela qu'il eût été perverti auparavant. Le prélat lui dit : « Vous m'entendez bien. » — « Pardonnez-moi, Monseigneur, » repartit M. Desprez. » — « Je demande, dit cet archevêque, s'il a quitté ses sentiments pour prendre ceux de l'Église. » M. Desprez lui répondit qu'il ne croyoit pas que M. Arnauld eût eu de méchants sentiments. « Oh! bien, dit M. de Sens, j'ai fait une conversion ; devinez de qui ? » — « Le monde est si grand, répondit M. Desprez, qu'il faudroit chercher longtemps pour trouver ainsi une personne singulière. » M. de Sens lui repartit : « C'est un de vos amis, un homme considérable dans le parti, enfin c'est M. Du Hamel. » — « Qui ? M. Du Hamel, dit M. Desprez, le curé de Saint-Maurice ? » — « Oui, dit M. de Sens, il m'a avoué ici en présence de M. l'abbé Chanut et d'autres personnes dont je ne me souviens pas, non-seulement que les cinq Propositions sont hérétiques, mais qu'elles sont de Jansénius et dans Jansénius, et que Jansénius n'a jamais su ce que c'étoit que la véritable Grâce de Jésus-Christ. » M. Desprez lui répondit : « Je ne sais que vous dire à cela, mais il ne laisse pas d'acheter et de faire acheter de nos livres à des gens de sa paroisse. »

En définitive, il était impossible de se séparer de ses amis avec moins de bruit et d'éclat que ne fit M. Du Hamel. On peut dire qu'à partir de ce moment il se brisa et s'anéantit devant Dieu :

venir de son exil à Paris. » On ne sauraît parler en termes plus ménagés et plus couverts de la faute d'un ami.

après s'être donné un pareil démenti, il sentit comme un besoin de se le faire pardonner en redoublant d'humilité aux yeux de tous. Sa personne mérite (même au sens janséniste) un reste d'amitié et d'affection. Cette séparation dans son genre est comparable à celle du docteur de Sainte-Beuve dans le sien : et encore ce dernier a-t-il témoigné, après sa paix faite, une sorte d'aversion ou de méfiance envers ses anciens amis, qui ne se voit point en M. Du Hamel. L'un avait rompu, tandis que l'autre n'avait fait que délier.

SUR L'AFFAIRE DE M. DE CHAVIGNY.

(Se rapporte à la page 265.)

Le Père Rapin, dans ses *Mémoires*, s'étend avec complaisance et avec effusion sur ce conflit de Messieurs de Port-Royal avec la veuve de M. de Chavigny; il voudrait bien en faire une éclaboussure, une tache salissante pour Port-Royal. L'annotateur des *Mémoires* (un jésuite aussi) vient à son tour, et minutieusement, sous air d'érudit, avec un zèle tout neuf, il s'applique de toutes ses forces à l'affaire pour l'envenimer. En avoué retors, compulsant les dates, épiloguant et chicanant sur chaque dire, il recommence le procès et l'instruit à nouveau. Le joli métier pour un religieux ! Qu'il aurait donc envie, l'homme du bon Dieu, de faire de M. Singlin un captateur de legs illégitimes et un recéleur de valeurs escroquées ! Tout cela est bas et misérable. Il faut avoir lu ces choses, les avoir suivies de près pour comprendre combien les haines dévotes, perpétuées dans les Corps et compagnies, sont vivaces et immortelles. Oh ! que les institutions qui ont ainsi pour effet de contraindre l'intelligence et de fausser la droiture morale, sont donc détestables et funestes ! Je n'opposerai à ces calomnies que l'ample et précise Relation de toute l'affaire par M. Hermant; c'est un peu long sans doute, mais cette défense, cette démonstration à fond est devenue nécessaire. Voici le chapitre inédit tout entier dans son étendue et sa solidité :

RELATION DE CE QUI SE PASSA A LA MORT DE M. DE CHAVIGNY,
ET TOUCHANT UN ÉCRIT QUI AVOIT ÉTÉ CONFIÉ A M. SINGLIN
ET A M. DU GUÉ DE BAGNOLS.

« Il arriva au mois d'octobre de cette année (1652) une chose très-considérable par la qualité des personnes et par son importance en elle-même; et les Jésuites qui auroient dû la regarder comme un modèle de désintéressement que Port-Royal donnoit en cette occasion à tous les directeurs des consciences s'en servirent pour déchirer au-dedans et au-dehors du royaume des personnes très-innocentes, très-sincères et très-généreuses. Voici ce qui se passa en cette affaire que M. de Saint-Amour n'a traitée que légèrement dans son *Journal*.

« M. le comte de Chavigny, célèbre, par toute la France, par sa qualité de ministre d'État et de secrétaire des commandements de Sa Majesté, étant tombé malade au commencement du mois d'octobre, M. Mazure son pasteur, docteur de Sorbonne et curé de Saint-Paul[1], l'alla voir dès le premier jour de sa maladie; et comme il étoit alors environné de plusieurs personnes qui l'empêchoient de lui parler librement des affaires de sa conscience, il le pria d'y revenir le lendemain. L'ayant trouvé attaqué d'une grosse fièvre[2], M. de Chavigny lui dit que Dieu lui vouloit faire miséricorde, parce que n'ayant pu de lui-même s'arracher du monde, il l'en vouloit arracher; qu'il le vouloit bien et y consentoit pourvu qu'il eût satisfait pour ses péchés. Ce pasteur l'ayant encore vu le jour suivant, M. de Chavigny lui demanda permission de se confesser à M. Singlin, disant qu'il ne laisseroit pas de se confesser à lui, et qu'il vouloit que son cœur lui fût connu avec les motifs et les intentions de toutes ses actions, et qu'il ne les lui cacheroit non plus qu'à Dieu; qu'il désiroit être plus soumis à ses ordres qu'aucun de ses paroissiens et qu'il leur en vouloit donner l'exemple, ayant toujours eu estime et confiance en lui.

« M. de Saint-Paul lui ayant accordé la permission qu'il demandoit, il fit venir M. Singlin qui l'entendit de confession par deux fois et lui donna l'absolution; et ensuite témoigna le lundi au soir, 7 du mois, au même M. de Saint-Paul que M. de Chavigny vouloit recevoir le saint Viatique et s'y étoit disposé.

« Ce pasteur l'étant venu voir sur le soir, le malade lui témoigna le même désir, fit quelques aumônes, et ils arrêtèrent ensemble qu'il communieroit le mardi au matin. Après lui avoir proposé de lui apporter le Saint-Sacrement de sa chapelle s'il le désiroit ainsi, il répondit qu'il vouloit ce qui étoit le plus dans l'ordre, le plus propre à faire paroître sa soumission et ce qui donneroit un meilleur exemple. Le mardi matin, les médecins lui trouvèrent un petit flux pour lequel ils jugèrent à propos de différer la communion. M. de Saint-Paul l'étant allé voir le soir, les médecins dirent qu'il falloit le communier à deux heures après minuit, parce qu'ils vouloient le mercredi 9 du mois lui donner deux médecines de vin émétique. M. le curé fit toutes les instances possibles pour le communier dès le mardi au soir, tant pour satisfaire à sa piété que pour prévenir les accidents d'une si dangereuse maladie. Mais ils répondirent qu'il alloit entrer dans son frisson, et que cette agitation lui seroit préjudiciable. Le sieur d'Aquin entre les autres représenta qu'à deux et trois heures après minuit en sortant de son accès il seroit trop foible, et qu'ainsi n'y ayant rien d'ex-

---

1. Extrait d'une lettre de M. Mazure, curé de Saint-Paul, à M. du Plessis-Guénegaud, secrétaire d'État, le 16 octobre.
2. Les mémoires du temps ont tout dit sur les causes de ce mal si brusque qui enleva M. de Chavigny. Ce fut pendant une altercation des plus violentes qu'il eut avec le prince de Condé, et chez ce prince même, qu'il se sentit *saisi*. Il rentra chez lui, à l'hôtel de Saint-Paul, en disant: « Je suis un homme mort. » La fièvre dite double-tierce le prit avec des accès de transport au cerveau qui lui laissaient des intervalles de répit ou plutôt d'abattement. M. de Chavigny suivait, dans l'habitude, le plus détestable régime pour un ambitieux et un homme d'action: il observait la diète de Cornaro. Il n'était âgé que de 44 ans quand il mourut; il avait été fait secrétaire d'État à 23 ans.

traordinaire dans sa maladie, le mercredi sur le soir on détermineroit le temps et l'heure de cette communion.

« Le même soir, M. de Saint-Paul et les médecins s'assemblèrent. Ceux-ci chantoient déjà la victoire, parce que leur malade se portoit mieux. Néanmoins on ne laissa pas de penser à lui donner la communion afin de bénir les remèdes ordinaires. Et ce pasteur les en pressa en leur disant que s'ils jugeoient qu'il y eût quelque péril, il falloit le communier dès lors; et que s'il n'y en avoit point, il ne laisseroit pas de lui administrer le Saint-Sacrement le lendemain au matin pour une plus grande précaution. Mais ils répondirent tous tant qu'ils étoient qu'il n'y avoit rien à craindre et qu'il étoit en assurance. Cette confiance les trompa. Car sur les onze heures et demie du même soir, on vint en grande diligence appeler M. le curé de Saint-Paul pour lui donner l'Extrême-Onction que ce malade reçut sans aucune connoissance, et depuis cette heure-là jusqu'au vendredi qu'il mourut sur les quatre heures du matin, il ne revint nullement à lui, quoiqu'il dît encore quelques paroles, mais sans raison. Voilà ce qui arriva par un ordre adorable de la Providence à la mort de M. de Chavigny; et quoiqu'il eût demandé la communion, que M. Singlin son confesseur l'eût demandée de sa part à M. le curé de la paroisse, que M. de Saint-Paul eût fait des instances très-fréquentes pour surmonter l'opiniâtreté des médecins, la confiance qu'ils eurent en leur art lui fit perdre à la mort cette grande consolation des fidèles.

« Mais les Jésuites, qui n'ont jamais perdu d'occasion de noircir les disciples de saint Augustin, renouvelèrent sur ce sujet leurs anciennes calomnies. Il leur suffisoit de savoir que M. de Chavigny eût confié sa conscience à M. Singlin pour dire que ce sage et vertueux ecclésiastique l'avoit laissé mourir sans absolution et sans viatique pour ne pas s'éloigner des maximes qu'ils lui attribuoient faussement sur le sujet de la Pénitence. Et ils publièrent cette fausseté dans tous les lieux où ils trouvèrent des personnes assez crédules pour ouvrir l'oreille aux plus horribles impostures sans prendre aucun soin de les examiner.

« Mais la suite de cette mort leur fournit encore une occasion de déchirer la reputation de M. Singlin, sans épargner même celle de M. du Gué de Bagnols qui avoit quitté une charge de maître des Requêtes pour s'appliquer uniquement aux œuvres de charité et de pénitence et à l'éducation chrétienne de ses enfants, quelque rares qualités qu'il possédât pour pouvoir remplir dignement les plus grandes charges de la robe.

« Sa probité étant connue de tout le monde, M. de Chavigny dans le cours de sa maladie le choisit, vraisemblablement par l'avis de M. Singlin, pour le rendre dépositaire de quelques promesses et obligations qui se montoient à la somme de neuf cent soixante et treize mille sept cent trente-quatre livres. Par de très-justes et de très-bonnes raisons de conscience, ce seigneur qui possédoit de grands biens et avoit eu de grandes affaires, pensoit sérieusement à l'autre vie quand il confia ce dépôt à M. Singlin et à lui ; et il voulut l'autoriser par ce billet : « Ceci est ma très-expresse vo-
« lonté que j'ai dictée ce mercredi neuvième octobre mil six cent cin-
« quante-deux à M. de Bagnols auquel j'avois, dès lundi dernier, donné tous
« lesdits papiers pour l'effet ci-dessus. » Cet effet est demeuré caché par la fidélité inviolable du même M. de Bagnols, à qui l'on pouvoit confier sans crainte non-seulement des papiers de cette importance, mais même les plus grands intérêts de tout un royaume. Cependant sa confiance ne servit qu'à lui donner beaucoup d'exercice.

« Comme cette affaire qui avoit été commise aux soins de M. Singlin et aux siens étoit d'une extrême conséquence, on jugea à propos d'en faire part à des personnes sages et liées d'amitié particulière avec M. et madame de Chavigny, non-seulement pour prévenir le reproche que cette dame eût pu faire qu'on avoit dessein de lui celer une chose dans laquelle elle avoit un si notable intérêt et lui ôter l'occasion de dire que l'on n'avouoit le dépôt de ces papiers que parce qu'elle l'avoit deviné ou en étoit avertie d'ailleurs, mais aussi pour la tirer de l'inquiétude où elle auroit pu se trouver, si elle les eût cherchés avant que d'avoir reçu cet avis, et pour prévenir les soupçons qu'elle auroit pu avoir qu'ils ne lui eussent été soustraits par quelques-uns de ses domestiques.

« Ils crurent que madame du Plessis-Guénégaud avoit toutes les qualités nécessaires pour lui pouvoir communiquer ce secret. On lui en parla dès l'onzième jour d'octobre, qui étoit celui de la mort de M. de Chavigny; et elle indiqua M. Goulas, secrétaire des commandements de S. A. R., comme celui qui avoit plus d'avantages pour en parler utilement à la veuve. M. Goulas, ayant vu le lendemain 12 tous les papiers déposés l'un après l'autre, s'excusa quelque temps de la prière qu'on lui faisoit d'en porter parole à la veuve, ne voulant pas du moins s'y engager à moins qu'on ne lui donnât la liberté de promettre qu'on la traiteroit à l'amiable et qu'on lui feroit bonne composition. Il lui fut répondu qu'on n'avoit pas la liberté de disposer du bien des pauvres et de violer la loi du dépôt qui ne recevoit ni extension ni restriction. Enfin, après plusieurs propositions faites de part et d'autre, on convint qu'on lui pouvoit dire que l'on feroit généralement tout ce que la conscience pourroit permettre pour la satisfaction de cette dame. Il se chargea à ces conditions de la voir, et il y ajouta encore que ce seroit à la charge que si l'affaire se portoit en justice, on ne désireroit de lui aucun témoignage. A quoi il lui fut répondu qu'on ne lui demanderoit jamais rien contre son gré, mais qu'on le croyoit assez raisonnable pour ne pas refuser de déclarer, pour la décharge des dépositaires, en cas qu'ils en eussent besoin, qu'on lui avoit fait voir et lire ces papiers avec prière d'avertir la veuve qu'ils étoient en sûreté, ce qu'il promit. Et ayant vu cette dame dans le temps même qu'on enterroit son mari, il rapporta qu'il l'avoit trouvée fort émue, très-déraisonnable et peu délicate sur le point de la conscience; qu'il estimoit cette affaire être de grande conséquence pour la mémoire du défunt; mais, comme il ne la jugeoit pas moins importante à la réputation des dépositaires et particulièrement à l'estime de la conduite de Port-Royal, il prioit qu'on avisât à tous les tempéraments qu'on pourroit prendre pour l'assoupir sans éclat avec la satisfaction commune de toutes les personnes intéressées, offrant de son côté d'y servir de tout son pouvoir.

« Le 3 du même mois, M. Singlin en ayant conféré avec M. Du Hamel, ce curé de Saint-Merry lui dit qu'il craignoit que l'évènement de cette affaire ne fût pas favorable en justice, mais qu'il pensoit qu'on étoit obligé de la soutenir, en cas que les gens de justice la jugeassent au moins problématique.

« Ayant aussi consulté M. de Morangis, conseiller d'État, son jugement fut qu'on la perdroit en justice, et (il) cota l'exemple de messire René Potier, évêque de Beauvais, lequel ayant donné par un testament en très-bonne forme tout son bien aux prêtres de l'Oratoire, parce, disoit-il, qu'il avoit fait un mauvais usage du bien de l'Église, ce testament fut cassé par arrêt. Et sur l'ouverture qu'on lui fit de remettre les papiers dont il étoit question entre les mains des administrateurs de l'Hôtel-Dieu, il dit qu'il jugeoit que cet expédient étoit très-favorable aux pauvres, sans assurer néanmoins qu'il réussit.

« M. de Bagnols ayant communiqué cette affaire par l'avis de M. Singlin à M. Mazure, curé de madame de Chavigny, ce pasteur la jugea grande, se sentit obligé de la confiance qu'on prenoit en lui, et refusa la liberté qu'on lui donnoit d'en parler à la veuve, aussi bien que de donner son avis sur la conduite que les dépositaires devoient tenir, demandant du temps pour cela; mais il promit au surplus qu'en cas que la veuve voulût en prendre son avis, il lui remontreroit ses devoirs.

« Le 14 d'octobre, M. de Lamoignon, qui étoit alors maître des Requêtes et qui devint depuis Premier Président, étant consulté par ces dépositaires, dit que l'affaire se pouvoit défendre, qu'on étoit obligé de la soutenir et qu'on ne pouvoit composer.

« M. Issaly ayant consulté sur cela M. Ozanet rapporta que, selon ce célèbre consultant, il étoit difficile d'en attendre en justice un événement favorable, à moins que d'en faire déclaration à l'Hôtel-Dieu, laquelle il approuvoit. Et le même M. Issaly ayant fait voir aux dépositaires les Remarques de Brodeau sur l'arrêt du curé de Saint-Jacques, ils jugèrent qu'ils faisoient quelque préjugé désavantageux en la cause !

« M. de Sainte-Beuve consulté dit que l'on étoit obligé en conscience de soutenir le procès, et qu'il n'y avoit rien de si périlleux que d'entrer en composition, parce que l'on donnoit à connoître par là qu'on étoit maître du dépôt, ce qui ne le rendoit pas favorable.

« Cependant M. Goulas vint rapporter aux dépositaires que madame de Chavigny avoit plus d'éloignement d'acquiescer à la volonté de son mar qu'elle n'en avoit fait paroître jusques alors; qu'il lui avoit fait proposer une conférence de M. le curé de Saint-Paul avec les dépositaires, mais que pour lui, comme il étoit occupé de ses affaires particulières, il se retiroit de cette négociation, se croyant d'ailleurs y être inutile.

« Madame du Plessis-Guénegaud rapporta encore en termes plus forts l'éloignement où étoit la veuve. Elle dit que cette dame se désespéroit, et elle étoit persuadée qu'elle en étoit pénétrée d'une si grande douleur que cette affaire, dans l'état de grossesse où elle étoit, pourroit lui faire courir risque de la vie. Elle ajouta que madame la duchesse d'Aiguillon, qui approuvoit la disposition de M. de Chavigny, avoit invité cette veuve à la suivre, et que depuis, s'étant laissé toucher par ses clameurs, elle avoit proposé la conférence de M. le curé de Saint-Paul, ou du moins y avoit consenti.

« Mais ce curé même témoigna aux dépositaires que cette dame n'étoit pas si emportée qu'on le leur avoit rapporté. Il leur fit entendre qu'elle se pourroit porter à composition; mais qu'avant de se déterminer, il étoit bien aise de prendre avis en Sorbonne. Il leur représenta que, comme il étoit de l'intérêt de Port-Royal que l'affaire demeurât secrète, elle ne le pouvoit être que par la voie de la composition, et demanda conférence pour le lendemain.

« Le 15 octobre, étant venu à Port-Royal, il fit d'abord quelques efforts inutiles pour persuader que les enfants du défunt n'avoient presque pas de bien, et proposa quantité de difficultés sur le fond de cette affaire. On y répondit. Et comme il voulut faire entendre qu'il étoit de la dernière importance que la conduite de Port-Royal qu'il affectionnoit, ne perdît pas en cette occasion les avantages qu'elle avoit acquis dans l'estime des gens de bien, ce qui tendoit à leur faire concevoir que le procédé des dépositaires pourroit paroître trop sévère et en quelque manière intéressé, on se défendit aisément sur ce dernier point. Il proposa ensuite de charger la conscience de la veuve de l'exécution de la volonté de son mari, après lui avoir déclaré qu'elle ne pouvoit selon Dieu retrancher aucune chose de ce qu'il avoit donné aux pauvres, mais que puisqu'elle témoignoit qu'elle ne pouvoit souffrir le retranchement d'un si grand bien sans réduire ses enfants à une extrême nécessité, on se contenteroit que pour le présent elle commençât cette exécution, remettant entre les mains des dépositaires une somme notable d'argent comptant et promettant d'apporter à la décharge de leur conscience une consultation de Sorbonne contraire à celle que l'on lui fit voir signée de MM. Charton, Du Val et de Sainte-Beuve, laquelle autoriseroit l'expédient qu'il proposoit, les conjurant de terminer l'affaire par cette voie. Enfin, les ayant ébranlés sur cette dernière proposition, il pressa de fixer la somme qu'ils prétendoient. L'un de ceux qui se trouvoient à cette conférence demanda cent mille écus. Il offrit d'abord cent mille francs; puis il vint à cinquante mille écus. M. de Bagnols le pressa de pousser madame de Chavigny jusqu'à deux cent mille livres. M. Singlin, étant interpellé de parler, dit qu'il ne prétendoit pas disputer le plus ou le moins; qu'il s'étoit ouvert de cette affaire à M. le curé de Saint-Paul qui avoit été pasteur du défunt et l'étoit encore de la veuve, et qu'il se déchargeoit de sa conscience sur la sienne. Ce procédé plut extrêmement à M. le curé de Saint-Paul et l'édifia tout à fait; mais, avant que de s'engager plus avant, il fut convenu que lui, de sa part, il verroit cette dame pour la porter à se rendre facile à l'exécution de la volonté de son mari et que les dépositaires iroient à Port-Royal des Champs consulter quelques-uns de leurs amis sur l'importance de cette affaire.

« M. Mazure s'en retournant chez lui ce jour-là dit à M. de Bagnols qu'il ne parleroit point à madame de Chavigny avec toute la vigueur qui avoit été arrêtée, mais qu'il lui diroit seulement, après avoir composé avec elle de l'argent qu'elle donneroit, que pour le surplus elle pourroit prendre avis de qui elle voudroit, la priant de le dispenser de lui en dire son sentiment.

« Cependant cette affaire qui jusques alors étoit connue de peu de personnes se répandit au-dehors; et le 16, M. de Bagnols apprit de M. de Saint-Paul qui l'avoit mandé chez lui que M. le Président de Maisons avoit persuadé madame de Chavigny qu'on n'oseroit soutenir l'affaire en justice; qu'il disoit qu'il n'en falloit pas davantage pour achever de ruiner la secte du Jansénisme; que M. le Président de Nesmond seroit ravi de se faire honneur de cette affaire dans la congrégation; qu'en un mot il répondoit de l'événement, et que, quand la chose seroit douteuse, il avoit un expédient infaillible pour l'assurer, qui étoit d'obliger tous les débiteurs de passer des titres nouveaux en faveur de cette dame et des héritiers, ce qu'il obtiendroit d'eux très-facilement et offroit pour son particulier de le faire pour sa dette; que si néanmoins la veuve vouloit en user comme on a de coutume lorsque des papiers sont égarés, elle pourroit donner quelque paraguante [1] et que ce seroit assez son avis; qu'au surplus, si on prenoit l'affaire sur le point de la conscience, il n'avoit rien à dire et que c'étoit à M. le curé à en parler.

« M. le curé de Saint-Paul dit sur cet article qu'il avoit fortement pressé madame de Chavigny, et l'avoit réduite à donner jusqu'à cent mille

1. Quelque présent, des épingles comme on dit.

livres, mais à la charge qu'elle auroit connoissance de la distribution ; mais que comme il lui avoit représenté qu'il y avoit des raisons secrètes et très-importantes qui empêchoient que cela ne se fît en cette manière, elle lui avoit donné la liberté de faire cette offre sans condition.

« M. de Bagnols répondit que la qualité qu'il avoit en cette affaire ne lui donnoit point d'autre liberté que d'écouter et de rapporter ce qu'il entendoit ; qu'il diroit exactement à M. Singlin ce qu'il venoit d'apprendre, mais qu'en attendant qu'il lui en fît part, il pouvoit dire à M. de Saint-Paul, afin d'aider le zèle qu'il faisoit paroître pour le bien des pauvres, qu'il avoit consulté cette affaire sous des noms empruntés, à des personnes aussi habiles que le pouvoit être M. le Président de Maisons, et qu'il les avoit trouvés d'avis fort contraire au sien ; qu'il y avoit des particularités dans l'affaire, que ce Président ignoroit ; et que quand en justice on verroit sur le dos des papiers déposés des notes de la main du défunt, par lesquelles il paroîtroit qu'il avoit pris des intérêts de ses débiteurs pour des sommes notables, il auroit grande peine avec son crédit d'éviter qu'on n'en ordonnât la restitution ; que quant à l'expédient qu'il proposoit de faire passer titre nouvel par les débiteurs, c'étoit une chose qui n'étoit pas en sa puissance et qu'il n'oseroit soutenir devant des personnes de sa profession ; qu'en un mot, après avoir fait tout ce qui étoit en lui pour l'exécution précise de la volonté de feu M. de Chavigny, il conseilleroit à M. Singlin pour le bien des pauvres, et pour prévenir les avantages que la veuve pourroit trouver en l'autorité de M. de Maisons et d'autres semblables personnes qui l'appuyeroient, de mettre les papiers en des mains si puissantes et si favorables qu'il seroit difficile à cette dame de les retirer avec tout son crédit. M. de Saint-Paul fit attention à tout ce discours et promit de disposer madame de Chavigny à se faire justice en cette rencontre.

« Le 18, les dépositaires ayant arrêté de traiter cette affaire par arbitrage, le 19 ils le proposèrent à M. de Saint-Paul en tels ou semblables termes : « M. Singlin a beaucoup de peine que madame de Chavigny ait
« pensé qu'on veuille se prévaloir du dépôt pour exiger d'elle par vio-
« lence quelque somme. Si la tradition des pièces déposées que l'on a ne
« donne point de droit pour l'exécution de la volonté du défunt, il n'en veut
« rien. Si au contraire lesdits avantages sont jugés solides, ledit sieur
« Singlin ne voudroit pas les faire perdre à ceux que ledit défunt a consi-
« dérés ; que pour cela il falloit des juges ; que d'en prendre de rigueur,
« les dépositaires des papiers y trouveroient plus d'avantages, d'autant
« que leur décharge seroit plus pleine ; mais que, par la considération de
« la mémoire dudit défunt, il seroit bien aise de terminer cette affaire le
« plus secrètement qu'il pourroit ; et pour cela, qu'il estimoit qu'il n'y avoit
« point de voie plus commode que celle d'un arbitrage, lequel il pensoit
« qu'on pouvoit composer d'une ou deux personnes de justice de part et
« d'autre, d'autant de docteurs de Sorbonne, et de sa personne qu'on pren-
« droit pour surarbitre. »

« M. de Saint-Paul agréa cette proposition et fit espérer de la faire approuver à la veuve.

« Le 20, ce curé rapporta que madame de Chavigny consentoit à l'arbitrage, mais qu'elle ne vouloit aucun compromis ni donner aucune décharge aux dépositaires. M. de Bagnols promit d'en instruire M. Singlin ; mais, afin de le pouvoir faire plus clairement, il demanda l'explication du mot de décharge et dit que, si la veuve pensoit qu'on la demandeoit de sa part, il seroit aisé de la contenter ; mais que, si elle ne vouloit pas consentir que les arbitres donnassent une sentence ou avis pour la décharge des dépositaires, il étoit impossible de rien relâcher ; que, quant au compromis, on aviseroit si on pouvoit s'en passer. M. de Saint-Paul dit qu'il étoit bon de prendre du temps pour délibérer de toutes choses et qu'il suffisoit qu'on se revit dans deux jours pour rapporter de part et d'autre les résolutions qu'on auroit prises.

« Le 22, on consulta M. Le Nain, maître des Requêtes. Son premier sentiment fut de plaider la cause, croyant qu'elle se soutiendroit fort bien en justice. Mais ayant depuis écouté les raisons qui avoient obligé à prendre la voie de l'arbitrage, il fut résolu avec lui, et par l'avis de tous ceux qui avoient connoissance de cette affaire, que M. de Bagnols, conférant avec M. le curé de Saint-Paul, pourroit se relâcher du compromis, et insisteroit par tous bons moyens à demander la décharge des dépositaires signée des arbitres ; et que s'il jugeoit, avant que de le quitter, qu'il fût impossible de l'obtenir, il se réduiroit à l'expédient qu'on avoit mandé de Port-Royal des Champs, qui étoit une déclaration par écrit que l'on prendroit de M. de Saint-Paul, par laquelle, afin de prévenir et de dissiper les faux bruits qui pourroient courir sur cette affaire, comme il en avoit couru sur le sujet de la confession et de l'absolution de M. de Chavigny, il certifieroit le public qu'il ne s'y est rien passé que dans les voies d'honneur et de piété ; et qu'ayant été choisi pour principal ou plutôt unique entremetteur, il peut s'assurer que toutes les personnes s'y sont conduites selon le vrai esprit du Christianisme, qui est un esprit de charité, de vérité et de paix, dont il a été lui-même très-édifié ; et que même M. Singlin s'est déchargé entre ses mains de ce dont il avoit été chargé, ayant cru qu'il n'y en avoit point de plus favorables dans une affaire de conscience que celles d'un pasteur ; qu'il a cru être obligé pour l'honneur de toutes les personnes qui l'ont bien voulu avoir pour médiateur et pour le sien propre, de rendre ce témoignage à la vérité.

« Dès le soir du même jour, M. de Bagnols fit entendre ce que dessus à M. de Saint-Paul, à la réserve du dernier expédient, parce qu'il n'en fut pas besoin ; et ce curé crut que la décharge étoit nécessaire non-seulement pour les dépositaires, mais même à l'égard de la veuve. Il demanda néanmoins du temps pour l'y engager formellement. Il fut parlé dans cet entretien des suspicions que ces dépositaires avoient contre M. le Président de Maisons après la déclaration qu'il avoit faite, et M. de Saint-Paul les approuva et promit d'en parler à madame de Chavigny. M. de Bagnols lui dit encore qu'un de leurs arbitres avec lequel ils avoient conféré de cette affaire la trouvoit trop grande pour être discutée au nombre de cinq qui avoit été arrêté à la conférence précédente, et que l'on seroit bien aise d'en ajouter encore un de chaque côté. Il rejeta cette proposition et témoigna au surplus être fort édifié de la conduite que l'on tenoit ; qu'il dit être très-sage, très-prudente et très-désintéressée.

« Le 24 d'octobre, M. de Bagnols étant allé voir M. de Saint-Paul qui étoit malade, apprit de lui que madame de Chavigny agréoit l'avis ou le jugement des arbitres que les dépositaires demandoient pour leur décharge, mais qu'elle insistoit à garder M. le Président de Maisons. Sur quoi M. de Bagnols lui ayant répliqué qu'il étoit difficile que l'on pût se résoudre à le souffrir, attendu qu'il s'étoit trop ouvert dans cette affaire, parlant désavantageusement de la conduite des dépositaires et que, son nom étant ans les papiers comme débiteur d'une grande somme, il pouvoit être considéré comme partie; que, si même on ne le pouvoit pas exclure, on se résoudroit en tout cas de lui opposer une personne de même dignité, comme MM. de Novion et de Mesme, M. de Saint-Paul convint que madame de Chavigny se faisoit tort d'insister à la nomination d'un tel arbitre et promit de la voir encore pour la presser de s'en départir ou pour accepter en tout cas l'augmentation d'arbitres que l'on proposoit.

« Le 25, M. de Saint-Paul manda à M. de Bagnols par un billet que cette dame ne vouloit point se départir de M. de Maisons; que l'on y joignoit M. Tubeuf et que l'on nommoit pour docteur de Sorbonne M. Rousse, le curé de Saint-Roch; que ces arbitres se rendroient chez lui le lundi suivant et que l'on attendoit incessamment sa réponse. La nomination de M. Tubeuf fit juger aux dépositaires que madame de Chavigny ne cherchoit pas la décharge de sa conscience dans le jugement arbitral, mais qu'elle ne pensoit qu'à ses intérêts. On remarqua aussi que M. Tubeuf n'ayant aucun caractère de juge, il y auroit contestation entre lui et M. de Lamoignon qui avoit été nommé de la part des dépositaires.

« Le 26, les dépositaires reçurent avis de Port-Royal des Champs qui portoit qu'ils devoient sortir des mains des arbitres séculiers le plus doucement qu'ils pourroient et s'en tenir à la décision des trois docteurs de Sorbonne. Toutes choses considérées, on inclina à rendre les papiers à la veuve sans condition, en lui déclarant que l'on en chargeoit sa conscience : qu'elle n'y avoit rien et que son mari les avoit retranchés de son bien sans aucun scrupule ni dessein de faire des aumônes, mais par une pure nécessité. Il fut aussi proposé de suivre l'avis de Port-Royal des Champs qui tendoit à terminer cette affaire par l'avis des trois docteurs de Sorbonne; mais, avant que de se déterminer à l'un de ces deux partis, il fut avisé d'envoyer à cette dame une personne qui lui fût agréable et affidée aux dépositaires pour lui déclarer que l'humeur et les conditions des arbitres laïques qu'elle avoit nommés leur déplaisoit fort; qu'ils ne pouvoient rendre juges d'une affaire de cette importance des personnes aussi humaines et aussi séculières que l'étoient ceux-là, et qu'ils ne pouvoient trouver en leurs avis la décharge qu'ils cherchoient devant Dieu et devant les hommes. Et pour témoigner la répugnance qu'on avoit de les prendre pour arbitres, il fut arrêté que l'on consentiroit plutôt à lui remettre les papiers qu'à subir leurs jugements.

« Le 27, M. Singlin alla prier madame du Plessis-Guénegaud de se charger de cette commission, et il apprit chez elle que M. Molé, Président et Garde-des-Sceaux savoit l'affaire. Madame du Plessis ayant été dîner pour cet effet chez madame de Chavigny rapporta que cette veuve se rendoit à prendre l'un des deux avis qui avoient été concertés le jour précédent, acceptant ou de prendre les papiers et faisant espérer beaucoup plus de satisfaction qu'on n'en recevroit par une autre voie, ou à (*sic*) subir le jugement des docteurs de Sorbonne. Avant que de se déterminer on voulut apprendre les sentiments de M. de Saint-Paul qui s'étoit beaucoup entremis dans cette affaire. Il conseilla aux dépositaires de remettre les papiers au docteur de Sorbonne qu'ils avoient nommé de leur part, d'en charger la conscience de la veuve, de lui faire entendre tout ce que l'on savoit de secret dans cette affaire pour lui faire craindre les jugements de Dieu si elle retenoit ce que son mari avoit retranché de ses biens par de très-bonnes et très-justes causes, et au surplus que l'on attendoit le jugement des docteurs pour décider, terminer et déclarer tout ce qu'en leur conscience ils croiroient devoir faire raisonnablement. Cet expédient fut accepté à la réserve de la remise des papiers que les dépositaires vouloient mettre entre les mains de M. de Saint-Paul pour faire connoitre un plus grand désintéressement de leur procédé.

« On exécuta la chose dans le même instant, et ce curé reçut les papiers. La veuve mandée chez lui se fit devancer par madame du Plessis qui vint prier M. Singlin de lui parler le plus doucement qu'il pourroit, parce qu'elle disoit être plus morte que vive ; mais M. de Saint-Paul le pria au contraire de lui parler vigoureusement. Étant entrée avec son fils, son père et sa mère, elle parut interdite au premier abord, témoigna que les discours que lui tenoit M. Singlin lui causoient beaucoup d'inquiétude et témoigna en substance que si M. de Chavigny s'étoit expliqué de sa volonté, elle auroit vendu jusqu'à sa chemise pour l'exécuter, mais que lui étant notifiée par M. Singlin saisi des papiers, sa foi lui étoit suspecte ; qu'au reste ses enfants n'auroient pas du pain si les effets contenus dans ces papiers étoient retranchés. Les papiers lui furent ensuite montrés et on lui fit voir un billet de l'Épargne de huit cent cinquante mille livres qui lui étoit inconnu. Ils furent ensuite cachetés du cachet de M. de Saint-Paul et enfermés par lui dans son cabinet, et l'assemblée des docteurs remise au lendemain.

« Le 28, on tira à M. de Sainte-Beuve quatre grandes palettes de sang pour une grande colique ; ce qui fit voir que les soupçons qu'eut madame de Chavigny que cette maladie ne fût une défaite, étoient mal fondés.

« Le 29, MM. les docteurs s'étant assemblés chez M. de Saint-Paul, il leur proposa succinctement ce qu'il savoit de cette affaire et pria M. de Sainte-Beuve de s'en expliquer plus au long. On a su, par le rapport que ce professeur de Sorbonne en a fait, qu'il s'en acquitta très-sagement et très-avantageusement pour la cause qu'il soutenoit. M. de Saint-Roch, nommé par la veuve, dit qu'on avoit fait ce qu'on avoit pu pour l'empêcher de voir son mari et de lui parler pendant sa maladie ; qu'on ne savoit comment les papiers étoient venus entre les mains des dépositaires ; qu'on avoit peine de comprendre comment ils les avoient voulu retirer de la maison du défunt sans en donner connoissance à la veuve, et plusieurs autres choses sur ce ton. A quoi M. le curé de Saint-Paul répondit très-avantageusement pour la justification de ces deux messieurs, et selon la connoissance qu'il avoit de leur procédé. Il fut arrêté que l'on manderoit le lendemain madame de Chavigny et M. Singlin pour être ouïs.

« Le même jour, M. de Bagnols alla remercier madame la duchesse d'Aiguillon de la bonne opinion qu'elle avoit conçue de la conduite des dépositaires et des instantes sollicitations qu'elle avoit faites en faveur des pauvres auprès de la veuve. Il prit soin de lui justifier plus amplement le procédé qu'on avoit tenu, et pour l'engager à seconder leurs bonnes intentions, il lui fit part de tous les secrets de l'affaire qui lui étoient connus ; ce qu'il fit d'autant plus librement que sachant combien elle avoit aimé feu M. de Chavigny, il étoit persuadé qu'elle chérissoit sa mémoire et que par conséquent elle étoit incapable de révéler les choses qu'il lui confioit. Elle lui promit d'en user avec toute la discrétion possible et de se servir de la connoissance qu'il lui donnoit pour porter la veuve, ainsi qu'elle avoit commencé, à suivre ponctuellement la volonté de son mari.

« Le 30, M. de Saint-Roch s'excusa de l'assignation par une lettre qu'il écrivit à M. de Sainte-Beuve à cause des affaires qu'il avoit avec un neveu de M. l'évêque d'Orléans venu de Brie, et le pria de remettre l'affaire au jour des Morts après midi. Cette excuse parut légère et on crut que madame de Chavigny le faisoit agir pour arriver à ses fins.

« Le 2 novembre, MM. les docteurs de Sorbonne, assemblés chez M. le curé de Saint-Paul, M. Singlin fut ouï et leur dit ce qu'il crut leur pouvoir apprendre des conférences que M. de Chavigny avoit eues avec des personnes capables de le conseiller à l'occasion des retranchements qu'il pensoit devoir faire de son bien. Il les assura qu'après l'examen qui fut fait du Mémoire qu'il leur donna écrit de sa main contenant la nature dudit bien et les voies qu'il avoit tenues pour l'acquérir, le défunt jugea qu'il devoit séparer de ses biens onze à douze cent mille livres; que ce retranchement n'avoit été fait par aucun scrupule ni par aucun mouvement de piété extraordinaire, mais par une pure nécessité. M. de Saint-Roch demanda à M. Singlin s'il se souvenoit de ce que contenoit ce Mémoire; il lui dit que non, mais qu'il y avoit une personne à qui M. de Chavigny en avoit parlé amplement, qui pourroit peut-être s'en souvenir.

« Madame de Chavigny étant aussi entendue dit qu'elle connoissoit la nature du bien de son mari; qu'il n'avoit rien qui ne fût très-légitimement acquis; que ses enfants n'auroient pas de pain si ce retranchement subsistoit; que lorsque le défunt les avoit tirés (ces papiers) de son cabinet pour les mettre sous son chevet, ç'avoit été possible pour les lui donner; et qu'ainsi les dépositaires ne devoient pas tirer grand avantage de ce qu'ils s'en trouvoient saisis. A quoi M. Singlin repartit qu'il falloit de deux choses l'une, ou que cette dame voulût aussi l'accuser d'avoir soustrait ces papiers, ou que le défunt l'eût pris lui qui parloit pour cette dame. Elle fut surprise et ne répondit rien précisément à cela : mais elle voulut encore faire effort pour persuader aux docteurs que depuis le lundi au soir 7 octobre, jour de la tradition des papiers, monsieur son mari n'avoit eu qu'un fort médiocre usage de sa raison. M. le curé de Saint-Paul lui donna quelque avantage sur cette dernière déclaration; car il dit que M. de Chavigny dans toute sa maladie avoit eu l'esprit abattu, et pouvoit se dire n'être pas lui-même.

« Après que M. Singlin et madame de Chavigny se furent retirés, dans l'examen que l'on fit des papiers, on trouva, sur les dossiers des promesses et obligations, qu'il y avoit des notes écrites de la main de M. de Chavigny qui marquoient qu'il avoit reçu des intérêts et des intérêts d'intérêts. De la part de M. le curé de Saint-Roch, il fut aussi dit que madame de Chavigny avoit soutenu que ces papiers ne subsistoient plus pour les fonds qu'ils contenoient, d'autant que le défunt avoit reçu sur ces papiers quelques deux cent tant de mille livres; ce qui faisoit voir, disoit ce docteur, qu'il n'avoit pas grande liberté au temps de ladite tradition. M. de Sainte-Beuve opina ce jour-là; et M. de Saint-Roch, aussi bien que M. de Saint-Paul, voulut remettre au lendemain à prendre avis sur cette affaire.

« Ce ne fut que le 4 de novembre que les docteurs de Sorbonne s'assemblèrent chez M. de Saint-Paul depuis huit heures du matin jusqu'à midi, et arrêtèrent, ainsi qu'il fut rapporté par M. de Sainte-Beuve, que les papiers seroient rendus à la veuve et qu'il lui seroit dit, en les lui donnant, qu'elle n'étoit point déchargée de satisfaire à la volonté de son mari, qui avoit été de retrancher de son bien celui qu'il avoit mal acquis; que pour cet effet elle étoit obligée d'examiner devant Dieu et en sa conscience tous les moyens desquels il s'étoit servi pour ces acquisitions; et que, selon les connoissances qu'elle leur en donneroit par un Mémoire qu'ils attendoient d'elle, ils lui diroient avec sincérité ce qu'elle étoit obligée de faire pour satisfaire à la volonté du défunt : et cependant qu'elle donneroit cent mille livres pour commencer le retranchement qu'elle devoit faire. Ils arrêtèrent aussi un écrit portant les avis sur le différend qu'on avoit remis à leur jugement.

« Ce jugement fut porté à Port-Royal et communiqué aux personnes qui avoient connoissance de cette affaire. Les motifs en furent expliqués par M. de Sainte-Beuve, et on trouva fort peu à redire aux termes dans lesquels il étoit conçu. Il fut pourtant réformé en quelque partie et porté à l'instant à M. le curé de Saint-Paul, qui promit de le faire signer en la manière qu'il avoit été revu.

« Ce curé apprit qu'ayant rendu les papiers à madame de Chavigny, et lui ayant fait entendre l'arrêté secret, elle avoit été tellement touchée des paroles qu'il lui avoit dites sur ce sujet, qu'elle n'avoit pu contenir ses larmes, ce qui lui avoit donné quelque espérance qu'elle se rendroit aux avis qu'il lui donnoit suivant le résultat. Il dit aussi qu'elle avoit voulu lui faire compter la somme de cent mille livres, mais qu'il s'étoit excusé de la recevoir jusqu'à ce qu'on eût convenu avec M. Singlin à quoi elle seroit employée, prenant néanmoins pour la sûreté de ceux à qui elle seroit donnée une promesse de cette dame, à lui payable, pour être employée en œuvres pies suivant l'intention du défunt.

« Il pressa ensuite M. de Bagnols, avec lequel il avoit cette conférence, de s'ouvrir des desseins que M. Singlin pouvoit avoir, pour distribuer cette somme, lui insinuant, autant qu'il lui étoit possible, qu'il ne lui seroit pas désavantageux de le faire sans donner une entière connoissance de ce à quoi il la destinoit. Et il ne témoigna pas d'aversion de se charger avec M. de Saint-Roch de faire cette distribution par leurs mains selon les connoissances qu'ils pourroient avoir des plus pressantes nécessités des pauvres.

« M. de Bagnols se tenant fort réservé sur cet article lui dit qu'il n'avoit de charge de M. Singlin sinon de lui demander cet avis par écrit pour lui servir de décharge à l'égard des personnes qui voudroient accuser la conduite qu'il auroit tenue en cette affaire; et qu'au surplus de ce qui regardoit cette somme de cent mille livres, il n'avoit rien à dire; que, si on a leur donnoit, ils en useroient selon les intentions qui leur avoient été expliquées par M. de Chavigny; que si lui, M. de Saint-Paul, croyoit la pouvoir mieux employer, ils ne les empêcheroient point.

« Cette retenue n'ayant pas plu autrement à M. de Saint-Paul, il demanda à parler à M. Singlin, afin de conclure avec lui ce qu'il seroit à propos de faire pour la conclusion de cette affaire.

« Le 6, M. Singlin et M. de Bagnols étant allés voir ce curé, ils lui tinrent d'abord le même langage selon lequel M. de Bagnols lui avoit répondu deux jours auparavant. Mais n'en étant pas satisfait, il fit ce qu'il put pour leur persuader qu'ils avoient grand intérêt de se décharger de la distribution de ces deniers, afin d'éviter toutes les calomnies que l'on commençoit à publier contre eux. Ce qui engagea M. Singlin à lui dire qu'il y avoit certaines nécessités dans cette affaire qui devoient demeurer dans le dernier secret et qui l'empêchoient de déférer volontairement aux avis qu'il lui donnoit de ne prendre aucune part dans la distribution de ces deniers. Mais pour lui montrer qu'il ne prenoit point dans cette affaire aucun intérêt que celui de la justice, et de la décharge de la conscience du défunt, il se remettoit absolument à lui de juger si lui, M. le curé de Saint-Paul, après ce qu'il lui auroit pu dire, pouvoit se dispenser de remettre entre les mains de M. de Bagnols, selon l'intention de M. de Chavigny, cette somme de cent mille livres; lui protestant de sa part que s'il croyoit la pouvoir retenir pour en faire la distribution, ni M. de Bagnols ni lui ne la lui demanderoient jamais. M. de Saint-Paul fort embarrassé de cette réponse remit la conclusion de cette affaire au retour de M. Singlin qui alloit faire un petit tour à la campagne.

Le 8 de novembre, les docteurs de Sorbonne, arbitres de ce différend, concertèrent et arrêtèrent en ces termes leur résolution du 4ᵉ du même mois :

« Un homme de condition, malade, ayant fait appeler pour sa confession, « du consentement et permission de son curé, un prêtre séculier et lui « ayant mis certaines promesses et obligations de grandes sommes à lui « dues pour être employées en œuvres pies suivant la disposition qu'il en « a déclarée à ladite personne, la veuve en ayant eu avis aussitôt après la « mort de son mari de la part dudit dépositaire, avoit fait difficulté de « consentir à l'exécution de ladite disposition : sur quoi nous soussignés, « docteurs de Sorbonne, choisis exprès par ladite veuve et par ledit dépo- « sitaire d'en donner notre avis, ici lui dépositaire s'étant auparavant « démis volontairement desdits papiers entre nos mains pour en ordon- « ner selon Dieu, et après que nous avons ouï tant ladite veuve que ledit « dépositaire, duquel nous avons trouvé l'intention et la conduite très- « sincère et très-chrétienne, SOMMES D'AVIS que les promesses et obliga- « tions dont est question soient baillées à ladite veuve sous les conseils « et avis que nous jugeons lui devoir être donnés par nous de ce qui est « à faire par elle en conscience en exécution de la dernière volonté de son « mari et que, moyennant les avis et les conseils ainsi baillés, ledit déposi- « taire sera bien valablement déchargé devant Dieu du dépôt et de dispo- « sition à lui confiée par ledit défunt, comme aussi qu'en faisant iceux « par ladite dame, elle sera bien déchargée en conscience de l'exécution, « délibération et dernière volonté de son mari. Et par effet ont été les pro- « messes et obligations présentement délivrées à ladite veuve sous nosdits « conseils et avis qui lui ont aussi été déclarés et donnés à entendre en « présence de ses père et mère et de son fils aîné, et autres personnes de « son conseil. Ce qu'elle a dit vouloir entièrement suivre et exécuter. Fait « et exécuté comme dessus ce lundi quatrième novembre après midi mille « six cent cinquante-deux. Signé, Rousse, curé de Saint-Roch, Mazure, curé « de Saint-Paul, de Sainte-Beuve, professeur en théologie. »

« Ce résultat ayant été porté à Port-Royal par M. de Sainte-Beuve, on trouva que le mot d'*œuvres pies* n'étoit point favorable à la cause que l'on avoit soutenue et qu'au surplus cette résolution étoit très-avantageuse dans le fond, mais exprimée en termes obscurs et peu congrus.

« Cette affaire avoit passé par tant de mains qu'il étoit impossible d'empêcher qu'elle ne vînt à la connoissance de tout le monde. Une personne de qualité ayant vu M. de Bagnols le 9 du même mois lui apprit que s'étant trouvé au Conseil d'en haut, il en avoit ouï parler d'une manière désavantageuse à Port-Royal ; que l'un des chefs de cette compagnie en avoit pris occasion de dire qu'il falloit empêcher l'agrandissement de cette maison nouvelle et qu'il seroit peut-être nécessaire d'interposer l'autorité du roi pour arrêter le progrès de leurs desseins ; que l'on avoit fait même plusieurs railleries au sujet de la conduite qu'on disoit qu'ils avoient tenue à l'égard de M. de Chavigny. M. de Bagnols se croyant obligé d'en donner avis à Port-Royal, il fut conclu qu'il verroit les quatre principales têtes du Conseil pour les informer de la vérité de cette affaire, après avoir vu madame de Chavigny pour lui faire entendre que la nécessité de défendre la réputation des personnes intéressées en cette affaire l'engageoit d'en faire entendre la vérité aux ministres et qu'il n'en auroit jamais parlé, crainte de blesser la réputation du défunt, si elle-même ne l'avoit rendue publique par les connoissances qu'elle en avoit données à tous ses parents et amis.

« Il la vit le même jour, et sur ce qu'elle eut peine à consentir qu'il expliquât la chose aux ministres, il lui remontra que ce n'étoit point un avis qu'il lui demandoit, mais une résolution qu'il lui apprenoit. Elle fut obligée d'y donner les mains, et ensuite elle lui fit tant d'ouvertures des peines que cette affaire lui avoit causées et qu'elle lui causoit encore qu'il se crut obligé de lui parler comme il fit avec toute sorte de liberté, lui faisant entendre qu'elle n'auroit jamais de repos ni sa famille de bénédiction qu'elle n'eût pleinement exécuté la volonté de son mari. Il crut même avoir sujet de juger qu'elle en étoit comme persuadée, parce qu'elle lui témoigna nettement qu'elle ne prenoit point de confiance dans le jugement des docteurs et sembloit même vouloir demander quelque avis de tempérament pour chercher la paix qui étoit nécessaire pour le repos de sa conscience. Et pour marquer davantage la confiance qu'elle prenoit en lui, elle lui fit voir, à la prière qu'il lui en fit, un écrit qui avoit été donné à M. de Chavigny pour régler sa vie; par la lecture duquel il put très-facilement juger que ses dérèglements avoient été jusques à se voir obligé de restituer le bien d'autrui, ce qu'il fit fort considérer à cette dame. La conclusion de la conférence fut que, selon les conseils qu'il lui donnoit, elle feroit prier Dieu qu'il l'éclairât de ses lumières et lui donnât la force nécessaire pour accomplir ses devoirs.

« M. le Chancelier donna ce jour-là une favorable audience à M. de Bagnols, écouta avec attention le récit qu'il lui fit de ce qui s'étoit passé et l'assura que tous les bruits qui avoient couru de cette affaire ne lui avoient donné aucune mauvaise impression contre les personnes qui s'en étoient mêlées.

« Le 10e du même mois, il fit entendre la vérité de cette affaire à M. Molé, Garde-des-Sceaux et Premier Président, et comme ce grand magistrat lui témoigna qu'il trouvoit cette histoire étrange, il le pria de lui dire si c'étoit à l'égard de lui et de Messieurs de Port-Royal qu'il la trouvoit étrange. M. le Garde-des-Sceaux lui dit qu'à l'égard de sa personne il n'y trouvoit qu'honneur et désintéressement et ne voulut pas s'expliquer davantage à l'égard de Messieurs de Port-Royal, quoique M. de Bagnols lui ayant fait entendre qu'on ne pouvoit distinguer sa conduite de celle de ces Messieurs l'obligeât en quelque manière de parler, s'il eût eu quelque raison de faire cette distinction.

« M. de Bagnols remarqua dans cet entretien que lorsqu'il lui fit entendre que l'on avoit eu quelque pensée de lui remettre les papiers, à lui Garde-des-Sceaux, pour les faire valoir au profit des pauvres, il avoit témoigné par son geste et par quelques demi-mots qu'il ne les auroit pas refusés et qu'ayant appris que les docteurs avoient quelque pensée de faire la distribution des cent mille livres, il avoit trouvé ce procédé extraordinaire. Il lui fit même paroitre que, si on lui donnoit part de cette somme pour l'Hôtel-Dieu, il ne la refuseroit pas.

« Le 13 et le 14 de ce mois se passèrent en propositions et en conférences du certificat que madame de Chavigny demandoit pour lui servir de décharge de cette somme. Il se fit aussi un éclaircissement de quelques paroles que M. de Bagnols avoit dites à M. le Chancelier touchant M. de Chavigny qui avoit témoigné lui vouloir dire après la communion quelque chose d'importance. Il sut aussi de M. de Villesavin, père de cette veuve, que MM. de

Saint-Paul et de Saint-Roch n'avoient fait que suivre l'intention de sa fille sur l'article des cent mille livres ; que, si elle eût voulu moins donner, ils l'auroient condamnée à moins et qu'ils ne faisoient aucun doute de se charger de la distribution de cette somme.

« Le 15, M. de Bagnols ayant informé de toute l'affaire M. le maréchal de Villeroy, il approuva la conduite qu'on avoit tenue et lui dit qu'il en avoit entendu parler devant la Reine de telle manière que les dépositaires de la volonté de M. de Chavigny n'avoient reçu aucun désavantage dans le rapport qu'on lui en avoit fait.

« Le 19, M. de Saint-Roch communiqua à M. de Sainte-Beuve trois formulaires de certificats qu'il avoit dressés. Les deux premiers exposoient que les cent mille livres que donnoit la veuve faisoient partie des avis qui lui avoient été donnés en conséquence du jugement de ces docteurs et ne l'acquittoient pas du surplus qui étoit le *retentum* secret dont on a parlé ci-devant. Le troisième étoit équivoque et exprimé en ces termes :

« Nous soussignés, docteurs de Sorbonne, pour expliquer et certifier par
« écrit comme nous avons donné à entendre spécialement quelle est l'au-
« mône contenue et sous-entendue dans l'écrit de notre déclaration du 4ᵉ du
« présent mois, déclarons et certifions que c'est d'employer par la veuve
« d'un homme de condition y mentionnée la somme de cent mille livres en
« aumônes envers les hôpitaux, pauvres honteux et autres ; de laquelle
« notre présente déclaration et attestation ladite veuve ce requérant pour
« la sûreté dudit emploi, nous lui avons baillé et signé notre présent écrit,
« ce vingtième novembre 1652 : signé, Rousse, curé de Saint-Roch, et Mazure,
« curé de Saint-Paul. »

« M. de Sainte-Beuve fit entendre qu'il pourroit signer les deux premiers certificats, mais qu'il ne se résoudroit jamais à souscrire le dernier, parce qu'il étoit contraire à la vérité ; qu'étant conçu en paroles équivoques la veuve pourroit s'imaginer qu'elle seroit quitte de leurs jugements pour la somme de cent mille livres, et ainsi se nourrir de la pensée de sa fausse paix qui pourroit beaucoup blesser sa conscience ; que d'autres personnes mal intentionnées pour ceux qui avoient eu plus de part dans cette affaire en prendroient encore avantage pour soutenir les calomnies qu'ils avoient déjà publiées, et diroient sur cela deux choses, (l'une) que les avis des docteurs se réduisant à une simple aumône, celle qui avoit été conseillée par ceux dont M. de Chavigny avoit pris avis étoit excessive ; la seconde, qu'il n'y avoit eu aucune nécessité au retranchement que ce défunt avoit fait, puisque la veuve avoit la liberté de l'employer aux hôpitaux, pauvres honteux et autres charités qu'elle trouveroit raisonnables. M. de Saint-Roch parut touché de ces raisons et promit de s'en servir pour s'excuser de consentir aux intentions de madame de Chavigny et au conseil de ses avocats qui lui faisoient entendre qu'elle ne trouveroit point de sûreté pour payer cette somme de cent mille livres que dans le certificat ci-devant transcrit. Et ils demeurèrent comme d'accord qu'ils s'arrêteroient à l'un des deux premiers formulaires où il paroissoit que cette somme de cent mille livres ne faisoit que partie de leur avis. M. le curé de Saint-Roch ne put s'empêcher d'avouer à M. de Sainte-Beuve que la mère de madame de Chavigny et toute sa famille lui faisoient les dernières instances pour l'engager à signer le troisième certificat.

« Le 20, M. de Saint-Roch ayant écrit à M. de Sainte-Beuve pour lui demander une entrevue avec M. de Saint-Paul malade qui ne s'accommodoit point des deux premiers certificats, ce professeur de Sorbonne lu répondit par une lettre qu'il se rendroit au lieu de l'assignation, mais qu'il n'attendoit pas grand fruit de cette entrevue, puisque, ainsi qu'il avoit appris de lui, on consultoit des avocats pour une affaire de conscience; qu'il ne voyoit que deux voies pour sortir de cette affaire, dont l'une étoit de s'en tenir au premier jugement qu'ils avoient rendu, et l'autre de l'expliquer, s'il étoit nécessaire, en termes plus forts et plus clairs; et que, puisque M. de Saint-Paul n'approuvoit pas le formulaire qu'en avoit dressé M. de Saint-Roch avec de très-grands tempéraments, il n'espéroit pas grande utilité de leur conférence.

« M. de Saint-Roch vraisemblablement fit voir cette réponse à M. de Saint-Paul et à madame de Chavigny et à son conseil. Quoi qu'il en soit, ils se contentèrent de la signature de ces deux curés et n'appelèrent ni ne pressèrent plus davantage M. de Sainte-Beuve.

« Le 21, madame du Plessis-Guénegaud ayant porté le certificat à Port-Royal pour faire en sorte que M. de Sainte-Beuve le signât, on le trouva si ridicule que les personnes qui en eurent communication arrêtèrent que l'on verroit M. de Sainte-Beuve pour l'affermir, s'il étoit besoin, dans la résolution de ne le point signer.

« Le 23, madame de Chavigny ayant prié M. de Bagnols de la venir voir lui fit de grandes instances pour l'engager à faire signer le troisième certificat par M. de Sainte-Beuve. Il lui répondit qu'il l'avoit disposé d'en signer un tel qu'elle le pouvoit désirer pour sa décharge à l'égard de ses enfants et que c'étoit la seule chose qu'elle lui avoit demandée et de laquelle il avoit besoin; mais que pour changer ou diminuer en façon quelconque les avantages qui étoient acquis par le premier jugement des docteurs à la conduite de cette affaire et pour altérer la vérité du résultat de ce jugement, c'étoit une chose qui lui étoit tout à fait impossible. Cette dame dit que, puisque les deux docteurs curés l'avoient signé, elle ne savoit pas pourquoi il vouloit être plus exact. M. de Bagnols lui répondit qu'ils avoient chacun leur lumière, et qu'il étoit impossible d'engager M. de Sainte-Beuve par l'autorité de ces messieurs de suivre un déguisement affecté et de souscrire une attestation peu sincère et peu conforme à la vérité de leur résultat. Cette veuve dit qu'elle ne lui feroit nulle violence pour le signer et se contenteroit de la signature des deux autres. Il lui fut répondu que si elle en étoit satisfaite, on n'avoit rien à dire, mais seulement à prier Dieu qu'il lui donnât les lumières nécessaires pour se conduire dans cette affaire selon son esprit et non point selon l'industrie et les pensées des hommes.

« Non-seulement elle ne témoigna point être blessée de ce discours, mais elle voulut même persuader à M. de Bagnols qu'elle le considéroit comme son ami et qu'en cette qualité elle avoit à lui demander son avis sur la distribution qu'elle devoit faire des cent mille livres, lui faisant entendre que ces deux curés lui en avoient donné toute liberté; qu'elle entroit dans le neuvième mois de sa grossesse; qu'elle avoit accoutumé dans ce terme d'être fort malade; qu'elle commençoit de se ressentir de ses infirmités ordinaires; qu'elle craignoit même d'y mourir et que dans cette vue elle vouloit achever cette affaire importante à la décharge de sa conscience, de crainte que si elle étoit imparfaite avant sa mort, elle ne s'achevât jamais, ainsi qu'elle avoit (lieu) de croire, connoissant l'humeur des personnes qui devoient lui survivre.

« M. de Bagnols lui témoigna qu'il se sentoit obligé de la confiance qu'elle vouloit prendre en lui; qu'il étoit incapable de la jamais tromper et d'avoir aucune complaisance basse pour elle, et qu'ainsi il lui déclaroit que là crainte qu'elle avoit de laisser cette affaire imparfaite étoit bien fondée, mais qu'il étoit obligé de lui dire qu'un payement de cent mille livres ne l'acquittoit pas devant Dieu de ce qu'elle devoit pour satisfaire à la volonté de son mari. Elle eut peine à supporter ces paroles; et M. de Bagnols, la voyant peu disposée à souffrir qu'il lui en dît davantage sur le même ton, se contenta de lui dire qu'il n'avoit pas d'avis particulier à lui donner sur cette distribution, parce qu'il se souvenoit que s'étant trouvé chez M. de Saint-Paul à la dernière visite que M. Singlin lui rendit, il entendit dire à M. Singlin qu'il avoit déchargé sa conscience sur celle de ces docteurs, et n'avoit plus de part à prendre dans cette affaire que celle qu'ils lui donneroient, de sorte que, s'ils retenoient cet argent, M. Singlin ne s'en plaindroit jamais; mais que s'ils le lui donnoient, il ne rendroit jamais aucun compte qu'à Dieu de la distribution qu'il en feroit, et qu'il étoit obligé en ce cas-là de la faire selon la volonté étroite de M. de Chavigny, de laquelle il ne lui avoit laissé aucune liberté de se départir. Il est bien vrai, ajoutoit M. Singlin, que, si la somme entière de neuf cent tant de mille livres étoit à distribuer, il y auroit moyen de considérer des charités publiques et particulières pour raison desquelles il eût été ravi de prendre les avis de M. le curé de Saint-Paul; mais, dans une aussi petite somme qu'étoit celle de cent mille livres, il n'avoit quasi point de liberté; qu'il avoit jugé de ce discours de M. Singlin qu'il y avoit des particuliers intéressés dans cette distribution, et peut-être plus d'obligation de payer une dette que de faire une aumône; qu'ainsi madame de Chavigny n'avoit à son sens que deux partis à prendre, ou celui de distribuer cette somme comme elle voudroit, l'assurant encore tout de nouveau que M. Singlin ne lui en demanderoit jamais un denier, ou de la donner à M. Singlin sans attendre qu'il lui rendît aucun compte.

« Elle fut alarmée de la nouvelle connoissance que lui donna M. de Bagnols et dit que, si M. Singlin lui vouloit découvrir le secret de cette affaire, elle consentiroit qu'il reçût l'argent. M. de Bagnols lui répondit qu'il ne pensoit pas qu'il le pût faire, parce que ce pouvoit être un secret de confession qui est de soi incommunicable : et de plus qu'il y pouvoit avoir d'autres personnes intéressées que M. de Chavigny et que, si cela étoit ainsi, elle n'en pouvoit jamais rien savoir. Elle s'inquiéta fort de ce qu'on ne lui vouloit point donner d'avis agréable et fit même quelques reproches de ce qu'on avoit voulu ruiner treize enfants. M. de Bagnols lui répondit qu'il avoit voulu seconder les intentions très-pieuses et très-justes de son mari et éviter la malédiction de Dieu que la détention d'un bien mal acquis pouvoit attirer sur treize enfants, et qu'au surplus on n'avoit rien à lui dire qui lui pût être plus agréable, parce qu'on ne pouvoit pas s'écarter de la vérité. M. de Bagnols la laissa dans l'inquiétude, qu'elle faisoit paroître.

« Cette peine ne fut néanmoins qu'un trouble de peu de durée. Car madame Du Plessis-Guénegaud ne fit pas d'impression sur son esprit par le billet qu'elle lui écrivit le 13 décembre en ces termes :

« J'ai rendu compte aux personnes de votre résolution. A quoi ils m'ont
« répondu que, quant à ce qui les regarde, ils n'ont rien à dire; mais qu'ils
« vous supplient seulement de vous souvenir qu'ils ont fait tout ce qui a
« pu dépendre d'eux pour l'exécution de la volonté de M. de Chavigny et
« qu'ainsi ils sont bien aises qu'en étant déchargés devant Dieu, ils n'aient
« point à se justifier devant les hommes de la distribution de cet ar-
« gent. »

« Il y avoit eu des temps où un billet écrit de ce style auroit causé quelque agitation dans l'âme de madame de Chavigny; mais elle le reçut avec une tranquillité merveilleuse et lui répondit ainsi :

« Je vous rends mille grâces de vous donner tant de peines que j'espère
« qui finiront demain avec les miennes pour cette affaire, allant faire tra-
« vailler mes docteurs à l'emploi de l'argent duquel je me décharge tout
« à fait sur eux, ne désirant rien que d'en sortir et que ce que l'on a résolu
« soit exécuté avec toute la circonspection qui se peut. »

« Madame du Plessis fut un peu surprise d'une résolution si ferme après tant de longues et pénibles consultations, et elle en donna avis le 16 du même mois à M. d'Andilly par ces deux lignes :

« Je vous envoie la réponse de madame de Chavigny. Le billet que nous
« lui avons écrit ne la met pas beaucoup en peine, comme vous le verrez par
« le sien. »

« Voilà la Relation que M. de Bagnols a dressée lui-même et dont il a fait comme une espèce de journal. Elle ne va pas plus avant; mais on en voit assez, dans la simple exposition de ces faits si importants, pour faire voir à toute la postérité que ceux qui ont pris occasion de cette affaire pour calomnier la conduite de Port-Royal ne devoient avoir que du respect pour les personnes de cette maison qui y ont eu quelque part, puisqu'on ne leur peut reprocher qu'une fidélité inébranlable pour conserver le plus grand et le plus sacré de tous les secrets, une sagesse très-solide et très-éclairée à traiter avec tant de précaution une chose si délicate dans laquelle les Grands du monde vouloient entrer pour en prendre connoissance, une force merveilleuse pour résister à toutes les sollicitations et à tous les vains accommodements de l'esprit du siècle, et un parfait désintéressement pour ne considérer dans tout ce qui s'y est passé que la seule gloire de Dieu, l'édification du prochain, les maximes de la justice et les règles de la conscience. On a cru devoir faire entrer dans le corps de l'histoire de l'Église cet événement que l'on peut dire des plus fameux de notre siècle dans ce genre de direction, afin que ceux qui le liront après nous reconnoissent que, dans un temps où les plus célèbres directeurs et les plus austères religieux laissent dorer ou enrichir leurs chapelles pour recevoir comme le prix de leur lâche complaisance, il y avoit encore dans Paris des ecclésiastiques assez éclairés, et des directeurs assez désintéressés pour ne pas faire dépendre de la considération des familles les plus illustres l'exécution des règles les plus inviolables de l'Évangile. »

Tel est, de point en point, l'exposé véridique de cette affaire par Port-Royal. C'est (sous la plume de M. Hermant) M. Du Gué de Bagnols que l'on vient d'entendre. Quand un honnête homme de ce calibre a parlé, le Père Rapin, honnête selon le monde, est bien mince et bien chétif : il représente la conscience facile et intéressée de madame de Chavigny. Il aurait dû être son confesseur; il en était digne. Pour nous, il nous suffira, sur quelques points essentiels, de trois ou quatre réfutations de cette force pour faire apprécier quelle est la moralité du livre de ce Père et quelle confiance il mérite, lui et ses annotateurs. Tallemant des Réaux en mérite mille fois plus : il n'y a même pas de comparaison; car s'il est également médisant, il l'est sans haine, sans parti pris, sans mot d'ordre. Il y a de Tallemant au Père Rapin toute la différence de la curiosité médisante qui s'amuse, à la calomnie malicieuse qui combine et qui construit.

Et à ceux qui trouveraient la pièce trop longue, je répéterai encore une fois que ce n'est pas ma faute si je me suis vu forcé de la produire, mais qu'elle était devenue nécessaire. Quand on est accusé par des Jésuites anciens et modernes d'être des fripons (et c'était ici le cas pour Messieurs de Port-Royal), il est bon de prouver péremptoirement qu'on ne l'est pas. L'infamie de l'accusation, portant à faux, se retourne et va en plein à qui de droit [1].

SUR M. DE PONTIS.

(Se rapporte à la page 292.)

La *question* des *Mémoires* de Pontis a été reprise de nos jours avec une extrême vivacité par un jeune érudit, M. Philippe Tamizey de Larroque. Ayant eu à s'occuper du célèbre maire et défenseur de La Rochelle Jean Guiton [2], il a mis en doute ce qu'a dit de lui le sieur de Pontis, les actions et les paroles qu'il lui prête, et à cette occasion l'estimable écrivain, en ami déclaré qu'il est de la vérité his-

[1]. Entre tous les auteurs de mémoires du temps, l'honnête, la judicieuse madame de Motteville, si éloignée de tout esprit de parti, a le mieux vu sur cette affaire de M. de Chavigny, et voici en quels termes elle en parle, faisant aussi sa part au prince de Condé, très-méchant cœur : « Dans ce même temps, M. le Prince tomba malade d'une fièvre continue. « Sur la fin de sa maladie, Chavigny l'ayant été voir, ce Prince, sur quelques « dégoûts qu'il avoit eus de sa conduite, s'aigrit contre lui et lui dit « quelques paroles fâcheuses, dont Chavigny fut si touché que, revenant « chez lui, il tomba malade et mourut de rage. M. le Prince, qui se por- « toit mieux alors, l'étant allé voir comme il étoit à l'extrémité, parut le « regretter ; et une personne qui étoit présente à cette visite, m'a dit que « les yeux lui rougirent, et qu'il voulut, par une manière de désespoir, « s'arracher les cheveux ; mais, après l'avoir regardé, il dit en s'en allant, « et se moquant de son agonie, qu'il étoit laid en diable. — Ce ministre « infidèle à son roi mourut consommé par l'ardeur de son ambition, et « par les rudes effets de celle d'autrui. Il se repentit, à l'heure de sa mort, « de s'être laissé emporter à la vanité de ses désirs ; et, pour satisfaire à « la justice de Dieu, il laissa une grande somme de deniers aux pauvres, « mais qui ne furent point donnés, parce que la prudence humaine et les « intérêts de sa famille changèrent ses ordres. » Si au lieu de cette grosse aumône plus ou moins facultative, destinée aux pauvres, on entend plutôt diverses sommes qui étaient de restitution étroite et précise, on a là en peu de mots une exacte idée de cette affaire si pénible et de l'impression qu'elle doit laisser chez tous les bons esprits.

[2]. Dans la *Revue d'Aquitaine*, août 1863.

torique, a cru devoir refaire le procès aux *Mémoires* mêmes, qu'il qualifie avec sévérité et mépris. Mais, avant tout, il ne faudrait pas oublier de quelle manière ces *Mémoires* ont été rédigés et composés, et tout alors s'expliquerait sans tant de surprise.

Pontis était un solitaire qui, depuis sa retraite, et tout austère qu'il était pour lui-même, n'avait rien de farouche. « Comme il « étoit ami de M. d'Andilly, nous dit le *Nécrologe*, et que celui-ci « étoit déjà retiré dans la solitude de l'abbaye, il l'y vint chercher « pour apprendre avec lui à renaître dans la vieillesse. Bientôt, « ajoute la mère Angélique de Saint-Jean (auteur de cet article « *Pontis*), il comprit qu'il falloit pour cela redevenir enfant, et « souvent il disoit à celui qui conduisoit son âme qu'il ne trou- « voit point de vertu plus avantageuse que l'humilité qui étoit « pour lui une source de consolation et de paix. » Cette humilité ne l'empêchait pas de causer et d'être, à ce qu'il paraît, d'assez bonne humeur en repassant ses souvenirs de guerre et de Cour. Le jeune Du Fossé se plaisait ainsi à lui faire raconter sa vie sans qu'il s'en doutât, et lui-même, sitôt qu'il l'avait quitté, prenait note de ce qu'il venait d'entendre. Lorsque Pontis se fut pourtant aperçu de ce dessein qu'on avait de mettre par écrit ses entretiens, il fut quelque temps à ne plus vouloir parler, « regardant tout ce qui étoit passé pour lui comme devant l'être aussi pour tous les autres. » Mais enfin, la mémoire a ses agréments, la vieillesse est conteuse; il se laissa vaincre par les prières de son jeune ami, et il continua de se prêter à ses questions. Le manuscrit qui en résulta ne lui fut pourtant jamais communiqué, et il n'en prit aucune connaissance. On peut juger de ce que des *Mémoires*, ainsi rédigés de seconde main, doivent contenir d'à-peu-près et d'inexactitudes. Qu'est-ce donc lorsqu'on apprend de l'éditeur même des *Mémoires* qu'il les avait d'abord écrits à la troisième personne, n'y faisant point parler M. de Pontis, mais parlant de lui et rapportant comme narrateur la suite des événements, mais qu'ayant trouvé ensuite que, sous cette forme, le nom de Pontis revenait trop souvent et que cela faisait mauvais effet, il jugea que ce serait mieux de le faire parler comme en son propre nom et d'introduire partout le *je* : « *J'étois là, telle chose m'advint.* » Dans ce remaniement complet du texte, et dans ce changement de front, pour ainsi dire, que de petites additions et de retouches, que de liaisons à introduire, que de passages à modifier ! autant de chances nouvelles d'inexactitudes, sans compter que ce que le jeune homme rapportait d'abord de son vieil ami avec un sentiment de curiosité et d'admiration devait paraître de la vanterie et de la jactance dans la bouche du solitaire. Il me semble que nous sommes suffisamment avertis. Ne voyons donc dans ces *Mémoires* que ce qu'ils sont en réalité : l'écho des conversations d'un vieil officier qui nous raconte, à son point de vue particulier, son histoire, ses aventures de guerre ou d'antichambre, et qui rend la physionomie des hommes et des choses comme il les a vus et comme il s'en souvient. Ne l'accusons point de mensonge ni de falsifier les faits, ni de les agrandir à dessein en vue d'amuser le lecteur : il cause, il s'anime, il est centre dans ses récits, il abonde, comme tout vieux soldat, dans l'énumération de ses services et des injustices du sort. Rien de plus simple, de plus naturel. Quant à Du Fossé, il mériterait peut-être quelque reproche : évidemment il a cru sa tâche plus facile qu'elle n'était ; il ne s'est pas dit combien ce rôle de rédacteur en matière historique, et à quelque degré que ce fût, était délicat : il n'a pas consulté son ami M. de Tillemont. Il a eu le tort de n'avoir pas sous les yeux un bon *Abrégé chronologique* pour le guider et, au besoin, le rectifier, lui et son héros. Nos rédacteurs de Mémoires politiques, les plus mêlés aux événements et les plus autorisés, feraient eux-mêmes bien des bévues et commettraient d'apparentes impossibilités s'ils n'avaient pas sous les yeux *le Moniteur*. Toutes ces facilités, il est vrai, n'existaient pas alors. Je concède donc très-volontiers qu'aux confusions involontaires du vieillard, Du Fossé aura dû, plus d'une fois, mêler les siennes propres. Mais il y a loin de là à être un menteur et un faussaire.

J'ai déjà présenté par lettre quelques-unes de ces raisons à M. Tamizey de Larroque, qui m'honore de sa bienveillance. Je pourrais insister sur des points particuliers de sa discussion, si ce n'était pas abuser. Il m'a opposé l'autorité de M. Daunou de qui j'ai dit d'abord qu'il avait « épousé de confiance » l'opinion de Voltaire. Je le pense en effet ; car, dans la page où M. Daunou étrangle et jugule Pontis, il vient de citer Voltaire sur les *Mémoires* de Retz, et il l'avait certainement consulté sur Pontis, quoiqu'il ne le dise pas. M. Daunou, érudit exact, mais qui n'allait presque jamais au fond des choses, n'avait d'ailleurs pas examiné la question par lui-même. Il avait lu d'Avrigny, et il est même assez singulier qu'il ajoute au nom de d'Avrigny celui de Grosley comme témoin à charge contre Pontis. J'ai voulu consulter la lettre de Grosley qu'il indique [1] : loin d'être contraire à Pontis, elle lui est presque toute favorable. Grosley, remarquez-le aussi, était lui-même des plus neufs sur ce sujet et très-peu au courant de la matière ; il va nous le dire. Un exemplaire des *Mémoires* de Pontis lui était tombé par hasard sous la main :

« Prévenu contre ces *Mémoires*, dit-il, par le jugement qu'en porte l'abbé Lenglet qui les a relégués parmi les romans historiques, je ne les ai lus et ne les connais que depuis deux mois. Quantité d'anachronismes, nombre d'invraisemblances palpables, l'histoire de la jolie fille de Negrepelisse, littéralement copiée du roman de *Bayard*, confirment le jugement de Len-

---

[1]. *Journal Encyclopédique*, 15 mai 1776, page 136.

glet; mais, en passant condamnation sur le fond, la forme laisse la plus haute idée des intentions, des vues, des talents de ses auteurs. Toutes les positions où se peut trouver un militaire, soit commandant, soit commandé, avec ses supérieurs, ses inférieurs, ses égaux, avec le soldat, le bourgeois, le paysan, sont en action avec les devoirs du militaire, les difficultés qui peuvent naître de chacune de ces positions et les règles de conduite pour vaincre ces difficultés ou pour les éluder. Les propos mis dans tous ces cas dans la bouche du militaire sont encore, même pour notre siècle, des chefs-d'œuvre de délicatesse, de finesse et d'honnêteté; en un mot, les *Mémoires* de Pontis pourraient et devraient être aujourd'hui entre les mains de nos officiers, comme un excellent *Traité de civilité militaire*. Ils sont pour l'homme de guerre ce qu'est la *Cyropédie*, ce qu'est le *Télémaque* pour les souverains, ce qu'est pour les moines la fameuse Vie de saint Antoine.... »

Voilà certes de l'exagération dans un autre sens, et je ne puis en vérité, tout ami de ces Messieurs que je suis, aller jusqu'à ce panégyrique. Du Fossé, en faisant moraliser son héros à l'occasion, n'a pas pensé à toutes ces belles choses.

Au reste, la destinée posthume de Pontis, sa renommée, en durant et en se prolongeant jusqu'à nous, ne manque pas de piquant; elle a eu ses accidents de toute sorte et ses vicissitudes. Si Voltaire a paru douter que l'homme ait jamais existé, il n'a pu faire que ses *Mémoires* n'aient au moins une qualité, la *vie*. Ils transportent dans le temps, ils intéressent; on les lit jusqu'au bout avec plaisir. Aussi est-il arrivé que, malgré les protestations des historiens et des critiques, on a continué de les lire, qu'on y a puisé, qu'il en est resté dans les imaginations l'idée d'une figure originale, et que de nos jours, par une sorte de dédommagement et de revanche dont il se serait bien passé sans doute, Pontis est devenu.... quoi?... on ne l'aurait jamais deviné.... un personnage essentiel de mélodrame, une cheville ouvrière d'intrigue, un d'Artagnan du temps de Henri IV et de Louis XIII (voir *la belle Gabrielle* et *la Maison du Baigneur*). O mon pauvre Pontis, mon cher solitaire! où êtes-vous? où votre ami Du Fossé vous a-t-il conduit sans le savoir ni le vouloir?

Revenons au sérieux, et concluons avec des faits réels. Pontis, de son vivant, n'avait pu rester jusqu'à la fin dans son désert de Port-Royal; il dut le quitter comme les autres ermites en 1660, et il alla demeurer à Paris. Il y vécut encore dix années et ne mourut que le 14 juin 1670, à l'âge de 87 ans. Le Père Rapin a essayé de le présenter dans les derniers temps comme un déserteur de l'Abbaye; ce n'est pas juste. Si Pontis s'éloigna de Port-Royal de Paris dans le temps où M. Chamillard en devint directeur, il ne fit en cela que ce qui était naturel et commandé à un bon et fidèle Port-Royaliste; mais il y revint demeurer dans le corps de logis du dehors, la dernière année de sa vie, au moment de la Paix de l'Église. Il y fut enterré devant la grille du chœur des Religieuses, ainsi qu'il l'avait demandé par son testament qu'il avait fait avant la séparation des deux maisons. Il se trouva ainsi reposer, sans l'avoir prévu, en terre étrangère et ennemie : ce n'était point sa faute. Il croyait retourner pour toujours à Jérusalem, il tomba en plein dans Samarie. Il léguait à l'abbaye, par ce même testament, 327 livres de rentes, qui furent adjugées, nous dit Guilbert, à la maison de Paris. Les Sœurs des Champs lui en restèrent reconnaissantes. Je lis dans le *Journal* manuscrit de Port-Royal, pour le mois de juin de 1670 :

« Le vendredi 27, ensuite de Vêpres on chanta Vêpres et le premier Nocturne des Morts avec les Répons pour M. de Pontis qui étoit mort le 14 du mois et a laissé une aumône à cette maison. — Le samedi 28, après Matines, on dit les deux autres Nocturnes sans chanter, et, après Tierces, on chanta Laudes et la Messe. »

Enfin l'article qu'on lui destinait dans le *Nécrologe* est de la plume de la mère Angélique de Saint-Jean : c'est sa digne oraison funèbre. Que faut-il de plus ?

LES MÉSAVENTURES DU PÈRE BOUHOURS

POUR SON NOUVEAU-TESTAMENT.

(Se rapporte à la page 376.)

Le peu de gravité du Père Bouhours, son peu de considération ecclésiastique nous sont attestés d'une manière bien sensible et rendus tout à fait évidents par les passages suivants que j'emprunte à la Correspondance de M. Vuillart avec M. de Préfontaine :

« (27 octobre 1696)... Je finis par un fait très-curieux et très-certain. Le fameux Père Bouhours, jésuite, a traduit les quatre Évangélistes en françois. Il les a fait imprimer. Il y a plus d'un an que l'impression repose : car il vouloit en demeurer à cette première partie du Nouveau-Testament qui est la plus aisée pour un traducteur, et n'osoit entreprendre les Actes et les Épîtres, etc., parce que la traduction en est beaucoup plus difficile. Ses amis, cependant, l'ont pressé de ne pas donner la première partie sans la seconde. Ils lui ont aidé pour le sens et lui ont laissé le soin de l'expression. Comme on commençoit à copier sa version des Actes, etc., ou sa seconde partie, lassé de tant attendre pour la publication de la première, il a enfin prié M. l'archevêque (*M. de Noailles*) de la vouloir approuver. Il l'a accepté, à condition de la faire examiner. On l'a donc examinée ; et, sur le mémoire des observations de MM. les examinateurs, le prélat s'est cru obligé de prescrire un grand nombre de corrections au traducteur. Il les a fait faire. Ce n'est pas tout. M. l'archevêque a exigé de plus qu'il ôtât son nom de la première page : proposition très-amère au pauvre Père Bouhours, qui s'est jeté inutilement aux pieds du prélat pour le supplier, avec larmes, de lui épargner l'affront qu'il recevroit de cette suppression. Mais la raison que M. l'archevêque en a donnée aux principaux confrères et aux puissants amis du Père Bouhours, c'est que *son nom*, leur a-t-il dit, *n'est pas assez grave pour être mis à la tête d'un livre si divin*. Il a été ferme comme un rocher dans son refus : il a cru de son devoir d'être inexorable et a poussé son exactitude jusqu'à faire ôter le nom du traducteur de l'Extrait du Privilége imprimé à la tête du livre, où, en tout, on assure qu'on a fait plus de cent cartons; c'est dire qu'il a fallu réimprimer les feuillets sur lesquels les fautes corrigées se trouvoient. »

M. Vuillart revient sur le fait et en confirme l'exactitude dans une lettre du 6 novembre, en réponse à une objection qu'avait soulevée son correspondant :

« Oui, monsieur, la suppression du nom de Père Bouhours à la tête et jusque dans l'Extrait du Privilége de sa version du Nouveau-Testament est ce fait sur lequel M. l'archevêque a marqué une extrême vigueur et est demeuré inflexible, par la raison qu'*un nom aussi peu grave* que celui du Père Bouhours qui jusques à présent n'a guère écrit que sur des matières profanes, et qui est l'auteur de l'Épitaphe de Molière et d'une infinité de bagatelles, ne doit point paroître *à la tête d'un livre si divin*. Votre raison est très-solide, « que le nom d'un auteur le rend garant de son ouvrage. » Mais le nom du Père Bouhours garantira sa version, s'il le faut; car il est dans l'original du Privilége, et ne sera supprimé que dans l'Extrait qu'on imprime, et à la première page du livre. »

Je ne puis dissimuler que nos amis poursuivent le Père Bouhours à outrance et comme l'épée dans les reins. Ils ne lui font pas quartier. M. Vuillart revient à la charge sur son compte, dans une lettre du 17 juin 1699; ayant raconté un trait de modération et de modestie du Père de Gonelieu, jésuite, il ajoute :

« On auroit de la peine à croire le Père Bouhours aussi vertueux dans l'entretien qu'il eut fortuitement ces jours passés avec M. Pirot (le docteur-examinateur), qui depuis plus d'un an lui garde la seconde partie de sa version du Nouveau-Testament dont on n'a imprimé encore que les quatre Évangélistes. Ce docteur étoit dans le cabinet de M. Anisson[1], et avec lui un curé de la ville. Le Père Bouhours arrive. On en avertit M. Anisson qui va le recevoir et le convie d'entrer. Le jésuite apercevant le docteur est frappé de sa présence et lui dit un peu ému : « Hé bien! Monsieur, quand finirez-vous donc? » — « Quand je pourrai, mon Révérend Père, car j'ai bien d'autres choses à faire, qui retardent la vôtre, malgré qu'on en ait, répond le docteur. » — « Mais c'est me faire bien languir, reprend le Père. » — « Il faut vous préparer à une plus longue patience, continue M. Pirot; car, après mon examen, M. l'archevêque veut faire le sien, plus pausement que celui des Évangélistes qu'il a eu du regret d'avoir lâchés si facilement. Mais

1. M. Anisson était à la tête de l'Imprimerie Royale.

il l'accorda, aux instances réitérées qu'on lui en fit. » Le jésuite, qui ne se seroit pas attendu à cela, en fut fort surpris, et pas moins mortifié. On a su ce fait d'original. »

Je ne suis nullement disposé à nier qu'il ne paraisse quelque dureté en tout ce procédé, et que les Jansénistes ne se réjouissent un peu trop visiblement d'avoir un archevêque qu'ils croient à eux et qui fait sentir son autorité aux adversaires. Cela se voit encore dans une lettre du 3 septembre 1699 :

« Voici une chose fort plaisante. Il y a un Père de l'Oratoire, né Turc, qu'on nomme le Père de Byzance. Il est habile. Il a traduit l'Alcoran en françois et l'a réfuté par un commentaire si excellent que notre archevêque le presse de publier cet ouvrage, pendant qu'il remet les Jésuites comme aux calendes grecques pour la seconde partie de la version du Nouveau-Testament du Père Bouhours, un grand-vicaire de Paris lui ayant dit à lui-même que le prélat regrettoit assez d'avoir été si facile à lui donner sa permission pour les quatre Évangélistes. De sorte qu'un homme de la Cour, qui savoit tout ce détail, dit ces jours passés à Monseigneur (le fils du Roi) qui lui demandoit des nouvelles à son retour de Paris : « Vraiment, Monseigneur, il y en a une fort singulière : c'est que notre archevêque aime mieux l'Alcoran des Pères de l'Oratoire, que l'Évangile des Jésuites. »

C'est assez spirituel ; mais, encore une fois, je ne puis cacher qu'il y a en tout ceci quelque venin. Tous les partis en ont. Malheur aux triomphants ! Car ils ont les occasions de nuire, et ils en usent.

SUR PASCAL.

(Se rapporte à la page 501.)

« .... Était joueur *peut-être.* » — Ce simple aperçu, auquel je ne tiens d'ailleurs que légèrement, a fourni matière et prétexte à toute une réfutation d'un critique plein d'esprit et fort regretté du public, M. Rigault, mais qui m'a fait en ceci une véritable chicane. Combattant avec grande raison, selon moi, la théorie de M. Lélut, qui ne consiste pas seulement à dire que l'indisposition physique de Pascal entrait pour beaucoup dans ce qu'on appelle son moral (vérité incontestable), mais qui prétend bien au delà, et qui irait purement et simplement à faire de Pascal converti un homme de Bicêtre et un halluciné, il n'a pas hésité à mettre sur la même ligne ce qu'il appelle mon *hypothèse* de Pascal joueur, c'est-à-dire cet aperçu fugitif, jeté en courant, et qui ne saurait compromettre l'idée d'ensemble et tout à fait approfondie que je crois avoir donnée, et de l'homme et du chrétien dans Pascal. Il faut voir (*Journal des Débats* du 15 septembre 1857) quel subtil appareil M. Rigault construit pour mieux me combattre :

« La Critique de nos jours, qui a la curiosité, dit-il, et la finesse d'un procureur, en a aussi le penchant à supposer le mal : le soupçon couve sous sa robe noire, et l'accusation éclôt. Dans les bibliothèques, qu'elle a changées en greffes, la Critique remue avec délices les vieux papiers, et quand elle subodore quelque faiblesse ignorée, quelque vice inédit d'un grand homme ou d'une grande femme, c'est une volupté pareille à celle du juge qui a mis la main sur le beau crime qu'il rêvait. Dans Pascal, l'ancienne Critique ne s'attachait guère qu'au grand écrivain et à l'ascète : la Critique moderne, qui dans les écrivains cherche surtout les hommes, et dans chaque homme les coins inexplorés, a découvert un côté de Pascal encore plongé dans un demi-jour plein d'attrait, le côté de l'homme du monde, de l'ancien ami du chevalier de Méré, du dissipé fastueux, qui fait rouler sur le pavé de Paris son carrosse à quatre chevaux. Jusque-là rien de mieux : c'est le droit, c'est le devoir de la Critique de regarder les grands hommes du plus près possible, dans leur tempérament et sous leur écorce, comme l'a très-bien dit M. S.-B. Mais, une fois entré *sous l'écorce* de l'homme, on subit malgré soi les illusions d'optique qui se jouent des voyageurs, quand à la lueur vacillante des torches, ils visitent les Catacombes : comme ils prennent les reflets mobiles de la flamme sur les voûtes pour des fantômes qui voltigent devant eux, on croit découvrir dans ces régions souterraines de l'homme les traces d'une histoire intime qui peu à peu se dégagent et révèlent un personnage inconnu ; et de la meilleure foi du monde on invente ce qu'on s'imagine observer. Qui osera se promettre de résister au prestige quand un œil si perçant et si sûr, celui de M. S.-B. a été ébloui ? Enfermé dans ce petit coin de Pascal mondain, au sein du clair-obscur, comme les personnages de Platon dans la caverne, M. S.-B. a cru voir passer devant lui l'ombre d'une vérité encore inaperçue, il a étendu les mains pour la saisir : mais tel est pris qui croyait prendre, et c'est lui qu'une illusion a captivé. Comparant la grandeur du train de vie de Pascal à la médiocrité de sa fortune, M. S.-B. a supposé que Pascal était joueur ; hypothèse imprévue et gratuite, qui a souri à son esprit parce qu'elle enrichissait d'un trait nouveau le portrait de Pascal. — Joueur et fanatique, voilà déjà un Pascal presque renouvelé par l'admiration du dix-neuvième siècle, etc.... »

Tout ceci, on en conviendra, est fort tiré et fort recherché et d'idées et d'images. Je ne conçois guère que lorsqu'on est sous une *écorce*, fût-ce l'*écorce d'un homme*, on ait des *illusions d'optique*; qu'on soit comme un promeneur qui *visite les Catacombes à la lueur vacillante des torches*, et tout ce qui suit. Quoi qu'il en soit, je n'ai pas pris tant de peine pour hasarder ma conjecture ; je n'ai pas *étendu les mains pour la saisir*. M. Rigault, qui avait beaucoup d'esprit, sentait trop le besoin de le montrer. Lisant ses premiers articles, comme on m'en demandait mon avis, je disais :

«... M. Rigault, qui sera lui-même un maître quand il se plaira un peu moins à étaler les plis de la robe du professeur. » Il y a eu des moments d'heureuse et vive polémique où M. Rigault a secoué ces plis et s'est montré vraiment un maître ; le professeur coquet avait disparu ; mais, le jour où il me régentait de la sorte, il m'est permis de dire qu'il en tenait encore. Ce jour-là il lui a convenu, pour briller et dans l'intérêt de sa thèse, de m'en faire dire plus que je n'avais dit réellement, et il ne s'est pas refusé ce plaisir, y mêlant d'ailleurs bien des politesses, comme un charmant homme qu'il était.

FIN DE L'APPENDICE.

TABLE DES MATIÈRES.

Avertissement 1

LIVRE DEUXIÈME.

LE PORT-ROYAL DE M. DE SAINT-CYRAN.

(SUITE.)

VII, pages 5 et suiv.

Le prisonnier directeur. — Antoine Arnauld, disciple de Saint-Cyran; ses débuts. — Passion et vocation doctorales. — Délivrance de M. de Saint-Cyran. — Sa visite à Port-Royal de Paris, — à Port-Royal des Champs. — Entretien avec M. Le Maître sur les livres, sur la science, sur les enfants. — Théorie littéraire janséniste. — Balzac et les *Académistes*.

VIII, pages 45 et suiv.

Application à ce temps-ci. — Balzac et M. de Saint-Cyran. — Lettre emphatique. — Scène du miroir. — Balzac et Richelieu. — Existence littéraire de Balzac. — Succès, querelles. — Hyperbole. — Relation de Balzac avec la famille Arnauld et avec Port-Royal. — Sa conversion et sa mort.

IX, pages 74 et suiv.

Suite de Balzac. — Le *Socrate chrétien*. — Retz et Balzac. — Espèce de grandeur de celui-ci. — Jugements et témoignages. — De la rhétorique et de la poétique à Port-Royal. — De l'art et du goût dans l'ordre chrétien.

X, pages 92 et suiv.

L'*Augustinus* de Jansénius. — Premier effet produit; fortune du livre. — Les cinq Propositions : y sont-elles ? — Le chevalier de Grammont et mademoiselle Hamilton. — Examen de l'*Augustinus*. — Première partie sur les Pélagiens, — sur les Semi-Pélagiens. — Questions éternelles. — Descartes et Jansénius. — Méthode de celui-ci : ses prolégomènes sur la *raison* et l'*autorité*. — *Essai sur l'Indifférence*. — Méthode de charité.

XI, pages 124 et suiv.

Suite de l'*Augustinus*. — Saint Augustin au lieu d'Aristote. — Est-il infaillible sur la Grâce ? — A-t-il innové en son temps ? — Témoignages catholiques en divers sens. — Livre de l'*Augustinus* sur Adam et les Anges avant la Chute. — L'Adam de Jansénius et celui de Milton. — Liberté dans Éden. — Chute, volonté viciée, racine de concupiscence. — Jansénius et La Rochefoucauld. — Jansénius et les décrets des Papes. — L'*Augustinus* dénoncé en Sorbonne. — Le docteur Cornet et Bossuet. — Bourdaloue. — Fleury et les Gallicans. — Un mot encore, par l'*Augustinus*, sur le goût littéraire ; si ce goût tient à la concupiscence ? — Le Père Bouhours dit que non.

XII, pages 165 et suiv.

Du livre de *la Fréquente Communion*. — Son origine. — Effet produit. — Arnauld réformateur en style théologique. — Incomplet comme écrivain ; excès logique. — Pourquoi on ne le lit plus. — De la doctrine de *la Fréquente Communion.* — Parallèle de saint Charles Borromée et de saint François de Sales. — Sermons du Père Nouet. — Amende honorable. — Le Père Petau ; Raconis ; M. le Prince. — Ordre de départ d'Arnauld pour Rome. — Sa retraite. — M. Bourgeois, député près le Saint-Office. — Absolution de *la Fréquente Communion.* — Triomphe des doctrines ; Bourdaloue sur *le petit nombre des Élus.*

XIII, pages 193 et suiv.

Dernier temps de M. de Saint-Cyran. — Son ouvrage contre le Calvinisme. — Port-Royal en face des Protestants. — Mort de Louis XIII. — Port-Royal à l'égard des rois. — *Théologie familière* de M. de Saint-Cyran ; dernières tracasseries. — Sa sentence sur les faibles. — Sa mort. — Son enterrement. — Madame Marie de Gonzague. — Madame de Sablé. — M. de Barcos, abbé de Saint-Cyran ; héritier et disciple direct. — Son portrait.

XIV, pages 224 et suiv.

Recrue de solitaires. — M. Victor Pallu. — La famille Du Fossé. — Haute bourgeoisie de Port-Royal. — M. de La Rivière. — M. de La Petitière. — *Déclaration* de M. Le Maître. — L'évêque de Bazas. — M. Manguelen, directeur préposé par M. Singlin. — Belle scène de nuit. — Fontaine et ses *Mémoires.* — Le jeune Lindo. — Retraite de M. d'Andilly.

XV, pages 250 et suiv.

Mémoires de d'Andilly. — Ses débuts ; ses charges. — Ses passe-temps à Pomponne ; mascarade de madame de Rambouillet. — Propos divers. — Il répond à une calomnie du président de Gramond. — Son arrivée à Port-Royal. — Assainissement ; dépense. — Poires et pavies. — Visites et relations. — Littérature Louis XIII ; Gomberville, Godeau. — La *Clélie.* — Mademoiselle à Port-Royal ; — à Saint-Jean-de-Luz. — M. d'Andilly écrivain.

— Il refuse l'Académie. — Ses vers sacrés. — Sa prose ; les *Pères des Déserts.*

XVI, pages 288 et suiv.

Congé pris de M. d'Andilly. — Nouveaux arrivants. — M. de Pontis; M. de Saint-Gilles ; l'abbé de Pontchâteau. — MM. de Bagnols et de Bernières, serviteurs au dehors. — Le monastère de Paris; changement de scapulaire. — Madame d'Aumont. — Retour de la mère Angélique aux Champs ; allégresse. — Guerres de la Fronde. — Misère et charité. — Le duc de Luines et sa sainte épouse. — Système de Descartes ; débauches d'esprit à Vaumurier.

XVII, pages 322 et suiv.

M. de Saci. — Son enfance. — Ses premiers vers. — Différences avec Arnauld. — Genre de beauté; trait distinctif. — Direction toute fondée et appuyée à l'Écriture-Sainte. — Finesse et grâce. — Sa seule erreur, *les Enluminures.* — Retranchement et sobriété. — Méthode d'esprit et sourire.

XVIII, pages 342 et suiv.

Suite de M. de Saci. — Divers temps de Port-Royal. — M. de Saci arrêté. — Deux ans de Bastille. — Sorte de bonheur. — Le dais du Saint-Sacrement. — Égalité d'âme ; délivrance. — Nouveau-Testament de Mons. — De la divulgation des Écritures ; censures, entraves. — Bible de Saci. — Style mitoyen; trop d'élégance. — Dernier entretien de M. de Saci avec Fontaine. — Mort, funérailles ; contre-coups funèbres.

LIVRE TROISIÈME.

PASCAL.

I, pages 379 et suiv.

Apparition de Pascal parmi les solitaires. — Entretien avec M. de Saci. — Épictète et Montaigne devant saint Augustin. — Abondance et verve de Pascal. — Répliques de M. de Saci. — Beauté du dialogue; — étendue et portée. — Platon, Xénophon.

II, pages 395 et suiv.

Montaigne à la barre de Port-Royal; — moins heureux que Descartes. — Jugement sur lui : Nicole; *la Logique*. — Page fulminante. — Contagion des *Confessions*. — Clef de la sentence janséniste : Montaigne l'homme naturel. — Le Montaigne en chacun. — Il est partout, hors en Port-Royal. — Seul point commun, contre la Scolastique. — Montaigne aussi hors du milieu.

III, pages 425 et suiv.

Suite de Montaigne; arrière-fond. — De ces mots qui jugent. — Sur le repentir. — Sur l'immortalité; que l'esprit est *un traître*. — Son chapitre capital, *Apologie de Raimond Sebond*. — Dogmatisme latent; tactique. — Labyrinthe et but. — Style d'enchanteur. — Langue individuelle. — Postérité; influence. — Convoi idéal de Montaigne. — Les funérailles encore de M. de Saci.

IV, pages 454 et suiv.

Pascal; sa famille; ses origines. — Éducation sous son père. — Forme d'esprit; vocation. — La trente-deuxième Propos d'Euclide. — *Poinçon* de vérité. — Machine arithmétique. — Jacqueline, sœur de Pascal. — Elle fait des vers ; comédie d'enfants devant Richelieu. — Les Pascal à Rouen. — Expériences sur le Vide ; première prise avec les Jésuites. — Accident du père ; conversion de la famille. — Page de Jansénius à l'adresse de Pascal. — Maladie et infirmité.

V, pages 483 et suiv.

Pascal malade à Paris avec sa sœur. — Premières relations avec Port-Royal. — Jacqueline veut être religieuse. — *Veto* du père. — Séjour à Clermont ; Correspondance avec la mère Agnès. — Mort de M. Pascal ; *veto* du frère. — Chicane et humeur. — Angoisses de la sœur Sainte-Euphémie ; drame intime. — Admirables paroles de la mère Angélique. — Pascal au parloir. — Le pont de Neuilly ; et le sermon de M. Singlin. — Pascal au désert. — Le duc de Roannès, et M. Domat.

APPENDICE.

	Pages.
Sur la comédie et le ballet du Palais-Cardinal.	511
Sur l'auteur même de *Port-Royal*.	513
Sur Balzac le grand Épistolier.	515
Sur la doctrine de la Grâce.	531
Sur la mort de M. de Saint-Cyran.	535
Sur M. de Barcos.	540
Sur M. de La Petitière et M. de La Rivière.	542
Sur M. Du Hamel.	543
Sur l'affaire de M. de Chavigny.	552
Sur M. de Pontis.	570
Les mésaventures du Père Bouhours.	574
Sur Pascal	576

FIN DE LA TABLE DES MATIÈRES.

8916. — Imprimerie générale de Ch. Lahure, rue de Fleurus, 9, à Paris.

www.ingramcontent.com/pod-product-compliance
Lightning Source LLC
Chambersburg PA
CBHW070410230426
43665CB00012B/1317